U0566324

公众史学译丛

WORKING: People Talk About What They Do All Day and How They Feel About What They Do

Studs Terkel

公众史学译丛 —— 李娜 主编

# 美国人谈工作：他们整天做什么以及他们的感受

〔美〕斯塔兹·特克尔 著

刘禹汐 译

商务印书馆
The Commercial Press
创于1897

# 《公众史学译丛》编委会

# 《公众史学译丛》总序

1978 年，美国历史学家罗伯特·凯利（Robert Kelly）使用 public history 为历史学研究生教育改革命名，公众史学作为历史学的一个领域由此诞生。在过去四十余年里，公众史学发展迅速，影响力与日俱增，不仅给美国史学的发展带来前所未有的活力，而且与不同国家的史学传统相结合，成为全球化时代历史学家创造共享话语权的一种跨国学术媒介。

21 世纪的中国，随着媒体的更新，历史解读、传播与书写方式发生着变化。历史受众的多元态势导致历史的生产与消费开始失衡，开始整合，而历史学家在公众领域的作用、角色与影响也随之改变。公众史学——一个新兴学科，一种新型史观，一场知识自组织运动，一种大众文化——应时代而生。公众史学是突出受众的问题、关注点和需求的史学实践，目的是促进历史以多种或多元方式满足现实世界的需求，促成史家与公众共同将"过去"建构为历史。其基本旨趣，亦是其新颖之处，在于多样性与包容性。

公众史学在中国迅速发展，呈显学之势，成为新的学术增长点。但总体而言，学术界仍处于摸索阶段，尚未形成基本的学理框架与教育体系，因此译介西方公众史学的经典之作、促进跨文化的交流与对话十分关键。我们推出的这套《公众史学译丛》主要针对公众史学的研究者、教育者、实践者和历史爱好者，既包括公众史学的经典学术成果，也包括畅销书，旨在将国外公众史学领域的经典之作陆续引入中国。

本译丛得到美国公众史学委员会前任主席玛拉·米勒（Marla Miller）的大力支持，也是与全球公众史学同人数年来交流切磋的成果。编委会为译丛的选题设计、书目推荐、版权落实、译者推荐等提供了宝贵的建议。

李娜

献给裘德·范立；

献给艾达，他分享观点；

献给安妮，她对自己的看法缄口不言。

# 致谢

像之前的两部作品《分裂街道：美国》（*Division Street: America*）和《艰难时代》（*Hard Times*）一样，我的恩人是朋友、熟人和旅途中的陌生人。一条建议、一句不经意的评论、一个提示、一种直觉：集体的深思熟虑促成了这本书的诞生。

我要感谢如下独一无二而无私的侦察员：玛吉·亚伯拉罕（Marge Abraham）、乔·阿格瑞拉（Joe Agrella）、马文·戴维（Marvin David）、露西·费尔班克（Lucy Fairbank）、露·吉尔伯特（Lou Gilbert）、德·维特·吉尔宾（De Witt Gilpin）、比尔·格利森（Bill Gleason）、杰克·格林（Jake Green）、洛伊丝·格林伯格（Lois Greenberg）、皮特·哈米尔（Pete Hamill）、德尼斯·哈米尔（Denis Hamill）、诺埃尔·梅里亚姆（Noel Meriam）、萨姆·摩尔（Sam Moore）、比尔·莫耶斯（Bill Moyers）、约翰·穆豪（John Mulhall）、布莱斯·尼尔森（Bryce Nelson）、帕特里夏·奥布莱恩（Patricia O'Brien）、杰西·普罗斯滕（Jessie Prosten）、艾尔·拉比（Al Raby）、凯利·桑德斯（Kelly Sanders）、弗洛伦斯·斯卡拉（Florence Scala）、艾达·特克尔（Ida Terkel）、安妮·瑟森（Anne Thurson）、沃伦·韦弗（Warren Weaver）、史蒂文·亚恩（Steven Yahn）、贝弗利·扬格（Beverly Younger）、康妮·宗卡（Connie Zonka）和亨利·德·扎特（Henry de Zutter）。

凯西·兹穆达（Cathy Zmuda）第三次将几十万字的话语——也许有几百万字——誊写在纸上，使其栩栩如生。她持续的幽默感和敏锐的洞察力与她惊人的技术一样让我受益匪浅。内莉·吉福德（Nellie Gifford）作为义务编辑，在手稿**非常**冗长的那个阶段，她敏锐的观察力对删繁就简起到了不可估量的作用。她们两人皆提供了一种视角，若没有她们，这种视角本会缺失。

我也要感谢南·哈丁（Nan Hardin），感谢她在印第安纳州和肯塔基州东部的一次难忘的旅行中，作为一个知心的向导慷慨地付出了时间和心力。我在美国广播电台的同事们，特别是雷·诺德斯特兰（Ray Nordstrand）、诺曼·佩莱格里尼（Norman Pellegrini）和洛伊丝·鲍姆（Lois Baum），在我长期休假期间，他们又一次表现出理解和同情，并灵活应对。我知道我给他们带来了困难，而他们所做的对我而言是重压下的莫大恩赐。

我特别感谢我的编辑安德烈·希夫林（André Schiffrin）。这本书是他的主意，此前那两本书亦是如此。他的坚持和无声的鼓励，特别是在那些反复出现的自我怀疑的时刻，清晰地呈现在本书的字里行间。还要感谢他那思路敏捷的助手米丽娅姆·波特诺伊（Myriam Portnoy）和迪安·史密斯（Dian Smith），感谢她们用热忱积极的方式对待一项麻烦重重的任务——向她们致敬。

各人的工程必将显露，因为那日子要将它显明，有火把它暴露出来，这火要试炼各人的工程怎样。

——《哥林多前书》3:13

你不能一天吃八小时的饭，也不能一天喝八小时的水，也不能一天做八小时的爱——八小时内你能做的只有工作。这就是人类让自己和其他人如此痛苦和不快乐的原因。

——威廉·福克纳

"工作伦理"认为，劳动本身是好的；一位男性或者女性会因为工作这一行为而成为更好的人。美国的竞争精神，这个民族的"工作伦理"，在 1971 年的劳动节还鲜活地存在着。

——理查德·M. 尼克松

我喜欢我的工作，也很擅长，但有时肯定会让我心力交瘁，我最不愿意带回家的就是头疼。

——安诺星品牌<sup>①</sup>电视广告

---

① 安诺星（Anacin）是一种止痛药品牌，内含阿司匹林和咖啡因。——译者注

# 前言

　　贝波·塞科利在超市当收银员已有近三十年了。她为自己能灵巧地从传送带边上移动货物感到骄傲。如果别人要求，她会跳一小支舞，展示自己如何用一只手敲击收银机上的按键、用另一只手把货物向前推，并且时不时用臀部碰传送带按钮。她知道任何一件货品的售价。她说，收银机上的价格清单只是为那些"兼职的女孩子"准备的。几乎所有的事情都能让她发笑，特别是那些来店里偷肉的富太太。她说："我离开几天，就会很想念这个地方。"

　　塞科利女士的声音是《美国人谈工作》这本书里几十个低沉或尖刻的声音之一。《美国人谈工作》一书是斯塔兹·特克尔所撰写的一部关于职业生活的口述史，自其出版之日至今年春天已有三十个年头。该书面世之时，可称得上是一则披露真相的启示，一扇可一窥那些我们几乎从未闻其音声的美国人之思想的窗户。这些人里面有医院助理、机场行李搬运工、掘墓人。很多采访都循着类似的、让人讶异的轨迹，以有关工作场所的平淡无奇的细节开头，而后很快转移到关于存在的思考。特克尔发现，即便对于最底层的劳动者，工作也是一种或成功或失败的探寻，一种对于日常生活的意义和生计的探寻。

　　《美国人谈工作》一书中的口述历史就像是从遥远的时代寄来的信件，充满了惆怅。20世纪70年代，旧经济正在衰败，现代管理方法和计算机方兴未艾，开始带来美国的工作场所的改变。在过去的三十年里，生产力迅猛发展，但是工作满意度却呈垂直下降之态。在阅读《美国人谈工作》这本书时，我们不能不去思考在工作场所出现了什么问题。

特克尔先生这本小人物独白集是一本热卖的畅销书。该书提供了不寻常的、有时甚至是不正当的对世界运行方式的看法，这是该书的诉求之一。一位接线员称："如果你夜里工作，周围很安静，我觉得不会有任何一个接线员不会去偷听电话。这样子长夜会过得快一些。"一位煤气表抄表员讲述，他的同事们会在发现某个房子里面有一位有魅力的女士的时候，在客户信息卡片上做记号。

特克尔先生的对话者也提供了深刻的见解。一位停车场服务人员滔滔不绝地讲述了为什么工人比凯迪拉克车主给小费要大方。一位性工作者认为自己是"那种为别人提供了他想要的服务而收钱"的人，而不是那种"为自己的花招而签下终身合同"的人，也不是那种"认真阅读女性杂志，为的是知道怎么根据顾客在她身上花钱的多少而决定在每一次约会中投入多少合适"的人。

值得注意的是，特克尔的采访对象中有多少人找到了他们所追寻的意义。一位书籍装订师说，"很明显，我做书籍装订赚不了多少钱"，但是，她还是爱着旧书修复这项工作，因为"一本书就是一个生命"。一位掘墓人回忆起他挖的坟墓那平滑齐整的线条和方方正正的边缘是如何给一位来访的裁缝师留下深刻印象的。他骄傲地说："一个人的躯体要进入这座坟墓。这就是为什么在挖墓时，你需要技术。"

在《美国人谈工作》一书中，有一些心怀不满的工人感觉自己被工作关在了笼子里，但是其他一些人因自己拥有表现自身技能、展现个性和实现自我之能力而欢欣鼓舞。"当我把盘子放下时，你听不到任何声音。"一位女服务员这样说道。"如果我弄掉了一个叉子，我用某种特定的方式把它拾起来。我知道别人可以看到我是多么巧妙地完成这件事的。我是在表演。"

20 世纪 70 年代是一个更缓慢的时代，很多工作者在工作中获取的快乐很大程度上与更宽松的工作时间安排有关。一位医院病患代表可以从不断催促的病患中腾出一段时间去探望一位截了肢而无人照看的男士。这位女士说："如果这位病患要住在一间位于三楼的公寓，而他家里一个人也没有，这会让我很困扰。"一位空姐说，她在一架从波士顿飞往洛杉矶的飞机上需要花半小时的时间同旅客进行交流。

三十年后，我们陷入了一种——用一本新书的题目来说——"无情新经济"。高科技和新型管理方式将劳动者放置于《无情新经济》一书作者西蒙·黑德所谓的"电子装配线"上，使得他们没有机会进行创造和独立思考。如今，劳动人口里有多达 4% 的人在电话中心工作，他们读预制的脚本，并受被称作"压力管理"的方法监督。医生听从负责治疗管理的行政人员，看病很快：1997 年，医生平均花费八分钟时间与一位病人谈话，不足十年前所花费时间的一半。

在其他领域，情况也大致相同。生产力的增长很可观，但是这些增长并没有体现在工资单上。在近两年半的时间里，法人团体的利润猛增了 87%，但工资只增长了 4.5%。无怪乎去年秋天美国经济谘商会进行的一项研究显示，49% 的劳动人口对他们的工作感到满意，比起 1995 年的 59% 而言有所下降。

在写作《美国人谈工作》一书时，这些趋势尚刚刚出现。一位社区药剂师叹息，"街角药店，现在已经有点过时了"，因为像这样的小店铺没法参与竞争。一位编辑说："我们大多数人，就像流水线工人一样，我们所从事的工作对我们的心灵来说太小了。工作对人来说，是不够大的。"

　　特克尔先生在《美国人谈工作》一书中开创性地探究了"普通人的那些非同寻常的梦想"，当美国开始重视、也必须要去重视那些不快乐的劳动人民时，本书会提供一些重要的深刻见解。

亚当·科恩

# 导言

　　这本书是关于工作的，就其本质而言，关乎对精神和身体的暴力。本书既谈到溃疡，也谈到事故；既谈到大喊大叫，也谈到拳脚相加；既谈到神经衰弱，也谈到上下级之间的欺凌。最重要的是（或者说最基本的是），本书讲述的是每天都要遭受的羞辱。对于我们中的许多负伤前行的人来说，能活到今天就已经是胜利了。

　　这些伤疤，无论是心理上的还是身体上的，都被带回到了餐桌和电视机前，可能已经以一种恶意且不可控制的方式触及了我们社会的精神世界。差不多。（"差不多"，这个最暧昧的短语，弥漫在构成本书的许多对话中。这个短语反映出的可能是人们对工作所持有态度的暧昧。比奥威尔式的接受多一些，比卢德主义者的肆意破坏① 少一些。这两种冲动往往融合在同一个人身上。）

　　这本书也是一次寻找，寻找日常意义和基本生存需要，寻找认可和金钱，寻找惊奇而不是无聊：简而言之，寻找一种生活而不是周一到周五那样的死气沉沉。也许，不朽也是追求的一部分。为人所铭记是本书中的男女主人公们的愿望，说出来的和没说出口的愿望。

---

　　① 卢德主义源于19世纪英国民间对抗工业革命、反对纺织工业化的社会运动。参与该运动的激进分子甚至打砸了一些工厂的纺织机，引发社会骚乱。——译者注

　　当然，也有少数幸福的人在日常工作中找到了乐趣：印第安纳州的石匠，他看着自己的工作，觉得这是个好工作；芝加哥的钢琴调音师，他寻找并发现了让人愉悦的声音；书籍装订师，她拯救了一段历史；布鲁克林的消防员，他拯救了一条生命……但是，这些满足感，就像裘德对知识的渴望一样，告诉我们的是关于这个人而不是有关其工作的情况，难道不是吗？也许吧。尽管如此，这里有一个共同的属性：他们工作的意义远远超过了薪水的回报。

　　对于很多人来说，有一种难以掩饰的不满。蓝领的悲伤并不比白领的抱怨更让人苦恼。点焊工说："我是一台机器。"银行出纳说："我被困在了一个笼子里。"酒店接待员也表示了相同的感受。钢铁工人说："我是一头骡子。"接待员说："猴子都能干我的活儿。"农民工说："我还不如一件农具。"高端时装模特说："我是个物件。"蓝领和白领异口同声地说："我是个机器人。"年轻的会计绝望地宣布："**没有什么好谈的。**"从前，约翰·亨利[①]唱道："一个人除了是个人，什么都不是。"残酷而并不浪漫的事实是：他死时手里拿着锤子，而机器仍在隆隆作响。尽管如此，他还是找到了不朽。因为他被人铭记。

　　我们日常工作的自动化步伐抹去了姓名和面孔——在许多情况下，甚至抹去了情感——如今有一个亵渎性的问题被提出来。用汗水赚取面包一直是人类的命运，至少，在伊甸园那对懒惰的夫妇被送上驱逐通知书之后都是如此。《圣经》中的戒律从来没有被怀疑过，至

---

　　① 约翰·亨利（John Henry），美国民间传奇式英雄。美国内战之后，全国各地铁路建设进行得如火如荼。铁路工人多是黑奴解放运动之前的奴隶。他们谱写了一些描写工人繁重劳动的歌谣。其中，由一位名叫约翰·亨利的黑人铁路工人创作的《约翰·亨利之歌》在美国成了家喻户晓的作品。这首歌流传下来了不同的版本，但是结局都是类似的：主人公累死在岗位上，手里还攥着工作所使用的铁锤。——译者注

少没有遭到公开怀疑。无论任务多么有损人格，无论它多么让人感觉迟钝、精神崩溃，人们都**必须**工作。否则就得完蛋。

最近，人们对这种"工作伦理"提出了质疑，尤其是年轻人。奇怪的是，它触动了另一些人心底深深的不满，这些人迄今为止是虔诚的、沉默的、无名无姓的。意料之外的区域正传来不满的声音。来自流水线的有关旷工的通告频频传来，令人震惊。傍晚的公交车上，年轻的档案员和年长的秘书紧张兮兮、病恹恹的脸庞告诉了我们比我们想知道的还要多的事情。高速公路上，中层管理人员毫不犹豫地驾车逃离城市和工作。

也有其他的方式来表现这种质疑。它以一种模糊而愤怒的形式显现在懒散的工作中，显现在对工匠精神的贬低中。伊利诺伊州莫林市的一位农机工人抱怨说，粗心的工人的产出较多但质量不好，细心的工匠出活儿少但是质量高，而前者比后者更受重视。前者是国民生产总值的盟友，而后者则是对国民生产总值的威胁，是个怪人，而且越早受到惩罚越好。为什么在这种情况下，一个人应该小心翼翼地工作？自豪之后确实是坠落。

其他人则用一种更为明确的、有时很有远见卓识的方式，喃喃地诉说着对"美"的渴望、对"一种意义"和"一种自豪感"的渴望。一位资深的停车场服务员大声说道："我可以开任何汽车都特别溜，就像女人给婴儿换尿布一样。很多顾客会说：'你是怎么做到的？'我说：'就像你烤蛋糕一样，小姐。'当我年轻的时候，我可以玩转那辆车。他们叫我'亲爱的行家阿尔'。"

多洛雷丝·丹蒂形象地描述了一个时髦餐厅女服务员所面临的考验。由于她拒绝被贬低，这些考验变得更加复杂。然而，对自己技能的自豪感帮助她度过了这个夜晚。"当我把盘子放下时，你听不到任何声音。当我拿起杯子时，我希望做得恰到好处。有人说'你怎么只是个服务员？'的时候，我会说：'怎么，你觉得自己不配接受我的服务吗？'"

佩姬·特里有自己的优雅和美感。她的工作随着地理、气候和环境的变化而变化。"我以前最讨厌的是当服务员，那种被对待的方式。有个人说：'你不用笑，我无论如何都会给你小费。'我说：'留着你的小费吧。我不是为了小费才来的。'小费应该取消。就像给狗扔骨头一样。这让人觉得自己很渺小。"

在所有情况下，人们感到的不仅仅是轻微的疼痛。在所有情况下，都有一个不恰当的问题。难道从一个人的日常工作中不应该获得——尽管还没有得到——一种增值，即对人的**存在**的承认吗？

一位美国总统是幸运的——或许是不幸的——他在劳动节致辞时，没有遇到家佣玛吉·霍姆斯，没有遇到点焊工菲尔·斯托林斯，也没有遇到盥洗室服务员路易斯·海沃德。尤其是行李工厂的工人格雷丝·克莱门茨，她每天的苦差事从一种可怕的角度向我们揭示了查尔斯·狄更斯笔下的伦敦并不遥远，也并不久远。

在"受人尊敬的"地区，愚昧并不是一种新现象。1850 年，亨利·梅休 ① 深入挖掘伦敦的劳动生活，从被忽视的人身上引出他们命

---

① 亨利·梅休（Henry Mayhew，1812—1887），英国记者和社会学家，代表作《伦敦劳工与伦敦贫民》（*London Labour and the London Poor*）。该书是梅休以社会研究者的身份在《晨间纪事报》（*Morning Chronicle*）上发表的一系列文章的集结。这是针对城市里的贫穷者所进行的一次具有开创性和影响力的调查。——译者注

运的悲惨真相，使《晨间纪事报》的读者感到惊讶和恐惧。他的文字写满整整六栏，平均 10,500 字。难以想象，托马斯·卡莱尔 [①] 竟然不知道梅休的发现。然而，他以一贯的尖刻——在这个例子中，是以一种异常无脑的方式——疾言厉色地说："在伦敦，任何家庭主妇都不能以公平的工资找到一个在缝纫方面给予其恰当帮助的针线女工，不管是贫困的还是不贫困的针线女工都找不到。问问任何一个节俭的家庭主妇吧。我经常造访的任何一个家庭都雇不起真正的针线女工，不管其'贫困'与否。想象中的针线女工，索要可观的工资，而且对啤酒和珍馐有很大胃口，我到处都能听到……" [②] 这是一种熟悉的口气吧？

自鸣得意的尊贵，像穷人一样，一直都存在。然而，今天，以及 20 世纪仅剩的几十年里，我们再也无法对这种愚昧加以放纵。无论如何，计算机、核能和每个人的电视屏幕上闪现出的突如其来、同步发生的影响，都极大地提高了赌注和风险。走另一条路的可能性，以前只有少数人察觉到了，但现在许多人都想到了——哪怕这种察觉只发生在短暂的片刻，在一片胡思乱想的迷雾中。

埋头苦干的人不再是隐形的，也不再是无声的。他们也不专属于某一阶层。马克汉姆的"拿锄头的人" [③] 可能就是贝尔公司的接线员

---

① 托马斯·卡莱尔（Thomas Carlyle，1795—1881），苏格兰历史学家、讽刺作家、散文家，曾任爱丁堡大学校长。在其出版于 1841 年的著作《论英雄、英雄崇拜和历史上的英雄》（*On Heroes, Hero-Worship, and the Heroic in History*）中，他强调"伟人"在历史上所起的关键作用，声称"世界的历史不过是伟人的传记"。——译者注

② E. P. Thompson and Eileen Yeo, *The Unknown Mayhew*, New York: Pantheon Books, 1971. ——原注

③ 《拿锄头的人》（*The Man with the Hoe*）是美国诗人埃德温·马克汉姆（Edwin Markham）的诗，灵感来自让-弗朗索瓦·米勒（Jean-François Millet）的画作《拿锄头的人》（*L'homme à la houe*）。——译者注

姑娘。（可以肯定地说，她是"死于狂喜和绝望"吗？她真的"不悲伤、从不希望"吗？①）他们在办公室里，也在仓库里；在经理的办公桌前，也在流水线上；在某个偏僻的公司的电脑旁，也在某个怪异的女人的厨房地板上。

　　鲍勃·克雷奇②可能还在坚持着（虽然他的时间很快就会过去，就像他的羽毛笔很久以前就用完了一样），但斯克鲁奇③已经被集团所取代。这里很难有机会有圣诞幽灵造访。谁知道鲍勃在这套衣服上的名字——更不用说他那跛脚孩子的名字了？（一位银行出纳员回忆道："在我工作的最后一个地方，我遭到了解雇。我的一个朋友路过，问我在哪里。他们说：'她已经不在我们这里了。'就是这样。我消失了。"）没有什么个人化的东西，真的。狄更斯笔下的人已经被贝克特④笔下的人所取代。


　　　　许多工人阶级的老妇人都有一个习惯性的动作，这个动作照亮了她们后面的岁月。戴维·赫伯特·劳伦斯在他母亲身上发现了这一点：我祖母的习惯性动作是一种重复的敲击，伴随着她脑子里无休止的工作。曾经在很长一段时期里，她得在短时间内完

---

① 这两句话中的引文都出自马克汉姆的《拿锄头的人》一诗。——译者注
② 鲍勃·克雷奇（Bob Cratchit）是查尔斯·狄更斯的小说《圣诞欢歌》中的人物。他忍受着恶劣的工作条件（工作时间长，工资低），遭受着老板埃比尼泽的剥削。这个人物代表着英国早期维多利亚时代的工人阶级。——译者注
③ 即埃比尼泽·斯克鲁奇（Ebenezer Scrooge），狄更斯的小说《圣诞欢歌》的主角。在小说刚开始时，斯克鲁奇是一位伦敦银行家，为人非常刻薄吝啬。在经历了圣诞幽灵造访后，他变得不再吝啬，对穷人的态度也有了很大转变。"斯克鲁奇"一词在英语里是守财奴的代名词。——译者注
④ 塞缪尔·贝克特（Samuel Beckett, 1906—1989），爱尔兰作家，荒诞派戏剧代表人物。——译者注

成大量工作。在另一些人那里，习惯性动作则是顺着椅子扶手有节奏地抚摸，仿佛要把一切都抚平，让其得以使用；在另一些人身上，则是嘴唇的蠕动或稳定的摇动。这些都不能称为神经质的动作，也不是急性恐惧的症状；它们有助于不断的计算。①

在我母亲那里，我记住了与工作或企业有关的启发性动作。她是一个小企业家，一个每天都在为她的三十年战争而战的"大胆妈妈"②。我记得她不断地摸着桌布，好像在评估它的质量，她眯着眼睛，好像在计算它的价值。

也许是目光短浅的缘故，但在这次冒险中，我很少在我所拜访的人中看到这样的迹象。的确，在肯塔基州东部那个黑暗的空洞里，我确实看到了苏西·海恩斯，黑肺矿工的妻子，在小木屋的门口做出了动作，不断地抚摸着木制品，"仿佛要把一切都抚平，让其得以使用"。那时候，这是一种罕见的动作，这种动作曾经是司空见惯的。那些做出过这种动作的人——那个上了年纪的仓库配货员奈德·威廉姆斯，那个检修工霍巴特·富特——都被拴在了机器上。在众多人当中，虽然有些话语很热烈，有些很冷静，但手却在休息，一动不动。他们的

---

① Richard Hoggart, *The Uses of Literacy*, New York: Oxford University Press, 1957. ——原注

《识字的用途》(*The Uses of Literacy*)是英国左翼文艺批评家理查德·霍加特(Richard Hoggart)的作品。该书以自传的形式论述了英国工人文化的转变。该书出版后，引起了对大众文化的一场大讨论。——译者注

② "大胆妈妈"一说来源于德国戏剧家和诗人贝托尔特·布莱希特(Bertolt Brecht, 1898—1956)于1939年创作的戏剧《大胆妈妈和她的孩子们》(*Mutter Courage und ihre Kinder*)。这部作品被一些评论者视作20世纪最伟大的反战剧。该剧的背景是17世纪欧洲三十年战争。——译者注

眼睛则不同。他们谈起自己的工作的时候，仿佛与他们的切身生活没什么关系似的。那是一件奇异的事情。有时我想象着自己身处卡里加里博士的小屋 ① 里，客人们倾诉着他们的幻想。

　　为了维持自我感觉，这些男女主人公偶尔也会玩玩游戏。中年接线员在夜深人静的时候，欢快地回应来电者"假日酒店"，而不是说出她工作的连锁汽车旅馆。"只是为了玩玩。"她茫然地解释道，"我真的不知道是什么让我这么做的。"年轻的煤气表抄表员惊动了穿着比基尼、戴着宽松胸罩在天井里晒太阳的年轻的郊区太太，他看到了比他本来该看到的更多的东西。"只是为了让这一天过得更快。"来自南方腹地的汽车工人会嘲笑一个家伙，"因为他的小伙计真的很短，他的妻子离开了他"。为什么？ "哦，只是为了打破单调而已啦。我太想下班了。"

　　女服务员以芭蕾舞演员的优雅姿态在餐桌旁移动，她假装自己永远在舞台上。"我觉得自己像卡门。就像一个吉卜赛人拿着手鼓，然后他们扔硬币。"这有助于她对抗屈辱和关节炎。州际卡车司机，带着 7.3 万磅 ② 的货物在高速公路上负重前行，与污染、噪声、溃疡和出了毛病的肾脏作斗争，"幻想着一些宏大的东西"。所有这些人都以某种方式表现出惊人的生存能力。他们还不是机器人。

　　通用汽车公司装配部的时间研究人员在洛兹敦有了这个令人感到不安的发现。年轻的工会领导加里·布莱纳解释了这种情况。"偶尔

———————————

　　① 《卡里加里博士的小屋》（*Das Kabinett des Doktor Caligari*）是 1920 年罗伯特·威恩执导的德国无声恐怖电影。该片被公认为"德国表现主义电影"的开创之作。——译者注

　　② 1 磅 ≈ 0.4536 千克。——译者注

会放一辆没装配好的车过去。这时，他做出了一个决定：'哦，他妈的，这只是一辆车而已。'比起工作，更重要的是站在那里闲聊。和我们在一起，工作就变成了一个跟人有关的事情。这是我工作中最愉快的部分，那一刻。我爱这份工作！"约翰·亨利几乎没有设想过这种对抗机器的方式——这也许可以解释为什么他在壮年时期就死了。

有些情况下，即使在下班后，工作也会占据人的身心。除了小时工的职业病和工薪族的睡不着觉之外，还有一些人一心扑在工作上。这可能会影响他对生活整体所持有的态度。还有对艺术的态度。

女演员杰拉尔丁·佩奇回忆起她在《甜蜜的青春鸟》①中演出时跑到后台对她进行批评的观众。那人是个牙医。"我当时坐在前排往上看。大部分时间我都在研究你嘴里的东西。我很想知道是谁给你看牙的。"并不是他不太喜欢戏剧，而是他更喜欢牙科学。

在芝加哥一座著名雕像的公开揭幕仪式上，一位律师在深思熟虑之后，沉吟道："我诚心接受毕加索先生。但如果你看看上面斜坡的高度，并且考虑一下孩子们会在上面玩耍的倾向，我感觉有的孩子可能会摔倒受伤，县里可能会被起诉……"

就我个人而言，在整理这本书的时候，我发现自己被工作的某种神秘感迷住了。在一次外出期间，我看了《巴黎最后的探戈》这部电影。虽然弗洛伊德说，**爱和工作**是人的两个原动力，但此时此刻，消耗我的却是后者。因此，我在银幕上看到的不是关于重新解脱的探究，也不是关于自我发现的探寻，也不是敏锐的评论家所看到的其他东西。在那个专心致志的时刻，我看到了一个关于**正在工作的**演员的

---

① 《甜蜜的青春鸟》(*Sweet Bird of Youth*)是美国剧作家田纳西·威廉斯的名剧，1959年在百老汇公演。——译者注

研究。他在一个黑暗的剧院（公寓）里表演得很精彩，他的观众（年轻的女演员）热情地回应。我把她的呻吟、哭声和呜咽声理解为喝彩、赞美和欢呼。简而言之，我把这部电影看作这本书可能的形象来源。这就是工作对某些人的影响。

还有一点个人的看法。我发现自己作为一个电台广播员的工作有一些乐趣。我能够安排自己的节奏、设立自己的标准并为自己决定每个节目的内容。有些日子比其他日子更灿烂，有些时间比我所希望的还要平淡；我偶尔的懒散让我恼火……但无论好坏，日子都在我手中。我愿意相信我是旧时代的鞋匠，做的是整只、整只的鞋。虽然周末很快就过去了，但我望着周一却未叹息。

自满的危险因为我对可能发生的事情的认识而有所缓和。与老同学的偶然相遇是一种清醒的体验。在法学院的三年创伤性岁月的回忆被挖出来了。那段时光，我隐隐约约感到不快乐，但是这种不快乐却是很深刻的。我感到的不仅仅是轻微的疼痛。如果不是因为一个偶然的情况，我可能会成为一名律师，我怀疑是一个断然会失败的律师。（我第一次参加律师资格考试不及格，据说 90% 的人都通过了。）

在大萧条期间，我有时是联邦作家计划的成员，有时也是广播肥皂剧的演员。我通常饰演黑帮分子，所演的角色也一样通常以暴力和应得的方式结束。结束总是很突然。我的任期就像一个激进的大学教授的任期一样不确定。正是在这些时刻——虽然我当时并没有意识到——我感受到自己工作的超现实性质。我拿着剧本，读着平庸到让人惊讶的程度的台词。一个演员读这样的剧本越多，人们就越认为他成功。因此，"演艺事业"这个词就有了额外的意义。这的确是一种生意，一种忙碌。但它的意义是什么呢？

如果弗洛伊德是对的——"他的工作至少让他在一部分现实中，在人类社会中获得一个安全位置"[①]——我在那些工作室里做的事真的是工作吗？这当然不是游戏。宝洁公司和通用磨坊公司的销售排行榜很清楚地表明了这一点。人们视之为**工作**。我所有的同事都很认真，非常认真。我给玛·帕金斯和玛丽·马林的生活带来麻烦的这一经历，可能给我提供了一个隐喻，说明了很多人的经历。他们在工作中找不到自己的"部分现实"，更不用说"在人类社会中"的安全位置了。

在这种超现实的情况下，地位而不是工作本身变得重要了，这有什么奇怪的吗？因此，在工作中以及战争中，委婉的说法大行其道。看门人是建筑工程师，垃圾工是卫生工程师，炼油厂工人是工厂的机械师，掘墓人是代管人。他们自己并不以自己的工作为耻，但他们觉得社会把自己视作较低级的物种。因此，他们要求用滥用的语言来与他人的"可敬"相匹配，而后者所从事的工作可能比他们自己的工作所具有的社会价值要低。

（**空姐明白这种价值层次。"刚开始飞行的时候……遇到的男人都是机场的员工：行李装卸工，干些清洁飞机之类的活儿；机械师……一年后，我们厌倦了这种日子，所以我们搬到城市里，以便交往到年轻的男主管……他们头戴帽子，身着西装，冬天还戴着黑手套。"**）

并不是说这些穿着白衬衫、戴着黑手套的年轻人就那么安全。广告公司的业务员是一名客户经理。"如果人们认为我是个销售员，我

---

[①] Sigmund Freud, *Civilization and Its Discontents*, New York: W. W. Norton and Co., 1962. ——原注

觉得有点降格了。客户经理——这就是对我工作的描述。它比只说'我是个业务员'更有威信。"头衔，就像衣服一样，可能不会塑造男人或女人，但在同行的世界里却有帮助，当然也会给陌生人留下深刻印象。"我们都是副总裁，"文案主管笑道，"客户喜欢和副总裁打交道。另外，把这个头衔给某个人也不花什么钱。副总裁们被炒鱿鱼的时候还很有活力，很爽快。"

在医院，迷人的收费员被称为病患代表！这是爱丽丝从未设想过的仙境。想想公司的间谍。他以可以理解的谦虚态度，称自己为工业调查员。这最后一个——通称保安，是当今社会最有前途的职业之一。无论就业市场多么紧张，这里都是青年男女的一个新兴领域。水门事件的魔咒无处不在。

在另一个奇怪的转折中（医学科学增加了我们的寿命，商业科学却对老年人嗤之以鼻），几乎所有的领域都能感受到年龄的问题。"三十岁的坎儿"是年长的汽车工人的逃生通道，有的去打猎，有的去钓鱼……但在广告公司、银行、审计所、天然气公司，三十岁有着完全不同的内涵。除非他（她）们到那时已经"爬到了顶端"了，否则就会到城市丛林里去，用另一种方式打猎和钓鱼。因为劳动力越来越年轻化，威利·罗曼 ① 也是如此。

**约翰·R.科尔曼博士，哈弗福德学院院长，在 1973 年的最初几个月里进行了一次不寻常的休假。他从事卑微的工作。有一次，他作为**

---

① 阿瑟·米勒（Arthur Miller）的经典剧目《推销员之死》的主角。该剧于 1949 年在百老汇首演。威利是一位来自布鲁克林的六十三岁的旅行推销员，在同一家公司有三十四年的工作经验。他在剧中经历了降薪和解雇。因为难以面对自己的处境，他试图创造一个幻想世界来加以应对。——译者注

洗碗杂务工被解雇了。"我从未被解雇过，也从未失业过。我在街上走了三天。尽管我有一个银行账户，尽管我孩子的学费已经付清，尽管我在哈弗福德有一份薪水和工作在等着我，但我士气低落。我知道我这个年龄的专业人士失去工作时的感受，他们的信心开始下降。"[1] 科尔曼博士五十一岁。

也许正是这种恐慌让职业男女感到不安：对人的有计划淘汰与对他们所制造的东西的计划性淘汰是一体的。或者是他们所贩售的东西。也许正是这种对在一个充斥着无用东西的世界里不再被需要的恐惧，最清楚地阐明了如今被称为工作的这种重要事物的不自然性、超现实性。

"由于科尔曼博士正好是费城联邦储备银行的董事长，所以他辞去了挖沟的工作，主持银行的月度会议。当他看着董事会的其他成员时，他无法不感到他们都有一些不真实的东西。"[2]

一些不真实的东西。对我来说，这种感觉贯穿了整个冒险过程。（我还能怎样描述这次任务呢？我所探究的是**他人**的日常经验，他们的私人伤痛，真实的和幻想的伤痛。在切开一个特别顽固的疖子时，经历痛苦的不是医生。）

我不过是个旅途中的陌生人，得到的多，付出的少。诚然，有晚餐、午餐、饮料，一些早餐，在豪华或快捷的店。也有诚挚的关怀，

---

[1] 《纽约时报》，1973 年 6 月 10 日。——原注
[2] 同前注。——原注

依据我所感觉到的同伴的经济状况而定。但这些充其量只是象征性的报酬。我是别人慷慨的受益者。我的录音机，就像木匠的工具箱或医生的黑色挎包一样，无处不在，带走的是无价之宝。

有些时候，我过于投入，被我自己无心制造出来的情景所压迫，我发现自己忽视了为客人和主人提供共同快乐的礼仪和风度。那位布鲁克林的消防员让我惊讶，进而感到羞耻。我本就觉得与他会面是一次超乎寻常的经历。会面后，他邀请我留下来吃晚饭。"我们去街角的意大利餐馆买点东西。"我已经拔掉了录音机的插头。（我们喝了几瓶啤酒。）"哦，天哪，"我记得自己喃喃自语的样子，"我应该去见镇子另一边的酒店店员。"他说："你就这样跑掉了？我们在这里谈了一下午。这听起来不怎么地道啊。这个家伙，斯塔兹，来到家里，把我的生活录了下来，然后说，我得走了……"那是一顿难忘的晚餐。然而，回过头来看，我怎么会如此麻木不仁呢？

在之前的一部作品中，一位中年黑人医院助理说："你看，有一种东西叫作感受基调。如果你没有这个，宝贝，你就已经有了。"这是我经常问自己的一个问题，经常到让我感到不舒服。尤其是在那位主人温柔地训斥之后。并不是说这对我来说是一次启示性的经历。虽然我那时已经成功地处理好了这种做贼的感觉，我知道这种感觉就在那里。那位消防员让我惊呆了，让我不得不正视它。

（在一些被我们傲慢地称为"原始"的社会里，被人拍照就会被冒犯，这有什么奇怪的吗？这是窃取灵魂。在回忆这样的可憎之事时，我想到了南非的一次"冒险"。1962年，在去比勒陀利亚的路上，我们一车人，五个美国人和三十个德国人，在一个祖鲁人的村子里停了下来。

当祖胸露背的女人们向游客跑去时，照相机忙不迭地咔嚓、咔嚓地拍着。"提基！提基！"妇女们喊道。一个提基大约值三美分。游客们把烈马雪茄放在嘴边，嘟囔着，"乞丐"。他们很愤慨。一个简单的交换条件——而且是非常便宜的交换条件——就是他们的摄影对象所想的全部。用一个提基来换取她们的灵魂……）

照相机、录音机……滥用或善用。有狗仔队，也有沃克·埃文斯[①]。便携式录音机也有好有坏。它可以是微型的，隐藏得很好的，成为一种勒索的手段、警察国家的工具，或者，最常见的情况是，成为平庸乏味事情的传播者。然而，有一台带有麦克风的录音机在手，放在桌子上、椅子的扶手上或草地上，可以改变来访者和主人。有一次，在播放过程中，我的同伴惊奇地喃喃自语："我从来没有意识到自己的感受是那样的。"而我也感到惊奇。

录音机可以用来捕捉名人的声音，他们的答案永远是现成的，轻松越过所有预想中可能出现的困境。这些人中还没有一个人让我感到惊讶。录音机可以用来捕捉非名人的思想——在公共住房项目的台阶上，在平房里，在带家具的公寓里，在停放的汽车里——这些"数据"变成了人，每个人都是独一无二的。我经常因此感到惊讶。

和我之前的两本书一样，我知道制作这本书的过程中存在着悖论。陌生人的隐私确实遭到了侵犯。然而我的经验告诉我，有着被埋藏的怨气和未曾表达过的梦想的人，确实想释放自我。把事情说出

---

① 沃克·埃文斯（Walker Evans，1903—1975），美国摄影师和摄影记者。他从1928年开始对摄影感兴趣。最著名的作品是他为农场安全管理局拍摄的一组反映美国大萧条时期的社会现象组图。——译者注

来。他们说，把疖子割开，脓水太多。这些伤害虽然是私人的，但我相信，别人也能感受到。

我的编辑安德烈·希夫林曾说服我进行《分裂街道：美国》和《艰难时代》的相关工作。他建议我写这本书时，我和以前一样，很犹豫。我既不是经济学家，也不是社会学家，更不是"调查记者"。我该如何去做呢？

七年前，我寻求着"普通人"在一个大型工业城市里过着无名生活的感受，"我四处搜寻城市思想的横断面，不使用任何一种方法和技术"。三年后，我又在寻找那些在大萧条中幸存下来的人的记忆。每一次，我的优势都跟游击队的优势一样。我对这里的地形有些熟悉。第一项研究，是在我生活了大半辈子的城市，它关乎一个真实的现在。第二项研究，是我曾经分享过的经验，即使只是边缘性的，它关乎一个真实的过去。但是，本书的主题却是一个陌生的领域，融合了日常工作的坚硬实质与白日梦的朦胧。它不仅关乎"现在的情况"，还关乎"我想象的情况"和"可能的情况"。

虽然这对我来说是一项更困难的任务，但我的方法和以前差不多。我对我想看到的人有一个大致的概念；他们在反映他们的个人状况时，会触及他们同伴的情况。然而，正如我所怀疑的那样，即兴和偶然发挥了作用。"一个熟人的提示。朋友的朋友告诉我一个朋友或非朋友的事。早晨公交车上一张隐约熟悉的脸。一个听众愤愤不平的电话，或者一个友好的电话……"①

案例在脑海中浮现。

① 摘自《分裂街道：美国》（New York: Pantheon Books，1967）一书的序言。——原注

在乘坐电车时，一个身材奇高的陌生人向我走来，他听到我自言自语（我的习惯），认出我的声音是"他在收音机里听的那个人"。他告诉我他的工作和他父亲的工作。他的思考出现在"父与子"系列中。他告诉我关于他的两个学生的事：一个年轻的医院助理和一个在银行工作的年轻黑人。他们两人也在这本书里。

有一次到肯塔基州东部去看望了不起的乔·贝格利，他本身就值得写一本书，不过这本书里并没有写乔的任何思考。是他建议我去拜访住在山谷里的乔·海恩斯和苏西·海恩斯。他们又引导我去找凯瑟琳伯母。一个人的生活和另一个人的生活联系在一起，而这种联系是如此微弱。

印第安纳州一个小镇上的年轻家庭主妇把我领到了那个露天矿矿工那里，虽然察觉出矿工内心的矛盾，她还是和他说了一些话。她也跟我说起一位石匠，他当时正在河边的小酒馆里喝着啤酒。这位家庭主妇还跟我谈到一位在农业综合企业①时代面临重重考验的农夫。还有那三个报童，他们可能会给霍雷肖·阿尔杰的读者提供一两篇后记。

"在这次冒险中，我很早就意识到，传统的采访是没有意义的。受各种因素限制的陈词滥调是一定会出现的。一问一答的技巧也许在确认喜欢的洗涤剂、牙膏和除臭剂方面有一定的价值，但是在探索一个人的时候是没有价值的。"②问题肯定是要有的，但是这些问题从一开始的时候在本质上就是随意的，就是那种你会在与某人喝酒时问的问题，那种对方会问你的问题。谈话是习惯性的，而不是学术性的。

---

① 农业综合企业指的是大规模生产、销售和分销农产品的企业。——译者注
② 摘自《分裂街道：美国》（New York: Pantheon Books, 1967）一书的序言。——原注

简而言之，那就是谈话。随着时间的推移，那些被压抑的伤痛和梦想像水闸一样被打开了。

和其他书一样，这本书中也有故意的疏漏，特别是神职人员（虽然本书里有一位年轻的神父）、医生（有一位牙医）、政治家、记者和任何类型的作家（例外的是一位电影评论家；她的主题是电影中反映或不反映的工作）。我觉得他们的口才和专业知识为他们提供了其他讨论平台。我记录下他们的态度，不过是自娱自乐罢了。我对不常听到的其他领域的情况很感兴趣。

在许多情况下，选择是任意的。人们从事着成千上万的工作。去拜访谁？不拜访谁？与洗手间服务员交谈时，我会不会忽略了电梯操作员？一位觉得自己的工作"过时了"，另一位是不是也会这样想？在拜访芝加哥的一位书籍装订师时，我错过了马萨诸塞州的一位老织篮工。我听说过一位新英格兰人，他在工作中找到了乐趣。芝加哥的那位书籍装订师也是如此。我在福特公司花时间与在那儿工作的点焊工交谈过，是否还需要调查一位电子厂装配工的生活状况？生产线就是生产线，都是一样的。

本书以非常长的篇幅介绍了汽车，包括汽车的制造、驾驶、停放、销售和维修，以及汽车的残留物：交通、噪声、事故、犯罪、污染、电视广告和人类最具恶意的刁难。

巴里·伯恩，一位年长的建筑师，几年前称："我们这个时代的邪恶天才是汽车。我们必须征服汽车，否则就会被它奴役。"（伯恩是弗兰克·劳埃德·赖特①的信徒，赖特讲的是事物的**有机**本质。"这

---

① 弗兰克·劳埃德·赖特（Frank Lloyd Wright，1867—1959），美国著名建筑师、室内设计师。他认为建筑结构需要和人性以及环境协调，他称这种建筑哲学为"有机建筑"（organic architecture）。——译者注

是他最喜欢的词。一棵树是展现何为有机整体的很棒的例子。所有的部分都属于一个整体，就像手指属于一个人的手一样。如今的汽车则是一个可怕的例子，呈现了不属于人类的事物。"）在我们谈话后不到一年，伯恩先生在去做弥撒的路上，被一辆汽车撞倒而死。

至于参与制造汽车的男男女女，一位汽车工人联合会的地方官员有他的看法："每次我看到一辆汽车在街上行驶时，我不知道驾驶它的人是否意识到在制造这辆车的过程中，人的牺牲是多么大。毋庸置疑，有一个更好的方法。我们可以制造更少的汽车，解决许多人类的问题……"虽然以汽车为主题的篇章题目定为"恶魔情人"，但一首儿童民谣标题用在此处可能同样恰如其分："路上的假骑士。"

但汽车为数百万人提供了就业机会。军械工作也是如此（这是另一种委婉的说法；"战争"这个词只有一个音节）。

随着一些职业的过时，其他职业应运而生。有更多的人因监视别人而领取报酬，比以往任何时候都多。一个货物检查员说："我监视看守人。"他没说谁监视**他**。银行的一个年轻的部门主管觉得很有趣。"就像老大哥在监视你一样。每个人都在监视某个人。当你转身开始观察他们的时候，这很有趣。我经常这样做。他们知道我在看他们。他们会变得不安。"

在这里，同样也有怨言。除了不被认可和工作性质外，最大的抱怨是"被监视"。有工厂的工头，有贝尔大妈负责监听的监工，有给公交车司机添堵的检查员，有拿敏锐的目光盯着航空公司空姐的"乘客"。被监视者的愤慨，不再以沉默的方式呈现。尽管偶尔会有笑声，劳动者越来越多地发出声音。比起从前，他们更不乐意承受这样的羞辱了，如同更不乐意忍受傻瓜一样。

在 30 年代（正如《艰难时代》的记忆者所记得的那样），没有多少人质疑他们的命运。那些发现我们的社会缺陷的叛逆者数量很少。在这个时代，"制度糟透了"几乎是和"差不多"一样反复出现的一句话。

就连"公司女郎"也有一些意想不到的说法。我要找一个空姐，她或许告诉我自己的工作到底是什么样子。时间紧迫，我做了一件放在平时会吓到自己的事。我打电话给一家大型航空公司的公共关系部。他们非常配合。他们推荐了特里·梅森（那不是她的本名）。我原本以为，在这种情况下，要想知道空姐的工作到底是什么样子的，对我来说会是一次艰难的经历。我低估了梅森小姐的活泼程度，还有她的自我意识。显然，公共关系部也低估了。她说："年轻的姑娘们不再像我们以前那样忍受那些废话了。乘客给你不痛快时，你就跟他顶嘴。"她的名字可能叫特里，但显然没有人可以"驾驭她"。①

并不是说年轻就会叛逆。年轻就会叛逆一说，是我们所信奉的另一个精心培育的传说。叛逆的年轻人也许在"查利·布洛瑟姆的时代"一章中有所展现，但二十岁的拉尔夫·沃纳比六十五岁的巴德·弗里曼更容易接受现状，当然也更有工作意识。而二十六岁的大亨肯·布朗，比四十八岁的沃尔特·伦德奎斯特更尊重"工作伦理"。决定一个人是否安分的不是实际年龄，而是其日常生活环境，被伤害的**意识**，以及对"另一种方式"的过度渴望。正如为了"理智"而放弃"安全"工作的伦德奎斯特所说的那样："一旦你唤醒了人类这个物种，你就不能再让它沉睡了。"

也许是时候重新定义"工作伦理"，并将其理念从那些引用它的

---

①　terry 有"毛圈棉织物"之意，但是这个名字的寓意是有能力、叛逆。——译者注

平庸之人身上收回来了。在一个控制论的世界里，在一个几乎是失控的技术的世界里，越来越多的东西在制造东西。对我们这个物种来说，似乎应该去做其他的事情。人类的事情。弗洛伊德有一套说法，拉尔夫·赫尔斯坦则另有一套。赫尔斯坦是美国食品加工工人联盟的名誉主席。"学习是工作。照顾孩子是工作。社区行动是工作。一旦我们接受了工作是有意义的事情而不仅仅是钱的来源这一观点，你就不用担心找不到足够多的工作了。骡子再也没有借口了。社会不需要它们。我们有能力让每个人都有吃有穿有住，这是毫无疑问的。问题是要找到足够多让人保持忙碌的方法，这样一来，人才能与现实接触。"我们的想象力显然还没有遭遇挑战。

"并不是说每个普通的劳动者都是傻瓜。他很累，仅此而已。"钢铁工人迈克·勒菲弗反问："你要攻击谁？你不能攻击通用汽车公司……你不能攻击一个体制。"于是，在附近的小酒馆里，他打了坐在旁边的顾客——那个普通的劳动者。请往下看吧！他的工作就是这样，这是注定的。

"即使是像奥威尔这样尖酸刻薄而又看似不浪漫的作家，也从未完全丧失过通过爱德华时代音乐厅的那种舒适的闷油感来看待工人阶级的习惯。类似的态度形态各异，贯穿在星期天专栏记者通俗而博人眼球的言论中，他们总是钦佩地回忆起他们在酒吧的哥们儿'阿尔夫'嘴里最新的俏皮话。"[1]

同样，在我们国家，传说崩塌得很悲壮。最持久、当然也是最沉闷的是有关出租车司机兼哲学家的传说。我们的专栏作家仍然坚持

---

[1] Richard Hoggart, *The Uses of Literacy*. ——原注

把出租车司机兼哲学家作为敏锐的"璞玉"式的社会观察家来加以引用。乐基·米勒，一个年轻的出租车司机，对此事有自己的看法。"很多司机几乎会同意乘客说的任何话，无论多么荒谬。他们是为了争取小费。"理发师和调酒师可能在被人引用的频繁程度方面紧随其后。他们也是为了小费。这绝不是反映了他们的工作性质，而是反映了记者的懒惰，以及小费现象。一位理发师说："通常情况下，我不会不同意顾客的意见。那样会影响生意的。"这是注定的，他的生意，或者说工作，就是这样的。

同时，我们的"阿尔夫"，被称为"阿奇"或"乔"，被浪漫化了，也被脸谱化了。他是一个被别人贬低的小丑。其他自称中产阶级的人，反过来又被其他非人格化的他者所贬低，包括组织、机构、官僚机构。"你要攻击谁？你不能攻击通用汽车公司……"因此，工人阶级和中产阶级的"沉默"（或麻木、疲惫）在一个比奥威尔式社会还要具有明显操纵性的社会里，获得鼓励并遭到利用。一种不正当的炼金术在起作用：在他们未受审视的生活中可能发现的金子被嬗变为平庸存在的糟粕。这种贬低行为和其被接受这一事实是由一种有悖常理的"工作伦理"所促成的。


但也有悸动，有新生的张扬。虽然出现了"微笑"的按钮，但承载者都是死气沉沉的，因为没有人报以微笑。随着电脑和各种自动化的发展，沃尔特·惠特曼[①] 有关工作的旧诗歌中又增添了新的英雄和平凡的主角。其声音不再是旋律优美的。绝望是不安静的。

---

　　① 沃尔特·惠特曼（Walt Whitman，1819—1892），美国诗人、散文家、新闻工作者。——译者注

诺拉·沃森可能说得最简洁。"我想我们大多数人都在寻找一种召唤，而不是一份工作。我们大多数人，就像流水线工人一样，我们所从事的工作对我们的心灵来说太小了。工作对人来说，是不够大的。"

在我这三年的探矿生涯中，我也许挖到了金子，挖到金子的机会比我想象得要多。普通人的那些非同寻常的梦想，不断让我感到惊奇。无论时代如何令人困惑，无论官方语言如何杂乱，那些被我们称为平凡的人都意识到他们所从事的工作有一种个人价值感，或者更多的时候意识到价值感的缺乏。汤姆·帕特里克，布鲁克林的消防员，他的反思在本书的最后，同样为这本书画上了句号。

"这个该死的世界是如此混乱，这个国家是如此混乱。但消防员，你真的看到他们在实打实地干活儿。你看到他们救火。你看到他们出来的时候手里还抱着孩子。你看到他们在一个人快死的时候，嘴对嘴地给他施救。你无法绕过这些倒霉事儿的。这是真实的。对我来说，这就是我想成为的人。

"我以前在银行工作过。你知道的，这只是些文字工作。这不是真实的。从九点到五点，做的都是些狗屁事情。你在看数字。但我可以回过头来说：'我帮着扑灭了一场火。我帮着救了某个人。'这显示了我在这个世界上所做的一些事情。"

# 目录

# 序言一　谁建造了金字塔？

谁建筑了七座城门的特贝城？

书里边写着国王们的名字。

那些岩石是国王们拉来的吗？

……

泥水匠们在万里长城建成的那晚，

他们都到哪里去？[①]

——贝托尔特·布莱希特

## 迈克·勒菲弗（钢铁工人）

这是一座两层住宅，位于芝加哥郊区的西塞罗镇。他三十七岁，在一家钢铁厂工作。他的妻子卡萝尔有时候会在邻近的饭店里做服务员，其他时候则待在家里照顾他们的两个孩子，一个男孩，一个女孩。

我第一次去他们家时，地上有一个圣母圣子小雕塑，头部和身体断成两截。男主人微笑着，用手指向他三岁的女儿，说道："是她干的。"

---

[①]　这是贝托尔特·布莱希特的诗《一个工人读书时的疑问》（Fragen eines lesenden Arbeiters）中的节选，收于冯至翻译的《布莱希特选集》（人民文学出版社，1959年）。——译者注

我干的是一个正在消亡的工种。我是个工人。就是完全的体力活儿……把东西搬起来，放下，再搬起来，放下。我们一天要处理四五万磅的钢铁。（笑。）我知道这令人难以置信，每个铁块的重量从三四磅到四百磅之间不等。真是累得要死。

你好像再也没法以这份工作为荣了。还记得以前的时候，一个干我们这行的家伙还能指着一栋他建的房子，讲他堆了多少圆木。他建了这栋房子并引以为荣。我觉得，如果是一个承建商为我建造了一个家，我是不会感到自豪的。我可能会走进房子，踢木匠一脚（笑），然后把他的锯夺走。因为，你知道的，我一定得参与其中才行。

对于一座你自己永远也不会走过的桥和一扇你自己永远也不会打开的门，你是很难有自豪感的。你在大量生产东西，却永远看不到最终结果。（喃喃自语）我曾为一个卡车司机工作过一次。当我装车的时候，我得到了这种小小的满足感。至少我可以看见卡车满载着出发。在钢铁厂里，还是算了吧。任何东西的去向你都看不到。

有一回，我被我们工头狠狠教训了一顿。他说："迈克，你是个好工人，但是你的态度很糟糕。"我的态度是我不会为我的工作感到兴奋。我做了我的工作，但我不说什么"哦耶，这太棒了"。我为工作感到兴奋的那天，就是我该去看心理医生的那天。拉钢筋的时候，你怎么会兴奋呢？你感到很累、想要坐下的时候，你怎么会感到兴奋呢？

这不仅仅是工作上的事情。有人建造了金字塔。总有人要造点东西。金字塔，帝国大厦，这些东西不是本来就在那里的。它们背后有着艰辛的工作。我想看到一栋大楼，比如说帝国大厦吧。我希望看到它的一侧从上到下有一个一英尺①宽的条状物，上面写着每一个砖匠

---

① 1英尺＝0.3048米。——译者注

的名字，每一个电工的名字，所有人的名字。这样一来，当某人途经这栋建筑的时候，他可以对他儿子说："看，我的名字写在四十五层楼的位置。是我把钢梁放进去的。"毕加索可以指着一幅画。我可以指着什么呢？一个作家可以指着一本书。每个人都应该有一个能指着的东西。

这就是别人不认可。说一个女人**只**是个家庭主妇而已，是一种贬低，对吗？好吧。**只**是个家庭主妇。同样，说一个人**只**是个工人也是有损人格的。区别就是一个男人要出门，可能还会喝得酩酊大醉。

我还是个单身汉的时候，可以不干了，直接走人就好。我在全国各地都游荡过。工作挣的钱只要够买得起一副扑克牌，兜里有一点零花钱就好。现在我结婚了，还有了两个孩子……（声音减弱）。我曾经在一个卡车装卸站工作过，当时我还是单身。工头走过来抓住我的肩膀，狠狠推了我一把。我给了他一拳并把他推倒在地。我说："别惹我。我在干活儿，离我远点，别让我动手。"

妈的，如果你揍了一头蠢骡子，它也会踢你的。离我远一点儿就行了。工作已经够糟糕的了，别来打扰我。我情愿一天在没人管我的情况下累死累活干八小时活儿，也不愿在某个家伙的监视下干五分钟。你要攻击谁？你不能攻击通用汽车公司，你没法攻击华盛顿的任何人，你不能攻击一个体制。

我感觉我就是一头骡子，一头老骡子。哦，看见了吗。（展示他胳膊和腿上的瘀青和烧伤的痕迹。）你知道我从不止一个同事那里听到了什么吗？"如果我的孩子想在一个工厂里工作，我一定会把他胖揍一顿。"我要让我的孩子成为一个软弱的势利小人。是啊，嗯嗯。（笑。）我要让他能够引用沃尔特·惠特曼，并且以此为荣。

如果你不能提升你自己，你可以提升自己的后代。否则，人生一点意义也没有。你也可以回到洞穴里生活，就在那儿待着。我很确定的是，第一个洞穴人跨过山头去看山的另一边是什么，他这么做不完全是出于好奇。他这样做是为了让他的儿子能够走出洞穴。就像我想把自己的孩子送到大学里一样。

我工作太辛苦了，就想回家坐下或者躺着。**但是我会改变这些。**我想能够转头对某人说："嗨，去你妈的。"你知道吗？（笑。）公交车里坐在我旁边的那家伙也是一样。因为我一整天都想跟我的工头说去他妈的，但是我不能。

所以我就在酒馆里面找个家伙，跟他说去他妈的。他也跟我说了同样的话。我打过很多次架。他打我，我也打他，因为我们其实都想找个人打一架。可能发生的最糟糕的事情就是酒保让我们都滚出酒馆。但是在工作的地方，你会丢了饭碗。

我有过一个工头，他还是个孩子呢。他是个大学毕业生，觉得自己比任何人都厉害。他把我骂得狗血淋头，我就说："好吧，好吧，好吧。"他回答："什么叫好吧，好吧，好吧，你是什么意思？是的，**先生。**"我告诉他："你他妈的是谁啊？希特勒吗？**'是的，先生'**是个什么玩意儿啊？我来这儿是工作的，不是来在地上爬的。这他妈的区别可大了。"话赶话，我就失控了。

我被降到了一个更低的等级，每个钟头少挣二十五美分，这他妈的可真不少。一周少挣十美元呢。那个人在把我降级之后过来跟我说话。他过来冲我微笑。我快气炸了。他并不知道他当时离被送到医院只差一丁点儿了。我说："你他妈离我远一点儿。"他想说点儿什么，还用手指着我。我就抬起手一把抓住他的手指，然后把他的手指塞回他的口袋。他就走了。我只抓住他的手指是因为我结婚了。如果我还是单身，我就抓住他的脑袋了。区别就在这里。

我现在正在做这些力气活儿，而且我知道科技能干这些。（笑。）咱们还是面对这事儿吧，机器可以做人做的工作；不然的话就不会有空间探测仪了。为什么我们能发射无人操纵的火箭，却还让一个在钢铁厂工作的人做些骡子干的活儿呢？

自动化？这取决于是怎么应用的。如果自动化害得我流落街头，那自动化会让我害怕。如果我每周的工作因为自动化有所减少，我就不害怕了。你听过那个小笑话吧："如果电脑取代了你，你会怎么做？把电脑炸掉呗。"（笑。）真的。把电脑炸掉。如果电脑抢了我的饭碗，我肯定要气疯的。我得给我的孩子挣牛奶钱，给我自己挣啤酒钱。机器要不就是能解放人，要不然就是能奴役人，因为机器是中立的。是人根据自身的偏好来决定把东西放在这个地方还是其他地方。

如果我每个礼拜工作二十个小时，我就能有更多时间陪我的孩子和老婆。有个孩子邀请我去社区大学的校园。那是夏天的某个周六。妈的，如果我要在带着我的老婆孩子去野餐和去社区学校之间做选择，我选择去野餐。但是如果我每周工作二十个小时，我两件事都能做。你不觉得人有了这多出来的两个小时就真的能去发展自己吗？谁说了算呢？有些人在工厂里工作完全是迫于形势。我就像那些有色人种。有可能成为爱因斯坦的人并不一定是白人。他们可能在棉花地里工作，可能在工厂里工作。

如今每周工作二十个小时是可能的了。知识分子们总是说在工地、钢铁厂或者工厂里面干活儿的人里面有些人能成为拜伦勋爵、沃尔特·惠特曼、罗斯福和毕加索。但是我觉得这些知识分子并不相信他们所说的话。我觉得他们害怕的是在那些地方工作的人里也有潜在的希特勒和斯大林。那些掌权的人害怕闲汉。不光美国是这样的，俄罗斯也是如此。

如果某一年这些当权者做个实验，让每个人每周只工作二十个小时，你觉得在这个国家会发生什么事情？你怎么知道那个今天在华莱士①银矿工作的家伙明天不会成为一个新的希特勒呢？你怎么知道那个对污染有些困扰的家伙不会决定去通用汽车公司工作并在某个工作人员的桌子上拉屎呢？如果你有时间，你可以变得很狂热。这完全取决于时间。我觉得这就是为什么富人的孩子嗜好政治：他们有时间啊。时间才是最重要的。

并不是说每个普通的劳动者都是傻瓜。他很累，仅此而已。有一次我买了一本关于象棋的书。这本书在橱子里躺了两三个礼拜，我太累了。周末的时候，我想带着孩子们出去。我不想坐在那儿，然后孩子过来对我说："爸爸，我能去公园吗？"你在看书？还是算了吧。

我认识一个五十七岁的人。你知道他跟我说什么吗？"迈克，我老了，总是很累。"工作的时候发生的第一件事情是，胳膊开始活动，脑子却停止不动了。我早上开始上班的时间大概是差十分钟七点。我跟几个我喜欢的人打招呼，我和他们一起混。一个家伙跟我说早上好，我对他说早上好。我跟另一个家伙说去你妈的。这个我对他说"去你妈的"的家伙是我的朋友。

---

① 华莱士：美国爱达荷州肖松尼县的一座历史名城，位处银谷矿区。银谷矿区是美国的大型银矿区之一，银产量超过美国其他所有的银矿。——译者注

　　我戴上安全帽，换上安全鞋，戴上护目镜，然后走到磷化处理机①那里。这是我工作的内容。磷化处理机把金属表面擦干净、清洗和蘸上涂料，然后我们把金属取下来。放上去，取下来，放上去，取下来，放上去，取下来……

　　除了我的头儿，我跟谁都打招呼。七点钟开始工作。不出半个小时，我就觉得胳膊很累了。然后，一直到一天结束前的半个小时，我的胳膊都不会再感到乏力了。我从七点钟一直干到下午三点半。七点半我会觉得胳膊很累，下午三点也会觉得累。我跟上帝说，我工作的时候千万别被打断，因为我总是想让我的胳膊在七点半和三点的时候感觉很累。（笑。）因为在这两个时刻我知道工作有开始的时候，也有结束的时候，我也不想强迫自己不这么想。从七点半到三点之间这段时间，我甚至都不试着去思考。

　　如果我把你放到一个码头上，在你面前搬运装有五千磅重的土豆滑木箱，而且还有五十个一样的滑木箱，你这一整天都得干这个，你会对土豆有什么看法吗？除了傻瓜，谁也不会对工作有什么看法，也不会去谈论工作。我们可能会谈论棒球，或者那天晚上出去喝多了的事儿，又或者哪个人泡到一个妞还是没泡到。我觉得一百个人里有一个真的会对工作感到兴奋。

　　为什么共产主义者总是说他们为工人的利益考虑，而他们一旦建立了国家，就有些人冲着拖拉机唱歌呢？他们唱的是他们有多么热爱工厂。这就是为什么我不买共产主义的账。共产主义是知识分子的理想，不是我的。我没法想象自己冲着一台拖拉机唱歌，我就是想象不

---

　　①　磷化处理机能使金属表面形成磷酸盐涂层，以起到抗腐蚀的作用。——译者注

出来。（笑。）或者是冲着钢铁唱歌。（唱歌。）哦～啦啦啦～我在磷化处理机那里工作～哦～我是多么热爱沉甸甸的钢材～不，谢谢。这种事永远不会发生的。

哦对了，我也做白日梦的。我幻想着一个迈阿密的性感金发女郎拿到了我交的工会会费。（笑。）我对工会主席的看法和对我们公司老大的看法是一样的。真是逍遥快活啊。我想起2月份在迈阿密的时候，天气很暖和，是个休息的好地方。我听到一个还在上大学的小家伙说："我受到了压迫。"我不相信他。你知道我用一年想干点儿什么吗？像个大学生一样生活。一年就行。我真想。哦！（悄悄说）哦！动感汽车！大麻！（笑。）狂野性感的女人！我会很喜欢这些东西的，该死的，真的，我会很喜欢的。

有些人不得不做这份工作。如果我的孩子上了大学，我只是希望他能对工人有哪怕一点点尊重，我希望他能意识到他爸爸是这些不得不工作的人中的一员。这就是为什么哪怕是有关——（沉思）嗯，我猜，当然了——有关黑人……（沉重地叹了一口气。）我真的不讨厌那个每天跟我一起干活儿的黑哥们。我不尊敬那些黑人知识分子。那些白人知识分子对我来说没什么用。那个黑人激进分子在我忙得不可开交的时候冲我大喊关于三百年奴隶制的事情，这对我没什么用啊。你知道我什么意思吗？（笑。）对于那个家伙，我只有一个答案：去见见洛克菲勒吧！见见哈里曼①吧！别来打扰我。我们的情况都差不多。所以别来烦我。（笑。）

---

① 威廉·埃夫里尔·哈里曼（William Averell Harriman，1891—1986），美国商人、外交家、政治家、美国民主党人，曾任美国驻苏联大使、美国驻英国大使、美国商务部部长和纽约州州长。——译者注

　　下班后，我通常会在小酒馆待一会儿。一杯冰啤酒。马上来一杯冰啤酒。在我还是个光棍儿的时候，我经常走进一些乡下酒吧，卷进很多次斗殴。就是为了释放一下。我胳膊的这个位置还留了个玩意儿（指着伤疤处）。我被人用自行车链子给抽了一下。哦，哇哦！（轻轻地说）嗯。我老了。（笑。）我打架次数没那么多了。你可以说我再也不这么干了。（很快地）不，我永远也不会停止。（叹息。）在你年纪大一点的时候，你跟别人靠语言交流。在你年轻一点的时候，你用的是拳头。

　　我回到家时，跟我老婆吵几句。我打开电视，对着那些新闻发飙。（笑。）我甚至不怎么看新闻。我看的是杰基·格利森①拍的电视剧。我想换一换的时候就看十点钟新闻。我不想气鼓鼓地去睡觉。在五点钟的时候不要用任何沉重的东西去打击一个男人。他就是不能被打扰。这是他休息的时间。他所需要的最沉重的事儿就是他老婆要跟他说的事儿。

　　你知道我回家后的前二十分钟干什么吗？装。我脸上挂着笑容。我有个三岁的女儿。有时候她问："爸爸，你干什么去了？"我说："工作啊。"我本来可以跟她说我去迪士尼乐园玩了。对一个三岁的小孩儿来说，工作是什么呢？如果我感觉很糟糕，我不能冲着孩子撒气啊。孩子生下来的时候，对除了出生之外的所有事物都很天真无知。你也不能冲着你老婆撒气。这就是为什么你要去酒馆。你想在那里把气撒出来，而不是在家里。一个演员出演了一部糟糕的电影，他会怎么办？我每天都出演一部糟糕的电影。

---

　　①　约翰·赫伯特·"杰基"·格利森（John Herbert "Jackie" Gleason，1916—1987），美国喜剧演员、编剧和音乐家，时常出演有着傲慢性格的喜剧角色。——译者注

我早晨起床甚至都不需要定闹钟。我可以一整晚都在外面喝酒,四点的时候睡觉,然后,嘭!不管我干什么,六点钟我就起了。(笑。)这差不多就像假死一样。你的整个系统都瘫痪了,一副死了的样子。这是个长在身体里的时钟。是个你已经习惯了的事情。假死的时间是不一样的,这取决于干什么。有时候我老婆想做点儿疯狂的事儿,比方说玩上五百圈拉米纸牌①或者是完成一个拼图。那样的话,可能半夜,可能十点钟,也可能九点半。

**你周末做什么呢?**

喝啤酒,看书。看见那本了吗?《美国的暴力》。这是华盛顿那边的人搞的研究中的一个。就是那一堆委员会中的一个搞的研究。我周末就读这种东西。但是在工作日,天哪……我只是想想这类事。从礼拜一到礼拜五我不怎么看书。除非是色情书。我上班的时候读,回家之后跟我老婆练习一下。(笑。)有时候我老婆礼拜六要工作,我就在小酒馆喝杯啤酒。

很久以前了吧,我跟一个家伙一起出去喝酒。一个大学生。他那个时候在我现在上班的地方工作。他老是冲我喋喋不休地说教,说什么你需要用暴力来改变体制之类的废话。有一次我们去了一个乡下酒馆。那儿有个我不认识的家伙说:"你觉得你很聪明。"我说:"你喜欢什么消遣?"他说:"我喜欢踢你屁股。"我告诉他真的别惹我。他

---

① 拉米纸牌,又称拉米数字牌、以色列麻将、魔力桥,是一种适合二到四人的桌上游戏,由以色列人埃弗拉伊姆·赫扎诺(Ephraim Hertzano)于20世纪40年代设计发明。游戏除了联谊娱乐性质,也经常被学界、社团和商用用来举办智力竞赛。由于拉米的方形牌面、游戏凑组合的方式和将牌打散洗混的声音动作都有点类似麻将,所以也有"以色列麻将"之称。——译者注

说："你是什么玩意儿啊，胆小鬼？"我说："别，我不想别人惹我。"他走过来又跟我说了点儿别的。我说："我不打女人、醉汉和白痴。现在，离我远一点。"

那家伙把他兄弟叫过来了。那个跟我在一块儿的大学生过来拽了拽我的胳膊，说："迈克，我们出去吧。"我说："你担心什么呢？"（笑。）这种事儿不是不常见。有人惹你，你用嘴能挡多少挡多少，在你躲不开的时候，你揍那个惹你的人就完了。

当时离酒馆关门的时间不远了，我们就留下来了。我们本来可以走的，但是你走进一个地方想喝杯啤酒，结果有个家伙对你发起挑战，如果你还想以后再去那个地方，你就别走。如果你必须和那个挑战你的家伙干一仗，你就打呗。

我刚出门，那两个家伙中的一个就跳上来掐住我的脖子。我抓住他的胳膊，把他猛地冲着墙推了过去。我抓住他这里（指着喉咙），把他的脑袋往墙上撞了好几次。他好像滑下来一点儿。那个自称是他兄弟的家伙用一条军用皮带冲着我抽了一下。他抽偏了，皮带打在了墙上。我向四周看去，看那个喜欢暴力的小斯大林在哪儿。（大笑。）他已经不见踪影了。逃了。（笑。）第二天我在工作的地方看见他了。我没办法冲他发火，他还是个孩子呢。

有一次他从我后兜里看见一本书，他看起来很诧异。他走过来跟我说："你还看书呢？"我说："你什么意思，什么叫我还看书呢？"他说："在这儿干活儿的这帮蠢货读的是报纸里的体育专栏。你拿着本书是想干什么？"我立马火就上来了，对他说："你什么意思，什么叫这帮蠢货？别批评一个正在交钱供别人读大学的人。"他就是个十九岁的软弱的势利小人。

**但是你还是想让你的孩子成为一个软弱的势利小人?**

是的。我想让我的孩子看着我说:"爸爸,你是个好人,不过你是个十足的傻瓜。"就是他妈的这样,我想我的孩子跟我说他不想和我一样。

如果我能雇人工作,我会试着付给他们体面的薪水。我会试着知道他们叫什么名、姓什么,把公司的规模控制得能多小就多小,这样一来,我就能把一切都做得个性化一些。我对雇员的全部要求就是握一下手,说"明早见呀"。不用申请,什么都不用。我不会对别人的过去感兴趣。没有人检查骡子的血统吧?换成人就得检查了。你能想象朝着一头骡子走过去,然后说"我想知道它的祖父是谁"吗?

我想开一家集书店和酒馆于一体的店。(笑。)我想有一个地方,大学生能来,钢铁厂的工人也能坐下来聊聊天。在这个地方,工人不必为读沃尔特·惠特曼的书而感到难为情,一个大学教授也不必为他周末粉刷了房子这种事感到难为情。

如果一个木匠为几个诗人建了一座小木屋。我觉得这些诗人至少能为这个木匠做一件事,就是在墙上写三四句俏皮话。在一个小牌匾上写:虽然我们用头脑工作,这个我们可以休息的地方是由某个能用双手工作的人建造的。这个人的工作同我们的工作一样高贵。我觉得诗人欠那个为他建造小木屋的人一些东西。

我不去想礼拜一。你知道我礼拜天晚上想什么吗?下一个礼拜天。你工作很辛苦的时候,你想的是永远也不会结束的假期。不是一直睡觉……我礼拜天夜里在想什么?老天爷,我他妈真是希望能做点别的什么维持生计啊。

　　我不知道是谁说的，没有什么比一首未完成的交响乐更美妙的东西了。就像是一幅没有完成的画、一首没有写完的诗。如果说这话的人有一天创作了一个东西——比如说米开朗基罗的西斯廷教堂顶吧。这个美丽的艺术品花了他很长时间来完成。但是如果他一年之内不得不创作一千次西斯廷教堂顶呢？你不觉得这会让米开朗基罗也变得迟钝吗？或者是达·芬奇得把人体解剖图每天画上三十次、四十次、五十次、六十次、八十次、九十次、一百次？你不觉得连达·芬奇也会觉得烦吗？

**　　一开始的时候，你谈到建造金字塔的人，不是法老，而是一些连名字都没有留下来的人。你把自己归于这个行列吗？**

　　是的。我想把自己的名字放在他们的名字之间。有时候，纯粹出于无聊，我做东西的时候，在上面弄个小凹痕。我想干点儿什么，让我做的东西变得真正独一无二。用锤子敲一下。我是故意弄出点错，看看做出来的东西能不能通过检查，这样我就能说这东西是我做的。可以是任何东西。就这么说吧：我想上帝发明渡渡鸟是想让我们到了天堂的时候能告诉他："你就没有犯过错吗？"然后他说："当然犯过了，你看。"（笑。）我想留下自己的痕迹。这个痕迹就是我的渡渡鸟。一个错误，我犯的错误。这么说吧，整个建筑都是红砖建成的，我就是想放上一块黑砖，或者是白砖和紫砖。故意搞砸了。

　　这么说虽然很古板，但是我的孩子就是我留下的印迹，是我的自由。海明威的某本书里面有一句话。我觉得是《丧钟为谁而鸣》里面的一句话。在西班牙某个地方，两个人处在敌人阵线的后方，女人怀了孩子。她想跟他待在一起。他告诉她说不行。他说："如果你死了，我也会死的。"他知道他会死。但是如果你离开,我也算离开了。知道我什么意思吗? 神秘主义者管这叫连续体。生命的延续统一。你明白我的意思吗? 这就是为什么我工作。每次我看到一个年轻人穿着衬衫、打着领带、打扮得精精神神地走过来,我就会望向我的孩子,你明白吗? 就是这样。

# 序言二　谁在散播消息？

比利·卡彭特（报童）

纽堡镇，位于印第安纳州，是林肯儿时居住过的地方。该镇紧邻肯塔基州西北部边境。俄亥俄河沿着镇子缓缓流过；工业淤泥沉淀在它流经的水域中。

比利·卡彭特十二岁了。他断断续续的报童生涯已经持续了七年。他骑自行车送报。每天放学后，他大概送一个小时报。星期天早上他则要工作长达四个小时。他说："天很黑，阴森可怕。你要穿过这些树林。这很让人害怕。"比利有六十九位客户。

我喜欢我的工作。你送报的途中会结识很多人。如果你很友善，他们会告诉所有人你有多么好，然后人们会把这个讯息传递下去。但是现在，我有点赶时间，所以我就用随便哪种老法子完成送报任务。因为现在是冬天啊。天黑得早了。而且，如果我不及时回家，天气就会很冷，感觉很不好。

从前，我会把报纸放到客户们想要我放的地方。我现在还为一个老年男客户这样做，因为他是个跛子。我把报纸放到他的桌子上。但是那些能走路的客户，如果我把报纸放到他们每个人家的门廊上，这得花费我大概两个小时的时间。有一位女士住在离街道约三十码的地方。我就干脆把报纸扔过去。有一天,她走过来,开始对我大吼大叫,因为她有一个报箱。你必须爬坡穿过一条小巷、转弯,才能到达位于房子另一侧的报箱。这得花费一分钟的时间。如果我必须为每位客户都这样做,我永远干不完所有的活儿。然后,那位女客户说:"把报纸放到门里吧。"打那之后我就把她的报纸放到门里面。现在她总是锁上家里的门,所以我只能把报纸丢到门廊上。

客户们过去经常训斥我们。现在他们不太这么做了。他们拒绝付钱给你。我月初的时候收钱。我的客户里面有三个人,我很难从他们那里收到钱。有一个人经常不在。他十二点左右回家,早上六点左右离开。我以前总能逮到他。现在我做不到了。

**你做报童的这份经历会帮助你学会如何在这个世界上生存吗?**

哦,会的。你可以在今后的人生中找到一份销售员的工作,比如销售百科全书或者其他什么东西。我会这样做的。因为这样做的话会赚很多钱。

## 克利夫·皮肯斯(报童)

**比利·卡彭特的一位同行。他也十二岁,有五十四位客户。**

扔报纸是件有趣的事儿。有时候你能把报纸扔到房梁上。但是我从来没这么干过。你把报纸从你的自行车上丢下来,报纸会掉在灌木丛中的某个地方。报纸会撞到墙上,然后反弹落到灌木丛里,灌木丛非常密实，所以报纸就会发出"砰"的一声。特好玩儿，我可喜欢听见报纸发出"砰"的声音啦！（笑。）报纸能弹约一英尺高呢。你永远不会想到灌木丛也会反弹。我总是将报纸从灌木丛中取出来，然后把它丢回客户的门廊上。

台球房的那些家伙趁我不盯着的时候从报筐里偷拿我的报纸。不过，他们总是会把报纸还回来。他们只是在取笑我罢了。我不知道他们叫什么名字。他们中有各种各样的人，有年轻人，也有老家伙。我总是走到台球房，对那帮家伙说："好了，把报纸交出来吧。我知道你们衬衫底下都塞满了报纸。"如果他们不把报纸给我，我就把他们的衬衫掀起来，把报纸夺过来。当报童挺好的。你会真正喜欢上大家。

## 特里·皮肯斯（报童）

**克利夫的哥哥。特里十四岁了。他留着豪迈王子的那种发型**[①]**。他是纽堡镇数一数二的摇滚唱片收藏者，也是最狂热的科幻小说读者。他要给五十七位客户送报纸，但是跟克利夫和比利比起来，特里完成工作所需的时间要长得多。"我骑自行车到处跑。街道两边我都得去。克利夫用不着爬山。而我负责的区域里全都是小山头。"**

我为了收钱遇到过好多麻烦。有个女客户躲过我一次。还有另一个女客户让她的孩子们告诉我她不在家。她的一个孩子说："妈妈，

---

① 由哈尔·福斯特绘制的美国连环漫画《豪迈王子》（*Prince Valiant*）于 1937 年开始连载，漫画主人公豪迈王子所留的发型（Prince Valiant haircut）与 20 世纪 50 年代末、60 年代初西方流行的花童头（pageboy haircut）相似。——译者注

是报童。"她回答(悄声低语):"告诉他我不在家。"我能通过门听到
她说的话。半个小时后我又回到她家,她这才付给我钱。她并不是个
赖账的家伙。你如果能见到你的客户,他们就会付钱给你。有时候你
只能等待⋯⋯

如果我不能在客户家里见到他们,我就会很恼火。这意味着我得
回来,一趟一趟地回到这里,直到见到客户。晚上九点左右或者早上
七点你就得来。有一个家伙欠我四美元。我让他感到非常愤怒,因为
我十点来找他。为什么我要这么晚来?他之所以生气,也许是因为我
在他家逮到他了吧。但是他付钱给我了。我才不在乎他是不是生我的
气,只有这样做,我才能得到报酬。

我喜欢有钱。比起总是一分钱也没有,偶尔有些钱感觉很好。我
的大部分朋友总是一分钱也没有。我这个夏天花了足有一百五十美元
呢。这些钱都花在些没用的玩意儿上——糖果啊,可乐啊,台球啊,
弹球游戏啊什么的。我们去了好几次麦当劳。我买了任何我想要的东
西。我很好奇钱都去哪儿了。我就像是个赌徒一样,拥有的越多,花
得越多。我就是这种人。

送报纸应该是个很好的差事。某个家伙跑来问我想不想干这行的
时候,他把这事儿说得特别好。一个礼拜七美元,基本不用干什么活
儿。然后你发现,这个家伙完全是在胡扯。你不信任人了。你不信任
你的客户,因为他们有时候不付给你报酬。

然后,你开始生印刷公司那群人的气。你本应该拿五十七份报
纸。他们不是发给我四十七份就是六十七份。礼拜天早上,他们把
事情搞得一团糟。克利夫收到十份或者十一份多余的,而我手里则
缺十份或者十一份。这种事总是发生。我觉得那些印刷工才不在乎这

个呢！他们每个礼拜至少犯一次这种愚蠢的错误。我想他们是半睡着了还是怎么的。我干分内的活儿，我不明白他们为什么不能干好他们的。我也不比他们更喜欢我的工作啊。

我礼拜天早上三点起床。我很晚才睡，所以很累。但是黑暗并不影响我。不过我有时候会撞见一些东西。有个人的狗会跑出来，能把我吓出心脏病。有个女的有两条德国牧羊犬，那种超级大的老狗，足有三四英尺高。其中有一条不会咬人。它只会跑出来并猛冲过来，冲你汪汪叫，然后再离开。至于另外一条，它咬我的时候我才知道那个女的还有一条狗。这条狗绕过灌木丛。（学狗叫。）等我转过身子的时候，它就在我旁边。它咬了我这里（指了指腿上的伤疤）。伤口出了点儿血。我狠狠地瞪了它一眼。

那条狗跑到另外一个邻居的草坪上，并试图阻止我踏上草坪。我还是踏了上去，把报纸送到。我几乎准备好了要把那东西的脑袋敲碎，或者干脆把它给宰了。或者用别的什么法子。我气得要疯。我打电话给那个女人，她声称那条狗打了所有的疫苗，她还说："我不相信它咬了你。"我说："女士，它咬了我。"那个女人的女儿开始问我一大堆问题。"狗是什么颜色的？""狗有多大？""你确定是我们的院子和我们的狗吗？"然后，她们发现两条狗不在狗窝里。

她们先是告诉我，她们觉得我没必要打针。然后她们又说会付钱请医生。我没有去看医生。伤口没有流很多血。但是我告诉那个女人，如果再让我看到那条狗，她就得另找别人给她送报纸。现在那条狗被关在窝里，它冲我汪汪叫。我生气地瞪了它一眼。

我送报的那片区域有好多狗。还有一条狗也试图咬我，那是条小黑狗。它朝我扑过来，撕扯我的裤子，不过没咬着我。（W. C. 菲尔兹

式的兴高采烈 ① ) 我结结实实地踢了它一脚。它现在还追我呢。有两条黑狗。另外一条被我踢了好多次的,现在再也不来烦我了。有一次它正咬我的腿呢,我冲着它的脸就是一脚。现在,这条狗光在灌木丛下面待着,冲我咆哮。我都懒得看它。

还有另外两条狗总是跑到街上追我。我踢它们,它们还回来,我就再踢。我跟这两条狗再也没有任何问题了,因为它们在追车的时候被撞了。两条都死掉了。

我的客户中有好多我都不喜欢,因为如果我不把他们的报纸准确地放到他们要求的位置,他们就会责骂我。有一个客户劈头盖脸骂了我足有十五分钟。我不想重复他是怎么称呼我的。能找到的词都用上了,就是没头没脑地数落我。他告诉我,他开车回家的路上经过很多药店,他完全可以在任何一个药店买份报纸。他说我只是个没什么用的便利设施而已。

我很生他的气。我讨厌他那大啤酒肚。我感觉想给他一记闷棍或者干点儿别的什么。但是我没说话,因为我不知道这个在报社干活儿的家伙会不会生我的气,要是他生我的气,我就得滚蛋了。你看,这个家伙可以帮我,也可以给我带来痛苦。所以我一直闭嘴不说话。

有好多客户都很体贴周到,但是也有很多不这样。他们中的很多人那种做派看起来好像他们从你这里拿报纸是对你的恩赐一样。在药店买报纸花的钱是一样的,也是十美分。每次这些人想让你干点儿什么的时候,他们会威胁你(模仿一种令人厌恶的鼻音):"不然的话我就不让你送了。"

---

① W. C. 菲尔兹(W. C. Fields,1880—1946),本名 William Claude Dukenfield,美国著名喜剧表演者、演员。——译者注

我最受不了的是这个：你正打算收钱，然后某个人会出现并开始给你讲他遇到的所有问题。"我今天要去看我女儿，是的，我要去。她二十二岁了。""看啊，我所有的儿子都在家里呢，看到这些军装了吗？"这些人站在那里一说就是半个小时。我的客户里面有两三个这样的人，他们总有话跟我说。我得浪费两个钟头听这些人扯东扯西，然后他们才付钱给我。唉，我不知道为什么，也许他们是孤独吧。但是他们有女儿或者儿子啊，为什么非得跟我废话连篇呢？

许多年轻客户以前送过报纸，他们知道这差事有多难、人们有多刻薄。这些年轻客户对你会更好一些。他们会倾向于多给你一点儿小费。他们也不会一整天都跟你东拉西扯。他们会付钱给我并冲你微笑。年轻人经常送我一罐可乐或者别的什么。

好多老人都害怕我。最开始的三四个礼拜——（仔细想了想）他们看起来好害怕我啊。他们认为我会抢他们或者做点别的什么。很有意思。你不会想到在一个小镇子里会有这种事吧？这些老年人怕我会揍他们、拿走他们的钱。他们只是走到门口把钱交给我。现在这些人了解你了，他们会请你进屋，然后在你耳朵边唠唠叨叨半个钟头。他们不是害怕你，就是不停跟你讲话。我真是不明白为什么他们会害怕。我年纪不大，所以我不能体会到老年人的感受。

我回家的时候偶尔很生气，大部分时候只是心情不好。有时候，一些小孩儿从客户们的报箱里偷报纸。我会损失利润，得交出十美分。公司不管，责任由我来负。公司也许不会相信报纸像你说的那样被某个人偷走了。

做了报童后你会知道人们很刻薄，他们没有足够的钱买东西，我不觉得这个经历会让你变成一个更好的人或者产生什么别的影响。如果说有什么影响,这个经历会让你变成一个更糟糕的人,因为你将不会喜欢那些不付钱给你的人。那些行为举止看起来好像付钱给你是个天大的恩惠一样的人,你也不会喜欢的。是的,做报童确实在某种程度上影响人的性格,不过我不觉得这种影响是向着更好的方向。如果有人告诉我做报童会塑造性格,我就会知道这是个谎话连篇的家伙。

有个瞎编的故事讲的是一个会成为总统的小孩儿,做报童的经历帮助他成了总统,我不知道人们是从哪里听来这个的。送报纸教会他怎么管钱和怎么应付这种瞎话。你知道当报童对人有什么影响吗?这个经历教那个小孩儿去恨他送报纸途中遇到的那些人,恨那些印刷工,还有狗。

# 序言三 石匠

## 卡尔·默里·贝茨（石匠）

我们在离俄亥俄河岸不超过三十码的一家酒馆里。河流远处，美国铝业公司的烟囱呼呼地冒着热气：曾经的田园牧歌与如今的工业发展并肩而立，让人感到不安。水遭到了污染，但工厂里的工作却为小镇居民提供了每日的口粮。

他五十七岁。他是个石匠，从十七岁起就开始学艺。他的三个儿子都没有从事他的行业。

据我所知，石匠比木匠更古老，木匠的历史可以清楚地追溯到《圣经》时代。石匠的历史可以追溯到《圣经》时代之前：埃及的金字塔，诸如此类的东西。任何人无论何时开始建造任何东西，用的无论是石材、岩石还是砖头，都要从东北角开始。因为他们建造所罗门圣殿的时候，就是从东北角开始的。直到今天，你看法院、大型公共建筑，去看一下基石，什么时候建造的，是在哪一年，都会刻在东北角。如果我要建一个化粪池，我会从东北角开始。（笑。）我想是迷信吧。

我们用石材可以建造任何东西。石材是最古老也是最好的建筑材料。穴居人甚至都使用石材了，他们把石材和泥巴放在一起。他们在使用原木之前就已经用石材建造了。他找到一个山洞，在洞前面砌上石材。他学会了使用泥土、泥浆，为的是让石材固定住、不滑落——这就是砂浆的由来，我们仍然称之为泥浆。罗马人使用的砂浆，几乎和我们今天的砂浆一样好。

每个人都听说过这些事情，只是他们不记得了。但我是干这行的，我听到跟这一行有关的事情的时候，就会记住。石材就是我的生意。我有时候会和做过研究的建筑师和工程师交谈，东学一点儿东西，西学一点儿东西。

你捡到的每一块石材都不一样，纹路有点不一样，要不就是这儿或是那儿有什么不一样的地方。有的这边裂了一点儿，那边缺了一块儿。你捡起你的石头，看看它，做一个有根据的猜测。砌石或砌砖的日子挺好过的。不累。做喜欢做的任何事情都不累。这是很辛苦的工作，石材很重。同时，你会对自己正在做的事情产生兴趣，你通常会以另一种方式与时间对抗。你不会想要放弃的。（笑。）我问运石材的人现在几点了，他说两点半。我说："哦，我的天呐，我得加快节奏，出更多的活儿。"

我自己干得挺好的。造房子的时候，通常只有一个工匠忙活。有一个搬运工在现场，但大多数时候我都是跟自己讲话的："我要去拿锤子，把那边的那个碎片敲掉。"（笑。）一个好搬运工能帮你完成一半的工作。他不会像一个傻瓜那样埋头苦干。他知道该做点什么，还知道在制作砂浆的时候怎么让每一个动作都不白费。必须要放多少水，多少沙子。他的技能是确保你不缺任何东西。搬运工的地位高于工人。他有一定的威信。

我觉得，工人觉得自己是低人一等的。不是因为他靠双手干活儿才有这种感觉，而是因为他身处最底层。他总想升到一个需要技能的行业。他当然会赚更多的钱。但最主要的是普通工人——甚至光是"**普通工人**"这个词，听起来就真是很普通啊——普通工人身处最底层。许多靠双手挣饭吃的人都从自己的活计里感受到了自豪。

我一回家就会接到很多电话：能不能给我展示一下怎么做，然后由我自己来做呢？最后还是我帮他们做。（笑。）于是，我在做这些的过程中也感受到了自豪，嗯，依我看，我也确实得到了很多赞美，或者还有什么别的叫法。我认为任何人，无论他得到多少认可，没有人不希望得到更多认可。我觉得自己得到了很多认可。

我的一个儿子是会计师，另外两个是银行家。他们是数学家。我想大家会这样称呼他们。（他们有）装着空调的办公室，诸如此类的种种。他们总是看我盖的房子。我干活儿的时候，他们会过来看我。总是希望我也能去把他们房子的什么地方修一修。（笑。）他们买房子的时候，我要是不先去看一眼，他们是不会买的。哦，当然，我得进到房子里，检查一下屋顶，你知道的……

我似乎想不起来有过年轻的石匠。以前的石匠，都是子承父业。现在我能想到的唯一一个继承了父亲职业的儿子大概有四五十岁了。

我在大萧条时期就开始干这行了，当时还没有学徒制。你出去干，如果你能干得了，就能留下了。那时候我还只是个孩子。我很努力地干，把所有能搬的砖块都搬了过来。然后我拿着铲子，垒上一两层。第二天，老板告诉我：我想你有能力垒足够的砖块来赚工资养活自己了。所以，我想我的学徒期只有一天。现在一般来说，做搬运工要干上三年左右才能开始。而要学会这门技术，又需要十年或十五年。

我很佩服当年那些石匠。他们了解自己的行当。所以我自然而然地就想以他们为榜样。石匠的工作几乎没有什么变化。石料还是石料，砂浆还是和五十年前一样。石料的样式有一点变化。我们用得更多的一种，我们管它叫高尔夫。石料从棒球那么大的到篮球那么大的都有。全都是圆球形状的。我们只是把这些石料砌到墙里。

自动化已经对砖匠的工作产生了影响。起重机可以用来垒砖。我见过好几个工程都是这样干的。但是，在窗户与墙之间，或者这里那里，总会有缝的。光靠机器似乎是搞不定的。我们确实有一台电动锯。我们有电动搅拌器来搅拌砂浆；但是，其他的还都跟以前一样，要靠手工操作。

以前干这行的人好像都想把材料切得板板正正，垒好后再抹得平平整整。现在比较难，因为没有办法使用工具。你没有办法使用绳子，没有办法使用水平仪或铅笔。你只能瞅着干出来的活儿，因为它太粗糙了，有很多不规则的地方。你只能退后一点儿，瞧一瞧。

只要是施工，总会有人受伤的。脚手架会断裂，等等。但实际上，没有真正的危险。我以前都是在建房子，所以我们不会爬得很高，可能是两层楼那么高。很少比这再高了。大多数房子就一层。很多房子都用石料做装饰。在四五英尺高的地方安镶板或其他东西。好多人手指被磨破了，或者用锤子砸到手指。所有的石材都是用锤子和凿子来进行加工的。我认为，这一点儿也不算危险。

石头就是我的生命。我一直在做白日梦，大多数时候都是有关石料的梦。哦，我要在绿河边建一个石头小屋。我要在厨房里建一个石柜。石门会非常重，我不知道如何装上铰链。我还得想办法做个石制屋顶。我所有的梦想里面好像都要掺进一块石头。

如果有什么问题困扰着我，我就会在夜里醒来想一想。我会坐在桌前，拿一支铅笔、一张纸，在纸上做标记或者绘图……这样或那样的方式。现在我得做这个，我只有这么多的材料。或者在你已经修成某个样子的时候，他们决定想要造成另一个样子。没有人想把自己的作品拆掉。都是一样的价格，但大家还是不喜欢把自己的作品拆掉。

这些壁炉，你得想想它们怎么能把热量传出来，你得把里面的火箱砌得曲度合适。你要画一条线，让火箱反射热量。但如果曲得太厉害，你会让火箱冒烟。住在这些好房子里的人不希望屋子里冒出一缕缕烟来。

建筑师绘图和规划，绘图员和工程师帮助建筑师来完成计算强度一类的工作。但到了真正制造曲线和建造的时候，你得用双手来完成。活儿又回到我们的手中。

我工作的时候，就离开了流动房屋<sup>①</sup>，来到了更好的房子里。通常在这个时代，这种房子的价格会从六万到七万起步，能到五十万左右。我们现在有一栋房子价格三四十万。我们建造的就是这种类型的房子。

木材的质量已经大不如从前了。我们有更好的制作材料，比如胶合板和石板之类的东西，但木材本身肯定是劣质的。三四十年前，一栋房子几乎都是由原木、木地板等组成的。现在有了乙烯基、地毯一类的东西。框架木材的质量越来越差。

但石材依旧是石材，砖块的规格也比以前大小更均一了。最初工匠选一片黏土丰富的土地作为建造地……我知道有一座教堂就是这样建造的。就地挖个洞，然后用双手制作砖头。他们用砖头就地建起了建筑。

---

① 指的是在建房地快速组装起来的房子，这类房子通常可以随时移动、价格低廉，适合低收入群体居住，也可供房屋建造工人临时居住。——译者注

现在，我们已经有了现代化的烧窑，现代化的加热方法，温度保持不变。现在工匠用的砖块比以前的质量要好了。有了制砖的机器，所以砖的质量很高。以前的砖很粗糙。我现在正在用旧砖砌一个大壁炉。旧砖块又宽又长，真令人头痛。就为了造这一个壁炉，我已经搭进两个星期的时间了。

我干过最难的活儿是这栋房子，它有一百多年的历史了。那位女士希望有一个房间能保持原样，这处门就必须堵上。百年来，房子一直在退化和风化。砖块是用碎砖造的，没一块是工整的。如果你把它们砌得歪歪扭扭的，就会变得很糟糕。你要花一辈子的时间来学习如何把砖砌直。花了半天时间用勺子测量，试图调配出能匹配的砂浆。要用多少泥土，多少烟灰，多少石灰，我调出正确的配方以后，就可以更大量地制作了。然后我就用咖啡杯来做砂浆。半杯这个，半杯那个……我甚至还用了烟囱里的和地上扫出来的烟灰。我花了两天时间把一个小门堵上，搅拌砂浆，等等。老板告诉那位女士，她提出的要求是不可能做到的。我说："给我点时间，我相信我可以做到的。"你现在就去找那扇门在哪里，我打赌你肯定找不到的。这是我干过的最漂亮的活儿。

在这个国家，每一栋我建造的房子，我每次路过都会看一眼。（笑。）我现在可以在这里不动，而实际上在我的脑海里看到了很多你不会相信的东西。如果有一个石块歪了，我知道这个石块在哪里，我永远不会忘记它。也许三十年后，我还是会知道有个地方，我本应该把那个石块拿出来重做，但是我没有。我还是会注意到这个石块。住在那里的人也许不会注意到，但我注意到了。我从来没有经过那座房子而不去想这个石块的。此时此刻，我脑海中就有一栋房子。（笑。）

那是我用双手打造出来的成果。因为你看，石块，你不提前上油漆，你不对它进行掩饰。它就在那里，就像我四十年前离开它的时候一样。

我无法想象出这样一个活儿：你干完回家，然后也许一年后经过，你却不知道自己当时干了些什么。我的工作，我可以记得自己干这行第一天所做的事情。我所有的工作都在外面立着，我可以边走边看。这是我余生都能看到的东西。四十年前，我人生中铺设的第一块砖，当时我十七岁。我从来没有穿过尤里卡——一个河边的小镇——却不朝着那个方向看看的。它一直都在那里。

对我们来说，永生太遥远了。这个世界上没有什么东西是永恒的，但你知道吗，石头——贝德福德石灰石，就像他们所声称的那样——每一百年就会退化十六分之一英寸①。而对于一栋房子来说，大约是四到五英寸。所以说，这离永生不死已经非常接近了。（笑。）

---

① 1英寸 = 2.54 厘米。——译者注

第 一 卷

# 在大地上劳作

## 皮尔斯·沃克（农民）

印第安纳州南部农场的一个秋夜。埃文斯维尔市，一座工业化且不断扩张的城市，坐落在不到十五英里①远的地方，很快就扩张到这里了。

这是一个现代化的、设备齐全的房子。祖父式的时钟，滴答滴答，这是见证一个"国家"过去的纪念品。沃克的父亲和他的祖父在这片土地上工作。"我的父亲就出生在这栋房子所在的地方。我也出生在这里。我们把老房子拆了。"

他的妻子在城里工作，跟他们十四岁的女儿和他住在一起。他那大一点的孩子，一个男孩，生活在其他地方。虽然他有几头肉牛，但黄豆和玉米是他的收入来源。他说自己是"一个贫穷的农民"。

我的农场大约有五百英亩②。我在附近拥有两百英亩。其余的地我都是作为佃农来耕种的。我给地主五分之二的收成，我保留五分之三。他们都不在当地。一个是医生，还有一个是砖匠。一个可能是承

---

包商遗孀。（说着，他朝妻子挤了一下眼。）你说罗杰是什么人？航空工程师。我想他们都是从父母那里继承来这些地的。他们都是为了投资。如果我自己拥有很多农田，如果我有那么多钱，我想自己是不会去种地的。我会让别人来操心。

对于一个农民来说，现在的投资回报率太小了，真的不值得。年轻人要想开始种地，除非有父亲或别人的帮助。因为你必须让你自己退休时差不多像个有钱人才能开始。现在，农民们唯一能做到的就是把生意做得更大，大到能抵消种植面积、拿到利润收入。我不知道未来会发生什么。恐怕以后的日子会很难过。

我们的城市正在外扩，抢占农田。如果我们想继续干农活儿，最好不要离城市太近。但如果想着过几年把农场处理掉，那么到那时农场就会成为一个优势了，因为它会更值钱。

我不知道自己怎么能继续下去。我年纪大了，到了想慢下来的时候……嗯，这是一种看待方式，退休。要不就是咬牙坚持，要不就是卖掉。现在好像很多人确实退休了，然后租给邻居或者别人。到最后，越老，就越感到累。

城里人，他们认为你很有钱。他们开车经过的时候，我听到很多评论，因为我的大部分朋友都是城里人。他们开车路过，看到一辆大拖拉机，还有一些东西正在卸下来。他们羡慕我，但他们不知道这一切的背后是什么。

耕作，这是一场赌博，受天气、价格和一切与之相关的因素的影响。我们没有太多好日子。当你看到自己实际上要工作多少天时，你会感到害怕。你要花这么多天去栽种作物，秋天还要花很多时间去收获作物。他们把这一切都算计到天气上，也就几天时间。你试着去战胜天气。天气让你紧张。无论我们需要雨还是不需要雨，天气都会以不同的方式影响我们。有过这么一次，我听到雷电声就高兴。然后又有一次，我希望没有听到它。（笑。）

**沃克夫人插话："在他的忙碌季节，每天早上我们起床时，广播就会马上响起，这样一来，我们可以听到天气预报。每天早上大约五点五十分，我们就急切地听天气预报。在夏天他不太忙，或者在冬天的时候，我们从来不会太注意天气预报。不然的话，我们会密切关注。"**

天气会让你成功或失败。庄稼必须有足够的水分。如果水分不够，庄稼就长不好。水分太多也不行。来什么就都受着呗。你也没办法。你就不要想太多就好。我妻子说我不会太在意。当然，你还是会担心……

我不相信农民会像商人一样有那么多的烦恼，因为他们的生活节奏没有那么快。但我要说的是，随着时代的发展，会有更多的烦恼，因为农业的变化越来越大。它现在更多的是一门生意。农业越来越成为一门大生意。这已经不再是有关劳动，而是管理。

你的一天并没有结束。农民不能像医生一样，出城去过周末。他必须一直干活儿。这只是一件你必须学会忍受的事。照我说，大多数时候，一个农民，当他晚上回来睡觉的时候，他累得够呛，不会很难睡着的。当然，他也会疲惫不堪。

**他用疲惫的节奏讲述着秋天十二个多小时的工作："六点起床（春天更早，四点三十五分）……把我的谷物拖到镇上的谷仓那儿，这大约需要一个半小时……每天要装三四次……联合收割机上有大灯，所以**

一旦我开始装，即使天黑了，我也会装完……装的谷物从一千五百到两千蒲式耳 ①……一卡车五百蒲式耳……第二天一早，我就把这批货运到镇上……"

在冬天，他会"闲下来"，帮助妻子做家务，为春天准备机器，规划施肥计划，以及"大量的记账工作"，为"纳税时刻"而更新所有记录。

我们很快就会把秋天的收成储存起来。庄稼成熟的时候，把机器、很多设备，还有一切都准备好。机器是一个大问题。总的来说，这些得要两万美元。还有春天要用的八行播种机，那东西很贵的。这么大的投资，却只能得到很小的回报。你一年中只有一两个月的时间会用到这个机器。

我岳父在春天帮了我很多忙，秋天也帮了我一点。他帮我开拖拉机。我女儿，学校放学后，她开拖拉机。我在自家农场干活儿的时候，农场里有五个孩子，三个男孩，我们的农场有八十英亩呢。我们所有的人，我父亲加上三个男孩，都要去干活儿。你可以看到，有机器，情况会有多么不同。

农民的数量一天比一天减少，而且好像一年比一年减少得还更快。年轻人没有接班。大部分人都是多年前从农田里走出来的。但是，这已经是那么长时间之前的事了，所以年轻人现在压根儿不知道任何关于农场的事。经营农场要干些什么，还有其他所有类似这样的事情。还有农民所冒的风险。

城市里的人，他们去杂货店的时候，肉价提高了，他们的心情就

---

① 蒲式耳，谷物、水果等的容量单位，大概相当于 35.238 升。——译者注

会起伏不定。他们没有意识到这背后的一切是什么。他们考虑的是自己。他们不想多花那笔钱——这我也不怪他们。同样,我去买一件设备的时候,心情也会起伏不定。

把食物价格分解开来,农民拿到的是最少的钱。他的投资是最多的,但他的利润占的比例最小。加工商拿到的好像是最多的。女士们都喜欢买现成的、冷冻的那种类型的食品,为此她们要花更多的钱。

农业中的化学品价格也越来越高。好像没有它我们就不能耕种。有人在试图取缔很多化学品,但我不知道有没有用。在我看来,我不喜欢不使用化学品。好像如果我们没有化学品,我们就不会有庄稼。好像如果没有化学品,虫子和杂草就会把庄稼毁掉。不过我不知道……从另一方面来讲,我也不知道……不知道化学品对我们的国家是好还是不好的。

你怎么称呼这些——有机农业?有机农业有很多好的地方,但我从来没有看到一个大型的有机农场。有机农业差不多只是小规模经营。我觉得有机农业的规模做不到大得足以养活一个国家。能见到许多小型有机农场。以前我们都管这些人叫卡车农民。他们开车到镇上,并提供产品和别的东西。这些人基本上都是把自己的产品零售给个体家庭。他们都一样,就是做不大。

他们现在总是更多地使用飞机。今年我们的玉米是用飞机喷洒农药的,用来防治枯萎病。你租了一架飞机,对方提供材料,按英亩收钱。我们喷两次地——用杀真菌剂。

收成还不错的时候,这差不多是对你的奖励吧。如果你不为自己的工作感到自豪,农场挺适合你的。因为工作不是按小时计算的。我告诉你,你投入了很多时间。如果你上下班都打卡,你不会在这里待到太阳下山或者更晚。如果你不喜欢自己的工作并且不以此为荣，你就不会这样做。

你整天开着拖拉机，不和任何人说话。脑子里想了很多事情，好的坏的都有。你在想一件新的设备、租更多的土地、采购，或如何度过一天。我可以一个人在田里待上一整天，我从来没有寂寞过。有时候，我觉得一个人出去也不错。

人们说，篱笆的另一边草更绿。当我高中毕业后，我在埃文斯维尔的一家工厂工作了一个夏天。我不喜欢这段经历。我一直很庆幸自己在那个夏天工作过。我知道在工厂里工作一段时间是什么感觉。钱的部分是好的，但气氛是封闭的。空气和别的一些东西都不怎么样。我不习惯臭气熏天的工厂。工厂有一种特殊的气味，你在地里就闻不到这种气味。

我可以说，我在农业领域是真的很幸运。我的妻子帮了我很多。自从我们结婚以来，她一直在工作。我的女儿，她喜欢农业，她喜欢开拖拉机出去。我的儿子真的很努力。他从前喜欢农场，从他足够大的时候就开始劳动，直到他离开。去年春天他从普渡大学毕业。根据我在他长大后对他的观察来看，我觉得他会成为一个好农民。他现在在佐治亚州。他在接受管理培训。他意识到比起干农活儿，他可以在其他岗位上赚更多的钱。我希望他不要把钱排在他真正想做的事情前面。他说他喜欢现在正在做的事，所以……

好像他们一旦出去上了大学，就很少有人回来了。他们意识到，就未来和从农业生产赚钱而言，那是不现实的。这是他不再考虑从事农业的原因之一。当然，他可以随时改变。我希望……

我确实相信，农民以后不得不比过去更加联合起来。不管是通过合作社还是工会，我也说不准。问题是，农民们跟如今国家的其他部分比起来太个体化了。好像他们在和组织有序的国家背道而驰一样。而且，农民似乎也没有组织起来。

你听到的最大抱怨是，你把自己的产品带到市场上时，人家买的人给多少你就得拿多少。而你转过头去买东西的时候，人家卖的人要多少你就得给多少。所以你在两头差不多都要听人家的。

我不喜欢——农民在内心深处真的不希望——但到了一个特定的时刻，就没有其他选择了。因为当一个人变得很绝望或即将失去他的农场时，他会做任何他本不会做的事。

**后记："家庭农场从未像现今这样壮大，农业部也从未像如今这样为其提供更高质量的服务。"——农业部部长厄尔·布兹在第五十一届全国四健会大会①上的主旨演讲（《芝加哥太阳时报》，1972 年 11 月 27 日）。**

## 罗伯托·阿库纳（农场工人）

两年前，我走出农田。我意识到有必要改变加州的封建制度，改变农场工人的生活，让这些大公司觉得它们不在任何人之上。我今年三十四岁，我试图为美国农场工人联合会②做组织工作。

---

　　① 全国四健会大会（National 4-H Congress）的历史可以追溯到 90 多年前。四健会（4-H Club）是由美国农业部的农业合作推广体系管理的一个非营利性青年组织，1902 年于美国创立，其使命是"让年轻人在青春时期尽可能地发展他的潜力"。四健（分别对应英文里面四个以 H 开头的单词）代表健全头脑（Head）、健全心胸（Heart）、健全双手（Hands）和健全身体（Health）。——译者注

　　② 美国农场工人联合会（United Farm Workers of America），通常称为联合农场工人（United Farm Workers, UFW），是美国农场工人的工会。——译者注

他的手长满了老茧，每个拇指指甲形状都很特别。"如果你去收莴苣，拇指指甲就会脱落，因为撞在箱子上。手会肿起来。你不能放慢速度，因为工头看到你落后了那么大一截，你最好还是继续。但人们会互相帮助。如果你那天感觉很不好，有人感觉状态很好，就会帮助你。任何受苦的人都要团结在一起，不管他们喜欢与否，不管他们的皮肤是黑色的，棕色的，还是粉色的。"

据妈妈说，我是在田里的棉布袋上出生的，因为她没有钱去医院。当我还是个孩子的时候，我们经常从加州搬到亚利桑那州，来回奔波。我所看到的东西塑造了我的生活。我记得我们以前经常出去采收胡萝卜和洋葱，全家人都去了。我们试图从地里扒出一条活路来。我看到我的父母在绝望中哭泣，尽管我们全家都在工作。当时他们的工资是每小时 62.5 美分。平均收入很可能是一千五百美元，也许是两千美元。①

孩子们会帮忙。那些年，种植户们经常会有一个"采摘—收获周"。当地政府会给所有外来务工家庭的孩子放假，让他们在收割高峰期去收庄稼。孩子们在那一周休息，回到学校时，每人会得到一个小金星。那些人会让这事儿看起来像是公民应该做的事儿。

我们什么都采收：莴苣、胡萝卜、洋葱、黄瓜、花椰菜、西兰花、西红柿——所有能用来做沙拉的蔬菜，我们都采收。柑橘类水果、西瓜——你能想到的都有。我们会在萨利纳斯待四个月左右。从那里我们会去因皮里尔河谷。从那里我们会去采摘柑橘。这就像一个

① "现在，由于我们的斗争，工资已经达到每小时两美元。但是我们知道这还不够。"——原注

循环。我们会跟着季节走。

我爸爸死后，我妈妈会回家，她会去她的帐篷里，我会去我们的帐篷里。我们会打闹，然后我们会走进妈妈睡觉的帐篷，我会看到她在哭。当我问她为什么哭的时候，她从来没有给我一个答案。她只说事情会好起来的。她退休的时候，已经是一个筋疲力尽的老太太了，那时她是很有尊严的。她以为会好起来的那一天，对她来说从来没有到来过。

"有一次，我妈妈很缺钱，所以她在一家餐馆找了一份晚上的兼职工作。我就帮她。所有的种植者都会进来，他们会大笑，说些下流话，并对她动手动脚。我经常去那里踢他们，我妈妈告诉我，不要管他们，她可以对付他们。但他们会让她很难堪，她会哭。

"我的妈妈是一个非常有自尊心的女人。她在没有任何人帮忙的情况下把我们抚养长大。她让这个家庭变得强大。人们说，一个家庭在一起祈祷，就会一直在一起。我说，一个家庭在一起工作，就会一直在一起——因为苦难。我妈妈的英语说得不是很好。也不太懂西班牙语。她没有受过教育。但她知道一些祈祷词，她经常让我们说。这是另一件事，当我看到这个世界和这个国家的许多事情时，我可以把教堂撕碎。我从来没有看到一个神父试图在田野里帮助人们。也许这些年，他们在做这些事。但总是教会从人们身上拿走东西。

"有一次，教会要求我们带些蔬菜做一次成功的义卖活动。我们把东西送到那里后，只有那些有钱人玩得很开心，因为只有他们在买东西……"

我光着脚上学。糟糕的是，那些白人小孩经常嘲笑我们。他们会嘲笑我们，因为我们带着玉米卷和炸玉米饼当午饭吃。他们会带着精美的小饭盒，保温瓶里装着冷牛奶。他们会嘲笑我们，因为我们只有干巴巴的玉米卷……他们不仅嘲笑我们，孩子们还会打架。我的哥哥经常为我们打架，他回家的时候眼睛一直是黑的。

真正让人痛心的是我们不得不去领救济金的时候。没有人知道人的尊严被侵犯的情况。他们经常在罐头上贴一个标签，上面写着："美国商品，不得出售或交换。"没有人知道，当你用自己的钱买到罐头的时候，是多么自豪的感觉。

"我想被接受。那是我六年级的时候。当时正值国庆节前。学校正在为一出爱国剧组织学生试镜。我想演林肯，所以我把《葛底斯堡演说》的内容学了个遍。我在地里边采收庄稼，边背诵。我是唯一一个不用读台词的人，因为我背过了。这个角色给了一个女孩，一个种植者的女儿。她必须从书上读出来，但他们说她的发音更好。我非常失望。我八年级的时候就离开了学校。

"每次有人跟我谈政治，谈民权，我都不理会。这是一件非常有辱人格的事情，因为你无法表达自己的想法。他们希望我们在课堂上讲英语。我们真的很努力。我经常打架，因为我说的是西班牙语，他们听不懂。我受到了惩罚，因为不说英语，在放学后我被关了起来。"

我们经常在卡车上搭建自己的帐篷。大多数外来务工的农场工人会住在田里已经有的帐篷里，帐篷是由公司搭建的。我们自己买了一顶，是二手的，但那是我们的。说英语的人经常嘲笑我们。他们会说："狂欢节来了。"我们不能保持衣服的干净，我们不能保持任何东西的干净，因为我们走的是土路，尘土飞扬的路。我们会待在镇外。

我从来都不想进城，因为这对我来说是件很糟糕的事情。我们常去小商店，尽管那儿的东西要更贵一些。如果我们去其他商店，那儿的人会嘲笑我们。他们总是用手指着我们。我们也许每两个星期就会去镇上买需要的东西。每个人都会结伴出门。我们很害怕。（笑。）我们唱歌来保持气势。我们拿自己的贫穷开玩笑。这一个会说："我有钱了之后，要娶一个白人，这样我就可以被社会接受啦。"那一个会说："等我有钱了，我要去娶一个墨西哥女人，这样我就可以去你的那个盎格鲁社会，看到他们吊死你，因为你娶了一个白人。"我们的世界是围绕着田野的。

我八岁的时候就开始采收庄稼了。虽然我做不了什么，但能干一点儿是一点儿啊。每回我做家务的时候，我爸妈就会表扬我。我就会做白日梦：如果我是百万富翁，我会买下所有这些农场，把它们还给人们。我会想象我妈妈一直住在一个地区，被社区里的所有人崇拜。突然间，我的美梦被粗鲁地唤醒。那会让你的整个梦想破灭，你会工作一段时间，然后再回来做白日梦。

我们经常很早就工作，大约在早上四点钟吧。我们会收庄稼一直收到大约六点。然后我们就跑回家，穿上我们所谓的干净衣服，一路跑到学校，因为我们会迟到。等我们到了学校，我们已经累得不行了。大概十一点，我们就会打瞌睡了。老师会给家里寄条子，告诉妈妈我们不专心。我唯一成绩不错的是拼写。我不能做任何其他事情。很多时候，我们一点儿作业都没做，因为我们在田里。老师们都不理解。我也会在学校里挨打。

也许四点钟就放学了。我们又匆匆忙忙地回家，换衣服，回去干活儿，直到晚上七点、七点半。这还没算上周末。星期六和星期天，我们会从早上四点半干到晚上七点半左右。周末那两天就是我们赚钱的时候。我们都要工作。

我会拿着箱子让妈妈把胡萝卜装进去。我会把胡萝卜拽出来，她会把胡萝卜分门别类，分成不同的大小。我会拿水给她喝。当你摘西红柿的时候，箱子很重，重达三十磅。箱子在卡车上摔得很重，所以它们必须很结实。

最辛苦的工作是用锄头松土、锄草。田地大约有半英里长。你会整天弯腰驼背。有些时候，地面硬邦邦的，回到家的时候，你的手会满是老茧。而且你会背痛。有时候，我不吃晚饭或任何东西。我回家就睡觉，然后及时醒来，再去田里干活儿。

我记得我们刚从亚利桑那州进入加州，去采收胡萝卜的时候。当时田里很冷，风很大。帐篷里只有一个小小的旧毯子给我们四个孩子盖。我们快要冻死了。所以我偷了一个种植者的两条崭新的毯子。我们钻到毯子下面，感觉很好、很舒适。有人看到了我。第二天早上，种植者告诉我的妈妈，要是我们不把他的毯子消完毒后还给他，他就去告发我们。所以我妈妈和我还有我的弟弟去河边砍了些木头，生了一堆火，把水烧开后，她把毯子洗干净了。她把毯子挂起来晾干，熨烫好，然后送回给种植者。为此，我们被打了一顿屁股。

我记得这个流动工人营地是由市政府管理的。这里曾经是一个德国士兵的战俘营。他们把这些家庭放在那里，周围都有铁丝网。如果你晚上十点后出去，你就不能回来，直到第二天凌晨四点。我们不知道规则。没有人告诉我们。我们去看望一些亲戚。我们在十点半左右回来，他们不让我们进去。所以我们就睡在大门外的皮卡里。早上，他们让我们进去，我们吃了早饭，然后回到田里干活儿。①

　　种植者会让这些家庭不住在一个地方，希望他们会互相攻击。有三四个阵营，这边的人和那边的人打架。为了工作。他会把最好的作物给那些他认为最快的工人。用这个方式，他让我们不断地更加努力工作，不断地竞争。

　　在我十六岁的时候，我第一次尝到了做工头的滋味。与那些从墨西哥来干活儿的短期合同工打交道。他们会把这些人带到这里来干活儿，然后在季节结束后把他们送回墨西哥。我的工作是确保他们干得好，并把他们逼得更紧。我是公司的人，是的。我的父母需要钱，我想确保他们为我感到骄傲。工头是被认可的。我当时很天真，虽然在催促工人，但我知道他们的问题。他们不会写字，所以我就给他们写家信。我会带他们去镇上，给他们买衣服，在公司商店外面。他们付给我每小时1.1美元的工资。农场工人的工资提高到了82.5美分。但即使是那些短期合同工也比我挣得多，因为他们是计件工作。我要求更多的钱。经理说："如果你不喜欢，你可以辞职。"我辞职后加入了海军陆战队。

　　"我十七岁加入海军陆战队。我很矛盾。我想成为一个一流的公民，想被接受。我为我的制服感到非常自豪。我妈妈不想在文件上签字，但她知道我必须提高自己的能力，也许我可以在军队里接受教育。

　　"我做了很多工作。我参加了公务员考试，当我通过的时候，我非常自豪。其他大部分人都是大学生，六十个人中只有三个墨西哥裔美国人。我在州立监狱当了一名教养员。八个月后我辞职了，因为我无法忍受我所看到的悲惨景象。他们想让我用橡胶管来对付一些囚犯——大部

---

　　①　"自从我们开始组织，这个营地已经被摧毁了。他们开始在上面建房。"——原注

**分是墨西哥裔和黑人。我做不到。他们叫我胆小鬼，因为我不想打人。之后他们不断地骚扰我。我退出不是因为我害怕他们，而是因为他们想把我变成一个卑鄙的人。我不明白。这是索莱达州立监狱。"**

　　我开始明白为什么每一件事都那么不对劲。种植者可以有一个复杂的浇灌系统灌溉自己的作物，但却不给农场工人的房子通自来水。兽医可以照顾到动物的需求，但他们却不能为农场工人提供医疗服务。他们可以为种植者提供土地补贴，但他们却不能为农场工人提供足够的失业补偿。他们把农场工人当作农具。事实上，他们对待自己的工具更好，对待自己的家畜更好。家畜有暖气，有隔热的牲口棚，但农场工人却住在破旧的棚屋里，根本没有暖气。

　　在地里干活儿平均得病率跟在工厂工作的平均得病率比起来要高出120%。主要是腰部疾病，风湿病和关节炎，原因是天气潮湿和寒冷。弯腰劳动对人的伤害很大。布鲁氏菌病的发病率很高。而且现在因为农药，农场工人好多都得了呼吸道疾病。

　　加州大学戴维斯分校有政府的农药和化学品实验。为的是每年都有更好的收成。他们根本没有考虑到需要什么安全防范措施。在1964年或1965年，一架飞机在田里喷洒这些化学品。这些飞机被称为喷洒装置。飞机在低空飞行时，轮子被围栏铁丝缠住了。飞行员站起身来，掸了掸身上的灰尘，喝了口水。他死于抽搐。救护车上的工作人员因为那些喷洒在这个飞行员身上的农药而得了重病。一个小女孩在喷雾器附近玩耍。她把舌头伸到喷雾器上。她当场死亡。

　　这些农药危害到农场工人的肺部。他吸入了这些农药。他没有得到任何补偿。他们所做的只是说他生病了，也不去调查原因。

有几次我觉得我再也受不了了。在阴凉处有一百零五华氏度①，我看着一眼望不到头的一排排莴苣，我觉得我的背很痛……我感觉到了无法走出田野这件事带来的挫败感。我已经准备好扑向任何一个斜着眼睛看我的工头。但直到两年前，我的世界还非常小。

我在报纸上读到了关于塞萨尔·查韦斯②的所有事情，我会谴责他，因为我仍然有那种成为第一爱国公民的想法。在墨西加利，他们会分发传单，我就会扔掉。我从来没有参加过。抵制葡萄的活动没有影响我多少，因为我负责的是莴苣。直到查韦斯来到萨利纳斯，我在那边的地里干活儿，我看到他是一个英俊的人。我去参加这次集会，但还是打算留在公司。但有些事情——我不知道——我和工人们走得很近。他们不会说英语，想让我做他们的代言人，赞成罢工。我不知道，我只是深陷其中了，感觉到了团结，这种感觉很美妙。

你会在凌晨四点在纠察线上看到一些人，他们升起营火，加热豆子、咖啡和玉米饼。这给了我一种归属感。这些都是自己人，他们想要改变。我知道这就是我在寻找的东西。只是我以前不知道。

我的妈妈一直希望我能够更好地发展自己。我想为了她变得更好。现在，罢工开始的时候，我告诉她，我要加入工会和整个运动。我告诉她我要去工作，不计报酬。她说她为我感到骄傲。（他的眼睛闪闪发光，停顿了很久。）我告诉她，我想和我的同伴们在一起。如果我是一个在公司上班的人，没有人会喜欢我了。我必须有个归属，

---

① 摄氏温度＝（华氏温度-32）÷1.8。——译者注
② 塞萨尔·查韦斯（Cesar Chavez，1927—1993）是美国劳工领袖和民权活动家。他与多洛雷丝·韦尔塔（Dolores Huerta）共同创立了全国农场工人协会（National Farm Workers Association），该协会后来与农业工人组织委员会（Agricultural Workers Organizing Committee）合并成为联合农场工人。——译者注

而在这里就有。她说:"早年我逼着你努力提高自己,争取社会地位。但我看这不是你要的答案。我知道我会以你为荣的。"

农场工人里有各种各样的人,不只是墨西哥人。是菲律宾人掀起的罢工。我们也有波多黎各人和阿巴拉契亚人,还有阿拉伯人,一些日本人,一些中国人。种植者曾经让我们互相对抗。但现在他们不能了,他们害怕了。他们可以组织集团。然而当我们试图组织起来改善我们的生活时,他们感到害怕了。受苦的人从来没有梦想过事情是可以不一样的。塞萨尔·查韦斯告诉他们这一点,他们领悟到了这个想法——而这正是让种植者害怕的原因。

现在机器正在投入使用。需要技术来操作机器。但任何人都可以学。我们觉得应该给外地来务工的农场工人一个机会。种植者弄到一台采收葡萄的机器。他们弄到一台采收莴苣的机器。他们的棉花机器抢走了数千名农场工人的工作。人们最终沦落到在城市的贫民窟中过活,他们的文化、他们的家庭、他们的团结都遭到了破坏。

我们正试图在合同中规定一点——没有联合农场工人的同意,公司不应该使用任何机械。这样我们就能确保要被机器取代的那些工人会知道操作机器的方法。

在地里工作本身并不是一份有辱人格的工作。虽然很辛苦,但如果给你安排一个正常的工作时间、更高一点的工资、体面的住房、失业和医疗补偿、养老金计划——我们的生活方式会很轻松的。但种植者不把我们当人看。最糟糕的是他们对待我们的方式。就像我们没有脑子似的。现在我们懂了,是他们没脑子。他们的脑袋里只有一个钱包。你把那个钱包捏得越紧,他们哭闹得就越厉害。

如果我们有适当的补偿,就不用每天工作十七个小时,到处跑,去有庄稼的地方。我们可以待在一个地区,这样就能扎根。季节迁徙工人，干这行把家庭都拆散了。你会负债累累的。你离开了这个地区，身无分文。孩子们受到的伤害最大。他们在一个地方上了三个月的学，然后又去了另一个地方。还没等他们交到朋友，就又被连根拔起。这样一来，童年就被剥夺了。所以，他们长大后，要寻找自己失去的童年。

如果人们能看到的话——冬天地里会有冰。我们一整天都跪在地上。我们会生起火来，很快暖和一下，然后再回到冰上。我们在一百零五华氏度的高温下摘西瓜，一干就是一整天。人们吃到西瓜、黄瓜、胡萝卜或莴苣时，他们不知道这些蔬菜水果是怎么到餐桌上的，也不知道采收这些蔬菜水果的人所付出的劳动。如果我有足够的钱，我会带着一车车的人去田间地头，去流动工人营地。然后，这些人就会知道那些精美的沙拉是怎么到他们的餐桌上的。

## 凯瑟琳·海恩斯伯母（农场妇女）

布莱基是一个已采空的采矿小镇，位于肯塔基州东部，靠近弗吉尼亚州边境。坎伯兰山脉尽收眼底：是雾，是烟，还是厚重的尘埃令它看起来比实际更遥远呢？镇上有三百五十位居民——年轻人都离开了。还居住在这里的人当中，许多都是独立战争参加者的后代。大部分人都在领取福利。

穿山而过的超级公路边上，一帮人漫不经心地修着路。卡车和半履带车[①]一整天都在轰隆隆地驶过，扬起一团团让人咳嗽的灰尘。在去

---

①　半履带车（half-truck）是一种民用或军用车辆，前部有常规车轮用于转向，后部有连续的履带用于推动车辆并承载大部分载荷。这种组合的目的是产生一种具有坦克的越野能力和轮式车辆的操控能力的车辆。——译者注

布莱基的路上，我们时不时隐约听到黑人农场工人低沉的劳动号子声，隐约看到简陋的棚屋；还有偶然出现的一个人。山间绿意半遮半掩的是无处不在的小矿山。

我们在山后，山坳深处。布尔克里克。这是一条长长的、蜿蜒曲折的土路，离布莱基大约七英里。

凯瑟琳·海恩斯伯母七十七岁了。她一个人住在山脚下的一间小屋里，小屋建在岩石之上。小屋四周都是卡特彼勒①拖拉机和推土机。墙上，在旧时的照片中，有这样一句铭文："上帝保佑我们的家园。"这地方很宽敞，异常整洁：一把折叠雨伞放在一个角落，一把自制的扫帚放在另一个角落；一个古老的铜床架是唯一显眼的家具。

她回忆起儿时的山谷："那条路，一匹马可以走，但仅此而已。那时候没有汽车，没有马车，什么也没有。后来有人去买了马车，还把路拓宽了。每个人一年要在路上做六天义务工作。如果他在别人工作的日子里没有出工，人们就会让他去干更大的一个活儿，而这个人必须去做。那是法律规定的。人们总是在一年中的秋天做这事儿。

"一年中的秋天，这里会是你见过的最漂亮的地方。当树叶被染上颜色的时候……山丘被染成棕色、红色、绿色、黄色的时候，看起来很美。松树总是显得很绿，如果其他地方都染上了颜色，松树就会显现出来。

"那时候，大树比较多，但田地都被清理过，打理过。你看，现在一点儿都不清理了，因为我做不了这事儿了……"

家务和农活儿是我的全部工作，我从没做过其他工作。二十四个

---

① 卡特彼勒（Caterpillar）公司是美国的一家主营农业工业设备的公司。——译者注

小时中的十八个小时。在户外工作，晚上就在屋里。我在饲料地里干活儿，天黑后再把饲料搬进去。我们会借着月光把饲料堆好。我在床上的那点时间从来没怎么休息过。（笑。）

平常，星期天也不怎么休息，星期天要给十个孩子做饭。我养了十个，我生了十一个。星期天我一天做三顿饭。我不能再像以前那样做饭了。我以前总是在外面跑来跑去，几分钟就把饭菜做完了，把桌子摆得满满当当。但我的心思只是从这里跳到那里，我没法再那样做了。我只知道努力工作，我以前只知道这个。

现在，我比我在这个房子里生的所有女孩的身体都好呢。能做到这个，我非常感激，但我撑不了多久了。我快不行了。以前我可以整天站着劈木头，但现在出去劈一会儿，我一弯腰腿后面就会疼。但我想我做得很好。

我实在是不知道啊。我只是个乡下人，我也会死的。收音机就在上面，但我听不清楚。我没有电视。我说，电视上有太多愚蠢的东西，我不看。我听一点关于越南的事。我也研究了很多关于越南的事。但我脑海里的担心够多的了，不用听关于那个的事儿，要不然就会担心更多。过去该发生的事情已经发生了。不，我想我现在没有孙子在越南了。特里的儿子，其实我也不知道他是不是从越南出来了。

没受过教育的人不怎么琢磨事儿。我没读到三年级的一半，所以我根本没受过教育。只上了五个月的学。我退学了，一直到我们家有了足够吃的东西填饱肚子。后来天太冷了，我就回不去了。我只是一个普普通通的乡下人。这是我唯一知道的说话方式，也是我唯一尝试说话的方式。

家里有十五口人，我们是在木屋里长大的。房子里没有一扇窗户。我们在冬天做任何事情，都是靠火光来完成的。甚至没有煤油灯。不管天气有多冷，都要把门敞着。如果需要干活儿，我们要么通过栅栏里的火光，要么把门打开。我们总是燃着一把旺火。

我就是这样学会写字的。我从缝隙里找来一块泥土，在木屋的侧面写字。我上学的时候连一行字都写不出来。这就是真相。

## 乔·海恩斯和苏西·海恩斯（深井矿工和他的妻子）

乔和苏西是凯瑟琳伯母的侄子和侄媳妇。在这个早晨，一片阳光照耀着坎伯兰山脉。乔说："那是年轻的白橡树，正在生长中。这些树会一直在那里，直到带锯和钻头 ① 的人把它们推倒，然后开始挖木材。"

由于面部偏瘫且呼吸急促，他说话很困难。在谈话中，我们时常会暂停一下。他戴着助听器。她在晾洗衣服。一条小狗跑来跑去；几只鸡在啄食。

"在这里，除了在公路上和地里有些活儿以外，唯一的工作就是下矿。我爸爸十一岁时就开始在矿上工作了。我想他离开这个行当是在五十七岁的时候，他必须要离开。他要走过大山，回来的时候夜已经深了。所以除了星期天，我们从来没有见过爸爸。"

乔：我在 1930 年 11 月从高中毕业。我去矿上工作。我们工作的报酬是十五美分一吨。如果一天赚一美元五十美分，我们就赚了不少钱。凌晨三点半到四点之间起床，六点左右开始工作。我们通常在天黑的时候结束，七点，八点，或九点。我晚上十点才回来。有时我就

———————————
① 露天开采的一种变体。——原注

直接躺下睡觉，甚至还没睡呢，就去洗漱。

我变得腿脚不灵便了，连马路都过不了。我现在比以前好多了。医生建议我辞职。我的心脏不好，无法获得足够的氧气。1968 年 3 月，我离职了。他们以黑肺病为由把我开了。我的工资是由社会保险支付的。我的大伯四十九岁就退休了。他过世很久了。我猜他吃进了太多的沙子。

我的听力……可能是被这么多的噪声影响到的。我在机器后面打夯，把煤打下去。我在那台连续采矿机上工作。那会产生很多噪声。这个助听器花了我三百九十五美元。

我认为美国矿工联合会①让我们失望了。我认为他们出卖了我们。我想，他们和经营者联合起来了。

**苏西**：我和一个小男孩一起上学，他在矿井里被炸死了。他被炸死的时候大概十八岁。

---

① 美国矿工联合会（United Mine Works，UMW）是北美的一个工会，以代表煤矿工人而闻名。如今，该工会还代表美国和加拿大的医疗工作者、卡车司机、制造业工人和公共雇员。1890 年 1 月 25 日，UMW 在俄亥俄州哥伦布市成立，由两个更早成立的劳工团体——劳工骑士工会（Knights of Labor Trade Assembly）和第 135 号和全国进步矿工工会（No. 135 and the National Progressive Miners Union）合并而成。UMW 采用美国劳工联合会（American Federation of Labor）模式，有如下三项诉求：发展煤矿安全；提高矿业工人相对于矿主和员工福利社的独立性；为矿业工人提供集体谈判权。大萧条期间，《国家复苏法》（1933）通过后，组织者在美国各地将所有煤矿工人组织到工会。在约翰·L. 刘易斯的有力领导下，UMW 与美国劳工联合会决裂，成立了自己的联合会——工业组织大会（Congress of Industrial Organizations，CIO）。其组织者来自各主要行业，包括汽车、钢铁、电气设备、橡胶、油漆和化学品，并与美国劳工联合会进行了一系列斗争。UMW 发展到 80 万成员，是支持民主党总统富兰克林·D. 罗斯福的新政联盟（New Deal Coalition）中的一员。1940 年，刘易斯与罗斯福决裂，离开了 CIO，使 UMW 在劳工运动中越来越孤立。在第二次世界大战期间，UMW 参与了一系列重大的罢工和威胁性的罢工，激怒了公众舆论，激发了亲商业的对手。战后，UMW 集中精力为其不断萎缩的成员争取大幅提高工资、医疗服务和退休福利，这些成员面对的则是技术领域的变化和东部矿区的衰退。——译者注

**乔：**哦，我记得很多事故。我在某个矿工作期间，我猜得有八九个人丧命。我工作过的这些垃圾矿井已经都被关闭了。这些矿井不是工会的矿井。它们现在都被关闭了。我的一个侄子在经营一个矿井。有大约十七个人在他那儿工作。这些人现在都失业了。

是的，我出生在这里的一个老木屋里。我有个曾曾曾祖父或什么人参加过独立战争。菲尔兹祖父和他的兄弟们参加了内战。两边各有一个。我祖父在这里拥有九百八十二英亩土地。他以每英亩 27.5 美分的价格卖掉了自己的矿①。

这里是世界上资源最丰富的地区之一，却住着世界上最贫穷的人。有二十八口天然气井和油井。有一口天然气井，他们声称，至少每年能挣三百万美元。其中一个为天然气公司工作的人说，他们对那口井的估价是两千五百万美元。他们在刚建成天然气井的那个农场上，给了一个女人七十五美元，因为建这口井毁了她半英亩的地。

他们可以合法地这样做，因为他们有采矿权——广义契约。1889年，我的祖父卖掉了这个，所有已经知道的东西和所有日后可能发现的东西——天然气、石油、煤、黏土、石头。我祖父和祖母在上面画了两个"×"。他们接受了耕种权。公司可以把你有的所有木材都挖走，把所有土壤掀开，把盖着的所有东西都挖出来，就是为了挖到他们要的煤。他们想去哪儿就去哪儿，要是他们想，就可以直接在你的后花园里打孔。

他们用推土机把地表挖开。我不能在他们挖完的地方犁地，也干不了其他任何事儿。就从那棵核桃树旁边起。我今年种了玉米，这是

---

① 指矿产权。——原注

我第一年种。他们离开后大约四年了。那片地里玉米长得很好。在之前他们用推土机的地方，我不得不搬走了很多石头。

他们威胁我妻子要铲平这里，因为我妻子给水污染专家打了电话；这是石油天然气公司干的事儿。（笑。）如果石油流到这条小溪里，就会杀死鱼和溪里的所有东西。我养的很多鸡也会因为喝了油而死。

**苏西**：他们开着推土机过来，像那个样子挖地的时候，烂泥就会流到我们的土地上，污染了水。我们的饮用水变得泥泞。所以我们没有多少机会，看起来就不像有的样子。

我们在海军服役的儿子回来后，他说自己所看到的是被推土机撕成碎片的山。即使是他们修建的新路，上面也都是些废弃物，有时你几乎没办法通过的。我想这就是他们派我们的孩子们去打仗的原因，为的是给他们守住一个自由的国家，然后他们就这样对待我们。我们对这个无能为力。他说这里的情况比越南更糟糕。他去过四次越南了。他说这里比越南遭到的毁坏还要大。他说："去那里打仗，然后又要回到这里为这样的东西交税，这有什么用啊？"

**乔**：如果我们不组织起来，这些大公司就会把他们想要的东西都拿走。这是我们在世间拥有的唯一的机会了。所有的东西都被有钱人拿走了。连总统也不例外。而我们连一个地方官都没有。

**苏西**：每个人都在谈论这事儿。尤其是这里的凯瑟琳伯母，我和她都在谈论这事儿。那些人对我们做了什么。我的父母把自己的土地都卖掉了，我母亲就埋在那里。公司说他们把矿卖给了其他公司，还说他们要去挖埋我母亲的地方了。如果他们要钻进我母亲的坟墓，他们就不用挖洞了。因为他们留不下足够的人挖洞了。我们是不会让这种事情发生在我母亲的坟墓上的。因为我父母一共七个孩子，我知道我们中的五个人会守在那里，确保那些人不干这事儿。

他们说，就是公司的人说，我们会有一条路，通往山顶上的公墓。我说："好吧，到那上面去不会有任何用处，因为不会有任何死者在那里。只有墓碑摆在那里。因为煤就在坟墓下面。"那边儿有一个老牧师，他们在埋葬他妻子的坟墓下开挖了。他几乎失明了，他还在祈祷。

想想看，一个人为了赚几个钱，会在这样的墓地下钻来钻去。甚至不尊重死者。你不能和他们说话。他们不会跟你谈这件事的。他们走了，留下你。他们知道自己做错了。

我们的儿子刚从越南回来，他去了一家煤矿工作。我们告诉他，我们不允许他为那些人工作，还待在家里。所以，他就辞职了。他昨天告诉我，看来他得回去工作了。我说："好吧，你是想让我今晚帮你收拾衣服，还是等明天早上再拿？因为你开始为矿区工作的时候，你就不会再回到这里了。我不会对发生在你身上的任何事情负责。"我不希望我们中的任何人干这个，门儿都没有。


**你和乔的钱很少。生活很艰难，生活很艰苦……你的儿子每天能挣到五十美元……**

**苏西**：从四十五到八十一天。

**乔**：他是个设备操作员。

**苏西：**是的，他工作得很好。但我们不希望他在那里。他在那边会没命的，我们不会负责他看病和葬礼的费用——如果他要做那种工作的话。然后他说，他得想个办法挣钱。好吧，他就不得不回到军队去了，看起来只能这样了。我说："去军队，然后回来。也许你能找到一份工作。"他说，他不想去军队。然后他就去给他的一个表弟打工，值夜班。他每周赚一百五十美元。但他昨天告诉我，工厂要关闭了，他要回露天矿工作。我说："你开始工作的时候，我就给你打包收拾衣服。你不会留在这里了。"

我们送他去学校，让他能学到东西，为将来做准备。我在学校干活儿，做饭，为的是能送他去学校读书。我说："我送你去上学不是为了让你在这些露天矿工作的。"我宁愿看到他在越南，也不愿看到他去做矿工啊。

我只是觉得如果公务员和地方官都不阻止，我们就只能拿枪来阻止了。在这些人来到你的土地上的时候……我们这里有 1848 年的税收收据，这些收据显示海恩斯和菲尔兹家族在这里交过税。你认为我们应该让一些抢钱的人到这里来破坏这片土地吗？白白地破坏？然后我们就得搬走？

**乔：**他们把我祖父的汗水都榨干了，挣了数百万美元……

## 鲍勃·桑德斯（露天矿矿工）

**他的家位于印第安纳州的布恩维尔。这是一个新建成的一户式住宅区：树木葱郁，房子前面的草坪修剪整齐，后面有两个车位的车库，**

很难将这栋房子和其他房子区分开来，尽管房子之间有很远的距离。

据说年轻的林肯曾在这座小镇学习过法律，这是一座位于印第安纳州和肯塔基州边界上的小镇。今天，这个地区的自然景观被矿渣堆、巨大的页岩层所淹没。这里是带状矿区，是最早的矿区之一。

他做了二十多年的露天矿矿工，他父亲也是如此。他每年的收入约为两万美元。他随口说出了自己的一个遗憾：他本来可以成为一名大联盟棒球运动员。他曾参加过一次试训，二十五年前，他在纽约巨人队工作，看起来很有前途。婚姻加上他父亲的病痛让他失去了希望。他失去了证明自己是大联盟选手的机会。

起初，他说话时很不情愿，他的评论简短而隐晦。渐渐地，他放开了……


我不挖煤。我只负责挖煤上的泥土。你必须知道如何处理泥土，这样才能最大限度地利用你的设备。你不能拿着一台设备去挖八十英尺的泥土，然后去挖九十、九十五英尺的泥土。这就是**管理**，你明白吗？凡是超过最高限度的，那都是额外的利润。你要尽可能用最小的成本去挖泥土。

从你上班的时候开始，比如早上八点，你踏上那件设备、坐到座位上以后，没有一件设备是整天不动的。我们昼夜不停地干。我们连续干，一天三班，一周七天。我每周至少工作四十八个小时。

你永远不会停止这台机器。他们计算出每分钟八十美元的停机时间。你有一个涂油工，你训练他操作机器。当我吃午饭的时候，三十分钟的午饭时间，机器还在运转。只有在你换班的时候，机器才会停下来。大多数机器甚至有一个计时表，显示你需要多长时间来摇摆，需要多长时间来上油，需要多长时间来装上桶，然后去土堆那里，需要多长时间把桶里的东西倒掉，多久这个，多久那个。我喝咖啡，抽烟，从不失眠。没有休息时间。休息的时候，他们不付你钱的。

我知道这台设备的用途是什么。我想尽办法让它更好地发挥作用。任何一家公司，如果他们的价值在 1.5 亿，你一点儿也不需要去想他们会不知道你在做什么。他们不是靠这种方法了解工作情况的……如果我想去任何一个地方……如果我每小时要搬五千立方英尺的土，如果那是机器的额定功率，你很清楚地知道，他们心里是门儿清的。当然，你会有一定程度的疲劳。

"有一些危险，是的。如果你在高速公路上走，就会有危险。如果你在一百二十五英尺的高空，你可能会摔倒和滑倒。你要面对的一直都是四千一百六十伏的电力。如果没有一个良好的地面系统，你有可能直接从上面摔下来，然后你会没命的。射击炸药也是同样的。比如说，他们把两千磅的炸药放在一个洞里，也许直径有八九英寸，深度有七十英尺。如果没有把这个洞夯实了，这个炸药爆炸的时候是水平飞出去而不是垂直的——该死的，我见过炸药飞到七十五英尺的高空，房子塌下来，压倒了……人。这仍然不像在地下作业那么危险。但在矿井周围，即使是露天开采，粉尘也非常多。这些人必须戴上人工呼吸辅助器才能继续工作。我戴着。他们可能会患上黑肺病。"

我们可以挖到九十五英尺深。从经营者的角度来看，这是更有利可图的。从消费者的角度来看，他们从公司所获得的利润中受益。生产的煤越便宜，电就越便宜。

我工作的公司每天生产五六千吨煤。每年一百万吨。我们的煤层厚四到七英尺。四英尺厚的煤层每英亩能出产六千吨。我们每天可以开采一英亩的煤。有品质低劣的矿脉，那里的煤层有十五英尺厚。他们已经准备好每年开采三百五十万吨的矿井了。

人们对环境问题的认识是错误的。说是土壤被挖出来，却不放回去。即使在二十五年前，这里 90% 的土地都是荒芜的。在我所看到过的 90% 被开采的土地上，你要是想在上面种玉米，你会饿死的。但在接下来的十年里，你会看到好的农田会被煤炭公司买走。你会看到一些好的表层土遭到移动，因为公司会出价。他们会得到这些煤的。

有些土地现在看起来不是太好，但这一切都会改变的。这些公司正在花钱去做这个。他们会把土地夷平。我现在就可以带你到一个地方去，他们在那里建起了八十英尺高的堤岸。他们有拖拉机在那里一天二十四个小时不停地工作。那里比我的院子还要平坦。那块地的状况比它被移交之前要好得多。

不要误解我的意思。多年以来，这些事情一直在发生，公司也有过错。该死的，公司就像你和我。他们已经得到了不法利润，当他们不得不去把这个钱再投出去的时候，对他们来说这就是个收不回来的花销。但该死的，他们能负担得起，所以没有问题。他们会这样做。我不是运营商，我是一个工人，但我认为这种事如果继续下去，对行业来说并不公平。

跟我的工作有关的很多事情我都不喜欢。我从来没有真正喜欢过看到地面被撕毁。尤其是当那块地可以被用来做点什么的时候。我一直在想这个问题，你把一些你知道花了很多年才形成的东西撕扯开，然后挖到了石头。你会谈论冰川穿过那里，是什么原因让这块特殊的石头那样从土堆里冒了出来，你会看到一些多年未被移动的东西从土堆里冒出来。当你看到这些东西的时候，你必须对其进行思考。

　　"只有 15% 的露天矿矿工是退伍军人。你看，1954 年的时候，采矿业已经完蛋了。该死的，每个人都不烧煤了。每个人都去用天然气和石油了。煤矿已经完蛋了。然后在 1954 年，我们有了一些发电厂，开始把煤又带回来了。在过去的三年里，使用天然气的人消耗了非常多的天然气。现存的天然气很难维持一个世纪的时间。好吧，看看石油吧。现在世界上最便宜的东西是煤。这是为了取暖、照明，任何目的。所以现在，煤炭开采业很兴旺。从三年前我们得到最近的一份合同时起，公司的煤电厂每吨能赚到三美元。现在煤电厂的人每吨能赚到六美元到六点五美元。他们甚至没有把煤全都挖出来呢。"

　　你去看一件设备，比方说它价值一千万到一千五百万美元吧。你不指望人们去那里，拿着每天三十或四十美元的薪水额好好照看这台设备。如果你有那么多钱去买设备……那是不合情理的。我赚的钱比矿上的任何人都多。但是尽管如此，他们没有我身上所负的责任。我所做的工作和在矿里干活儿的人每天拿到的工资差别大概是八块到十块吧。他要做的就是拿着他的桶去工作，然后回家。但如果我不把煤挖出来，谁也别想干活儿。

　　哦，不，我不觉得紧张。我从小就和这些东西打交道了。战争期间，我在高中时就开始在煤矿工作。我从实验室开始，然后去勘测。这些都是公司的工作。矿工就是联合会的人。我认为，没有一个工会的人想看到地面被破坏成这样。

我不认为有人会说他们的工作让人满足，让人满意，除非你是给自己做生意的。我认为，你为别人工作是不会心满意足的。但我做我的工作，过上了优裕的生活。有人给我提供过更好的工作。但是，我还有一年半的时间就退休了，我会过上拿退休金的生活。到时候我就对公司有很多了解了。这么说吧，我抱有一个想法，我想做一个经营者。

## 哈布·迪拉德（重型设备操作员）

芝加哥南部的一个中下阶层的郊区。这是一户砖瓦住宅，后面有一个两车位的车库。"隔壁这位是个承包商。街对面的那个家伙，他是个电工。我们有一个邻居是艾利斯-查尔莫斯<sup>①</sup>的工程师。有两个警察住在这里。每个人都有自己的事情做。"

迪拉德是一个四十八岁的建筑工人，已经工作了二十二年的时间。他的妻子有工作；他的两个已婚子女住在别处。他的体重大大超标，呼吸也很费力。"我是一个重型设备操作员。我开起重机。"

社会等级是这样的：学徒，"脏活儿"——下水道、水管、隧道、道路，建筑，老年人或残疾人从事的"轻活儿"。"他们至少要加入工会十年，而且年龄要达到五十五岁。"

在建筑业，没有一份工作是轻松的。我的意思是，如果你在那里一天吃八个、十个小时的灰尘和污垢，即使你不做任何事情，这就是

---

① 艾利斯-查尔莫斯（Allis-Chalmers）是美国一家为各行业提供机械的制造公司，其业务范围包括农业设备、建筑设备、发电和输电设备等。——译者注

工作。只是**待在**那里就已经……

困难不在于开起重机。谁都可以操作起重机。但如何让它做它应该做的事，这才是最重要的。这只有在有经验的情况下才能做到。有些人学得比较快，有些人永远也学不会。（笑。）我们做的事情，在书本上你永远也学不到。读书是永远学不会操作升降机或塔吊的。这是经验和常识。

建筑工程的技术含量多一点。这是一个吊臂式起重机。起吊高度从八十英尺到二百四十英尺不等。你在放置铁杆。也许你正在吊起五六十吨的钢铁，然后也许有铁工在一百到一百一十英尺处作业。你必须非常小心，不要撞到这些人，否则他们很容易掉下来。

同时，他们将螺栓放入孔中。如果他们要半英寸，你就得弄出半英寸来。我的意思是，不是一英寸，不是两英寸。这些孔必须准确地排在一起，否则他们就没法放铁杆。你摇晃的时候，必须晃动得很平稳。你不能让铁杆来回摆动，摇摆不定。如果你这样做，他们会拒绝和你合作，因为他们的生命受到了威胁。

他们在梁上工作，从一英尺宽到五六英寸的任何地方。这些家伙走过那里。他们必须信任你。如果没有信任，他们就不会和你一起工作。必须精确。有一些人被撞飞了，伤得很严重。如果有人不小心或喝了酒……我自己也出过一次严重的事故。我的一条腿让我再也不相信用二百三十九、二百四十英尺桩子的起重机了。

这些起重机越来越大，所以张力也越来越大。现在他们又推出了液压起重机。他们叫樱桃采摘机。如果你不知道自己该做什么，这些机器就很容易失控。而且事情发生得太快了。

如果你不尊重这些机器，它们会更危险的。驾驶室里的所有东西都有一个刻度，告诉你它能举起什么，你的吊杆是什么程度。但是有一些工头想让自己名声大噪。他们说，我们只挑这么多，那么多，没有用的，我们应该把这个放下来。很多时候，他们要你举着三四吨重的东西。在平地上可以做到，但如果你要下坡，那就是自找麻烦。

这不是身体上的问题，而是心理上的问题。你在隧道里工作时，在两百英尺深的洞里工作时，你会用手打信号。在那儿你看不到东西。你必须有别的什么人能帮你看着。有一些人因为错误的信号而掉下去了。

然后，有时候，这些隧道会塌陷的。最近在中洛锡安发生了一起事故，有四个人丧命。他们在隧道里遇到了一些气体。有时你会在水里找到一个突破口。一年前在卡柳梅特市就发生过一次。那是泥浆。这东西塌陷在他们的粉碎机里。很大一部分的事故都是由于习惯造成的。你只是心思没有放在你的工作上，工作成为第二天性。也许你在想别的事情，就在那一瞬间发生了一些事情。

工人的平均寿命一般是七十二岁。起重机操作员的平均寿命是五十五岁。他们的生活不是很好。有很多压力。我们已经有很多人心脏病发作了。是的，我的朋友。

有十一个人在市中心的电梯里。他们建造了滨海塔。这个公司建造的电梯，应该是万无一失的。如果电梯下降得很快，会自动停止，但它没有。它下降了十二层，他们都受伤严重。其中有两个人在坠落时心脏病发作。有一个家伙完全瘫痪了。他有十一个孩子。他唯一能动的地方就是眼睛，仅此而已。这是因为有人犯了一个错误。很多工厂生产出来的东西都是不对头的。是有问题的。他们不知道，直到用在工作上。受伤的不只是一个人。通常是四五个人。

在我心脏病发作之前，我肯定想喝杯酒。（笑。）当然，喝酒能让人放松。你是紧张的，大多数人都会停下来喝瓶啤酒或喝口烈性酒。他们会喝几杯，然后就回家了。他们有一个小圈子，每个人都有。钢铁工人们，他们去一家酒馆。也许操作员会去另一家。木匠则去另一个地方。他们盖楼，然后在酒馆里把它们拆掉。（笑。）

　　有很多时候，你要相信别人的话，很多人都会受到伤害。我受伤是因为我听信了别人的话。我当时正在把起重机装在一个牵引它的拖拉机上。这个工头告诉我，要我把吊臂的这个短节从拖拉机的前面摇到后面。我说这是不可能的。他说已经做过好多次了。拖拉机不够大，起重机就向后倒了过去。他们在起重机后面加了一些额外的重量，这是不安全的做法。起重机向后倒去时，把我扔了出去，一个五百磅的重物穿过我的腿，压碎了我的脚踝和臀部。我住进了医院，腿上动了三次手术，十八个月没有工作。

　　他带着一种宿命论的态度，重温了当时的情景。"它把我扔了出去，那真是个大热天。我说：'我的腿断了。'他说：'不会的，不可能断。'他们看到我躺在那里，女人过来开始往我身上盖毯子。我说：'天哪，现在这么热，你们会把我闷死的。'救护车来了。他们开始脱鞋。最后他们把鞋剪掉了。骨头露出来了。

　　"这个医生给我展示了他所做的所有检查。脚踝被压碎了。不会愈合的。他让我回家，用那只脚走走。我就到外面去，然后会大叫。最后他们把我带回医院，再次做了手术。有一块四英寸长的骨头一直没补好。医生说在 X 光片上没有显示出来。

　　"下楼或走下坡道时，我都会感到不安。我们有一条船，那是一条非常漂亮的船，但对我来说，进出都是非常困难的。我以前经常打猎。

我是在农场长大的啊！天呀！我现在一点儿都没法打猎了。那是三年前的 8 月 22 日。"

在那十八个月里，你在想什么？

试着养活我的家人，付房子的房租，这是非常困难的。我的妻子工作一点儿，我们勉勉强强把日子过下去了。工会每周给我们三十一美元，工伤赔偿每周给我们六十九美元。在我休息了六个月之后，我收到了一百八十美元的社会保险。

我现在所做的工作，下水道，水管，以及诸如此类的"脏活儿"，没有机会让任何人受伤。如果我像以前一样做同样的工作，安装铁块，这样的工作，有可能会有人没命的。手和脚，得并用才行。

拿其他手艺来说，比如一个钢铁工人吧，他需要一条腰带、两个铧式扳手、一把十五美元的刀，而他的收入比一个起重机操作员还要高。起重机操作员，他要负责一台成本超过二十五万美元的机器。不管是什么样的机器，都要三十五万、四十万美元以上。那他为什么不值这么多钱呢？

在冬天的时候，有时候你会休息几个月。大家会说，看看这个人赚了多少钱。但别人工作的时候，这个人一毛钱都挣不到。在钢铁厂，工人被解雇以后，每周能拿到那么多钱，能拿那么多个星期。我被解雇的时候，除了再找一份工作之外，什么都没有了。我们没有带薪假日，没有带薪休假。

我们不能自己出去找工作。我们被解雇的时候，不得不打电话给工会大厅。然后轮到你的时候，工会的人就会给你个活儿干。但有那么多人为一个承包商打工，一干就是十二年、十五年，这些打工的人为了保住自己的工作，会不惜一切代价的。他们是不会考虑其他操作者的安全、设备或其他任何东西的。他们做的事情是为了取悦承包商。有一些承包商会试图让一个操作员在低于正常待遇的条件下工作。但现在不像以前那样了。大部分的承包商都是很好的。

工会与其要求更多的钱，不如要求更好的工作条件。不过，条件正在改善。我们工会雇了一个人，如果他认为某份工作是不安全的，他可以叫那个干活儿的人停止工作。几年前，如果你说不安全，他们就开除你。

哦，是的，每个工会都有一个小集团。不管是什么工会，工会自己的人有更多的工作。我的意思是，他们的兄弟、儿子之类的人。而随着机器越来越复杂，你必须学会操作。必须有人教你。但是，如果你只是个普通人，没什么特别优势，那么你就不会有机会去学习操作机器的。

当然，有很多有色人种做得不错。你和他们一起坐下来吃午饭，就不会有难受的感觉。但他们还是会恨你，因为你是个人物。你不是通过朋友才得到这些的。你是通过努力工作得到的，这是你唯一能得到的方式。我曾经是个学徒，然后我努力工作，才一步步升上来的。

我的父亲从 1923 年开始就是一名起重机操作员。我们住在农场里，他经常离家。所以，我说自己绝不会干这行的。当我退伍后，我去上学，做了个钟表匠。我做不到待在一个小角落里。同样的事情，一天一天地重复。在室内。而作为一个在农场长大的男孩子……于是，我就和我父亲一起去工作，做建筑工作，从那以后就一直做下去了。

我有个儿子在干这行。不过他是最小的那个，挺聪明的，如果他愿意，我想看到他成为一个专业人才。当然，我也想让另一个儿子成为专业人才。但是……现在变化太多了，我开始工作的时候，修一条一英里的路要花两三个月的时间。现在他们一天就能修一英里。工作的季节性更强了，因为工人可以干得更快了。在冬天失去工作的可能性比几年前大得多。

他们在丹·瑞安公路①上建新的商业区时，他们有一台机器可以完成十五年前五台机器才能完成的工作。这台机器速度更快，而且做得更好。需要一个人来使用这台机器。十五年前则需要五个人，而且要花一整个夏天。他们现在三个月就完成了。我真的不知道……

有一定的自豪感，不管你做的事是多是少、是大是小。你开着车走在路上，说："我为修这条路而工作过。"如果有一座桥，你说："我为建这座桥而工作过。"或者你开车经过一栋楼，你说："我为造这栋楼而工作过。"也许对其他任何人来说都没有任何意义。但知道自己尽了一份力，就会有某种自豪感。

我们建的那栋楼，是一栋医疗楼。嗯，那花岗岩是从加拿大进口的。真的很贵。好吧，我把所有这些花岗岩运到那里。我干这个活儿的时候，没在石头上划上一道痕迹。我知道自己干得很不错，这是你灵魂的食粮。有人走路经过这栋楼的时候，你可以说："哎呀，是我建的。"

---

① 贯穿芝加哥的一条多车道主高速公路。——原注

第 二 卷

# 通信

随着时代的发展，通讯本身已经成为一种目的。我们都是为声音而生的。

——赖特·莫里斯

## 莎伦·阿特金斯（接待员）

**莎伦·阿特金斯是美国中西部一家大型商业机构的接待员。她二十四岁了。她的丈夫是个学生。"我大学毕业，英语文学专业。我曾到处寻找文案工作。公司想要的人都是新闻专业的。好吧，第一个在我面前破灭的神话就是，大学教育能让你找到工作。"**

我改变了对接待员的看法，因为现在我就是一个接待员。接待员并不是前台那个接电话、记录留言的傻大姐。她必须有点儿什么其他能耐，因为我认为自己就有其他能耐。我感觉很好，一直到有某个记者晚宴。我们正在进行一场有趣的谈话，然后他们问我是做什么的。我告诉他们后，他们就转身去找其他挂着名字标签的人了。我是不值得让他们花时间的人。我被丢到一边并不是因为我说了什么，也不是因为我的说话方式，只是因为我的职业。打那之后，我尝试着为自己的工作编造其他名字：通信控制，伺服机构。（笑。）

我觉得公司是不会雇用一个男性接待员的。做同样的事情，他们必须付给他更多的钱。你不能付给一个和我做一样工作的人很多钱。这在经济上是不可行的。（笑。）你做的只是对人和电话进行过滤而已。你只是在操作设备而已。你被当作一件设备，就像电话一样。

你九点进来，打开门，看着那台机器，插上耳机。我的一天就这样开始了。听到第一声铃声时，你会颤抖。之后，就跟一路下坡似的顺溜了——除非电话里有一些善良或是讨厌的人。其余的人什么也不算，他们不存在的。他们只是声音而已。你接电话，你把他们和别人联系在一起，仅此而已。

我不怎么跟人接触。你看不到他们。你不知道他们是不是在笑，他们是讽刺还是善良。所以你的谈话变得非常突然。在我与人交谈时，我注意到了这一点。我的谈话会很短，清脆快速，用短句子，就像我整天在电话里和人说话一样。

我在家从来不接电话。我在工作中的说话方式延伸到生活中。我在电话里和别人说话的方式已经改变了。即使我妈妈打电话来，我也不会跟她聊很久。我想**看见**人，和他们说话。但现在，当我看到他们时，我就像在电话里说话一样和他们说话。这不是一个有意识的过程。我不知道发生了什么。我在工作中和别人说话的时候，电话铃响了，谈话就被打断了。所以我从来不会把句子说完或把事情想完。我总是有这种被打断的感觉。

你可以想想这件事，突然间电话铃响了，你就得马上冲回去。一整天都没有十分钟的安静的休息时间。我曾经在冲床旁边工作过，当时我还在上高中。一个兼职工作。你坐在那里，盯着冲床四五个小时。

你可以编一些关于人的故事，然后把故事编完。但要是只有几分钟的时间，你就不能这样做了。接完电话后，你就不能再接着刚才的故事继续往下编了。你不能思考，你甚至不能写完一封信。所以你要做一些快速的事情，比如读一章短篇小说。必须是短期就能完成的事情。

我注意到大家让我说话的时候放慢速度。我一整天所做的就是尽可能快地说出我必须说的话，然后把电话转给那个要接的人，不管那个人是谁。如果我在和朋友说话，我必须在被打断之前快速完成。

你试图用尝试思考其他事情来填充你的时间：你周末要做什么或关于家庭的事。你必须发挥你的想象力。如果你没有一个很好的想象力，而且你很容易厌烦，你就有麻烦了。为了打发时间，我写非常糟糕的诗歌，或给自己和别人写信，从不邮寄。这些信都是幻想，算是漫无边际的，我的感受，我的郁闷。

我画了一些画——蒙德里安①，算是吧。红色和蓝色的和平色彩。非常有序的生活。我想画彩虹和山峦。我从不画人。自然界的事物，从不画人。我总是梦见自己一个人，事情很安静。我把它叫作"无电话之地"，那里没有任何机器告诉我每时每刻我必须在哪里。

机器在发号施令。这个带着按钮的破烂小机器——你必须过去对它做出回应。你可以从机器旁边走开，假装你受不了了，但它会拽着你。你知道自己什么都没做，没有为任何人做多少事。你的工作没有任何意义。因为**你**自己就是台小机器。猴子都能做我做的事。要求别人做这些真的很不公平。

---

　　①　皮特·科内利斯·蒙德里安（Piet Cornelies Mondrian，1872—1944），荷兰画家，自称其作品为"新造型主义"或"几何形体派"。其风格对后代的建筑、设计影响很大。——译者注

**你有时也会撒谎吗？**

哦，当然，你必须为别人撒谎。那是另一码事儿：如果他们不想在电话里和某人说话，就得为他们编故事。起初我会觉得尴尬，我会觉得他们知道我在撒谎。有一种空虚的感觉。沉默不语，我感到内疚。起初，我试着想了一个委婉的方法去说"他不在这里"。这让我很烦恼。然后我厌倦了这样做，所以我只是说："他不在这里。"你不是在看人，你是在对着仪器跟他说话。（笑。）所以过了一会儿就不重要了。第一次是在现场。那个人就在那里。我肯定我脸红了。他可能知道我在撒谎。我想他都明白了，我只是工具，不是源头。

直到最近，我早上都在哭。我不想起床。我害怕星期五，因为星期一总是困扰着我。还有五天的时间。似乎永远没有尽头。我为什么要这样做？但我却害怕找其他工作。我不喜欢填表，不喜欢参加打字测试。我记得在申请书上，我写道："我想和公众打交道。"（笑。）好吧，我再也不想和公众打交道了。

我坐公交车去上班。这是我的重大决定。我必须去上班，做别人让我做的事，但我可以决定是坐公交车还是坐电车。对我来说，这是个重大的选择。这些都是你做出的唯一的决定，这些对你来说非常重要。

回家的公交车上很少有人说话。基本就是坐在那儿，神情沮丧。盯着窗外，掏出报纸，或者推搡别人。你会觉得很紧张，一直到公交车空了，或者到家了为止。因为整天都有事情发生在你身上，你无法摆脱的事情。于是这些事积聚起来，大家在公交车上互相传递。似乎回家也不能带来缓解。就像是：天哪！我忍受了很多垃圾啊！

差一分钟五点是胜利的时刻。你关闭了那个对你发号施令了一整天的机器。你把它放进抽屉里，结束啦。在这几个小时里，你是你自己的人。然后它每天早上都会叫你回来。

我不知道自己想做什么。这就是最痛苦的地方。所以，我不能辞掉这份工作。我真的不知道我可能有什么天赋。我也不知道该去哪里寻找答案。我被学校培养了这么久，没有时间去想。

我父亲是修表的。这一直是我感兴趣的，用双手工作，而且独立。我想自己不会介意回去学点儿东西，修一件家具。那种你知道自己在做什么的事情，你可以创造，你可以修复一些东西，让它发挥作用。在总机台，你基本上做不了什么事的。

我认为整个接待员行业将会改变。我们将不得不找到那种可以做接待员工作的机器。大量的人力正在遭到浪费。

我回家后，电话响起来，我就会紧张。这让我想起了工作时的电话。它变得像巴甫洛夫的铃声。（笑。）这让狗流口水。让我感到紧张。这台机器占据了我一整天的时间。我回家后，它还在那里。这是一个非常糟糕的与人沟通的方式。电话可能对生意有好处，但是电话也造就了很多糟糕的对话。（笑。）

## 弗朗西丝·斯温森（旅馆总机接线员）

**城市下层中产阶级社区的一栋平房。她是个寡妇，和成年的儿子住在一起。"我会怎么形容自己？一个快乐的中年妇女。"（笑。）**

**墙壁上装饰着立体雕花壁纸。这是她的手艺。"实际上，这看起来像真正的花；我喜欢让我的双手忙碌。这让我远离麻烦。我也会缝纫，**

但我不想以此为生。年纪大了，眼睛就会模糊。你必须要有度数特别高的眼镜看清楚才能缝纫。"

她是一家大型汽车旅馆的总机接线员，经常有会展人员光顾。她做这份工作已经有三年了，虽然她做电话接线员至少有十五年了。

"接线台总是有五个女孩。她们只能一次一个人去吃午餐。我已经五十岁了。我旁边的那个小的是二十岁。她旁边的那个也是二十岁。另一个大概四十岁，还有一个大约三十五岁。我爱她们，她们也爱我。她们认为我是一个很棒的老太太。"（笑。）


你必须有一个好听的、喜气洋洋的声音。你不能生气，也不能像前一天晚上出去过一样。（笑。）你总是要愉快的，不管你感觉有多糟糕。

前几天有一位先生，他要打外线电话。我问他的名字和房间号，我们要向他的房间收费。他说："这关你什么事？"我说："对不起，先生，这是我们的规定。"然后他变得有点儿有敌意。但我只是淡然处之，然后继续工作。在你的内心和你的脑袋里，你会生气。但当下一个电话打进来的时候，你还是要表现得很好。没办法让它发泄出来。我是很容易相处的。我不是那种在电话里发火的人。

你试着想象他们的模样，这是很难的。即使是年龄，在电话里也很难分辨出来。我在电话中的声音和在家里的声音有很大的不同。我现在打总机，他们都不知道是我的声音。

我所做的第一件事就是戴上耳麦，然后坐到接线台里，让工作了一整夜的女孩休息一下。这是一个二十四小时开通的接线台。这是速记员会坐的那种椅子。相信我，八小时后，这就不是一把舒适的椅子了。（笑。）我们一直在忙。没有一个闲暇的时刻。没有太多的时间来交谈。我曾在不同的办公室工作过，你甚至可以抓住机会拿起钩针，让你的手指忙碌起来。但在这里不行。

上两周我工作了一百二十五个小时。我们问老板，为什么不付给我们一半的加班费。他说："好吧，前台的姑娘们都拿到了，我不明白为什么你们没有拿到。从本月1号开始你们就能拿到了。"今天我们得到通知，我们是拿不到了。告诉我们的那个人还好，但是酒店里有两个比他高的人。

我们曾经想让工会介入，但是有两个女孩投了反对票，后来她们决定退出。但是必须要这样做。因为我失去了我的周末。我被邀请去野餐，但我没有去。他们需要我，所以我想好了，我会去，他们需要我，但我失去了一点乐趣。

这是你坐在那里工作时的紧张感。伊利诺伊贝尔公司有过一个疗养院。几年前，当接线员变得紧张、过度疲劳时，他们就把她们送到那里。她们有神经衰弱症。现在没有了，因为我觉得事情变得简单了。

我在一天结束的时候很累。假设你每天要接一千个电话，而这些线都很沉，八小时后它们就会变得很重。你去接它们，它们就会从你手中滑落，你就会把它摔掉。我曾和一个接线员一起工作过，她说她的手比男人更有力量，因为她整天都在用手。

我现在所在的这个接线台，必须伸手去够才行。插口是很高的。这对手臂不容易。有些时候线和你的手指离得很近。如果他们想要中间的数字，你就得伸手去够，你就会弄断你的指甲。

像我这个年纪，起床去工作是一种磨炼。我们甚至不能休息一下，因为你要不停地工作。

如果你要走，你就得马上回来。因为你没有十五分钟那么长的休息时间。上周我们这么忙的时候，我说，要是我们有一个地方，能伸个懒腰多好啊。有时候你会被缠得不想吃饭。我有几天不想吃饭，不是因为我不饿，而是我不想在楼下吃饭，也没地方去买吃的。我到不同的部门去坐坐，就是为了远离总机。因为这里是又长又无聊、没有尽头的对话，真的很吵。

你永远都离不开你的耳机。你的电话线是可以拉过来的，你在喝水的时候也得说话。水罐在距离大约十五英尺远的地方。电话处于接通状态，我们正在说话："我可以帮你吗，先生？"

当你看到一个女孩有点松懈，就会给其他女孩带来负担。最重要的是，把你手里的电话处理掉。如果顾客想知道饭菜多少钱，你不要悠闲地告诉他，你要把电话打到餐厅。和我一起工作的这些人，有的会悠闲地解释一切。你得摆脱这通电话。电话公司训练你一次接多个电话。

很多人不知道总接线台是什么，也不知道总接线台有多复杂。我们有一个年轻人——一个助理经理实习生——他只在午餐时间工作，他就明白。你得记住所有部门的电话。你不能一直查看你的表，你得记住这些东西。

我认为，总机接线员的工资偏低，因为我们是一切的中心。你打电话给某个机构的时候，希望得到即时服务。当然，我选择了这份工作。如果你选择了这份工作，这就是你的责任。只是因为我觉得我的工资不够，并不意味着我不会为他们好好工作。

现在的年轻人不像老太太那样工作。工作来了的时候，她们就接受。如果她们想工作，她们就会工作。如果她们不想工作，她们就到处玩。我们有一些人，半天都在悠闲地接电话，浪费时间。这让其他的姑娘负担更重了。年纪大的女人更忠诚，她们更认真，而且不请假。

我不得不在背后做点小动作。我让一个女孩跟我换班，这样我就不会让她们一直摸鱼，以至于其他女孩没法把电话接进来。我说，如果你能用我的招数，我就用你的招数。其他女孩会说："我明天留在家里。"

在电话总机做过接线员的人都喜欢电话总机。这并不孤独的。你跟人说话。你问另一个总机接线员，她们喜欢这份工作。

想听个好听的吗？（笑。）当时是凌晨一点钟。一个电话进来了。我上的是夜班。我说："假日酒店。"我这么说是因为我们不是假日酒店，我只是在开玩笑。和我一起工作的小姑娘把我告发了。所以老板把我叫来了，她说："你为什么要这么做？"我说："只是为了玩玩。很安静，没什么可做的。"她说："弗兰，你是一个好接线员，我们都喜欢你，但我不知道你为什么这样做。"我说："我想找点乐子。"

那个小姑娘把我告发了之后，说她很抱歉。大约一周后，我对她说："小姑娘，我本来想辞职的，但我不会为了你这样的人而辞职。"她说："弗兰，我很佩服你。因为你没有在老板面前对我说任何话。"我说："好吧，你很低级，因为你做了我永远都不会做的事情。"

接线员的规矩是：你不会听到旁边的人在说什么。这是我被教导的方式。她是否在和别人调情不关我的事。我所做的只是为了好玩。我不认为这是非常糟糕的。（笑。）

我从不偷听电话，但我告诉你吧。以前我在伊利诺伊贝尔公司工作。我不管接线员是谁，最棒的事情就是听电话。（笑。）当你不忙的时候。在汽车旅馆里，我没有偷听。在贝尔公司，我偷听了。如果你夜里工作，周围很安静，我觉得不会有任何一个接线员不会去偷听电话。这样子长夜会过得快一些。

在电话公司，在战争期间，有几次我们不得不偷听一个电话，我觉得是一个说西班牙语的人的电话。他们被监视着。我们必须说："这是西班牙语的电话。"你可以监听任何总接线台。

我总是把手指放在总机上。我们变得真的很友好。我们应该报出自己的名字。我的名字是弗朗西丝。甚至不是弗朗西丝，我是弗兰。经理助理，我们称他为先生。我一直很尊重名字。现在的年轻人就不一样了，她们直呼别人的名字。我上一个工作的地方，我们叫他先生。他是个采购员，我想他应该得到尊重。我只是个接线员，我是弗兰。这不会搞错。

但我觉得他们非常需要我们。他们需要我们有礼貌，他们需要我们友善。你不可能在做生意的同时，还拥有一个糟糕的总机接线员。我们是那个酒店的中心。

而我们却得不到尊重。我们从老板和客人那里得不到尊重。虽然他们对我们很好。但如果他们知道我们工作有多辛苦，会更尊重我们。现在，通讯是最重要的事情，很多生意都是在电话里进行的。我真的觉得我们需要更多的尊重。

我们坐在那里，我们开玩笑说："我们要是抓着这一把插头，然后把它们**拽出来**，那不是很好吗？"（笑。）我们想想罢了，想想罢了。就像我说的，你感到那么紧张……如果我们能把插头**拔掉**就好了，把它们断开，看看会发生什么事。你不小心把别人的电话切断了，这是很常见的。你不是故意的，虽然有时你会觉得你想这么做。

## 希瑟·兰姆（电话接线员）

**近两年来，她一直在伊利诺伊贝尔公司担任长途电话接线员。附近有一个海军基地。她在高中上课时期每周工作三个晚上，倒班；夏天则是整整四十个小时。她快十八岁了。**

那是一种奇怪的气氛。你在一个和体育馆差不多大的房间里，和远在千里之外的人交谈。你每小时至少要和三十五个人接触。你不能和他们交换任何想法。他们不了解你，他们永远不会了解你。你觉得你可能会错过一些人。你觉得就像他们把一枚硬币放进了机器里，然后他们就得到跟你说话的机会。你在那里执行你的服务，然后离开。你在某种程度上被分离开来。

很多女生在现实生活中都是非常害羞的。你会发现有些女生在工作中很外向，但是当她们要和别人说话，看着别人的脸时，她们就会想不出该说什么。当她们知道有人能看到她们的时候，她们就会觉得很难为情。在接线台上，有一种匿名的感觉。

大约有七八个短语，用起来，就是这样。"早上好，有什么可以帮你的吗？""接线员，我可以帮你吗？""下午好""晚上好""你想要什么号码？""你能再重复一遍吗？""我有一个某某公司给你打的对方付费电话，你能接受吗？""要一美元二十美分。"你能说的就这么多。

大不了就是不和顾客说话。如果他不高兴了，你不能说更多的话，只能说"你遇到了麻烦，我感到很抱歉"。如果你被发现和顾客说话，那会留下一条对你不利的记录。如果他们遇到了麻烦，或者他们只是感觉不舒服什么的，你会情不自禁地想要和他们说话。对我来说，这是一个很大的诱惑，我想说："哎呀，怎么了？"我不觉得自己真的帮了别人很多。

比如说，有一个人从越南打过电话来，他的那条线路很忙，我不能打断他。天知道他什么时候才能再次打通电话。我知道他很寂寞，他想找人说话，而我在那里，却不能和他说话。有一个人感觉很不好，你也没办法。我刚开始工作的时候，我问一个接线员，她说："不行，他随时可以换个时间打电话。"

有一个人说："我很寂寞，你能和我说说话吗？"我说："对不起，我不能。"但你**不能**。（笑。）我是一个搞通讯的人，但我不能沟通。

我在这里工作快两年了，我知道多少女生的名字？只知道她们的姓氏在耳机上。你可能每天都能看到她们，但你却不知道她们的名字。贝尔大妈讲究团队合作，但是你连团队里的人的名字都不知道。

如果你遇到公司里的人，说"你好，琼斯"之类的话。（笑。）这是非常尴尬的。你坐在食堂里和别人说话，却不知道他们的名字。我和很多人都聊了一个星期了，然后我跟他们说："告诉我你的名字吧。"（笑。）

每个人有一个号码，我的号码是407。他们把你的号码写在标签上，所以如果你犯了错误，他们会知道是谁干的。你只是个工具，就是来拨号的。他们只是打出数字也是一样的。

女孩们坐得很近。她甚至离我不到五六英寸远。最重要的是肘部，特别是如果她是左撇子的话。这就是为什么冬天我们有这么多感冒的，我们坐得太近了。如果一个人感冒了，整个办公室都会感冒。

这是非常容易感染上的。

你尽量让自己的手指甲短一点，因为它们会断的。如果你要插插头，你的手指甲就完蛋了。你尽量把头发梳得简单些。把头发弄到头顶上就不好了。女人们如果刚做了头发，就不会真的来上班。耳机会把头发压平的。

你的手臂不会很累，嘴会。这很奇怪，但你会厌倦说话，因为你不停地说话，六小时没有休息……

一半的电话有一个新的系统，二十五美分响三声，一美分是两声，五美分是一声。如果那个人很着急，一直在投钱，所有的哔哔声就会混在一起（笑），你就不知道电话里有多少钱。所以还挺难的。

有电话的时候，你就写到这张 IBM 卡上。用的是一台特殊的机器。你用一种特殊的笔，信息会输入这台电脑，电脑会找出号码。这笔是正儿八经的软铅，在办公桌上滚过来滚过去，下班的时候你身上到处都脏乎乎的。（笑。）而且有时候，如果你的椅子没有调整到合适的高度，而你又不得不弯着腰写字，背部就会疼。而且要跟踪动向。你不能一次只接一个电话。

还有就是时钟。你旁边有一个钟，每一秒都会计时。灯熄灭的时候，你看到对方已经回答，你必须写下时、分、秒。好了，你把它放到一个电线灯旁边的特殊插槽里。你准备好接另一个电话。但你还是要看着第一个。灯亮的时候，他们会把电话挂断，你就得把那张卡再拿出来，然后记录下时、分、秒，与此同时你还得接其他电话。忙得不可开交。

如果你上的是白班，通话时间就很短，所以他们及时下线，就好像要记下一个人的信用卡号，收另一个人的钱。一个人等着加班，另一个人等着你把他的电话接通。有时你的卡会被弄得一团糟，那会让人更生气。有时打电话的人脾气暴躁，或者说话声音不大，这使得情况更加糟糕。而且在人们抓狂但说话声音不够大的时候，急也没用。

商人如果得重复一遍自己的信用卡号码，就会很不高兴。有时他们在和你说话，他们也在和自己的伴侣说话，你想听号码。他们会对自己的伴侣说些什么，你以为是说给你听的，他们就会很恼火。你会对别人的声音非常敏感。有时你会生气。为什么这个男人要对我大喊大叫？我确实经常感到被贬低。

但其他时候，有一种真正的权力感。在你必须要停止说话的时候，我可以让你别说了。你得把钱付给我。如果你不给我钱，我就可以对你做这做那。和那些不得不付电话费的人——比如基地的水手——说话时，这种权力感会更明显。但是面对商人的时候，会有一种无助的感觉。他可以毁了你。你面对那些更穷的人的时候是有真正的权力的。他们连电话都没有，所以他们不能抱怨。而某个商人可以给贝尔公司写一封信。对那些用公用电话打电话的、没有多少钱的人，我比较宽容。但是对商人，我让他为这个电话的每一秒付钱。（笑。）我现在比他更有权力。（笑。）

我觉得电话价格真的太高了。直接拨电话很便宜，但是没有私人电话的穷人，只能用公用电话，费用就很高了。这是在掠夺穷人。

如果你想，你可以随时通过电话约会。我已经被问过很多次了。（笑。）你总能做出一些小评论，尤其是在深夜无聊的时候。我说话时有南方口音或波多黎各口音。尝试让你的声音真的很性感，只是为了看看会有什么样的反应……不，不，我从不接受约会。（笑。）从来没有人听起来……

好多次，他们挂了电话，让其他人付费。你打他们留的号码，对方说："我不认识他。"接线员并不为此支付费用，但公司会记录。你接了多少电话、卡上有多少标记、犯了多少错误。公司不断给我们施压。

如果你因为一天的不顺心而感到郁闷，这会从你与人交谈的方式中表现出来。不过，有些日子也是超级有趣的。我并没有遵守所有的规定。我总是试着开一些玩笑。尤其是在深夜工作的时候。有时打电话过来的人很有趣，你就会坐在那里笑，笑到眼泪滚下来。（笑。）

我有偷听谈话吗？（降低声音）有些女孩真的会这么做。我从来没有尝试过打开开关。我不知道为什么。这家公司总是监视着员工。主管确实经常听员工接电话。她可以在这个特殊的控制台上按一个按钮。就是想看看我是否足够愉快，是否对顾客说了太多话，是否收了数额正确的费用，是否打了私人电话。贝尔大妈在监听，但我们却不知道。这就是为什么大多数时候做正确的事是明智的。离麻烦远点儿吧！

公司从来没有要求我去偷听。因为公司会把说过的所有话都再说一遍：通信保密，客户隐私。我反正认为自己不会去偷听，公司来做这件事就好。

留下来做电话接线员的大多是年长一些的女性。年轻女孩一直待在那里的不多。女孩比年长一些的女性更有耐心。我今天就坐在一个年长一些的女性旁边。这个男人显然挂了电话，她想从他那里收取费用。她大叫："看那个混蛋！"她开始使劲儿回拨给那个男人："你给我回来，你欠我的钱！"真的非常暴躁。如果我这样做，主管会骂我的。但这位女士已经在那里工作了二十年。他们对年长的女士很宽容。她们中的很多人的声音都很难听。但是，你在那里工作了二十年，说了二十年同样的话，我的上帝，你能怪她们吗？二十年后，你会变得很辛苦。

大家都急着和别人说话，却不和你说话的时候，这种感觉很难受。有时候你会有一种需要和别人说话的感觉。有人想听你说话，而不是："你为什么没有给我正确的电话号码？"

遇到有人说："今天天气不错，接线员。你今天怎么样，忙吗？今天很辛苦吗？"你特别感谢这些人。你说："哦，是的，今天很糟糕。谢谢你的关心。"

## 杰克·亨特（沟通专家）

那是一次意外的相遇，他当时正在城里参加美国通讯协会的会议。当时正值北越的圣诞季轰炸①。在去餐厅的路上，这个话题出现了。"尼克松总统还能做什么？他别无选择。"

我是一名大学教授。作为一名沟通专家，我训练学生变得更加敏感，也更能对人际沟通进行觉察——符号行为，语言的使用，以及非语言行为。试图触碰到你心中的符号，从而让我们可以在语言上达成一致。这是一个无形的产业。自第二次世界大战以来，我们这个领域有了惊人的增长。这个领域有七千多位实力雄厚的教师。

我对这个工作很感兴趣，因为这就是生活的方式——说服人们。我们是交际动物。我们是易被说服的动物。这不是一件不道德的事情。不是说留着黑色小胡子和黑色油头的那家伙②的那点事儿。有一

---

① 指1972年12月美军对北越的空袭。——译者注
② 这里指的是希特勒。——译者注

种不道德的方式——我们认识到了煽动性说服的方式——但是我们用道德的方式来训练学生。在我们这个行业里，商业沟通是一个非常重要的领域。我们培养人，是为了让他们能够把面试者和被面试者双方的心灵都变得人性化。在面试的前十分钟，面试官通常已经下定决心。我们要找出原因。通过我们这种调研，我们告诉企业：你所做的事情是有成效，还是事与愿违的。

　　我说的是专家，我们在电影世界里已经习惯了。有一个人把桥炸了，他能做的事儿就是这个。这里有一个人，他是一个口头表达专家，或者书面表达专家，又或者是印刷领域或电子方面的专家。我们都是一个大家庭的一部分。没有人在交流方面有优势。

　　现在，很多演讲领域的博士都在企业做人事主管。我有好朋友是宗教传播者。我有机会去南方某州的一家银行做信息总监。我会监督所有办公室之间和办公室内部的沟通行为，也就是所有的书面行为，目的是让整个系统更加顺畅。然后会发生什么呢？利润。幸福的工作行为。获得他们内心深处的东西，得到他们的信任。

　　伯尔赫斯·弗雷德里克·斯金纳[①]深入到我们的领域。我的好朋友们都在研究这种行为，以便能对人际关系做出更好的评价。在我们的生活中，无论是工厂里的路人甲，还是古巴导弹危机时的肯尼迪总统，都得进行沟通。我的朋友们正在研究冲突沟通：人们受到攻击时如何沟通。

―――――――

　　① 伯尔赫斯·弗雷德里克·斯金纳（Burrhus Frederic Skinner，1904—1990），美国心理学家、行为学家和作家。他在1958至1974年间担任哈佛大学心理学教授的职位。在心理学研究中，他首先提出并改进了反应率这一概念作为因变量。他还发明了累积性记录作为测量反应率的工具，为提出行为学强化理念奠定了基础。——译者注

就拿杰里·弗里德海姆①来说吧——在我看来，他是尼克松政府在这个非常敏感的问题上的喉舌。在我看来，他很机械。他的声音缺乏情感，这就像一台打字机的声音。他表达，这是很好的。头脑必须保持冷静。尼克松用自己手下的人用得很明智，获得他所需要的对他有利的信息：什么样的行为会被什么样的信息所吸引。在过去的四年里，他小心翼翼地软化了新闻界的力量，以至于新闻界比以往任何时候都要不受重视。这也是水门事件被美国人民如此巧妙地撇到一边去的原因。

沟通专家确实有一种权力意识。人们会认为，这是一种滥用权力的行为。一个人若是特别能控制行为的话，我们就会不信任他。我们必须学会如何同时变得人性化。

---

① 杰里·弗里德海姆（Jerry Friedheim），国防部的公共关系官员，在北越圣诞大轰炸期间，他是政府与新闻界打交道的发言人。——原注

# 社会等级

特里·梅森（空姐）

她已经当了六年空姐。她二十六岁，刚结婚。"空姐大多来自小城镇。我自己就来自内布拉斯加。对女人来说，空姐应该是最美好的职业之一——如果她不能当模特或演电影的话。所有的好处都有：飞遍世界，认识好些人物。这个职业是一个很好的身份象征。

"我有五个姐姐，她们都是在二十岁之前结婚的。她们从高中毕业的那一刻，就结婚了。大家都是这样，就是结婚。我告诉父母自己要去航空公司的时候，他们很兴奋。他们很高兴自己的女儿里面有一个可以出去看世界，并且独自生活一段时间。我直到二十五岁才结婚。我妈妈更是觉得，我要是有雄心壮志就好了，有胆量靠自己到大城市去闯闯，干好空姐这一行。"

别人问你做什么的时候，你说空姐，你真的很自豪，你觉得这很好。这就像一个晋升的阶梯似的。开始飞行的头两个月，我已经去过伦敦、巴黎和罗马。而我来自内布拉斯加的布罗肯鲍。但开始工作以后，这个地方并不像你想象的那样迷人。

公司喜欢有个性、长得漂亮的女孩。如果一个女人有了些瑕疵，公司就会把她替下来。直到外貌顾问认为她已经可以重新回来工作了。某一天，有个女孩来上班，她有一个非常轻微的黑眼圈。公司就把她给替下来了。就是这样的小细节。

我们不得不去乘务员学校学习五个星期。我们要接受整整一个星期的化妆和仪态训练。我不喜欢这些。这些培训让你觉得你从来没有在公共场合出现过。培训的人教你如何抽烟，何时抽烟，如何看男人的眼睛。我们的老师，她觉得我们必须要性感。有一天在课堂上，她教我们如何接受男人点烟，并且永远别吹灭它。男人点燃的时候，就看着他的眼睛。这真的很逗，所有的女孩都笑了。

女人自己点烟是绝对不合适的。你举起烟，当然了，和你一起出去的是一个知道正确点烟方法的男人。当他们给你点烟的时候，你要看着他们的眼睛。你要握住他的手，但要握得很轻，这样他才能感觉到你的触摸和你的温暖。（笑。）你不要把火柴吹灭。从前的时候，女人看着他的眼睛的时候，她会把火柴吹灭，这非常美妙，但是老师说，现在的男人会把火柴吹灭。

重要的是不要太明显。男人不希望你看得太前卫。整个事儿的核心就是，当一个淑女，但仍给男人释放一种女人的吸引力，比如身体的动作、嘴唇和眼睛。男人应该看着你的眼睛。你可能是一个真正的坏女人。你是个淑女，却用眼睛做这些邪恶的事情。

那位老师确实尝试着让人吸更多烟。她说吸烟可以成为一个人谈话的一部分。如果你不知道该说什么，可以随时拿出一支烟。她说这样会让你更舒服。我在航空公司开始抽的烟。

我们航空公司选的是邻家女孩类型的姑娘。以前公司不让我们戴假睫毛和假指甲。现在要求戴假睫毛，指甲长度不合适就戴假指甲。一切为了取悦乘客。

　　整个工作的核心就是：遇见好些伟大的男性，他们要么有宏大的商业背景，要么好看，要么与众不同。确实会遇到很多电影明星和很多政治人物，但你没有机会真正跟他们有什么接触。空姐从来没有真正得到过跟这些男人交往的机会。她们只对有名望的人有印象。但一个你不认识的普通的百万富翁，是不会给你留下什么印象的。唯一能让空姐感到兴奋的是像肯尼迪这样的乘客，或者是电影明星、政治名人。

　　我想我们空姐的平均年龄是二十六岁。但我们的主管会告诉我们该化什么样的妆，该涂什么样的口红，我们的发型是不是不适合我们，我们的笑容是不是足够灿烂。他们甚至会告诉我们，在机上的时候，言行举止应该是怎样的。就像昨天晚上我见到我老公。我穿着便装。我想吻他。但我不应该在航站楼亲吻任何人。空姐不应该和乘客手牵手走在一起。出了航站楼，你就可以自己决定了。

　　大部分的乘客都会抛媚眼。那些抛媚眼的人都是已婚的，都是生意人。我告诉他们我已婚的时候，他们会说："我结婚了，你也结婚了，你离家在外，我也离家在外，没人会发现的。"那些对你抛媚眼的人，如果他们是你家里的朋友，你大多不会接受约会。

　　我当了一年空姐后，单身的我来到了芝加哥的北区附近，这里是单身人士放飞自我的地方。空姐，名声可不怎么好。在大城市里，这是个随便的女人。我一点也不喜欢这种调调。《咖啡、茶和我》这类书里的那套。

我住在一个公寓楼里，那里住的大多数人是空姐。①其他的是秘书和老师。她们会参加我们的聚会，最后结果会变得糟糕透顶。这帮女人从来不讲关于秘书和护士的故事，但她们肯定大讲特讲关于空姐的好故事。

我遇到很多妻子或单身女性。她们开始和我说话的第一分钟，就真的很冷淡。她们认为大多数空姐都是势利眼，或者她们可能是嫉妒。这些女人认为我们玩得很开心，我们是追求享乐的女孩。我们有优势，可以与我们想要的每一种类型的男人出去。所以当她们第一次见到我们的时候，她们真的对我们很反感。

刚开始飞行的时候，大多数女孩确实住在机场旁的公寓楼里。她们遇到的男人都是机场的员工：行李装卸工，干些清洁飞机之类的活儿；机械师，还有年轻的飞行员，他们都没有结婚，是刚开始工作的新人。

一年后，我们厌倦了这种日子，所以我们搬到城市里，以便交往到年轻的男主管，比如在施乐之类的公司工作的主管。三十岁出头或二十多岁的年轻商人，他们真以为自己事业发展得那么好，空姐这种姑娘才是他们想要交往的对象呢。他们头戴帽子，身着西装，冬天还戴着黑手套。女人们的年龄越来越大，她们已经二十四五岁了。她们也和调酒师有一腿。空姐和调酒师是一对儿。（笑。）

有一次我和另外两个女孩去了摇摆酒吧的区域。我们不想让别人知道自己是空姐，于是我们编了个故事，说我们要去科罗拉多州的一

①　"在纽约，五六个空姐会住在一个公寓里。她们认为，这样过得去，因为她们总是频繁地进进出出。但是，她们会有几个晚上都在公寓里过夜。出现了这种情况，几个人就得睡在地板上了。"——原注

所女子学院学习。这个故事被传开了。有人和我们说话，对我们很好，很有礼貌。而对空姐呢，他们甚至都不会讲礼貌。他们会请你喝酒，但如果你站起来去洗手间，他们会偷偷把你的凳子占了。但他们得知我们不是空姐，只是上女子大学的年轻女士时，他们对我们真的很好。

他们说，从空姐的化妆方式就能看出她的身份。那时候我们都是短发，在空姐学校里大家都剪得一模一样。如果有两个金发女郎把头发剪得很短，化着同样颜色的妆，穿上制服，人们就会说："哦，你们看起来像姐妹。"不知道为什么？（笑。）

我们大多数人都反对，因为公司不让**你**说想怎么剪头发，他们不让你有自己的个性，**自己的**妆容，**自己的**衣服。他们会告诉你穿什么长度的裙子。有一次，他们告诉我们不能穿超过膝盖一英寸的衣服。那时候也不能穿裤子。现在不同了。

假发过去是被禁止的。现在是风尚。现在允许漂亮的女人戴假发、假睫毛、假指甲。以前都是长得比较难看的女人才会戴的。女人穿上裤子，就显得不淑女了。现在流行热裤。大多数航空公司每年都会更换款式。

**她形容过去的空姐学校就像大学宿舍一样：一周内禁止外出；周五、周六晚上签到、签退。"他们把空姐学校里要学的东西减掉了不少。减掉了教如何送餐的课和文书工作的培训。现在很多女孩子上了飞机，还不知道杂志在哪里，乘客托盘桌在哪里……我们以前每天都要考试。如果答错了两个问题，就挂掉。考官会问我们十个问题。如果五周内有两道题没通过，就得走人。现在他们根本就没有考试了。通常我们每年都会加薪。我们最近没有享受到这种待遇。"**

我们的工作时间很长。我们可以连轴转十三个小时。但按理说，我们不应该飞行超过八小时的。这是以二十四小时为单位的。在八小时内，可以从芝加哥飞到弗林特，飞到莫林（在伊利诺伊州），短途飞行。停二十分钟。于是，可以说五站之后就到纽约了。你有一个小时的时间自由支配。但你必须在起飞前三十分钟上飞机。有多少餐馆能在三十分钟内为你提供食物？所以，你已经忙活了十三个小时，上班然后下班，有半个小时这种零散时间吃饭，或者没有时间吃饭。这是正常现象。如果我们只有三十分钟，没有时间吃饭，那是我们运气不好。

飞行员也有同样的情况。结果就是他们会抓起一个三明治，在驾驶舱里吃东西。我刚开始飞行的时候，我们在飞机上根本就不应该吃饭，即使有多余的饭菜也不能吃。现在我们可以在自助餐饮台那里就餐。我们必须站在那里，拿着那些肮脏的盘子吃我们的饭菜——如果有剩饭的话。我们不能在公众面前吃饭。如果有加座，我们就不能把饭拿出来。你可以在驾驶舱里抽烟，在洗手间里抽烟，但不能在公众的视线里抽烟。

"我们有一个工会。是飞行员工会的一个部门，帮我们在上班时间和工作特权上争取争取。工会确保了一个事儿，就是如果我们人在克利夫兰，因为天气原因被困在那里，十三个小时后，我们可以去睡觉。在我们有工会之前，空乘办公室会打电话说：'你又要加七个小时的班。'我有一次连续工作了三十六个小时。"

前几天，我有五十五分钟的时间为一百零一名普通舱乘客服务，提供鸡尾酒和全餐服务。我做得又快又糟糕。我很粗鲁。我不是故意粗鲁的，只是没有时间回答问题。我微笑，然后不去回答问题。匆匆忙忙记录下三个酒水需求。有很多次，我错过了酒杯，倒酒，把酒倒在一位男士的腿上。我连对不起都没说，给了他一块布，就继续干活儿去了。这就是这份工作不怎么好的部分。

有时，我厌倦了在头等舱工作。这些人认为他们很了不起，付更多钱，想要得更多。我也厌倦了经济舱乘客索取一些头等舱乘客才会要求的东西，他还以为自己是头等舱乘客呢。我们从航空公司那里学到了这种差别对待的态度。他们完全是在划分人的等级。如果我们在头等舱工作，要穿连衣裙或漂亮的裤子西装，有配套的外套；而男士要穿西装外套和白衬衫，打领带。然而，头等舱乘客的类型可多了：有的人衣着邋遢，牛仔裤、软皮鞋什么都有。他们有能力按照自己的感觉来穿衣服……

如果我想坐头等舱，我就付五美元的差价。我喜欢得到免费的饮料，免费的香槟，免费的葡萄酒。在经济舱里，就没有这些。一个经济舱的乘客可能会说："我能要一个枕头吗？"我就给他一个枕头。然后他会说："你能给我一杯水吗？"在他身后一步就是饮水机。在头等舱里，如果他说"我要一杯水"，即使饮水机就在他的胳膊旁边，我也会给他拿过来。因为他是在头等舱，所以我们给他额外的待遇。这是不公平的……

在经济舱里，你会觉得只有人的脑袋。你只能看到这些。在头等舱里，人少了，你会更放松，有更多的时间。你坐上一架 727 的时候，飞机上有一个衣帽间。我们的航空公司告诉我们，你只挂头等舱的大衣。要是一个普通舱的乘客说："你能把我的大衣挂起来吗？"

大多数时候我会把它挂起来。为什么我应该挂头等舱乘客的大衣而不挂普通舱乘客的呢？

头等舱有一名空姐服务，经济舱则有两名。年长一些的空姐会在头等舱。那个头等舱的女孩习惯在头等舱工作。如果她恰好走过经济舱，如果有人向她要东西，她会让其他女孩做。头等舱空姐总是在门口迎接大家上飞机，离开时和大家说再见。这就是很多空姐不喜欢在头等舱工作的原因。

航空公司里有个老故事。空姐问某个男乘客，他和他夫人要不要喝点什么。他说："我想来杯马提尼。"空姐问他的妻子："您要不要喝点什么？"她什么也没说，丈夫说："对不起，她不习惯和佣人说话。"我刚开始飞行时，这是我听到的第一个故事。

我从来没有勇气对那些欺负过我的人或者冲我说过脏话的人提高嗓门。因为我一直害怕收到谴责的信。这些都是不好的信。如果你收到一定数量的不好的信，你会被解雇的。当你收到一封不好的信时，你必须进办公室去和主管谈谈。现在其他的姑娘们很多都发生了变化，她们把自己的感受告诉乘客。乘客的反应是：她在谴责我！他不相信。有时候乘客需要这样。

有一个人拿到他的牛排，他说："这牛排太熟了，我想要生一点的。"空姐说："对不起，我不做饭，这是预先备好的。"他把饭菜拿起来，扔在地上。她说："如果你现在不把饭菜捡起来，我一定让乘务员们过来让你捡起来。"（带着敬畏）她当着大家的面，就对着他大声说话。他真没想到她会对他大吼大叫。伙计，他把饭菜捡起来了……年轻的姑娘们不再像我们以前那样，忍受那些废话了。乘客让你不痛快时，你就跟他顶嘴。

　　总是这样，乘客总是对的。乘客说一些刻薄的话时，我们应该微笑着说："我明白。"我们应该**真的**微笑，因为空姐们的主管接到报告说，她们一直在和乘客顶嘴。即使乘客欺负我们或者说脏话，我们也要对他们笑一笑，这是乘务员学校教我们的事。如果某个男乘客摸你身体的某个部位，你就应该把他的手放下来，什么也不说，冲他微笑。这才是最主要的事情，微笑。

　　我第一次去上课时，他们说我笑起来有点狡黠。主管教我如何微笑。她说，"挤出一个微笑"——我照做了。"哦，那很好，"她说，"那是一个不赖的笑容。"但我做不到。我觉得自己做不到。即使我们很难过，我们也应该面带微笑。

　　有一天，我飞了一趟后到学校来，我爷爷去世了。通常公司的人会打电话给你，或者在飞机上和你见面，然后说："我们有一些坏消息要告诉你。"我在我的信箱里拿到这张纸，纸上写着："母亲打电话过来，你爷爷今天去世了。"这写得就好像在说两杯糖。我是不是疯了！公司不给我时间去参加葬礼。你只能因为你的父母或和你一起生活过的人请假。我从来没有和我的祖父母住在一起。但我还是去了。

　　我们空姐中的很多人都是老师、护士，什么职业都有。她们都是兼职的，因为有足够的时间去做其他工作。我个人是在会展工作的。我在电子和汽车展上工作。公司雇我在他们的展位上讲解产品。我要做演讲。在其他展会上，我所做的就是发火柴或糖果。现在每个展位上都有一个年轻的女孩。

　　人们就是喜欢在飞机上喝酒。他们觉得很有冒险精神。所以，你要提供饮料和饭菜，很少有时间可以坐下来。如果空姐坐了下来，她已经忘记了如何坐下来，和乘客交谈。我以前经常和乘客打桥牌，但现在不会了。我们不应该坐下来，或者拿着杂志，或者看报纸。如果是从波士顿到洛杉矶的航班，你应该用一个半小时跟乘客谈话。但我们唯一能坐下来的时候是去驾驶舱厕所。在里面抽支烟的时间不能超过五分钟。

我们可以坐在折叠式座椅上，如果有一个监督员在飞机上，她会把你记下来，因为你不与乘客交流。她在飞机上的时候，按道理讲，我们应该得到通知的。但很多时候我们都不知道。公司确实会派工作人员来坐飞机，而不报姓名，为的是检查，他们也不把检查的事儿告诉你。有时候，一个空姐在机舱里抽烟被发现。比如说，有一次飞行很漫长，也许是夜间飞。你在和乘客打牌，你说："我抽烟会打扰到你吗？"乘客说不会。但是监督员会把你记下来，让你因为在飞机上吸烟而被解雇。

公司对你能与乘客交流到什么程度有限制。公司希望你能善于交际，但如果乘客给你一支烟，就不要接。在飞机外面的时候，公司会鼓励你把烟接过来。

你把自己的时间献给大家，你要分享自己的时间，不要跟一个乘客分享太多。其他人可能都在打呼噜，还有三个人，可能是军人，他们醒着，因为他们要回家，很兴奋。于是，你和他们打牌。如果有一个主管在，她会说这是绝对不行的。主管们会说很多事情绝对不行。

公司的人称呼我们为专业人员，但他们跟我们说话的那个劲儿吧，就好像我们非常年轻幼稚似的。他们总是对我们的外表进行检查。他们每个月都会检查我们的体重。即使你已经飞了二十年，他们也会检查你，并说这是不可以的。如果你在乘客身边不够殷勤，那是不可以的。不把头等舱乘客的外套挂起来，那是不可以的，尽管衣帽间里没有空间。你应该用某种方式腾出空间。如果你超重了一磅，他们可以让你下机，直到你的体重再降下来为止。

意外？我还从来没有害怕到不想坐飞机的地步。但有几次在起飞时，有一些有趣的事情。这种时候，我就想，如果我今天死了怎么办？我有太多的事情要做。我不能在今天死掉。我把它当作一个笑话。

我遇到过紧急情况，在那种情境下，我不得不让乘客都撤离飞机。那时我正在从拉斯维加斯回来的路上，我是个活泼的空姐，所以彻夜未眠，玩儿了一个通宵，赌钱。飞机满载乘客。机长告诉我，我们要在芝加哥紧急降落。因为我们的机头齿轮掉了一个针。降落时，机头齿轮会垮掉。他要我让整个机舱的人为降落做准备，但两个小时内不能降落。而且不要告诉其他空姐，因为她们是新来的，会很激动。所以，我不得不把这件事憋在心里有两个小时，心想，我今天会死吗？而这是复活节的周日。我为乘客提供饮料和食物，有个家伙冲我发脾气，因为他的煎蛋卷太冷了。我本想说："你等着吧，伙计，你以后都不用为煎蛋卷操心了。"但我很温和地面对了这事儿，因为我不想和乘客闹矛盾，特别是在我要让他为紧急情况做准备的时候。

我在对讲机里告诉乘客。"机长说这只是一种预防措施，没什么好担心的。"我仅仅解释了如何快速离开飞机，如何摆出防止撞击的姿势。乘客不能戴眼镜，不能穿高跟鞋，不能带钱包，把东西从过道移开、放到座位底下。而且要保证每个人都很安静才行。机上有一个盲人妇女和一条狗。我们得找人把她扶下来，还要处理类似的其他事情。

乘客们很棒。没有人尖叫、哭泣或叫喊。我们落到了地面上的时候，一切都很顺利平稳。机长完美地降落了。但有一个小颠簸，乘客开始尖叫和叫喊。他们都很害怕，突然间我们就着地了。

我表现得很棒。（笑。）这就是这行有趣的地方。我当时就想，我现在有丈夫了。我不知道他怎么接受我死在飞机上的事实。所以我想，我不能死。接通对讲机的时候，我很平静。还有，我们应该保持微笑。即使在紧急情况下，你也应该在机舱里走动，用微笑让大家感到舒服。坐在跳座上的时候，每个人都在看着你。你应该坐在那里，扶着你的脚踝，摆好一个姿势，以便能脸上挂着一个灿烂的笑容快速离开飞机。

医生告诉空姐们有关她们的两件坏事。她们的脸上会有皱纹，因为她们笑起来的时候会用嘴和眼睛。还有，由于飞机上的压力，我们不应该在爬升时站起来，因为这会导致我们的腿部静脉曲张。所以他们说当空姐会毁了容貌。

很多空姐都想当模特。有些很有魅力的女孩曾经是我们航空公司的空姐。空姐是她们能够得到的工作，模特是她们够不到的。她们不是那种类型的人，她们没有那么漂亮，没有那么瘦。所以她们的第二选择就是空姐。

**你想成为什么样的人？**

我想离开内布拉斯加的布罗肯鲍。（笑。）

**后记："每次我回家，家里人都在飞机上和我见面。我的姐姐们没有一个人坐过飞机。她们所有的孩子都觉得特里真是太棒了，因为孩子们的爸爸妈妈——我的姐姐们和她们的丈夫——觉得自己好傻，'看**

看我们。我希望自己做过这个'。我知道他们很难过，因为他们从来没得到过机会。但姐姐们很高兴我可以回家给她们讲一些事情。我从欧洲给她们寄东西。她们可以告诉所有的朋友，她们有个妹妹是空姐。她们为此感到兴奋。她们出去开口讲的第一件事就是：'我有个妹妹是空姐。'

"我父亲在他的公司升职了，公司的人在商业新闻中写，他有一个七个孩子的家庭，六个女孩和一个男孩，其中一个女孩在芝加哥当空姐。报道还接着说我做过的事，而其他事则一个字也没提。"

## 贝丽尔·辛普森（机票预订员）

**在从事现在的就业顾问工作之前，她做过十二年的机票预订员。**

我那预订员的工作重复性特别高，而且特别依赖电脑。我发自肺腑地讨厌那份工作。一大早我就感觉不舒服，去上班的时候的感觉就是，哎呀，我的上帝！我得去上班了。

我在航空飞行服务台工作。这个服务台的电话号码不是公开的，是为那些经常出差的人准备的。这个服务台很特殊，为那些花数百万美元到处飞的人服务。他们可能一个月花一万美元，一个月花十万美元，每个公司不一样。我每天面对的都是同一群人。我是某某公司的某某人士，我想预订往返纽约的机票，头等舱。对话就在这里结束了。公司引进了一台叫西博①的电脑。就像个电动打字机一样。电脑

① 20世纪50年代后期，美国的美洲航空公司和IBM公司联手开发了世界上第一个联机订票系统西博（Sabre），实现了机票预订流程的自动化。——译者注

里有一个磁鼓，永远都可以恢复里面存的信息。西博太贵了，所有的东西都围着它转。西博关机了，西博开机了，西博这个，西博那个的。每件事情都跟西博有关。

西博那么有价值，所以你接电话不能超过三分钟。你有二十秒的时间，这被称为"占线时间"，把信息输到西博里面。然后，你必须有时间去接另一个电话。这几乎就像一条生产线似的。我们适应了这台机器。之前有的那种随意性和不正式状态已经不存在了。过去三四年间的工作很可怕。电脑来了。

公司的人监视你，听你的谈话。如果你上班迟到了一分钟，这条记录就会进入你的档案。我的出勤记录很糟糕，我的档案里有十条记录，总共十分钟。午餐时间是三十分钟，而不是三十一分钟。如果你休息，花十分钟，而不是十一分钟。

我以前在航空公司工作的时候，每天吃八片镇定药片。我来到这一行，这个行当被认为是最繁忙的行业之一，而我现在一天只吃三片。连我的医生都说："你的溃疡已经好了，没有症状了。"在航空公司干，我没有自由意志。我只是那台愚蠢的电脑的一部分。

我记得自己去航空公司工作时，公司的人说："你吃、睡、喝都要靠航空公司养着。生活中没有时间去跳芭蕾舞、看戏、听音乐，什么事情都做不了。"这是我的第一个主管告诉我的。我当时在跟另一个业务员谈论去看芭蕾舞什么的。主管听到了我们的谈话，然后说我们应该谈论的是工作。航空公司的人聚在一起时，他们会谈论飞机。这就是他们谈论的所有内容。还有约翰尼·卡森①。这些人都

---

① 约翰尼·卡森（Johnny Carson，1925—2005），美国著名节目主持人，曾主持全国广播公司深夜时段著名脱口秀节目《今夜秀》。——译者注

是跟着电视走的。

　　我在航空公司工作的时候，地位比现在高多了。人们以前总是这样介绍我：贝丽尔·辛普森，在航空公司工作。现在我沦为普通的老贝丽尔·辛普森。我是在众男友的帮助下发现这一点的。我认识一个从不和只有一个名字的女孩约会的家伙。他从不和朱迪约会，也不和琼约会。他约会的对象是某某空姐或某某模特。他跟女孩约会图的是她们所从事的工作闪闪发光。他从不告诉别人女孩们的名字。以前我在航空公司工作时，别人用我公司的名字来介绍我。现在我只是普普通通的我，平淡无奇的我，感谢上帝。

　　我在这个男人眼里没有地位，尽管我可能比他引以为傲的女人多赚一倍的钱。如果我开始谈论自己持有的股票，这会给他留下深刻印象。我在航空公司工作期间约会过的每个家伙都是这副嘴脸。我以前就知道我有一份愚蠢透顶、可笑又无聊的工作，但是这些人都在美化这份工作。"哦，她为航空公司工作。"有什么大不了的。我以前回到家乡的时候，当地的报纸会放我的照片，并说我在航空公司工作，还有我最近刚异国旅游归来之类的。浪漫啊。

　　好几次，失望透顶的空姐走进我们办公室。每当我们遇到一个兴致勃勃的、充满幻想的十八岁的年轻人想在航空公司里干一番事业的时候，我们就想到了她们的申请书。那种失望到了人生幻灭的程度。我们想说："姑娘，这不是幻灭是什么。"如果一个女孩当上空姐，过了二十六岁最好还是放弃掉吧。航空公司不再有强制退休的规定，但女孩们在这个年龄就会陷入困境。她们中的很多人身上就开始表现出曾经走过的岁月的艰辛沧桑。

## 吉尔·托伦斯（模特）

**她是摄影师的模特，非常时尚。在杂志广告以及电视广告中，她的面孔都是大家熟悉的。她从事这项工作已经八年了。她的收入是全市最高的：每小时五十美元。**

谁要什么样的产品，我就做什么样的产品。这个星期，我有一个工作，为一些南美产品做广告。客户说："我们希望你性感、腼腆又大胆，但不要太热情。"这总是意味着同样的微笑和睁大的眼睛。四十五分钟，他们告诉你他们想要什么。他们平铺直叙地解释，而你也会听不进去，做同样的事情。

拍广告的地儿有很多人：卖产品的人，广告公司的人，摄影工作室的几个人，还有造型师，他给你的裙子摆好造型，确保裙子垂落得体……突然有十几个人站在周围。每个人让你做的事情都不一样。你知道他们比你更没有安全感。你假装自己在听，然后你做了自己一开始就计划要做的事。在摄影机前工作的时间足够长了以后，你就会知道那帮人想要什么，虽然他们自己都不知道。

一开始，你很努力地尝试发现不同的造型和发型。一段时间后，你就都知道了。有人曾问我："为什么高级时装模特凹造型的时候都张着嘴？她们看起来就像在抓苍蝇一样。"（笑。）从好长时间以前开始，人们就接受了这种造型。他们希望所有的东西都是性感的，精妙的，或者开放的。一段时间后，就习惯成自然了。

现在自然的样子很流行。跳上跳下或目光锁定远方……看向太空有什么自然的？他们希望你自然，但要摆好姿势。（笑。）你化了三磅的妆，穿着可笑的服装，站在那里，看起来很漂亮，怎么能感觉到自然呢？他们认为的自然是很假的。

你永远不知道每天的情况。我在密歇根州接了一个吹雪机的广告。那是一种小机器，女士们能够推着它把雪弄走。当时气温是零下十华氏度。我们早上五点半就飞过来了。我穿了长内衣，但我忘了穿我的厚鞋，我的脚冻僵了。你不是夏天在一百一十华氏度的高温下拍裘皮大衣的广告，就是冬天拍泳衣广告。他们让我做什么，我就做什么。我拿了钱就跑。

有人会在早上七点给你打电话，说八点半准备好。你能在四十分钟内赶到吗？你就跟个疯子一样从衣柜拽出衣服，然后乱七八糟地堆在一起，然后按时赶过去。你正在喝咖啡，突然电话响了，你就得赶紧跑。这种事儿很糟心。但你还是设法准时赶到。我很少迟到。我为自己感到惊讶。

我想说我生病了，不能来了，但我很少拒绝一些邀约，除非我觉得它真的很糟糕。通常我都是急急忙忙地去工作。如果我拒绝，我就会感到内疚。为一家公司工作，公司就希望你能随叫随到。否则客户会觉得你太娇惯了。

出门的时候，胳膊上挂了整个衣柜。不同的颜色和鞋子搭配，还有钱包和假发。每次我打车，司机都以为我是去机场。要是我要去的地方只离上车的地方十条街口远，司机就会不高兴。我就从来没有遇到一个司机，在我上下出租车的时候给我搭把手。而且我给小费挺大方的。于是我练出了一身强壮的肌肉，一边肩膀比另一边肩膀低，因为我把衣柜整个都搬到了车上。（笑。）

寒冬的时候真的很可怕，因为要和所有的人抢出租车。我有三四件行李。很重的。然后我挣扎着下了出租车，上楼去工作室。你应该看起来很光鲜，你的头发应该是闪亮的。等你到了地方，已经汗流浃背了。在你费尽周折才赶到现场的时候，是很难在那些炙热的灯光下有清新的感觉的。

早上电话铃声响起的时候，是工作电话时，你的第一反应是什么？

哦，糟糕。

"我并没有立志做模特。我高中时在一家美容院做接待员。在南达科他州，一个曾经为艾琳·福特①工作过、上过 *VOGUE* 和《时尚芭莎》杂志的女人对我说：'你为什么不去纽约当模特呢？'我不知道什么是模特。我以为模特都是穿着衣服的假人。我以为照片上的人都是剪裁出来的。我不认为她们是真人。我对广告不感兴趣。

"我想上大学，但我只存了三百美元。然后我十八岁就去了纽约。除了口红，我什么都没涂过，也没穿过高跟鞋。我在列克星敦大道上走了三个小时，因为我在纽约的房间还没准备好。我不敢左转，也不敢右转。我只是不停地走。在南达科他州，一个火腿汉堡要二十五美分。而在（纽约的）某家药店，突然间就变成了一美元二十五美分。"

在艾琳·福特模特经纪公司，那里的人告诉我，我的腰太长了，

---

① 艾琳·福特（Eileen Ford，1922—2014），1946 年与丈夫杰拉德·福特（Gerard Ford）共同创办了福特模特公司（Ford Models）。该公司是世界上最早的获得国际认可的模特机构之一。——译者注

也许我应该考虑别的职业。这太糟糕了，因为我从南达科他州远道而来。我才刚刚开始呢。

我看了看电话簿。亨廷顿·哈特夫刚刚买了这家公司。所以我去了那里。我很害羞，连名字都不敢告诉接待员。大约半小时后，这个刚接手公司的家伙——他曾是个男模特——走了进来。他是我在纽约见到的第一个男人，近距离的。我只是盯着他看。他说："你，到我办公室来！"我以为我真的被发现了。他可能给我打电话，因为我盯着他看，他很喜欢自己。（笑。）

一两个星期后，有一个鸡尾酒会。我这辈子都没喝过酒。公司的人说，你应该在五点钟到那里。五点的时候，我是唯一一个到场的人。那儿的人问我想喝什么。我不知道，就说："波旁威士忌加水吧。"太难喝了。那次聚会是为萨米·凯伊①举办的。我从来没有听说过萨米·凯伊的名字。

那个人只是想让我们去而已。他请了十五个他最喜欢的模特来参加。你就去吧，没有报酬。如果摄影工作室或其他地方有空缺，你就去，因为广告人在那里，你应该被看到，你应该确保他们记得你的脸。还有好些这种荒唐的事情……这是在很多进入模特界工作的女孩遇到的事情。她们很脆弱，不知道自己在做什么。她们通常来自非常贫穷的家庭。当模特似乎很有魅力。我遇到的大多数女孩都来自俄亥俄州或印第安纳州，或类似的地方。

在我找到第一份工作时，我的口袋里还剩下五十美分。我工作了

---

① 萨米·凯伊（Sammy Kaye，1910—1987），美国乐队领队和作曲家。他的标语"Swing and Sway with Sammy Kaye"（与萨米·凯伊一起摇摆）成为大乐队时代最著名的标语之一。——译者注

两个小时，赚了六十美元。这对我来说绝对是不可思议的。我给一个人戴上了胸花。那是刊在一本行业杂志上的某个酒店广告。那是一个非常愚蠢的镜头，非常简单。因为微笑，并把一朵花别在一个人身上，就拿到这么些钱。结果，干这活儿可没那么简单呢。

大多数人站在镜头前会感觉很奇怪。你必须学会移动，用你的身体做出不同的造型。有些女孩知道怎么通过呼吸把鼻子弄得挺或者瘪，让鼻子发生变化，或者让嘴唇或颧骨发生变化。她们会在镜子前练习。

通常你要和三十到六十岁的女孩竞争。公开试镜，任何人都可以尝试。有时公司会一次带进去十个人。你要等四十五分钟到一个小时才会被叫到。他们会缩小范围，让三四个人回来。这就像每天出去面试一样。每个人都很没有安全感。你走进一个房间，看到三十个漂亮的女孩，然后问自己："我在这里做什么？"你立刻觉得自己应该离开。但你觉得在十五个活儿里面可能能拿到三份，所以……

不需要培训，不需要什么样的背景。人们花几千美元去礼仪学校学习化妆。太荒唐了。那帮人就是挣年轻姑娘的钱。工作的过程中就能看明白这套了。刚开始几年，我没觉得这有什么好笑的，因为我太紧张了。放松之后，你就会发现这一切有多荒唐。

我一直都很难长肉。我告诉一个摄影师，我长了两磅肉。我很高兴。公司就说："她太胖了，叫她减肥吧。"如果我不告诉他们，他们也不会知道。

我觉得最害羞的人都会进入娱乐圈或做模特。她们在班上因为害羞的性格而备受冷落。你从来没有真正感觉到自在。你强迫自己去做一些不自然的事情。总是自己不是这样，别人想让你成为的样子。

你觉得自己是别人的衣架子。有一天，有人会说你很好。在下一个工作室，他们会说你很糟糕。每分钟都在变化：接受，拒绝。突然间，这一切都不重要了。为什么你要根据你早上的样子来决定你的一天？

我的感觉是矛盾的。我喜欢我的生活，因为它确实给了我自由。我可以有半天的时间去做我喜欢的事情。如果我有一份正常的工作，我就做不到这一点。我永远也做不了秘书。我工作三个小时赚的钱和一个秘书一周赚的钱一样多。如果我不得不坐在办公室里一天八小时做文件，我会觉得那比做模特更有损人格。我并不是看不起秘书。大多数都是有才华的女人，她们可能比她们的老板做得更好，但永远不会有机会——因为她们是女人。

我可能会加入妇女解放组织，但她们不相信化妆和广告，所以我不太能像现在这样去参加她们的会议。在学校里，我学摄影，学校里的人说，如果我对妇女解放组织有任何兴趣，我就不会去做模特。我是想告诉她们，女人的工资太低了，我干其他任何工作都赚不到可比的工资。她们不同意，但在下一秒，她们就在谈论自己从广告里看到的东西，第二天就想买。

我感到内疚，因为我觉得人的一生应该做一些自己真正喜欢做的事情。我应该做别的事情，但我没有什么可以做得很好。我已经建立了稳定的生活，日子变得非常容易过了。虽然不是很有成就感……但我承认，我很懒。这是件比较容易做的事。

工作的时候，就会停止思考。但工作确实需要很多紧张的精力，因为摄影机的速度非常快，一、二、三，我必须移动得非常快。有一些思考，想着自己正在干的事儿。左膝摆的角度是不是正确……

我通常不会告诉别人我是模特。我说我是个精算师什么的。你是个名人，因为你的照片登在杂志上，或者说"名人"有负面的含义。

如果脱衣舞女郎或妓女被逮捕，她们通常会说"我是一个模特"。还有一些传言，说模特很贱，很容易搞到手。我从来没有和那些冲我抛媚眼的男人一样的毛病。我一直能够保持距离。要是我当初知道……我永远不会成为一个模特。

佩利夫人，她叫什么名字来着？芭布丝·佩利，她说最棒的事就是身材非常瘦，钱包非常鼓。我得说，这种说法让我很反感。我不喜欢看自己的照片。我不喜欢骑车经过，看到一些广告，然后告诉大家那就是我。

大多数模特，在一两年后，就不会对这行感兴趣了。但她们和钱扯落不清，所以很难放弃这行。而且总是有可能接到那种让你一下子赚两万美元的广告。你可以很努力地拍一年的照片，却没有两个电视广告赚得多。

男模特就更惨了。他们总是在谈论撞大运。他们以前通常是海滩男孩、警察或服务员。他们认为自己会很快发财。钱和性是他们生命中最重要的东西。他们经常谈论这两件事。金钱胜过性，但性也多。荤段子和快钱。看到个帅气的外壳，你会发现里面是空的。

我大部分时间都待在自己的世界里。我很难和其他人交谈，因为和我一起工作的大多数人都很保守，做事稳妥。我呢，通常会很感性，所以呢，既然我不打算改变他们，他们也不打算改变我，我们就谈论日常的八卦。到头来，你会微笑着对每个人好。要是不这样做，要付出的代价我承担不起。


**后记：**"我回老家探望我那信浸礼宗的家人的时候，他们会问我是否喝酒，喝什么酒。我说'七喜'，他们不相信。我每年回家一次，我尽量让家人高兴，或者给他们带礼物。可能就像那个有罪的父亲给孩子带礼物一样……"

## 安妮·博根（行政秘书）

我们在一栋摩天大楼的三十二层，一间公司总裁办公室。她是总裁的私人秘书。景色令人惊叹，看得到河流、火车调车场、桥梁和城市的天际线。

"我当行政秘书已经有八年了。但这是我第一次在公司高层，为总裁工作。我觉得这是一种新的体验。我喜欢这份工作，我觉得自己学到了好多东西。"

我对梦想家变得很不耐烦。我对行动者的尊重多于梦想家。在我看来，很多人都在谈论自己想做的所有事情。他们只说不做。漂泊者比梦想家更糟糕。他们没有目标，没有理想，只是过着日复一日的生活……

在这份工作中，我最享受的是一件事，就是我和其他主管的联系，而不仅仅是和我的老板。他们对待我的方式和我以前所知道的有很大的不同。他们更多的是把我当作……管理层的人来对待。他们咨询我，我很享受这一点。这给我一些激励。

依我对自己的充分了解，我知道自己总是喜欢男人多于女人。通常我见到一个女人的时候，可以很快地对她做出判断。我不能那么快地对男人做出判断。我只跟为数不多的几个我认为能让我高兴的女人交往。其他的人，我跟她们相处得很好，但我连最基本的兴趣都提不起来。我不喜欢和她们一起吃午饭或者干别的。

你可以从聊天中知道她们在谈些什么。这很容易的。也很容易判断哪些女孩会在办公室里一直干下去，哪些不会。对自己的工作的兴趣。她们中的很多人都对自己的工作兴味索然，她们根本就不钻研。她们更喜欢在洗手间里聊天。我不知道以前的情况是不是有什么区别。总有一些人真的不是特别有事业心，但这些人必须付出一点儿，再努力一点儿吧。其他人则是尽可能少干一点儿是一点儿。

我觉得自己有点儿跟男人似的，过的是商人的日子。所以我觉得自己做主管秘书比在某个女人行当干要幸福得多，虽然在女人行当里工作，我也许可以赚更多的钱。但干那个是不会成为一个成功主管的助手的。我对自己的身份无比满意。

**她来自印第安纳州的一个小镇，十八岁结婚。她高中毕业后，立即开始为镇上的大公司工作。"我丈夫是个建筑工人。我们住在拖车里，经常搬家。在那种情况下，社区生活相关的事儿特别多，我感觉很累。你可以参与其中，在你跟人住得太近的时候，对人会太友好了。很多时间都会被浪费掉。这是我开始现在这份工作之前好几年的事儿了。"**

我和商人一起吃饭，我非常喜欢这样。我喜欢一些餐厅的背景音乐。很舒缓，还能增加一点温暖，不会打扰到谈话。我喜欢这样的氛围，也喜欢平时你看到和碰到的人的风度。那些已经成功的人。

我想，如果说我在与男人相处方面总是很成功的话，这是因为我是个很好的倾听者，而且对他们的世界很感兴趣。我喜欢倾听，我不会觉得无聊。他们也会跟我讲自己的个人生活。家庭问题，经济问题，还有养育孩子的问题。我提到过的男人中大部分都是离婚的。通过回顾他们的婚姻生活，我可以了解到可能发生了什么。我知道，如果我是妻子，会对他们的工作感兴趣的。我觉得主管的妻子如果先做秘书，会是一个更好的妻子。作为秘书，你要学会调整老板的情绪。如果妻子能做到这一点，很多婚姻会更幸福。

## 罗伯塔·维克托（妓女）

**她曾是一名妓女，从十五岁开始。前五六年，她在曼哈顿做高价应召女郎。后来，她是一个街头拉客女郎……**

你从来不用自己的名字出来拉客。我几乎每周都用不同的名字。如果你被抓了，他们更难发现你的真实身份。一个人出来拉客的时候扮演的角色跟她本人是谁没有关系。取另一个名字才是最合适、最恰当的。

有一些名字是很受欢迎的。每两个卖淫女中就会有人叫金、特蕾西、史黛西等时髦的名字。这些都是十七到二十五岁的年轻女性。我们选的是完全非种族倾向的盎格鲁-撒克逊白人新教徒取的那种名字，富有的名字。

美国社会中的任何一个女人都是卖淫女。我是那种为别人提供了他想要的服务而收钱的卖淫女，而不是那种为自己的花招而签下终身合同的卖淫女。或者是那种认真阅读女性杂志，为的是知道怎么根据顾客在她身上花钱的多少而决定在每一次约会中投入多少合适的卖淫女。

　　我给予的恩惠并不总是性方面的。当我还是应召女郎的时候，男人并不是为性而付钱。他们付钱为了得到的是其他东西。他们要么是花钱去实现幻想，要么是花钱去找伴儿，要么是花钱让人看到他们和一个衣着光鲜的年轻女人在一起。或者是为了有人听他们说话而付钱。他们为很多事情付钱——有些男人为他们觉得不正常的性行为付钱。他们付钱为的是没有人指责他们变态、肮脏或下流。这些男人里面很大一部分要求的东西一点儿也不离谱。他们中的许多人想要口交。他们觉得不能问自己的妻子或女朋友，因为她们会很反感。他们中的许多人希望有人对自己说脏话。纽约每个好的应召女郎都会分享自己的经验，我们都知道同样的技巧。

　　我们认识一个男的，他曾经躺在自己卧室中间的棺材里，他只见应召女郎一次。熄灭灯，客厅里蜡烛燃起，只能看到他那带轮子的棺材，这个时候他就会感觉很爽。你走进客厅的时候，他就会突然坐起来。当然，你尖声叫喊。你尖叫的时候，他会感觉很爽。还有一个男的，他把桌子摆成了最后的晚餐的模样。他自己穿着长袍和凉鞋坐在那里，还让你饰演抹大拉的玛利亚。（笑。）

　　我当时大约十五六岁。我坐在村里的咖啡店里，我的一个朋友走了过来。她说："有一辆出租车在等着我呢。快点儿吧。你可以在二十分钟内赚到五十美元。"回想起来，我不知道为什么自己那么愿意跑出咖啡店，坐上出租车，出去拉客。这并不是什么创伤，因为反正我在那之前接受的训练一直都是怎么当个卖淫女。

　　我是从自己周围的社会里学来的，怎么做女人。社会教会我们怎么卖淫，怎么吸引、牵制一个男人，然后在性方面给他些恩惠作为回报。你经常听到的话是："不要把自己卖便宜了""等等出价高的人"。

"第一次约会就和男人吻别合适吗？"这句话的意思是，第一次约会可能不合适，但如果第二次约会时他带你出去吃饭，那就是合适的。如果他在第三次约会时给你带了一瓶香水，你应该让他摸摸你的腰部以上。然后再继续下去。这就是个市场交易。

不知道怎么的，我年轻的时候就领会了这一点。所以那个女人走进咖啡店说"来吧"的时候，都不像真实的。二十五分钟后我就回来了，我没有任何罪恶感。

她在十四岁之前一直是个处女。她爱上了一个爵士乐手，他却躲着她。"所以我出去和某人发生了关系，把这个既成事实展示给他看。我发现这很不愉快。在我收钱之前，我睡了很多人。"

她是个有戒备心的孩子，当时已经在一所学业标准很高的高中就读。"我感觉很孤独。我没有体验到自己是有吸引力的。我一直觉得自己块头太大了，太胖了，太笨拙了，看起来不像百事可乐广告，离美国梦一点也不近。男人们都很怕我。我是运动健将，我很聪明，但我不知道如何闭上我的嘴，我不知道如何正确地玩游戏。

"我很清楚地明白，他们不是因为我的人而被我吸引，而是因为我是个可以上床的对象。我很有吸引力。在我开始出来卖淫的前一年，有很多人想和我上床。他们不想有什么情感方面的纠葛，但他们确实想打炮。有一段时间，我愿意接受这一点。那是一种亲密的感觉，感觉很近，感觉很温暖。

"在床上度过的时间并不是不愉快的。只是不怎么让人感觉神魂颠倒而已。上床是一种感觉到有人关心我的方式，至少有那么一刻被人关心着。我的存在很重要，我很重要。我发现，在床上，这是可能的。

上床是我的一项技能。我为自己作为一个业余爱好者的名声感到骄傲。

"我曾经把所有的姑娘都看作威胁。我们所有姑娘是这样被教导的。你不能和别的女人做朋友，她可能会抢走你的男人。如果你把自己的真实感受告诉她，她会用它来对付你。在你没有什么更好的事情做的时候，你再对其他女人笑，跟她们相处。但一旦你有机会跟一个男人去某个地方约会，你要在任何时间、任何地点把任何女孩自己丢在那里。因为生命中最重要的事情是男人对你的感觉。"

怎么可能忘记第一个客人呢？（笑。）我们打车去了曼哈顿中城，去了一个小房子。这家伙在那一片儿是相当有名的。他真正想做的是看两个女人做爱，然后他想和我做爱。几乎算不上性爱吧。我们开始的时候，他已经快结束了。他还没碰我呢，我们就结束了。

当然，我们是装的，我和那个女人。当时的职业规则是：如果客人在盯着瞧，那你不跟另外一个女人发生性行为。总是装。你骗他，他为一些自己没有真正得到的东西付钱。这是可以保持为数不多的一点儿自尊的唯一的方式。

应召女郎的职业规则是很强的。如果你允许自己对客人哪怕动了一点儿心，你就是最被人看不起的。是上床这事儿让你跟客人平起平坐。你保持正直的方式是从头到尾都得演。这和大多数美国女人干的事儿并没有太大区别——带着灿烂的笑容，装模作样。

太爽了。干这行，我什么都没做，什么感觉都没有，二十分钟后，我能口袋里揣着五十美元走出去。这让我觉得真是太奇妙了。我来到市中心。我简直不敢相信！我没有变，我和二十分钟前一样，只不过现在我口袋里有五十美元。这种情况也太棒了吧。有多少人能工作二十分钟赚到五十美元？大伙儿工作都是为了每个月能拿到手八十美元。我工作二十分钟就能赚五十，不用交税，什么都不用交！我当时还在上学，吸大麻，还吸海洛因，我还没上瘾，我还有钱。这真是太好了。

打那之后，我让我的朋友知道，我还可以接更多这种活儿。（笑。）她交际很广。很快，我就联系上了其他几个客户质量挺高的姐妹儿。

电话簿上的号码被传来传去，从一个应召女郎手里传到另一个手里。这些客户都是些让人尊敬的人，和他们在一起几乎没有风险。他们不可能对你动刀子，他们不会骗你的钱。商人和社会名流。有三四类。有钱的高管，定期进城，找过几个女郎。还有社会名流，名字经常出现在报纸的社会新闻里，每周固定叫一次。或者是那种话不多的、特别有钱的人。没人知道他们的钱是怎么来的。我知道他们中的一个在世界大战中靠军需品发家。还有艺人。还有一种人，奔波于夜场，21俱乐部①……

这些人的名字你几乎每天都能在报纸上看到。但我知道他们到底是什么样的人。任何一个讨厌的或者有攻击性的客人，都会被我从客人通讯录上除名。然后我传话给其他女郎，说任何人都不应该给他打电话。

我们过去经常分享号码，这是标准程序。我的这本通讯录是从一个家伙那里拿到的，他是从一个非常好的应召女郎那里拿到的。我们

①　21俱乐部（21 Club），通常简称为21，是一家美国传统美食餐厅和前禁酒令时代的地下酒吧，位于纽约市西52街21号。酒吧曾接待过自富兰克林·罗斯福以来的几乎所有美国总统。酒吧内设有一个隐藏酒窖，里面存放着伊丽莎白·泰勒、理查德·尼克松和索菲娅·罗兰等名人的私人藏酒。——译者注

把那本通讯录的副本放在保险箱里。标准程序是，新人支付每次拿到号码后挣到的钱的一半。你会告诉新人们："给某某打电话，这是个会付五十美元的客人。"她们会给你二十五美元，然后这个号码就是她们的了。我的第一本通讯录，我把每个顾客身上挣的一半付给把通讯录给我的那个人。之后，就是我的通讯录了。

本子上有姓名和编了码的电话号码、价格、对方要什么，还有联系人姓名。四年里，我没有接过一个低于五十美元的活儿。接的活儿都是五十到一百美元，时长在二十分钟，不超过一个小时。大家的理解是：这不会作为商业交易来进行。有一种荒诞的说法，说这是个社交场合。

你要穿戴整齐，梳妆打扮，显得很高兴见到那个人。我会从某人那里拿到一本通讯录，然后我会打电话说："我是某某的朋友，她认为，如果我们在一起会很好。"下一步是他的行动。他总是说同样的话："我们为什么不这样做呢？今晚或明天晚上。你为什么不过来喝一杯？"我会很认真地穿好衣服，化好妆……

干我们这行的，有一种特定的穿衣方式——那就是穿戴整齐但不张扬。你必须从门卫、出租车司机眼前经过。你必须看起来像是跟公园大道或中央公园西区的那些建筑很搭才行。不可以看起来很廉价，不可以看起来很辛苦。年轻是王牌。我那时很年轻，但我看起来要年纪大一些，所以我必须非常努力地让自己看起来符合自己的年龄。大多数男人想要的是十八岁的女孩。他们真想找更年轻一点的女孩，但他们又怕惹麻烦。

筹备工作是非常精心的。要去美容院，买衣服，洗很久的澡，还要花钱维护那种能让你有一个体面的客户群体的容貌神态，还要花钱去能带来收益的俱乐部被人注意到，到体面客户会去的酒吧喝酒。并且还要能够经常地阅读报纸，这样才能不仅可以谈论时事，还可以谈论社会专栏。

这是一种社交礼仪。能够谈天说地，向客户大师学习，并且适当地尊重和知道他提到的人的名字。他们总会提到自己朋友的名字，自己的人脉，还有客户的名字。你应该认出这些名字指的是谁。扮演一个角色……

刚开始的时候，我很兴奋。但为了继续下去，我不得不把自己封闭起来，把我是谁和我在做什么分开。

这是一个麻痹自己的过程。我不能和那些不在生活中的人联系在一起，无论是毒品生活还是接客的生活。我发现自己完成工作后，我无法让自己恢复过来。当我关闭自己的时候，我已经麻木了——情感上的，性方面的都麻木了。

起初，我觉得自己是在给其他可怜的懒汉一个下马威，他们早上八点半上班，五点回家。我早上四点回家，可以睡一整天。我真的以为很多人都会跟我换位置，因为我的浪漫形象：可以花两个小时出去，坐出租车，然后带着一百美元回家。我可以花一个早晨做指甲，去美容院，洗个长长的澡，去购物……

通常一个晚上接两个客户。很容易就能赚到一百到一百二十五美元。我的口袋里总是有钱。我不知道地铁里有什么味道。所有女郎出门都打出租车，没有人用其他方式出行。我在所有最好的餐馆吃饭，在所有最好的俱乐部喝酒，很多人想让你和他们一起出去吃饭。你所要做的就是成为一个装饰品。

我认识的应召女郎几乎都是吸毒的。放荡的生活，夜生活。在下班后去找乐子的俱乐部里，如果你不是个酒鬼，通常会发现有人有可卡因，因为在那种地方，可卡因是主要的毒品。中午醒来，没有太多的事情要做，一直到晚上九点或十点。其他人都在工作，所以你就吸食海洛因。过了一阵子，工作就成了提供毒品的一种手段，而不是我们无聊时才去吸毒。

工作变得很无聊，因为你不是生活的一部分，而是那个总是被隐藏起来的部分。你进门的时候，门卫会笑，因为他们知道这是什么勾当。你给出租车司机某个地址的时候——天呐，你晚上十点走在帕克大街上，他知道你要去哪里。你离开那里，然后回哪儿去？真的，回到什么地方？回到一个空虚的地方。你口袋里有那么多钱，却没有人关心你。

当我还是应召女郎的时候，我看不起在街头接客的女郎。我不明白为什么有人会干那个。在我看来，这是很辛苦的工作，而且非常危险。我所做的工作基本上是没有风险的，你永远不必担心疾病。这些人你知道，他们会照顾好自己，定期去看医生。他们的公寓总是一尘不染，酒也总是好的。他们总是很有礼貌。你不必先向他们要钱。他们总是含蓄地表示：当你准备离开时，灯下有个信封，再或者，你的钱包里有一些东西。从来都不需要讨论付钱的事情。

在街头拉客时，我不得不为了同样的钱而更加努力地工作。我记得有刀子在我身上划来划去，被碎瓶子顶着头，被强奸，我的钱被偷回去，不得不从二楼的窗户跳出去，被枪指着。

作为一个应召女郎，我在社会女性吃午饭的地方吃午饭。人们没办法把我和上层社会的人区分开来。我自己安排工作时间，每天晚上不超过三个小时的工作时间。我不用接电话。我所要做的就是扮演一个角色。

　　在街头拉客呢，我不需要演戏。我让自己表现出对那些顾客的蔑视。他们给的钱不够多，不值得我为他们表演。作为一个应召女郎，我假装我很享受性爱。你必须装作你到了高潮的样子。作为一个街头流浪者，我没有。我经常躺在那里，双手放在脑后，在脑海里做数学公式，或者靠记忆在键盘打字机上打字。

　　严格来说，这是交易。没有对话，没有表演，没有神话，没有浪漫主义。这纯粹是一种商业交易。总是提前要钱。如果能在不脱衣服的情况下逃脱，你就会这样做。

　　这跟行政秘书和打字员之间的区别差不多。作为行政秘书，你真正认同自己的老板。作为打字员的一员，你是一具躯体，是个雇佣劳动力，是用手在打字机上打字。不管是谁把活儿交到你手上的，你跟那个人都没关系。你尽可能快地完成它。

**是什么原因让你上街接客的？**

　　我的毒瘾。我的毒瘾越来越大了。我开始看起来很难看。我所有的钱都花在了毒品上。我没有任何钱花在保持自己的状态上、去美容院，没办法保持一个体面的顾客群体。

　　如果你不能保持自己的状态，你就不能联系你的老客户。你就会脱离圈子。作为应召女郎，你必须保持整个形象。顾客想知道他打某个号码可以找到你，你必须有一个稳定的地址。你必须看起来体面，而不是一副瘾君子的样儿。

　　我看起来很糟糕。当我上街的时候，我试着坚持至少二十美元，人们会嘲笑我。我需要一个晚上一百美元来维持吸毒的习惯，以及在某处租个房子。这意味着一晚上要接七八个顾客。我从晚上九点到凌晨四点都在街上。我坐地铁，在汉堡包摊上吃饭。

我第一次冒着被抓的风险。我从来没有因为当应召女郎而被捕。偶尔会有警察拿到某人的通讯录。他们会给其中一个女郎打电话，说："我是某某的朋友。"警察会试图诱捕女郎。我从不接不认识的人的电话。但在大街上，你怎么知道你会接谁的电话？

作为一个应召女郎，我的一些顾客是上层警察，而不是巡警。神父，金融家，服装业的人，大人物。在街上，顾客则是刚开始工作的行政人员、蓝领工人、上进的邮递员、大学生、在城里度过盛大夜晚的郊区白领、餐馆工人……

你在某个区域走来走去，通常有五六个街区这么大吧。那里有几家餐馆，几家酒吧。中间还有一个步骤：在某个酒吧里闲逛，人们会来找你。我曾短暂地这么干过。

你走得很慢，停下来，往窗里瞧。有人会向你走来。这里也有一个仪式。法律规定，为了逮捕一个卖淫的女人，她必须提到钱，并且她必须告诉你她会为了钱做什么。我们会遵守法律的规定，尽管警察从来没有这样做。

有人会走过来说："这是一个美好的夜晚，是不是？""是啊。"他们会说："你忙吗？"我说："不忙。""你愿意和我一起去喝一杯吗？"你开始走，他们说："我有十五美元或十二美元，我很孤独。"某种程度上是为了保持神秘。然后他们要你说清楚你愿意为钱做什么。

我从来不在街上和任何人搭讪。风险太大。即使他不是警察，也可能是某种特别有正义感的人，会叫警察的那种。我被警察拦住过好几次。

　　第一个抓我的警察都没有装作嫖客坑我。当时是凌晨三点。我在唐人街遇到一个认识的客户，我们在一家餐馆联系上了。他回家了，几分钟后，我跟着他。我知道他的地址。我记得经过一辆卖香蕉的卡车。我并没有意识到这很奇怪，有人在凌晨三点在卖香蕉。我和我朋友待了大约二十分钟。他付给我钱。我把钱放进鞋里。我打开门，被按到了墙上。卖香蕉的人是个副警长。他站在垃圾桶上向窗子里面偷看。我因为这个被判了三年。

　　我那时还未成年。我还差四个月才满二十一岁。警察把我送到了当时被称为"女子定期法庭"的地方。他们不允许我请律师，因为我不是成年人，所以这不是真正的刑事指控。法官说我是可以改过自新的。他没有给我三十天的时间，而是判我在感化院待三年。他对我很友好。我在外面假释了好几次，才被抓了送回来。

　　有一次我真的上套了。大概是半夜的时候，一个人从街上走过来。他说自己是一个刚下班的邮递员。他告诉我自己有多少钱，想要什么。我把他带到了我的房间。警察是不应该脱衣服的。如果你能描述出他短裤的颜色，那就是无效逮捕。他不仅给我看了他短裤的颜色，还和我上了床。然后他掏出警徽和枪把我抓了起来。

　　他对我撒谎，告诉我他是缉毒组的人，他不想因为我拉客而逮捕我。如果我告诉他这附近有谁在贩毒，他就会放了我。我骗了他，但他赢了。他让我从我所有朋友面前走出大楼。我们到了车边上时，他就把我扔进了车里。（笑。）这是非常有趣的。特别有意思。我在监狱里待了将近四年。

**街头拉客女在狱里情况怎样？**

　　挺好的。那里的每个人进来之前都一直忙着拉客。地位倒过来了。如果有人进来后说她们永远也不可能拉客一类的话，就会被看不起，或者大家觉得她们是有点疯了。

她讲到她对一个在监狱里认识的女人的深情，讲到她在那个女人失明后对她的照顾。

"我在国外待了好几年，在墨西哥的一家妓院工作。妓院有厚重的天鹅绒窗帘——墨西哥版的法国妓院。那里有一个接待区，男人们会来，我们会在他们面前一个接一个走过去。

"墨西哥人想要美国女孩。美国人想要墨西哥女孩。所以我没有接到任何美国客户。我每接一个客户，就得给妓院一定的金额。我谈好的超过这个金额的钱都是我的。这比我在美国赚的钱要少得多。

"虽然我不是金发碧眼，但我的需求量很大。我的一个女孩朋友在那里工作了两个晚上。她是挪威人，金发碧眼。每个进来的顾客都想得到她，她的脑袋无法承受这一切。两晚后她就辞职了。所以我是唯一的美国人。

"那真的是很辛苦的工作。墨西哥人会玩大男子主义。美国顾客会来得越快越好。墨西哥人会忍着，让我为钱工作。我向上帝发誓，他们在脑海里做乘法表，以防止高潮。我用我知道的所有技巧让他们完成。这是疯了！

"我同时也在学校教书。我用《爱丽丝梦游仙境》作为英语课的课文。白天我给五年级和六年级的孩子们做英语辅导。晚上，我在妓院里工作。

"那边的毒品相当便宜，而且相当好。我的瘾很大。我对毒品的喜爱超过了周围的任何东西。过了一段时间，我就分不清工作和不工作了。

所有的男人都是骗人的！所有的关系都是演戏。我完全失去了兴趣。"

　　当她被一个想要她的毒贩殴打的那一刻，她就放弃了吸毒。这是她的启示性经历。"那是'最后的屈辱'。我经历过被顾客用碎瓶子砸，也参加过械斗，但从来没有人打过我。"这是对她地位的威胁。"我以前很强壮，我可以控制自己。一个坚强的女人。这种感觉遭到了威胁，所以……"

　　我不能为那些和皮条客有染的女人说话。那是我一直以来的底线。我一直认为皮条客比怀孕的蟑螂还低级。我不想和他们有任何瓜葛。我时常和一些男人有染。他们要么是卖毒品，要么是偷东西，但他们不靠我的收入。他们也不叫我到街上去拉客。我从来没有养过一个男人。

　　作为一个应召女郎，我得到了满足，因为知道这些有名望的人到底是什么样子而感到一种难以置信的快乐——也许是变态的快乐。每天早上能够打开报纸，读到有关这个社会的支柱的种种，知道他到底是一个什么玩意儿。我知道自己什么感觉也没有，我在演戏，而他们却不是，这给我带来巨大的刺激。这很恶心，但不比每个女人被教导的东西更恶心，对吗？

　　这些关系中的每一个人我都能**控制**。如果你允许自己在床上投入，你就很脆弱。我没有。顾客是投入的。我能感觉到。能够操纵别人的性行为，我可以决定什么时候自己想结束这种特殊的交易。因为我可以让那个人高潮。我可以玩各种游戏。看到了吗？这是一种巨大的权力感。

　　我的所作所为与99%的美国妇女所受的教育没有什么不同。

我从灯下拿了钱，而不是（男人送的）艾佩芝香水。我一周能挣一百五十瓶艾佩芝，我要拿来做什么啊？

你会变成自己的工作。我变成了我所做的事。我成了一个骗子。我变得冷酷，我变得坚硬，我变得麻木不仁。即使在我不忙的时候，我也是一个卖淫女。我认为这和那些每周在流水线上工作四十小时的人没有什么不同，回家后就会累瘫，麻木，失去人性。人不是为了像水龙头一样开开关关而生的。

监狱真正可怕的地方是，它真的不可怕。你很容易适应。卖淫也是一样的道理。它成了我的生活。试图与另一个人接触，强迫自己去关心，去感受，这太费劲了。

我不关心我自己。我起床还是不起床，都无所谓。我一觉醒来就高枕无忧了。我半闭着眼睛伸手去拿的第一件东西，就是我的药。我不喜欢我的工作。我不喜欢我的工作，很乱。这是最大的感受。这里有这么多男人整夜在你身上流口水。我躺在那里，脑海里做算术、背动词变位或者念着西班牙语诗歌。（笑。）他们在流口水。天啊！天啊！我之所以能够做到这一点是因为我感觉高高在上——高高在上又麻木不仁。

公开卖淫的圈子是社会其他方面的缩影。两者权力关系是一样的，套路也都一样。只不过，卖淫的这个圈子我是可以掌控的。更大的那个我掌控不了。在这以外的社会其他圈子，如果我想做自己的话，就什么也控制不了。作为一个聪明而自信的女人，我没有权力。作为一个冷酷、善操纵的卖淫女，我有很多权力。大多数女人都被教导要**变成**自己所扮演的角色。我所做的只是把美国女人的现实给表演出来而已。

# 你听说过农民女儿的故事吗？

芭芭拉·赫里克（写手／制片人）

她三十岁，单身。她的头衔是一家大型广告公司的剧本主管／制片人，她就职于公司的洛杉矶办公室。她也是一位副总裁，主管食品和化妆品领域。"有一个神话：人们期望一个女人成为一个美食作家，因为人们认为女性应该知道这些东西，而一个男人不知道。但是，一些关于剃须刀和大众汽车的最佳文案都是由女性写的。"

她设计的商业广告已经获得了多个奖项和相当级别的认可。"你必须把全部注意力集中在目标上，给人留下深刻印象且动作迅速。你必须做到对法律限制心中有数。联邦贸易委员会越来越强硬。你必须对预算问题有所了解：这则广告是要花掉一百万，还是能在一天内在摄影室里拍好？"

她出生于堪萨斯州的一个农场，是四个女儿中的一个。"高中期间，我是一名打字员，而且是一名非常优秀的打字员。我有强迫症，要把每一个微小的工作都做得非常好。"她毕业于密苏里大学。根据劳工部的统计，她在职业女性中位列前 1%。

在她的贝弗利山庄公寓里，有绘画、雕刻作品、录音（经典、民谣、爵士和摇滚），还有很多书，其中大部分明显是公认的好书。

我办公室里做类似工作的男性都得到了晋升，得到加薪和头衔。由于我做了大量的工作，我捍卫了自己，也得到了晋升。我需要这个头衔，因为客户认为我只是个花瓶。

花瓶就是一个看起来好看，说话得体，并展示这份工作的人。我长得好看，说话得体，而且如果客户认可我的业务，我还是个能在生意结束后让人愉快地持续交往的对象。我们去酒廊喝酒。我可以和男人们一起喝酒，但仍然是个淑女。（笑。）

这算是默认的属于我的商业责任，虽然从来没有人直接跟我讲过这些。我知道这就是我经常独自为公司出差的原因。公司的人预料我的行为不会有任何问题。我把这种"信任"等同于把一个黑人视作一个称职的黑鬼。

第一次见面，我经常被当成秘书，你知道的，那种和老板一起出差的秘书。我是来让某个人高兴的。然后我被作为广告写手介绍给别人。有一个人在会议结束后对我说："当我第一次看到你时，我以为你是个……你知道的。我从来不知道你就是那个一直在写这个的人。"（笑。）是一个已婚妇女为了赚外快而工作吗？是一个女同性恋吗？是某个高层领导的情妇吗？

我可能是公司里收入最高的十个人之一。我和一个工资较低的男人一起工作，会引起超大的不快。如果有人在酒吧里说："你赚了这么多钱，你可以把我买过去再卖掉。"我就会把它抛到脑后，对吧？他是想弄清楚。他不能把我等同于竞争对手。他们想知道该怎么给我定位，想知道我的工资是多少。

把我买过去再卖掉——是啊，有很多词句都能体现出角色的颠倒。我想到的是在会议上说脏话。新客户往往是非常紧张的。他们觉得自己不能做出任何可能带有暗示性的讥讽。他们不知道该如何对待我。他们不知道是该把我视作一个女人，还是视作另一个在为他们做事的中性人。

第一次，那些男客户不看我。在某个客户的前三次会议上，如果我问一个方向性问题，他们就会回答，然后看着我的老板或者房间里的另一个男人。甚至在会议桌旁。我不试图成为眼镜，面包，或者完全无性的人。这不是我为人处世的方式。很明显，我是个女人，也很享受做女人，这很明显的。我也没有过分挑逗。这是我必须要遵守的不可逾越的界线，这条界线很细。

我对此已经有了第六感。如果客户说："你结婚了吗？"我往往会说结了，因为如果他想给我贴上那个标签，这是对付他最简单的方法。如果一个在生意场上跟他地位平起平坐的女人年轻有魅力，而且已婚，对他来说才更能接受，那就这样呗。这影响不到我。这让我更安全。他永远不会受到挑战。他可以说："她是耸人听闻。我很想得到她。我可以让她知道什么是真正的男人，但她已经结婚了。"这是他给自己找台阶下的一套说辞。

再或者就是关于小三的传闻：嗯，她和老板睡了。这对他们来说是可以接受的。或者她是一个沮丧的、有强迫症的无性人。这是一个类别。或者是女同性恋。如果我留着短发，穿着西装，说话声音沙哑，那就比我原本的样子更容易被接受。我不在他们的标签范围以内时，他们就不太知道该怎么办了。如果有人想要快速贴个标签，还说："我敢打赌，你就是一个忠实的女权运动参与者，对吧。"我就说："是啊，是啊。"他们必须给我定个位。

我经常旅行。会有非常有趣的事情发生。我们在蒙特利尔有个会议。那是一本新娘的杂志，会议地点在蜜月型度假村，有心形的床和暖水游泳池。我和九个人在那里待了三天。整天我们都被封闭在一个会议室里。广告公司的客户经理和我一起去的。我要用幻灯片和电影来展示新产品。会议室里大约有六十个人。我不得不匆匆离开，我还穿着牧人裤和靴子。

展示进行了一个半小时。四十分钟时间里，都有人嘀嘀咕咕嘻嘻哈哈。然后，你会听到观众的变化。他们对我说的东西产生了兴趣。之后，有午餐送上来。他们中的一些人从来不跟我说话。有些人则对我的个人生活感兴趣。他们会说："你读过《感性的女人》① 吗?"（笑。）他们并不是真的想知道。如果他们更直白，他们可能会说："你听说过那个关于农夫的女儿的故事吗?"我会回答说："当然，我自己也是。"

前一天晚上，有一次彩排。之后，客户经理建议我们回酒店，喝杯夜酒，早点睡觉。第二天上午九点有会。我们坐在吧台前，他说："当然，你要住在我的房间里。"我说："什么? 我有房间。"他说："我只是默认而已。你在这里，我在这里，我们都是成年人了。"我说："你默认? 你都没问过我愿不愿意。"我的感受显然对他来说毫无意义。显然，这就是男人干的事儿，出了城，遇见的女人只要不是兔唇，就准备调戏。他的默认真是不可思议。

我们在办公室里经常拿他开玩笑。我们叫他直男，因为他就是直男。很短的头发，从不留鬓角，从不打宽领带，从不，从不发誓，从不接受暗示，超级无敌保守。没有人会知道这事儿的，你明白吗?

---

① 《感性的女人》(*The Sensuous Woman*)，作者是特里·加里蒂（Terry Garrity），出版于 1969 年，是一本为渴望成功的女性写的入门指南。——译者注

　　直男先生是一个下班后绝不会请我喝酒的人。他也不会请我单独吃午饭。绝对不会，绝对不会向我主动示好。他说那些话只是因为我们出城了，谁会知道？那个可怜的王八蛋根本不知道他对我的自尊心做了什么，我不想破坏他的自尊心。第二天，我们一起去上班，然后继续一起工作。

　　我给的借口是我用过很多次的。"我更年轻更单纯的时候，有一次我和一个客户经理睡了。那个家伙原来是个混蛋。我名声大损，他把我的生活搞得痛苦不堪，就因为他管不住那张嘴。尽管你是个非常好的人，我也想和你睡觉，但我觉得我不能。这是我的一贯做法。我现在老了，也聪明了。我不干这种事儿啦。你要明白这一点。"这招很管用。我永远不能对他说："你甚至不知道你刚才侮辱了我。"

　　总是得讨好。我不想树敌。只是最近吧，因为我越来越有安全感，而且我得到了公司的重视，我这才能够冲着男人发火，说："滚开！"但我还是要保持自尊心不受伤害，把事情处理好——我还是和他一起工作，再也不提这件事了。

　　他偶尔会碰碰我的胳膊或吸引我的目光。我们真的很有同情心，不是吗，亲爱的？可能有十二个男人和我坐在一起，他们没法叫一个女孩或接待员过来，有人会说："给我们弄些咖啡，芭芭拉。我要黑咖啡。"我是服务员。我去做，因为这比抗议更容易。如果他知道我的工资比他高，我怀疑他在丹佛不敢有这个做派，在这里也不会。

　　部分针对我和我的薪水的怨恨的原因是，我没有因为买山间别墅而背上贷款，也没有三个要上私立学校的孩子和在萨克斯①消费的妻

---

　　①　萨克斯指的是萨克斯第五大道（Saks Fifth Avenue），一家美国奢侈品连锁百货公司，总部位于纽约市曼哈顿中城。——译者注

子，你永远不知道自己什么时候会在这个行业里失业。比如说，我们跟同事们一起喝得很开心，然后开始发牢骚。别人不允许我和他们中最好的人一起发牢骚。他们说："哦，你？你需要钱做什么？你是个单身女人。你是靠睡男人才获得了这一切的。"我经常听到这样的话。

如果一个，比如说吧，一个我喜欢的人看上了我，我们已经完成了一项工作，在纽约一起待了一个星期，住在同一个酒店，假设我想和他睡觉？为什么不呢？这就是我伟大的双重标准。从来没有听过有人说一个有我这个身份的男人"到处睡觉"——那只能增加他的荣耀。如果他和一个模特、女明星或者秘书在一起，那是意料之中的事。我自己则经常担心这个问题。如果我想，必须非常小心才行。这是我所反对的。

最后一次拍摄，有个令人气愤的镜头。拍这个镜头花了几个小时。我们在那里待了一整天。很累，很沮丧。在拍摄间隙，摄像师，一个可爱的男人，会回到我站的地方，用他的手臂抱住我。我一点儿也没想到，我们基本上不在片场做爱。这是他放松的方式。那天晚上我听到导演说了一句话："你应该注意你在片场和摄像师的行为。"我说："**我**注意？去他妈的！让**他**注意吧。"他是我雇来的，如果我不喜欢他，可以解雇他。为什么是我得注意？看到了吧？**我**必须注意。

还有客户。我在酒店房间接到电话："我想讨论一些关于今天拍得不好的部分的事。"我知道这意味着什么。我试着对此进行抵制。我小心翼翼。我从来不想卷入客户酒后闹事的局面，也不想把他赶走。这对我没有任何好处。我唯一能做的聪明事儿就是避免这种场景。我避免的方法是建议清晨开个早餐会。我总是得找借口。"我喝得太多了，胃也不舒服，所以我现在不能弄。咱明天早上再说吧。"

有时我想说："滚蛋吧你，我知道你要什么。"

"在过去的三年里，我有一个秘书。我犹豫是否要用她——我不会让她打字。我很难像以前那样使唤她。她很聪明，不只是一个秘书那么简单。所以我给她布置研究任务，让她查资料，这对她来说可能很有趣。不是只说：'来，打这个。'

"我对她来说是个有趣的人物。她说：'当我想到妇女解放组织时，我不会想到杰曼·格里尔或凯特·米利特，我想到的是你。'她认为我的生活比实际情况要迷人得多。她羡慕我的外表、我的公寓、我的旅行。我们最近拍了两个广告，一个在墨西哥，一个在拿骚；然后，我在纽约编辑这两个广告。用了三个星期的时间。她负责我所有的旅行细节。她知道公司给了我一千多美元的预付款。我被安排住在高级酒店，坐头等舱旅行。我可以在两三个人的晚餐上花九十美元。我想这是个大事儿——堪萨斯州农场的小芭芭拉！但挺有意思的是，我自己不怎么想这事儿。"

以前在大公司里，象征性装装样子的黑人是很安全的，因为他总是必须要在那里。现在我绝对是象征性的女人。在目前的经济环境下，我是处于我这个工资水平上的少数几个拿到工作机会的写手之一。现在做我这种工作的人失业率很高的。但我还是接到了一些电话："你能来给女性卫生用品设计广告吗？"另一个，涉及食品领域。"我们需要你，我们会给你三万美元和一份合同。请你为这样或那样的食品找到营销方案。"我是理想的人选，因为我很年轻，有四五年的经验。我知道如何处理自己的自尊心，否则我不会走到今天的位置。

我现在很有安全感。但当有人对我说"你不用担心"时，他就错了。在一个绝对不能变老的行业里，我不能在三十八岁的时候做这个事情。在接下来的几年里，直到我年纪太大了，我的未来在一个非常不安全的行业里是有保障的。这就像一匹赛马或一匹表演用的马。虽然我拿着这份工作靠的是天赋和责任，但我到这里来，部分原因是我有吸引力，而且客户若是知道在蒙特利尔的三天里，会有这个年轻的优秀的黑发女人，会感觉很带劲儿的。我不知道他们是怎么谈论我的，但我猜测："她很好，但看表面的话，你永远不会知道她这么厉害。她是个女强人。"

我害怕自己过了有用的时候就完蛋了。我见过失去工作的绝望的女人，她们带着设计样本过来，我们所有人都是这样获得工作的。很多女性都被裁员了。这些女性在公司从事文秘类工作很多年，一年能挣到一万五千美元。在目前不景气的情况下，这个人被裁掉了，一些大学里聪明的年轻小伙子，一年工作挣七千美元，每天晚上来加班。

说说代沟吧。和一个二十二岁的孩子同处一室，有些领域我完全是迷茫的。但我不是一个安于现状类型的人，我总是考虑得很长远，长远到足以跟上新事物步伐的程度。我当然不觉得我作为一个写手的花期就要接近尾声了。我只是在说肢体衰老而已啦。（笑。）这是一个那么年轻的行业，不仅仅是消费者的部分。从外表上看，这行是很年轻的。客户希望代理公司的人，尤其是创意口的人，要穿得有模有样，要非常时髦。我还没有看到过很多女性在任何管理岗位上优雅地老去。

喇叭裤、珠子、胡须和鬓角，这是让人觉得自己是新文化的一部分的简单、肤浅的方式。在写作方面也是如此。在广告里放什么北京音乐？指望一个四十二岁的人提前预见前卫摇滚乐，这就太可笑了！衰老的危险，与年轻市场的脱节……

我讨厌的部分——这很有意思。（停顿。）大多数业内人士都很乐意展示自己的作品，并因此获得赞誉，以及广告中的功劳、笑声，凡此种种。我总是很讨厌这部分。在内心深处，我觉得自己被贬低了。如果是古龙水或洗发水，不要质疑前面的这些形容词，不要争论。我知道，因为我自己也买。我是购买包装昂贵的骗人玩意儿的最大的傻瓜。八美元的面霜。我卖东西，说服别人。

我用埃里克·萨蒂[①]的音乐做了一个古龙水广告。客户不知道萨蒂和罗杰·威廉姆斯的区别。我很擅长自己所做的事情，我是一名艺术爱好者。我开始了我的表演，我们称之为"表演时间""展示时间""踢踏舞"。我们笑着说。客户说："哦，那真不错，完全正确。我们要花多少钱？"我说："音乐方面你们要花三千美元。你想在墨西哥和拿骚拍的那两条广告，要四万美元。没有办法花更少的钱了。"我就是这个年轻女人，这个女人说："从你的金库里给我四万美元，我会去墨西哥和拿骚，给你拍回一条广告，你会很喜欢它的。"这就是盲目的信心。

我有没有质疑过自己卖的东西？（轻轻一笑。）一直都有。我认识一个作家，她辞掉了一份和我的工作差不多的工作。她赚了很多钱，想得很周到。她做的是消费金融这块的，面向的是蓝领和黑人。她做出了这个重大决定。我私下里对她说："我同意你的观点，但为什么开这个先例呢？你多年来一直在卖一种化妆品，除了矿物

---

① 埃里克·萨蒂（Erik Satie，1866—1925），法国作曲家，是 20 世纪法国前卫音乐的先声。——译者注

油什么都没有，女人却要花八美元买。你一直在卖一种蛋糕粉，你知道它的防腐剂含量很高，可以杀死实验室里所有的老鼠。为什么突然间……？"

如果你是做这行的，你就是做这行的，他妈的做这行的！你是个骗子。但因为你的机智和轻描淡写……我从来没有声称这是我能写出来的最好的东西。每个广告写手的抽屉里都有一本小说，但很少有人能写出来。

我不认为自己所做的事情是必要的，也不认为它能提供服务。如果是为了一个很好的产品做宣传——我也为一些这样的产品做过广告——我喜欢自己的工作。在进入到充斥着希望的可怕的化妆品领域时——你只是在贩卖形象和一种希望。就像治疗关节炎或癌症的药方一样，都是骗人的。你对一位女士说："因为这种油来自海底的藻类，你将拥有一张永恒不变的面容。"这是一派胡言！我知道这是我工作的一部分，我就是做这个的。如果我做了我朋友做的那个决定，我就会丢掉工作。我不能这么做。人们希望我完成任何交给我的写作任务。这是不知羞耻的。我还没足够多的东西，不知道自己是什么样的写手。我怀疑，与其说我是个写手，不如说我是个好读者。我想，我会是一个好编辑。我读过那么多短篇故事，我敢打赌，我可以写出一本比任何人写的都好的某些类别的集子。我去记忆，去欣赏，我感觉我可以……

**后记：不久之后，她就得了溃疡。**

# 商业广告

约翰·福琼（创意总监）

**他三十六岁。他在一家广告公司工作了八年。"我刚开始的时候在普林斯顿大学学习哲学……"**

我是所谓的创意主管。创意是个矫情的词。有大约六个人为我工作。他们制作广播广告、平面广告、高速公路上的广告牌，还有电视广告。你的目标是让人们把商品从货架上取下来（笑）：洗涤剂、肥皂、食品、啤酒、香烟……

这就像时装业一样。广告是有看头的。许多技术被选中，因为它们在当时是流行的。然后一种新的样子就会出现。现在流行的是一种愤怒的脱口秀。一个气急败坏的家伙站在那儿，说："你看，别的产品都是烂的，我们的产品是好的——买了它，否则我就杀了你。"劝告式的那种现在很流行。

这是一个奇怪的生意。它是认真的，但它也不是认真的。（笑。）在广告公司的生活就像在一个无聊的聚会上，被更多严肃的时刻打断。一般来说，大家的态度都很愉快。没有人特别紧张。这样的创意才会更加蓬勃发展。

　　他们知道自己在说的是小熊围着麦片盒跳来跳去，他们在争论小熊应该往哪个方向跳。对成年人来说，这是件愚蠢的事儿。同时，他们也知道客户要花一百万美元的电视时间来播放这个广告。数百万美元投入到这些小熊身上，这样这些小熊就很重要了。那个广告如果成功，可以让工资翻倍。很严肃，却又不严肃。这种分裂是每个人心中都有的。尤其是广告界的老一辈，像我这样的人。

　　我是一个不得志的作家，进入广告业的原因是我在寻找一种赚钱的方式。我这一代人对此更随意一些了。很多人会成为办公桌抽屉里有一本小说的作家、有一天要辞职去画画的艺术家。而年轻人一上来就认为广告本身就是艺术形式。他们上过学，学过广告。他们做事很猛。他们不会嘲笑那些小熊在麦片上乱抓乱咬的行为。那些小熊是他们的。他们认为自己是优秀的艺术家，而广告业必须给他们权利去创造，去表达他们自己。

　　而在年轻人中也有一种反感。有一天，我被人质疑："我觉得这个广告令人反感，好像你在试图操纵人们。"这种坦诚是工作的一部分。但他自己也身处这个行业中。他的工资也同样是在公司利润里面扣的。虽然老一辈的人一开始很随意，但随着时间的推移，他们变得相当严肃。你会变得和自己盯着看的对象一个样子。你会变成一个广告人。

　　我的一天是杂乱无章的。其中一部分时间是在引导别人。我把想法抛出去，让他们把想法抛回来，马上把想法击倒。在某些方面，这就像教学。你试图指导他们，他们也在指导你。我可能会和一个作家、和一个美术指导坐在一起，他们要创作一个卖垃圾袋的广告，好吗？一些想法被抛出来。你觉得这个怎么样？你觉得这个怎么样？去年我们尝试过这个。不要搞得那么疯狂。我们坚持用的是，比如说，家庭场景。

来个全家聚会吧，好不好？在视觉技术方面，我们会用快放和慢放。晚饭后的家庭聚会。家庭成员在外面，他们在野餐，怎么样？爷爷在吊床上，诸如此类的。每一件事都是慢动作的。但到了清理的时候，如果用这些垃圾袋，就会收拾得非常快。每个东西都开始快速移动，这是一个有趣的技术。快放往往会让人们与他们所看的东西保持距离。我不喜欢快放。我认为它缺乏焦点。你必须布置好。你必须给每个人安排好个性，爷爷、叔叔……广告一开始，亲属关系并没有清楚地标明。你必须在一个可能只有三十秒的广告中做到这一点。有时你在写一出戏，创造一个载体。你从一个人类遇到的问题开始，然后写产品如何解决了问题。

你卖东西的方式，就是把产品的属性和人想要的东西，就是人的需求建立某种联系。几年前，有一款产品叫"锐特佳"，是一款腋下除臭剂。当时它的定位是男性。当时它没有任何发展空间。一个文案人员注意到它是一种喷雾，所以全家人都可以使用。他说："我们就叫它全家喷雾吧。"产品没有变化，只是销售方式发生了变化。任何产品卖的都是消费者满足的包装。就像本人的梦想之类的。

一辆野马是一台以人类的幻想为设计理念的机器。它不仅仅是一台机械。一些机构对人们的需求做了大量的研究。研究结果被融入设计中，非常巧妙地融入外形中。然后广告出现了，又增加了一层。所以当一个人开着野马，他就生活在一个完整的满足感的茧里。他不仅仅是得到了交通工具。对于洗涤剂，人们买的是广告。对于香烟，他们购买的是一种形象，而不仅仅是盒子里的小东西。

它们都非常相似。这就提出了一个问题：广告有多重要？有没有一个理由？全国各地的人都在问这个问题。我自己也是百思不得其解。现在正在发生大的变化。规则越来越严格了。再过五年，你就会在广告上看到一个律师。他会说："这是我们的产品。它和其他任何产品没什么区别。它装在一个漂亮的盒子里，不比别家的好。它能把你的衣服洗得很干净，但其他人也会。试试吧，因为我们是好人，并不是说其他公司不好。"

其实我很喜欢。我觉得任何一种工作，在一段时间后，都会有一种功能上的自主性。它有一种自己的张力。你开始做一件事是有原因的，如果你做的时间足够长，即使原因可能已经改变了，你还是会继续做下去，因为它给你自己的满足感。

在这个行业里，你要想知道自己是否了解什么，是非常困难的。真正的专家很少。这是一个非常脆弱的东西。告诉别人他们应该花一千万美元在这只老虎身上，这只老虎将代表他们所使用的汽油，这是很难说服别人去做的事情。为什么要买老虎？为什么不应该是一头骆驼？

你看，实现的方法就是高度自信。广告界充满了非常自信的人。（笑。）是否广告界里也满是能干的人是另一个问题。进入会议有点像在满是食人鱼的河里游泳。如果你开始流血，参会的人就会抓住你。你必须先给自己打打鸡血，然后再去卖东西。你必须有一个态度，产品特别棒。

我对自己说，这不是很好吗？事情本有可能更糟糕的。我吹着口哨，跳来跳去，一般来说，我都会试着让自己动起来。喝杯咖啡。我对咖啡很有信心。（笑。）广告中也有戏剧性的元素。当我介绍这些东西的时候，我会给人一种很喜欢它的感觉。

令人惊讶的是，你对某件事情的态度会受到别人对它的评价、别人的观点的影响。如果一个很重要的人开始皱眉头，你的心就会沉下去。如果你遇到过几次这种情况，你就知道这可能不是世界末日。他可能注意到这个女孩穿了一件紫色的衣服，而他讨厌紫色。同时你还得继续。你提起情绪。有些广告需要唱歌跳舞来呈现。这就像在任何观众面前。当你开始失去观众的时候，就会感到紧张害怕，出冷汗。

某个客户对熊的移动方式不满意。你不知道他为什么不高兴。客户有不同的风格。他们无法表达出来。他们开始撒泼。你必须保持冷静，找出他的烦恼所在。然后你说："我们可以对此做出改变。"然后他说："哦，是吗？那就没问题了。"偶尔我们会给一些疯疯癫癫的客户展示广告作品。

我本来是一个广告文案撰写员。我坐在一个房间里，很简单。我去找老板，他告诉我他想要什么。我回到自己的房间，试着写出来，然后发火，把铅笔弄断，敲打墙壁。然后写完了拿去给他，改了又改，改了又改，然后我再回去重新写一遍，拿去给他，他再改，我再拿回去。这样的情况会发生三四十次，然后我们会换一个人。他就会把脚放在桌子上，再改一遍。

现在工作负担大了，我带回家的东西也少了，我越来越善于把事情从脑海里抹去。所以我才会在打字机上给自己留下一些小纸条。我刚从一个为期三天的周末回来，我几乎找不到办公室了。（笑。）我把它从我的脑海里完全抹去了。我想这是健康的标志。在做创造性的工作时，你应该一直想着它。在做行政工作时，你应该尽量少去想它。

有沉思的心态，也有经营的心态。优秀的商人总是愿意在不完全的证据上做出决定。我从整个沉思模式中走出来。我很难学会，你必须做出决定。广告是了不起的现货决策。我想我一周做的决定比我的客户一年做的决定还要多。我想，我已经改变了很多。

通常情况下，产品都是大同小异的——这就是为什么会有广告。如果产品非常不同，你就不需要你的技能了。在某种程度上，我认为，广告对任何作家来说都是非常好的，因为这是整个形象塑造的事情。以前，我有一种倾向，就是很喜欢文字。这就像你在电脑上编程一样。它以一种奇怪的、新鲜的方式来分解一切。然后你学会了它，它变得很自然——看到的是图片，而不是争论。

我很高兴我没有去搞哲学。我觉得自己的性格不适合做哲学。我认为这得有天赋才行。而且，哲学要用到一种语言，说这种语言的人越来越少。最后，你是在自言自语。广告是一个比较社会化的行业，这也是令人沮丧的。我不确定我在广告业是否快乐，但我不认为哲学会是我的天堂。我想我更愿意写作——电影或书籍。出于某种原因，我不做这些。

广告是一个关于时尚的行业。有五个阶段。"约翰·福琼是谁？"第二阶段："天哪，如果我们能得到那个家伙就好了。他叫什么名字？约翰·福琼。"第三阶段："如果我们能得到约翰·福琼就好了。"第四阶段："我想找一个年轻的约翰·福琼。"第五阶段："谁是约翰·福琼？"没有老作家。

年轻作家带来的威胁巨大。这种威胁大到老作家都混不下去了的程度。一个老作家被炒鱿鱼以后，就再也找不到工作了。我想他们去了中西部的农场或其他类似的地方。我不知道他们身上发生了什么。

你应该在三十五岁的时候开始行动。如果在那时没有担任主管职务，你就有麻烦了。四十岁的时候，你应该成为一个创意总监。手下有很多人，而没有人在创意方面超得过。但是，指挥别人做事儿的人数量就那么几个啊。

这些人都是副总裁。他们被赋予这个头衔是出于商业原因。客户喜欢和副总裁打交道。而且，给人发这种玩意儿很便宜。副总裁们被炒鱿鱼的时候，仍旧是很有活力的，也很爽快。（笑。）然后，他们会找到为特鲁希略或其他机构做公关的工作。或者他们出去成立自己的公司，一些你以后再也没机会听到名字的公司。

广告界有一种很酷的悖论。有一种压力把人推向过去曾经奏效的那些安全的、经过实践证明的、真实的东西。但是，广告业对于新鲜和新颖是有巨大需求的，这使得广告机构之间可以区别开来。作家们总是在这两个目标之间徘徊：销售产品和销售自己。如果你按客户说的做，你就完蛋了。如果你不按他们说的做，你就会被解雇。你要不断地去努力，去争取。斗争，继续……

对某些人来说，这一切变得很傻，但也很吸引人。你看到人们为了保留住奶粉广告中的一点细节调整而争论不休。有一种类型叫"生活片段"。有我认识的一些人管它叫"死亡片段"。这是标准的广告，一开始是在厨房。两个人在为一个产品争论不休。"你怎么把洗脸水弄得这么白？""我用的是这个。""那怎么可能和这个一样好？""因为它含有……"她还给出了为什么它更好的理由。这是按照格式来的。人们被迫写这个，因为效果好。但你会看到人们为了一些他们成功做出的小改动而争论。所以他们可以卷起铺盖，另找一份工作。有人会说："啊哈，看他们怎么工作的。"你想让干出的活儿质量更高。

宴会上会有人上来谴责我。对于广告的力量，大家都很偏执。他们说我们正在被控制，被操纵。有时我喜欢扮演魔鬼的代言人，所以我会夸大它。"我们利用人类的需求并控制他们。"（笑。）我的幻想非常活跃——在工作日的时候不行，因为节奏太快了。我的许多幻想都与控制社会有关。非常复杂的技术型幻想：一个由我控制的良性极权主义。

其实，我在广告业的职业选择已经渐入佳境，这与权力的幻想有关。我有一种权力在慢慢增加的感觉，但极限是非常令人沮丧的。我觉得我想做更多的事情，但是我感觉到了系统和自己的约束。我认为，我比系统更阻碍自己的发展。这个系统很容易工作，如果你愿意，如果你足够聪明……

如果没有广告，我们的国家会是什么样子？我不知道。（笑。）我想，这会是一个不同的国家。

**后记：在曼哈顿中部一家广告人常去的酒吧里，他说："我经常做一个梦，梦里我是一个脱口秀演员。我站在一个舞台上，一盏蓝色的聚光灯照着我，我正在说话。我先是讲笑话。渐渐地，我开始证明我的生活是正当的。我看不清观众的样子。光线变得越来越强烈。我不记得我说了什么。我通常最后都会哭。这个梦我大概做了三四次。"**

## 阿尼·弗里曼（演员）

**他是一个帅气的六十三岁的人。他看起来比实际年龄年轻二十岁。他在纽约做了近三十年的角色演员——"我是个配角"。他在各个领域都有工作：百老汇、非百老汇、广播、电视，以及"到处拍的一些电影"。**

"突然间你就变成了——我的一个朋友去试镜一个电视广告。他们说，他们想要一个阿尼·弗里曼类型的人。他说：'为什么不找阿尼？'他们说：'不，不，不，我们不能用他。他被用得太多了！'我在电视广告中的曝光度过高了。

"我一直到1962、1963年才拍广告。演员不做商业广告。美丽的金发女郎，雅利安模特，六英尺三英寸，才做广告。我的一个朋友告诉我：'他们开始寻找看起来像普通人的人。'有一次我去的时候，他们整天都在看人。我碰巧撞上了他们。其中一个人说：'他有一种法国人的气质。'那是要为了皮尔酒（Byrrh）拍广告，一种法国开胃酒，和沁扎诺（Cinzano）牌苦艾酒很相似。"

我在1964年做了这个广告。那个东西叫作"加冰皮尔酒"（Byrrh on the Rocks）。我得了一个表彰。他们有广告的节日。是不是很可笑？它赢得了五个国际奖项——在戛纳，在都柏林，在好莱坞，在纽约，在伦敦。这该死的东西是一个本地广告。我走进酒吧，要了一杯加冰的皮尔。每个人都转过身来，笑着看着我。酒保……这个广告在每个电台都播放，日夜播放。

这个广告变得如此成功，以至于我无法在街上行走。我现在知道出名的滋味了，我不想这样。我不能走在街上。我会被围观。人们会抓住我，说："嘿，加冰皮尔酒！""你就是那个人！你就是那个人！"他们会把我按在墙上，然后那个人就会对他老婆说："嘿，看我抓到谁了！"有一次，我在时代广场下了地铁，一个人抓住我，把我往墙上撞。（笑。）一群人围了过来。我的妻子被吓坏了。他们都在尖叫："加冰皮尔酒！"因为那个小电视盒子。

他们不知道你的名字，但一旦他们看到你的脸，你是如此熟悉，你属于他们的家。虽然很恐怖，但我很享受其中的乐趣。感觉棒极了。就像是一个矮版罗克·赫德森①。当然，有一种满足感。我喜欢某种程度的满足感。我喜欢别人说些赞美的话。我是一个贪婪的人。我停下来并告诉他们任何他们想知道的关于制作广告，关于业务，等等。但有时它确实会影响你的生活。

我去度假。我去了圣胡安，那里全都是纽约人。我不会去海滩的。我一出来，就会有人说："嘿，嘿，我是不是认识你呀？你不就是那个……"在早期的电视直播中，人们不知道是从哪里认识你的。有人会说："嘿，你是水牛城来的吗？"我会说："不是。""该死的，在我的家乡有一个人长得很像你。"我说："你有没有在电视上看《T行动》或《大故事》？""哦，是啊！你就是那个人！你就是那个人！"

有一天，我从电影院出来，我还没走几步，就有两个人向我走来，把我推到墙上，我以为是被人劫持了。他们亮出了警徽。他们是侦探。其中一个说："你介意回到大厅里来吗？"我说："为什么？""我们想和你谈谈。"于是他们把我带到后面，有个女人在尖叫："就是他，就是他！"有人在电影院偷了她的钱包，她指责我。那时候，我在电视上扮演一个黑帮老大。老板会说，"嘿，小个儿，去做这个。"我会说："是的，老板。"他们都是一样的。我问这个女人，她是否看过周四的《T行动》。那天是星期六。"哦，我的上帝，"她说，"我就是在那里看到你的。"（笑。）那群家伙非常殷勤。他们用他们的车把我送回了家。

① 罗克·赫德森（Rock Hudson，1925—1985），美国演员，20世纪五六十年代的当红偶像。——译者注

即使到了今天，仍然有人来找我。他们一般都很有礼貌。他们说："对不起，我不是想强求你，我只是想告诉你，我非常喜欢你的广告。"偶尔我也会遇到一些人说："我在《伟大的塞巴斯蒂安》[1]中见过你。"或者："我在《仙人掌花》中见过你。"但不是每个人都会去剧院。每个人都有电视。[2]人们在街上、在任何地方都会向我索要签名。常常有人说，他在这样那样的戏里看到过我。但其实是广告。

我是一个职业演员。如果你想工作，你必须做所有的事情。对我来说，表演是一门手艺，是一种生活方式。我从来没有迷恋过内心那股令人作呕的成为明星的动力。可能是因为我进入它的时间很晚。我成为职业演员的时候已经三十七岁了。我对生活比较现实。成为明星的机会是相当渺茫的。我让自己不要去想它，因为困难太大。

自从我来到纽约，我从来没有失业过。我只有一个比较差的时期，因为我的脸在电视广告里太熟悉了。在它变得有点差的时候，你开始怀疑，也许你已经变得太老了，或者你是否已经疲惫不堪。这些年，我忙于从一件事到另一件事。我完成了一部戏，就会有一部电

① 他出演的一出戏，该戏由阿尔弗雷德·伦特（Alfred Lunt）和林恩·方坦（Lynn Fontanne）主演。——原注

② 摘自《一只胆小的狮子的笔记》（Notes on a Cowardly Lion, New York: Alfred A. Knopf, 1969），约翰·拉尔（John Lahr）关于他父亲伯特·拉尔（Bert Lahr）的传记，他的父亲是一位极具天赋的小丑。"薯片的广告让更多的人知道了他的脸，比以往任何时候都多。他为该产品发明了一个口号——'de-lay-cious'（味道好极了）——将他的喜剧轻易地从艺术变成了营销。出租车司机停下出租车大喊：'我打赌你不能只吃一个。'老奶奶把他当作自己的亲人来搭讪，问他是否真的吃薯片。这些广告，相当于以分钟而不是以天来计算的工作，让他每年赚取7.5万美元，远比在百老汇演出一季赚的还要多……他为自己能在电视广告这个最新的演艺事业中生存下来并取得成功而感到自豪。但他很困惑。他的笑声是给人看的，而不是给商品看的。这个矛盾一直是他难以解决的。尽管他的广告非常出色，而且他设计了许多喜剧情境，但他还是怀疑：'我不知道这些广告对我的事业是否有好处。约翰，有一件奇怪的事：经过这么多年的奋斗，我最大的成功就是在这些陈腐的广告中。这太愚蠢了。'"——原注

影。中间会有电视剧，会有广告。我已经和一家公司签约了，他们做的都是电视广告。经济上我不担心。我在市场上有十万多一点的资金。我想去墨西哥生活，但谁愿意停止工作？

"当我第一次来纽约的时候，我做了其他人都做的事。你拿着你的照片，你拿着你的八乘十规格的胶卷，你打电话或写信，你约见一个经纪人或选角导演。我写了一封信，我会说：'这是我的照片。这是我所做的。我希望能在您方便的时候试镜。'我总是会收到回信说：'请在某某日期来试镜。'我只是提醒你，我回来了，我有空。现在，所有这一切都是通过代理完成的。

"我从来没有参加任何形式的海选。有些经纪人会给所有认识的演员打电话，然后把他们送过去。所以，有数百名演员竞争，试图进入。我在特定的时间有一个约会。我被带进去，受到尊重。是什么制约着你得到那份工作呢？很多事情你都无法控制。十个人中，他们会说：'天啊，他很适合这个角色。'他们找了一个不同的明星，你就和他并列了。突然他们说：'我们不用阿尼，我们要找一个大胖子。'这就是这一行的变数。你要学会与它们共存。我想，有了经济上的缓冲，就容易多了。"

如果你不是明星，就会受到羞辱和贬低——如果你允许它发生在你身上的话。做招聘工作的人有时会很粗鲁。你在剧院里不会发现太多，因为剧院还是有一定的区别的。在电视广告选角中你会发现。他们被淹没了。许多人看过广告后，说："见鬼，我也能做到。"你让一个人扮演卡车司机。所以一个卡车司机说："见鬼，我可以做到这一点。"它一直是一个过度拥挤的领域，只是因为从来没有足够的工作给演员。复播复映追加酬金，这就是演员们多年来在没有工作的情况下一直坚持下去的原因。

我最近去试镜了，我将在周一那天知道结果。我们去佛罗里达拍摄。拍摄的是一个喜剧。角色是一个吉卜赛人的国王，他在谈论一个特殊的卡车租车系统。在我前面有一个家伙，他留着大胡子，一头浓密的头发。他看起来像世界上最漂亮的吉卜赛人。（笑。）我唯一的希望是这家伙不识字——他确实不识字。所以我带着世界上所有的自信去了那里，因为我的口音很俗气。我的经纪人打电话说，他们都很兴奋。我周一就知道结果了

我周二要为一家银行拍摄一部片子。他们打电话过来说："你有德比帽吗？"我有一顶，但我从来没有勇气去戴。所以我就戴着德比帽去试镜了。我穿了一套灰色的针条纹西装，还系了条腰带。我完全符合他们的要求。我从小法国人或意大利人、小领班演到优雅的银行家，再到狂野的吉卜赛人。这些口音在电台里被称为"大陆音"。

周四我和另一个家伙去了锡拉库扎，我们为一个小型家用扫雪机拍了一个广告。我们在这冰天雪地的严寒中。我们从早上八点到晚上五点一直在雪地里度过。我们是邻居。他在铲雪，我从车库中走了出来，很帅气，还戴着德比帽。我翻开车库的门，拿出我的小机器，按下按钮，它就启动了。我做了一个放荡不羁的动作，甩了甩围巾。当我用我的小电动扫雪机扫雪时，他抬起头来，我给了他一个"去你的"式的动作，一副高人一等的样子。这就是广告。我们一整天都玩得很开心。你也许会觉得，这次拍摄是在寒冷雪地里的一场谋杀，但我们非常享受。这和戏剧的不同之处在于一天就结束了，而且更有针

对性。但它还是在演戏。

我曾经对自己说，这不是一种生活。一个人应该做一些更重要的事情，应该是一个医生或者律师，或者是为别人做一些事情。做演员就是做一个自私的人。我想，这是一个自我的问题。很多演员犯了一个错误，认为这就是生活。近几年，我觉得我的工作有点意义。好多人在街上拦住我说："我无法告诉你，我有多喜欢你做过的事。"如果，有一两个瞬间，这个人可以打开电视，在节目或广告中看到你，这让他有点快乐——我认为这很重要。

我认为自己是一个理性的人，不狂野——除了当我拿到某些喜剧性的东西要演。这是比生命更重要的东西。它仍然植根于真理，但它只是一点点大。与其说我喜欢演喜剧，倒不如说我喜欢在一个人身上、在一个角色身上找到活生生的人性的特质，即便是在广告里。

## 里普·托恩（演员）

他从得州东部的一个小镇来到大城市。因为某种原因，对那些雇用演员的人来说是莫名其妙的，他已经被宣布为一个"麻烦"的人。虽然他作为一个演员有很好的声誉，但对许多制片人和赞助商来说，他的为人也有一些"名声"。

"我的性格里有缺陷。一种叫作'易怒'的东西。我很容易生气。我很容易为一些事情感到悲伤。我想，作为一个演员，我可以使用我自己的人性机制。戏剧可以让我的缺点变成我的优点。我认为，戏剧是一种对人的赞美，用情境来反映人的极度滑稽和极度悲惨的经历。我说：'是的，我可以做到这一点。这是我对生活的看法。'因为我有感觉，所以我可以在工作中使用我的感觉。在很多其他类型的工作中，我可以流汗——作为一个演员，我可以流汗——但我不能用我的感觉。所以我想，这就是我成为演员的原因。但是我发现这不是他们想要的。（笑。）他们想让你成为他们的'橡皮泥'。"

演员们都成了骗子。我记得十年前，我做了一档电视节目——我已经八年没有在网络电视上工作了。我当时抽着雪茄。我扮演的是一个威廉·昆特里尔[①]类型的角色，所以我抽着一根长长的古巴雪茄。我骑上一匹马，我们不得不冲下山去。这是一个长镜头。导演和制片人都在喊："停，停！你叼着雪茄干什么？"我说："我天生不抽雪茄，但我是为了角色。内战期间他们没有香烟。"他们说："你不明白。"我说："哦，现在我明白了。但这不是一个香烟项目。"赞助商是庞蒂亚克。但是，这个节目有转售价值。他们不想让一个内战时期的人物抽雪茄，因为他们可能会把雪茄转卖给香烟公司。我的行为可能会损害他们的商品。他们坚持要我把雪茄扔掉。我们什么都不是，只是该死的骗子。

演员主要是用来卖产品的。这里面的钱很好赚。更有甚者，演员成了政客的代言人，甚至有些我喜欢的政客。我记得其中一个人说过，演员是政治商品。他们希望演员能成为老板的儿子。

我对做商业广告的人没有任何鄙视。我甚至从来没有能够得到那种工作。我的一个朋友给了我一个名字，让我去见他。她说："你得把胡子刮了。"那是很久以前的事了，胡子和长头发都还没有"流

①　威廉·昆特里尔（William Quantrill，1837—1865），美国内战期间著名的游击战领袖。——译者注

行"。我说:"这只是一个解说词,有什么区别?"她说:"你不会被录取的。"于是,我上去读了一则百利①的男性发蜡广告。控制室得有四十个人。通常有五个人。就仿佛公司所有办公室的人都在那里。我没有得到这份工作。他们来是为了看看这个怪胎。我到过三四个地方去应聘做广告。他们喜欢我做的事,但我从来没有得到任何工作。

我不知道,也许你没有正确地向他们鞠躬。如果我能学会那种鞠躬的方式,也许我可以试试。这就像军队一样。军队里有个规矩,叫"用行为来反抗"。你别做任何可以让别人对你说"我要让那个人被公司惩罚,我要把书扔在他身上"的事。这是他的待人方式。他会说,"是的,先生"和"不,先生"。但在他的身体里有一些东西,让你察觉出他行为方式中的一些东西是不服从的。他并没有真正以正确的方式拍马屁。他有一些东西。要是一匹马的话,你会说:"他还没有完全被驯服。"他对命令和缰绳的反应并不十分迅速。

多年前,当我在好莱坞工作时,有人说:"你不明白。这座城市的运行以恐惧为基础。你看起来并不害怕。"每个人都有某种恐惧。我不认为爱和幸福的对立面是仇恨。我认为是恐惧。我认为那是杀死一切的东西。正义的愤怒是没有错的。但如果你直接和他们说话,连声音都是奇怪的。我不知道该怎么处理这个……我曾经去参加一个派对。一个大制作人举办的。就在泳池边上。得有一百五十个人在那里。他们在树上有一个跳板。我记得当我还是个孩子的时候,我可以从那样的东西上跳下来,然后来两个空翻。有人说:"你一辈子从来没干过这个。"我说:"我想我现在就可以来。"他说:"那可以安排一

---

①　百利(Brylcreem)是英国的男士头发定型产品品牌。百利品牌的第一只产品是于 1928 年在英国伯明翰制造出来的发乳。——译者注

下。"他们给我拿了几个箱子。我说："我们不妨在这上面打个赌，赌一美元。"应该赌上一千美元的。这个派对上所有的人都在看着我。我站上去，我做到了。那人非常生气地给了我一美元，那天晚上剩下的时间没有人和我说话。好像我做了什么冒犯的事情一样。他是个大人物，想羞辱我。为了让他知道我不是在胡说八道，我犯了一些社交错误。我本来应该接受侮辱，说："我想你是对的。"我从来没能做到这一点。

几年后，我在看泛美航空的广告。写广告的人从控制室里走出来，说："我记得你。我记得你在好莱坞的那个游泳池旁边。那时候你觉得自己很了不起，对吧？你不记得我了，是吗？"我想他是那天晚上没有和我说话的人之一。他说："你可能觉得写这个材料没有艺术性。我想告诉你，这个广告的二十句台词，比你平时在百老汇的戏剧上花的心思多，艺术性要高，花的时间多，花的钱多。"我说："我相信你。"然后他说："请试音。"我说："泛美公司飞到——"他打断了我，说："当你说'泛美'这个词的时候——"我说："我只是给试一下声，我还没正式开始呢。"于是我又试了一次。然后，他说："并没有更好一点。"他只是想让我沮丧。你觉得他是在为我的社交失误报复吗？（笑。）就因为我是我吗？

现在谁在管事？推销员。你必须是一个推销员，才能反映这种文化，才能成功。写广告词的人比写歌剧的人赚的钱多。按照某些人的标准，写广告词的人要更成功一些。这个"某些人"就是推销员，他接管了行业。对美国公众来说，除非一个演员挣了钱，否则他就是不成功的。

在我祖父的葬礼上，我的一个叔叔走过来对我说："不管你变成什么样子，我们仍然爱你。我们想让你知道，你在我们这里有一席之地。所以你为什么不停止这种愚蠢的行为，回家呢？"他们把我看成一个失败者。

有一个神话，那就是如果你做了商业广告，然后在经济方面取得了成功，那么你就会从事艺术工作。我不知道谁曾经这么干过。人们说："你已经很幸运了。"我拿到过超过六十个电视系列。但我总是把他们看成产品的推销员。我总是被告知："如果你继续做这个，你将能够在戏剧领域混。你将能够创作你想创作的角色。"我认识的人里面，没有人能够从事他觉得是自己使命的工作。

很多年轻演员过来说："我很尊敬你，因为你从不出卖自己。"我出卖过很多次。我们都得适应我们所处的社会。我们得付房租。我们做任何我们能做的事。我做过一些我不太喜欢的工作。你竭尽所能，把事情做好。为了你自己的自尊，你会试着让它变得更好一点。这就是这个国家里工作的性质所发生的改变——对工作本身缺乏自豪感。一个人的生命就是他的工作。

唉，你甚至没有那种木匠……他说："啊，他妈的。"你知道他们甚至不会在他们该做的时候去钉钉子。他们不再有工作的乐趣。即使在墨西哥，道路工程也有一些独特的地方。边石不是用机器铺设的，而是手工制作的。所以没有什么规律可言。这就是为什么在墨西哥，即使是在路边，人们的眼睛也会得到休息。还有墙壁。因为它是手工艺。你在椅子上看到人性。你知道冰冻三尺非一日之寒。这些活儿是一些人亲手打磨出来的。这里面有工匠精神，这才是让人类更幸福的原因。你工作是出于需要，但在你的工作中，你也得有一点艺术性。

## 埃迪·贾菲（新闻代理人）

我不能放松。因为当你问一个五十八岁的人"一个新闻代理人是做什么的？"时，你会迫使我回过头来看看我浪费了多少生命。我的希望，我的愿望，我又用它们做了什么。作为一个新闻代理人对你的影响。我最后得到了什么？满屋子的剪报。

被称为新闻代理人或公关人员，其实就是一个报酬多少的问题。你可以说，他是舆论场上的代言人。但其实没那么深奥。是一个吸引客户注意力的人。我把自己投射到另一个人的位置上。我对他们说："你们为什么不能这样做？"或者那样做？提出所有处于他们那个位置上所拥有的雄心勃勃的想法。每一个新闻代理人必须做的一件事，就是获取客户。如果你没有获取客户，你就不是一个新闻代理人。

职业塑造了你的个性。宣传对人也是如此。给编辑打电话，要求帮忙，会让人感到羞辱。被拒绝帮忙让我不安，让我郁闷。这就是我永远不愿意做新闻代理人的原因。很多人都不知道自己被拒绝了。他们不会像我一样患上结肠炎。这就是我的行为方式，情感层面，带着我的直觉。这就是为什么我去找分析师。

**他已经干了四十二年了。他曾为喜剧演员、歌手、脱衣舞女郎、工业界、政府、传教士以及死去的黑帮分子的家属工作过。"新闻代理涵盖了众多的领域。"**

当他刚开始的时候，他去这些人的办公室转了一圈。"他们中的大多数人都走了。房东说：'嘿，小子，想不想赚十美元？找出他们搬到哪里去了，他们没付给我们房租。' 大约在 1930 年，我看了一下电话簿上的新闻代理人，大概有八到十个。现在有好几页那么多了。我在这个行业的开始阶段就在从业了，而我在结束的时候所处的位置却比我开始时的位置要落后了一点。

"一些骗子曾经卖给我在比利·罗斯的沃思堡边境百年纪念活动的一个特许经营权。我失去了我的继承权，一万多美元。那是 1936 年的事了。为了避免因流浪而被捕，我说：'我是个新闻代理人。'他们无法证明我不是。所以我就成了一个新闻代理人……"

当我在弗吉尼亚州诺福克的一个嘉年华会工作时，我有一个客户，灵媒阿德里安娜。剧院的老板有一个兄弟，他是侦探长。他检查了妓院，并在每张床上放了一张传单。我说："你们有什么破不了的案子吗？"他们刚刚逮捕了一个认罪的人。他在五十英里外的监狱里。他给了我那个人的名字。我去找扶轮社。他们说，如果阿德里安娜能解决谋杀案，他们就会邀请她做嘉宾。所以我教了阿德里安娜。她说："别告诉我。我是个灵媒。"报纸的编辑准备给我们上头版。观众席上的一个人问她这个问题。她给出了错误的缩写，导致我在报纸上一行字都没有登出来。我知道了名字，但她不接受。某些个灵媒啊！

我和那个脱衣舞女郎玛吉·凯利做了个交易。我带她去了世界博览会，并安排她给爱尔兰馆的德·瓦莱拉打电话。我将在《每日镜报》上获得巨大的版面。不幸的是，编辑是爱尔兰人。他看到了这篇报道：脱衣舞女郎玛吉·凯利给德·瓦莱拉打电话。他说："我不会让任何一个人利用爱尔兰和德·瓦莱拉来获得版面。"一行字都没有登出来。

我捧红了玛吉·哈特。我让她成为穷人的嘉宝。玛吉有一头红色头发，所以我去华盛顿向邮政局长请愿，让乔治·华盛顿在邮票上以红发出现。到处都有我的版面。当玛吉的邮票数量达到数千张时，她不想给我钱。我只好告她。所以我决定退出。

为脱衣舞女郎做宣传很有趣。我为一个叫芭贝特·巴多的女孩找到了一个很棒的版面。一个大学教授做了一个关于脱衣舞女郎的研究。我们宣布芭贝特要做一个关于大学教授的研究，找出他们最大的个人困扰是什么。她写信给美国证券交易委员会，要求允许公开发行股票，出售自己的股票。她说，她把自己的资产暴露得非常充分。我们因为她的这封信获得了相当大的版面。我认为性和我们的经济有直接关系。所以我派了一个脱衣舞女郎去华尔街。她说，经济情况越来越好，因为他们把她团团围住。

从脱衣舞女郎开始，我就像是进入到一场"轱辘鞋滑速赛"当中，披荆斩棘，所向披靡。阴差阳错地，我们被安排和复兴布道会在同一个场馆里。我试着妥协，和他们一起。"披荆斩棘"和"拯救你的灵魂"。没有成功。我开始涉足更传统的公关。我打过交道的客户从印尼一直到美国钢铁公司。

第一届世博会期间，我负责冰岛馆。我们当时正在开馆。我浏览了负责人的讲话：他们每年向美国进口多少干鲱鱼和鹅毛。我说："这不会让你上报纸的。"所以，我加了一句话。这是在罗马-柏林-东京轴心建立期间。所以我说："为雷克雅未克-华盛顿轴心国干杯，冰岛准备随时出兵保卫华盛顿。（笑。）我们希望华盛顿对我们也有同样的感觉。"这事上了所有的报纸。它被遗忘了大约两年。科德尔·赫尔①有一天晚上接到《明镜》②的电话:"你知道美国有一个保护冰岛不受德国人侵犯的条约吗?"赫尔说:"你到底在说什么啊?"《明镜》在头版头条报道了这件事。《华盛顿条约》完全是基于我的小宣传稿。

你的自尊心会影响到宣传的经济效益。我曾经和比利·丹尼尔斯③打过交道。在他还没有起家的时候,在他功成名就的时候,我都和他打过交道。他说:"我想和你做个新的交易,付给你我收入的5%。"他每天能拿到四千美元,连续十天。我的天啊,5%,那就是两千美元。很好啊。但有人告诉我:"比利·丹尼尔斯还没有付钱给他之前的六位新闻代理人。"我说:"你不明白,我宁愿从比利·丹尼尔斯那里拿不到两千美元,也不愿意从一个付我钱的人那里拿到七十五美元。"这是一个关于你正在挣两千美元的**感觉**。这就是魔力的一部分,事情的诱惑力。

在我去见一位分析师之前,我没有真正开始挣钱。他说:"你得一周来五天。"我说:"我付不起这个钱啊。"他说:"这是我们要解决的第一个问题。"他说了我没赚到钱的原因。在宣传领域工作,是对自己弱点的坦白。这是给那些没有勇气为自己争取关注的人准备的。你一生都在告诉世界,别人有多伟大。这是令人沮丧的。

我的梦想是捧红一个明星,从那时起,我会受到照顾。我总是

---

① 科德尔·赫尔(Cordell Hull, 1871—1955),美国政治家,曾任国务卿。——译者注

② 《明镜》,又称《明镜周刊》,是德国发行量最大的周刊之一。——译者注

③ 比利·丹尼尔斯(Billy Daniels, 1915—1988),非裔美国歌手,演员。——译者注

会得到报酬。事实是，摆脱那些帮助他们获得他们所拥有的地位的那些人，这件事对明星而言，从心理层面上讲是很重要的。客户是孩子，代理人是家长。孩子必须长大，离开巢穴。这是生活的一部分。他们不为人知的时候，他们需要埃迪·贾菲。当他们出名时，他们需要的是罗杰斯和考恩①，他们在与明星打交道的这些年里从未出过岔子。他们把客户照顾得无微不至。他们得到生意的一个原因是他们让客户上了好莱坞的派对名单。人们在职业生涯的不同时期有不同的需求。

我曾受雇报道大概四十个电台节目。某人说："报道《菲尔·贝克秀》。""我是做什么的呢？"他说："你是节目结束后第一个到场的人。你说：'菲尔，那真是太棒了。'如果有人比你先到，那就求上帝保佑你好了。"这是作为明星的新闻代理人的一部分。这就是他们所需要的。他们付得起。而且他们也在为之付出金钱。

一个黑帮成员说："我希望你能帮我。那些报纸快要把我烦死了。"我说："你家里谁是干净的？"他说："我姐夫。他在战争中失去了手脚，做压衣工，一个星期挣二十五美元。"我说："让他做官方发言人。他们不会打扰你的。你最大的危险是那帮暴徒中的某一个会伸手去推一个摄影师，你的照片就会出现在报纸上。""我们怎样才能避免这种情况呢？"我说："很简单。从平克顿侦探事务所②雇一个人。如果有人要推摄影师，那人穿着制服。他们可以推人。他们不是暴徒。"

---

① 罗杰斯和考恩（Rogers & Cowan）是一家全球营销和公共关系机构，总部设在洛杉矶，并且在纽约、迈阿密和伦敦设有办事处。该公司由亨利·罗杰斯和沃伦·考恩于1950年创立。——译者注
② 美国的一家保安服务公司，业务广泛。——译者注

曝光的惩罚比法律的惩罚更严重。如果你明天被起诉犯罪，通过宣传所实行的惩罚比任何你可能会受到的监狱判决都更严重。每个人都有律师，但很少有人有公关人员。

我曾经为约翰·雅各布·阿斯特工作过。我接到他的律师的电话，说他撞了人。所以我打电话给所有的报纸，说："我是约翰·雅各布·阿斯特的新闻代理人。我有个好故事要告诉你。他刚撞了一个过马路的女人。"他们说："你为什么不和这个胡扯出来的玩意儿一起消失呢。他占的版面已经够大的了。"他们根本就没把这个故事放在心上。我试着让他们认为我想让这个消息上报纸，所以他们没有把它放进去。

我花了大半辈子的时间来学习那些毫无价值的技术。杂志、报纸——印刷品。我对电视的定位不像对印刷品那样。今天影响最大的是电视。这会导致对新闻代理需求的减少。一个客户会来找我，说："我想成为一个明星。"在过去，也许可以让她上《生活》杂志。今天，在约翰尼·卡森秀上，你可以得到比我在一年内可以为她获得的还要多的关注。随着媒体代理成为一个越来越大的世界的一部分，它变得更加常规化。现在，这是一个机械化的行当了，再也没有一个能做出令人惊叹的操作的机会了。我这些年所做的很多事情，都不如以前那么有影响力了。

我这个门类里的大多数人有八到十个客户。如果你的客户数量少于这个，你就麻烦了。你不能依赖一两个，不管他们付多少钱，因为你可能会失去他们。有一天，我失去了三个客户，他们每年付给我的钱都超过一万二千美元。我失去了西纳拉马电影公司，印度尼西亚公司，还有胜家公司。这一年就是三十六万美元。我有几年赚了十万美元。赚钱是有规律的。你从来没有把它看成暂时的东西，你要活得有腔调才行。但在这个工作中，你什么也没有建成。如果我有一个小的糖果店，我把它建成一个更大的商店，我可能会以二十五万美元的价格出售它。但我能把我的剪报卖给谁呢？

## 理查德·曼（分期付款经销商）

他五十三岁。他做了二十年的分期付款经销商。"我卖的是信贷。我不是在卖货。我采购的公司都是这样做的。我是为自己做生意。我打电话给别人，在家里就卖给他们，我把商品带给他们。"他每周工作七十小时。

"我有很多客户曾经住在贫民区，可怜的黑人。当暴动来临时，我所有的客户都在西区。① 我的三个客户被卷入其中。我试图用电话联系他们，但是联系不上。我给他们中的许多人打电话，让他们把钱邮寄过来，他们也照做了。他们中的许多人说：'理查德，请不要来了。这里很危险的。'

"以前，在我路过时听到一些十岁的黑人孩子冲着我飙上几句脏话的时候，我就会发火。我无法忍受。我会经过一栋房子，看到两个十五岁的孩子在打手球。我就会说：'我到底该不该去？我该不该绕过去？'我就坐在那里生气。他们可能只是些无恶意的孩子。但当我下楼时，他们可能就在门后。

"我们坐了三天，互相打电话给对方，分期付款的经销商，那些在

_____
① 马丁·路德·金被暗杀后，贫困黑人社区的暴乱。——原注

那个地区工作的人。我们能去吗？我们能不能结伴而行？能不能去？我从其他要倒闭的人那里买了很多应收账款。我有个小男孩，黑人，大约十岁吧，他经常和我一起去。他的继父在周六和周日为我打些电话。我收了不少钱。渐渐地，我搬出了这个地区。现在我完全不干了。

"我现在去的都是蓝领和南方白人地区——下层中产阶级白人。我现在的顾客大多是白鬼。（笑。）白鬼是反黑人的人，他搬到城郊是为了远离黑人。他讨厌所有的变化，所有的进步。当他妻子说'给我丈夫拿几件衬衫来'时，我给他拿了三件长领的条纹衬衫。他就大发雷霆：'你以为我是什么人，嬉皮士吗？我不穿这样的衬衫。'（笑。）把你的白衬衫留着吧，那些人回来了。"


我是老贩子的后代。他买了一些东西，带着马和马车到乡下去卖。他的顾客没有现金，所以他们用鸡蛋付给他。很多时候，人们会说："我不能给你任何钱。"他就会说："你的钱很好赚，我每隔一个月左右就会来一次。"

后来，随着我们变得友好起来，他们对我更加信任。他们让我给他们带东西，电器、家用小工具之类的。如果他们想要大件的东西——如果一个顾客想买一套厨房用品，桌子和四把椅子，她就去商店，选出来。给出价格，比如一百五十美元。发出去后，由我来开单。我付了账，然后向她收钱。我和我带顾客去的地方有联系。

很多人都需要我。他们在心理上需要我。我的妻子说过："你给你的顾客的东西比我得到的多得多。我去商店，遇到的是一个粗暴的店员和一个令人不快的经理。"我去找这些人，我说："你好，史密斯太太，你丈夫怎么样。你的儿媳妇好吗？"我给她打电话，我偶尔给她讲个不入流的笑话。大多数时候，你都会卖弄你的个性。

如果我真的是一个有进取心的企业家，我会看到她还没有一个搅拌器，我会看到她需要桌布、窗帘。或者她的沙发散架了，或者她的地毯磨损了。又或是她的椅子坏了。或者外面很冷，而且我知道她是那种不在密歇根大道上购物的人，她还没有买冬衣。如果我想在这个行业里成功，得会观察这些事情。我相信我是成功的。

她的支付情况很好，她只欠五十美元了。你看到她没有能烤四片面包的机器。所以，你把它拿进来。"给你，"用甜言蜜语打动客户，"我们进了些漂亮的烤面包机。你有一个大家庭，六个孩子。你怎么给他们做面包？"她说："我有一个坏的，我用不了。"比诗歌还要真实，因为许多这些电器就这么散架了。

如果这台面包机是二十九美元，现在她欠我七十九美元，还要加上税。她的付款没有增加，我只是再等她三个星期。所以，我有八个星期的收款，八个十美元的付款。如果她迟迟不还钱，我就不卖给她任何东西。如果他们是好顾客，我想让他们继续买，继续欠我。最糟糕的事情是一个好顾客付清了她的账单。①那太可怕了！你再也不能进去见她了。她付给你钱是有原因的，她不想再向你买东西了。

**她欠你的债越多——**

越是这样越好。

---

①　多年前，我主持了一档电台新闻评论节目，节目赞助商是一家信用服装公司。我在一周内就被解雇了。正如赞助商所说："看在上帝的分上，他的听众闯进商店，为所有的东西支付现金！**现金**，看在上帝的分上！我根本不需要那玩意儿！我想要用信贷购买的客户，一毛钱都不丢。你以为我们是做什么生意的？把这个家伙撵走吧，他是个麻烦。"——原注

**那套一百五十美元的厨房设备可能会给她带来三百美元的回报？**

不，她会为此付出一百五十美元的代价。她准时购买的时候，要支付1.5%的手续费。这一切都结束了，西尔斯百货①、沃德公司——手续费达到每年19%。很难计算出复利。它可以把你逼疯。

这份工作是靠推荐。你有一个和你相处得很好的客户。她说："你为什么不找我隔壁的邻居呢？她喜欢我的窗帘。"我在赌。我赌的是一个人的外表。我对他们的性格一无所知。我赌的是别人告诉我的东西。我有很多损失。

我今天早上把一张账单交给一位催收律师。她欠了一千七百美元。我买下了账户，打了九折。我付了一千七百减去一百七十美元。那是四年前的事了。她本来是按每周二十美元的标准来支付这笔钱的。最近她不开门。她狠狠地骂了我几句。她以最糟糕的方式结束了这一切。"你这个讨厌的犹太人，我每周给你两美元，仅此而已。"我把她给我的支票扔掉，说："算了吧。"然后我走了出去。还记得那句著名的台词吗？"终于自由了，感谢上帝，我摆脱了你。"（笑。）她曾经为了那笔钱让我出了一身汗。曾经让我觉得自己处在一个乞丐的位置上。

我讨厌收账。收账是一件可怕的，非常可怕的事情。我一直都不喜欢。我知道我的孩子们看不起它。对他们来说，这是有辱人格的，这是剥削。所以我自然而然地对它有所防备。其实，我就是厌恶而已。有些人说："天呐！我真想让我老公有一份这样的工作，整天到处收钱。"我说："我真希望你老公有这样的工作！给我一份工厂的工

---

① 1893年创立，20世纪80年代之前，它是美国最大的零售商，在1990年被沃尔玛和凯马特超越。——译者注

作，而不是敲门！"我身上最强壮的东西——我身上没有肌肉——就是我的指关节。我可以穿透那扇门。从敲门开始。

我跟老婆说过很多次："晚上回家的时候，不管我们有没有吵架，都要到门口说'嗨'，然后亲我一下。之后不管你说什么，都可以。"因为整天都是我敲别人的门，说"我是迪克"或"曼先生"，我听到的都是："啊，该死！"我听到这句话穿过整个房子。（笑。）你能想象你会发生什么吗，整天听到这个？"啊，妈的！"没有人喜欢收钱的人。他们爱的是推销员。当你卖出商品后，蜜月就开始了。但当你来收钱时，就结束了。

我拜访时不会提前打电话给别人。我大约在差一刻八点的时候开始打电话。有很多人抱怨我来得太早。我必须这样做，因为我有很多工作。那些付钱到我的账户上的人，我问他们是否还需要什么：窗帘，被单，任何东西。我在下周或两周内给他们送去，只要我打电话。我大概五点收工。星期六，我六点半起床，晚上八九点回家。另一个星期，我坐下来，打电话给那些无赖。这是一件悲惨的事情。我的家人习惯在我打这些电话的时候离开房间。我可以把电话扔到墙上。这是非常、非常令人沮丧的。

"我以前在一家家具店工作。两年来没有休息过一天。所以我决定自己做生意。你永远不受任何人的约束。你的口袋里总是有一美元。这是最简单的方法，因为你没有开销。你没有商店，你没有雇员。你不用付房租，不用付保险……"

我不能卖给你一辆汽车，但几乎所有其他的东西都可以。我卖过钻戒，卖过貂皮大衣。我有顾客有漂亮的房子。我的许多顾客都有很好的收入。他们为什么要向我这样的人买东西？有各种各样的原因。他们中的许多人脑子不好用。他们不能出去购物。他们被这些大型购物中心所迷惑。他们被众多的东西迷惑了，太多东西了。这让他们不知所措。向我这样的人买东西就容易多了。如果他们想要一件大衣，我就带两三件。如果他们想要一个戒指，我就带一个或两个或三个。

有一个顾客很害羞。她很想训斥别人，但当她进入一个大商场时，她很害羞。她被马歇尔·菲尔德那种公司搞得不知所措，所以她毫不含糊地训斥我，她想要什么，她想怎么做，不要给我带这个或那个。这能提高她们的自尊心。在她们家，她们就是女王。我才是谨小慎微的那个人。

当我在家具店做推销员的时候，我说话很强势。我们为您建了这么美丽而华丽的地方。这是我们的。这是别人正在使用的。当我挨家挨户推销的时候，我不能说："这是**别人**在用的东西。"我被告知了好几次："我不在乎**别人**在用什么。这是**我**想要的。我想要白衬衫。"

这是一个夕阳职业。有一些老人，六十五岁，七十岁，他们只是试试水而已。他们想退出，所以他们卖掉了自己的账户。他们的账户很好，因为已经有二十年了。对我来说，这是个好机会。

在过去的日子里，少数族裔地区的人们刚从船上下来。他们不会说英语。年轻的小朋克店员会看不起他们。有一丁点语言能力的人就会走进别人家中，人们会张开双臂欢迎他。这是一个他们偶尔可以说得上话的人。

在过去的十年里，这个行业已经完全荒废了。据我所知，没有一个年轻人去做这个行业。对他们来说，这是在贬低自己。我曾经让我的儿子来帮我。他老婆过来跟我说，她不想让她老公帮我剥削人。她认为我剥削人。当然，她认为任何人赚钱都会剥削人。所以你问，什么不是剥削？1%？2%？通用汽车公司？我不觉得我是个剥削者。我是个资本家。我相信资本主义是最伟大的经济体系。

我在赶时间。我必须这样，我总是在努力争取时间。我在和人打交道，他们中的大多数人都是依靠他们的薪水。这些薪水不会留着超过星期六。如果你不来，你不会得到它。人们会诚实地告诉你："我把它给了别人，保险人。"提前完成任务。赖账的家伙，以前有很多。敲敲门，公寓是空的。你敲门，没有人回答，你知道他们在那里。我真想杀人（笑。）太可怕了。他们没有尊重。他们才不在乎呢。他们和其他人一样。

（叹气。）我把工作带回家了，我在家打两三个小时的电话。我不在乎我在打电话的时候是否在看电视。我对这通电话毫无兴趣。是赖账的混蛋打来的电话。"史密斯太太，你答应过 11 号打过来的。现在已经是 18 号了。"我同时在看迪克·卡维特 ① 的节目。

我很生气。我想——我……我……我……（笑。）有时候，幸好我有一部分机电话。我已经把它在墙上砸坏很多次。根本控制不住的。我特别容易生气。也许有人比我更能接受。有一个女人让我听了四年的废话，我为了收钱。我焦虑了四年。几乎让我崩溃了。我真的……我真的想给她一拳。

那些从很多推销员那里听过的关于进房屋的故事，是他们的想象力的虚构。关于性。女人以这种方式支付。我个人从来没有看到这种

---

① 即理查德·阿尔瓦·卡维特（Richard Alva Cavett），美国电视明星、喜剧演员和脱口秀主持人，以其谈话风格和深入的讨论而闻名。——译者注

事发生。你真正的驱动力是为了生存——进屋，出去。

你去了。这是一种反射动作。她们听到你的名字，去拿账单和钱。她们有钱和没钱的时候，我都清楚地知道。当她打开门，转身去某处时，你就知道她拿到钱了。如果她站在那里，挡住了你的路，你就知道她没钱了。你就说："哦，你没钱？"或者她告诉你。你说："非常感谢你，下周见。"或者："你缺钱吗？"一些快速的漂亮话儿。然后我开车去别的地方。

星期六是最忙的一天。我拜访了大约七十户人家。以前有一些人在周五晚上睡不着觉。他们知道周六这个工作节奏很可怕。大多数人周六都在家。要进行艰难而有准备的说笑。开着玩笑。我星期天休息，除非我对顾客非常生气，要去见她。

像我这种喜欢和人聊天交流的人，很难脱开身。我曾多次为自己坐下来喝太多杯咖啡而感到内疚。这是一个绝对要逼着自己走出来的问题。收账不是唯一的事情。我有记账的工作。这是这一行最让人苦恼的一面。追踪付款，你的销售税，你的进项税。我现在有八个小时的账务工作要做，在家里。

而你必须出去购物。圣诞节的时候，我要为一百个人购物。我去一些很繁忙的商店，等待服务，并在得知选择好的颜色和尺寸商店里并没有的时候，感到很沮丧。所以，我白白等了四十五分钟。

顾客们给了我一张清单。她们要我买礼物。她们要我给儿子买一件 15-33 的衬衫。丈夫穿的是 $16^{1/2}$-34 的。她们要买个漂亮的颜色。她们给你一个选择，你必须做出决定。她们付钱给你，让你替她们决定。

有很多人不能做决定。这就是大多数和我做生意的人的特点。她

1

们让你买一件漂亮的衬衫。你说："漂亮？你这是什么意思？"她们说："好吧，你觉得怎么样就怎么样。"她们让你自己决定。你做个决定，然后如果她们不喜欢的话，她们会冲你哭天喊地的。所以她们可以责骂你了。她们就是这么做的。她们付我钱就是为了这个服务。

"我得过十二指肠溃疡。但不是因为这一行。我在做家具推销员的时候就得过。卖的是次等家具。上钩调包诱售法。以低得离谱的价格做广告，然后希望推销员把别的货品出售给顾客。这在系统上是行得通的，营业额。第一个接待顾客的人，先让他热热身。然后辗转把客人拉到一个人称店长的家伙面前——这给人留下了深刻的印象。现在，这个国家卖得最多的东西就是用上钩调包诱售法卖掉的。次等货。"

我累了。因为我没有优雅地老去。我怨恨自己没有以前那么协调了。我怨恨自己不能像以前那样跑得那么快。我怨恨自己在夜总会里会犯困。我非常怨恨。我的妻子正在优雅地老去，但我没有。我一直睡得很好。

只要人们想与人接触，这种职业就会有存在的空间。我们遍布世界各地。

### 伊妮德·杜波依斯（电话律师）

她曾是芝加哥一家报纸的电话律师。她在那里工作了三个月。"在那里工作的大多是女性，大约三十人。在一个大电话室里。我们中大概有四个是黑人。"

我需要一份工作。我在报纸上看到这个广告。机会均等，工资加佣金。我打了电话，说得很好。那位先生对我的语气很满意，我就去面试了。当我从火车上下来的时候，我的脑子飞快地运转起来。我将在北密歇根大道工作。那是最伟大的街道。我欣喜若狂。我马上就得到了这份工作。我们所要做的就是为报纸争取订单。

我们不需要思考该说什么。他们都写好了。你有一张卡片。你会顺着名单给卡片上的每个人打电话。你有大约十五张卡片，上面写着人名、地址和电话号码。"我是杜波依斯夫人。我可以占用你的时间吗？我们想知道你现在是否订阅了任何新闻报纸？如果你只订阅这份报纸短短的三个月时间，那是为了一个有意义的事业。"为了帮助盲童或十字军慈善会，我们手边总是有一份的。"三个月后，如果你不再想保留，你可以取消订阅。但你会帮助他们。他们需要你。"你会用你的姓。如果你愿意，你可以改名。你在电话里几乎要成为一个演员。我很兴奋，直到我掌握了诀窍。

工资只有每小时 1.6 美元。你每天要接九到十单。如果你没有接到，他们就只给你 1.6 美元。他们管这叫补贴你。如果你被补贴超过一次，你就会被解雇。

佣金取决于在哪里。如果是中产阶级，佣金是 3.5 美元。如果是贫民窟，佣金将是像 1.5 美元。因为有些人不支付他们的账单。很多报纸在某些地区不会投送的。孩子们都不敢送。他们会被抢劫。郊区是最主要的地区。

一个公平的地区，比如说，中产阶级的下层，他们会给你 2.5 美元。让很多律师感到沮丧的是，他们会在周末取消一些订单。他进来说："你得不到这 2.5 美元，因为他们不想要报纸。"我们不知道这是真的还是假的。我们怎么知道他们取消了？但我们没有得到佣金。

如果你这周没有得到足够的订单，我们很多人会加班四五个小时。我们知道：没有订单就没有钱。（笑。）我们周六也会来。

有一些老专家，但他们在郊区工作。我在贫民区工作。老前辈们真的想出了一些大招。他们知道如何迷惑人们。他们很会说话。如果有人想挂电话，他们就会说："不，他们需要你。他们需要你的帮助。这只是短短的三个月。"每个人都会说："好吧。"并最终接受它。

他们还有一个噱头。如果他们保留了那张纸，他们就会得到一套牛排刀的免费礼物。如果他们取消订单，他们就什么都得不到。每个人都想要免费的东西。

有一个总主管。他走进办公室，说："好了，你们这些人，让我们来下点命令吧！你们认为这是什么？""我可以花钱请麦迪逊街的所有流浪汉进来，你知道的。"他总是骚扰你。他是一个恶霸，一个混蛋。我不喜欢他对待女人的方式。

我做得跟我想要做的一样好。但过了一会儿，我就不在乎了。当然，我可以跟人说些花言巧语。只是为了不断地骗他们。但这不是我的本性。我的厌恶感每时每刻都在增长。我祈祷着，祈祷着能再坚持一下。我真的需要钱。我越来越难打这些电话了。

主管有时会监听。他和所有的电话都有联系。他可以直接点击你的电话。如果有新来的女孩，他就会让她听，看你做得怎么样，看这个人撒谎的程度。这就是他们教你的。过了一阵子，当我来工作时，我想哭。

我跟一个女孩说了这件事。她也有同样的感觉。但她也需要这份工作。这里的气氛和在工厂里不一样。每个人都想在北密歇根大道工作。和我一起工作过的人，大部分都不在了。他们换了。有些人辞职了，有些人被解雇。恶霸会说，他们没有得到足够的订单。他们找来最好的骗子，最好的骗子就留下来了。我观察到，年长的人似乎很喜欢这样。你可以听到他们对人们的窃听。

我们会用一个慈善机构，也会经常换一个。不同的报纸用不同的慈善机构。我知道有个女孩在另一家报社做同样的工作。电话室和报社在同一栋楼里。但我们的支票是由读者服务社支付的。

刚开始的时候，我有一个很好的区域。他们这样做只是为了让你适应。（笑。）这很容易。我在和好人说话。天啊，还有一些人！说了几句脏话。很多男性会对你说一些不好听的话。有些人很孤独。他们会告诉你，他们的妻子离开了他们。

起初，我喜欢和人交谈这个想法。但很快，我知道我所拜访的地区——他们吃不起饭，更不用说买报纸了——我的工作让我很沮丧。他们会说："女士，我有九个人要养活，不然我就帮你。"你能说什么呢？有一个女人，我一大早就打电话给她。她刚从旅馆出来，她不得不起来接电话。

他们会告诉我他们的问题。他们中的一些人不识字，对天发誓。他们没有受过足够的教育来阅读报纸。知道我想说什么吗？"如果你除了连环画之外什么都不看，如果你有孩子，他们必须学会如何读报。"想到这里，我很惭愧。

在中产阶级地区，人们都很忙，他们没时间说话。但在贫困地区，人们真的想帮助我所说的慈善机构。他们说我的声音很好听，反正他们会接受。他们中的很多人都很高兴，因为真的有人打电话。他们可以和我聊上一整天。他们告诉我他们所有的问题，我听着。

　　他们很高兴听到有人这么好，有人只是听几分钟，听听发生在他们身上的事情。某种程度上表示对他们的关心。我不在乎有没有顺序。所以，我就听了。我在电话里听了很多他们的生活史。我不在乎是否被主管点击了。

　　在那里待了很久的人都知道该怎么做。他们知道什么时候该把它们关掉，然后马上去做下一件事。他们只是在努力，努力。我回家的时候就在想这个问题。哦，我的上帝，是的。我知道我不能再继续做下去了。

　　真正让我感动的是我打的一个电话。我按部就班地听着，那人耐心地听着，他说："我真的很想帮忙。"他自己也是个盲人！我真的很感动——他的语气、声音，我可以听出是个好人。即使他不识字，也愿意帮忙。他是穷人，我敢肯定。这是最糟糕的贫民区。我向他道歉并表示感谢。这时我就去了女厕所。我感到恶心，我坐在这里告诉他一堆谎言……而他是穷人和盲人，愿意帮助。拿着他的钱。

　　我的胃很不舒服。我在厕所里的整个时间都在祈祷。我说："亲爱的上帝，一定有更好的东西给我……我这辈子从没伤害过任何人，亲爱的主啊。"我回到了电话室，我只是坐在那里。我没有打任何电话。主管叫我出去，想知道我为什么坐在那里。我告诉他，我觉得不舒服，就回家了。

　　第二天我就回来了，因为我没有任何其他的工作手段。我只是不停地祈祷，希望和寻找。然后，好像我的祈祷得到了回应，我又找到了一份工作。就是现在的这份工作。我很喜欢这份工作。

　　我走进恶霸的办公室，告诉他一些事情。我告诉他，我已经厌倦了他。哦，上帝，我真的不能告诉你我说了什么。（笑。）我告诉他：

"我不会留在这里为你撒谎。你自己玩儿去吧。"（笑。）我走了出去。他只是站在那里。他什么也没说。他很惊讶。我很平静，我没有大喊大叫。哦，感觉很好。

我还在同一栋楼里工作。我每隔一段时间就会在走廊上经过他。他从不跟我说话。他看向别处。每次我看到他，我都会把头抬高，腰板儿挺得特直，然后继续走。

第 三 卷

# 清扫

尼克·萨莱诺（垃圾清理工）

他开了十八年的城市垃圾车。他四十一岁，已婚，有三个女儿。他每周工作四十小时，五天，偶尔会加班。他有一个由三个工人组成的团队。"我通常五点十五分起床。我到市里的停车场，检查一下油量、水位，然后前往区院。我和工人们会合，去取工作表。"

你就像送奶工的马一样，你习惯了。如果你还记得送奶工的马，送奶工所要做的就是吹口哨，然后"嗖"的一声离开。就是这样。他知道该在哪里停下，不是吗？你在巷子尽头停下。通常每边有三十户人家。你在一条小巷里要停三十次。我每周得跑十九条巷子。这些巷子被叫作单元。有时我做不完，因为它们非常重，这是个老社区。

我会坐在那里，直到他们接上这一站。你有不同的想法。也许你家里有问题，也许有一个孩子感觉不太好。就像我的第二个孩子，她的功课有问题。我对她做得对吗？用数学给她一点压力。不然你就看报纸。你总是做白日梦。

有的站点，有一个垃圾桶，他们会扔上那个，然后我们继续下一个垃圾桶。他们会用蜂鸣器或哨子，或者他们会大叫。推进器的刀片把垃圾推入。一辆结实的卡车可以装八千到一万二千磅的货物。如果垃圾是湿的，它的重量更大一些。

几年前，有人烧垃圾，很多人都有垃圾焚烧炉。你会收起很多灰烬。今天，大多数垃圾已经转换为气体。在有灰烬的地方，已经有了纸箱，也有人们不再烧掉的木头。不像几年前，人们把什么都用掉。他们现在不是很节省。他们会扔掉任何东西。你会看到整包的肉没有打开就被扔进了垃圾桶里。我不知道是不是在商店里就变质的。我刚来的时候，这个区有近三十条巷子。现在只剩下十九条了。而且我们现在的卡车更好了。现在的东西也都包装得更好了。塑料的。你看到很多塑料瓶、纸箱。

我们尝试着每周给居民们提供两次服务，但我们无法每周在整个区都收两次。也许我可以收完四条巷子。如果我周一收一条巷子，我周五就可能去同一条巷子。周末会发生什么？垃圾就躺在那里。

把垃圾倒进料斗后，扫地机刀片会绕着转起来，而推送的刀片把它推进去，这就是你搞出来的动静。这动静在早上会打扰你吗？（笑。）有些时候，这动静让我很恼火。如果有人来找你说话，而伙计们在后面工作，他们按下杠杆，你就听不到他们的声音。这是很烦人的，但你会习惯的。我们七点二十左右来。没有太多的抱怨。通常你每天早上都在同一条巷子里，每周一次。人们知道你要来，他们也不会太在意。

有些人会扔，会从窗户扔出垃圾，就在巷子里。我们早上收完了一条巷子，当天下午就会看起来像没有收完一样。他们可能会在垃圾桶里放一个纸盒，垃圾满巷子都是。人们只是没有花心思维持。有些人很爱干净，他们会出来清扫垃圾。其他的人只是不关心，或者他们不知道怎么做才更好。

　　有些日子真是不错。另外的时候，从卡车上下来的时候，感觉累了，就这样好了！你会说，你每天要做的就是开车而已，但开车是很累的，尤其是孩子们放学的时候。他们会通过一个过道跑到巷子里。这就是你要注意的。坐在驾驶室里，你在卡车周围有很多盲点。这是让你费心的地方。你要小心，你不要碰到这些小孩中的任何一个。

　　有的时候，你会觉得很委屈，比如你的卡车坏了，你就拿个废品当替代品。这种情绪，相信我，你可能会带回到家里去的。否则，在这里工作，如果你有什么心事，你不会憋着不说。你可以和这些人讨论任何事情。高尔夫，什么都行。我的一个工人刚买了个新家，我帮他搬了一些小东西。他在我的房子里帮我做了很多事，水管和油漆。

　　我们已经有监视器了。是新的。（笑。）他们开着没有标记的车到处乱跑。他们会因为你停下来喝咖啡而告发你。我看不明白。如果你在巷子里喝咖啡休息一下，这只是利用了一点心理学而已。你会效率更高。但如果你不断地被监视，你会趴下的。现在绝对有越来越多的监视，因为有很多人在工作中趴下了。说实话，我只是想让我每天八小时的工作尽可能地轻松。我有个很好的团队，我们相处融洽，但我们也有自己的日子。

　　如果你开了一天的车，你会很累。等到你堵了一路车回到家的时候，你只想放松一下。但家里总有一些事情。有一天晚上回到家，你会发现你的孩子往马桶里扔了什么东西，你得闭上眼睛，把马桶拆了。（笑。）我妻子开车，所以她包揽了大部分的购物任务。这是我最大的抱怨。所以，现在我不用再做这个工作了。我期待着我的周末。我可以打打高尔夫。

有人问我是做什么的，我说"我为城市开垃圾车"。他们叫我"垃圾男"，或者说："生意怎么样，要清理的多吗？"这只是些标准水平的问题……人们还叫我卫生工程师。我没有什么可羞愧的，我付出了八小时的时间。我们的工资很高。我觉得我赚到了钱。我可以去任何我想去的地方。我在任何地方都能像个绅士一样行事。我的妻子很高兴，这是最重要的事情。她没有看不起我。我觉得这比白领看不起我更重要。

他们在学校挖苦我的孩子们。我的孩子们很乐意看到我做别的事情。我告诉他们："宝贝，这是一份好工作。没有什么可羞愧的。我们没有偷钱。你有你需要的一切。"

我不喜欢把我的工资和别人的工资相提并论，我不喜欢听到我们的工资比一个教师高。我和他们一样挣钱。教师应该挣到更多的钱，但不要从我这里拿。

## 罗伊·施密特（垃圾清理工）

他们叫我们卡车装卸工，那是工会这么叫的。我们只是劳动者，这就是我们的全部。什么鬼东西，没有什么魅力可言。只是整天背着沉重的垃圾桶到处跑。我给这个城市做了一整天的工作。我不想依靠任何人。不管我是在这里工作还是在其他地方工作，我都会投入一天的工作。我们是那些捡起垃圾桶，把它们倒进料斗里，然后做体力劳动的人。没有什么复杂的。

**他五十八岁。他的同组成员有五六十岁。在过去的七年里，他一**

直在环卫处工作。"我在一个货运码头工作了两年。上的是夜班。这让我累得一塌糊涂。到了周末，我不知道是哪一天了。我寻找一份日间工作，然后找到了这份工作。"

在这个特殊的社区里，孩子们都有点自大。他们被放任得太宽松了。他们没有按照应该的方式来管理。这里的情况有点疯狂。我住在这附近，必须要忍受这个。他们会在你从一条巷子到另一条巷子的时候大喊"捡垃圾的"，小家伙们通常会给你打个招呼，似乎很享受，你也会向他们挥手。等他们再大一点，他们就会在卡车上叫你任何名字了。他们只是太傻了，不知道工作的必要性。

我在外面待了七年，感觉更自由了。我不会把工作带回家。我在办公室工作的时候，我老婆会说："你昨天晚上怎么了？你躺在那里，手指在连续敲击床垫。"那时候我就在办公室里工作。记账和其他所有的事情，都开始让我烦躁不安。是啊，比起记账，我更喜欢劳动。首先，记账的工作没有任何报酬。我是那里工资最低的人。

身体好的时候，我可以在家里做更多的事情。现在我太累了，不能搬任何重物。我会修剪草坪，我会上楼去，也许会看一两个电视节目，然后我会去打干草。在冬天的几个月，真是糟糕。在外面待了一整天，走进温暖的房子，我可以在一分钟内睡过去。（笑。）司机有一些保护，他有卡车的驾驶室。我们在外面很冷。

你的肩膀和手臂都会痛。这里疼，那里也疼。大约四年前，我的背部开始痉挛。市政府提供了支持，让我在医院住了一个星期。那一年，我的腰疼了两次——因为持续的抬高。一个医生给我的解释是，我可能要疼三十天，它已经开始了。只是到了最后一天，每当它要发作的时候，能把你疼翻。你不能走，你不能动，你不能站起来。

我戴着一条腰带，有点像束腰的带子。你可以在任何一个整形外科买到。这主要是为了固定。这一个医生说我的腿比较长，而且我举得过高。和我一起工作的伙计们都是平均身高。我六英尺三英寸，我去当兵的时候是六英尺四英寸，但是我觉得我已经下来了一点。这是我自己的错。我举东西的方式可能让我自己承受得更多了。在过去的四年里，我受到了相当好的保护。我没有因为腰疼而休息过几天。跟你讲吧，我不想再面对这玩意儿了。

你抬起的是一个五十加仑的桶。要我说的话，得从八十磅到几百磅不等，这要看他们装的是什么。我们每天可能会抬起接近两百个垃圾桶。我从来没有尝试去数有多少个垃圾桶。他们每隔一段时间就会给你一个惊喜。他们会装一些很重的东西，比如石膏。（笑。）

我总是说，你可以在一个垃圾桶里读到一个人怎样生活。我们这个区有一场墨西哥和波多黎各运动。你会发现很多米饭和很多电视晚餐。他们似乎并不非常关心做饭。我不能说每个家庭都是这样的。我从来没有和他们住在一起过。

我在这上面穿了一条围裙。等你穿上两三天的时候，这些衣服就可以拿去洗了。在卡车后面工作，你永远不知道会从后面射出什么东西，液体、玻璃或塑料。卡车上没有安全装置。当铲运机上的这些刀片抓住它并把它向前推进时，它就会像子弹一样喷出。两年前，我被一块木头打在脸上。割伤了眼睛上方的肉，还打碎了我的眼镜。被送到医生那里，他给我缝了一针。我有你见过的最漂亮的眼线。（笑。）这很危险。你永远不知道人们会扔出什么东西。我见过泼硫酸的。

在刀片运作的时候，他们让我们远离卡车后部，但如果你这样做了一整天，你会失去太多的时间。等到刀片开动的时候，你已经准备好倾倒下一个垃圾桶了。

你不怎么说话。你可能只是说一些东西从垃圾桶里掉出来了。或者说一两句话。也许我们会把车停在一个小巷里，他们会花五分钟的时间抽烟。我们可能会谈论各种事情——时事，谁谋杀了谁（笑），耸人听闻的故事。也许有人读了一篇关于欧洲发生的一些事情的文章。哦，偶尔谈一谈战争。跟我讨论从来没有激烈过。

我一天下来，就已经很累了。我有时会抱怨工作太繁重了。我的妻子说："好吧，找点别的事做吧。"我这个年纪的人上哪去找别的事？你不可能从一个工作换到另一个工作。

她说，如果可以，我应该一直干到六十二岁。我有一些社会保险的积蓄。市政府给的养老金没几分钱。我的服务不够多。再过四年，我才只有十一年的工龄。这无论如何也不能给我积累城市养老金。

一天一天的，都是这样。就像打保龄球一样。你一局一局地打就对了。如果你往前看，你就会知道你会遇到什么。那为什么要加重自己的负担呢？你知道我们称为"糟糕的站"的地方。在某条巷子里要收拾一个烂摊子。为什么往前看呢？天呐。只要我的身体还能撑得住，我就想工作。

我有一个女儿在上大学。如果她能读到 6 月，她就能拿到硕士学位。她是学医的。对她来说，要么教书，要么做研究。她教书的同时，还可以攻读博士学位。她超过我那么多，我不能……

我一点也没有看不起我的工作。我不能说，我鄙视自己的工作。我觉得比在办公室里更好。我更自由了。而且，是的，它对社会是有意义的。（笑。）

有一次，一位医生给我讲了一个故事。多年前，在法国，有一个地方，有些王子和领主，天晓得他们那儿还有什么。如果你不站在国王这边，他们会给你一个最低级的工作，清洁巴黎的街道——这个活儿在那个时代一定是很糟心的。有一位领主在某个地方出了差错，所以他们让他负责这项工作。他的工作非常出色，因此受到了表扬。法国人的王国最差的工作，他却因为他所做的事情被人拍着后背叫好。这是我听到的第一个关于垃圾的故事，这故事真的是意味深长啊。

后记：谈话几个月后，他给我寄来一张纸条："尼克和我还在工作，但对我来说，小巷越来越长了，垃圾桶越来越大了。我们越来越老了。"

## 路易斯·海沃德（盥洗室服务员）

他是铂尔曼大酒店的盥洗室服务员。这是芝加哥较老的、评价极高的酒店之一。他在这里已经工作了十五年了。在他工作生涯的大部分时间里，他一直是一名铂尔曼大酒店的搬运工。火车客运的衰落让他结束了这种生活。他快六十二岁了。"这个工作又不重又放松。所以，我才接下了这个活儿。我中风了。我也许有资格做更好的工作，但我觉得自己现在太老了。"

等人是件无意识的事情。不需要任何的思考。这几乎是一个条件反射式的动作。我把厕所用品摆好，毛巾拿好——准备就绪。男人家里的柜子里有的东西我们都有：面霜，洗面奶，漱口水，发型用品。我不做搬运工，也不打扫卫生。那都是酒店做的。我为特许经营机构工作。

客人进来了。他们上完厕所后会洗手——你希望如此。（一阵轻笑。）我按照老套路，站在后面，期待着小费。你递给客人一条毛巾，或者挥动几下扫帚的时候，你会拿到二十五美分。好吧，你不一定能拿到。对于超出职责范围的服务，你希望得到更多小费。就是他要求在头发上涂上维塔利斯①，在脸上涂上维尔瓦之水②，在眼睛上涂上秒莲③。我们有时也会提供这种服务。

有件事减少了我们的小费收入，那就是行走自由女神半美元停止使用的时候④。我不是在说肯尼迪半美元，它们的流通量不大。顾客以前会扔给你半美元。现在，他口袋里再也没有了。现在，顾客会扔给你二十五美分，你会惊讶于这个变化带来的不同。大笔小费是所有服务员心中唯一最重要的东西，因为，那是你在那里的目的。你是来推销服务的，你只有一分半的时间来打动每个人。你唯一能做的就是提高警惕，让他知道你知道他的存在。这是他判断你的方式。

这能让他的自尊心一点点建立起来。同样的道理，他也可以被合适的人打击。一个服务员或餐厅的队长或门卫——不管你是谁，美国总统还是美国钢铁公司董事长，如果你走进任何一个盥洗室，你都喜

---

① 维塔利斯（Vitalis），美国跨国制药公司百时美（Bristol-Myers）的男士护发产品。——译者注

② 维尔瓦之水（Aqua Velva），美国著名男性美容产品品牌，最著名的产品是须后水。——译者注

③ 秒莲（Murine），美国眼部护理品牌。——译者注

④ 行走自由女神半美元（Walking Liberty half dollar）是美国铸币局 1916 至 1947 年间生产的一种银质五十美分硬币。由阿道夫·温曼设计。温曼的设计图案是自由女神朝着太阳大步前进。但事实证明，这样的设计给生产带来了很大困难。经过努力，铸币局成功将温曼的设计投产，但之后出产的硬币品相一直有待改善。这也成为行走自由女神半美元从 1948 年起被富兰克林半美元取代的重要原因。——译者注

欢被人认出。如果你和客户在一起——"您好，琼斯先生"——那会让客户印象深刻。这家伙真的很有来头。盥洗室的服务员认识他。我会让他信心倍增。如果他以前来过，而且在某种程度上很粗鲁，我总是可以（在他与客户一起再来的时候）忙着做别的事情。

我可以分辨出来。我只是看看，就能从一群不交钱的人里头分辨出那些真正的客户。反正我是有点势利的。如果你对我的吸引力没有达到我认为的程度，我不会轻视你，但只是在关注度上可能会有一点差别。

哦，是的，十五年来有了变化。不是小费的多少。小费已经相当标准化了，二十五美分。客人不同了。我总觉得，一个好的仆人是有点势利的。我不喜欢伺候跟我同一个级别的人。我觉得如果要我从事一个卑微的职业，就应该给比我高一截的人提供服务。这只是个人感觉。我不会让他感觉到这个的——推销员或街边的人。现在，我们的顾客都不太自由了。现在来参加会展的大部分人都没有大额的费用账户了。每个人都完全地感受到这点了。

现在对外开放了。年轻的黑人和白人突然知道了这个盥洗室。它就在街边。他们就像苍蝇一样来到这里。很多东西对他们来说都很陌生。"这是什么，理发店吗？"这是免费的。有时你会觉得自己是在地铁里。进进出出，像个游行队伍一样。有些人真的就是在市中心混的坏家伙。当他们进来的时候，你不知道他们是要偷窃还是做什么。这种事已经发生了。七八年前，还没听说过。从来没有人想过这个问题。

他们只是不知道。我不是在说年轻人。一些年纪大一点的人，他们来自州的边远地区的小镇。还有一件事在过去的几年里发生了变化，生活方式、穿着打扮。有时候你会犯错误。你想错了，以为某个家伙是个流浪汉，结果他很富裕。

这份工作有它的起起伏伏。你会遇到一些名人。认识他们总是对你最有利的。我们有很多市政厅的大人物来吃午饭。市长经常来。法官们……

大部分时间我都是坐在这里看报纸或者看书。我的柜子里装满了这样或那样的东西。一天的时间就这样过去了。我身后有一个光鲜亮丽的人。至少你有一个人说话。这能让你的单调感减轻一点。有时非常无聊。

我对自己所做的事并不特别自豪。擦鞋工和我很直率地讨论这个。在我自己的住处，我不会到处说自己是铂尔曼大酒店的盥洗室服务员。除了我的直系亲属，很少有人知道我是做什么的。他们知道我在铂尔曼大酒店工作，这就够了。你说铂尔曼大酒店，他们会自动认为你是服务员。

这个擦鞋的男人，他已经得到好几个工作机会了。他是个很好的擦鞋匠，干这行他可以赚更多的钱。但他不愿意，因为这工作太开放了。他不想让人**看到**他在擦鞋。引用他的话说："太多漂亮的女孩经过了。"（笑。）

不，我并不以这个工作为荣。我不能做任何重要的事情。做其他的事情也很难，所以我就只能这样了。我现在已经习惯了。它对我没有任何影响。几年前（停顿）——我没办法告诉你这份工作有多卑微。我对自己感到沮丧——因为被安排在那个位置上。岁月流逝，现在我甚至不会想到这个了，这种想法不会从我的脑海中飘过了。我被安排在一个非常不寻常的位置上。我现在也很难意识到这一点。花了一点时间，但也不需要太长时间，真的。特别是当你看到其他人也在做这件事的时候。

这也是加速我的想法转变的一个因素吧。如果是我自己一个人的话——但我看到别人也在做同样的事。所以,这件事也不会太糟糕吧。

"我曾是铂尔曼大酒店的搬运工,天知道有多少年了。这就是为什么我这么容易就进入了这个行业。当我刚开始工作的时候,搬运工的地位很低。每个人都叫他乔治。我们聚在一起印了一张写有我们名字的标语牌贴在车的两头:车子服务由路易斯·海沃德提供。(轻轻地笑了一下。)这样我们就可以很礼貌地让大家知道这个了。我第一次工作的时候,搬运工是第一个被指控的人:钱包丢了,搬运工拿了。(干笑。)他们中的很多人都是靠养老金生活的。以黑人的标准来说,退休金相当不错。白人可能不觉得这有什么大不了的。其他的人在银行工作,当信差。"

现在的人都比较复杂。说"擦鞋小工在这里吗?"很容易。现在人们很少使用这个措辞了。他们会很肯定地问擦鞋工。和我一起工作的这个家伙——我不会说他激进,但他也许比我更前卫——如果你叫他小工,他是不会回应的。他会马上告诉他们:"我们这里没有擦鞋小工,我们只有擦鞋的人。"

我递给毛巾的人完全知道我的存在。有时候,他想让人觉得他不知道你的存在。不管他是否意识到你,你都要意识到他的存在。一个很常见的伎俩是,两个男人进来讨论一笔大生意。我拿着毛巾站在那里,他们就这样走过,谈论着几千美元的交易。我想,他们是如此专注于他们正在做的事情,以至于他们没有时间和我说话。他们完全无视我。他们连手都懒得洗一下。我在心里嘲笑他们。在我看来,他们很可笑。有时只是为了好玩，当他们回到小便池时，我会让水流动起来。"毛巾，先生？""不用了，我得赶紧回去吃饭了。"他刚从厕所出来。他还没来得及洗手。（咯咯笑。）

说实话，我对琐碎工作的感觉并没有深到伤害我的程度。只有当我给予一些额外的服务，却没有得到我认为应该得到的东西时，我才会觉得受伤。我现在已经完全硬气了。我只是从从容容地接受它。

这个工作已经过时了。它正在退出舞台。这工作本来就没有必要。它太多余了。它从来都是不必要的。（笑。）这只是个噱头。几年前，一个在夜总会和酒店工作的黑人会把那里打扫得干干净净，你能在那里挣到的钱都是你的。他做得很好。说得太多了，他做得多好。好吧，人们开始调查它。这可能是一个行动……

**特许经营权接管了？** [①]

（停顿了很久。）

**他们什么时候开始接管的？**

（轻轻地）我也不知道。很多城市都有这种情况。我自己也想过这个问题。我也不知道。

**我听说，每递出两条毛巾，特许经营权就能从每个服务员那里得到二十五美分的收入。**

（停顿了很久。）他是这么跟你说的？ [②]

---

① 在过去几年里，一直有传言说工会控制着这些营业权。服务员们自然不愿意讨论这个问题。类似的现象是停车场。——原注

② "他"是另一个盥洗室服务员。——原注

是的。

是啊，那是个……（尾音）

**是真的吗？**

我，我不知道。我不是在质疑他说的话，但是……（长长的停顿）我过两个月就去申请社保。我快要六十二岁了。我不会等到六十五岁。那时候我可能都不在这里了。我会拿着我得到的东西跑掉。（轻笑。）

我都想好了。我还是会在这里工作一下。那会给我一些什么。坐下来什么都不做，我不希望这样。当然不会有那么多钱让我这样。（笑。）我的生活也不是很富裕。说我现在不需要多少钱是不对的。但我不会为了得到它而自杀。我可以在这里当个家丁，当个服务员，但我现在应付不了。

"几年前，这和我现在的闲暇时间完全不同。我花了很多时间在街角的小酒馆和年轻人在一起。我现在晚上不怎么出门了。没有人这么做了，这太疯狂了。我看书、看电视。如果我想喝点什么，我就带回家去喝。我退休后，我想我会做更多这样的事情。"

我一直想成为一名作家。我母亲是个作家。卖过几部短篇小说。我喜欢阅读，我想我可能会喜欢写作。我想她的天赋可能会影响到我。很显然，并没有。不过她的欲望也影响到了我。（轻笑。）只是一个想法……大多数人都喜欢说他们的工作是多么丰富多彩，报酬多么好。我可不能这么说。（他一边轻笑，一边向盥洗室走去。）

后记：他是个鳏夫，有五个孙子。他与他的两个未婚姐妹生活在一起；一个在工作，另一个靠养老金生活。

## 林肯·詹姆斯（工厂技工）

**他在一家熬炼和胶水厂工作。他已经干了三十六年。"很多人都把我的工作叫维修工。但我把它叫工厂技工。"**

熬炼是把你从肉店得到的脂肪和骨头煮成油脂。我们收到的东西通常是人们不想要的。几年前，我们主要是供应肥皂厂。但今天我们用这些残渣制造各种不同的产品。蛋黄酱，甘油，骨粉，家禽饲料，肥料。骨头通常用来做胶水。胶水来自骨头里的骨髓。人们对自己扔掉的东西没有任何兴趣。这个熬炼过程利用这些东西，并从中赚取数百万美元。他们把这些油脂出口到国外。这就是我们现在的大生意。

他们用卡车运进来，卸在传送带上。骨头放在一个地方，脂肪放在另一个地方。他们把它加热，就可以得到胶水。一开始可能像水一样，但不断加热后，几乎就像糖浆一样。这只是一个增稠的过程。

我最初是个工人。我成了油工，又从油工变成了修理工。我当工人的时候，我把肉和骨头分离后运走。当时是妇女在做这个工作。今天是自动化了。现在没有女人了。她们被淘汰了。

气味很难闻，但我已经习惯了。当你待在里面的时候，就不会感觉那么烦了。当你离开一个星期左右，一个假期，你不得不回来，再一次习惯这些事情。有人问我："你怎么受得了？"我说，这就像其他任何事情。我不说你会完全习惯它，但时间长了确实就不那么讨厌了。这不是一种臭味，但也不是甜味。它是一种完全不同的气味。每当肉放了几天，就会有这种味道。但是一旦你把它煮熟了，它就会变成一种不同的气味。我无法解释。

我有时会跟一些人开个玩笑，我说："我相信自己在芝加哥最脏的地方之一工作。"有些人在制革厂工作，他们说："你的地方是除了制革厂以外有甜蜜气味的地方。"有些人还跟我开玩笑说："你是怎么活下来的？"我说："你知道我们这里生产的东西有多大比例，你每天都在用吗？"他们说："哦，什么？"我说："你用牙膏刷牙？""是的。""你的牙膏里有甘油，是我们生产的。"他们说："真的吗？""你吃鸡吗？""是的。""好吧，我们生产家禽食品，这是一些你看到放在这里看起来很糟糕、闻起来也糟糕的东西的残留物。"（笑。）他们只是看着我，嘴巴张开。我说："我知道你以前曾经涂着唇膏亲吻得很舒服。""哦，是的。""好吧，哥们儿，我们曾经为一个最大的口红工厂提供他们所使用的所有油脂。现在不要再亲吻任何女孩。"（笑。）

我有时会说："我真的认为你不知道发生了什么事。"我会告诉他们肥皂的事，他们用来养鸡的东西，你用来把邮票贴在信封上的胶水。（笑。）我们在这里生产你们日常使用的东西。

当然，这都是经过净化的。（停顿。）但你只要想想这所有的一切是什么。这些臭味的某一部分可以用在个人的生活中吗？你有时会想。但你搜索下来，你发现确实可以。是的，是的。很多其他的东西，如果你真的知道它从哪里来，你可能不会很感兴趣。我在包装厂待过几年，我看到一些制造的东西，我自己也不太喜欢。我碰巧在附近，知道发生了什么。

你必须戴上橡胶手套，但你的手还是会有异味。吃午饭的时候，你得好好洗一洗才不会有味道。因为这些被污染的东西，被感染的风险相当大。他们每隔一段时间就会给员工注射破伤风疫苗。他们从来没有太多的感染。当然，也有一些。

意外不是太频繁，但有时他们会被烧伤。哦，是的，我们有一些。如果你把肉放在锅里，你会把这块肉煮熟，然后你把液体排掉，你要清空罐子。把残渣拽出来——唉，我们有一些人被烫伤。脸很少被触及。残渣击中的位置是胸部，向下到腿中部的位置。烫伤持续几个月后，有些员工才得以重返工作岗位。

我知道他们这里有六百人。现在，由于自动化，他们已经减少到了不到三百人。以前他们有五个人分拣垃圾和东西，现在只有一两个人在做。我被派去处理这些液压泵的故障。如果很多泵一夜之间坏了，我就得在当天把它们修好。这不是每天都一样的程序。你永远不知道。

这家工厂每周运行七天，每天二十四小时。他们每周固定工作五天。但他们中的许多人工作六天，有些人工作七天。有时一天工作十小时，有时一天工作十二小时。在某些情况下，加班是强制性的。设备是必须要用的。

你说我的工作情况？我喜欢我正在做的事情。三十六年来，我从未被解雇过。我期待着去工作。如果我不工作，我会很迷茫的。但我想投入了这么多年……

一些年轻的帮手，他们似乎有这样的态度："我不会在这里待很久。"他们说："你在这里工作多久了？"我说："哦，比你们都要长一些。"他们说："我不想要任何那么久的工作。"他们不想来上班，就请假一天。周六，周日，周一，这没有什么区别。我觉得他们出去玩儿了，很痛快。看来，他们请几天假也没什么大不了的。几年前，对我来说，失去一天时间是件很罕见的事。我现在不浪费任何时间。

我还是觉得被雇用是一件很美好的事情。我不知道没有这份工作我会有什么感觉。（停顿。）但我喜欢这种体验。经过这么多年，我只是想体验一下不用上班的感觉。我期待着再过三四年就退休。我不知道退休之后会是什么样子……

## 玛吉·霍姆斯（家佣）

我现在不爽的是，因为我在领取福利，人们说他们给你的钱是白给的，你什么也没干。我回想起我们从南方来这里时不得不经历的一切。我们不得不做的艰苦工作。我听到人们说……，真的很刺伤我。我觉得是暴力。

我想我们得努力工作才行。我曾经每周挣 1.5 美元。一周干五天，有时六天。如果住在佣人宿舍，就永远也歇不下来，因为如果住那儿的人决定晚上开派对，你得出来。我奶奶，我记得她以前工作的时候，我们会得到牛奶和一磅牛油。我的意思是，这些是工资。我在想，我那可怜的父母是怎么工作的，什么都没得到。白人在想什么？他们想没想过自己会做什么啊？

**在过去的二十五年里，她做过家佣、酒店客房服务员和"咖啡馆的厨房帮手"，在北方和南方都工作过。她和她的四个孩子一起生活。**

谈到家务，我现在干不了了。我忍不了了，因为它对我的精神有影响。他们要你打扫房子，要你擦洗，甚至窗户，要你熨烫。你不应该洗碗。你不应该整理床铺。很多人都想暗示你，以为你不知道。所以门铃响了，我没去管。门铃响了，我还在工作。她问我为什么不去管门铃？我说："我是来当管家的吗？"我认为自己不是个女管家。我是来做一些工作的，我要做我的工作。当你结束后，你是护士，你是厨师。他们把这些都加在你身上。如果你想让人来清洁，那就请个清洁工呗。她想让你在一天之内做她一年都没做过的事。

现在这个问题困扰着我：她要做的第一件事就是拿出这个该死的橡胶制品——只是适合你的膝盖。护膝就像你在田里干活儿一样，就像人们在摘棉花一样。没有拖把之类的东西，这就是为什么你会发现很多黑人妇女的腿和膝盖都有风湿病。当你走在冰冷的地板上，我不在乎房子有多暖和，你能感觉到地板上的寒冷，水和其他东西。在我来到北方之前，我从来没有看到过任何人膝盖着地干活儿。在南方，他们有拖把。大多数时候，如果他们有真正的重活儿，他们总是让一个男人来做。擦洗窗户，那是男人的工作。在这里，他们不会考虑让你去做这些事。他们不觉得做这些事让你感到为难。我想，如果有人来帮我打扫地板，我会很感激的。他们没有说什么。就好像你什么都没做一样。他们没有感觉。

我为湖滨路的一个老刁婆子工作。你还记得他们那里下的那场大雪吗？① 记得你不能去那里吗？我去上班的时候，她说："给办公室打电话。"她向为我找工作的女士抱怨，说我上班迟到了。所以我就打了电

---

① 1967年1月25日，芝加哥大雪纷飞的一周。交通无可救药地堵塞了，数以万计的人无法去上班。——原注

话。所以我在电话里说（大喊）：**"你想要我怎样啊？我家里有四个漂亮的黑皮肤孩子。早上，在我去任何人家工作之前，我看到我的孩子们在学校。我要看到他们有温暖的衣服，他们有吃的。"**我盯着这个雇我的女人。（笑。）电话接通时，我告诉这位雇主："你也一样。我活着就是为了我的孩子。没有其他的，包括你和其他人。"她脸上的表情："这算什么？"（笑。）她以为我会像这样（模仿"杰迈玛阿姨"①）："是的，夫人，我会尽量早一点到这里。"但事实不是这样的。（笑。）

那天我进门的时候，她让我把鞋脱了。我说："脱什么？我可以在门口这里擦脚，但我不脱鞋，太冷了。"她看着我，好像在说：哦，我的上帝，我雇的这是个什么人？（笑。）我知道我在这里待不了八个小时了。我受不了了。

她把那里的一切都弄得雪白。这意味着工作，相信我。在餐厅，她有一个蓝色的桌布，她有天蓝色的椅子。他们有一个卧室，用粉红色和蓝色装饰。我看着说："我知道这意味着什么。"意思是说"跪下来"。我说："我今天会试着去做，如果我能做到的话。"通常情况下，当他们太糟糕的时候，你必须离开。

我问她拖把在哪里？她说她没有拖把。我说："别告诉我你是用膝盖拖地的。我知道你不是。"他们通常把这些拖把藏在衣柜里。我去这些衣服后面把拖把拿出来（笑），他们不跪着拖地，但他们不会去问一个黑人妇女。她说："你们这些女孩……"她停了下来。我说："你是不是想说你们这些黑鬼？"她对我做了一个愚蠢的表情。我说：

---

① 杰迈玛阿姨（Aunt Jemima），美国早餐品牌，有一百三十多年的历史，品牌形象"杰迈玛阿姨"是一位友善的非裔美国女性。2021年更名，原因是该品牌的黑人妇女形象涉嫌种族歧视。——译者注

"我很高兴你告诉我，还有更多像我这样的人。"我告诉她："你最好把钱给我，让我走，因为我很生气。"所以，我让她把我的车费和我那天工作的报酬都给我。

当你找到像样的工作时，大多是你找到一个自己工作的人。他们知道早上起来上班是什么感觉。在郊区，他们没有什么可做的。他们没有别的事情可想。他们的脑子都快炸了。

就像他们在谈论心理健康一样。穷人的心理健康和富有的白人的是不同的。我的心理健康可能来自工作或没有足够的钱给我的孩子。我的心理健康来自我是穷人。这并不意味着你有病。他的病来自钱，他想要更多的钱。我没有钱。你每天都这样生活，日复一日，一分一分地挣。

我为一个女人干活儿，她丈夫是个法官。我打扫了整个房子。时间到了，我该回家的时候，她决定要熨烫一下衣物。她去了地下室，打开空调。她说："我想你可以去地下室，完成你一天的工作。那里有空调。"我说："我不在乎地下室里有什么，我不熨烫。你看那张单子，上面写着清洁。没说熨衣服。"她要我洗刷浴室的墙。我说："如果你看那本电话簿，在'房屋清洁'下面有各种各样的广告。"她和另一个人说得一样："你们这些女孩……"我和跟另一个人说的一样："你是说黑鬼。"（笑。）

**他们称呼过你的姓吗？**

哦，上帝，他们不会这样做。（笑。）

**你称呼她的姓吗？**

大多数时候我都不叫她，就这样。我不跟她说话。我不会对任何人说脏话，但当我去工作时，我不会和别人说话。大多数情况下，他们不喜欢你说的话。所以我保持沉默。

　　她的大部分工作都在"郊区"。"你坐公交车，一直坐到地铁。到了霍华德①之后，就坐上了高架轻轨。如果你到了终点，没有公交车，他们就会来接你。我不喜欢在城里工作，因为他们不想付你钱。而且这些老建筑那么脏。要花很多时间来清理。它们不像郊区那样保持得那么好。大部分的新房子在那里，更容易清洁。"

　　一个经常观察到的现象是：在傍晚时分，拥挤的火车里主要是年轻的白人男子，他们提着手提箱，经过相反方向的火车，里面拥挤的主要是中年黑人妇女，她们提着棕色的手提包。这两组人似乎都不看对方一眼。

　　"我们大部分时间都在赶路。你晚上从郊区出去的时候堵车，伙计，你真的要在那里坐上几个小时。堵得动都不动。你得在特定的时间里去赶火车。你得转车，得赶上火车。进进出出的工作很麻烦。如果你错过了五点的火车，你什么时候才能出来？有时你要到八点才能到家……"

　　当你从外面回来的时候，你不喜欢擦洗自己的窗户，如果你在其中一栋房子里工作八小时，你回家做同样的事情……你不会感觉……（轻声叹气）累得慌，你得回家，照顾孩子，你得做饭，你得洗衣服。大多数时候，你要为孩子们洗衣服，他们才能穿到学校去。你得打扫

---

　　① 芝加哥与北岸郊区埃文斯顿之间的分界线。——原注

卫生，因为你早上没有时间。你要洗衣服，熨衣服，不管你做什么，晚上。你太累了，你什么都不想做。

你六点起床，给孩子们做早餐，让他们准备好去上学。八点左右离开家。大多数时候，我都会给孩子们做饼干，你得做玉米面包。我不是说罐头的那种。当你去冰箱里拿些豆子，然后把它们放进锅里，我不认为那叫做饭。而电视上的晚餐，他们把豆子放进炉子里，然后她说她做了饭。这不是做饭。

而且**她**很累。做什么累了？你有一个洗衣烘干机、一个电动扫地机，任何东西都在手边。她要做的就是解冻它们，把它们倒进锅里，然后她就累了！我去商店，我买蔬菜，绿叶菜，我洗菜。我得先把它们摘干净，我不吃那些东西，比如罐头里的。她不这样做，她说她累了。

当你为他们工作的时候，当你早上进屋的时候，天啊，他们已经在穿大衣了，头上戴着围巾。你开门时，她从你身边经过，就走了。明白我的意思吗？他们想让你过去管孩子，好让他们出去。我要怎么做啊，她是怎么想的？就像我也厌倦了我的孩子。我也想出去。想到他们对这一点没有感觉，你就会觉得很烦。

大多数时候，我干活儿的时候，他们会出去。我不喜欢在他们都在房子里的时候给他们干活儿。他们没有事可做。他们所做的就是在电话里谈论彼此。让你恶心。我去把门关上。他们都是一样的，每个人的房子都是一样的。你会以为他们是这样安排的……

我工作的时候，我唯一担心的就是我的孩子，我不喜欢离开他们太久。他们放学的时候，你会想他们是不是在街上。我唯一担心的是他们是否有地方玩儿。我总是会打两三个电话。当她不喜欢你打电话的时候，我就会急着离开那里。我脑子里想的是回家后商店关门前要找什么做饭。

尼克松说，他认为人们做擦洗工作没有什么不妥，我们世世代代都是这样做的。他应该知道我们想成为像他一样的医生、教师和律师。我不想让我的孩子来做家务。那是有辱人格的。你在那里看不到明天。我们一代又一代地做着这样的工作，厨师和管家的生活。他们想让他们的孩子成为律师、医生什么的。你不希望他们在咖啡馆工作……当他们说起我们住的小区很脏的时候，他们为什么要我来打扫他们的房子？我们这些贫民窟的人，邋遢的女人，每天都会到他们在郊区的家来。如果这些女人这么脏，你为什么要她们帮你打扫？她们不会去为我们打扫。是我们去帮她们打扫的。

有一天，我在一个白人做家务的地方工作。我看着她和我的区别。她对那位女士有一种罪恶感。他们觉得不应该让他们做这种工作，但他们不介意让我做。

他们要你穿上制服。拿我和我母亲来说吧，她穿着她的衣服工作。她告诉你："如果那个地方脏到我不能穿我的衣服，我不会做那份工作。"你不能穿得像他们一样去工作。因为他们认为你不像是在工作，至少应该弄得脏兮兮的。他们没有说什么样的制服，只是说制服。这是为了有人进来的时候，黑人在工作。他们不希望你穿得漂漂亮亮，看起来像他们。他们有时会问你："你没有别的衣服穿吗？"我说："没有，因为我不会跪下来。"

他们现在行动很谨慎，相信我。他们想知道："我应该叫你什么？"我说："别叫我黑鬼，我是黑人。"所以，他们说："好吧，我不想让你生我的气。"（笑。）老一辈的人，很多人都很虔诚。"主会找到一个方法。"我说,"我按照我自己的方式。"我不是反《圣经》或反上帝,但我只是让他们知道,我不是那么想的。

年轻的女人不会给你太多关注。大多数人都在工作。年长的女人,她们在你身后擦东西。我不喜欢有人在我身后检查。当你去工作的时候,她们想告诉你如何打扫。有人教我怎么打扫,我就很不爽了。我一辈子都在做这个。她们拿着抹布来教你怎么做。我站在那里,看着她们。很多时候我问她:"你做完了?"我说:"如果你有什么事要去做,我希望你能去做。"我不需要别人教我怎么打扫卫生。

有一些人,他们把钱放在一个地方,假装找不到,让我去找。我曾为一个人工作,她把十美元掉在地上,我在扫地,我很高兴我看到了,因为如果我把清扫器放在上面,她可能会说是我拿的。我不得不把沙发往后推,那十美元就在那里。哦,我认识一些人,你除尘的时候,他们会放一些东西来测试你。

我在酒店工作。饭店也是一样的。要铺床,擦洗马桶和其他东西。得把床单和毛巾放好。你还得打扫卫生。当人们走进房间时,这就是让我不爽的地方,他们会用那种眼神看你。你只是个女佣。这让我很不爽。

有些客人很好。你唯一想做的就是快点把床铺好,然后离开这里,因为他们会让你去做别的事情。如果他们要了那间房,他们就会让他们付的所有钱都回本。他们有那么多毛巾,不可能全部用完的。但你得把所有的毛巾都挂起来。他们想要那个枕头,他们想要那个毯子。你得来回跑着去拿这些东西。

同时,酒店住满时,我们就多放一张床——折叠式的小东西。他们说自己没有订床。他们站在那里看着你,像看疯子一样。现在你得把这张床从十二楼一直搬回二楼。服务台的人，他搞错房间了。他不会说"我犯了一个错误"。你把责任承担起来。

有些人，你不能和他们争吵。他会打电话到前台说他要找几条毛巾。当你敲门时，他说："请进。"他一丝不挂地站在那里，赤身裸体。你不能进去。你只能扔掉毛巾，掉头回去。大多数时候，你都是等他出来后才进去的。

如果有东西不见了，一定是女佣拿走了。如果我们发现这样的人，我们会告诉女主人："你得自己进去打扫。"如果我敲开那扇门，没有人在，我就不会进去。如果一个女佣在房子里打扫过了，他们会打电话问："你看到什么东西了吗？"他们不会说你拿了它。这是同样的事情。你说没有。他们会说："它一定是在那里。"

去年夏天，我在一个地方工作，她丢了一个钱包。那天我没在那层楼工作。她给办公室打电话。"你看到那位女士的钱包了吗？"我说："没有，我没进过房间。"他又问我，有没有……我不得不待到十二点才离开。她找到了钱包，在一些文件下面。我不干了，因为他们说你偷了什么东西。

你知道我这辈子想做什么吗？我想弹钢琴，我想写歌什么的，这就是我真正想做的事。如果我有足够的钱买一架钢琴……我想写写我的生活，如果我能坐得够久：我是如何在南方长大的，我的祖父母和我的父亲，我想这样做。我也想挖掘更多的黑人历史。我很想为我的孩子们做点什么。

很多时候我跟他们说起这些事，他们会说："妈妈，那是以前的事了。"（笑。）他们不知道。他们不明白，因为这和现在的情况相差甚远。很少有年轻的黑人妇女做家政工作。我很高兴。这就是为什么我想让我的孩子去上学。有位女士告诉我："你们这些人都是这样的。"我说："我很高兴。"没有人再跪着了。

## 埃里克·赫伦（管理员）

我从来没有听说过一个新闻工作者在遇到恶劣的冬季天气时，提到一个管理员的名字。他会谈论一个在生产线上工作的人，会谈论一个在外面工作的人。但是，你有没有意识到，在芝加哥下雪的时候，管理员是必须出门去、必须保持人行道清洁的那批人吗？电视上的天气预报员，那个大笨蛋，什么都不说。

这是个卑鄙的勾当。他们说铲雪会引起心脏病。我所负责的某一栋楼，几乎有一大堆的雪要铲——加上入口，加上后廊。在这种寒冷的天气里，有很多管理员都倒下了。我从这些电视天气预报员那里受到了很大刺激。他们会谈论世界上的每一个人："放轻松，不要太辛苦。"还有这个那个的。但却没有提到真正需要出去用手把雪移开的人。那就是管理员。

在圣诞节的时候，他们总是谈论管理员得到礼物。我要打扫一些楼。他们有一个邮递员，对不对？我不是在攻击邮递员。他得到了他应得的一切。他在寒冷的天气里要走很多路。但我们和这些人生活在一起。我在每天都工作的走廊里住过，我也帮过这些人的忙。人们会给邮递员递上一个圣诞信封，却鸟都不鸟你。这让你有种感觉：这到底是什么一套啊？我得罪了这个当事人吗？我没有做我的工作还是怎么的？

他四十三岁，做了二十二年的管理员。"我 1950 年结的婚，找了一份管理员的工作，第二天就去上班了。我开始工作的时候，我爸爸也还在干这一行。对于没有接受过大学教育的人来说，你不可能找到一份报酬更好的工作。这很有趣。从电气工作到机械工作，外加管道工作，应有尽有。你有清洁工作。但最多的是取暖方面的，在锅炉房干活儿。

"在工会介入之前，我们必须粉刷，我们必须干所有的活儿。管理员根本拿不到半点像样的工资。现在我们拿着像样的工资，我们有健康福利，我们开始了养老金计划。

"当你待命的时候，是一天二十四小时，一周七天。"他在五栋楼服务。"我必须满足大约一百个家庭的需求。我是业主和住户之间的善意大使。我可以成就一栋楼，也可以破坏一栋楼，就看你怎么打理。我们最关心的是给业主省钱。"

我刚开始工作的时候，我们有炉火要生。你得拿一把铲子，然后打开门，把煤扔进去。你放进去大约十到十二铲煤。在零度的好天气里，这也许可以维持两个小时。为了过上体面的生活，如果你在你的楼里有三个、四个、五个手动点火的炉子，你就得从早上五点半连轴转，一直干到晚上十点半。温度一旦下来，你就得给炉子加热，清理炉灰，再给炉子加热。然后再重复一遍。所以我哪儿也去不了。你的电话，伙计，会响个不停。他们要暖气，他们要暖气。我以前一天要铲两吨煤。

很多人说："你想当管理员为的是什么啊？"我说："我没有任何投资。我想来就来，想走就走。"我还从来没有收到过十五天的通知，这种通知意味着公共关系出现了问题。如果老板决定要解雇你，他必须给你十五天的通知。工会将会用另一个人取代你。

管理员的工作有两种——高楼大厦和没电梯的楼。高层，你的头儿，他更像一个工程师。他拿的工会卡跟我的一样。他们的工作主要是责任方面的。他们有帮手：清洁工，维修工。他和房客进行接触，他是负责人。他的工作很干净。

我的夹克上写着："赫伦，房屋工程师。"但我是个管理员。工程师只是一个人们或多或少都会尊重的词。我无所谓，你可以叫我管理员。管理员没什么不好。很多在高楼里工作的人，他戴的卡片跟我的是一样的，但是，伙计，他不想听到"管理员"这个词。**他是**个工程师。他的信箱和门铃上还写着"房屋工程师"。

我负责的大都是没电梯的楼。从四十年的老楼到速成四层楼都有。[①] 对我来说是一个很糟心的事儿。这些楼很难保持直线。楼是开放的，下面有停车场。住户把东西挂在墙上，东西就会掉下来。柜子从墙上掉下来。零度天气来了，泵都冻坏了。不管是谁设计的这栋楼！泵都裂开了。伙计，水把我们都淹没了。有位女士从电梯里下来，水不停地往下流。当她上电梯的时候，水流进电梯里了。她没被电死已经很幸运了。

旧楼比新楼麻烦少，因为旧楼更容易保持整洁。在新楼里，住户要为更少的空间支付更高的租金。他们希望得到更好的服务，这不能

---

① 芝加哥的一种房地产现象：快速建造的四层楼房，底层是一个露天停车场。这些公寓大多是一室两厅。社区团体提出的指控是：材料粗劣，楼房迅速老化，而那些赚快钱的企业家却拿着钱跑了。由于这些抱怨，区划的改变，暂时不鼓励再建这种四层楼房。——原注

怪他们。这些很久之前就装上了的老式铸铁锅炉，是可以维修的。这些炉子很好用的，会比新锅炉用得更久。

我爸爸以前也做同样的工作，但他比我更努力。因为有了燃气供暖，我早上可以晚起一个小时，也许两个小时。我爸爸以前必须在五点半就到楼里打开锅炉的门，这样才能在六点供热。如果取暖器在早上六点不工作，住户就会有各种各样的抱怨。

在我刚开始工作的时候，我收二十五个门廊的垃圾。每天早上我都要去搬。这栋楼是一栋六层楼的楼房。这是我以前唯一要负责的楼。到了中午，当我到达顶层的时候，我全身都湿透了，汗流浃背，我不得不坐在那里，看了一会儿湖面，然后开始往下走，让自己喘口气。

你说的是心脏问题。管理员的病情最严重。他每天都要上下楼，扛着垃圾走。你要背一百、两百磅的垃圾下来。上楼的时候，背着东西已经够糟了。下来的时候，背着两百磅的东西，就更重了。我从来没觉得有什么不妥。顺便说一句，我的背真的很不好，去年我就因为背痛住过医院。铲煤和拖地是很糟糕的。如果你经常拖地，你的屁股就会乱晃。因为我的腰，我很容易精疲力竭。不过现在我的工作好多了。

在零度天气下工作的管理员，寒风吹着，他要在冰冷的天气里爬那些个楼梯——很多管理员都上了年纪。五十岁、五十五岁的人了，爬楼。他得把门廊清理干净，他得铲雪，而心脏能承受的只有那么一点儿而已啊。

现在我有一辆吉普车。我把整个人行道都铲了。我现在不铲了，只是把雪推到一边儿去。几乎所有的管理员……有一条法令规定不允许你这样做。尤其是很多新手会给你带来麻烦。你要解释说："伙计，我没有伤害任何人，我只是慢慢来。从人行道上滚开。如果你不下车就会被开罚单的。"

今天我可以穿着干净的裤子走进锅炉房，穿着干净的裤子回家。你检查一下玻璃，这就可以了。这是你做的第一件事。我检查火，然后马上把垃圾拿下来。我把一个大桶背在背上，然后把它从楼梯上搬下来。我在三栋楼里都这样做，有两栋楼有滑道。

在空气污染之前，我们经常把垃圾烧掉。我们每天早上都在同一个锅炉里烧。有一个城市的条例，规定不允许烧垃圾，但他们这样做了许多年。现在我们把垃圾放在走廊里。我们把垃圾拿下来，放在桶里，然后由清扫工拖出去。我们再也不烧垃圾了。烧垃圾可以帮助你在早上完成加热工作，但是市里把这个给停了是件好事。现在要做的工作更多了。因为把垃圾扔进锅炉里比把垃圾拿出来塞进桶里容易多了。

我们遇到过一些哭闹的巨婴，他们总是叫嚣着什么。有一天晚上十一点左右，我接到一个电话。她说："我的小穴被门夹了。"（笑。）于是我从床上跳起来，对妻子说："有人疯了，或者是喝醉了，或者是有人在耍我。"我把衣服都穿好，准备出门，手机响了。她说："没关系，我的小穴松开了。"她说的是她那该死的猫。第二天，我告诉她："你知道你说的那话听起来什么意思吗？"她说："我事后才想到的。"她笑得很开心。

啊，有很多东西。我不提名字，但是我这个哥们，我告诉他在三楼有几个辣妹，学生。我说："你可以亲热一下。"（笑。）我说："我先上去。当你看到窗外的闪光，来敲门，因为我会让她们站成一排。"你知道你可以通过保险丝来控制电吗？所以呢，我走到锅炉房的保险丝盒那儿，打开保险丝，窗户上的灯就一闪一闪的。天啊，他从楼梯上跑了上来。他敲着门说："我知道你在里面！我知道你在里面！"我说："嘿，我开了个玩笑嘛。"他差点杀了我，他一路追着我下台阶。

至于和房客亲热，就不像他们说的那样了。好看的女人，如果她们要玩，是不会和一个管理员鬼混的。因为她们知道你在这栋楼里，她们怕你会说什么。我不是说这种事没人做，但是99%的时间，你不会在自己的大楼里亲热。

我遇到过几个女孩，天啊，几乎疯狂啊。一个是在夜场里跳舞的兔女郎。但她说："我每天都要面对你，我不会在楼里亲热。"我敢打赌，如果我可以再来一次，我会亲热。她是一个非常好的女孩。

有些人看不起我们。挖沟人是个受人尊敬的人。掘墓人是个受人尊敬的人。垃圾搬运工也是个受人尊敬的人——如果他干了他该干的活儿。现在人们说我们在赚钱。他们在报纸上看到管理员加薪了。谢天谢地，有了管理员工会。

我们赚的钱比我爸爸那个年代多多了。那个时候，他们住在地下室公寓，也许在你的厨房里有一个接水盆。你住在地下室公寓。开始工作的时候，你是一个小伙子。你在公寓住了二十年，当你老了的时候，你会感觉出来的。老兄，真是很潮湿啊。

我现在住在一栋排屋里。我从1950年就住在这里了，我努力争取到业主的同意，以工作为生。其实，我住在芝加哥城外。我早上开车进来。

我赚了不少钱。我想，只要我老老实实地做事，赚多少钱都应该是我的权利。高楼大厦，负责人月薪一千多美元，还有一间公寓。你以前从来没有听说过这些东西。我已经拒绝了很多高层建筑了。我可以在没电梯的楼里赚更多的钱。

大多数住户，我和他们相处得很好。住户的坏处就是不尊重你的时间。也许我的一天是在他们的一天开始的时候开始的。但他们希望在他们回家的时候你能搞定一些事情。我的一天也要结束了。他们会打电话过来，有些人还会讽刺你。"我回家的时候你必须来这里。"不是这样的。他们可以把钥匙留给我，我就可以在自己的时间里做。有些人不信任你。如果我要偷东西，我不会偷我认识的人的东西，尤其是当他们知道我在里面的时候。如果他们不信任我，我不想在他们身边待着。

住户们大概在七点回到家，你正坐着吃晚饭，他们就会打来电话。"我的厕所坏掉了。昨天坏掉的。"我会说："你为什么没给我打电话呢？我今天本来可以在你上班的时候把厕所修好的呀。""嗯，我没带钥匙。"有时候，你那个心情啊，你就说："那你就忍着好了。"（笑。）如果我在吃饭，我会吃完饭，然后去。但是，如果是一个管道破裂了，而水正在流到别人的公寓里，你要马上往那里赶。

电话总是打给你老婆，很多人都很不礼貌。他们认定了你妻子在工作。我老婆的名字不在工资单上。他们打电话给她，冲她吼。"他什么时候过来？"她就在那里，她对我很好，替我接电话。现在很多管理员都有了机器来接听打给他们的电话。住户们会打电话给你，机器说："请留言。"他们会说一些愚蠢的东西，然后挂断。他们会在街上看到你，然后告诉你。他们不喜欢应答服务。他们想立刻联系到你。

我妻子厌倦了这些电话。这是个糟心的事儿。自从我爸爸去世后，我妈妈和我们住在一起。她替我接了我的电话。她已经习惯了。她已经接了这么久电话。如果住户们要抱怨，我妈就让他们说话。她就是让他们说话而已。（笑。）有些人会提要求。我就告诉他们："我觉得你很不讲理。明天早上见。"如果他们继续争论，我就礼貌地说："就这样吧。"然后就挂断他们的电话。

不要让这种事影响到你的情绪。我们有过管理员上吊自杀的事。自从我来到这里，有三个人上吊自杀了。他们让住客们的抱怨影响到了自己。我问过一个人："埃迪，到底怎么了啊？"

他在高楼里修灯，浑身发抖。"这些人都快把我逼疯了。"他说。我读到过，一个叫雷德的家伙，他把自己的脑袋都打爆了。人们把他们逼疯了。他们想要这个，他们想要那个。你就让这种事情自生自灭好了，管它呢。你要尽力而为，如果他们不喜欢……

你要注意了。我们这个地区有一个商业代理，哎呀，伙计，有太多的人找工作啦。这些人来自欧洲，南斯拉夫人和克罗地亚人。我们说的是年轻人，三十岁，二十五岁。他们都是好人。他们说话很蹩脚，但你会了解他们。他们和我们一起打保龄球，尽自己可能快速学习。现在本地出生的年轻人已经少了很多。在找到更好的工作之前，他们会找一份帮工的工作。一个帮工一个月赚六百四十美元，每周五天。

在40年代，管理员是一种低级的工作，没有人想干。但在大萧条时期，管理员都在工作。他们有地方住，他们桌子上有食物。这是一份稳定的工作。管理员有几件衣服，而其他人却没有。

现在的管理员和工厂的维修工是一个级别的。如果我离开工作岗位，我可以毫不费力地走进任何一家工厂，以主管的身份，接手维护电气维修方面的活儿。前几天我看到一则广告，让我眼前一亮。他们付了一万二千美元和差旅费。对我来说，这会是非常有趣和简单的。但我没法承受一万二的工资。如果我现在赚的钱更多，我想让自己变得更好。我爸爸总是说："不在于你赚了多少，而在于你存了多少。"（笑。）

大多数人都会叫我工程师，或者他们会开我的玩笑。因为名头别在我的外套上呢。我穿的是普通的制服。灰色裤子，蓝色的。我有不同的颜色。我有绿色、蓝色、灰色衬衫和裤子相配，还有一件夹克，有点像滑雪夹克，上面有一个标志。我试着保持干净，因为没有人希望周围有人脏兮兮的。我不是一个扫地的。我就像一个固定的工程师。我和律师一起出去过。这是你的行为方式。如果你什么都不知道，那就闭上你的嘴。闭上嘴，你会学到很多东西的。

我有一个儿子，已经结婚了。我当爷爷了。他二十岁，快二十一岁了。他是个数学优等生，我想让他去伊利诺伊州理工大学。他跑去结婚了。一个孩子会做他想做的事。他把我们的心都伤透了。他说："爸爸，我为什么要花你的钱去上大学？我可以找份开卡车的工作，赚的钱比大学毕业生还多。"我说："但是有两种不同的工作。"

所以他现在是个管理员的帮手。再过几个月，他就会自己管一栋楼，每个月赚八百美元，还有一套免费的公寓。他可能还会再拿下一栋楼，再赚两百美元。而这对他来说只是一个开始。但是，我希望他能去学工程。我不知道为什么，但我觉得……（犹豫）……我相信大学。我没有机会上大学，但我相信它。即使他回来做清洁工，他也有这个想法。大学不会给任何人带来坏处的。他给我省了很多钱。他自己会做得很好，但是……

现在，大学生的工资很低。我们有一个管理员，一个每天早上和我们一起吃饭的孩子。这家伙有各种电子工程的学位。他找不到工作。他们想给他付一丁点儿钱。他现在赚的钱更多了。

我身上带着一个刑事调查员的徽章。我可以随时带枪。我在州政府、联邦调查局和市警察局都有注册。你必须按指纹，必须在斯普林菲尔德登记。卡片上标明了，是自愿的。

我在一家侦探社工作，因为有时晚上会很辛苦。我们往洞里、地下室里钻。我们阻止了很多盗窃案，还有抢劫公寓的人。我们可以为警察扣留他们。我们逮捕他们，然后扣留他们。我和联邦调查局合作过，密切注意社区里的"气象员"①。

我和两三个年轻的联邦调查局的人共事过，他们很勤奋，很受人尊敬。我真的很佩服他们，也很喜欢帮助他们。我负责芝加哥大学区域，所以把这个区域四处都盯得很牢。联邦调查局会分发要留意的人或者东西的照片。你没有任何权力，你只是盯住这个地区。这是为了获得类似内幕消息一类的东西。我们通过垃圾寻找。联邦调查局的人会告诉你要找的东西。

**就像一些政界的孩子一样？**

是的，在某种程度上。但他们从来没有打扰过我。主要是内幕消息一类的东西。他们不是在说一个小型大麻派对，而是说有人在卖大

---

① 气象员（Weatherman）指的是地下气象组织（Weather Underground Organization）。这是一个美国极左派组织，于1969年成立，目标是以秘密暴力革命推翻美国政府。——译者注

麻。我们遇到过一个住在其中一栋楼里的女孩，她去了墨西哥很多次。她是个跛子，她坐着轮椅。他们认为她在把毒品带回来。我不参与，因为他们不让我参与。

**你时不时向他们汇报……？**

嗯，是的。

**很多管理员都这样做吗？**

不，不是，不是。

**是因为你们是大学区吗？**

嗯，是的……（快速地）他们对孩子们不感兴趣。他们感兴趣的是那个把东西带进来的家伙。他们可能是为了一个不同的原因监视他。以前出过一个事儿，一个孩子没有报名参加征兵。他们并不想逮捕这个孩子或者对他做点儿什么，但他们想知道他在哪里，所以……

他们告诉我的是："你知道他住在哪里吗？你知道他搬到哪里去了吗？"所以，我告诉他们去哪里。我们有一天看到他在街上走，我打电话给他们，他们说："找出他搬去的地方。"就是这样。他们不想逮捕这个家伙，但我想他们想和他谈谈。天呐，我不知道……这些逃兵役的家伙，到底在搞些什么玩意儿啊。

**管理员比任何人都了解附近的情况，对吧？**

他可以的，如果他想多管闲事的话，是的。我喜欢我的工作。

你结识人，你与公众在一起。没有老板骑在我头上。大家都叫我赫伦先生。很有面子。如果是好朋友，就叫我埃里克。我为我的工作感到骄傲。早上起来，把工作做完，然后回到家。烧火取暖，然后关火。（笑。）

# 监视

## 弗里茨·里特（门卫）

他是曼哈顿上西区一栋大型公寓楼的门卫。"我觉得有大约一百八十套公寓。"这栋公寓楼经历过更好的时候，虽然它很久以前的优雅所留下的迹象依然可以识别出来。高高的天花板，大理石柱子，宽阔的大厅。墙壁可以刷一下漆。墙面上的瓷砖也是如此，几乎看不出花纹了。我们坐在大厅的沙发上。他穿着制服。他光着头，抽着烟。

邻居们都不像以前那么好了。曾经是很友好的，城市里最好的社区之一——不错的餐馆，不错的电影院，还有不错的人。你明白我的意思吗？我的意思是，非常高档的。时代变了，一切都变了。你明白我的意思吗？当然，你不这样认为吗？当然，这栋楼里还是有一些好人，非常友好的人。大部分是中产阶级，我猜测。也有一些嬉皮士。但我认为他们的友好程度会下降一点。你知道吗？

我看谁进来，谁出去。如果看到一个陌生人，我就拦住他，看看他要去哪里。我们打电话上楼，我们必须告知他的来访。现在晚上，十二点，你要把门锁上。以前，我们的门是开着的。我不用拦着谁。那时候是一天二十四小时都开着的。

　　我在这栋楼里工作了四十一年了。我从 1931 年、1932 年开始，差不多就是这样。我每天工作十二个小时，每周工作六天。从七点到七点，晚上上班。那时没有工会，没有假期，什么都没有。现在我们五天工作四十小时。这要好得多了。

　　从前，门卫是……哦！你必须穿得很好——白手套和硬领子。还有白色的领带，甚至像服务员用的一样，饭店领班。比饭店领班的制服更好。夏天的时候，灰色的制服，白色的手套，总是手套。你总得戴帽子。有一次，我和老板闹矛盾。我不想戴帽子。我也不知道为什么，我总是把它摘下来。他来了，我就戴上；他走了，我就把它摘下来。摘下来再戴上，摘下来再戴上。但事情就是这样。

　　如果房客来了，你必须站起来。如果你坐着，你就得站起来。作为门卫，你不能这样坐着。我刚入职的时候，我就盘腿坐着。经理走过来，说："不行，这样坐。"胳膊叉着腰，双腿挺直。如果有房客进来，你必须迅速站起来，像个士兵一样站在那里。只有在他们跟你说话时你才说话。否则，什么也不要说。

　　这是真正的高端，是的。地板上有漂亮的地毯，漂亮的家具。哦，他们都有女佣。女佣不可以从前门进来，你必须全力以赴去服务，哦，是的。她们周一、周二都在工作。服务车来来回回，上上下下。今天，她们从前门进来。今天他们不像以前那样有很多女佣。

　　房子曾经是高级的，那时候房客们看不起我。他们以前在街上看到我时，会让人相信他们不认识我。这里有一家餐馆。我偶尔会去那里，他们会认为他们没有看到你。但这并不影响我。因为我不在乎他们是否跟我说话。因为我百分之百地完成了我的工作。即使到了今天，那些老一辈的人，有时他们会在某个地方看到你，他们会认为你不在那里。这是事实。他们认为他们更好。几年前,他们当然会这样做。他们不会说什么。你不能说"嘘"。

有一次我感觉很糟糕,我有花粉病。我在电梯上,我低声对那个人说"早上好"。他对我说:"你不说早上好吗?"我说:"我确实说了早上好。"因为我有花粉病,我感觉很不好。他不再跟我说话了,还不再给我送圣诞礼物了。但我不在乎。那是 1932、1933 年的事。看看人们现在是怎样的。

我在这里度过了美好的时光,别误会,非常美好的时光。每个人都穿戴整齐,我亲爱的人。他们都穿得很高大上。有电影明星住在这房子里。当然。歌手,大都会的。当然。医生,律师,银行家。

**一位老者走过,身姿挺拔,虽然带着些许疲惫。他背着一个医生的黑色包。弗里茨大声说:"早上好。"那人点点头,几乎不看我们的方向。"他是个老前辈。他在这里待了三十五年了,很不错的人。"**

时代在变。现在不一样了。现在每天都更自由。现在他们和你讨论,和你说话。即使是上流社会的人也会改变。现在每个人都变了,现在更友好了。现在我开个玩笑,他们就会接受。更多的平等,更多的友谊。以前你什么都不能做。有一次,一个门卫抽了根烟,房客去找经理,他们就把他开除了。他们说:"走吧。"——就像这样。你根本没有机会。昨天发工资的时候,他们不要你了,你就完了。今天他们不能再这样做了。今天,人们离开得也更体面些。

但我想按照以前的方式看房子。如果今天有陌生人进来,我会拦住他。我问他要去哪里。他们中的一些人给我带来了一点麻烦,尤其是民主党人，那些黑人。我叫他们民主党人。我不想说有色人种或白人或任何人，只说民主党人。有一次，一个人对我说："你从来没有看到一个有色人种来这里吗？"我说："我见过，但这是我的工作。我不管你在楼上做什么，但我要问你要去哪里，明白吗？"他下来时，说："我非常抱歉，我没有意识到我的失礼。"似乎因为所有这些自由主义的东西，你的生活起起伏伏。几年前我还没有这样的经历。

你以前从来没有不得不阻止过他们的时候。我知道他们是谁。几年前，他们有更多的家庭生活。他们的朋友、兄弟或你认识的人进来。今天是更开放的。他们在这里租房，三四个男孩、女孩，他们有朋友进来，你不知道谁是谁。你必须阻止他们，我必须告诉他们这是我的工作。

这里有很多麻烦。皮夹子被抢走这样的事情。我以前是在晚上工作的。这里有一张沙发。我睡在那里，门在夏天的时候是开着的。没有人进来，一个人都没有。今天你不能那样做。我在1945年退役时，情况是相当不错的。但在过去的十年里，你会遇到一些小麻烦。你走在街上，你会看到……喝酒，吸毒……制服是有帮助的，是的。如果我穿着西装待在那里，他们就不会尊重我。但他们看到制服时，他们知道我是谁。


一个身穿休闲裤、矮小壮实的金发女孩已经进入前厅。几分钟前已经开始下雨了。现在转大雨了。她靠着墙站着。她显然心情不错。弗里茨向她走来。她对他笑了笑，拿着半品脱酒。她要把酒送给他。她有轻微的西班牙口音。他友好地拒绝了。雨势渐缓，她挥手告别，离开了。

"你需要什么东西吗？"她说。"我不需要什么东西。"我对她说。这在几年前绝不会发生，不，不，绝不会。你不能说这样的事情，或者说："你好吗？"我喜欢这样。你没有惹上过任何麻烦。现在他们认为，因为你的友好，他们得到了好处，你知道吗？新鲜感。

房客，他们都认识我。他们夏天离开这里时，把钥匙给我，我就会把公寓打理好。不管是什么，花。我不在乎公寓里有什么，我不会去碰。他们知道这一点。那里可能有威士忌，我不会碰任何东西。如果他们有一点钱，我不在乎他们有什么放在那里，我不会去碰。他们知道这一点。他们尊重我。

四十一年里，如果我因为愚蠢而请了五天假，我就是个骗子。哦，我从不请假。我敢打赌，我在四十一年里没有迟到过五次。我应该得到更多的钱，因为我在这里待了很久。一个新来的人，什么都不懂，却拿着和我一样的薪水。但反过来说，如果要他们付给我更多的钱，他们就会选择年轻一些的人，省下钱来。

我不在乎了，因为我六十五岁了，也许再过一年我就退休了。我希望上帝对我好，希望我能健康。只要我感觉好，就会工作，因为我有一份好工作，我不会自杀。我不想现在就离开这里，坐在这里的长椅上，和这里的老家伙们一起。我不会像我朋友们那样，每天都喜欢这样的生活。我很活跃，我喜欢做一些事情。

我从德国来到这个国家，没有工作。这是 1927 年的事。我在糖果厂工作。圣诞节和复活节我们都在工作。他们把我解雇了。我攒下的钱都花光了。所以，这份工作很稳定。即使我以前想改变，也无法改变，因为那时候什么都没有。我很高兴有这份工作。如果我再来这个国家，我想成为一名机械师。因为今天你有黄金机会。

# 文森特·马厄（警察）

每个孩子都有一个梦想。我有两个梦想。一个是当海军陆战队队员，另一个是当警察。我试过其他的工作，但我就是不适合。我是一个警察。这是世界上最令人满意的工作之一。

他三十九岁。他与家人分开生活——妻子和三个孩子：两个男孩，十五岁和十二岁；一个女孩，十四岁。他目前在芝加哥的环路指挥交通。他以前是战术部队的成员。由于个人的不满，他已经从部队辞职。有一段时间，他当过酒保——心灰意冷。"有一个副局长和一个指挥官来了。他们说：'文斯，你是个警察。赶紧回去工作吧。'我回来工作了，我很高兴。"

他的两个叔叔曾在纽约市当过警察，他的父亲也一样，"直到他在一次铁路事故中失去了扣扳机的手指"。随着他的思考，过去和现在融合在一起。

我逮捕犯有暴力罪的人。我必须采取武力的方式来制服他，我可能要开枪打人。我被指责为粗暴。他想对我本人或合法的人做什么都可以，但我绝不能碰他。我看不出有什么正义。

我被指责为一个偏执狂，一个伪君子，还有其他一些漂亮词儿。我是一个有工作的人。我对人的评判是以脸为标准的。仅仅因为一个人留着长发，并不能判定他是个激进分子。就因为他是黑人——我宁愿在黑人区工作。他们比白人更需要我。白人社区并不像穷人社区那样涉及实际的犯罪，肮脏的事情。我并不是说只有黑人。搬到这里来的南方的白人，他们住在危险地带。波多黎各人也是。

白人需要我给一辆非法停放的车开罚单，或者因为隔壁邻居的狗在草地上拉屎开罚单。我不干这个。这不是我喜欢的类型。我生活在危险地带里，我从危险地带来。在早一点的时候，没有人知道"黑鬼"这个词。没有仇恨。你来来去去都按照你的心意来。我见过一些孩子从一个糟糕的社区走出来，有些人成为神父，有些人成为警察，有些人进了监狱。我不相信一些法官说的：因为环境，这，就是事实。我不是生来就含着银勺子的。我没有读完高中。我和山姆大叔一样度过了艰难的岁月。我应该是个骗子，因为我来自贫民区？我爸爸还是个小孩的时候，经历了大萧条时代。我看到过他每周赚四美元，养活四个孩子和一个妻子。（笑。）所以我才当了警察。

我现在在交通岗干——半退休。我只想当侦探，但我做不到。在战术部队的时候，我就迫不及待了。我经常在休息日工作。我觉得自己真的是作为一个警察在工作。我去现场，潜入，找出原因、时间、地点。我们需要一个线索来破案。我不是说这是世界上最伟大的事情，但它是必要的。这是一种邪恶，因为犯罪是邪恶的。为什么这些宣扬自由主义和和平主义的人，要求在他们的房子周围建墙？他们需要这些缓冲区。这就是我们，起缓冲作用的人。

如果有一个犯罪模式在运行，我们会出警，找出谁干的、干了什么、什么时候干的，并且清理掉。我们会像市民一样在街上游荡，而不是被认作警察。我们会穿上整洁而得体的西服——你坐在一群嬉皮士中间，或者坐在餐馆里时，可以听到更多的东西。这就是我过去的工作方式。我会收集信息。没人知道我是个警察。

我不相信诱骗。诱骗就是诱导别人犯罪。妓女是一个很好的信息来源。这很有趣，但我宁愿让一个妓女在街上工作。这是她的行业，从亚当和夏娃开始就一直在做了。如果我是总统，我会让它合法化。只要她还在工作，我就不用担心有人被强奸或者孩子被猥亵。她们提供服务，只要她们是干净的，不伤害人。

我经常在凌晨两点给女孩们打电话说："我晚上需要抓四五个人。"她们会说："好吧，文斯，我们会到的。你两小时后回来吧。"她们会一字排开，我把她们锁起来。我会在街上抓住一个女人，然后说："查伦，你最好快点，因为我晚点会来，如果被我抓到，你就会被抓住。警察开始行动了。"

好人因坏人的过错而受苦。你遇到一个糟糕的妓女，她开始趁醉抢劫，和皮条客勾搭在一块儿，警察局就会收到对我不利的投诉。只要那些女的都在开工，没有人受伤就好……如果萨姆想出去找些奇怪的东西，他就会去。我不能去约束这个人。他自己的良心必须是他的指导。

我不歧视黑人或白人女人。她们对我很好。她们是我的信息来源。她们可以去我的眼睛和耳朵不能去的地方。警察最好的眼睛和耳朵是在街上。因为即使你不戴着蓝帽子，你的身份也会为人所知，所以你要派你认识的其他人出去。

她们被抓的时候，不会受太多伤害。当她们交了二十五美元的保释金时，知道我不会上法庭。她们拿回自己的钱，然后重新回到街上去。她们拿着逮捕令，这是为她们做掩护。

在老城区有一帮小偷。当时，有六七十起抢劫案未破。他们和妓女一起作案。他们会抢劫嫖客。有时会砍人、打人、枪杀受害人。有

一天晚上，我和我的两个伙伴出发了，我是诱饵。我被两个妓女抓住
了。我和四个人进行了一场枪战。有一个人用猎枪顶着我的肚子，结
果没打出子弹。另一个人用点 38 口径的枪对我开火。我杀了那个拿
猎枪的人，打伤了另一个人，还带走了另外两个人。我主动请缨。我
因此获得了勋章，并有机会成为警探。但我没有成功。

我也是人。我和其他人一样会犯错。如果你想要机器人，就造机
器。如果你想要的是人类，那我就是。我是个诚实的警察。我不认为
任何一个做我的工作的人，都能面对我所面对的事情而没有在某一时
刻发脾气。我用过"黑鬼"这个词，用过"乡巴佬"这个词，我对他
们用过粗俗的语言。这要看是在什么区。

我没学过心理学，但我每天都在应用它。你可以走进医生、律师
和教育家的氛围中，用语言表达一个观点。他们能理解。你也可以在
南区或西区①工作。在那里你可以把你的傻瓜脑袋说得一塌糊涂，但
什么也得不到。他们不理解这种好脾气的人。所以，你要拿着一根大
棍子走路。就像说骡子的谚语一样，它是一种非常聪明的动物，但为
了引起它的注意，你必须用棍子打它的头。在街上也是一样的道理。

你走到这些人面前，他们会朝你脸上吐口水。如果让他们这样
做，那么我就失去了作为一个警察的身份，因为现在我已经让坏人压
倒了我。所以我有时必须要动手。这么做不是残酷。我称它为一种矫
正措施。你在大街上遇到了这些无赖。我和这些人打交道已经很多年
了。你打他们的脚底。这不是很残忍，但刺痛人，他得到的信息是：
他不应该在街上睡觉。"起来！"你把他拉起来，然后说："现在回你

_____
① 黑人社区。——原注

住的垃圾天堂去睡吧。"有人在街上看到我用棍子打他的脚底，会大叫我太残忍了。

有五个绅士站在街角，都是黑人。有一个人走到我的车前，说："你这个白人妈妈，你哪儿也别想去。"哔哔哔的喇叭声。我说："听着，伙计，快走！"他没动。挑战就在那里，我是一个人，我是白人。而他是杂志上的那种人，向警察挑战。我下了警车，我告诉他："你……"（迟疑。）我用他的语言对他说了几句，他听懂了。我把书上的所有东西都跟他说了。我说："从路边上站起来，否则你就去坐牢。"他非常强调要从肉体上对付我。但没有成功。在他的四个哥们看到他倒地的时候，我就把信息传达给了他：我才是街上的老大。如果你是丛林猫，我就是拿着鞭子和链子的人。如果你想被这样对待，我就会这样对待你。如果你想动武，先生，你最好是个很厉害的家伙才能来对付我。

从现在起，我在那条街上走来走去，那些家伙会说（模仿黑人口音）："嗨，警察先生，你好吗？"我不管你是黄种人、粉种人还是紫种人，我是警察，我要求尊重。不是因为我个人，而是因为我所代表的东西。不幸的是，这个国家正在走向另一条路。他们会向你扔砖头和瓶子。你会被告知不要做任何事情，他们只是在表达自己的想法。

现在，要向人们提出关于他们享有宪法赋予的权利。我已经做了很多年了。没有人告诉我这样做。我这样做是因为我感觉。听着，宝贝，你张开你的大嘴。你跟我说的任何事，我都会用来对付你。我没有直接站出来，说："先生，我必须告诉你你的宪法权利。"我没有站在那里，让他们去砰砰砰，用刀子扎，而我告诉他们。我是黑人的警察，也是白人的警察，黄种人的警察，自由主义者的警察，保守主义者的警察，嬉皮士的警察，或者其他什么人的警察。我不选边站。

我被尊为好炮灰。但我哪里缺乏领导的素质？这就是我的烦恼。我不能成为一个领导者，难道我有什么问题？谁来评价我呢？我在这份工作上，有的人求着要和我合作做搭档。如果这不能体现出领导力……

还记得你小时候，警察带你过马路吗？他本质上在做什么？他在带你走过危险，不是吗？好吧，我做同样的事情。如果我牵着你的手带你走过林肯公园，没人会惹你的。但如果我不牵着你走过公园，就会有人打劫你。我保护你免受危险因素的影响。所有这些说"哦，是的，我们尊重你"的好心人——你感觉他们嘴上说着是，但他们在嘲笑你。他们不尊重我。

我真想去大学校园里抓几个这样的激进分子。这差不多是少数。当你运用逻辑、真理和哲学的时候，他们就无法反击你。你无法对抗真理。谁是残忍的？在我逮捕他之前，我会告诉他："你有一个选择，你可以很听话，我们就一起走。如果你变得好斗，我就会对你使用武力来补偿。事实上，我将不得不打断一些骨头。是你造成的这个事件。"

哦，对了，民主党大会。（伤感的表现出现了，以小男孩的方式噘起嘴。）有这个激进的垃圾东西，脏兮兮的，长头发，在我看来不是人，站在稻谷车旁。他身上没有一丝痕迹。他发现了摄像机，然后消失了。三十秒后，他又回来了。他浑身都是血，对着镜头大叫："看他们对我做了什么！"

林肯公园。这群人是来找我的。我是一个人。他们从山上下来："杀死这头猪！灭了这头猪！"我不是猪。只有我一个人，他们却有一大堆人。好吧，这就是战争，亲爱的。我交叉双臂，把我的手放在我的点 38 口径的手枪上。我看着他们，说："发生了什么事？"他们停了下来。他们以为我会掏出我的武器，开始动手。我没有失去冷静。我是一个警察，我不害怕。我不说话。有人撺掇这些孩子要做什么事。他们说："是那些在上面拿着相机的人。"我责怪媒体。

在卢普区有一张照片——《甜蜜情夫的混蛋之歌》①——这张照片是非常仇恨白人的。没人会去为这张照片罢工示威。你能想象一部反黑人的电影吗？这些人可以随心所欲地逍遥法外。但如果你敢这么做，你就死定了。激进分子和黑人激进分子，他们才是危险的。他们可能会站在街角，卖《黑豹》之类的东西。（模仿黑人口音）"这本杂志是为黑人准备的。"他想灭了猪。而我就站在那里。你觉得我是什么感觉？你知道"灭了猪"是什么意思吗？杀猪。我看着他们，我笑了。我想扭断他的脖子。但我是个警察，一个专业的人。我知道他们是什么人，他们就像纳粹之于德国人一样。党卫军。不是好东西。

对我来说，在我还是个孩子的时候，警察就是一个缩影——不是完美的——是一个善恶结合的人，但是在**控制**下的。他来自附近的一个区，他知道发生了什么。对我来说，警察是你的社区官员，他是你的友好官员，他是你的神职人员，他是你的顾问。他是一些人的医生。"警察先生，我儿子摔倒了，撞到了头。"现在我们只是坐在警车里等待无线电呼叫的人。我们已经完全失去了与人民的联系。他们会认为我们被叫到现场的目的只有一个——暴力逮捕。我看不出来。我

---

① 《甜蜜情夫的混蛋之歌》(Sweet Sweetback's Badassss Song)是一部美国电影，1971 年由梅尔文·范·皮布尔斯（Melvin Van Peebles）编剧、配乐、剪辑、导演和主演。影片讲述了一个逃离白人警察局的贫穷黑人的故事。——译者注

是社区官员。他们把我和我致力于服务的人分开了。我不喜欢这样。

　　街角的警察把你带到了街对面，对吗？现在，晚上十点了，他还在街角，叫你回家。他态度不友好。下一次他告诉你，他会用棍子打你。在过去，如果你回家告诉你爸爸，警察用棍子打你，你知道你爸爸会怎么做吗？他用两倍的力气打你，说："你不应该去那里。警察叫你回家，你就回家。"现在，这些孩子不服你。

　　我递给一个家长一根棍子，说："女士，我离开这个房间时，如果你不用这棍子打这位年轻女士的嘴，我会这么做。我也会签字控告你，因为你助长了这个孩子的犯罪行为。你不知道如何做父母。"如果我和我爸坐在一张桌子上发脾气，我就会被打屁股。我被扶起来的时候，被告知："你自讨的，因为规矩就在那里。"法律就在那里。如果你不想要法律，你不喜欢我的国家，就滚出去。

　　就拿一个西部古镇来说吧。我刚在电视上看到理查德·维德马克的作品。我觉得很不错。一个镇子被坏人蹂躏了，所以他们找到了一个枪手，让他做了他们的警长。他清理了这个镇子。有点难，但他是个好人。他除掉了坏人，他们告诉他，只要他愿意，他就可以做这个工作。然后，让他做这个工作的人掌权了，他们变得肮脏。他们想做些事，他说不行。他最后被杀了。这就是我对我和这些好心人的感觉。他们有了权力，我却挡了他们的路。

　　我站在合法的人和罪犯之间。几年前，有个人拿着点45口径的枪。他是一个枪手，他杀了人。好吧，我不相信要把每个人都干掉。但我相信，我们已经做得太过分了。他们可以疯狂地射杀一个人，但我们不能报复。我是这些人的目标。来吧，发泄你自己。这就是我在这里的目的，一个替罪羔羊。我不是说生活本身就是暴力的，但我处理的是生活中暴力的部分。

有一个双重标准，让我们面对这个情况吧。你可以阻止某人的儿子抽大麻，他会进监狱。但如果我在街上拦住某人，而他的父亲恰好是一家银行的行长，或者他在政治上有很高的地位或者认识什么人，你看起来就像个混蛋。你为什么要逮捕他？你知道他是谁吗？我才不管他是谁呢。如果他犯了法，走。

我在海滩进行了一次突击检查。嬉皮士们在聚集，制造性狂欢、抽大麻，等等。消息传开了，尤其是关于搭便车的事。好吧，我们经常突击搜查海滩，把每个人都锁起来，不在乎他们是谁。一个家伙告诉我："我会拿到你的工作。我父亲和市长一起去湖边了。"我说："好吧，你上法庭时，带上你父亲和市长。但在我看来，先生，你这样做是不对的，你要去坐牢。"

我们知道有人抽大麻。他们在制造混乱。当时已经过了晚上十一点了。制定规章制度只有一个原因——遵纪守法。我认为法律是规章制度，在军队里，在我的工作里，或作为公民而言。他们刺破轮胎，破坏汽车上的天线，扔瓶子，在海滩上通奸——一切都在发生！他们的行为让我觉得很不舒服。搭便车阻碍了交通。所以我开始把他们锁起来，因为搭便车。突然间，休息一下！市民们和他们签订了和平条约。我才是被责备的那个人！我做了市民希望我做的工作，对吧？突然间："嘿，笨蛋，收拾铺盖滚吧！"

嫉妒？从不会。不可能的。我并不迂腐，无论任何方式、形状或形式。我可不是个小雏鸡。（笑。）你去海军陆战队不是要成为小雏鸡的，不可能的。但我不相信垃圾。性是一件美好的事情。我喜欢。但以这样的方式利用它，使其成为垃圾，这对我来说是一种侮辱。嫉炉，绝不。我看外面那些人就像我去动物园看猴子玩游戏一样，这并没有让我兴奋。他们都是变态的人。我不相信变态。他们把性变成了完全的动物行为。笼子里的猴子，嗣，嗣，嗣，从一个到另一个，就是这样。我笃信一夫一妻。

**难道所有的长发男都让你讨厌吗？**

我不希望我的儿子留长发。现在，我留鬓角是因为我拍电视广告一类的东西。我在模特界。

**他偶尔兼职——做模特，出演工业电影，卖保险，开双轮拖车。"我不一定有野心。我做兼职是因为我喜欢。我跳上一辆卡车，然后去艾奥瓦州、俄亥俄州、肯塔基州。对我来说，这是个很好的机会。"**

但我不喜欢长发。如果这是你的目标的话，就去做吧，但不要试图强迫我。长发的人不会让我困扰。但当你看到那个留着拖把辫的激进分子，和那些肮脏的垃圾，你可以在一个街区外闻到他们的味道，这让我很困扰。

几年前，有一个嬉皮士，长发飘飘，懒洋洋的。他跑来质问我。我叫你走的时候，千万不要和我顶起来。那是不可以的。长话短说，我——呃——（笑）把他的长发剪掉了一块，然后还给了他。用一把刀。这只是一个自发的反应。他尖叫"残暴"。无论如何，几个星期后，这个漂亮的家伙来找我，他穿着西装，梳着发型，还有别的什么。他说："长官，你认识我吗？"他拿出一个玻璃纸包递给我，里面有他的头发。（笑。）我说："是你吗？"然后他说："是的。你让我看到了一件事。你真的很关心人。我只是不得不走出去，找到一份工作，并向你证明一些事情。"那小子加入了海军陆战队。

有时我觉得自己像个父亲。你不是真的想去打你孩子的屁股。这对你的伤害比对他的伤害大十倍。但你必须要把话说清楚，如果有必要使用一点建设性批评的话……我会经常想起我的父亲。他没办法不拿棍子打我屁股。而且我从来没有因此而恨他，没有办法。我是爱他的。

我的儿子们都很崇拜我，我妻子不能理解这一点。如果他们在我面前做错了事——（喃喃自语）即使我不住在那所房子里，他们也会受到惩罚。我妻子说："你有时候对他们那么严厉，但他们却崇拜你走过的地方。"我对他们用皮带的时候，总会告诉他们原因。他们明白了，也接受了。我的大儿子现在在圣母高中的荣誉榜上。

他变得有点固执。他会用一些事情来对抗我。"我想留长发。""你想留长发的话，就滚出我的房子。你知道这对我来说代表着什么。直到你二十一岁离开我的管辖范围的那一天，你都要听我的命令。你明白了吗？""好的，爸爸，你是老大。"这就是全部的内容。没有怨恨，没有敌意。只是明白了一件事，就是我定下了法律。有规章制度。

但我不是机器人，我为自己考虑。有一件事让我很不爽。盗窃是重罪。如果一个小偷被困住了，被人开枪打死，那就是合理杀人了。戴利市长说过一句话——开枪射杀——刑警把这句话放大了。我不认为市长的意思是字面意思。

我不能向手无寸铁的人开枪。不可能。反正，了解的人，他们会说："算了，我们有保险。"那我为什么要介入一件上了保险的事件呢？我很想去追捕那些抢劫或伤害他人的人。盗窃，固然是犯罪，但伤害的大多是保险公司。抢劫是伤人。

　　比起凶杀案，我更喜欢抢劫案。当一个人犯了谋杀罪，他通常就完蛋了。他被抓到后会被送进监狱或坐上电椅。但抢劫犯通常不会第一次、第二次、第三次就被抓到。他在外面一次又一次犯案。我想抓住总是犯案的家伙，而不是就干了一票的家伙。我喜欢冒险和挑战。开着一辆半挂车在路上行驶是一种挑战。你永远不知道会发生什么。有人超过你，把你截住，你被千斤顶割伤。爆胎了，你就完蛋了。我不喜欢无聊的生活。

　　当我做酒保的时候，我觉得自己压根儿不存在。我其实什么都不是。我是一个无名小卒，无处可去。我身处地狱边缘。没有希望，没有梦想，没有起伏，什么都没有。当警察给了我人生中的挑战，这是我想要的。总有一天我会被提升。有人会说："马厄已经干了很长时间了，让我们给他点什么吧。"某种程度上的认可。我已经证明了自己。我不认为一个人有必要一次又一次地证明自己。我是一个警察，赢了，输了，或者平局。

　　我在这个卢普区做交警。我甚至不认为这是一份工作。这就像R&R——休息和休养①似的。我今天的日子就像（口哨声），嗯，这是个禁忌话题。不值一提。起床，吃饭，然后吹口哨。不怎么激动人心。我现在是拿一个在办公室工作的人的眼光看待这份工作的，并不怎么激情澎湃。因为我穿上了制服，有些垃圾人会说我是猪。他们不会看着我，说："这是一个人。"他们看的是我的衣服。我是

———————————

　　①　R&R，军事俚语，是休息（rest）和休养（recreation）的缩写，指的是在没有家人陪伴的工作地点服务的士兵所拥有的自由时间。——译者注

法律的代表，是你们这些公民的代表。你们创造了我的工作，你们创造了我。对你们来说，我是一个穿着制服的机器人。你按一个按钮，你叫我到现场时，你希望得到结果。但我也是个人，我甚至还有一颗同情心。（笑。）

## 雷诺·罗宾逊（警察）

**他三十岁。他在芝加哥警察局工作了九年。他是非裔美国人巡警联盟的创始人。**

我之所以成为一名警察，是因为这份工作给一个没有受过大学教育的年轻黑人提供了机会。我开始的时候是在色情和赌博部门工作的，这是黑人区的一个特殊部门。我穿着便衣，接的是卧底任务——试着盯住骰子游戏、赌徒、摇奖盘、麻醉品，还有妓女。我写报告，另一队人去抓人。我很容易在社区里找到这些人、事儿和地方，因为任何黑人都能找到。我真的是跟一个间谍似的。当时，我只有二十一岁，我觉得做一个年轻警探是很好的，可以把人关起来。很多年轻的黑人刚进警队的时候都被误导了。我很快就变得心灰意冷。

我注意到了工作的双重标准，黑人受到的待遇是一种，而白人的待遇又是另一种。我学到了一件事：是白人控制了这个城市的黑、赌相关的事儿。白人赚了大部分的钱，而很少有人被逮捕。被逮捕的都是黑人。

我的上司会说："我们需要为了凑指标再抓两次人，这样我们就可以和其他区平齐了。"他这么说了后，我们就出去找一个政策执行者。如果我们的缉毒行动失败了，我们就会找到一个瘾君子，然后逼他告诉我们他的供应商在哪里。我们会逮捕他。我们会给他一些钱，让他从另一个供应商那里买东西，然后我们也会逮捕他。通常瘾君子都有一个他不喜欢的人。他愿意用这个人换取新的现金。警察局有一个应急基金用于这些用途。我们会付给他五十或一百美元。我们会拿到搜查令，或者如果我们没有时间，就会把他关起来。没有线人是不可能的。怎么知道街对面有家妓院？一个警察在街上抓了一个人。"我给你多少金额的信息费。"这种类型的人有时会出现在你面前。他们靠提供情报为生。

逮捕一个毒品贩子三四次后，你就知道他在做什么。如果你想，就有办法让他破产。如果你想想那些操作政策的人、赌徒、毒品——成百上千的人受雇于这些非法行业。这是全职工作。如果他们把这些东西处理了，很多人就会失业。警察所做的只是让公众知道他们在那里。职业罪犯和警察之间没有争斗。这里没有警察的暴行。他们认识警察，他们口袋里有保释金，或者有律师会去那里。我们要维持一个形象，仅此而已。让人觉得我们在积极地打击有组织犯罪。这是一场闹剧。我们要对付的是那些偶尔误入歧途的普通市民。

一个负责犯罪事件的官员在法庭上花了不少时间。你要了解法官，还有他们要找的东西。你要精通作证。你改变你的证词，改变事实。你变来变去，就为了让法官相信你。你认为被捕的那个家伙只是个罪犯而已，所以你就撒谎。法官们都知道这一点。穿着便衣工作的警员通常都野心勃勃、有侵略性，会花时间上法庭的。

很多时候，对于某些违规事件，警察不会出现在法庭上，法官会把案子驳回。这种警察吧，他们就只是想给被逮捕的人找些麻烦。

他们对这种事儿压根儿就不在乎的。他们只是想抓人而已，有点儿"我要惩罚你"这个意思。就算不现身法庭，这种警察还是能为此得到积分。

大约60%的警民冲突都是在交通问题上开始的。以交通违规为借口拦住一个人，比在街上拦住他更容易。说"你的尾灯坏了""你的车牌凹了""你没有右转"要容易得多。然后你可以搜查他的汽车，希望能找到一些违禁走私品或武器。如果他恼羞成怒，你这边儿只要稍稍再拱拱火，就可以以妨碍治安的名义逮捕他。这些行动都可以给警察带来对他的记录有利的数据。

专案组的某些部门已经发展出了一套拦截车辆的学问。这些人知道要想在不违反交通规则的情况下开过三个街区是不可能的。书里有这么多的规定。这些警察用这些东西来拿分，还可以拉客赚钱。交通法这本书可是肥得流油啊。警察知道，如果你的车牌上没有两个灯，那就是违章。如果你的挡风玻璃有裂缝，那就是违章。如果你的消声器出了问题，那就是违章。这帮警察对这些小事情门儿清。

他们确信偷车的人可能在开车，运输赃物的人在车上，卖毒品的人在车上。在他们看来，在街上开车的普通黑人属于这几类人中的一类。（笑。）所以，如果他们拦下一般的黑人司机，在他们看来，一百辆车中发现五六辆违规的可能性很大。如果你拦下五十辆车，发现五辆，拦下一百辆，发现十辆。在你拦下一千辆之后，你会发现有九百五十人非常生气，九百五十人可能只是普通市民，没有做错什么——教师、医生、律师、上班族。警察并不关心。黑人没有抱怨的话语权。因此，他们继续成为阴暗、不当、负担过重的警察工作的受害者。交通是主要档口。

如果是一群孩子，他们会不假思索地被拦下。如果是开着凯迪拉克的黑人，他就会被拦下。[①] 他肯定是在卖毒品什么的。如果是一个白人妇女和一个黑人男子在黑人社区的车里，他们会不假思索地被拦下，因为她一定是个妓女。如果是一个长头发的白人小孩，他就会被拦住，因为他可能是个共产主义者。

这种事儿可不只限于黑人社区呐。有很多白人青年。他们中的许多人知道，在他们留长头发之前，从未因违规行为而被拦下。许多白人知道，他们在车上贴上"越南和平"的保险杠贴纸之前，他们从未被警察拦下。

年轻的黑人是警察的心腹大患，因为他对警察暴行的容忍度已经越来越低。他们说："新来的黑鬼不再像老黑鬼那样尊重我们了。我们过去对他们大喊大叫，踢他们，他们也就顺从了。"年轻的黑鬼们不愿意这样做。这就是他们最不爽的地方。这就是更多的年轻孩子被警察杀害的原因。他们不会接受非人道的待遇。

在警察工作里别用推销那套。别给我派个活儿，然后说："你每拦下一个人，就能得到多少分。"需要一定量的积分才能爬到一个高度。你不能回去对老板说："我什么也没看到。"他说："我知道他们就在那儿，出去抓他们。"所以，警察必须创造点儿什么伎俩才行。

一个抢劫案能挣这么多分，抓一个持枪的家伙能挣这么多分。到了现场，拿枪的人已经走了，出警的那帮人怎么着也得抓个人才肯罢手，而且明知道抓的这个不是犯事儿的那个。记录上写着："以非法使用武器的罪名抓了两个人。"报告里会写着："我们到达现场的时候，看到这几个家伙，他们看起来很可疑。"这帮出警的会得到一分，即使案件被法庭驳回。逮捕是唯一重要的事儿。

黑人社区的警察比白人社区的多。第八区，全是白人，白得发亮，是全市最大的区：32平方英里，住着237,374人，明白吧？这个区，黑人区，5.5平方英里，巡逻的警察人数比第八区要多。这个地区的犯罪率最高，因为我们是不受保护的。这里警察越来越多，但犯罪率却往上走。显然是有什么东西不对头啊。

我在西区的一个白人区工作过，时间不长。我是个黑人，穿着便衣，居民可能会误以为我是小偷，然后朝我开枪。对我来说，在黑人区工作更好。当然喽，那儿的人不会错认我了。（笑。）很少有黑人警察在白人区工作。警察局派那么几个黑人警察在白人区工作，这样一来，他们就可以说："我们不再是黑人白人分开各干各的了。"

在我工作的警局里，大多数警察都是年轻的白人。年纪较大的白人警官尝试着离开街道警局，在某处警局找一份轻松的工作。他们累了。在大多数黑人聚居区，是年轻的白人警官在工作。他们想去那儿。这让他们有机会在一些有行动的地方。他们不想去白人区，因为那儿的人觉得他们行动缓慢。

大批年轻的白人警官都很热衷于这个。这是个机会，可以抓很多人，赚很多钱，还可以做很多其他事情。在他们看来，黑人都是罪犯，没有道德，肮脏下流。所以黑人不和警察合作，他们有充分的理由不合作。另一方面，他们也在乞求更多的警察服务。有过多的警察在黑人区巡逻，可是黑人呢，还是没有受到足够的保护。

那些年轻的白人实际上比他们的前辈更糟糕。他们更凶残。一般年轻的白人警察来自工人阶级的家庭，有的高中都没毕业。这些家伙骨子里就有偏见。一般年轻的白人警察的情况都很糟糕。我认为如果上层能做出改变，他就能得到拯救。如果一天上班的那八个小时里他们痛恨黑鬼，他们下了班可能还是这个样子。他们可能还是会加入约翰·伯奇协会①或三K党。那又怎样？他们可以**被迫**在工作的八小时中表现得更好。

　　我自己也没怎么和年轻人一起工作。他们人实在是太多了。我以前和年长的、经验丰富的警察在刑警队一起工作。他们对黑人不屑一顾，但我们一起工作，一起喝酒。他们住在盖奇公园和西北区②，所以我们没有去对方家。他们中的一个人，我和他会坦率地谈论我们的感受，他会说："我不喜欢你们黑人，但我可以在你们身边工作。也许我这样的感觉是错的，但我就是这样长大的。我对我的孩子们和黑人一起上学有些不爽，这不只是说一说就消失掉的。你说服不了我摆脱自己的恐惧。"我尊重他的意见，他也尊重我的意见。我们相处得很融洽。

　　那些开明的人有一个很大的困扰。如果做了正确的事情，他们会被其他警察排挤。很多人都情绪复杂，但他们被搞了。如果他们自己一个人出勤，在黑人社区表现得就很好。但如果他们和另一个想用粗暴的方式执行任务的白人在一起，而他们表示反对，他们的名字就会被列入名单——麻烦制造者。

---

①　约翰·伯奇协会（John Birch Society），美国极右组织，于1958年12月9日由退休的波士顿糖果制造商小罗伯特·H. W. 韦尔奇（Robert H. W. Welch）成立，目标是打击共产主义和实现各种极端保守主义的主张。——译者注
②　下层中产阶级的白人社区，那里不欢迎黑人。——原注

这个工作让那些并不坏的偏执狂在一段时间后变得糟糕起来。你可以找来一个柔弱的白人男孩，给他一个徽章和一把枪，天呐！他一夜之间就变成了乔治·华莱士。必须改变警察工作的逻辑基础啊。必须建立一个系统，让警察因帮助别人而不是伤害别人而得到分数。

世界上最糟糕的偏执狂如果在钢铁厂工作，他就不能把情绪发泄在除了钢铁以外的任何东西上。如果白人表现出不能和黑人一起工作的话，就把他们关进汽车修理厂。让他们看守湖泊，让他们在工厂工作。不要剥夺他们的工作。他们得吃饭，他们得养家糊口。

大约五年前，他组织了非裔美国人巡警联盟，"以改善黑人社区和警察之间的关系"。"我们觉得，作为警察，我们是唯一一个有组织的团体，可以为此做些什么。其他一切尝试似乎都失败了。我们认为，作为黑人警察，我们可以做出改变。警察局想除掉我们。我还在警队里。我不知道要干多久。我被停职了好几次。我的损失加起来大概已经有一万五千美元了。"

他被停职三十天，"这要少拿另外一千美元"。罪名是：行为不符合一个警官的身份。他在车站向黑人警察散发联盟的宣传品，因扰乱社会治安，当场被捕。"白人警官整天散发传单。有二十四个白人团体，却没有一个人被逮捕，也没有去打扰他们的。你现在走进任何一个警察局，会发现公告栏上至少有五六种不同的关于组织活动的宣传册。"

他曾多次因"交通违法"被停职。"我收到了五张罚单，都是同一天签的。这是不可能的。"最近，他因为违法停车被罚了两百美元——是罚单和计时器的问题。他曾因没有遵循"适当的医疗角色程序"而被停职。他刚刚被告知，警察总长已经对他提出了指控。当时的情况是：他、他的妻子和一个团体一起参加了当地剧院的一场演出。管理部门邀请他对作品进行评论，因此，他出席了。十五名警察试图驱逐他和他的朋友。他们拒绝离开。在法庭上，罪名是扰乱社会秩序，他的妻子和朋友被无罪释放。他被判有罪。

他第二次被派往交通处，等待指控。联盟成立的时候，他突然被从黑人区调到了卢普区的便衣工作岗位。①

警察局很少把年轻的黑人安排在交通部门。我在卢普区指挥过一段时间的交通。白人司机会说："我想沿着这条街走，我的办公室就在这条街上。"我说："你不能在四点到六点之间上街。"他会说："为什么我不能？我是一个纳税人。"他会说："我要告诉你的老板，你这个狗娘养的。"这在南区是不会被接受的。一个黑人说了这样的话，他会被打倒或扔进监狱。他们不希望你一个黑人警官在卢普区这样做。我会有麻烦，会犯错。公民有权利反对。但那只是在卢普区或白人社区。当然，如果一个黑人司机在卢普区这么说，他就会被关起来。

不允许在市政厅周围开罚单。不允许给在卢普区拥有商店的人的车开罚单。如果警察发现我的车，一分钟后，我就会收到一张罚单。在卢普区，上头要你给某些人十五分钟的礼节性停车时间。如果你违反了这个规定，上头就会把你扔在某个废弃的角落，在那里你不能开罚单。

我在市政厅附近开了五十三张罚单，上头就把我从那里调走了。

_____

① 他最近的任务是守卫警察总部后面的一条小巷。"这是他们羞辱我的方式。"——原注

我在另一条街上开了一张罚单，他们把我调得更远。实际上，我接到命令，说别开罚单了。我以为那是我应该做的。主管说："别开罚单就好了。"牌子上写着：任何时候都不能停车。礼节性停车不是免费的。这些人是花钱买来的。

我们有一个黑人警官，他看起来是白人，在白人区工作。他们不知道他是黑人。他来到我们联盟的会上，说："你们不会相信那帮人说了什么的。'要假定白人是无辜的。如果一个人说他把驾照落在家里了，就开车去他家拿。不要对这些人不好，因为他们会抱怨，我们会受到警告的。不要因为他们去购物而给他们开一张十美元的罚单。他们只是要停五到十分钟而已。'"在我们这个区："给他们开罚单。不要回警局的时候告诉我你没开。"完全是令人愤慨的双重标准啊，而从来没有人提过这茬事。媒体总是淡化黑人在警察手里受到的待遇。

平时的一天？点名，然后坐上半个小时，做点无关紧要的事情。一个家伙在看通知。看这个，看那个。把罚单拿出来。某某人被停职三十天，某某先生在他的商店周围有特殊的停车权。之后，会分配到一个任务和一个搭档。这就很麻烦了。因为大多数白人都在想他们会和哪个黑人一起出警。黑人想知道的是，我今天要和哪个傻瓜分在一组？

警察局每天都会分配一个不同的搭档。你开着车四处晃，在区域里巡逻，接电话，开罚单——这些事儿变得很无聊。和搭档有八个小时不说话。白人觉得，我和这个黑人待在一起，是为了装出融合的样子。黑人警察对自己说，我和这个白人警察在一起的唯一原因是在他在黑人社区四处晃悠期间保他的性命。他找每个人的茬。警察局让我跟他在一起是为了挡子弹。两个人互相之间一句话也没有。你能想象那八个小时怎么过的吗？

如果每天得和同一个人一起工作，有些警察不会特别介意这样，因为他们会了解搭档。问题是黑人太少，而不想和黑人一起工作的白人又太多。所以他们不断轮换，每天都是不同的黑人和不同的白人。

黑人社区通常拿怀疑的眼光看待黑人警察。有些黑人警察和白人一样坏。随着时间的推移，越来越多的警察倾向于不使坏。以前通行的标准是，如果你把人推搡过来推搡过去，别人就会把你评为好警察。我们正在创造一种新的氛围。与人打交道要以人为本，而不是以武力为本。现在，黑人警察的态度有了很大的不同。

## 安东尼·鲁杰罗（工厂调查员）

他是一家私人机构的卧底调查员。"我的队伍有四五十个卧底。机构有三个监视小组、八个测谎仪操作员，我不知道有多少背景调查员。还有三十名警卫。迈克，我的上司，是联络员。每次我们要行动的时候，我们都会让他知道。他是我们的联络人。我每天都要向迈克汇报。如果有急事，我们会用电话联系。

"我怎么形容自己的工作？不同。怪异。有时不方便。他们让我们调查的是大型盗窃案，连续商品盗窃案。或者如果客户觉得有管理不善的地方，他们也会派一个卧底去。我做了两年了，从来没有出过问题。卧底是世界上最伟大的演员。你犯了一个错误，你就不能回家了。（笑。）如果他们知道我在那里做卧底，会把我从窗户扔出去的。

"这是一个快速增长的就业领域。增长的速度惊人。只要拿起报纸，一周中的任何一天，你都可以看出来。很明显对这行是有需求的。看看百货公司，都快散架了。百货公司每年有三十亿美元的收入。这是不真实的。

"我喜欢自己的工作，因为不会被困在一间糟糕的办公室里。而且我觉得人们都很有趣。会有很棒的素材……工资很高，我没有任何抱怨——圣诞奖金，一年加薪三四次。我打算干这行干很久。这是一个非常重要的领域。这是一个影响所有行业的行业。安全。这行对警察部门也很有帮助。我们为警方提供了大量的信息。"

他的妻子黛安娜偶尔也会加入谈话。一个可爱的小男孩在公寓里到处乱跑。主人劝客人喝啤酒、吃三明治，他们慷慨豪爽、热情好客。

我曾经一天完成一个案子，也曾经在一个案子上滞留了八个月。你永远不知道会花多长时间。提交一份就业申请。被录用了。然后就开始了。工厂经理可能是唯一一个参与其中的人。你的工作90%是机动的，要能到处走动，就像搬运工或库存管理员一样。如果发生盗窃，你会被安排到发生盗窃的部门。

在某个案子里，我是个面包师。我就被安排进厂了。接受了一个培训项目。我被雇为面团搅拌员。厂里有个偷牛油的贼。听起来很荒唐，但那是相当大一笔钱。平均每周失窃七十箱牛油。这种情况持续了半年到一年，大约有四五千美元。这并不是太重要的事情。当时的问题是这家公司与市里有合同。那是一份超过百万美元的合同，他们担心会失去这份合同。如果市里派人下去查东西去向的话。

在搅拌室打了两三个星期工以后，我确信不是这些人干的。我需要在更大范围内活动，所以我去了环卫队。在这儿工作的都是打扫卫生的人。我只用了一周的时间来破这个案子，因为我从周一开始就开始监视了。我只用了一周的时间就破案了。

我们知道牛油是从冷藏柜里拿出来的。我在冷藏柜上守着，那是房间里完全黑暗的一头。我在上面待了四天，一待就是八小时。我坐着，走来走去，那里有足够的空间。天花板离我的头有一英尺高。没有人看到我。

我知道谁能进入冷藏柜。我会看到他们拿走钥匙。你要计时。你要看手表，看贼什么时候去，什么时候回来。我对我的同事说："我得去男厕所。"我上去检查一下那个区域。我知道偷窃是在周末进行的，因为他们通常在周一或周二发现牛油不见了。

在某个星期五，贼来了。好像是凌晨两点吧。他拿了牛油，拿到隔壁的房间，然后就走了。我记下了工号、序列号，写了下来，并打电话给我的主管："我们抓到了这个家伙，案件结束了。"他说："查出他要把牛油带到哪里去。"这时我们遇到了一个问题。我从来没见过他真的把牛油带出去了。

周一我们办公室送来了测谎仪，还有测谎员。他们和偷牛油的那个家伙对质，并向他解释，他必须接受测试。他把一切都招了。他签了一份供词。但他在没有任何证人在场的情况下签了字。他没有任何律师。根据工会律师的说法，这份供词毫无用处。这个事件闹得动静又大又拖沓。工会想让公司把他带回去。同时，他不能拿到失业补贴，因为他是因为盗窃而被解雇的。工会不会因为这种事儿给你发失业补贴。所以不得不去仲裁。

工会律师在场，我在，公司聘请的律师也在。那个偷牛油的没有抵赖。他们把他解雇了。我站起来出庭作证的时候，我的证词把那个人击垮了。我从来没有想过我会在一周内完成一个案子。我从来没有想过我会抓到那个人。我在截止日期前完成了任务。我很自豪。

**黛安娜（突然打断）：你想听实话吗？我能看出来，有时候他真的觉得自己是个坏蛋。就像那个家伙丢了工作的那次。（对他说）我有几天不能和你说话。**

她说的这一次，确实如此。那个人在公司工作了二十到二十五年。他应该在 9 月退休。是个黑人。他把一切都搞砸了。他被解雇了。就是这样。我们抓到了这个家伙。二十五年之后，什么都没了。他没有工作，他不再是一个孩子了，他要做些什么呢？

**黛安娜：你会说什么？用你自己的话说，你说雇主是错的。你一直都在为雇主说话。但这次你没有这样做。（对我说）他说："雇主跟那个人之间的联结应该更多才对。雇主本应该把他叫进来，跟他说：'遇到什么问题了吗？你要那些额外的钱做什么？'也许这家伙有困难，或者有别的什么原因。你不应该把他扔到大街上。"（对他说）这是那个人第一次也是唯一一次见到公司老板吧？他为老板工作了二十五年，二十五年来从没有见过老板的脸。你说："老板应该对这个人抱有一些尊重，他把一生的精力都投入到公司里了啊。"好吧，所以他偷了一些糟糕的牛油。老板应该找出背后的那些原因的。显然，这个人需要额外的钱做点什么，不管是为了做什么，对吗？**

（他看向他处，看了一段时间。略微停顿了一下。）首先，大多数人不会为了钱而偷东西，这些人不是罪犯，他们就像你和我一样。他们觉得自己可以摆脱一些事情。不管他的原因是什么，我不知道。我不认为是为了钱。他和另外两个人分了钱，那他到底从里面得到了什么？

我作证了。当然，这困扰着我，因为这家伙失去了这么多东西。我不知道我是不是在生那家伙的气，因为他太傻了，竟然会做出这样的事情来。结果很糟糕。你想想看，一个五十岁的人，二十五年后就被踢出门外了。如果他有孩子，他们可能已经结婚了，也许他们有孩子。他现在得回家告诉他的妻子："我丢了工作，因为我偷了东西。"

他怎么了？

我不知道。（停顿很久。）我工作的事务所觉得，一个人为了钱不惜伤害别人是很糟糕的。我觉得他们不认同这一点。与流行的观点相反，我们带给别人更多好的东西，而不是损害。我希望为每一个因我而升为经理的人做了贡献。要报告坏事，但也要报告好事。这里有一个好人，这家伙知道他在做什么。他没有上过大学，但他了解自己的工作。好嘞！我既要把有能力的人写在报告里，也要把管理不善之处写进去。我们报告得很完整。所有的一切都要写进去。

我喜欢的事情是明天就可以开始处理一个案子了，而且案子里可能会有一个办公室男职员，我可以让那个混蛋在六个月内成为经理。如果这个孩子效率很高地完成了某件事，我可以说："为什么不给他一个更好的工作呢？那另外一个雇员就是个奴才，一个失败者。"他上过大学，但他不怎么聪明。

很多人都说："哦，你是卧底。"然后马上又说："一打一打地抓人。"我办过的所有案子中，除了一个人以外，有人进监狱吗？

**黛安娜：他们可以解雇你。**

是的，但这与在监狱里服刑相差甚远。只要我去一个地方，每个人都是嫌疑人。

很久以前，我有一个奇怪的案子。我们有一个客户，是一家大轮胎公司，损失了二十几万美元。他们觉得有个人在偷钱。这个家伙，他是一家酒吧的老板。我的工作就是去酒吧喝啤酒、吃三明治，整晚和这家伙做朋友。所以，我以前每天晚上都会去。我对这家伙很友好。他卖的是热销的珠宝和时兴的鞋子、银器、大衣。但从来没有涉及轮胎。两三个星期后，他们把我从案子里撤出来了。我从来没能得知发生了什么。我想如果他们把我留下，我也会发现的。因为这家伙卷入了各种阴暗的交易中。

我进去的第一个晚上，他走过来说："你是警察吗？"我说："天啊，我被扣过很多帽子，在你之前我从来没有被人叫作警察。"我有点紧张。他是个大块头，大个的波兰人，九英尺高，一千磅重。那是我经历的唯一一次遭遇直接的质问。那是个淫乱的街区，任何正常人都不会进去的。我干干净净的。我不应该刮胡子的。

有一个周末，我被叫去一家餐厅。委托人觉得餐厅被贼盯上了。那些给餐馆打工的人两点钟关门，把一箱箱啤酒和苏打水装进购物袋里，然后带着大麻卷离开。我有一个不错的点儿蹲守。我从六点开始。餐厅十二点半关的门。把灯关上，把门锁上，这时他们才去拿购物袋、啤酒、苏打水、牛奶和其他的。我把报告一交，就完事儿了。

这个案子挺短时间就破掉了。餐馆老板不明白为什么会发生这种偷窃行为。我发现他们最高级雇员每小时赚 1.85 美元。我说："你不知道为什么会有这种偷窃问题？"（笑。）给一个人不体面的薪水——每小时 1.85 美元！他是什么人，在跟我开玩笑吗——还是什么？他说："这就够了。"我在那里工作了一天，他们给了我大约八十美元。他们雇了很多讲西班牙语的人，波多黎各人，玻利维亚人，等等。我说："你听不懂？"他抽着雪茄，什么也没说。（笑。）第二天他们就结案了。幕后主谋是酒水服务员。

我负责监控抢劫。整晚跟踪一辆卡车，一周五天。你要报告卡车司机的所有活动，还有你遇到的任何人。你必须是一个非常好的司机，必须有鹰一样的眼睛，你必须善于言辞，如果你被警察逮起来的话。每次我们遇到警察的时候，他们都很配合。

你有身份证明。事务所给发一张卡。我只有在监视的时候才会带着身份证明。卧底的时候，你什么都没有。你可能会丢了钱包，或者那个人可能会糊弄你，抢了你的钱包，掏出卡——嘿，嗣！一切都结束了。

之前我在一家人事代理公司做安置经理。（笑。）我工作的那家外企是我的一个客户。我以前经常派人去那里找工作。很多人去了，很多人没去。在他们雇用你之前，你要接受测谎仪测试。如果他们不喜欢测试结果，就不录用你。他们感兴趣的是，你是不是曾经吸毒，你是不是曾经偷过东西……如果你要在法庭上作证，你要接受盘问。你爱你的妻子吗？他们会问你这个问题。

那些会退缩的人无论如何也不可能成功。他们要找的是一个相当诚实的人，一个不怕工作的人——因为你被安排在涉及体力劳动的案子上。可靠性是关键。你需要有人来上班，做报告一类的工作。

我从事人事工作的时候，华尔街正在死去。我们80%的业务是华尔街的经纪公司，银行……我被裁员了。（笑。）我知道这些人都在找人，所以我跟迈克说了，接下来的一周我就被录用了。

经济衰退并没有影响到这个行业，天啊，没有！这个行业是过去十年中发展最快的领域。有需求。如果一个人在二十年前做了什么错事或者不道德的事，今天就会被接受，就像什么都没有。自二战后，道德沦丧。

就拿偷窃来说吧，一个人拿了一个盐罐，然后另一个人也拿了。几年前，这是要被人鄙视的。今天，这是最流行的。如果你什么都不拿，那你就是个白痴。五百个人把五毛钱的烟灰缸拿走，就不再是五毛钱了。这就变成了钱。这就是需要这些保安公司的原因。我们公司测了很多谎。他们和汽车运输公司有合同。

**黛安娜：他们在得到这份工作之前必须接受测谎仪的测试吗？**

当然，哦哦，当然。想象一下，他们雇你开着一辆卡车，载着价值一亿美元的毛皮大衣。嘿，你开走了，就可以过一辈子了。这家伙的钱都花光了。

**黛安娜：如果你拒绝，你就得不到这份工作了？**

我要雇一个收银员，好吧。我想让你做测谎仪，你却说不行。我可以对你说："我不想雇用你。"

**黛安娜：这太蠢了。**

你不必参加测试。

**黛安娜：但你没有得到这份工作。**

是啊，你为什么不愿意接受呢？

**黛安娜：因为我不愿意。我希望人们能接受我的真实身份。我不需要通过测试来证明我的诚实。**

谁说的？

**黛安娜：我说的。**

这是你反驳雇主的话。他比你损失更大。他每周要付给你多少美元，让你做多大量的工作。也许你是个失败者，也许你是个蠢货。

**黛安娜：这就是他所冒的险。**

他为什么要冒这个险？你得到保证，有一个星期的工资。你不应该保证一个星期的工作吗？

**黛安娜：我想对他进行测谎。**

（望天。）每个人都把雇主看成邪恶的人。

**黛安娜：他就是那个邪恶的家伙。**

他不是，他和你一样，都想挣钱。

**黛安娜：他想在你身上捞一笔，和你不一样。**

当然了。如果他不能在你身上赚到钱，你就会失业。如果我的事务所不靠我赚钱，你觉得我会在那里工作吗？

**黛安娜：你总觉得别人是在帮你的忙，其实不然。你真的是在帮他们的忙，因为他们在你身上赚了钱。**

当然，这是个资本主义社会，不管你喜不喜欢。资本主义社会不靠福利运转，你必须工作。没有什么不对的。

**黛安娜：大企业利用人。能用多久就用多久。**

这不是什么新闻了。

我一直在处理这个案子，到现在大约八个月了。问题是管理不善，不是偷窃。我从最底层做起，现在我是自己的老板。虽然看起来很奇怪，但这个却很大地阻碍了我的调查工作，因为我没有时间到处转悠了。我得回答某个人的问题，处理好这个那个事情，我得对做买卖有些了解。然后我还会往上升。跟我一起办这个案子的家伙如今是公司的商品销售经理了。他还是个卧底，公司的人什么都不知道。（笑。）

这个案子永远解决不了的。这就是我们所说的预防性维护。比如说，偷窃事件开始了。与其在事情发生后再叫卧底介入，不如派人一直在那里，不断报告。

**你和你的朋友可能会长期在这家公司工作。**

我希望如此。

**黛安娜：现在这家公司给他牙科保险计划。你可以去做牙齿检查一类的东西。**

公司的人在申报所得税损失的时候，必须向国税局证明，他们正在做一些事情来防止这个损失。你不能去国税局说，我们去年被抢了一百万美元。他们会说："你有什么样的安保？"安保对于公司来说是一个巨大的突破。你可以明天就成立一家公司，雇一个卧底在那里工作，你可以经营十年，他仍然在那里，你知道所有的事情。

**黛安娜：公司安排了另一个卧底跟这个卧底一起工作，负责报道跟他相关的事儿。（咯咯的笑声。）**

是啊。事情是这样的：假设我是一个卧底，你是一个雇员。我会去找你，说："嘿，我在那里看到一个电视。我想知道有多少机会能把它弄出来。"你作为一个雇员可能会说："你疯了吧。"但如果你也是个卧底，你会迎合我的。你会说："是啊，我们怎么能把它弄出去呢？"这就是发生的事情。（笑。）我一给他诱饵，那个人就说："好吧，你觉得我们应该怎么做？"于是我打电话给我的办公室，我说："这个家伙，哈尔……"他们说："算了吧，他是自己人。"

**黛安娜：公司最后告诉那家伙："不要再给我们发送来任何关于他的消息了。"①**

所以，这个工作有一部分是挑衅性的——你是在引诱……？

你不能这样做，这是违法的。我只是谈话。诱骗指的是，如果我把一个钱包放在地板上，上面放了十美元的钞票——算了吧！谈话只是聊几句而已。谈话可能往任何方向发展。

你知道今天的另一个问题是什么吗？上层梯队对业务中发生的事情没有丝毫的了解。我把工人们的喜怒哀乐报告上去。很多人我和他们相处得很好，我告诉他们："这些人是对的，这个系统不好，臭不可闻，摆脱它吧。"我在另一场演出中工作时，那该死的地方有一百零六华氏度，没有饮水机。我说："你们在开玩笑吧？卫生局来这里，他们会关闭你的酒馆。"所有这些小事，放在一起，就不再是小事了。这是一件大事。

---

① 在这一点上，《一个世界主义》里面的一则记录可能是合理的。有一条新闻，泰国曼谷（美国合众国际社报道）："警方本周六在泰国南部与一伙强盗交战。一名强盗被击毙。警方发言人表示，战斗开始时，伪装成警察的强盗团伙向一群伪装成强盗的警察发起挑战。"——原注

你有没有接到过涉及劳动纠纷的案件?

无可奉告。

**黛安娜:哎呀,别这样嘛。**

我最好不要聊这个话题吧。

和朋友在一起时,我说我是个调查员,不说细节,因为你永远不知道你会遇到谁。我去工作的时候,我怀疑每个人和每件事。除非他们用行动证明他们没有做任何事情,否则他们就会被怀疑。

这份工作对我的帮助比以往任何时候都大,因为我比以往任何时候都更了解别人。有人说:"这家伙是个小偷。"我说:"他是什么贼?"确实有小偷啊。一个人为什么要偷呢?如果一个人因为他的孩子饿了而偷了一块面包,你说这个人是小偷吗?有小偷是瘾君子,还有小偷只是想看看他能带走什么东西。有意思。我的工作让我对别人的怀疑减少了。不断地听别人的谈话。你会发现人们并不那么坏,真的。不管你在报纸上读到什么,人们都很好。每个人都是一样的,这是我的发现。我现在对人更宽容了,对吧,小戴?

**黛安娜:是啊,你改变可不小呢。**

什么意思?

**黛安娜:他曾经喜欢用黑白分明的方式看待一切,没有灰色地带。你以前总是把人分门别类,比如说,把人归到小盒子里。我觉得你已**

经摆脱了这一点。特别是当你不得不从事监视工作的时候。他的搭档都是有色人种和波多黎各人。他爱他们。

我是所里为数不多的白人卧底之一。大部分的卧底都喜欢会说两种语言的人，尤其是西班牙语。这么说吧，我以前曾经在一家大公司工作过，那可是我一辈子从来没见到过的体力劳动啊。我回到家里后，都快死了。有一个斜坡，所有的老板都会走到上面，俯视着你，你必须把那些箱子扔到……

**黛安娜：像监狱一样。**

完全如此。在那儿工作的有我和另外两个白人。也许有六个有色人种，其他人都是西班牙人。我不知道他们在说什么。我应该去调查的。我告诉上司："这个任务得一个西班牙卧底才干得了。"他说："继续调查。"我快崩溃了，我快死了。我在那里什么也没查到。我甚至没有听到任何有价值的对话。完全是浪费。

有些接下的案子和毒品有关。我曾经参与过一次抓捕行动。在我的工作过程中，遇到了个女孩，她在吸食大麻和药丸。她正在努力完成大学学业。我看到她做市场销售什么的。我通知了警察。他们说：好吧，他们要去安排我和两个缉毒者见面。缉毒组带来了他们的两个线人。他们说："安排一次交易。"他们要我把他们的线人介绍给那个女孩。在买卖的时候，他们会逮捕她。这应该是在第二天进行的。

在这段时间里，这些家伙自作主张给她来了个下马威。他们像黑帮老大一样进入商店。她不在那里。他们质问经理，问每一个人：
"她在哪里？她在哪里？"所有这些愚蠢的事情发生的时候，我什么
都不知道。我还以为自己会把这批货买下来呢。第二天早上，我的一
个朋友说："你听说伊利的事了吗？"昨天有两个侦探来了，想抓她。
我给我的办公室打电话："嘿，迈克，这两个家伙是怎么回事？他们
想抓那个女人，现在我又要安排买卖。你在开玩笑吗？"他说："离
她远点。"她还在附近。

　　人们真的很愚蠢。我在一次劫机案中进行监视的时候，我们正在
为一家报社工作。送报纸的人都是兼职卖报纸的。报社赔了一大笔
钱。这些人知道他们被跟踪了，但他们还是继续做同样的事。这种人
你不需要同情，他们很愚蠢。他们活该。有五十二份起诉书和二十五
份判决书。

　　我和一个警察在一起，一个退休的警察，他当了二十年警察。我
们坐在车里，监视报社的工作。现在是凌晨三点。就在这时，一辆
卡车停了下来。他说："你有枪吗？"我说："没有，你没有枪吗，你
是警察。"他说："我把我的枪上交了。"我说："妈的，谢谢。"他说：
"这就是我们要找的卡车。"于是他把车挂上了挡。我们出发了，一直
开着车。卡车的时速大约是六十英里。我们就在后面。他踩下刹车，
我们就吱吱作响了。他说："我们去追他们！"我说："拉里，那是一
辆热狗车。"这是一个专业的、工作了二十年的警察。再加上我和那
两个缉毒警的遭遇。你可以看到我对专业人士没有太多信心。他们没
什么让人羡慕的。

　　我现在做的事情就像一个普通工人一样。唯一的事情就是听对
话，观察人们的某些动作。不经意间，人们就会说出他们内心的秘

密和阴谋。曾经我和一个人一起工作，他告诉我他们是如何从希尔顿酒店抢走电视机的。他们把电视机装在洗衣袋里，和旧衣服一起。另一个人在一家药店工作。他抢了非常昂贵的香水——香奈儿之类的。他拿了罐硼酸，盒子，然后把硼酸倒出来，再把香水放进去。然后他把盒子放回架子上。晚上会回去，买上三四罐硼酸。价值四十美元的香水。

我一直在听。我们去参加了一场晚会，一个晚宴舞会。在浴室里我听到有人说什么，我一直在听，一直在听。那个人，他付了多少美元，另一个人给了他一个棕色的小包。我不是在工作，我们是在社交。

你会有更多的安全保障。我认为社区会建立自己的警察队伍。因为就警察而言，他们是完全失败的。最终，每个街区协会都会雇用自己的警察部门。我属于一个街区协会，我的街区有两个巡警，我支付他们的工资。我知道他们做什么以及如何做。越来越多的人将受到监视。

**黛安娜：无辜的人也会被监视，你想说的是这个吗？**

你以为监视的是谁啊？犯罪分子不在监控之下。百货公司盗窃通常都在十美元以下。他们不是职业小偷。这是每天都会见到的好心的美国公民，他们有自己的家，就是这些人导致了问题。一个女售货员或女收银员，拿了一件三美元的上衣放到她的口袋里，她不是一个罪犯。她是一个母亲。她以为她可以拿着那件上衣离开，所以她拿了。所以我的工作并不让我感到困扰，因为这些人不会有什么事情发生，真的。

每天都要写一份关于某个事儿的报告，而且要真正跟上头汇报某个事儿是很困难的。我已经写到第一百七十八份报告了。我还能跟他们说些什么呢？所以要寻找对话，让报告听起来很有趣。你必须有一个像IBM机器一样的记忆力。我通常用单词联想。我可以记住说了什么，然后引用。如果要引用别人的话，必须准确无误，因为你可能会出庭作证。

有跟性有关的原因：比如说经理手下有一个年轻的女孩为他工作，他俩约会。他可能会允许这女孩偷东西。只要经理和女孩还在约会，公司根本不管这茬事儿。他们只想知道自己的钱去了哪里，仅此而已。

迈克，主管，阅读所有的报告。他有二十个卧底为他工作。迈克曾经是联邦调查局的探员。阿蒂有自己的测谎仪生意。他们都是很精明的人。只有年轻人做卧底。一起工作的大多是年轻人。大胡子是我们最好的卧底。谁会怀疑他们？头发放下来，穿得离经叛道的。一群狗腿子，他们什么都会说的。（笑。）

有一件事我很期待：获得由国家颁发的执照，在我自己方便的时候自己单干。我希望有一个主要的顾客打电话给我，说："我们有一个麻烦，我们会给你多少美元。"我会说："下周给我打电话。我这个星期很忙。我要去迈阿密过周末。"我希望能按自己的条件工作。任何一个私家侦探，他有一样东西，也只有一样东西，那就是他的智慧。

（对妻子）你想当卧底吗，小戴？我可以让你加入。（笑。）

**黛安娜：**我不能这么做。我不会撒谎。我一说谎，脸上就会表露出来。我甚至不能在电话里撒谎。上班请病假的时候，我都做不到。（笑。）是我塑造的他。

# 吉尔·弗里德曼（摄影师）

**采访是在格林威治村的一个照相馆里进行的，一间小剧院上方陡峭的楼梯可通向此地。照相馆有些乱糟糟的，东西杂乱无章地摆在那里，乱成一团。唯一能明显看出来用心的地方，是在与照片、摄影器材和暗房相关的事物上。**

我的第一张照片是五年前拍的。在我有相机之前，我早就开始拍照了。我总是想坐在后面观察事物。有些时候，如果我用的是隐藏式相机，就会拍到一些我没有拍到的东西。但我绝不会用隐藏式相机。我讨厌鬼鬼祟祟的摄影师。一点儿尊重也没有。

有时候开始是很难得的，因为我总是意识到对隐私的侵犯。如果有人不想让我给他们拍照，我就不拍。什么时候该拍，什么时候不该拍？我拍到过警察打人的照片。现在他们不希望被拍了。（笑。）那是另一回事。

我讨厌廉价的照片。我讨厌那些让人看起来不值钱的照片，而拍这种照片的目的只是为了证明摄影师的观点。我讨厌他们拍下某人抠鼻子或打哈欠的照片。太掉价了。很多都是为了追求自我满足的。把人当作道具而不是人。让人们这样评价一个照相的家伙——"哦，他是不是很棒？"——这很容易的。

维加① 拍下了那个女人和女儿哭泣的照片。妹妹刚刚在一场大火中被烧死。这是世界上最感人的照片之一。然而我知道要是我的话，我绝

---

① 维加（Weegee），美国著名摄影师，原名亚瑟·费列（Usher Fellig）。——译者注

不可能拍那张照片。尤其是在那个时刻，对着她们的脸按下快门。然而我很高兴他拍了那张照片。但在美莱①的那个人——我不可能做到。

当我想到那个家伙拍下那些照片的时候，他也是军队的一分子。他拍下了那两个孩子被枪杀的照片。他在他们被屠杀之前拍了一张照片，而不是冲到那些孩子身边。他只是站在那里，拍了照片。他怎么能这样？我不认为他有任何道德问题。就从他说的话和那些照片来看，怎么可能不做点儿什么就拍下两个被击毙的孩子呢？

有一次，我在看一场汽车比赛。和一群骑摩托车的人在一起。他们喝得酩酊大醉，做着那些虚头巴脑的、男人干的、硬汉的烂事儿。有两个孩子开着一辆科沃尔过来了。他们拦下那两个孩子，踩着那辆车，把他们打得很惨。人们都站在周围看。我当时拿着相机在那里。直到他们动手前，我一直在拍摄这些摩托车手。这很酷。但他们打那两个孩子的时候，我发现自己跑到了那个最大块头的家伙身边，他在打人。我抓住了他的胳膊——一个正在被打的孩子有一台小照相机掉在了地上，摔了个粉碎。我抓住他的手臂，大叫着："住手！停下来！"这就是我所做的。我整晚都在生自己的气，因为我没有拍下那张照片。因为这就是照片的意义之所在：一张某些人殴打他人的照片。

我当时很生气。我为什么不拍下照片，**然后**抓住那个人的胳膊？那张照片是我拍照的原因之一。为了显示：看看这个。（叹气。）但我没有拍。如果再发生这种事，我也想拍。我不知道我会怎么做。我希望我能拍下照片。

---

　　① 越南的美莱（My Lai）村。越战期间，1968 年 3 月 16 日，在这里发生过大屠杀，被称作"美莱大屠杀"。——译者注

## 保利娜·克尔（影评人）

**她是《纽约客》的影评人。**

电影中很少探讨工作。这是电影的特点之一。你几乎看不到一个人在工作。在电影《女人万岁》（*Kitty Foyle*）中有一幕，是金杰·罗杰斯演的。那场戏不是很好，但很惊心动魄，所以人们都在谈论这场戏。任何一种工作场景，不管质量如何，都会变得令人难忘。普雷斯顿·斯特奇斯的电影《轻松生活》中的自动机序列。那是很多年前的事了，但人们仍然在谈论它。令人惊讶的是，工作生活很少出现在屏幕上。

现在，电视为我们提供了这种关于医院工作的不可思议的幻想。在电影《医院》中，你真的看到了医院是如何运作的。（笑。）观众认识到了其中的不同。他们从电影的第一帧就开始笑了。因为我们都知道真相：医院是一个混乱、无序的地方，没有人真正知道他在做什么。这惹得观众们大笑，因为这些电影场景跟电视里面医院的那种清洁和秩序形成对比。

就想想马库斯·韦尔比 ① 吧。所有那些可怜的、悲伤的人都向这个父亲一般的人物寻求建议。其实你是知道的，你去看医生的时候，他什么也不告诉你。你会被推到另一个医生那里。影视作品没有展示出我们对医生的实际感受——由于他们赚钱多、给我们提供的帮助却很少而产生的那种怨恨。

---

① 马库斯·韦尔比（Marcus Welby），美国医学类电视连续剧《韦尔比医生》（*Marcus Welby, M.D.*）中的主人公，连续剧于 1969 年 9 月 23 日至 1976 年 7 月 29 日在美国广播公司播出。该剧由罗伯特·杨（Robert Young）饰演马库斯·韦尔比。本剧主人公是一位态度和蔼可亲的家庭医生，他的许多病人都直呼其名。——译者注

电影创造了这些被美化的职业。人们发现自己的职业是服务员的时候，就会觉得自己很丢脸。没有一个小孩说我要当服务员，我想开个清洁店。在电影里存在一个倾向，如果一个人的职业不是白领，就会遭人贬低。这样一来，人们就形成了一个很低下的自我形象，因为他们的生活永远无法与美国人的生活方式相匹配——我说的是在银幕上的美国人的生活方式。

我认为自己是一个幸运儿，因为我真的很喜欢自己的工作。我喜欢自己的职业。不过，我一生中大部分时间都在从事自己讨厌的工作。我做过无聊的办公室工作。我从来没有觉得这些工作是低人一等的，但这些工作耗尽了我的精力和精神。我确实认为大多数人从事的工作让他们机械化，而且让他们失去了个性。

在演员的表演里，或者作家的笔下，工作中偶尔获得的满足感从来不会呈现出来。做大量辛苦活儿的人享受工作，因为他们认为自己赚了很多钱。他们应该羡慕自己的是，他们在工作中获得了快乐。社会却把这一点淡化了。我认为电视广告造成的损害特别大，它告诉贫民窟的孩子们应该去上学，因为他们的赚钱能力会更高。[①]电视广告从来没有建议，如果你受过教育，你可能会进入你的工作令人满意的领域，在那里你可能是有用的，你可以真正做一些可以帮助别人的事情。

当我为了养家糊口而做苦力工作时，我曾经一直头疼，在一天结束

---

① 几年前，威斯康星大学制作了一系列影片（我是其中的采访者），影片的内容关乎在各自职业中获得某种形式认可的人。拍摄目的是给贫民区儿童群体观看。调查结果表明，最令人钦佩的受访者是一位兼任律师、房地产经纪人、会计者，他谈到了自己的财产，并进行了展示。他在谈论自己工作的时候表现出了令人惊讶的语无伦次和拘谨。最不受欢迎的受访者是一位杰出的黑人雕塑家，他在自己的工作室里热情地谈论着自己的作品，并爱不释手地进行了展示。调查进一步显示，孩子们都是狂热的电视观众，对当下的商业广告非常了解。——原注

的时候感觉很糟糕。这二十年来，我想我没有吃过一粒阿司匹林，也没有吃过一片药。电视上让我不安的是家庭主妇，她总是因为紧张和劳累而需要一剂头痛药。这是美国女人的一个可信的形象。如果她是这样的状态，一定有什么可怕的事情在她的内心深处发生。当然，她已经在擦洗、抛光和清洁领域成了一个强迫症狂人——在那则广告里。

电影和电视里的主妇们都是心思不多的。现在处理孩子们的问题需要很多智慧，看着孩子们的成长是一个很迷人的过程。与孩子们打交道，可能比她们的丈夫做苦力的工作更有创造力。

展示符合实情的情景，会让工业界的人暴怒。在最近的新闻中，我们已经了解到工业界的一些工厂关闭了——而那些工作了二十年的人，失去了他们的退休金。你会在电影里看到这个吗？这得是一个非常强硬的能揭露丑闻的电影制作人，才能让我们看到工业是如何把人们抛弃的。有一部电影，让我们看到空姐到了一定年龄后是如何遭到抛弃的吗？你会去违反航空公司与电影公司之间联合起来为对方站台的美丽约定吗？

现在有了电影产业的集团所有权。这帮人要向我们展示这些行业是如何使工人丧失人性的吗？揭发丑闻只有在电影公司独立于工业界的情况下才有可能。现如今呢，电影公司在海湾与西部工业集团、AVCA、泛美公司的人手里，揭发丑闻是非常困难的。如果电影录音带所带来的收入比电影本身的票房还高的时候，你还会对唱片业进行抨击吗？

很久没有关于罢工的电影了，不是吗？你会看到一些关于莫利·马圭尔①的故事，这是过去的故事，但你看不到现在的工作关系是怎样的。我有兴趣看一部关于洛兹敦的电影。

————————————

① 莫利·马圭尔（Molly Maguires）是19世纪爱尔兰的一个秘密社团，活跃在爱尔兰、利物浦和美国东部部分地区。最著名的是他们在宾夕法尼亚州的爱尔兰裔美国人和爱尔兰移民煤矿工人中的活动。——译者注

第 四 卷

什么岸边，此时我们面前的是什么岸边，

如雪一般洁白？

这是天堂之畔，我的爱，她回答，

好人都会去的地方。


什么岸边，此时我们面前的是什么岸边，

如乌鸦一般漆黑？

这是地狱之边，我的爱，他回答，

你和我必去的地方。


——《恶魔情人》，童谣第三十五首

# 恶魔情人

## 制造

### 菲尔·斯托林斯（点焊工）

他是芝加哥南部福特装配厂的一名点焊工。他二十七岁，刚结婚。他上的是第三班：从下午三点半到午夜。

"我启动汽车，进行第一道焊缝。从那里到另一条生产线，在那里装上车底板、车顶、备箱盖和车门。然后再装上车架。这里有几百条生产线。

"焊枪的手柄是方形的，上面的按钮为高压，下面的按钮为低压。第一个是把金属夹在一起。第二个是把它熔断。

"枪挂在天花板上，在台桌面上方，在轨道上运行。它旋转的轨道是一个圆形，椭圆，像个鸡蛋。你站在水泥台上，离地面大概六英寸。"

我站在一个地方，一片大约两三英尺的区域，整晚都站在那儿。唯一的一次暂停，是生产线停下来的时候。我们每辆车、每件组装大致要做三十二份活儿。一小时四十八件组装，一天八小时。三十二乘四十八，再乘八。你自己算吧。这是我按了多少次那个按钮。

那噪声，哦，是巨大的。你张开嘴就很有可能会有一嘴的火花。（展示他的手臂）是烧伤，这些是烧伤。你别和噪声竞争。你去大喊大叫，同时你还要紧张地把点焊枪对准你要焊接的地方。

一些家伙很紧张，他们不那么合群。这太艰难了。你几乎是独来独往。你和自己打交道。你做梦，想你做过的事情。我不断地回想我还是个孩子的时候，我和我的兄弟们所做的事情。你最喜欢的事情就是你思绪飘走所想的事情。

很多时候，我从开始工作到休息的时候，我都没有意识到自己曾经工作过。你做梦的时候，会减少和工头或者和下一个人发生冲突的机会。

生产线不会停止的。它只是运行，运行，不断地运行着。我敢打赌，有人在生产线旁生活，然后死在那里，却从来没有看到它的尽头。而且他们永远不会看到尽头，因为生产线是无止境的。它就像一条蛇，只有身体，没有尾巴。它可以对你做一些事情……（笑。）

所谓重复就是，如果你要考虑工作本身，你会慢慢失去理智。你会让你的问题积累起来，然后到达一个点，你会去掐你旁边那个家伙的喉咙。每次工头过来看你的时候，你都会有话要说。你就会对着你能够到的任何东西猛烈出击。所以，如果你自己沉浸在自己的世界里，就会克服这个问题。

我不喜欢这种压力，恐吓。你怎么会喜欢走到别人面前说"我想上厕所"？如果领班不喜欢你，他会让你憋着，不理你。如果我离开岗位去上厕所，就有被解雇的危险。生产线一直在运行。

我在吉姆·格雷森旁边工作，而他正忙着。我左边的那个人是墨西哥人，说西班牙语，所以很难听懂他的话，你只要避开他就好了。布罗菲是个年轻人，要上大学了。他在我隔壁工作。他和我时常聊天。如果他没心情，我就不说话。如果我没心情说话，他也知道。

　　哦，当然，这里有压力。虽然不是很明显，但白人和白人待在一起，有色人种和有色人种待在一起。你进入福特时，公司说："你能和其他人一起工作吗？"这就避免了很多麻烦，因为你和一个人并肩工作时，公司不能让人打架。两个人不交往的时候，就意味着两个人会干更多的活儿。明白我的意思吗？

　　我不明白为什么没有更多的人发疯。因为你干这种活儿时，不过是个机器而已。他们对机器的照顾比对你的照顾要好。他们会更尊重、更关注那台机器。而且你**知道**这个事儿。不知怎的，你会感觉到机器比你更优秀。（笑。）

　　你其实开始怀疑：他们给我开了什么价？看看他们给机器开的价。如果那台机器出现故障了，会有人马上去修理。如果我出了事故，我就会被推到另一边，直到另一个人接替我的位置。他们唯一要做的就是保证生产线的正常运转。

　　我会尽我所能。我相信每天八小时的工资。但我不会试图超越我的极限。如果我做不到，我就不做了。我已经在那里三年了，我从来都是规规矩矩、不惹麻烦。我从来没有骂过任何人，也没做过其他类似的事儿。但我和工头们有过一些真正的冲突。

　　事情是这样的：我的工作负荷过重。我被割伤了，然后伤口感染了。我得了血液中毒。钻头坏了。我把它拿到工头的办公桌上。我说："尽快把它换掉。"我们当时正在搞特大号引擎盖特价。我告诉他，我不是修理工。这就是冲突的开始。我说："如果你想的话，带我去绿屋。"这是一个主管的办公室——纪律站。这时他说："我想在停车场看到像你这样的人。"

　　我认识的一个工头，他是这里最年轻的，他有这样的想法：我就是这样了，如果你不喜欢，你知道你能做什么。其他工头说的任何话，他通常都会推翻。即使在某些情况下，工头们也不和。他们挺难相处的，甚至他们之间也是如此。

哦，是啊，工头有了一个向他认输、屈服于他的人，他对这个人进行控制和操纵。但工头仍然可以自由地去洗手间，去喝杯咖啡。他不用面对惩罚。我刚进去的时候，还挺羡慕工头的。现在，我不会有一个工头的工作。我不会把一天的时间都用来干这种工作。

当一个人成为工头的时候，从感情的角度来说，他甚至不得不忘记自己还是个人。你看到一个人在那里流血致死。那又怎样，伙计？那条生产线得继续运行下去。我不能这样生活。对我来说，如果一个人受伤了，你首先要做的是让他得到一些关注。

关于血液中毒的事，是由引擎盖里面的东西蹭到我身上来的。引起了很大的疼痛。我去看了医务人员，他们说这是个疖子。当晚我去看了我的医生，他说是血液中毒。发烧，还有别的症状。现在我不吃这种亏。

厂里有一个医务人员部门。基本上就是急救。我们这班没有医生，只有两三个护士，就是这样。他们有一扇门，上面写着"实验室"。另一扇门上有个牌子，写着"大手术"。但我个人认为，我很怕他们。我怕如果我受了伤，他们只会跟我顶嘴。有一天我被架子上的杠子打中胸口，这边被划破了。他们没有给我拍 X 光片什么的，让我回去工作。两周前我缺席了三天半的工作。我得了支气管炎，他们告诉我，我没事。我没有发烧。我回家后，医生告诉我两周内不能回去工作。我真的很需要钱，所以我不得不在第二天回去。我发现自己还是病着，所以我请了一周的假。

　　我拉了拉脖子上的肌肉，很紧。这把枪，你从天花板下抓住这玩意儿，电缆，重量，我的意思是你要拽所有东西。你的脖子、肩膀和背部。我很惊讶没有发生更多的事故。你必须俯身，同时按住枪。这整个边缘都很锋利。我每两个礼拜就会穿坏一件衬衫，这枪的边缘会直接穿过衣服。我的工作服会着火。我的手套着过火。看到那些小洞了吗？这就是火花的杰作。我这儿有昨晚烧伤的痕迹。

　　我知道，我可以找到更好的地方工作。但我哪里能挣到我现在挣的钱呢？面对现实吧，一小时 4.32 美元。那真是不错的工资了。有趣的是，我并不介意用身体的部分来工作。在很大程度上，我喜欢这样工作。我喜欢使用我的手——比使用我的头脑更喜欢。我喜欢能够把东西放在一起，并在长远的发展中看到一些东西。我会是第一个承认我在生产线上的工作是最轻松的。但我反对生产线上的工作，在那里我被耽误了。我会像狗一样工作，直到我得到我想要的东西。我真正想要的工作是检修方面的。

　　我可以站在这里说，我可以在这个部门做任何工作，而且没有人得去为我担心。就像现在，在六十种工作中，我几乎可以干其中的一半。我想摆脱站在一个地方的状态。检修部门每天都可以做不同的工作。我可以在那边忙来忙去工作八个小时，而不是在那里不挪地方工作八个小时，我可以在另一个地方工作八个小时。每天都会有变化。我会和更多的人在一起。我在午休时间出去，在叉车上工作半小时，积累经验。当我熟练掌握后，负责的工头就说要我了。我不想让其他人看到我。在叉车上工作的时候，你就会停止思考，集中精力。有些事情就在你面前，不是在过去，也不是在未来。这才是真正的健康。

我工作时不吃午饭。我可能会吃一块糖，这就够了。我会无法停下来。生产线的速度在你的身体上所造成的紧张感……你踩下刹车的时候，就是停不下来。有一种动力带着你向前进。我可以握住食物，但没法恢复正常状态。

为我的工作感到骄傲？我怎么能在工作中感到自豪呢，我叫工头注意一个错误，一个坏掉的设备，而他却置之不理。很快你就会觉得他们根本不在乎。你继续这样做，最后你就会被冠以麻烦制造者的称号。所以你就继续你的工作。你要有自尊心。所以你就把它丢到别的事情上去。对我而言就是邮票收藏。

要是我可以去做社会工作，打断我的两条腿我也愿意。我看到那么多孩子都是被逼无奈的。我想，我会去做少年犯的工作。我在电话里告诉孩子们："伙计，离开那里去上大学吧。"因为现在对我来说太晚了。

你进入福特公司的时候，公司首先要做的就是打消你的顾虑。我见过他们把一个高个子带到他们需要一个矮个子的地方。我见过他们带一个矮个子来，在那里，你必须站在两个人的背上做事。昨晚，他们带了一个五十八岁的男人来做我的工作。那人和我父亲的年龄相仿。我很清楚我父亲做不到。对我来说，这在人性上是错误的。工作应该是一份工作，而不是死刑。

一个年轻工人在紧张的时候，就会顶嘴。但一个老家伙可能会需要一年、两年，也许是三年的时间才会去回嘴。如果是我，我不会说一个字，我不会关心公司的人做了什么。因为，宝贝，我还可以坚持两年。我不能责怪这个人。我尊重他，因为他有足够的意志力坚持了三十年。

会有变化的。这是个趋势。我们这儿的工人越来越年轻了。我们有了"三十并出局"的新原则。三十年资历，然后出局。这个观点完全是为了给一个人更多的时间，更多的时间去慢下来，去生活。这个人还五十多岁的时候，他可以在营地里安顿下来，然后出去钓鱼。我已经坐下来思考过这个问题。我还有二十七年的时间。（笑。）这就是我不到处惹麻烦或找理由的原因。

只有当一件事影响到我，或者影响到生产线上的某个人，而这个人的状况可能就是我的状况时，我才会参与其中。我不相信注定要失败的努力，但当这一切发生的时候……（他停顿了一下，显得很茫然。）

工头正在欺负那个人。那个人要么叫他走开，要么推他，抓住他……你不能责怪那个人，吉姆·格雷森。我不想让人把手指伸到我脸上来。我很可能会打他的头。整个事情就是：该死的，我们是时候站出来了。我们一起支持那个家伙吧！我们把生产线停了下来。福特公司损失了二十台车。我估计每台五千美元……你有多少钱？（笑。）

我说："我们都回家吧。"在生产线像那样产出低下的时候，你可以去跟一个人说："你要工作吗？"如果他说"不"，他们就可以解雇他。明白我的意思吗？但如果没有人在那里，他们会走到天知道谁的面前，说："你要不要工作？"伙计，那里没有人！如果由我来决定，我们就会回家。

吉姆·格雷森，我在他旁边工作。他是有色人种。绝对的。这是我第一次在那条生产线上看到团结。现在这种事已经发生了一次，它会再次发生的。因为每个人都坐下来了。相信我。（笑。）生产线八点停掉了，直到八点二十才重新启动。所有人都在那里。真的很高兴看到，真的很高兴啊。

# 吉姆·格雷森（点焊工）

在芝加哥郊外一个以黑人为主的郊区。他与妻子和五岁的儿子住在一户人家的房子里，墙上挂着儿子的手指画。

他是一名点焊工，上第三班。他的工作地点毗邻菲尔·斯托林斯的。他也是罗斯福大学的半工半读学生，主修工商管理。"如果我是白人，就不会做这份工作了。这非常令人沮丧。我可以看看周围的人，看到受教育程度远低于我的白人，他们有更高薪水和地位的工作。

"我去学校的日子里，闹钟会在早上响起。我回到家，把衬衫和领带脱掉，把公文包放下，穿上其他合适的衣服。（笑。）我去福特，在那里过夜……"（笑。）

在这个周日的午后，他漫不经心地看着电视上的球赛，声音调得很低，他的语气是那种顽皮的超然。他说的话，有时候会变弱……

哦，任何远离工厂的事情都是好事。由于在流水线上，我的闲暇时间非常宝贵。这是值得珍惜的。我没有太多的时间和家人聊天。我既要做父亲，又要做学生，还要做流水线工人。能离开这里就好了。

在我们班上，我们大约七点半吃午饭。很多时候我只是看书。有时我只是到外面去躲避……我不知道你是否听说过工厂污染。这真的很可怕。特别是在我工作的地方，有火花和烟雾。有风扇吹在我们身上。如果你不把风扇关掉，烟就会冒出来。

工厂的人不使用电瓶车。他们应该用。他们用汽油。午餐时，我很多时候都不待在里面。我通常会到外面去呼吸新鲜空气。你离前门越远，情况就越糟。你可以用刀子把热气割断，尤其是当热气上升到九十几度的时候。你会被一氧化碳烟雾熏到，简直是地狱。

福特公司把天花板弄得很低。如果我不得不走几英尺去拿一些存货，只能在我不工作的时候去。所以福特公司把一切都安排好了。如果你筋疲力尽了，卡车就会把一氧化碳吹到你脸上。但这确保你永远不会把活儿都干完。我是说，**你真的跟工作拴在一起了**。你用脚站着，用脚跑。（笑。）

我们有四十八分钟的休息时间，早上三十分钟，晚上十八分钟。你总是先去洗手间。（笑。）有三层楼高。你下来后，走到工厂的另一个地方，然后再走上三层楼去吃点东西。在生产线上，当你不得不去洗手间的时候，你不去。你要学会调整自己的体能……（笑。）对于新工人来说，这是相当困难的。我还没有习惯。我从1968年就在这里了。

我所负责的汽车部分是它变得漂亮之前的那部分。没有喷漆。基本的汽车。有一个类似传送带的……福特先生发明了这个小……（笑。）没有松懈，生产线一直在运行。它不像……如果你抬起东西，搬一会儿，把它放下，然后回去——当你回去的时候，你实际上是在喘气。福特有一个更好的主意。（笑。）你听过这样的口号：他们有更好的主意。他们有更好的想法，让你疲倦的身体在八小时内完成所有可能的工作。

你可以在一个人身边工作几个月，甚至不知道他的名字。有一件事，你太忙了，不能说话。听不到。你必须在他耳边大喊大叫。他们有一些穿白衬衫的小家伙在附近，如果他们看到你在说话，他们就会说："这家伙需要更多的工作。"他没有时间说话。

很多坐过牢的人都说，在监狱里工作没那么辛苦。他们说："伙计，监狱从来没有这么糟过。"这就是我的感觉。我这等于是在服刑，直到我大学毕业。所以，我还要在监狱里待上六个月。然后我会做别的事，可能赚得会少一些。

如果由这些无知的工头来做，他们永远不会造出一辆车。但他们有一些专业的人，研究工程时间。他们总是带着他们的小摄像机偷偷摸摸地走来走去。我在一英里外就能闻到他们的气味。这些人晚上不睡觉，想着如何让你干更多的活儿。

昨晚我听一个人说，我们完成了三百九十一辆车。我们应该在一辆车里放多少焊缝？政府有保护消费者的规定。我们只是把我们认为应该放进去的东西放进去，然后放手。（笑。）有一些规格，我们很少注意。

我们厂有检查员，他们应该检查出每一种缺陷。我们所有人都知道这些缺陷不会得到纠正。我不久前还在说买车的事呢。"我希望这辆车能开到我大学毕业。"我可以只是看一辆车就能看到它的各种问题。你做不到，因为你没有看到车是如何制造的。我可以看到车漆的下面。这就像 X 射线视觉。他们把那些装饰加上，然后起个名字。喷漆和所有这些漂亮的小东西，你都得花钱。每当我们犯了一个错误，总是说："不要担心，有个傻瓜会把它买下的。"（笑。）

每个人都有一个站点。你应该在一定的区域内完成你的工作，通常在十英尺左右，也许十五英尺。如果你落后了，你就漏下一拍。你漏了一拍的时候，就会撞到下一个工人。伙计，有时你漏了一拍，然后你就追着继续做。下一个在你后面的工人，在你完成工作之前，他不能做他的工作。如果你慢下来，就会在整个生产线上引起连锁反应。

福特非常相信劳动的专业化，带来更高的效率。其实，我在做这些工作的时候，可以思考经济、政治，任何事情。很多时候，我的心思都在功课上。我不可能一边做那份工作一边思考我在做什么，因为这对我来说是不可能的。工作实在是太无聊了。特别是像我这样要去上学的人，脑海里有很多其他事情。

**"很多时候我都很生气，因为我知道我可以做其他工作。他们有黑人配额，他们有刚刚足够的黑人，所以你不能说他们有偏见。我正努力从大学毕业，我想进入工业领域，那里有钱可以挣。**

**"我想要的那种工作所需要的所有资格，我都有，但没有人给我提供机会。1969 年，他们在报纸上登了个广告，想要一个初级会计。我是学会计专业的，所以我申请了。他们要的是数学能力强、高中毕业的人。我有大专的副学士学位，学过两年会计。他们把我带到了部门主管那里。他问：'是什么让你想做这种类型的工作的？'"**（笑。）

你可以把这个工厂比作一个微型的美国。你们有来自各种背景的人、各种文化的人。但大部分工头都是白人。似乎很多人都来自亚拉巴马州、阿肯色州，很大一部分是南方白人。他们不掩饰自己的观点，他们不跟我对着干，但我见过好多次他们跟别人对着干。哦，当然，他们对人大吼大叫。他们不骂人，骂人是不允许的。

他们会不惜一切代价争取生产。工头不应该在生产线上工作。如果他工作，就会抢走工会人员的工作。工会试图强制执行，但工头们做任何他们想要做的。然后他们抱怨说："你为什么不让你们的人每天来上班？"

　　有相当多旷工的人，特别是在星期一。有些人就是不能每天做那种工作。他们带着假的医生证明。很多时候，他们会让妻子或女友打电话来。"朱尼尔的腿断了。"（笑。）"你岳母的表哥死了，你得赶紧回家。"他们不会送你回家，除非是紧急情况。所以很多人，他们编造自己的谎言。星期一是最多人撒谎请假的一天。你会一下子休三天班。

　　公司一直在招人。他们的营业额很大。在我上大学之前，我在国际收割机公司①工作了五年。你会发现那里的人干了十五年、二十年、二十五年。你在这里遇到一个老前辈，你会问："你在这里多久了？""大约三年了。"（笑。）我二十九岁，是这里最老的人之一。（笑。）

　　汽车工人正变得越来越年轻，有越来越多的黑人。可以说，大多数年长的工人更保守。大多数老工人有资历，所以他们不必做我做的工作。公司让他们做一些简单的工作。老人不能做我的工作。一年前就有一个老人，心脏病发作三次。最后他们给了他一把扫帚，他当时大约四十岁。是啊，四十岁，在这里是个老人了。

　　我读到过在有工会之前情况有多糟糕。我告诉我们的一些官员，不要变得自满。有更多的工作要做，相信我。有一天晚上，一个家伙头撞在了点焊枪上。他跪了下来。他像猪一样在流血，血都流出来了。我就把生产线停了一下，跑过去帮他。工头又把生产线启动

①　国际收割机公司（Harvester）：美国农业设备、汽车、商用卡车、园林产品、家用设备等的制造商。鉴于其对农村社区建设的重要意义，该品牌拥有大量崇拜者。——译者注

了，他差点踩到那个人。这就是他们经常做的第一件事。他们甚至没有叫救护车。这家伙走到医务室，大约有半英里的路程，他的头上缝了五针。

工头什么也没说。他只是把生产线启动了。你对他们任何人来说都不算什么。这就是为什么我讨厌这个地方。（笑。）

绿屋是把意见分歧说出来的地方。99%的时间，公司都是赢家。如果我有问题，我就会去绿屋找他们。他们可能会决定反对我。他们会说："就这样吧，不要再说了。"我必须请假。然后我可以写一份申诉。可能在三个星期三个月三年后，他们会说："早在1971年，你是正确的。"所以，如果一个工会不为你的申诉提供支持，你就看公司是否怜悯吧。

厂里有个疯子，一场与我有关的罢工。这个特别的工头……我认为是嫉妒。他们不喜欢看到，你知道，我每天都要去学校。我会带着我的书，在休息的时候看书。他们会偷偷地看我在看什么。我很少旷工，我的工作也做得很好。但这家伙一直压制我，什么小事都不放过。有一天晚上，他说错了话。

我当时正在休息，工人们应该一直戴着安全眼镜。他们没有强制执行这类事。我摘下我的眼镜只是想擦擦额头。他说："把眼镜戴上！"就是这些烦人的小事一直在积累。总是找我的麻烦。所以我抓住他，摇了他一下。然后我就去吃午饭了。我回来的时候，他们在等我。我本来应该被解雇的，我当天夜晚和随后两天都没上班。

这些和我一起工作的人，他们不喜欢这样。所以，他们坐了一会儿。我已经走了。他们拒绝工作，二十分钟左右的时间。现在，做这些需要这些伙计付出很大勇气……很棒的伙计。不过哦，我肯定要离开这里。（笑着说，突然想起）有一天晚上，旋转木马出了点问题。我们叫它旋转木马，因为它转来转去。他们必须马上叫人来维修。大约有六个家伙来了，穿着白衬衫，打着领带。你该看看这些人。他们手脚并用，在检修生产线上的所有地方，想把它修理好。他们不会让生产线停下来。

现在我看不到自己了——我穿着白衬衫，打着领带，拿着撬棍跪着爬，浑身都是油污……我会有什么样的身份呢？这很有趣。有些人一辈子都在农场里，他们说："这太棒了，是我遇到过的最好的事情。"

**菲尔·斯托林斯说，他的志向是做检修工。有更多的工作变化。**

嗯，这是一个不错的志向。这就像掘墓人和把棺材抬下来的人之间的区别。所以（笑），他可以去做。我的志向比菲尔的高。

在这个工作中，没有时间去思考人性的一面。我有其他目标。在办公室，在银行里就不一样了。任何类型的工作，人们都会按照自己的节奏进行。

一旦我进入劳资关系领域——我已经计划好了公司法——那就不再是一份工作了，因为我会享受我正在做的事情。这就是工作和事业之间的区别。这不是一份事业。

## 霍巴特·富特（检修工）

这是一辆拖车，在伊利诺伊州和印第安纳州边界的公路边上。宿舍很拥挤。他与妻子及两个孩子住在一起。一个男孩十四岁，一个女孩十三岁。狗漫无目的地进进出出。神圣的《圣经》，又旧又脏，放在书架上，是唯一可见的书。

从加里驶向芝加哥方向的火车发出叮咣声，从附近的钢铁厂旁飞驰而过，调换和连接车厢；这太稀松平常了，让拖车都在颤抖。

他是汽车厂白班的一名检修工。他已经在那里工作了十七年。他三十七岁了，而且看起来显老。

"我来自亚拉巴马州，我的妻子和孩子都是胡希尔人。我本来打算工作几年，买辆新车，然后回南方去。好吧，我遇到了现在的妻子，这有点改变了我的计划。

"我可能会在南方的某个小工厂工作，或者可能会去我以前工作过的底特律，又或者可能会去我以前工作过的卡拉马祖，再或者我可能会被困在某个农场里，只是在某个地方的农场里打滚。你永远不知道你会做什么。你不能提前计划得太远，因为总是有绊脚石的。"

从一开始，收音机闹钟突然响起。大约四点半。我想到的第一件事就是闭上眼睛，就几分钟。然而我知道我不能闭上太久，我知道自己得起床。我讨厌那个时钟。我们躺在那里听他们放几张唱片。她大概五分钟后就起床了。当然，我说："起床！起床！天亮了，快起来！"我告诉你，在我工作了十七年之后，我不想迟到。你迟到一分钟，他们就扣你六美分。

一开始广播新闻我就起床。有时是差五分钟到五点，有时是五点整。装配线六点开始。我去洗手间，梳头。这是我的例行工作。我必须把每根头发都梳好。喝一杯或半杯咖啡。也许吃上一整片吐司，有时可能会吃两片，这取决于我感觉如何。同时，我还得看时间。我说："我得走了，现在是八分钟后，九分钟后。十二分钟后，我得离开这里。"你上了车。你告诉你的妻子，当然，你今晚会看到她。这是例行公事。

从这里到装配厂，坐火车的确很成问题。我先要穿过一组铁轨两次，再穿过另外两组铁轨各一次。长长的货运列车，从芝加哥到加里。我已经等了十到十二分钟了。那你就迟到了。

如果我看到火车过马路，我就继续走。这是你在玩的游戏。看好红绿灯，在特定的时间赶上这个红绿灯，你就能赶上下一个红绿灯。但如果那里有一列火车……我就沿着西塞罗大道走，看着十字路口。如果没出什么岔子，在伯纳姆线有一列火车，你要在那里等车、坐车。但一般都很快。（深吸一口气。）这很紧张，但对我没有影响，真的。这很平常。

我们进入工厂。一般来说，时间在大约五点二十八到五点半。开始碰见认识的人。五点半开始算工作量，但我老板什么也没说。然后我走到生产线上，我就养成了查记录本的坏习惯。那是夜班领班留给日班领班的东西：前一天晚上发生了什么。我检查有什么工作漏下了，什么小零件要放上去。我们把这些漏了的工作补上。也许我们要装一个主缸或大灯。再看看线上是否需要任何小零件、螺丝、夹子、螺栓——你知道，例行公事。

然后我走进更衣室。脱掉鞋子，脱掉裤子和衬衫，穿上工作服。把我的工具放进去：钳子、螺丝刀、修剪刀。然后回到生产线上，每天早上的例行工作。接着，我开始检查工作。我就是你们所说的防撞垫区的故障检修员。我每小时挣4.495美元。我们部门有十七项业务，我可以做所有的工作。

我早上的例行工作是一样的。清理卡板，在有缺陷的货物上贴上标签，把损坏的放到供应商那里。如果我的工头让我把它拿过去，我就把它拿过去。当然，我不着急的。工作了十七年后，学会了按自己的节奏来。

我喜欢工作。这周有两天不工作对我来说就很难受，我想我回家后会很烦躁。旷工。人们不来上班，公共事业人员就得顶上。我们中的一个人得顶替缺勤的那位，直到上头介绍新人过来。然后我们就得给这个新人展示这个活儿要怎么干。

我想我们现在缺勤率的一个原因是第二班。我们这里有很多年轻一代的人。很多人都是单身，还有很多人……他们还没有安顿下来，他们只是过一天算一天的。他们安顿下来时，就会像我一样。起床后有自己的生活规律，每天都会去上班。我在这里上班，我不想去上班，我应该待在家里。但我觉得如果我去工作，我就会感觉好一些。而我也确实如此。

我想，很多事情都是在你的脑海里。就像那个在车身制造车间工作的人叫什么名字，菲尔·斯托林斯。他已经开始讨厌这个公司了。我不恨公司，公司给我提供了面包和牛油。我养家糊口……而且有两个十几岁的孩子，有很多需求。而且我们要供两辆车。天知道我已经每礼拜往家带四十个小时的薪水了。

这就是我工作的原因。而其他人，他们过段时间安顿下来的时候，会成为我们所说的老前辈。他会想去工作。第一，工资高。第二，福利好。我不工作的时候，我每周能拿到一百零五美元。不是每个地方都有这样的待遇的。

一个人安顿下来后，就会平稳下来。会有自己的节奏。你看，我有我的节奏。你就是干得太快了，你干了这么多的活儿。因为你干得越多，他们就越想让你做。如果你开始加紧节奏，他们会希望你多做一点。如果厂里的人发现有人在看报纸或旧书，或者拿起某本杂志，他们会想办法让他没法得逞。

习惯了一份工作，就会走捷径。当学会了这些捷径，突然间有个时间标准：厂里要派人来看看，还要给你的工作计时。他们会说你每小时工作五十六分钟。我告诉过工头，我不会整天都这个忙法的，也不会一直做下去，因为这太辛苦了。我的意思是，这对一个人来说是很难的，但厂里说，工人是有时间完成这个的。

"我刚开始工作的时候，是负责安装门的。那是我第一次在工厂被割伤。我想说，小伤口的话，一个人平均一周会被割伤两次。到了1954年，我转去做镀铬门钻孔。现在有空气钻头了。那时候用的是大电钻。握着大钻头，手都会肿起来。

"后来我被解雇了。于是我回到南方。他们叫我回福特公司工作。我收到一封电报。我工作了十个晚上，把车放在火车车厢里，然后他们说，你又被解雇了。所以，我们一群人跑了五六百英里来到这里，就为了工作十个晚上。所以，我们去跟劳资关系部的人和工会代表谈了谈。我被安排到了装配线上。

"1958年，我们遇到了大萧条，我又被解雇了。我得到了一份工作，在一个仓库抬袋子，袋子的重量在六十到一百磅之间。我和我的搭档工作一天，抬两千二百到两千四百个袋子。我在两个星期内瘦了二十五磅。然后我第二次被召回福特汽车公司。"

有一次，我拒绝做一件事，我被解雇了。窗户的立柱是两块的。

你必须两手各拿一块，然后把它插在门上的两个洞里，然后把它挂在里面。当你不习惯这份工作的时候，手臂就被割伤了。所以我就跟工头说，我不干了，还骂了他几句。

他们把我拉起来，说："我们不需要你了。"他们说："你被解雇了。"让你觉得你完蛋了。然后，工会代表开始说话："这个人的家庭怎么样？他是个好工人。"工头说："对，他是个好工人。"他们来来回回地讨论。然后，公司的人说："我们会再给你一次机会。"他们把一个人推倒，威胁他，然后再给他一次机会。我想他们只是想让你感觉糟糕。

我有一个档案记录，里面记的是我做过的不同的小事情。感到厌恶、有点无聊的时候，就想干点儿啥。这就是你们所说的胡闹。或者，也许上班来晚了，就在厂里留下了个记录。厂里的人找你点儿茬的时候，他们就会把这个记录拿出来。

他们觉得我会为了我的工作讨饶。在这种情况下，有人崩溃大哭过。厂里会让这些人回去工作，然后给他们一天假。厂里会扣你钱，他们把这一套叫作"提醒加警告"。有的人，他们只是坐在那里，然后就崩溃掉，而不是转过身来骂工头。

我不像以前那样生气了。我曾经回嘴："哥们儿，你这个混蛋。"毫不含糊。但现在，我已经冷静下来了。时间长了，就会学会让自己冷静下来。我妻子在摇头。我有时回家也会发脾气。但生气的时候，只会伤害自己，会刺激自己。时间一长，可能会说一些公司会拿来对付你的话。

我的一天总的来说还算顺利。现在我有自己的节奏了，跟谁开玩笑啊，跟谁调侃，问他们那天晚上是不是要睡在车里啊，什么的。就是些能让一天继续下去的事情。我总是在开玩笑。我们甚至会往风扇上泼水。做点打破单调生活的事情。当然咯，得知道该对谁做。

这是同样的轨迹。但我可以稍微改变一下我的生活方式，到足以打破单调生活的程度。感到单调的时候，突然间，那是真安静啊，没有任何人说话，这会让一天真的很长。我会看看我工作服上的表针，看看几点了……看了看表，已经九点二十分了。然后再看表，还有二十五分钟到十点。你好像工作了很久。其实只有大约十五分钟。太想下班了。

我可以休息一天，在这边工作的一个有色人种家伙就会对在那边工作的一位女士说："米莉，这里真安静。"因为我总是开开玩笑，保持某种状态。我们在戏弄一个人，因为他的小伙计真的很短，他的妻子离开了他。然后，有些人会取笑某些人的样子。有些人看起来有点滑稽，他们会想知道他身上发生了什么。另一个家伙看起来怎么样？也许他们会嘲笑他，只是因为他的鼻子是歪的。或者他的发型。这只是生活的一部分。

白班的时候工人没有过争斗，而夜班的时候有过。我不久前和一个人吵过架。吵得很凶。我把我的想法告诉了他。我们必须尽快把事情解决掉。但我们没打起来，因为人太聪明了，不会打架的。随着年龄的增长，他们不希望有身体上的接触。因为从架子上掉下来太容易了，你可能会伤得很重。

**谈论最多的是什么？**

某人的老婆。我就实话实说吧，他们在嘲笑这个人的老婆。突然间，他们就开始嘲笑你老婆了。都是生活的一部分而已，没什么大不了的。我们和不同的黑人开玩笑。比如杰西·杰克逊这个，杰西·杰克逊那个。黑人开乔治·华莱士的玩笑。但其他时间，谈论的有棒球、冰球和橄榄球。

工厂里的毒品很严重。特别是在夜班。他们不是在抽烟就是在嗑药。嗑嗨了的时候，他们戴上墨镜。我们一直在为少年棒球联盟卖糖果筹钱。有一个有色人种向我买了很多糖果。他们需要毒品的时候，可以吃点甜的东西，这样就能撑过去了。这家伙从我这里买了一大块八盎司的牛奶巧克力。

**他积极参加拖车社区的少年棒球联盟活动。他是主席。"我老婆是妇女附属分支的主席。我们每周有六天都在球馆里忙得不可开交。**

**"我刚开始做裁判的时候，他们会对我发难。我甚至告诉过一个经理，如果他不让自己老婆闭嘴，我就把她赶出球场。我确实有这个权力。"**

以前工作的时候会做白日梦，现在不会了。我的心思会在很远的地方，我只是真的没有意识到自己在做什么。就像我早上上班的时候，经过红绿灯的时候，有时候我知道，有时候我不知道。我不知道那个灯是红灯还是绿灯。我穿过了马路。我开着车，但我的心却在别的地方。现在是在开玩笑，以前是在做白日梦。

从工厂里出来会猛然觉得阳光很耀眼，你会眯起眼睛。很多人都戴着太阳镜，我不知道为什么。现在我知道了，因为厂里有荧光灯，而打开门，会有真正的亮光。人们习惯了这些。按部就班的生活。和一些看守说话，对其中一个人说些俏皮话，聊聊他的头发或胡子，或者说他自己得到了蛮好的照料，这样下去就不会有孩子了。我开这种玩笑。然后就会遇到你早上穿过的同一组轨道。上了车，摇下车窗，不急着回家，因为没有回家的固定时间。如果错过了火车，偶尔就停下来喝杯奶昔或咖啡。

我为我的工作给我带来的东西感到骄傲。而不为工作感到骄傲。我不能说，我为在福特汽车公司工作而感到骄傲，但这工作之所以好，是工会和公司这些年谈判的结果。

如果一个人应该得到尊重，他就会得到尊重。在这里，我不尊重任何一个人。每个人都在推卸责任。管理层有下设团体，就像一棵树一样扩散。有些人想做大，想上位，但他们不会持续太长时间。尊重……

你猜不到我想做什么。我想种田。但除非你是个大农场主，否则没有一个体面的生活。因为像利比这样的大公司，他们现在拥有大农场了。是的，我只想种田。能按自己的节奏来，能当你自己的老板。遇到多云、下小雨的时候，就不干活儿了。等到太阳出来了，才去干活儿。但这里不一样。（他很紧张：他狂热地表现着自己的工作，像机器人一样挥舞着手臂。）闪电可以打，雨可以下，或者是零下十八华氏度，而你还在那里，没完没了。

**假设汽车可以由机器人制造，所有人都可以自由地做自己最想做的事情来谋生……**

土地已经耗尽了。也许这帮人想开个加油站或者杂货店，或者坐在小河岸边钓个鱼，又或者做个游手好闲的人，再或者做个嬉皮士什么的。依我看啊，以后全国30%的嬉皮士都会出自这儿。他们会放弃的。

走出大门就不安全了，因为会有太多无所事事的人。搞到钱是他们唯一关心的事儿。他们要么有枪，要么吸毒，要么做爱。他们会忙着找麻烦的。因为人必须要工作。

再在厂里干个十三年，就干够三十年了，就可以退休了。退休以后，我会有个自己的小花园。在南方的某个地方。钓鱼，打猎，坐着看太阳升起，太阳落下。把我的心填得满满当当的。

## 奈德·威廉姆斯（仓库配货员）

我干同样的活儿有二十二到二十三年那么长时间了。干这个工作的其他人都死了。

**他从 1946 年至今一直在福特汽车公司工作。他的妻子是一名裁缝。他们有六个孩子。在他那栋两层楼高的房子的客厅里，他讲述着自己的生活和工作。他无法做到坐着不动。他在房间里走来走去，演示，以老式拳击手的方式冲空气挥拳。他思维和行动敏捷——片刻工夫后，客人脑海里他的形象，便是那位 20 年代末带领温德尔·菲利普斯高中篮球队取得了胜利的敏捷小前锋了。**

我从装卡车轮胎开始。我每天要干够六十到八十份活儿，这个数字要乘以六。我们每周工作六天。一"份"活儿就是装完一整辆卡车的轮胎。一辆卡车有六个轮胎，再加上备用轮胎。把轮辋放进去是有技巧的，这样放进去后会发出咔嗒一声。干活儿的人必须非常仔细才能知道这个技巧。工人们会把这个夹子放那儿，然后站在上面，我就把它踢过来——轰！是我自己学的。没有人教我这个。我拿着这个轮胎，滚动，放在旁边，然后回来，再拿一个轮胎，装上，再拿一个轮胎，装上……

**他指着茶几上的一张照片。这是一个年轻的奈德·威廉姆斯，微笑着，被一整面墙的轮胎包围着。他戴着手套。**

装上之后，不能把轮胎放在地上。我们必须给它们充气，然后把它们滚到小格子上。而这些轮胎是装在架子上的。我去拿轮胎，但不能伸手去抓任何轮胎。轮胎的规格有 7/15 的、6/15 的、7/18 的和 10/20 的。

我可以移动五个像这样的轮胎。只用我的左手，用我的右手引导它们。如果你速度不够快，就得离开那里。我是在打篮球的时候获得的技巧。得加快速度。有一个配额，上午开始，下午再来一次。以前我们有两个人，然后他们就减少到一个人了。

弯腰伸手，像长颈鹿一样。我必须一直跳。有时我还得爬上去。我不断地告诉他们把架子放低。他们应该只放七十五个在架子上。但他们放了一百二十五个、一百四十个、一百五十个，而这是在梯子上能爬到的最高高度。很多时候，把轮胎拉来拉去（热切地用默剧方式重温那一刻）——轮胎可能会在眼镜附近或者在脑袋附近掠过。有些人受伤了。

我希望每跳一次就有一美分。没有时间感到疲惫。我累了，是的，但我有工作要做。我必须要做。我没有时间去思考或做白日梦。我就不干了。（笑。）直到两年前，我一直在生产线上工作。

　　我很傲慢。现在不那么自大了。以前是的。我唯一能反对的方法就是——别做了。我累了的时候，会带着刻薄的态度去厂里。我不在乎他们是否让我收拾铺盖走人，他们知道这一点。我为我的工作感到骄傲。只是不要逼我。我是在这里出生的。

　　我在那里工作的头四个小时，我就想辞职。我被人用错误的方式对待。我刚刚结束一场申诉。这个工头，他走来走去，像个小卫兵。他从背后打我，我当时已经尽全力干活儿了。我在那之前从来没有在装配线上工作。这东西在移动，要跑了。你得把它捡起来，亲爱的。你得快一点。他就像一把小猎枪。你去洗手间，他在找你，然后马上回来。

　　他在逼我。有人在逼迫他，对吧？我去吃了饭后，感觉很好。我说："我要打败他。"我在他手下工作了十年。他每年圣诞节都会给我寄一张圣诞贺卡。1946年，我们有一次裁员。他说："我会在这里给你找份工作。"我就是那时进入了轮胎行业。你看，我已经在这里待了四个小时了，而他却总是骂我。我中午回来后，他就对我又爱又亲。我想真真正正地做一份工作。

　　我有一种责任感。我去过绿屋很多次，不过，伙计。那是为了训斥。你搞砸了。我怎么搞砸了？说我有四百个轮胎。四百五十个吧。我可以看那张纸，你看了那么久的纸，你可能会把同样的东西看两遍，对吧？我会被训斥的。这是个需要速度的工作，但是他们没有意识到。你可以二十年都做得对，犯一个小时的错，他们就会把你提溜出来。

　　如果别人受到不好的待遇，我就替他说话。也许他不够理智。俗话说："管好你自己的事。"我的事就是他的事。他跟我一样。当工头对我说这不关我的事时，我就说："如果我和他处于一样的境地，你也会这样对我的，但你最好不要这样做。不，除非我死了，否则他们永远不会抓到我。"

有时我觉得自己只是一个机器人。你按一个按钮，就会往这边走。你就变成了一个机械疯子。你喝了几瓶啤酒，晚上就睡觉了。也许凌晨一两点，我老婆就会说："别这样，别这样，别干了。"我还在装配线上工作。凌晨三点，五点。累死了。我整晚都在做那份工作。周六，周日，还在工作。都压到你的身体里了。我老婆拍了拍我的肩膀。拍我并不意味着什么。（笑。）

有时我用胳膊肘撑着起床。星期天醒来就去上班。那时我们一周工作六天。我还以为这是另一个工作日。我的妻子看到我进了洗手间。"你去哪里？回来。"我洗了个澡，收拾了一下。"你去哪儿？这么早约了姑娘吗？"我说："什么？什么姑娘？我只是去上班。"她说："星期天？"我说："今天是星期天？我的上帝！"一个机械疯子。然而，我向上帝保证，这种事儿我干过不止一回。1954年的时候，我知道我干过两回。

我当时睡在美国退伍军人协会的一处岗亭前。我喝了不是一杯两杯呢。那是个星期天。有人说："回家吧。"我以为他们说的是"去工作"。嗖！我有一辆全新的1955年的水星蒙特克莱，我嗖的一声离开了那里。我去了工厂，一直开到大门口，到了那里，我没有看到任何车。老天啊，我简直是昏了头了。

工作绝对是最大程度地影响了我生活中的所有部分。我观察了一下那些比我在这里待得时间长的人。他们也是这样，甚至更糟。我每天都和他们说话，我听到一些四十二岁、三十七岁、三十五岁的伙计说的话。都是些机械疯子。

工会已经尽力了。但如果这个人有了不良记录，工会就无能为力了。他们把记录拿出来，工人会暂停工作，也许一个星期，也许三天，也许三个星期。这不是带薪休假。

一些年轻的家伙是反对，哦，是的。他们没有什么可失去的。他们中有些家伙也就二十岁、二十二岁吧，没有老婆，所以他们没什么担心的。他们周一不来，周二也不来。把他们带到绿屋去。停他们一个星期的工，他们也不在乎。如果我能解决他们的问题，我就能成为百万富翁，就坐在这里的门廊上。如果我能想出办法，我现在就可以退休了。

如果让我的人生重来一次，那将是我人生的前三十五年。我什么都没做，我不喜欢工作，我从来不喜欢工作。现在这里有一些老人看着我妈妈，说：“我从来没有想过那孩子会工作。”我的手很柔软，像一块海绵。以前每周去看两次美甲师。我工作时总是戴着手套。我不想把我的手弄脏了。

我现在是验货区的仓库配货员。我去取所有你需要的小零件，像镜子、铬合金或门板啊什么的，然后放在车上。我得快速找到这些小零件，因为我在卖场。这个工作已经做得很熟练了。过去两年一直在做这个。说句实在话，几乎没有人在那里工作了二十年以下。全是老家伙们。

工资少了。我有一份你们所谓的没法升职的工作。工作比较轻松。我现在不用弯腰了。这是不对的，但就是得靠着这个讨生活。我曾是个好工人，但我却为此受苦。这么说吧，你每天少挣 1.2 美元。回到家后，我还能打排球。

我不觉得累，只是觉得年纪大了。自从我不再干那个活儿，我就没有在睡梦中说过话。我现在什么也不带回家了。我带着取货车的钥匙，仅此而已。（笑。）我没有带任何东西回家。到厂里去之前我是不会担心的。

**汽车值得买吗？**

跟汽车从一个人身上榨取的东西相比，并不值得。但我想到了某种骄傲。在那条公路上看到汽车，大家不会去看那是什么车型、是谁的车。我为此投入了汗水。而有像我一样的人在造车过程中干了各自领域的活儿。这一定是值得骄傲的领域。

## 汤姆·布兰德（工厂经理）

他是芝加哥福特装配部的工厂经理。除了二战期间在海军服役外，他已经在公司工作了三十年。四十八岁的他，浑身散发着休闲自信的气息，热情洋溢，不拘小节……

他是从基层提升上来的。"我在底特律的学徒学校里。然后我调到了海兰帕克工厂，是铣削部门的负责人。我当时十八岁。下属都是女人，让我一阵紧张。她们都有比我年纪还大的孩子。'嘿，小宝贝儿，到这里来。'她们开的玩笑要吓死我了。"（笑。）

战后，他进入密歇根大学，并获得工程学位。"去福特研发中心工作。"多次调动——测试工程师到质量控制、审核……五次调动，遍及全国各地。圣路易斯，双城，回到底特律，芝加哥。"我已经在这里工作了三年。"

**桌子上有一块牌子：福特，限量版。"这是我们的第五百万辆车。有大约四千五百人在这里工作。大约有三千九百九十八名小时工和四百六十八名领薪金职员。"管理人员和办公室的员工都是领薪金职员。**

我负责汽车制造，以及确保汽车以一种正确的方式制造出来。我依靠我的质量控制经理。任何缺陷，任何问题，我们都要确保它在出厂前得到修复。生产经理负责管理生产线上的员工。确保他们在做自己的工作，有适当的工具、空间和时间来做。但质量控制经理才是我们的警察。质量控制并不是检查车辆上的每一个部件。有些是通过监视。一小时抽取五个样品。有时候，我们每辆车都要看。他们会确保我们说到做到。

好吧，我们必须一个小时制造四十七辆车。在洛兹敦的维加，每小时制造一百辆。它们被太多的自动化所困。如果你要自动化，你总是给自己留一个漏洞。我还没见过它们的照片。我想给我所有的经理看一下。好吧，我们每天要制造七百六十辆大福特汽车。

这些车是要走出厂门去面对客户的。客户会回来找经销商，经销商再来找我们，还会查看保单上的保修期。那是福特公司提供给经销商的钱，用来修复任何缺陷。我们会更好地倾听。如果客户说"我的车漏水了"，经销商就会开出一张支票，公司会支付维修费用。每个人都很想把这个费用降到最低。我们很幸运。厂子一直在逐步变得越来越好，越来越好。12月我们降到了 1.91 美元。两班制的工厂在保修期内降到 1.91 美元，这是前所未闻的。

我通常七点就到了。早上第一件事就是读一封夜班信——是夜班的生产经理写的。他告诉我们一切都很好，或者说有一个故障。如果是重大问题，比如火灾，夜班经理会把电话打到我家里来。如果有任何问题，我就会问伙计们："我们能做些什么？修好了吗？"现在是底特律的八点。我可能会提前接到电话。

然后我就到外面去，在工厂里巡视。屋顶下有一百五十万平方英尺的空间。我会改变我的巡视路线，这样他们就不会知道我每天都会在同一时间出现在同一个地方。最坏的情况是我设定了一个模式，让他们知道我在哪里。

我总是停下来和工头或者小时工说话。或者有人会让我停下脚步，对我说："我有个建议。"我可能会看到一个漏水的地方，对工头说："你打电话给维修部了吗？"自己不做，让他去做。等我回到办公室的时候，我会有三四个电话："你能帮我解决这个问题吗？"这就是你与厂里人保持联系的方式。

通常在九点半左右，我就已经在查看要检测的车。取八辆车，驾驶，重新清洗，进行测试，把车放在起重机上，检查所有的扭矩，进行目测。我们对所有车中的八辆进行整车检查。然后每天还会挑出另外四十辆车，进行进一步检测。

我们通常会开一个人力会议，会上我们会把下周的要求过一遍。在我们每周四下午的成本会议上，两个班一起开。运营委员会通常每隔一天就会召开一次会议：一个厂长助理；一个运营经理，他有两个生产经理；一个控制员；一个工程经理；一个质量控制经理；还有一个材料经理。这就是工厂的八个关键人物。

我们有一个医生。我们喜欢他早上十点来这里，这样他可以有和夜班重叠的工作时间。有四个护士和一个替补。如果有意外，她们是最早去现场的人。是不小心吗？是公司的错误吗？是地上有油吗？是他们滑倒了吗？确保每个人都戴上安全眼镜。我们免费为工人们提供眼镜，以很低的折扣卖给他们安全鞋。如果我去商店买这些东西，可能要 30 美元左右。在这里只有 11.5 美元。我们还为车身制造车间购买了二百五十七个耳罩，在那些有很多焊接类的活儿或者气压高的区域使用。或者是噪声巨大的地方。联邦政府规定，你必须为在高噪声区域的任何人提供耳罩。我们把所有这些区域的噪声都隔绝了。有些人说："我不会戴上耳罩的。"我们说："要么你戴上，要么你就别想在这里工作。"我在福特工作了这么多年，从来没有遇到过听力障碍的情况。

我们现在有一个很大的关于点焊枪的项目，目的是增加我们厂点焊枪的数量。公司付了很多钱购买耳塞和耳罩。一个人戴着的话，如果气温到了九十华氏度，好吧，耳塞和耳罩会变得暖和。我可以理解。我可不想整天戴着这种东西。所以我们在大鼓风机上做的就是把隔热层做得非常厚。人可以站在它旁边。我们在噪声水平要求范围内。在夏天，我们有大的 440 型号风扇。这些风扇真的能移动空气。工厂里比外面九十华氏度的天气要凉快得多。

两年前，我们发生了一起事故，一个在车内装潢流水线上工作的家伙。他滑倒了，撞到了头，躺在传送带上。工人们关闭了生产线，直到救护车把他送到医院才重新启动。没有任何一辆车值得一个人付出一条胳膊或腿。我们总能制造出一辆车来。但如果有人受伤了，因为不可抗力——人的眼睛——我哥哥只有一只眼睛，这就是为什么我是个安全眼镜狂。

三年前，我接到了很多申诉。我们的营业额很高，有很多新员工。每周会有多达一百二十五人遭到替换。现在的经济形势，我们最后一次加薪，还有圣诞节和新年之间的七天假期，这些新的因素改变了工人的整个态度。他们发现这是一个真的挺不错的工作的地方。他们拿到了最高的薪水。一年十二天的带薪假期，他们喜欢这样的氛围。以前有很多人都会在每年的这个时候去建筑业。现在少了。

我有伙计来找我，说："我不满意。我可以和你谈谈吗？"我说："当然，进来吧。"不能坐在办公室里经营生意，因为这样一来，和人们的关系就太疏远了。人是关键。如果不与人接触，手下会认为，他太冷漠了，他很疏远。那是不行的。如果我走在队伍中，会有一个人离我五十英尺远。我向他挥手，他也会向我挥手。很多人我都知道他们的名字。我不知道每个人的名字，但我认得他们的脸。如果我在某个区域，我就会知道谁是新人。我会和他们中的一个人开玩笑……

（指着他衣服上的胸牌）这些是真正的资本，因为我们有很多从底特律来访问的人。他们进来后，有人说："去找乔治·许斯勒。他是底盘主管。"他可能会忘记。所以他就会去看一下胸牌，然后看到这个名字。我们有很多新的经理在更替。他们把我从双子城带过来的时候，这对我来说真是有用。我让工人们进来，然后说："早上好，汤姆，你好吗？"有很多人叫我布兰德先生，一些我以前在其他地方认识的人。我说："你看，自从我从那间办公室搬到这间后，胸牌有什么变化吗？"所以胸牌有用。所有领薪金职员都有个牌子，但护士们没有。

### 在生产线上的工人没有胸牌吗？

我们一直在考虑这个问题，但太多人把胸牌留在家里。让他们每天带着眼镜和储物柜的钥匙回家是个大工程。有些人很健忘，有些人很有责任感。有些人做得很好，但不愿意负责任。我们问过一些人："你想当工头吗？""不，我一点儿也不想当工头。我想当工人中的一员。"

工厂里有 45% 的黑人。我想说，大约 25% 的领薪金职员是黑人。我们有一些很棒的员工，一些真能干的。其中很多人在三年前非常激进——马丁·路德·金的一周年纪念日的时候——也就是我到这里的那一年。从那时起，我们就没有任何问题了。那些可能激进的人都很安静。他们之前是非常直言不讳的。我想，现在已经平静下来了。即使是年轻的孩子，不管是黑人还是白人，都不留长发。他们开始喜欢有型有款的造型。我觉得他们接受工作的能力比较强，比前几年更强，因为前几年每个东西都不好。每个厂家都会造成污染，无论是对水、空气，还是其他什么。"体制内的人在制造这些。"我再也听不到这句话了。

"我爸爸在 1908 年福特公司成立时就为他们工作。他成了采购部门的主管。那时候人们管他们部门的人戴的胸卡叫明星胸卡。有一天，我开玩笑地拿走了他的明星胸卡，把我的胸卡留给了他。我差点被枪杀。我哥哥在福特公司工作。我儿子在双子城工厂工作。他是个邮递员。在过去的两个夏天里，他一直在维修部工作，清理喷漆炉和坑里的所有沉淀物。他说：'你有芝加哥最好的工作，而我有双子城最差的工作。'（笑。）他当时工作是按小时计算的，干的是脏活儿。邮递员，嗯，那是有工资的。他晚上要去学校。他学到了很多东西。"

1973 年，每周二两点半召开开工会议，讨论新车型。现在是 3 月，旋转木马式的传送带已经投入使用了。这是一种新的固定装置。我们在这里制造所有汽车的前端。在圣诞节和新年之间，我们开始准备。通常每隔一年就会有一个型号的变化。明年所有的东西都要换。六千八百个零件会变化。

**"我的老板是底特律的区域经理。他有七个装配厂。在他之上是助理总经理。在他之上是我们的副总裁和总经理。装配厂是一个部门。有玻璃部、运输部、金属冲压部……"**

流水线是最大的部门。我们是收银员，公司是靠这条生产线上的利润为基础的。老天保佑，我们工厂的维修人员做得很出色。我们把车从生产线上弄下来时，它们就会被送到经销商和客户那里。这就是利润的来源。

不在厂里的时候，我可以把工作抛在脑后。并不总是这样。有些晚上我忘了，在家里突然发现我的腰带上还挂着这个东西。（笑。）我们刚刚参加了一次为期四天的加勒比海游轮旅行。他们给我发了一封电报。"我们12月的保单，1.91美元。祝好。"这比一些单班制工厂要好。

我不认为我五十岁就会退休。我不是那种无所事事的人。如果我的健康状况良好，也许我会干到五十七岁、五十九岁。我很喜欢这份工作，和人们在一起。我喜欢跟人打交道。我喜欢人，真正做事的人可以识别出假货的。走出去说早安的时候，你要注意观察那些家伙。如果他们知道你是认真的，就会有天壤之别。

我这份工作部分是销售方面的。我想你可以称之为人事管理。我的老板多年以前曾经是个很有势力的人。一个强势的家伙。我不相信这个。我从来都不是用这种方式养大的。我从来没有见过一个不能跟他对话的人。我从来没有遇到过不穿裤子的人。就像我早上穿裤子一样。我见过很多自以为是的人。那是行不通的。以前用棒球棍打人来吸引他们注意的日子已经是过去式了。

如果我能让工厂里的每个人都用我的眼光去看待每一件事，我们就会解决很多问题。如果我们只有一个标准，就很容易被人左右，因为这样一来，每个人的想法都是一样的。这是人与人沟通最大的问题。

这是一个艰难的局面，因为每个人每天的感觉都不一样。有些早上，有人带着宿醉醒过来，他前天晚上熬夜看了一场很晚很晚的电影，错过了班车，上班的时候就会很生气。这就是人的本性。如果我们能让每个人都感觉良好就好了……

## 惠勒·斯坦利（总领班）

"我可能是厂里最年轻的总领班，是的，先生。"在汤姆·布兰德去工作的时候，他被邀请坐在工厂管理者的位子上。"我现在在底盘生产线上。有三百七十二个小时工在为我们工作，还有十三个工头。我是工头领班……"

他在这个地区长大。"离这里不超过五分钟。当我还是个小男孩的时候，我就看着福特工厂长大了。"他的父亲是一名铁路工人，他是四个孩子中唯一的儿子。他已婚，有两个小孩。

他刚满三十岁，看起来总是"全神贯注"的。这不是偶然的。"我一直有一个志向。我想去当兵，当一名伞兵。于是我成了一名伞兵。我在

**军队主要负责通讯，退伍后，我到伊利诺伊贝尔公司应聘。但没人招人。所以我以小时工的身份来到这里。十年前的事了。我当时二十岁。"**

我负责制作坐垫。我们制作所有的座椅和装饰。我可以非常容易地理解这个工作。我的动作很熟练。我是一个点焊工。我制作坐垫，然后是饰件，再到车身制造车间喷漆。我可以看看一个工作怎么做，然后就可以去做这个工作。我的脑子里有灵感。我可以站在后面，看一个活儿怎么干，五分钟后我就可以去干了。我很享受这个工作。我觉得这是一个男人的工作。你可以用你的双手做一些事情。你可以晚上回家，觉得你已经完成了一些事情。

**你觉得流水线无聊吗？**

不，呃，呃。远远没有无聊。和我一起干的有十来个人。我们会想出不同的游戏——比如我们会把经过的吉普车号牌记下来。谁记错了，谁就买咖啡。我很少和其他人有任何问题。我们彼此之间很尊重。如果你干小时工或者督工的时候蠢头蠢脑的，这帮人对你没有什么用处。但如果他们知道某个人很有进取心，而且他想做一份工作，他们就会尊重他。

我是那种人，如果我该加薪，我不会要求加薪。如果他们觉得我没有资格加薪，他们就不会给我加薪。如果他们认为我有权得到它，他们会给我。如果我不值得，我不会得到它。我不质疑我的老板，我不质疑公司。

当我来到这里时，我想成为一个检修部的人。到处走走，给每个人解围。我觉得那是世界上最伟大的事情。当生产经理问我是否愿意接受培训去做工头的工作时，我的精力不再用到检修上了。我在所有的流水线上工作。我在生产线上待了十八个月，成为领班。十八个月后，我成为总领班，那是 1966 年 3 月的事儿啦。

很多老前辈在工厂里的时间比我活在这个世界上的时间还多。他们中的一些人已经服务了三十年、三十五年。我必须克服他们的怨恨，得到他们的尊重。我被教会了一件事：要严格但要公平。每个人都有自己的任务要做。如果他有问题，就纠正他的问题。如果他没有问题，就纠正他本人。

如果一个小时工继续放任自流，你就要采取惩戒措施。你要根据情况，循序渐进。如果我是个年轻人，而他又反感，我就会忽略不计，尽量让他按我的方式去想。如果我做不到，我只好走纪律路线——那就是训斥、警告。如果他们尊重你，他们就会为你做任何事情。如果他们不尊重你，他们就不会为你做任何事。要有进攻性。你必须了解每一个人，知道他们的反应。我必须了解我的每一个工头。我知道他们所有人如何做出反应。

一条生产线上，你可以与几个人建立联系。我还没有。你熟悉了后，就会造成一种情况——你越是了解一个人，就很难区分老板和朋友。这对我的职业没有好处。但我不认为我们会有什么变化。就像我喜欢说的："我们穿裤子的方式是一样的。"我们一起工作，一起生活，但他们总得意识到你是老板。

我想先保证质量，然后再考虑其他的事情。生产线运行良好，生产良好，成本节约，工艺有保证。当他们接受雇用并开始工作的时候，你要让他们知道你是严格的。我们有公司的规矩。芝加哥福特汽车公司有十七条不同的规则，我们从一开始就努力去执行。

一开始就是训责，一种警告程序。很多时候，他们没有意识到这是被解雇的第一步。如果有人工作了三十年或者二十年，他们从来不会意识到这一点。总是有迈向结束的第一步。如果你抓到一个人偷窃，第一步就是解雇。如果是工艺上的问题，就是一个渐进的过程。训责，停职三天或一个星期。然后就结束了。

**你是说解雇？**

解雇。这并不总是结束。你总是试图纠正它。解雇不是我们直接的责任。这是一个劳动关系的责任。我们启动纪律并支持解雇的案例。

**伙计们谈论绿屋……**

我从来没有叫它"绿屋"。这是幼稚的。对我来说，这似乎永远都不对："我要带你去绿屋。"你想用男人的方式告诉一个人："如果你不做得更好，我就把你带到办公室去。"或者："我们会去劳资关系部解决这件事。"这听起来更像管理。而不是说"我要带你去绿屋"。

**当你在生产线上工作时，你是否曾被带去过……办公室？**

没有，我没有请过假，我一直都很好地完成我的工作，戴着眼镜，还有别的一切。在过去的五年里，我想我没有缺勤过三天。我老婆喜欢跟我唠叨，因为如果她生病了，我就会把丈母娘接过来，说："你陪陪我老婆，她没那么严重。我去上班了。"

爸爸从不缺勤。他工作很努力。他经常加班。他工作了十六个小时。他们会说："他上第二班的时候会恢复精力。"他一开始是个开关工，现在他是总厂长。他一辈子都是公司的人。我一直很佩服他。

**你觉得你的军队训练对你有帮助吗？**

很大程度上有用。我学会了尊重。很多时候，你都喜欢大放厥词。你真的不知道如何控制你的自尊心。自尊心是个好东西，但如果你太过自负……当它干扰了你的良好判断力，而你又不知道如何控制它时……在军队里，你要学会闭嘴，做好你的工作，偶尔受点侮辱。这是有帮助的。

有句老话说得好：老板不一定是对的，但他仍然是老板。他的事情是由高层管理部门决定的，他们能看到整个画面。很多时候我并不同意。现在就有一个例子。我们一直有漏水的问题。这并不影响底盘部门，但就差一点，我们必须马上想办法解决。我们不得不处罚两个人。这反映在你的成本上，这是我的工作之一。当老板说给他们钱，我们就给他们钱。但我不认为我们部门应该因为另一个部门的问题而受到惩罚。这些部门之间有很多的荣誉感。白班和夜班之间也有竞争。良好的、健康的竞争无伤大雅。

在成为监理层一员之前，你是按小时来考虑的，但成为管理层后，就必须为公司的最大利益着想。总是要表现出一种有条理的姿态。我认为有条理的姿态是，第一，一个外观整洁型的工头；你不想进来时邋遢、肮脏。你要以一个领班的样子进来。你总是以一个男人的方式行事。

我不可能成为一个推销员。一个推销员会比我低级，我不喜欢去打扰别人，或者试图向别人推销一些他们并不想要的东西，说服他们去买。我不喜欢。我喜欢来上班，做我的工作。在这里，这是一个重要的工作。有很多责任。它不像在汤料厂工作，你所做的就是做汤罐。如果你打错了一个罐子，你就把它放在一边，不用担心。你不能对一辆五千美元的车这样做。

年轻工人和老工人没有区别。这里有一个老家伙，有色人种，是上夜班的。他一定有五十五岁了，但他只在这里工作了五年。他让我很吃惊。他告诉我："如果我必须走路去上班，我就在这里。"一些年轻人也会这么说。我不觉得年龄有任何影响。有色人种还是白人，年老的还是年轻的，这是人本身的素质。

以前，他们争取工会的时候，当时可能需要工会。但现在公司对他们来说，就像工会一样好。几天前，我们举办了一次棒球比赛，伙计们不接受公司为他们举办宴会的方式、奖杯和夹克。他们不接受的还有汤姆·布兰德要亲自参加宴会。

几年前，是小时工与管理层相互对抗。现在更多的是塑造成一个整体。不是小时工与管理层，而是公司。每个人都参与到公司中来。我们已经取得了很多好的成绩，如棒球比赛、篮球联赛。我们已经有了高尔夫郊游。去年我们开始了垒球联赛。他们最想击败的球队是监督队，我们的球队。这让大家的关系更加紧密。现在是一个大家庭了。刚开始的时候，就是1965、1966年的时候，是公司与工会对抗。现在已经不是这样了。

**你的下一步打算是什么？**

总监。我一直在期待着这份职务。我是底盘部门的主管。这是工厂里最大的部门。

**在那之后呢？**

交付前经理。然后是生产经理，然后是运营经理，这就是指挥系统。去年，我们的运营经理去欧洲待了四个月。在他离开的时候，我接下了这份工作，作为培训期。

**最后呢？**

谁知道呢？首先是总监。这是我的下一步。我对福特很有好感，因为它对我很好。在我看来，没有比这更好的公司了。它有很好的保险福利和其他一切。我不认为我花了两美元就能生下两个孩子。我儿子才六岁，我带他参观了工厂。有一天晚上，我带他参观了工厂，电工们正在操作车身升降机。他按下按钮，起重机就跑来跑去，这让他非常激动。他现在可以用螺杆传动电动机工作了。我给他演示了一下。他就是喜欢这样。他一再说："我也要为福特工作。"我说："哦，不，你不会的。"我妻子会让我闭嘴，她说："为什么不呢？"然后我就想："为什么不呢？福特对我很好。"

我喜欢看街上的人，当他们说"我有一辆新福特"时，我就会问车怎么样。你在小酒馆停下来，喝杯酒，或者你晚上出去玩，他们说："我有一辆新福特。"你喜欢问个究竟。我想知道他们是否喜欢这个产品。你发现有人说："我喜欢它，它很好开，很安静。一切都很完美。"听到这个的时候，那种感觉真是棒极了。

**你听说过维加工厂所在的洛兹敦吗？**

我喜欢看《华尔街日报》。我想在华尔街做点投资。我想更多地了解股票市场。在经济上，我还做不到，两个小孩……我读了《华尔街日报》里所有关于洛兹敦的文章。我认为工会是没有道理的。而且我认为管理层可以做得更好。每小时一百辆车是相当过分的。但同样，制造小型车辆，建立一条生产线会更容易。但我知道，有些是蓄意破坏。

我想，工会主席只有二十九岁。我认为他是一个真正头脑冷静的人。他很刚愎自用，想按他的方式来。如果我和他一起工作，我们可能会经常发生冲突。我是出了名的不讲情面，如果不得已，我还会很顽固。

**"我在门德尔高中获得了奖学金，但我付不起书本费。那时候，我的家庭经济拮据，所以我上了职业高中。这是我犯的最大的错误。我习惯了天主教的文法学校，我需要天主教的教育来约束我。因为我是个脾气很暴躁的人。"**

我是那种人，有时候你得把我骂一顿，让我知道你还在身边。如果你不这样做，我可能会欠考虑并松懈下来。我不喜欢松懈。我负担不起。我喜欢一刻不停地忙碌。我不想停滞不前，因为如果我停下来，对任何人都没有好处。

**（他对他的手表进行研究，跟表相关的一切：秒、分、时、日、月、年……）**

我一直在查看我的手表。我检查不同的项目。大约每隔一小时，我就会巡视我的生产线。大约六点半，我会去检查到岗情况，看看谁缺席了。七点，我到了生产线的末端。我会检查喷漆，检查划痕和损坏情况。十点左右我会开始和所有的领班谈话……我要确保他们都醒着，确保他们都在他们的责任区。所以，我们可以在两点钟关闭生产线的末端，所有活儿都干完了。周五晚上，每个人都会得到报酬，他们会想着尽快离开这里。我得让他们在生产线上继续工作。我不能让他们早早离开。

我们不能没有缺陷，不能什么都没有。

如果一个人受伤了，以至于会影响到生产，那么就会停止。几年前我们有一个家伙，他的身体被困住了。我们唯一能让他脱身的方法就是关闭生产线。反转传送带，以便取出他的手指。我们要把生产线停掉，确保他不会再受伤了。轻微的撕裂或类似的伤，这是个日常出现的情况。必须处理这种事。

**你这样紧张忙碌有什么感觉？**

这就好像总监去度假一周，我接替了他的工作一样。他们开的车是他们所谓的 M10。他们的车牌总是一个数字 2，后面还有一个字母：比如 2-A，2-D——这说明这是经理的车。他休假时，我接替他的工作，他所有的特权都会变成我的，为期一周。我现在三十岁，四十岁就能当经理了。我不能要求更多了。我把车开回家一个星期的时候，我为那个车牌感到骄傲。上面写着"制造商"，人们知道我为福特工作。这种感觉真好。

**后记：**汤姆·布兰德回来了。惠勒·斯坦利从椅子上站起来，像士兵一样。布兰德兴致勃勃。"在工厂里转转，如果有两三个像他这样的人，我们就很幸运。这些人是真正的有成功希望的人。用不了多久，这些家伙就会抢走我们的工作。要永远善待你的清扫工。你永远不知道你什么时候要为他工作。"（笑。）惠勒·斯坦利笑了。

# 加里·布莱纳（工会主席）

　　他二十九岁，快三十岁了。他是美国汽车工人联合会1112地方分会的工会主席。其成员受雇于俄亥俄州洛兹敦的通用汽车装配厂。"这里是世界上自动化程度最高、速度最快的生产线。"最近，一场罢工"暂时"得到了解决。

　　他刚刚参加完一次漫长的谈判会议。这是他在过去二十个月的主席任期内的许多次谈判之一。我们在公路边的一家餐馆里。这是汽车旅馆和购物中心综合体的一部分，位于扬斯敦和沃伦之间的某个地方。该地区高度工业化，充斥着钢铁、汽车、橡胶。"洛兹敦是一个汇集地。人们从它周围的城市迁移过来……我住在牛顿福尔斯，一个六千人的小城。离通用汽车公司十分钟路程。"

　　1959年高中毕业后，"我在我父亲工作的地方找到了一份工作，在共和国钢铁公司"。他在那里待了四年——"涉足过工会，当过干事"。"我是那里最多才多艺的人。（笑。）我开始在轨道那里工作，随后进入锻造部门，给一个铁匠当助手。然后是磨工助手。然后做磨工，一直到1963年被解雇。"他在拉韦纳的另一家工厂工作了三年。"那是我真正参与工会的地方。"1966年，他"去了洛兹敦的通用汽车公司"。

　　有人说洛兹敦是上班族的伍德斯托克。这里有年轻人，都很摩登的模样，长发，高大的非裔，珠子项链，年轻的姑娘。平均年龄在二十五岁——这让一个男人三十岁就走下坡路了。我是个年轻的工会主席，但我在厂里是个老头。

1966 年，公司开放综合楼进行招聘的时候，那时脑海中还没有维加。我们造的是 B 型车，黑斑羚 ① 和卡普里斯 ②，还有旅行车什么的——大型家用车。

我干过工头，干了大约六七个星期的时间，然后我决定那不是我喜欢的。他们强调的一件事是：生产第一，人第二。有一件事让我记忆犹新。在我们培训的时候，他们让我们上了一堂劳动关系的仲裁课。那是一个模拟案件，是一个公断人的听证会。模拟的人都是公司的人。我们有一个人，那人是裁判。我们有资方的律师和工会。那个被解雇的人也在那里。我们必须写下我们认为这个人是无辜的还是有罪的。我是三十多个工头中唯一一个认为这家伙是无辜的，应该得到他所有的钱。其他人都想去讨好观众。我当真了，真的觉得这家伙是无辜的。于是我说："谢谢你，但不用谢。"我脱下衬衫、摘掉领带。所有的工头都穿衬衫，打领带。现在在通用汽车公司，他们已经变得有些自由了。工头们可以穿彩色衬衫，打任何类型的领带。

我回去做了一个装配检查员——是检修的工作。我解救了六七个人。我可以到处走动，和很多人交谈。我很不满意事情的发展方式。人们遭受压力，被逼着跑。如果一个人没有做到这一点，他们就让他滚蛋。这是管理层的一种铁腕方式，因为每个人都是新来的。正是由于他们对待我们的方式，管理层了导致 1966 年和 1967 年工会的工作人员数量比能想象到的上限还要更多。

---

① 雪佛兰生产的一款标准车，是雪佛兰 1965 年以来售价最高的车型，在美国广受欢迎。——译者注

② 雪佛兰在北美生产的一款全尺寸汽车，生产时间为 1965 年至 1966 年，是 60 年代和 70 年代初全美最受欢迎的汽车。——译者注

当工厂刚建成时，吸引的不是年轻人，而是那些一直在社区工作的人。他们放弃工作来到通用汽车，因为厂是新的。1966 年的时候，成为第一批被雇用的一千人中的一员是一件很有吸引力的事情。我当时二十三岁。我认为这是一种安全感。我是一家有七千八百个员工的工厂里的第 136 号员工。你得到了最好的工作。你的资历最深。很多工匠——维修工，管子工，铣工，水管工——都有十年的工龄。

雇了几百个人之后，其他人不想来上第二班，或者做薪水较低的工作，因为他们已经在别的地方站稳了脚跟。所以这时，孩子们高中毕业就得到雇用。这是 1967 年初的事儿。我们厂的人员流动非常大。一个人在休假时进来工作一两个星期，然后辞职，再回到原来的工作岗位上。站在队列里，重复地做着一份工作，不能离开，这不适合他们。年轻人是完美的——管理层这么认为。他们是——砰！被丢到这份工作里来的。但他们也不会忍受。

那是 1967 年的事。继续到 1968 年、1969 年，厂里已经加快了生产线的速度。开始的时候是每小时 60 辆车，然后继续生产 6 号车，两款车型。我们有一辆庞蒂亚克，叫什么来着？"火鸟"。还有一辆 B 型车也在同一条生产线上。这带来了困难。最重要的是，1972 年不是 1966 年。那时候有很多就业机会。现在没有了。流动率几乎为零。人们找到了工作后，就会保住工作，因为没有别的地方可去了。

我才不管别人怎么说，那是个枯燥、单调的工作。我是检查员，我并没有真正地去干敲打螺丝，或者拧紧螺栓之类的活儿。一个人可能会在那里忙八个小时，然后有其他人在做同样的工作，一遍又一遍，一整天，一周又一周，一年又一年。几年。如果想一想，就会被触动。人是独特的动物。他们是能够适应的。天啊！你能想象在电焊机哒哒哒那么快运转的时候一直捏着扳机吗？你数着电焊次数，同样的数，同样的工作，一次又一次的工作。这一定会让一个人发疯的。

那么发生了什么？一个人面对现实。如果他开始工作，他不在乎发生了什么。反正他是要离开的。如果他还年轻，而且结婚了，他必须做一件事：保护他的节奏。他必须要有一些时间。最好的办法就是放慢节奏。他可能想打开一本书，可能想抽一支烟，或者可能想走两三步路去喝口水。他可能想和旁边的人说话。于是，他开始疯了一样斗争，想把工作从他身上卸下来。他认为他没有义务做更多的工作，超过他正常该做的量。突然间，什么是公平对他来说很重要。

父亲以前都是以能吃苦，有大块的、强壮的肌肉之类的牛气哄哄的故事来显示自己的男子汉气概。现在的年轻人，说他自己能努力工作到什么程度已经不会让他感到兴奋了。我想他的快感来源会刚好相反。"你说我要做那么多，我只需要做**那么**多。我是个男子汉，会勇敢地站出来，为我说我必须要做的事而奋斗。"实际干的活儿比应该干的要多，这不是男子汉所为。这就是儿子和父亲的区别。

父亲觉得自己很爱国。他们觉得对那个给他工作的人有义务，也有义务干脏活儿。而年轻人却认为他对自己的工作有发言权。他不相信，工头说这是对的，这就是对的。见鬼，他可能比这个工头聪明十倍。如果他认为自己工作太辛苦，他就会站出来说。他不要求更多的钱。他说："我会以正常的速度工作，这样我回家时就不会累得腰酸背痛，体力不支。我想保住我的工作，保持我的感觉。"

我爸爸那时是一家工厂的领班。他的工作就是催人奋进、生产。

他辞去了那份工作，回到了一家钢铁厂。他在激励机制上下功夫。工作越努力，他赚的钱越多。所以他对工作的认识就是努力工作，赚钱。也许我父亲教了我一些东西，甚至他自己都不知道他教了我一些东西。我父亲不是一个激进的工会倡导者。他不谈管理，他只是一个工人。他是为了赚钱。

万能的美元在我看来不是唯一的东西。还有更多的东西——别人是怎么对待我的。我对我的工作有什么看法，我是怎么做的。这比万能的美元更重要。原因可能是有钱了。在我父亲年轻的时候还没有。我可以专注于社会方面，我的权利。当我能够站出来为别人的权利说话的时候，我感觉很好。这就是我会卷入这个烂摊子的原因。我每天都在战斗。我很享受这样的生活。

现在工厂里的人，他们的动机不是为了更努力地工作。他们的动机是停止工作，让他们有宽松的时间。也许是为了思考。我们现在的人，打开一份文件，也许读一段，做他的工作，回来，做别的事情。让他自己忙起来，而不只是工厂安排的那个机器人。

通用汽车装配部来到洛兹敦时，你可能不相信，但他们想让报纸不要报道关于生产线的事。① 通用汽车装配部控制了公司 75% 的汽车装配。有十八个装配厂。我们是最新的。他们的想法是削减成本，提高效率，减少工作中的浪费，以及其他的这类废话。为了多赚一美元。这就是为什么那些人给 GMAD（通用汽车装配部）贴上标签：Gotta Make Another Dollar（再赚一美元）。（笑。）

1970 年的时候，出现了维加。他们对抗外国进口。他们要做一个个头小的紧凑型车，获取很多利益。B 型车有一个更宽敞的车身。

---

① "这不是一群人。是公司内部的一个部门。工厂经理来自加州的范努伊斯。生产经理来自南方，还有一个来自东部。他们是带着如何通过工人的支持来赚取更快的钱的想法来到这里的，正如我所看到的那样。"——原注

人们可以轻松地进出车子。有些人几乎可以弯腰站在里面。维加是一种小得多的车型，时速为每小时六十到一百英里。厂里多雇了两千多人。

开始制造维加的时候，有了我们所谓的第七十八段纠纷。管理层说，在每项工作中，你应该做这么多。而这个家伙和工会说，在这样长短的时间里做这些工作对我来说太多了。最后，我们制定了工作标准。在通用汽车装配部 10 月进驻之前，我们已经确立了一个协议：工作中的人有话要说。通用汽车装配部来的时候，他们说，他早就该加班了。他肆意过头了。

让人在腰部高矮的位置取到东西，而不是弯腰去捡。这是福特在 30 年代做的事情。他们试图把一个人一天的工作都简化，所以他可以节省几秒钟的时间，更有效率，更有生产力，像个机器人一样。努力从每个人身上节省一秒，他们会在一年内赚到一百万美元。

他们用时间，秒表。他们说，从这里走到那里需要几秒或几百秒。我们知道打一颗螺丝钉需要几秒。我们知道枪转得多快，螺丝多长，洞多深。我们的论点一直是：那是机械的，不是人的。

工人们说：我们出汗，我们流汗，我们宿醉，我们胃不舒服，我们有感情和情绪，我们不准备被归入机器的范畴。当你谈论那块手表的时候，你谈论的是一分钟。我们谈的是一辈子。我们要做正常的事，我们要告诉你，什么是正常的事。我们将从那里谈判。我们不会从盯着时间这种毫无感情的行为出发。

厂里开始使用通用机械手的时候，一个小时能造六十辆车。我们回来工作时，有了无人机，我们每小时能造一百辆车。通用机械手是一种焊接机器人。它看起来就像一只螳螂。从一个点到另一个点，再到下一个点。焊接完成后，跳回原位，准备好处理下一辆车。机器人一小时可以完成一百辆车的焊接工作。它们从不疲倦，从不流汗，从不抱怨，从不旷工。当然，它们不买车。我想通用汽车公司不明白这种说法。

有二十二个机器人，生产线两边各有十一个。它们做了大约两百人的工作——所以人手减少了。这些人被吸收到其他部门去了。有些地方他们用不上它们。有一些关于组装汽车的思考，还是要由人来做的。

如果伙计们不站起来战斗，他们也会变成机器人。他们感兴趣的是能抽根烟，和旁边的人说几句废话，打开一本书，看点东西，如果没有别的，就做个白日梦。如果你变成了一台机器，你就做不到了。

用三十五秒、三十六秒的时间来完成你的工作——包括走路、拿起零件、组装。去做下一项工作，从不懈怠，没有一秒钟的时间去思考。我们工厂的人都在拼命地工作以保持作为人的权利。

有一次罢工。经过管理层大约四五个月的鼓动后，发生了罢工。通用汽车装配部接管工厂时，我们有大约一百件诉讼案。他们进驻后，在我们解决了一个案子时，他们对工人进行了侮辱冒犯。他们把工人解雇，说不需要工人们。在罢工前，我们有超过一千四百件诉讼案在处理中。这是一个两班倒的操作，同样的工作，所以我们在谈论的是两千八百人中出现了一千四百件诉讼案。所发生的事情就是，这些工人——当汽车经过他们身边时——做的是正常的事情，是他们在装配部进驻以前同意做的事情。我认为通用汽车并没有想象过会有这种反抗。

罢工问题？我们要求恢复在通用汽车装配部冲击之前的工作节

奏。他们唯一的办法就是顶替掉被解雇的工人。

在我的那本名言录里有一句话："工人只有一样东西可以出售，他的劳动力。一旦他失去了对劳动的控制，他就失去了一切。"我想，很多年轻的孩子都明白这个道理。能够站在巨人面前，是有一些男子汉气概的。他们父辈的男子汉气概是努力工作。他们中有相当数量的人是越战老兵。他们回到家，不是想去听那些从没像他们那样见过世界、从没有见到过什么是艰辛的工头讲废话的。

装配工人在工作成就感方面是体制里面最低的。他们不认为自己有什么技术。一些公司的人说："一只猴子都能做这个工作。"他们对自豪的工作态度没有热情。如果螺丝钉拧错了地方，他们可以不在乎。有时候，如果螺丝钉脱落，会有助于打破单调的工作。公司可以建立检查方法，以保证当产品送到消费者手中时，应该是完整的、干净的、正确的。但他们已经解雇了检查员。因为他们根本不在乎。检验员就像寄生虫——他们不生产，也不增加东西。他们只发现错误。错误需要花钱来弥补，所以……公司把他们裁掉了，我不知道每班有多少检查员。他们要的是数量。

当他们和我们打起来的时候，因为人员重新融合，要做额外的工作，所以有大量的维修工作要做。那是一件让通用汽车装配部极为震惊的事情。管理部门运送有缺陷的零件、安全部件以及装饰和展示品、油漆、镀铬等类似的东西。我们的工人把他们可以触及的每一项工作的序列号记下来。他们知道产品有缺陷的地方，我们做了记录。我们不断地催促国际工会把他们轰出去。我们在谈判桌上声嘶力竭地做了。他们最终不得不放弃了这件事。

最大的污染者是我们生产的东西，汽车。汽车是我们的生活来源。我不知道工厂里的人是否质疑它。我不希望看到所有的汽车因为污染了空气而都被禁止。但我意识到，如果空气会让我死掉，那我的生计又有什么用呢？有太多的优先事项需要理顺，我觉得所有这些烟雾控制都是象征性的，简单来说就是这样。我今天听到一个工厂经理说："除非人学会如何调整自己来驾驶汽车，否则总会有排放。但一旦人学会了如何踩油门，我们就会通过标准。"这只是另一个天杀的噱头。他们并不是真的在对抗空气污染，他们并不关心。

我从来没有卷入到与这种事情相关的辩论中，因为厂里让我们忙于战斗。每年我们手上都有计划实施的罢工。六年来我发出了六封罢工信。有很多事情要做。你主攻小事，辅修大事。主要的事是污染，次要的是我们的钱。

在工厂的某些地方，汽车以每小时一百二十英里的速度从一个人身边经过。主线的时速是每小时 101.6 英里。他们有最先进的浸漆系统、一切技术革新，还有通用机械手。但有一件事出了问题，他们没有考虑到人的因素。我们在这里的时候就一直在告诉他们。我们有发言权，我们要努力工作。他们不相信我们。年轻人以前没有发声。我们把人放在财产价值和利润之前。

我们仍然在每小时生产一百零一辆汽车，但现在我们已经把支持通用汽车装配部的人裁掉了。他们试图通过使用更少的人来创造一次生产加速。我们阻止了他们。

"我们 10% 到 12% 的人是黑人或西班牙裔美国人。大部分资历较深的人都是白人。最好的工作都给了白人。对我来说，通用汽车公司是一群偏执狂。年轻的黑人和白人工人互相理解。存在着一种理解。留着非洲式发型的家伙，戴着珠子项链的家伙，留着山羊胡子的家伙，他们不在乎自己是黑、白、绿，还是黄。年纪大的人还会互相叫对方黑鬼和白鬼。但厂里更年轻的工人就不会这样了。他们吃着自己的午饭。你会看到他们坐同一辆车，和同类型的女孩约会，去同类型的地方。

"我认为，他们对学生很有同情心。他们倾向于和在读大学的男生做朋友。他们不是孤立的。我们这里有些人半工半读。

"我们厂里的女人在这里只待了一年。现在她们更感兴趣的是学习工会如何运作，如何获得更多的休息时间。她们和男人一样在生产线上工作。这对我们工会来说是件好事。它终于让男人们明白，如果一个女人来这里工作，她就能去做那份工作。在 1966 年和 1967 年的时候，这些工作对体力的要求很高，高到一个女人不可能做这些工作。得把这些工作变得更正常一些。我认为女人真的帮助了我们的工会。

"这里有用毒品的。没有那么多硬货——他们抽大麻，服用一些药丸。年轻人都在吸毒，尤其是大麻，就像他们的父母在喝酒一样。毒品之外，还有一些别的东西。与单调有关，与社会有关。除非你给孩子们展示一种更好的生活方式，否则他们会坚持抽大麻。"

这些人在这里并不快乐。他们回家后不会想，天啊，我今天干得很好，我等不及明天回去了。根本不是这种感觉。我想，他们在回厂之前，根本不会想到工厂的事情。他们根本不关心产品是好是坏，或者感到无所谓。

他们的想法是不经营工厂。我觉得他们不知道该怎么运营工厂。他们不想对公司指手画脚，而只是对自己要做的事情有话要说。他们只是想被有尊严地对待。这要求不过分。

我在流水线的两边穿梭。从右边的乘客一侧，到司机那一侧。与人交谈。你进入一场小型谈话中。你看着他，因为你不想妨碍他，因为他会毁掉一个活儿。偶尔他会说："哦，他妈的，这只是一辆车而已。"比起工作，更重要的是站在那里闲聊。我的意思不是说在一辆车接一辆车旁边站住闲聊。工人和他的工头会有很多的麻烦的。但偶尔，他会放过去一辆没装配好的车。如果有什么东西松动了或者没有安装好，有人会发现，有人会修理，希望如此吧。在这一点上，他做出了一个决定：说出他脑海里的想法要更重要一点。通用机械手站在那里不说话，不争论，不思考。和我们在一起，工作就变成了一个跟人有关的事情。这是我工作中最愉快的部分，那一刻。我爱这份工作！

# 驾驶

## 布克·佩奇（出租车司机）

他在曼哈顿开着自己的出租车。他六十一岁。现在是傍晚时分——他一天的工作结束了。他是个身材壮硕的男人，已经躺在椅子上，明显疲惫不堪。他脱掉鞋子、扭动脚趾时，叹道："哎哟，我的脚！"

他当了一年左右的出租车司机。1942 年至 1972 年，他在海上待了三十年。其间有一次，"我在岸上待了一年。我和弟弟买了一家餐厅。我很高兴能摆脱它。我又出海了"。多年前，他曾在一家汽车修理厂工作。他辞职是因为"我一直喜欢看船，一直希望能出海"。

我在用我以前没用过的肌肉。有时我不得不停下出租车，下车走一会儿，只是为了伸展一下。每天坐十个、十一个小时，让我浑身抽筋。我得用肥皂，热水，我妻子给我擦脚，我的脚踝，因为我的肌肉真的很酸痛。我不像平时那样完全不运动。

我曾在一艘船上做厨师和面包师，一艘货轮。我的最后一艘船是去印度和南非的。我不需要花太多时间去做我的工作。我整天在甲板上走来走去。我很享受。我在锻炼。自从开始开出租车，我就胖了二十磅。

我答应过我妻子要放弃海上的工作。有一次，我的船从印度回来，她坐大巴来，开了十八个小时的车，但只是在萨凡纳附近过夜。她要我放弃，因为她真的厌倦了一个人的生活。我说："再给我一年的时间。"因为我们一直在存钱，并对我们想做什么做了规划。这次印度之行持续了两年。我把我的青春献给了大海，我回家把我的老年献给她。

以前，每个海员都会逃到海上。因为他是个酒鬼，是个废物，是个离家出走的人。有一些人渣会跑去出海。现在有一些大学毕业生。我们船上有两三个。这些小伙子们正在学习，以后成为医生。他们此行是为了赚点外快。现在的海员大多是年轻人。比我刚出海的时候好多了。以前，一个小伙子很乐意一日三餐吃得饱，拿着工资，喝得酩酊大醉；现在，年轻人却觉得给他的钱不够。有时候，年轻人容易发脾气。

海上最大的话题还是女人。因为总是很寂寞。一个旅行推销员，他有办法拿起电话。但一个海员是一个月、两个月、三个月才会收到妻子的信。我以前每次旅行都会给我妻子打三四次电话。在加尔各答，我等了五个小时才打通一个电话。如果一个晚上没打通，我就会再打，第二天早上等三四个小时。听到她的声音，那种感觉……我拿着电话，实际上只是在哽咽。我的妻子会在另一端哭。我就会说："小娘们，听着，我在这通电话上花太多钱了。别哭了。"（笑。）但打电话就是这么快乐。

**"我和我妻子一直都很爱对方。的确，我们喜欢对方。我们所做的一切，都是一起做的。就连我晚上起来去撒尿，她也会起来和我**

一起跳着舞去卫生间。一起撒尿的家庭就会一直在一起。（笑。）我
因为体重问题服用排水丸，一晚上要跑四次厕所。她会走在我前面，
我搂着她的腰，我们会在走廊上跳狐步舞。可能是凌晨两三点，这
并不重要。"

家庭生活的损失无法偿还。离开的时间就像在监狱里一样。我
曾经对妻子说，哨子吹响的时候，即使我们的船还被拴在码头上，
我的感觉也会像是离开了三四千英里。绳索在走，舷梯在走——即
使我离码头只有几英尺远，我也会神游。我会让自己处于暂停的动
画状态，知道在我回来之前，没有什么会打扰我。无论我去了哪
里，给她打了多少次电话，我都不在家。即使我会到达美国的两三
个港口，也比不过能碰碰我的妻子。我们失去了太多，放弃了太多
的家庭生活。应该是时候补偿了。但没有人强迫你出海。它就在你
的血液里……

在一些主要的港口，比如加尔各答、卡拉奇，我们会待八到十二
天，以便接货。我就待在船上。我几乎每天晚上都会去看电影。因为
我不喝酒，不抽烟，不赌博。我只是个可怜的海员。（笑。）我自然会
做其他的事情。（笑。）总是有女人。（笑。）

"追女人是我的弱点。你可以爱你的妻子，但一个男人就像一条
狗。只要有裙子，他就会追。裙子掉了，他还会追……我从来都不喜
欢单个的女人。每次都是两三个。我发现在旅行中，最漂亮的女人都
不如别人性感。在印度，她们很美，很精致。中国女人精致得像一件
瓷器。在床上呢？没什么特别的。在这些国家，你会发现大量的妓女，

**因为她们需要干这个来生存。海员遇不到更好的阶级和家庭，他的时间是有限的。"**

我喜欢大自然。我受够了人类所谓的超能力。我见过海上发生的事情。我见过一个好天气在几分钟内就变成了暴风雨，除非你在电视上看到今天的图片，否则你无法描述它的危险性。五分钟内发挥的力量和可怕的威力，比人类制造的所有原子弹还要大。风暴会把船抬起来，像扔火柴一样扔掉。想想这力量，想想大自然的重量和力量。人类的自我主义……

我现在想不起大海来，我忙着开出租。这让你忙于交通，忙到你无法思考其他事情。我唯一想到海的时候是在我去东边的时候。我看到港口里有船或者听到船的声音。这只是一瞬间……

这就像改变了一个生命。就像重生到另一个地方。我每天都在和人们聊天，认识不同的人。他们会坐上出租车，讨论一切问题。我遇到一些人跟我详细地讨论某些应该在家庭内部讨论的事情。有一次，一个人上了车，说："在我杀了那个混蛋之前，让我快点离开。"他和他的合伙人在生意上闹翻了，他喝多了，他得给自己买杯酒。他在两个街区内下车，给了我一美元。

你必须每时每刻对发生的一切保持警惕。开车的时候，你不能放松自己。我有一辆全新的出租车，像我这么小心，车上也已经有三个凹痕了。

哦，我太累了。我的屁股变得很……哦，我身上的每一块肌肉都在痛。我的腿、脚、脚踝，等等。我想再过几个月，我就能坐起来，站起来，做任何事情。到时候我就会习惯了。但现在，我是如此……我一直在踩油门和刹车，油门和刹车，一直踩……在海上我从来没有痛过。那时候只有乏味和胡扯。你会厌倦同样的单调乏味，日复一日的工作。我唯一想到大海的时候是在家里，或者是早上坐出租车的时候。

现在我的目标是尽可能多地赚钱。赚回我买出租车的投资。这大概需要四年的时间。我不会在天黑后还待在外面，但我每天要工作十一个小时。我赚了不少钱，但我现在只需要坚持下去。

无论你有多爱你的妻子，大海都在吸引着你……我非常热爱大海，我的整个梦想是买一艘帆船，住在船上，然后在西印度群岛租船。这就是我和我妻子都在计划的事情。出租车只是我买船的垫脚石，然后洗车会成为我买船的手段。即使到了我这个年纪，我也没有放弃。没有什么能阻挡我的脚步。这就是我对大海的热爱。如果我能买一艘帆船，那就太绝了，就这样了。我将同时拥有我的爱：我的妻子和我的大海。我想死在海里，葬在海里，然后散落在海里。

## 乐基·米勒（出租车司机）

我不想承认，开出租车对我来说已经不再像以前那样新鲜了。这个活儿有它不错的时刻，但就影响一个人的精神状态方面而言，它不是世界上最理想的工作。

**他二十六岁。他做了四年的出租车司机。"我的初衷是想开几年车。这是那种我可以有灵活时间的工作！同时我还在上学。"他一开始是做兼职司机的，但现在他每周投入的时间是四十个小时。"在过去的**

四年里，我一直在断断续续地上学。断的时间比上学的时间多。

"现在的司机比以前流动性更强。我说每年的流动率远远超过 50%。公司总是在招聘，不在乎你做什么。我怀疑年轻的兼职司机比老司机多。"

不能再对出租车司机形成模式化的看法了。曾经流行的刻板印象是秃顶、大腹便便、叼着雪茄的中年男人，他开车时就像一只从地狱里出来的蝙蝠，对着其他所有的司机大喊大叫，手放在屁股上。出租车司机有很多不同的类型，有各种各样的性情，就跟整个人类的类型和性情一样多。

我对这个城市一直很了解。我认为，开出租是一种认识很多有趣的、活生生的、丰富多彩的人的方式。呵呵，你偶尔会遇到一个有点喝高的小伙子或姑娘，他们比较爱说话……刚开始工作时，我经常工作到晚上十一点。现在我严格按照白天开车，从早上七点半到晚上五点。司机在白天不会遇到精力充沛的话痨。他们大多是没什么话讲的生意人，除了天气，他们没有太多的话题。但这样就安全多了。

很抱歉地说，我已经到了不再主动搭话的地步了。90% 的人都会让你陷入僵局。这些生意人一门心思琢磨的都是他们想卖的保单，或者他们脑子里想拼凑的广告。

生意还不如四年前那么好做。我们以前有很多客户用公家开支账户付钱。现在没有那么多了。他们会要收据。他们会给小费，和平均水平差不多。我想，很多人都会给更多的小费，但他们又担心如果他们太慷慨，公司会有反应。我想说的是，车费八毛钱，两毛钱的小费就够了。对于长途旅行，我们不希望有这么大的比例。

一天是长还是短，取决于我的仪表和小费。好的一天大约是计价

器的四十五美元和十美元的超额利润——我们称之为小费。我得到计
价器收入的大约 48%。平均每天大约三十美元或三十三美元，也就
是一小时四美元。税后我通常能结清一百二十五美元左右。没有司机
会申报他实际赚的小费。

　　我不因为客人不给小费而做出激烈反应。很多司机都会这样做。
我知道有一些乘客只是勉强能付得起出租车，他们真的付不起小费。
住在相当危险的街区的人，他们不敢走在街上，觉得打车安全多了。
还有一些人，可能是最近移民过来的，不熟悉这个习俗。波多黎各人
一般都会给小费。墨西哥人一般不给小费。显然，墨西哥出租车司机
不期待得到小费。这是个习俗的问题。我不觉得我是让他们熟悉这边
的习俗的那个人。其他司机会的，用这样或那样的方式。我可以肯定
地说，最好的小费不是来自住在湖滨路的人，也不是那些商人给的。
他们一般都是我在家附近社区接到的蓝领人士。

　　很多司机差不多都会同意乘客说的话，无论多么荒谬。他们是为
了争取小费。我不会为了得到小费，就对一个我不同意的人点头同
意。五年后，我在市区的交通中可以游刃有余地开车。很多司机最后
都得了溃疡。他们是最容易得心脏病的人。开出租车往往会缩短你的
寿命——如果一个人把它当作职业的话——尤其是当司机大部分时间
都在市中心的时候。

　　还有尾气和交通。那个司机整天都在呼吸废气。这一点特别适用
于格子出租车司机。[①] 这种车的通风系统不是为了方便司机而制造的。

---

　　① 在芝加哥，属于同一家公司的黄色出租车公司（Yellow Cab Company）和格子
出租车公司（Checker Cab Company）使用上述类型的汽车，构成了该市大部分的出租
车。——原注

排气口就在发动机的后面。所以，我们呼吸的是自己的发动机的尾气，还有其他汽车和卡车的尾气。[①]

公司根本就不考虑出租车的条件。有的车很烂，刹车低，轮胎秃，阀门坏，什么都有。这些出租车都给了兼职司机。我看到新来的司机日复一日地开着这些破车，然后一起抛锚。一辆出租车要抛锚五六次才会有人来处理。这些车很危险。无论是公司还是工会都不关心我们。在他们看来，我们只是机器，和出租车一样可怜。

一个开了好几年出租车的人，往往会变得冷酷麻木。我讨厌拒绝别人。另一方面，我想到了现实。我可能在不错的一天结束后拿到六七十美元。钱本身是可以消耗的，但我的生命不是。我读到过一些司机在交出钱后仍被枪杀的事件，这种情况有时可能发生在吸毒者身上。我想，大部分劫持出租车司机的人都是瘾君子。他们无法控制自己。并不是说他们有什么恶意，只是他们有这个习惯，而且很绝望。是恐惧。是恐惧导致很多出租车司机不拉黑人乘客。这包括黑人司机。

在每辆出租车的右侧遮阳板上都有一个牌子，上面写着"不载客"。我们要做的就是把遮阳板放下来。我准备开始工作时，即使是在市区，我也会把遮阳板放下来。然后我会问乘客要去哪里，是黑人还是白人。如果他去的是我要去的方向，好吧。一般来说，人们都能理解。他们知道真正的原因，我很害怕。大多数人都知道你得撒谎。

你开了一段时间的出租车之后，就像有第六感一样，知道乘客的

---

① "大多数卡车司机一般都很有礼貌。他们会尽量靠右行驶，如果他们行驶缓慢，其他车辆可以绕开他们。"——原注

态度是什么，他是否会给你带来麻烦。但你不能总是知道，这就是问题的关键。

还有就是外表。装束，比如皮夹克和墨镜，还有这种威胁的表情。我想这些可能只是外表。很多这些家伙只是在掩饰。在他们的日常生活中，他们感觉到自己被人欺负了，他们必须感觉到自己是个人物。这就是他们的表现方式。虽然我不想这么说，但有时我也会拒绝他们。现在，如果一个人打扮得真是特别酷—— 一个穿了类似一件花里胡哨的短袖套衫之类的东西的家伙，或一个高大的非裔——我会接他。

我被抢过一次。那人穿得不伦不类的：白色运动衫，棕色休闲裤，留着中长的非洲式发型。这是去年发生的。我在市中心接了他，下午，大约三点钟。我把他带到了南边。路上，我们进行了一场非常友好的谈话。所以，后来发生的事完全出乎意料。我们到了目的地后，他拿枪指着我。他先是下了出租车，然后绕到我的窗前付钱。那天天气很热，所以我把窗户打开了。我从来没有怀疑过他会对我拔枪。

他绕过窗户说："把你的钱给我，否则我就杀了你。"我自然而然地把我所有的钱都给了他，大概有六十五美元。我把我的零钱和钱包里所有的钞票都给了他。有趣的是，他没有要我的钱包。我就掏出钞票给了他。他跑进了巷子里。我不打算追他。我当时很呆，脑子里一片空白。我就像瘫痪了。哦，哇哦！我就在那里坐了十几分钟，然后，我意识到我离完蛋有多么近。

我必须承认，那件事改变了我的态度，让我对此后要接的人更加谨慎。在那件事之前，我并没有那样彻底地审视过任何人。一个人叫出租，我就去接他。现在我真的发现自己在考虑一个问题：我到底该不该接？

我发现自己不像以前谈那么多话了。我不确定这是因为我自己的
态度改变了，还是因为公众的态度改变了。可能两者都有吧。尤其是
女性乘客，年轻的女性。她们有一种恐惧，不和陌生男人说话。人们
变得越来越紧张。

濒临分手的人们……

"有一次，我接了一个女人，她想去奥黑尔机场的跑道。她说她的
人被关押在起落跑道上。'我的同胞……'她看起来就像是外国阴谋片
里的女演员，非常苗条，金发，穿着非常昂贵的衣服。带着浓重的波
兰口音。我解释说，我不能开车去起落跑道。我最多能去航站楼。'这
还不够好。'她跳出车去。她一坐上车，我就有一种感觉，我不会带她
去任何地方，也许除了芝加哥州立精神病院。"

有一次，我希望我能告诉别人我不是出租车司机。我觉得我有
很多事情可以做，而不仅仅是把人从一个地方送到另一个地方，以
换取报酬。有家室的老司机，他们别无选择。我可不想当出租车司
机养家糊口。现在，我也不知道自己到底要做什么。我本来是打算
教书的。但是人才太多，我想等我拿到学士学位的时候，我就没有
什么机会了。我在考虑心理健康领域——如果拿到学位的时候我还
有理智的话。（笑。）

## 威尔·罗宾逊（公交车司机）

他四十七岁。他做了二十七年的芝加哥公交车司机。他的工作要白

班夜班两班倒，这让他在一天中间有两个半小时的休息时间。比起连续上班，他更喜欢这样，因为"在外面连续上八个小时班还挺辛苦的"。

在这个周日的谈话中，他的妻子偶尔会说出自己的想法。

"刚开始的时候，这是个不错的工作。随着时间的推移，越来越难。我是第二批被雇用的黑人中的一员。那是1945年的事情了。那时这种工作主要是白人的。我们车库里有各种设施：台球桌，一个小图书馆，甚至有一个餐厅。随着越来越多的黑人进来，公司开始拿走这些东西。现在你什么都做不了，除了走进去、登记跑步、登记出来，然后回家。"

他的妻子回忆说："这份工作第一次给黑人时，这是一份有威望的工作。"

"这是在战后。从大萧条中走出来，到找到一份好工作，这是一个巨大的进步。我还记得当一个黑人在芝加哥公交局工作的时候，周日他们不穿礼服，而是穿制服，因为这是一种威信。那是一件艾森豪威尔的小夹克。我在社交场合穿着它。我找不到这种感觉了，哦，那是大约二十年以前的事情了。公交车司机曾经是有地位的。今天就不一样了。"

有紧张的时候。有时差点发生意外，这让人心烦意乱。只是差一丁点儿侥幸逃脱。有时候，也许车上有一个不满的乘客，然后开始一场大争论。交通。有人别你的车，或者在公交车前停下。这些事背后有很多紧张的感觉。得时刻注意。要注意司机，要注意其他车辆。大多数时候，你必须为其他司机开车，以避免撞到他们。所以会把紧张感带回家。大部分的公交线都很长，从一端到另一端大概要一小时二十分钟。大多数司机会患有痔疮，有肾脏问题，还有诸如此类的问题。我有溃疡。

刚开始的时候，你得打转车车票、找零、注意车辆。我们必须在同一时间做这些事，还要开车。当那些看起来很可疑的人上车时，我们就会感到紧张。不管这是不是抢劫，你都会感到紧张。

还有些人上了车，像其他乘客一样付车费，但他们是秘密监察员，知道了吗？他们在监视着发生的一切。如果你做错了什么，两三天后你就会被叫到办公室。我一年前就被叫去过（笑。）我们有购票箱。当人们把钱投下去的时候，那里有一个小杠杆，你应该不断地按这个杠杆，这样一来，钱就能落到底部。我被叫到办公室去。公交车上的一些观察员说我没有让钱掉下去，这是非常错误的。我强行养成了一个习惯，就是一直不断按动那个杠杆。有一扇小门，可以让钱通过。这是弹簧式的。一旦有这么多钱进去，重量就会让门无论如何都会打开，然后钱就会掉下来。反正也无能为力。一旦钱掉下去，就只能眼睁睁地看着它掉下去了。

监察员会报告是否有乘客在没有付款的情况下在你眼皮子底下上车。他们会检查你发出的转车信息——看看你是否给某乘客打转车车票的时间过长，或者你是否太晚才给某人打转车车票。监察员会上车，故意迟一点要转车车票，看你会不会察觉到。

街上有监督员。他们在汽车里。如果你开车提前了一分钟，他们就会记录下来，然后把你叫到办公室去。有些时候他们会让人很不爽。他们会在某个地方让你停下来。有的人有一种习惯，就是想在大街上把你整得号啕大哭。这是这份工作最让人不爽的地方之一。

如果你开得很急，比时间表提前了，他们怕你会错过一些乘客。如果我跑快了，提前了个三四分钟，然后我后面的那个人，他就得拉上全部乘客。你前面的那个司机跑得提前个两三分钟，你就得拉上整个街道的人。这是相当艰辛的。

　　他们管这个叫检查站。在我的行程中，从线路一端到终点，有三四个检查站。你永远不知道他们什么时候会到那里。大多数检查站都是在小旅行车里。如果你在检查站迟到了，他们也没办法。他们会根据交通状况给你留出迟到的时间。但他们说，没有任何借口可以开得比时间表提前。他们会让你停职一两天，不管主管的想法是什么。他是车库里说了算的人。如果他决定让你停职一周，你就会失去一个星期的工作。如果你被发现开得比时间表要快，大约六个月内，你得到的是他认为想给你的东西。

　　只要这种事还在发生，工会就真的没什么用。这就是为什么我们要罢工。这是对工会和公司的抗衡。你没有任何上诉法院。公共汽车的后面没有好轮胎，我们为此掀起了一次大罢工。我们的轮胎没有螺纹，很光滑。这对我们来说很危险。还会危及乘客的生命安全。在雨天或雪天，那是我们真正被这个危险困扰的时候。根本没有任何牵引力。这就是为什么我开出了外道。在那些滑溜溜的早晨，你会滑来滑去。这是我们的不满之一。他们说过要给公交车装上好轮胎。但还是老样子。

　　我太年轻了，还拿不到养老金，做检票员又太老了。做检票员对自己和乘客来说都是更安全的。到了一定的年龄以后，就没有年轻时的反射了。我觉得一个人到了一定的年龄，应该给他更轻松的工作。我的医生让我别开车了。（笑。）但我已经无能为力了，所以我必须继续开车。最早的退休年龄是六十二岁。再过十五年我就可以退休了。也就是说，我不得不工作四十二年。

　　我们应该有一个合同，我们可以在服务二十五年后退休。以服务年限代替年龄。当这个建议提出来时，养老金领取者不同意。我们必须谈一个新的合同，缺席的住在佛罗里达州的养老金领取者有权投票。他们会自动投票反对任何进步的东西。他们几乎都是白人。他们唯一投赞成票的是养老金计划。因为我们的养老金涨了，他们的养老金也涨了。

有个家伙和我一起工作，他有资格享受养老金。他病得很重，他的私人医生说他不能工作。他得了严重的溃疡出血症。公司的医生说他可以工作，所以他去世的时候还在为争取他残疾的权利而斗争。

**罗宾逊夫人还记得早期的日子：** "他们甚至有一些激励措施。如果威尔没有发生事故，他们就会给他发衬衫。他们会给他们各种各样的东西，至少表明他们知道这些人在努力成为好司机。圣诞节，感恩节，他们会给他们火鸡。现在什么都没有！白人在那里的时候，他们的家人会来车库吃晚饭。我第一次见到威尔时，经常和他一起去那里，吃午饭，随便坐坐，弹钢琴。那里就像一个邻里间的娱乐中心。但现在不是了。什么都没有，因为那里都是黑人。"

他讲述了最新情况："现在，过了一定的时间，你不穿制服就不能进去。在我休息的时候，回家，打个盹，然后回去工作。以前休息的时候，不用回家。你可以在那里吃午饭、娱乐。我们有储物柜。你可以自己去洗澡，换衣服。他们把所有的储物柜都拿走了。现在你只需出门走人……

"你上那种不间断的班的时候，只有三十分钟的休息时间。这时间只够你吃点东西，洗漱，然后继续工作。这就是为什么我不再做那种不间断的工作了。在终点站没有盥洗室和厕所等设施。我们的一些司机如果是在无人的地方，就从车的后门下去解决。如果他们真的需要去，他们会说："去火车站。"但你不应该把车上的乘客留在车上。有一个克拉克站，我们和那个家伙有纠纷。他总是告诉我们洗手间坏了。据我所知，芝加哥公交局不给司机使用洗手间的钱。"

罗宾逊太太：有一次，威尔被记过，因为我上了车，我们在谈论什么事情。他们不知道是什么样的对话，但把他叫到了办公室。（笑。）

他们不知道她是我的妻子。我记得有一天早上，公交车上很挤，有个女人就站在我边上。她问东问西，一路上说个不停。她不是这个城里的人。几天后，我被叫到办公室，他们说我在和一位乘客谈话。是当时车上乘客中的一个写的。乘客可以记你一笔。你要花自己的时间进去应诉。

周五晚上，我遇到一个小事故。令人很不开心的事。当时车流量非常大。有的时候，还没来得及全部通过，灯就会变了。我会突然停下来，这样就不会挡住其他方向的车流。我在街上停得有点远，但还是停了下来，这样其他车辆就可以朝自己的方向行驶。有一辆汽车在我的左侧，他比我更远。过马路的人无法越过这辆车，就是这样。他们必须绕过这辆车，然后走到公交车前面才能过马路。有一个人走到我的车窗前，说："你他妈的为什么不把车倒回去？"他对那个坐在真正把路堵死的汽车里的白人一句话也没有说。他只能对我说这话。我知道原因是什么。

我觉得年轻的公交车司机在某种程度上会改变一些事情。我觉得他们不会忍受这些太长时间；我认为车库里最终会爆发一些与管理员之间的战争。我觉得吧，公交局不会像以前一样雇用那么多年长的人，因为如果他们遭到解雇，他们与管理员之间爆发些什么的可能性更高一些。

**罗宾逊太太：**罢工的都是年轻一点的司机。年纪大的司机，会淡化这些骚乱，因为他必须持续偿还抵押贷款。他们真的很害怕。

年轻人带头罢工，几乎所有的领导人都被解雇了。

**罗宾逊太太：**威尔度过难熬的一天时，我总能看出来。他有神经抽搐。我想他甚至没有意识到这一点。我觉得威尔是个很骄傲的人。他希望我把他当作一个男人看待。这也是我不坐他的车的原因之一。我不想让他在我面前被监察员羞辱。他要像个男人一样回话。如果我在车上，他就会比我不在车上更有可能这么做。我知道如果他做得太过分，他就没有工作了。所以威尔不会告诉我很多发生的事情。很多事情都很丢人，所以我们不太谈论工作的事情。我只是要从他的态度上感觉和判断他今天是不是过得特别辛苦。（她离开了房间。）

（他显然很疲惫。）要制定时间表，在路线的终点站，只有十分钟休息时间。有些人会在长长的座位上伸个懒腰，放松一下；有些人会看报纸；有些人会坐在那里，也许抽上两三支烟。我比以前抽得更多。在那么短的时间里，我可能要跑三个街区去洗手间，那边有一个加油站。看来得抽两三支烟才能缓解跑完之后的紧张情绪。

很多人下班后都想坐着聊天。我只想离开那里，回家。我现在要做的就是早上起来，去工作，我不会去想这些。就像一台机器一样，这是我唯一能感觉到的方式。

## 弗兰克·德克尔（州际卡车司机）

　　他一直在运输钢材，"从加里的工厂到威斯康星州。他们把这个叫作短途运输，半径约一百五十英里"①。他从 1949 年十九岁时就开始干了。"我估计跑了有两千五百趟。听起来很单调，对吧？"

　　大多数钢材运输司机都是卡车和拖车的车主和驾驶员。"我们大约十五年前就改用柴油车了。大马力卡车。把设备租给卡车公司。他们的客户是大型钢铁公司。这活儿完全就是单枪匹马地干。"

　　自 1967 年大罢工以来，他一直是钢铁运输司机兄弟会的组织者。"四十六个月以来，我们一直在努力建立一个协会，让运输司机能有机会为自己说话，让他们获得更好的工作条件。还与卡车司机工会进行了一场风起云涌的斗争。"

　　他漫不经心地讲述起钢铁运输司机一天的生活，不过有时又带着难以置信的神情。

　　晚饭后我就进钢铁厂。装货到晚上，通常要排很长的队，尤其是几年前，在兄弟会成立之前。我们要等上十二到十五个小时才能装货。卡车公司不向钢铁厂收取一分钱等待时间的费用，也就是滞期

---

　　①　"长途运输司机，如果他们给他一辆皮卡，让他从芝加哥去底特律，他觉得是浪费时间，因为根本就没有几步路。他想去纽约装货。他从芝加哥出发，在克利夫兰卸下一件货，在匹兹堡放下一件，然后把剩下的货在纽约卖掉。有一次，一个调度员——五十岁出头，干了二十五年长途运输——告诉吉姆：'我们这里有一个小箱子，体积不大，三千五百磅吧，帮我个忙，开车过来运走。'吉姆说：'我没地儿放这个箱子，而且它要送到另一个方向，我下次到纽约再来取吧。'他要去圣路易斯。得是个奇人才能随随便便就觉得一千英里不是个事儿，就好像咱们下周会从我这儿附近取货。"——原注

费，就像以前有轨电车收的那种费用一样。

不管我们做了多少工作，我们拿到的都是一个统一的百分比。卡车公司让我们在外面等待，却一点儿成本都不费，所以他们没有向钢铁厂收取任何费用。这些年来，他们虐待我们的行为非常严重。我们在钢铁厂后面的货场里等。我等过的最长时间是二十五个小时。

我努力不让自己因为无聊而发疯。随着时间的推移，你会对这个感到习惯的——四个小时，八个小时，十二个小时。培养耐心是这个工作的一部分。坐在卡车的驾驶室里。走半英里到便利店，在那里买一个玻璃纸包装的三明治或一杯咖啡带走。坐在工厂里，坐在装载机的桌子旁，看着起重机。看杂志，睡觉。四个小时，你会做任何事情，为了避免发疯。几年前，钢铁厂里没有暖气。必须四处走动才能不被冻死。这是在湖边，你懂的。

1967 年大罢工后，卡车公司制定了一个收费表，说我们在钢铁厂的四个小时是免费的，第五个小时我们开始按每小时 13.7 美元拿钱。我们拿到的是其中的 75%，也就是 10 美元。而我们交货时，在交货点等的那四个小时，他们是不付给我们费用的。所以，我们每天一开始就可能免费干八个小时的活儿。除了工作时间，为了买给他们提供免费服务的卡车和拖车还投了一笔钱，在一万五千到三万美元之间。一般的工人工作八个小时然后回家。我们每天工作十六个小时。

如果我吃完晚饭之后去工厂，我希望能在午夜或凌晨两点出来。装货过程本身是十五到三十分钟。一旦他们带着起重机来了，他们就可以在两到三次提升中把钢材装上去。可能有四万五千到五万磅。

我们用纸把它保护起来，用铁链和夹子把它绑住，用油布把它盖好，签好我们的账单，然后向大门驶去。要花十五到二十分钟才能到前门。我必须空车入库，载满满一车出来。有些时候，即使已经装好了所有的东西，铺好了油布和所有的东西，上了秤，重量却不对头。如果进厂时空车重 2.5 万磅，出来时重 7.2 万磅，就比账面重量少了五百或六百磅。就得回去看看是谁搞错了。比如说超过了公司允许的 1%。他们得重新称一次重量，然后发现是某个混蛋写的时候出了岔子。这种情况在运输司机身上发生过很多次。在 1967 年之前，我们从来没有得到过一分钱的报酬。

几年前，我们在城市街道上跑，与有轨电车、公交车等挤在一块儿。从加里的工厂到芝加哥的北区，要跑两个小时。大约七十六个红绿灯。每个红绿灯都要单独计时，还得用不同的方式对付。如果必须把卡车停下来，然后再启动，不仅会增加工作量，让人累得很，而且你的卡车磨损程度是在顺利通过这些信号灯情况下的两倍呢。我几乎是不断地凭着直觉在通过这些信号灯。

这些都随着高速公路的修建而发生了变化。这就好比自动化进入了卡车运输行业。现在从加里的美国钢铁公司出来，直到在密尔沃基市的高速公路上下车，才有一个信号灯。跟过去一比，这算是个奇迹了。对司机本人、对卡车和拖车来说都轻松多了。

在威斯康星州的州界停了来，有一个吃饭的地方。大卡车会停在那里。也许会遇到一群在钢铁厂待了一整晚的人。喝杯咖啡，讲讲故事，讲讲在钢铁厂的待遇有多差，讲讲不同的醉汉，他们都想钻到你的车轮下。然后向目的地进发，在早上七点交货。我们说的已经是十三个小时了。我的日常生活就是这样出门两天不回家。从密尔沃基回来的半路上，在卡车站的驾驶室里打个盹。使用洗手间，卫生设施，打电话给在加里的调度员，然后再接一车货。回家睡一天，洗漱，恢复活力，像人一样生活一天，晚饭后回到工厂，又要下班了。在过去的十年里，几乎每个人都买了一辆卧铺车。车的座位后面有设施。如果你每晚在路上都要去酒店开个房间，你很快就会被淘汰。

如果有幸周末在家，我就会给卡车上油，修一修车。一周七天连轴转。没有别人可以干修车这个活儿。几年前，卡车维修的费用是每小时五美元。今天是十一、十二美元一小时。司机自己做 90% 的工作，做一些小的维修和调整。

我会去密尔沃基来回两趟，在离我家四个街区的地方经过，从来不回家。你不能把一辆大卡车停在附近。如果警察想对这辆车找点儿茬，你甚至不能把车停在主干道上超过一个小时。有个卡车司机间的梗：我们要开始带着牛奶瓶子了。我们现在走到哪里，都有标志："禁止卡车停车。"他们希望你让那东西继续前进。不要停在这里。这是个麻烦，它占用了四个车位，我们需要把这些车位留给我们的本地人。你是个外地人，继续往前走吧。

如果我选择把车停在卡车总站，我就得坐八英里的车，而且我觉得我不受欢迎。我们是被遗弃的、不合法的吉卜赛人，大家都看不起的家伙。这些都是我们用的词。我们把自己比作水手：我们在公路上航行。长途运输司机一走就是一到两个星期，在一个港口接货，送到另一个港口。

四十八小时不和任何人说话，会很孤独的。在路上，没有女人，除了几个女服务员，几个在卡车站的老姑娘，你可能会和她们玩玩。司机确实在谈论女人，但他们真的没有时间去找女人。有几个可以追的，卡车站里的女服务员，她们大多有一万个男人在恭维她们。

几乎没有什么拈花惹草的事情发生。卡车司机像所有的男人一样谈论女人，但这都不是事实，只是做做梦啦。那些谁征服了谁的故事是没影儿的事儿——也就有一个例外吧，有个卡萨诺瓦式的浪子——因为司机太常换地方呗。他们被剥夺了随便玩玩的机会。可能如果他们时间更多，这种事情我们会见得多一点。（笑。）

卡车司机幻想着一些大事。他们到一个咖啡站时，带着所有这些想法卸货。我见过一些伙计自己造了些美梦，他们来到一个卡车站时，开始倾诉，在绘声绘色地描述了大约三分钟后，突然发现，这都是他们在脑袋里造出来的一堆愚蠢的玩意儿。这还是他们在卡车上做的白日梦。他在脑海里造出来一个东西，开始相信它。

坐在卡车里的时候，唯一的同伴是你自己的思想。卡车上的收音机也可以做个伴儿，如果能把音量提到能听见的程度——伴随着你的有发动机的轰鸣声，有十六个挡位的变速器，你非常忙碌。你在卡车里的每时每刻都在为保持车速而奋斗。

当你爬进卡车的那一刻，肾上腺素就开始上涌了。如果你想获得刺激，没有什么能比得上爬上一辆钢铁运输卡车、开上丹瑞安高速公路，就是喷气式飞机也比不上。你会发誓，你永远不可能在不发生事故的情况下，从这条公路的另一端出去。有数以千计的汽车和数以千计的卡车，而你像个疯子一样换挡。刹车和加速的目的是试着跟车流一起移动，并尽量避免从所有这些试图把你压死在他们车轮下的疯狂傻瓜身上碾过去。

你必须一直保持超级警觉。假设我满载而归，七万三千磅。这相当于多少辆汽车——以每辆车四千磅计算？我停不下来。我的车的制动力挺可怕的。有五个车轴，地上有十四个轮胎和八套刹车。你必须预知前方一个街区的情况。你不是为了配合**眼前的**情况而驾驶。一个好司机会看清前方两个街区的情况，所以他不会被困于不得不停车的境地——因为你不可能像汽车一样说停就停下来。你承诺过了。这就像飞机越过海洋：它们处于只能进不能退的地步。你是在到达十字路口之前一二百码做出的承诺。这真的几乎是不可能的。

你必须打起精神，时刻保持警觉。这一行有很多得胃病的，因为紧张。那些伙计基本吃不下任何东西。阿尔卡苏打水什么的都喝不下。有很多有痔疮问题。还有很多得了左肩滑囊炎，因为窗户是打开的。还有因为发动机的轰鸣声导致听力受损的。发动机的轰鸣声有一种催眠的效果。为了让你了解驾驶室内的声音分贝有多大，这么说吧，现在运输公司的人开始对驾驶室进行隔音了。如果把收音机的音量开得足够大，压得过轰鸣声，而到了收费站，停下来以后，就必须把音量调低，因为实在太大声了，耳膜会被震破的。还有持续不断的跟背景音一样的工业噪声……我敢肯定驾驶员的听力受到了影响。有一项针对汽车运输司机做的调查。你听过那种不同部件连接处碰撞发出巨大的金属声吧。调查的人发现，这些运输业的人听力损失很大。这又是一个职业危害。我以前一起工作过的不同的人都已经崩溃了，他们再也受不了这种噪声了。

"我会告诉你哪里出现过神经衰弱，我们 1967 年开始大罢工的时候，在加里，有四个与我们一起干的人出现过神经衰弱。而在匹兹堡，也有过几次。这种劳资纠纷带来的紧张是真强烈啊，四十六周的时间。对于一个有家室的人来说，紧张的程度就更高了……"

似乎有不少家伙和他们的家人之间出现了问题，特别是跟他们的妻子。他们都是普通人，他们的妻子正在经历变化，等等。真的，这对妻子来说是个可怕的问题，因为她要养育孩子，要在电话里打发收账人。她甚至不能指望她的丈夫参加毕业典礼、圣餐，或任何一种社交活动。他圣诞节和新年回家，她简直是很幸运了。他通常很累，宁愿在家睡觉，也不愿意周日晚上准备出去。

当然，卡车司机吃很多药。这比我想象的要普遍得多。我听有的家伙说，如果成千地买兴奋剂，会拿到一个更好的价格。我们认识很多我们认为是瘾君子的人，都在服用苯丙胺类药物。我认识的几个人都在吃，尽管是在周末，他们不需要保持清醒。这已经成为一种习惯了。

孩子们管这种药叫红魔鬼。在卡车运输界，他们叫它阿肯色州转弯——或者其他什么目的地。很多红魔鬼都是药店为控制体重而开的处方药。所以司机的妻子们拿到了这些药丸，而老家伙们最终用这些药丸来保持清醒，因为它们是以苯丙胺碱为基础的。是些黑色或红色的小药丸……

如果不是因为禁令，他们倒是愿意带上这些孩子，搭车的人。我想，最大的嬉皮士运送人应该是车主和驾驶员，因为他们要的是陪伴。多年来，你看不到一个搭便车的人，但现在随着嬉皮士的出现，随着孩子们在全国各地旅行，每一个交会点都会有一群长头发、背着包的孩子从国家的一端搭车到另一端。这是一个重生……

卡车司机是个很奇怪的存在，他们很保守。他们来自农村，或者他们认为自己是商人。但在他们的外表下，他们真的很民主、仁慈和自由。但他们没有意识到这一点。你告诉他们，他们是自由主义者，你很可能会被打掉脑袋。但是，当你开始谈论的东西，战争，孩子们，当你真的谈论这些的时候，他们支持一切自由主义的东西。但他们想在上面贴上一个保守的标签。这是一个奇怪的悖论。

在钢铁厂里，卡车司机绝对是最底层的。在工厂里，每个工会合同保护的人都有一些尊严，得到来自管理层的一些尊重。扫地的家伙有工作地位。坐在起重机里的人，如果他的起重机没有活儿干，他什么也不用干。在第四仓库推扫帚的人，如果他把所有的东西都整理好了，厂里的人就不能告诉他："不，你去干别的活儿。"

现在轮到钢铁运输司机了。那家工厂里的每个人都是上级，从最高管理层到下头的人。在底部的是钢铁运输司机。某个人想觉得自己比别人强。他觉得他比这个运钢的人好。所以，你会感受到持续的敌意。因为他觉得公司看不起这个钢铁运输司机，他知道他可以命令这个人，虐待他，让他等着。这是个地位的问题。让人感觉毛骨悚然。

头几年，我被虐待时，我号啕大哭，大喊大叫，扭来扭去："你不能这样对我。"几年后，我发展出了一套哲学。我的尖叫给他们带来了快乐，他们可以让我尖叫。他们是虐待狂。所以一般的钢铁运输司机，不管遭到何种虐待，总是向那些人报以微笑，让这事儿过去、不挂在心上。你对自己说：总有一天，我的时代会到。如果你不接受这种哲学，你就会直接走火入魔。你要是出了事，就会被禁止进入工厂。这是个竞争激烈的行业，你不敢张嘴，因为你的公司会被罚运费——而你会倒霉的啊。你想让他们看到你的自大，好像你根本不在乎。

几年下来，你成了个熟面孔。就能打破僵局。搬运工认为你是老前辈，他对你有了一些认同感。在很难得的情况下，你可能会发现友谊。装车工是当班的工头，负责装车。他在所有的钢材堆之间有一张桌子，他把要放在卡车上的货物摆放好。如果那帮狗眼看人低的玩意儿看到装车工给你的尊重，他们就会接受你。

新来的人得到最多的悲伤、尖叫，还有最糟糕的待遇。年轻人。四十多岁的人进入这个行业，拿着他一生的积蓄买了一辆卡车，因为有人告诉他有大钱可赚，他想做自己的生意。如果你能撑过头五年，你就能撑过最艰难的日子。成功意味着你能活下来。如果你的投资一分钱都没赚到，但五年后你还在做生意，我们说他是个常客。前五年是你最难熬的时期。你不懂规矩，你不知道如何合理地购买和服务你的卡车，你会犯所有的错误。在我们的业务中，每年有 50% 的人员变动。他们退出了，失去了自个儿的卡车。这就是唯一的回报。在你的脑海里，你觉得自己在做生意。

自从 1967 年的大罢工后，情况发生了变化。它像野火一样蔓延到全国各地。我们现在在很多地方受到尊重，因为他们知道我们站起来为我们的权利而战。这既是一个钱的问题，也是一个尊严的问题。

"90% 的人都是卡车司机工会的成员，但你永远不会知道这一点。除了从你的支票中取出的会费外，工会那帮人什么都没做过。我们知道，只要卡车司机工会的高级官员给钢铁厂的管事儿的打几个电话，就能彻底改变我们的状况。如果他们打电话说：'听着，你在虐待我们的员工。如果你不改正的话，我们就会采取行动。'比如说，他们可以派一个人到美国钢铁公司去，说：'我是卡车司机工会的官员，我们要求你们不要在这个厂里装货，直到这个厂的人公平地对待你们。'在二十四小时内，我们就会在厂外装货，快到吓人的程度。

"但工会是个机构，与钢铁厂和卡车公司有联系。工会甚至不知道工会成员有谁。我们猜测有两万到三万名钢铁运输司机。没有人能知道确切数字。二十五年或三十年前，工会官员可能是卡车司机。打了好仗，建立了工会，嗑了药。这么多年过去了，他甚至不再知道卡车长什么样儿。他现在和卡车公司的哥们儿一起打高尔夫。他在迈阿密海滩的好莱坞酒店里玩儿。对他来说，跟卡车司机打交道是他的工作范围之外的事。你到工会大厅想和工会官员谈谈是非常困难的。他们通常都很'忙'。这意味着他们在铂尔曼大酒店，在牛排餐厅，那是他们的聚会场所。"

卡车司机过去花了 90% 的时间来抱怨他们如何在工厂被耍，如何被州警耍。州警对卡车司机可能存在的违规行为虎视眈眈——主要是重量和超载方面的违规行为。要合法地将一辆运钢卡车装满是非常困难的。如果你超过了一千磅，不是什么大的违规行为，但你必须过秤。在常规的停靠站，会写着：卡车必须过磅秤。你把车停在那里，然后发现，你超了五百或一千磅。你得支付一张罚单，也许是二十五美元，你必须卸下超重的那一部分。这是很大一块钢铁。你要把它卸下来。你必须找到某个管事的人，把捆绑的钢带弄断，然后把钢板或钢筋转移到另一辆卡车上。偶尔会有一些无法分解的东西，一个重达一万磅的连续线圈。你要想个办法离开那里。你希望磅秤关着，你闭上眼睛，你尝试着像个疯子一样离开这个州。你有一种在二十几岁的时候带着一车酒水冲破封锁线的感觉。你有一种想打警察的感觉。或者你给警察钱。

大多数州警认为卡车司机是不法分子、小偷、超载者。公司和工会不试着提升我们的形象。公司和工会的人不会去警察局，说："停止虐待我们的成员。"

每个人都对卡车司机虎视眈眈，想敲他们一笔钱。丹瑞安高速公路令人难以置信。警察在做一些你无法相信的交易，没人会在意这些交易。因为被交易的对象是外地卡车司机。谁会在乎他们的下场？你会怎么去想一个第一次跑丹瑞安高速的卡车司机？他从匹兹堡来，带着超载的货物。他靠近城市的南边，上面写着："所有卡车必须使用本地车道。"但标志标得不够清晰。司机在第三条车道上出了问题，被困住了。因为其他车，他不能超过去，他直接上了快车道。下面有警察在那里靠着这些可怜的家伙谋生。他们把他拉过来，说："嘿，伙计，你跑在卡车不应该出现的地方。我们得把你关起来。"他们大放厥词，说你触犯法律的方式让他们很害怕，你危害到所有人，他们还暗示也许你想做个交易。

也许你不想做交易？哦，你得交保释金，还得出庭，那是二十五美元。如果你有外州司机的执照，他们会拿走你的司机的执照。所以，如果你过去跟警察做个交易，用十美元，他会就地开庭，告诉你别再这样做了。但是，如果你很顽固——我要为这个进行斗争，他会说："好吧，我们要把你带到附近，我们要去停你的卡车，我们要把你带上巡逻车送到车站去。"我不能发誓这是真的，但有个流传的故事说，这些警察和附近的人是一伙的。所以你把车停在街道上。你在警局做完保释后再回来的时候，你的车已经没有多少东西了。轮胎没了，驾驶室被撬了，收音机也没了。这就是成千上万卡车司机的遭遇。

警察告诉你："你愿怎么回到你的卡车上就怎么回去吧。"因为他们不愿在你看到你的卡车时待在现场。你打车过去，站在那里。现在你打电话给警察，这个法律和秩序的官方典范，他告诉你："我怎么才能找到谁毁了你的卡车，并偷走了所有的东西？"一个卡车轮胎要一百美元。你有可能从车站回来，试图为你的罚单而抗争，而四张百元大钞就从车上消失了。

你到底为什么要干这行，对吗？开车有一种神秘感。卡车司机有一种权力的感觉。他也有一种责任感。他觉得：我知道路上的一切。这些人在我身边犯错，我必须为他们留有余地。如果这个人犯了错误，我不应该骂他，我不应该用我的卡车威胁他。你说："那个笨蛋不会开车。看看车里那个哑巴女人和她的孩子们。看看那个醉鬼。"你已经进入了状态！

每一次装货都是一次挑战，最终卸货时，会有一种完成工作的感觉——我想这是在生产线上无法体会到的。我在工厂接货，去密尔沃基的浩普公司①。我接了一份工作，然后我就会走完所有的流程。卸货的时候，会有一种感觉——我会看到他们把我运送的钢铁变成了一万台洗衣机，变成了一百件农具。回来的时候，我会觉得自己一天的工作完成得很好。我以前早上有问题，经常烧心，吃不下饭。但一下班，压力就没有了。我在最后期限前完成了任务。然后我可以吃任何东西。

汽车，是这个国家最重要的东西，它是每个人的动力。即使是那个模特，当他们把她横着放在汽车的引擎盖上时……在卡车停靠站，他们不断地谈论着自己是如何一瘸一拐地回到这个特殊的地方。单纯的汽车司机绝对是敬畏的。你在卡车里时，不是弗兰克·德克尔，工

---

① 浩普（Hotpoint）是一个家用电器品牌。——译者注

厂工人。你是弗兰克·德克尔，卡车车主和职业司机。即使你赚不到足够的钱来吃饭，这也给了你一些东西……

卡车司机之间有一个笑话。"你听说过那个继承了一百万美元的运输司机吗？""他用这笔钱做了什么？""他出去买了一辆新的皮特。"① "那他做了什么？""他一直跑，直到他的钱用完为止。"每个人都知道，在这行里，你不可能赚钱。拥有那辆大皮特车，有镀铬的车架，有软垫的仪表盘，还有立体声收音机，还能换三十二个挡位和镀铬的轮子，那简直是天堂。而在笑话中，他是用尽了遗产来让这东西继续上路。

你要想办法找理由不让自己发疯，通过比赛来试图打败自己。若干年后，你开始成为一个更好的装载工。有一个三万磅的线圈。如果你把它放在卡车上，比它应该在的地方向前或向后放了三英寸，你就装错了。所以每次装货都有挑战。每个人都以此为荣。在卡车店，他们会亮出一张重量单。"看看这个。"他们装了刚刚好的重量。

现在我们临近大罢工，我也已经差不多了。我开了十七年的卡车。没剩下什么可做的了。我从来没有想过，我们在某一天聚在一起这个希望能够实现。这只是一个梦。我会完成今年的工作，卖掉我的卡车和拖车，然后在威斯康星州和伊利诺伊州的交界处建一个车库。我要在那里为卡车提供服务。这些家伙需要一个车库，他们可以在那里完成工作。在商业车库，只有一群业余的人给你的卡车提供服务。要成为一个车主和司机，你得是一个机械师。我十七岁的时候，有一个三辆车的车库。所以我打算建这个车库……

---

①　"那是一辆彼得比尔特，卡车中的凯迪拉克。那是一个很棒的、大个头的、长鼻子装备。光是牵引车就花了三万美元。"——原注

但我遇到了一个多年前就见过的老前辈。是在一个星期四晚上在内陆钢铁公司遇到的。我想，这是我最后一次运货了。我们坐了六个小时等着装货。他对我说："你听说过加里发生的骚乱吗？"他给我看了这个小册子。"如果你受够了卡车司机工会出卖你的利益，受够了所有的私下合同以及多年来的虐待行为，周一早上十点到你的工会大厅前去。我们要举行一次抗议活动。"

周五，我跟每个人都谈了话。"我们终于要做一些事情。我们已经谈了好多年了……"我没有找到任何能跟我说话的人。"啊，见鬼，这就是你曾经谈论的。"

好吧，周一早上我去了加里。有二十个人在罢工纠察。我们一整天都没有得到多少帮助。我们决定去钢铁厂截住自己人，他们开着卡车从全国各地赶来。你明白了吗？90% 的人都不知道工会在哪里。多年来，他们支付的会费就是一个敲诈。他们很痛苦。他们中的大多数人都离贫民窟只有一个工资支票的距离。所以我们去了那里，并试图告诉他们："把你的卡车停好，来当罢工纠察员吧。"好吧，这场罢工变成一件大事，因为时机已经成熟。每个人都知道有些事情必须要发生。

"我们在工厂里纠察了八天。人数增加到五六百——大部分都是外地人。他们把卡车停满了整个镇子。我们把工会的人堵在门里。有时我们只剩下两三个人，我们以为一切都结束了。但又有新的一车人从艾奥瓦州或底特律或俄亥俄州的弗里蒙特或其他地方来。他们听说了正在发生的轰轰烈烈的事，就过来帮忙。

"我们在钢铁厂里设了纠察线，我们和所有来的钢铁运输司机交谈，告诉他们不要装货，加入纠察线。有些运输司机试图加入纠察线。有些运输司机想打击你。你必须跳下去逃命。其他的家伙不知道该怎么做。他们认出了很多人的脸。我们在卡车站认识了很多年。你知道那个人，汤姆，迪克，或者哈里。但你对他的了解永远不只是服务站。我们开始在这里和这些人建立关系，我们见了很多年，但我们不知道他们住在哪里或其他什么事情。他们会说：'你还是开这个车？'他们通过你的卡车认出你，看到了吗？

"我们开会。他们从底特律打来电话，说要关闭阿姆科钢铁公司或大湖钢铁公司。然后我们听说他们在匹兹堡纠察，最后他们在费城纠察。然后我们听说他们在新泽西用炸药炸毁了两辆卡车。新泽西的人群，他们总是很粗暴。罢工纠察从这里一直蔓延到东海岸。持续了九个星期。

"钢铁厂对我们发出了禁令。他们把我们告上法庭，把我们关起来，还有其他类似的手段。卡车司机工会帮助钢铁厂和运输公司，试图让我们回去工作。他们开着车出来，一个公司官员、一个卡车司机、一个法警，指明了我们要向谁送达文件。他们是一伙的。

"每个人都在告诉大家：'他们会回去工作的。他们都破产了。他们不能坚持超过几个星期。'但我们坚持下来了，我们坚持下来了，你知道的。（他用力吞咽，深呼吸。）有些人根本就没有回家。我们四处筹集资金，要求卡车站、卡车经销商和轮胎经销商捐钱帮助我们。他们中的很多人都依赖我们，知道我们的工资很低，知道如果他们帮助我们，也许我们可以开始变得更好，开始支付账单。"

众所周知，卡车司机赖了很多账。他们靠赊账过日子，对每个人都是如此。从他们的家人手里抢钱，比收账员早两步把钱花掉，在新人开的加油站加油，新人给每个人都赊账，然后，他们花了一大笔钱之后，就会跑路。所有这些都是为了让他那辆卡车继续运转。我不认为他们的责任心比别人差。但他们的处境就像一个商人：欠了每个人和他的兄弟的钱，开始写借条，试图勉强维持生计。越陷越深，越陷越深……

于是我们成立了一个组织——钢铁运输司机兄弟会。我们拼命地组织起来，为签订合同的时刻做准备。我们进行了全国范围的罢工，因为我们第一次没有成功。这一次，我们要求卡车司机工会代表我们，而他们以前从没有这样做过。菲茨西蒙斯①在协议中承诺，他会成立一个委员会与我们会面。他派给我们的正是那些小偷，那些在钢铁运输司机工作的地方和当地人合伙干坏事的小偷。这些人有既得利益，想让事情保持原样。我们和他们见了几次面，发现他们并不打算做什么努力。

"所以我们要求菲茨西蒙斯与我们见面——并不是说我们认为他会做什么。他不过是一个肮脏的老家伙，拖着脚走来走去，填补了霍法②的位置。但我们确实觉得我们可以得到认可，如果我们愿意与他见面。他什么都不做，甚至不愿和我们说话。他派了一个大恶霸——霍法的左膀右臂，匪徒头子，一个监狱记录比你的胳膊还要长的家伙。他开始告诉我们他要为钢铁运输司机做的一切。我们说：'你不会为我们做任何事的。'我们告诉他，我们没必要听他的胡说八道。他说：'你们想要

---

① 弗兰克·菲茨西蒙斯（Frank Fitzsimmons），卡车司机工会主席。——原注
② 卡车司机工会前主席，因试图贿赂法官而锒铛入狱。——译者注

什么？'我们告诉他，我们想让国际劳工联盟给我们钢铁业地方从业者颁发特许权。我们要选举，我们要选出我们自己的人。我们要自治。然后我们告诉他：'我们希望你和你的骗子同伙离我们的任何一个大厅十英里远。'他说他会把这个消息带回去，这就是现在的情况。

"通过在州际商业委员会和劳工部检查我们的费率，我们会意识到他们滥用我们的养老基金。一个九亿美元的养老基金，被人骗走了大约十亿美元。这就是我们的养老金。我们对老吉米·霍法没有好感。他们不在乎他偷了多少钱。那不是我们。那个基金里面是我们的养老金。他属于监狱，他们工会的很多人都该进监狱。"

1970 年 1 月，我们举行了罢工，以加强我们的要求。我们向一百六十七家公司提出申请，这些公司根据卡车司机工会的合同雇用了钢铁运输司机。听证会在匹兹堡开始的时候，有三十七名来自运输公司和卡车司机工会的律师，还有我们的两名律师——一名律师和一个帮忙的。听证会持续了十六天。花费了卡车司机工会二十五万美元的法律费用。有一万页的证词。国家劳动关系委员会裁定我们败诉。我们认为这是一个政治性的裁决。尼克松在和菲茨西蒙斯搞秘密交易。[①] 我们在和工厂、工会、运输公司和总统打官司。还能有什么胜算呢？

我和一个卖拖车的家伙谈过。他说："你们是疯子。你们跟所有这些大人物较量。你们没机会的。"但有一件事——我们觉得我们是一场革命。这里有人民的力量和卡车的力量。卡车工会里有很多人在

---

① 谈话发生在吉米·霍法被尼克松总统赦免之前，也早于卡车司机工会对总统连任委员会表示公开支持之前。——原注

看着我们。如果他们看到我们没有被打得头破血流，我们有足够的能力去领导，他们就会从角落里钻出来。他们都想知道自己的养老金跑到哪里去了。问题是他们都很害怕。

在上次罢工之前，我们都做得非常好。我们在罢工中没有成功。我们的队伍中出现了一些叛变。他们投票决定回去工作。我们正要成功，结果却功亏一篑。所以很多人都很沮丧。但这三年来我们收获了很多，很多人都在坚持。

我们受到的尊重比1967年之前要多得多。当然，我们有问题。卡车司机工会想让运输公司的人跟我们对着干，想控制钢铁运输司机。但他们知道他们已经失去了我们。我们在卡车上贴了会员标签。仅仅是这个标签有时候就能让厂里的人用两倍的速度装货。他们会说："你最好给那个人装上，他是那群罢工的人中的一个，如果你不给他装，就得付出代价。"我们的名声很好。

我们的会员是非常挑剔的。他们总是怀疑领导层出卖他们。他们已经看到了卡车司机工会是怎么一回事。不管他们是不是工作，都要缴纳会费。所以他们对我们非常挑剔，哪怕是小事。从罢工开始到1968年3月，我没有拉过一车钢铁，有八个月没有拿过一分钱。从那时起，我每周拿着五十美元的薪水，全职为钢铁运输司机兄弟会工作。有一个人告诉我："你一周只拿五十美元，但霍法就是这么开始的。"有另一个家伙告诉我："我不会让一个为了每周挣五十美元而工作的蠢货代表我的。"愤世嫉俗到令人难以置信的程度。

他们首先想到的是，这些家伙干的是轻松的工作。他们紧随霍法之后，做的事就像霍法们榨取我们的血汗一样。你要做的是重建信心。这些人不相信任何人。他们连自己都不信任了。"你在一个不正当的系统中工作，你必须是一个骗子。"所以这些人认为，我不会为任何人做事，为什么会为这个人做呢？另一个典型的例子是，这不会成功的。你无法击败他们。他们太强大了。卡车司机工会太强大了。钢铁厂太强大了。所有一切都和我们作对。如果你反抗，你就会受伤。

你得重新教育他们，你得每天爬上十字架。不幸的是，你这样做的结果是，追随你的人无论你做什么都会跟着你。这就是为什么你最终与霍法会是一个结局，追随者会说："我不在乎吉米偷了一百万美元，他对我很好。"真可惜，人们都是这样易受人摆布。

我们没有得到我们想要的基层支持。他们太忙了，他们跟自己的家人在一起。有些时候我在想，我为什么要做这个事情。但这很有意义。没有什么比得上和人打交道，应对突发状况。这就像一个用来教育自己的速成班。这是我很喜欢做的事情，因为这是我这些年认为应该做的事情。在做了十八年的卡车司机后，做这项工作是一个改变。

如果我认为我可以亲手定制一份我喜欢做的工作，那就是我现在做的这份工作。我这辈子从来没有在任何事情上这么努力过。这四十六个月来，大部分时间都是一周忙七天。我也会累，但我从不厌倦做这份工作。我很享受其中的每一分钟。我们面对的是很多大人物，大公司。有种和顶级竞争者下棋的感觉。它可以影响人们的生活，甚至是不认识的人。

如果赢了，赌注很大。这不仅仅是你是否能赚到钱的问题。突然间，你会觉得自己被推到了自己做梦都达不到的决策层面上。突然间，我再也不是那个强颜欢笑、在卡车上一直等着的人了。突然间，你找到了自己的自尊感。这一天终于来了。就是现在。

# 停车场

## 阿尔弗雷德·鲍米尔（停车场服务员）

他四十九岁，做停车场服务员已经有三十年了。他与已故的蓝调歌手吉米·拉辛长得非常像。"他们管他们叫作开车徒步旅行者、骑师。他们叫我亲爱的阿尔、行家、一把到位的阿尔——我从北京到香港，从西海岸到佩科斯，都很有名。"在这个寒风凛冽的下午，我们坐在车里，每个人都在抽着十五美分的雪茄。

这是一个平地停车场，"因为没有楼层"。"我们有四五十个车位，有很多地方可以停。你十一点来的时候，进不去停车场。你放进来两辆车，放出去三辆。你得去安排，然后人们就会说：'我可以取走我的车吗？''我们正在想办法。''你们怎么有这么多车？''对不起，女士。'但这比修车厂容易多了，因为那里有太多人，而且总是有事要做。"

他是两个服务员之一。他在这里工作了十五年了，每周工作六天。"下雨的时候，就会有点辛苦。天冷的时候，就会非常辛苦，因为你要擦掉挡风玻璃上的雪。每个人都很难受，你得回家，让妻子或女朋友按摩。第二天早上我就知道了。我已经不再年轻了。

"我不知道谁是这个停车场的主人。你永远不知道。你不问问题，谁拥有这个或那个。他们从来没有让我们去过办公室。我们在工作的地方拿支票。从来没有看到谁拥有它。这是一个大生意。但你必须挣些小费来补贴工资，因为工会只能让你（每小时）拿——1.95美元？如果没有小费，我就活不下去了。"

总有人想为了根本不存在的事儿要钱，说自己的车被撞了，其实没有。有的人就很嚣张地说自己可能会找律师。哦，是的，有很多人对他们的车都有圣洁的感情。没有一条划痕，但他们检查过后就对此避而不谈。所以我就和他们一起避而不谈。虽然没有划痕，但这是个很好的锻炼。

另一个人，他会把车停在那里，拿票，然后离开。然后他回来，围着车转悠。我说："你进来的时候为什么不绕着车走啊？"他说："我围着车转悠是为了看看你有没有撞到它。"我说："如果我撞上了，你得看看这个是新的撞痕还是旧的。因为如果我们撞了你的车，我们就不用给你编什么故事了。公司会给你钱的。我们没有这个问题。我和乔治在这里工作，我们不撞车。"

如果我撞上一辆车，我不会说我没有不好的感觉。事情可能发生。当你和一个男士或女士说话时，你要让他们冷静下来。如果你的脾气很火爆，那就是大吵大闹了。三十年来我只有一次真的很严重的争吵，和一个经理。之后再没与人发生过争执。所以从情感角度这也算是不错的记录吧。我也有过辱骂我的顾客。有一次，有一个来自得州的家伙，我问他："请你把车停在路边好吗？"但他是得州人，他跳下车，不靠边停车，还骂我是混球儿。而我也吼了他一嗓子，作为交换。他终于把车停了下来，就这样结束了。你发脾气了，另一个人也发脾气了，你得让警察来把你们中的一个人弄走或者两个人都弄走，或者叫救护车。所以为什么不冷静下来呢?

六个月前，有位女士来我们这儿。她想把她的车停在和上次一样的地方。我说:"对不起，女士，不能把车停在某个特定的地方。"她说:"我想把车放在**那个**位置。"她回来了，我让她停在**那个**位置。她说:"谢谢你。"我说:"好的，女士。"她又回来了，我们已经停满了。她又想要**那个**位置，我说:"不。这儿满了，女士。我不能给你**任何**位置。"她没给小费，还想要额外服务。好吧，如果她付了停车费，把车停好，就可以了。我们有老顾客，不用每天担心小费的事儿。他们一周给一次小费。我们会给他们所谓的"小费服务"。那些不给小费的人，我们还是要给他们服务，只是并不优雅。

很多开漂亮的凯迪拉克的车主不给小费。工人在给小费这事儿上最大方。他工作了一整天，会给你二十五美分或五十美分。但如果有人开着大凯迪拉克，穿着漂亮衣服，他会给你十美分。但他又会把那辆车开进来，如果我们打出"停满"的标志，那就是专门给他看的。我们必须向他挥手致意，让他离开。他开始抱怨连天，但如果你不回答他，就没有任何争论。

我遇到过一件很不爽的事儿。人们看到你去取车，有两三辆车的车主要存放证，可能还有八个人在等着取车，你会去取那台最容易开出来的车，这样才能给其他人腾出空间，顾客们认为你没有给他们提供服务。有一大群人，你可能不认识每一个吧，你只是想让大家都容易些。没必要把同一辆车挪到一辆更容易开走的车那里。他们还是过不了马路，因为堵塞了，那是什么原因造成的混乱呢?

车主认为你想无视他们。你只是想让事情进行得轻松点，但他们看到的是你服务了另一个人，而他们付钱比较早一些。出现这种情况，大家都会表现出着急的样子。"我是第一个。""我得回家了。""我急着赶飞机。"两个人不能同时应付十五个人。总得有人等着。很多人都是自己开车去的。他们可能会撞到车或剐到车，然后他们想把这种事赖到服务员身上。

在停车场里，你不能开得太快。我曾经在五六层的车库里工作过。那时我还年轻得多。我坐进凯迪拉克、别克、大众汽车或者不管别的什么车里，我都会用最低挡开。随着年龄的增长，你会学到更多。有很多年轻人开得很快，而我已经不这样做了。当一个年轻人的感觉非常好。

我年轻的时候，曾经是一个行家，我曾经开车特别快。我可以用一只手开车，而且没有出现过倒不进车位的情况。当我坐上一辆新车时，我以为那是**我的**车。那是一个客户的车，我只是把它开上楼而已。**我知道**那不是我的车，因为那时我连车都没有。当我拥有一辆车的时候，我不能拥有超过一百美元的车。所以，驾驶任何人的新车的感觉都特别好。当我开着那辆车的时候，我觉得那是一辆梦想中的车。

一个男人开着那辆车进去，然后出来，可能穿着件燕尾服，这是一种非常美妙的感觉。我更年轻的时候，当一个客户进来时，我会说："天呐，那是一辆漂亮的车，先生。"我会坐进那辆车里，也许会倒几次车。因为我们不应该把车开走，我自己也没这么做过。当然，当有五六个人要停车的时候，可能会有一个人要开走。

我当时坐在一个身穿男士晚礼服的男人的车里。他下了车，和他的女朋友去了夜总会。车里的古龙水味道很好，车窗也开着。我就在车里看着，你知道的，音乐响起。我在停车场里把车往前提几步，再往后退退，可能再倒回车位。我说："为什么我不能成为一个有钱人，挣一大堆钱，给自己买一辆新车呢？"因为我开了十八年的旧车。坐在有钱人的车里的感觉，是一种很好的感觉。工人的车和有钱人的车的感觉不一样。你心里有一种很强烈的东西，希望有一天你能搞到一辆。这有 1% 的可能性，除非有人送给你一辆，或者你是一个坚持不懈的人。

我现在老了，车就是车。我开着一辆 1965 年的庞蒂亚克。我知道它已经有七年的车龄了，但它是我的。我得好好享受它。我当然想买辆新车，但我有三个孩子，我买不起。我不需要梦想得到一辆我知道我买不起的凯迪拉克。我也不需要梦想得到一辆我知道我买不起的帝国克莱斯勒。我以前经常梦见汽车，到了疯狂的程度。过去五六年来，我没怎么梦到过车，因为我知道我有其他事情要为我的孩子们做。

我以前是个司机，对我来说开车也是个梦想，我开车送某人去他的办公室，我把他送到后，车就是我的了。（笑。）我可能有几个小时不用去接他。如果我往南开，或者在环路附近开，我就把司机专用帽摘下来，戴上我的帽子。我自己的帽子。你总觉得，开着富人车的司机比富人更享受。

我不做司机了。我在停车场赚得更多，包括小费和工资。人们问我是做什么的时候，我告诉他们我是停车的，就像我的其他工作一样。你是个白领，我没意见。在打字机后面工作，这很好。你是个医生，这很棒。我有男性朋友是做老师的。我们有时会见面，喝杯酒，聊聊天。一切都很正常。每个人都有自己的工作要做。我的朋友从不觉得自己比我高明。他们会说："我要去市中心，把车停到亲爱的阿尔那里。"

　　二十五年、三十年后，我可以开任何汽车都特别溜，就像女人给婴儿换尿布一样。我可以用一只手操控汽车。我有很多顾客会说："你是怎么做到的？"我说："就像你烤蛋糕一样，小姐，我可以把控好这辆车。"很多女士来找你，很多先生来找你，说："哇，你会开车！"我说："谢谢你，女士。"他们说："你干这行多久了？"我说："三十年了。我十六岁就开始了，现在还在干。"

　　整天都是车。我开着车去上班，等我下车的时候，就是客户的车。晚上下班的时候，是我的车。我早上上班的时候，是客户的车。我所有醒着的时间都是车。我出去的时候，我妻子开车。我坐在后座上和孩子们玩。我开了一个星期的车，我跟她说，你为什么不开车？如果我在工作上有争执，我从来不和我老婆讨论，因为她和孩子们遇到的问题够多的了。而我太忙了。

　　我还会继续干多久？我想说我还会再干四年，也许五年。因为我知道我不能再继续走路了。如果我决定放弃停车，我想我可以找一份看门人的工作。也许我可以当个收银员，或者在剧院里检票。我知道我不会在停车场退休，因为公司不支付任何退休金。走路对脚很不好。每天，我感觉我要往返各六十趟。

　　我年轻时对汽车的感觉是，我喜欢停车。现在，客户匆匆忙忙开进来的时候，我说："农民都去哪里了？"周六是最难熬的一天，因为人们从各个方向涌进来。哎呀，这种刺激已经消失了，哎呀，十五年了。我做我的工作，因为我知道我必须工作。我时不时地要给自己按摩一下，或者我妻子用酒精给我按摩一下。我最多还能再坚持四五年。

　　我十九岁、二十岁的时候很厉害。一个人跟我赌五美元，赌某辆车进来的时候，我没法把车倒进车位。我用一只手把车倒进那个车位，我倒了三次给那个人看。另一个人说："你太矮了，够不着油门踏板。"我说："不，我甚至可以把座位往后推，我可以坐着一把就把那辆车倒进去。"那时我还年轻。我有一个顾客，他有六英尺七英寸高，而我只有五英尺三英寸。他说："你最好把座位拉高。"看起来我好像坐在后座上，几乎踩不到刹车一样。我把他的车倒进车位。他说："你的意思是告诉我，你这么矮，你把车倒进了那边那个车位。"我说："我从不动别人的座位。"我可能会把自己抬高，用方向盘做支撑，但我从来没有倒不进车过。我用一只手而不是两只手，一把就倒进去。而且从来不用开门，从来不开着门泊车。我总是头留在车内、从后视镜里看。这就是为什么他们叫我亲爱的行家阿尔、一把到位的阿尔，他们以前叫我口香糖小哥。我以前每天要嚼二十五条口香糖。现在我抽雪茄。（他和我沉默地抽了好一会儿。）

我是最好的司机之一。我不在乎徒步旅行者是从哪里来的，你可以在我身上赌钱。他们会说："亲爱的，你从来没有失过手。"我说："我失误的时候，就会溜走，但我不经常溜走。"我不在乎车有多大，我不在乎车有多小，从来没有我一把倒不进去的车。

从十九岁开始直到二十七岁，我做这个事儿很多年。然后我开始像其他人一样，正常驾驶。十九、二十岁是我最兴奋的时候。然后我到了二十七岁左右，我能感觉到。我觉得自己的速度变慢了。我就像一个拳击手，在三十岁时交出他的拳套。开车徒步旅行者能到五六十岁。我打算到了五十四五岁就不停车了。我现在很厉害，我已经四十九岁了。我还能开得很好，是的，很好。亲爱的阿尔，正在退场……

# 销售

## 约翰尼·博斯沃思（汽车销售员）

他是七个销售员之一，给大城市郊区的一个中产阶级郊区的一家汽车经销商打工。他二十七岁，已婚，有一个小孩。他暗示，妻子来自一个富裕的家庭，而"我是个乡下孩子。我没能读完书。我们家还挺大的，比起大多数家庭而言没有那么多钱"。

他的头发很有型，衣着是有模有样的，他的胡子是傅满洲式的，修剪得很好。公寓里有一台高保真音响、一台小电视机、几盘磁带、各种音响，还有一只小狮子狗在跑来跑去。虽然他不喝酒，但他向客人推荐，他正拿着顺风牌苏格兰威士忌和皇家芝华士。"直到几个月前，我头发还油光瓦亮的呢。我的头发以前是梳到后面去的。我妻子坚持……"（她做过《花花公子》的封面女郎。）

他做了四年的汽车销售员，不过"我从十四岁就开始卖东西了。挨家挨户，杂志、锅碗瓢盆，什么都卖"。

如果你说中了一个人的逻辑，你就已经把他说服了。除非他是个傻蛋。每个人都可以把东西卖给一个白痴。白痴，天啊，我希望我每天遇到五万个白痴，因为你可以把全世界卖给他们。你可以把布鲁克林大桥卖给他们。

我不像很多人那样站在那里如履薄冰的，不敢做这个，不敢做那个。如果我认为这对我有好处，我就会去做。不尝试就不会知道。我的办公室和别人的不一样。我试着把它修整一下，让它看起来更舒适，而不是像屠夫房，他们就是这样称呼办公室的，封闭室，盒子。我从登喜路弄了一张漂亮的办公桌。我把我自己的电视拿了过来，这样顾客就可以看了。我有收音机、小工具、小饰品什么的。也有书籍、杂志，《花花公子》。我只是想让办公室像点儿样。

我不是一个好的推销员。产品自己会推销自己。我唯一优秀的地方是我试着把自己放在顾客的位置上。如果我要买车，我知道我希望得到怎样的对待。我不希望被人逼迫。

几周前，我把一个人赶了出去。我刚进门，就有一个人站在那里。他说："嘿！"我说："对不起，我可以帮你吗？"他说："这辆车多少钱？"他指着一辆道奇飞镖时尚者。我说："让我查查价目表。"他说："什么叫查查价目表？"我说："先生，我脑子里没有所有车的价格。"他说："好吧，查吧。"你知道的，态度很粗鲁。于是我查了一下价目表，给他报了一个价格。他说："你一定是在开玩笑！"我给他的价格，超过成本二百美元，这是非常公平的。我说："这就是车的价格，先生。"

我想我从这家伙身上会一无所获。我们已经有了性格上的冲突。我到后面去拿咖啡，这家伙又走了回来。有很多车。他指着另一辆车说："那辆车多少钱？"我说："我再说一遍，先生，您是说那辆车还是类似的车？给我说说您要什么样的车。让我来帮您。"他说："我没问你。我问的是价格。"我说："好吧，如果您要拿这样的态度的话。

价格就在窗户上。"他说:"小子,你们都一样,都是一群混蛋。"我说:"什么?"他说:"你听到了,你这个废物,你们都是一群混蛋。"所以,我走过去对他说:"听着,伙计,我所做的就是来这里工作。我会尽可能地把你当作一个绅士来对待,你也要同样对待我。否则,咱俩之间没法和平相处。"所以他说:"你妈这个,你妈那个的。"他开始冲我骂骂咧咧。所以我说:"请你去找我的老板,也许他会解雇我。"那人说:"啊啊啊,我该胖揍你的头。"他这么说的时候,我说:"你有两秒钟的时间从那扇门出去。"他说:"你在说什么?"于是我抓住他,把他从前门推了出去。

我去找我的老板,说:"你听到外面的骚乱了。你想怎么做就怎么做吧,但事实就是这样。"他说:"你错了。你应该打他,把他的牙齿打掉。"我和我老板相处得很好。我和他一起去打高尔夫。这家伙一有时间就要享受人生。

一个长头发的年轻人来店里,他们不向他提供服务。因为他们认为他是个废物。这就是他们使用的术语。废物的意思是什么都不是。犹太人把大部分的表达方式带到这里来了。我在这些孩子身上下功夫。我试着向他们推销。这里大多数长头发的孩子,他们的父亲是医生、律师或老师。他们有钱,他们不难取悦。如果这个年轻人喜欢这辆车,当家长来的时候,你要做的就是给他们讲点道理。年轻人通常或多或少想要一辆速度快的、马力大的车,带四速发动机、性能高的。他想让车看起来很拉风。你会顺着他的意思,但我会试着让他远离四速车,因为那是世界上最糟糕的车。你换车的时候,如果是四速,就会损失五百美元。如果是手动挡的话,就会损失二百五十美元。

我用一个小逻辑去打动他们。你父母会同意你买这辆车吗？保险费会高一点。父母来的时候，你得和他们一起去。你告诉他们，有一个大引擎是好的，因为它不比六缸车差。六缸车时速八十英里，足以让人丧命。大引擎，他们可以开到一百到一百四十英里，但反正在城市里没有地方可以开。你只要尽量满足双方的要求就可以了。我从生活中学到了这一点。你必须要屈服。

向工厂里的人推销更容易一些。一个医生打电话来，他有时会有点傲慢。我要这个，我要那个，我的哥们儿可以便宜三百美元，所以你最好给我个好价钱，否则就拉倒吧。他们打电话给你，要你报个价什么的。这一切都没问题，除了你知道他们的朋友不能以便宜三百美元的价格卖给他们任何东西。我知道所有汽车的价格。这是最难让人们明白的事情之一。我们都得谋生。

给蓝领推销是比较容易的，不是因为他笨，而是因为很多蓝领比心理医生聪明得多。他们更脚踏实地。他们没钱花时间去购物。而医生和律师可以一次休息两三个星期。那些十天里有九天在工厂工作的人，你当天就能让他们把车买下开走。如果你给他一辆车让他开回家，给他一定数额的钱，给他让他满意的以旧换新服务，你就能成一笔买卖。他不在乎你的利润。

如果你是一个真的不赖的推销员，你可以让顾客尝试**你想要的**车、忘掉**他们想要的**车。你可以把布鲁克林大桥卖给他们。当然，我不是那种推销员。我没有那么高的水平。我研究人，我还在学习中。

我喜欢人。如果是个嬉皮士，我就会问他："你抽大麻吗？你吸毒吗？你喜欢这种类型的音乐吗？"我试着找出让他们放松的东西。我还不断地问一些他们会回答"是"的问题。让他们养成说"是"的习惯。当你说"你会从我这里下单吗？"的时候，他们会说"是"，而不是"不是"，因为他们已经很久没有说"不是"了。"你喜欢棒球吗？你喜欢他们现在打棒球的方式吗？""喜欢。"只要能让他们说"是"，什么都好。跟一个女人，你就问时尚相关的东西。让她们养成回答"是"的习惯。

### 你想卖掉布鲁克林大桥吗？

不，因为那是在占某人的便宜。这可能很难相信，但我不喜欢占别人的便宜。大多数这个行业的推销员告诉你，这是一个残酷的世界，你得在你的兄弟对你下手之前对他下手。我不同意这种说法。我自己也被要过很多次，因为我帮助过别人。他们转过身来，冲着我的脑袋就是一脚。我把这种事儿归结为经验，而不是去反抗，说我恨这个世界。

黑人，向他们推销是最容易的，是世界上最容易的。如果你能让他们认为自己能以很小的代价获得些什么，哦，他们会很快抓住机会。你给他们一辆拉风的车，伙计，闪闪发光，让邻居觉得他们是真正的强人，有钱人，他们就会接受。你可以卖给他们一辆，两辆，三辆。

世界上最不容易推销东西的是抽烟斗的人。抽烟斗的人进来，我就让他去找别人。他们会整天坐在那里，打发你的时间。他们都认为自己是天才。他们认为烟斗是一种象征。他们一直问你些问题。他们在来之前只是拿了本书，学了几个单词——变速箱、发动机或者立方英寸——他们想成为教授。我只是告诉他们："听着，你是来买车的，还是来和我比智商的？"因为我会把我的智商和爱因斯坦相提并论。我碰巧有非常高的智商。

而东方人，他们是另一种类型。他们想要以很少的投入获得些什么，这是肯定的。每个人都认为犹太人是很难推销的。当然，他想要一个机会，他想每样东西都便宜。但他很现实。这些东方人和印度人，他们什么都不想给，却想要一切。他们想以低于经销商支付的价格购买。对一个犹太人，你说："这东西花了我一千美元，我以十二美元卖给你。"他们想要还价到十一块五。好吧，十一块五。但你告诉一个东方人："就是这个，白纸黑字的，这东西价值一千美元。我以十块五的价格卖给你。"他会说："不，不，不。我要九块五。我要比你付的钱少。"

黑人不在乎你花多少钱买的。他关心的是他能付得起多少钱。你能每月支付五十美元左右吗？他能付得起，就这样。但你知道我最想卖给谁吗？专业人士。这是一个挑战，我喜欢挑战。

**"我一直想做最好的事情，无论做什么事情都要做到最好。我会告诉人们，在你走过人生的时候，记住一些东西。博斯沃思是最好的。我甚至有印有这句话的卡片，只是为了和台球厅的人开玩笑。他们能做的事，我都能做得更好。这就是为什么我进入汽车行业，挑战。"**

假设我已经在这个地方工作了二十年了，知道吗？大多数人的工作，干二十年后，你就有资历了。你是个人物。在这儿工作二十年后，明天去上班的时候，就像我是今天开始工作的一样。如果我一个月卖不出某个数量的车，我就得另找工作。这不是因为他们是坏人，而是他们在做生意。如果有一个坏蛋，你就摆脱他。我不喜欢这样。我年轻、健康、强壮，我可以做任何事情。但为了我的家庭，我想多一点安全感。

　　人们出来是为了获得他们所能得到的一切。如果有时这意味着踩到别人，他们不会想太多。我不觉得他们一定是为了占别人的便宜。他们只是为了个人利益。我，我不喜欢踩人。我的钱不好赚。我有过机会，我本可以当个舞男的。我可以娶一个犹太女孩，她的父亲是个百万富翁。我放弃了。我不是个好人，因为我进过监狱，我打过架，我偷过东西。

　　唯一能威胁到你的是那些能让你丢掉工作的人。因为那会威胁到我的家人。他们可以杀了我。如果他们杀了我，我可以不在乎。我喜欢我的工作。我不得不喜欢这份工作，我必须喜欢。否则我就会很痛苦。这不是我最喜欢做的事，但我喜欢它。如果你不开心，就不能推销东西。你必须准备好：我们一起推销、推销、推销。你们都很有干劲。

　　做生意的人大多喝酒。通常他们谈论的是酒、女人和歌。在一些地方，他们谈论的是马，我一点也不感兴趣。我不会在四条腿的动物身上下注。我的大多数朋友——或者说熟人——都是我认识很久的人。我们玩大富翁，我们去看电影，去看《屋顶上的小提琴手》这样的戏。我不和他们玩桌球，因为我拒绝玩游戏却不下注。我花了很长时间才玩好这个游戏。如果有人想打败我，那就得花钱了。我喜欢赌博。我喜欢打牌赚钱。

　　卖车是一场赌博。每一个走进来的顾客，他们的口袋里都有一张二十美元或五十美元的钞票。这取决于你如何从他们的口袋里把这钱取出来。唯一的办法就是卖给他们一辆车。这是一场赌博。如果我受过更多的教育，我会做得更好一些。我希望上帝能让时光倒流，让我回到学校去。这就是为什么卖东西给一个受过教育、上过大学的人是个挑战。我可以让他来找我，而不是我去找他。他们以我的方式来看待问题。

没有我的工作，这个世界还能继续存在吗？不，必须要有一个推销员。哦，如果一个人用心去做——我自己也想过——那一切都可以电脑化。销售员所做的就是找到一辆适合你的车，哪些功能最好，哪些功能最差。所有这些都可以输入电脑，然后会有一份问卷，人们会回答。唯一会需要推销员的是价格。99% 的人都有价格意识。这就是他们所关心的一切。如果价格合适，你可以卖给他们一袋土豆。如果价格合适，你可以卖给他们一辆 1948 年的雪佛兰。

**你觉得拉尔夫·纳德**①**怎么样？**

你说什么？

**你觉得拉尔夫·纳德怎么样？**

我们可以没有他。他剥夺了人们的选择权。他不给他们选择要头枕还是皮带的权利。也不给他们选择是否要排放控制系统的权利。他把这个选择剥夺了。一氧化碳，所有这些有毒的东西，留给了对这些事情以及建造所有新设备要花多少钱心里有数的制造商。我觉得他是个危言耸听的人。胆小鬼还是什么的。他把我老婆逼疯了。她害怕呼吸空气和一切，都是因为这个人。

当然，如果不是因为石油公司和天然气公司，汽车可能会更好。它们可以在空气中运行，可以在水上运行，或者用电。它们现在可以

---

① 拉尔夫·纳德（Ralph Nader，1934— ），美国律师和政治活动家，以参与消费者权益保护、环保主义和政府改革而闻名。——译者注

做的事情多到没有尽头，但它们不会长生不老。

我妻子想要一辆大众汽车已经两年了。她要等两百年才能买到。这是辆不安全的车。这就是我看广告的原因——看看我是否能在下一次与客户的销售会议中找到可以用得着的东西。我看电视广告如何影响和我一起看广告的人。

我希望公众能意识到，我也是人。你在聚会上遇到一些人，然后说："啊，你们都是一样的。""小心他。"诸如此类的废话。我告诉他们："少废话。"公众认为汽车销售员是鼠辈。有些顾客才是真正的禽兽。为什么他们一定要等？为什么他们不能成为第一？"为什么我不能买到一辆油耗不高的车？"他们把一辆车用得一塌糊涂，却不知道为什么车的性能不适合他们。他们所做的就是让你吃尽苦头。然后，他们会沿着街继续走，对另外一个销售员做同样的事，然后他们会想：每个销售员都是老鼠吗？而**他们**就是老鼠。

他们不一定非得成为禽兽。是整个系统让他们成为禽兽。每个人都在罢工，他们想要更多的钱。妻子需要更多的钱去买食品杂货，因为食品杂货的价格更高，因为制服公司在罢工、卡车在罢工、工厂在罢工，每个人都在罢工。汽车销售员不能罢工。我没有工会。我参加罢工，说："我不干了。"上头就说："看看是不是有人想在街上雇用你。"

因为我的嘴，我已经被这个地方解雇了五次。而他们每次都会给我回电话。他们意识到他们错了。你不能因为一个人的诚实而恨他。天啊，我觉得如果你不能诚实，做任何事情的意义在哪里呢？

第 五 卷

# 外貌

## 萨姆·玛图雷（理发师）

**他做了四十三年的理发师。二十一年来，他在同一个地方经营着一家店，店铺位于芝加哥卢普区的一栋办公楼里。"一个大师级的理发师，可能会有几个理发师比他更好，但人们叫他大师，因为他是老板。"**

长发不是什么新鲜事。我们以前有一些花哨的发型，就跟今天一样。我也做一点音乐，音乐人留长发。但不像嬉皮士那样。我不反对，只要他们保持干净整洁，稍微修剪一下头发。但你知道什么让我感兴趣吗？一个哥们儿的儿子在上大学，他留着长发，发型很时髦。有个老伙计想留长发。他五十多岁了，想看起来像他的儿子。这对我来说太荒唐了。这种事经常发生。有个家伙跑进来说："我要让我的头发长出来，萨姆，因为我的女儿或我的妻子……"女儿和女人告诉他们怎么剪头发。这家伙已经结婚二十五年了。我看不出他的改变会有什么意义。我们还是喜欢他们所谓的"型男发型"。生意人的发型。不是这些花哨的东西。花哨的东西持续不了多久的。

理发师受的影响不小啊。据我所知，光是这一带就有九家理发店倒闭了。一个男人过去每隔几个星期就会理一次发。现在他要等一两个月，有些人甚至要等更久。我们以前的顾客每周五都会来。一个星期一次，理发、修剪，等等。现在同一个人也许每两个月才会来一次。就是这样的。

我们这里以前有五个人。现在只有我们三个人了。我们以前有个美甲师，一周工作五天。现在她每周只工作一天。以前很多人每周都要修指甲。这些人大部分都退休了，搬走了，或者去世了。这都是因为长发。拿老一辈的人来说，他们希望看起来整洁，要有型，而且他们必须在自己的办公室里好好表现一下。现在大家似乎不太在意了。

店里来年长一些的顾客时，他们仍然用洗发水和护发素，把发型打理好。但要是来了年轻一代的人呢，如果你说："你想在头发上涂点什么吗？"他们会觉得你侮辱了他们。前不久，我这里有一个人，我说："你想洗头吗？"他说，"怎么了？很脏吗？"（笑。）一个年轻人。年纪大的人不会这么说。

在芝加哥这个城市，剪个头发要三美元，除了在美发店。他们想收多少钱就收多少钱，能高达十二美元之多。我们不这么做。我们三个人可以收很高的费用，但我们通常不建议这样做。我们不得不向一个人收这么多钱。我觉得为了一个发型收这么多钱是不怎么体贴的行为。

在造型上，给顾客用不同的方式分发，剪成不一样的发式。假设我的顾客是分发，而且我不希望搞一个不分发的造型，我就直接把他的头发梳到后面，这样一来就改变了他的风格。假设他的头发在右边。好吧，想改变他的风格，就把他的头发分到左边。然后把他的头发洗干净，剪一剪，然后再重新梳理一遍。这就是发型，其实我自己也不太喜欢。

当我二十一年前来到这里时，我在这间小房间里单独干活儿，我给所有女士剪头发。女士剪发吧，我们店一天要剪六到八个吧。我喜欢给女人剪头发。有一次我剪女士头发得了二等奖，那是 1929 年的事儿。吹风造型。她们的头发都是往前梳的。就像一阵风从后脑勺吹来，把你的头发往前吹。现在的年轻女孩都不知道这是什么。我觉得这比给男人剪头发容易多了。女孩子也没那么麻烦。

**"现在的大部分新人理发师，其实并没有太多人从事这个职业。就拿理发职业学校来说。以前都有三四百人。现在不行了。也就有五六个人吧。不仅如此，学费也涨得很高。我的学费是一百六十美元，现在要花六百美元或者更多。现在的年轻理发师，除非他们去做头发造型工作，否则剪头发是挣不够钱的。**

**"他们中的很多人感到厌恶，原因很简单，因为想成为一个理发师要花那么长时间。我开始进入理发行业那阵子，花了六个月的工夫。现在呢，必须先做三年学徒，然后才能拿到执照。工钱要少得多——比普通理发师每周少三十美元。"**

我工作的时候不能想别的事情。要专心为顾客理发，或者他想说什么我就跟他说什么。一个理发师要什么都能谈——棒球，橄榄球，篮球，任何事情都要谈。大多数理发师都不谈宗教和政治。（笑。）很少有理发师不懂体育。顾客来了，他们会说："你觉得今天的小熊队怎么样？"得知道自己的想法才行。我回答道："哦，他们今天表现得很好。"你得告诉他们这个。

今天体育界的粉丝都很了不起，冰球，所有这些运动。这对当理发师很重要。必须对运动有所了解。客人会问："你觉得昨晚的比赛怎么样？"很多体育理发师都是在电视上看的或者是听说的，或者是读到的。得有东西告诉顾客。必须谈他想谈的东西。

通常情况下，我不会不同意顾客的意见。如果他想让我同意他的观点，我就会回避这个问题。（笑。）这是关于一个候选人的问题，顾客所维护的人是你不支持的人，他问你："你怎么看？"我通常会有一个接话的机会。我不会让他知道我是什么人，我是哪个党派的。通过他说话的方式，我可以知道他是什么党派的，所以我有点保持中立。这是最好的方式，保持中立。不要让他知道你是哪个党派的，因为你可能会提到他反对的党派。那样会影响生意的。

我在体育方面会有不同意见。体育界的粉丝是不同的。电视起到了很好的作用，特别是在球赛期间，真是好作用。所有的商店都应该有电视，因为顾客想看点东西，忘掉他在办公室的工作，忘掉他脑海中必须要做的事情。看电视可以让他的注意力从进店前忙的那些工作中转移出来。

很多人坐下来，然后放松。他们什么也不想做，只是坐在那里闭上眼睛。到了今天，闭眼的人越来越少了。我们有顾客说，如果他们不能睡觉，他们就不会去理发。

顾客都直呼我的名字——萨姆。我有二十岁的顾客叫我萨姆。我称顾客为"先生"。我从不直呼一个人的名字，除非他自己告诉我："你为什么不叫我乔？"否则我就叫他先生。

关于小费，作为老板，有时他们认为自己不需要给你小费。他们不知道老板和其他人一样要谋生。大多数的理发师并不指望小费，但能拿到一点儿，他们会很高兴。如果一个人，通过他的善良的心，他想给我一些东西，这是完全可以的。要让一个人不给小费是很难的。他们会给旅店服务员小费，给搬运工小费，给饭店服务员小费。

如果这些店里的老板能够同意给理发师多付点钱，我敢说90%的老板都不会这么做。他们宁愿顾客给小费来帮助支付这个理发师的工资。我赞成不给小费。我宁愿每周多付给他十美元，也不愿让他在顾客身上吃亏。这样他就知道他有了稳定的收入。在过去的日子里，你有点依赖小费，因为工资太少了。如果你没有赚到每周多出的十美元小费，你的状态就很不好。

我告诉你，这样给小费，让我觉得自己是个乞丐。看吧？一个医生，你不给他小费。他是一个专业的人。你去看牙医，你不给他小费。因为他帮你补了牙。那么，理发师也是一个专业的人。所以我认为你不应该给他小费。

当我离开店铺的时候，我认为自己已经不是一个理发师了。我从不去想它。一个人问我做什么工作的时候，我通常会尽量避免这个问题。我想这不关他的事。有些人认为理发师只是一个理发师，一个无名小卒。如果我有个儿子，我希望他不仅仅是个理发师。

**你退休后会发生什么？**

他们只是会缺一个理发师。

"在郊区工作的理发师是不同的。郊区的理发师和他们的顾客更亲密，因为他们是朋友。他们一起去打保龄球、钓鱼、打猎。在这里，你会每两周看见一个伙计，是个主管，然后你就再也见不到他了，你也不知道他住在哪里。郊区的理发师比我们这里的更有权威。"

## 爱德华·齐默和黑泽尔·齐默（发型师）

"爱德华先生"是一家位于郊区、靠近大型工业城市的美容院。"她和我一起工作。我们在这里差不多二十年了。顾客们对发型师的要求更高了，而且工作赚的钱也更多了。你就像从普通医生变成了专科医生。你必须采取相应的行动——我是说成为爱德华先生。"

在某一时刻，她加入了谈话。

有些人去理发店，是个老伙计来接待你的，他不知道最新的风格和发型是什么样子的。这些人处在一个套路当中。不管时尚风标是什么，他们剪出来的都是一个样子。一个理发师应该自己就是一个发型师。有一些男性美容院，他们更多地为女性化的男性和演员提供服务。大多数演员更喜欢去美容院，因为理发师可能只是给你剪同样的旧发型，你可能看起来像街边的清洁工或银行的副总裁。外表是很重要的。

有美发师，有理发师，还有发型师。发型师不仅仅是美发师。谁都可以把头发弄得花花绿绿的，但你问他们："我剪一个现在流行的黄柳霜式的中国造型好看吗？"——他们不知道。

你必须对顾客的分量有个大致的感觉。如果她的珠宝比较好，而且她习惯被人服务，比如被女佣服侍，她的丈夫挣钱不少。如果店里来的是一个有五个孩子的女人，而且她的丈夫是个出租车司机——这本身也没有错——那她就不是那种每周都会来这里的人。或者是街边那干瘪的女人，她和她的猫和狗住在一起，甚至是她的丈夫，他满不在乎。他们说："剪得漂亮点就行。我不能洗头发，因为我有关节炎。"他们不挑剔。你对自己雇用的美发师说："你给布朗夫人剪，因为她不挑剔。"你在常来的人中挑出挑剔的那一个，她们去过阿卡普尔科。她们对你的期望比对美发师要高一些。然后你就成了造型师。你必须知道哪些顾客是为谁而来，哪些不是。

名字也很重要。肯尼思为肯尼迪夫人做头发——奥纳西斯①啊。我就没见过杰奎琳·肯尼迪的头发有值得一看的时候。有时她戴着顶假发。就因为她找了这个发型师，就让他扬名立万了。如果英国女王到我这里来，我就得多雇十五个人。他们会蜂拥而至。社会常态呗。

理发师也能从中捞到一些好处。在小的美容院里，你永远不会有这样的机会。你必须是一个发型师才能吸引那些有钱人。发型师剪一次头发可以得到十五美元，而美发师，她只会得到三美元。而你的理发师拿的钱介于两者之间。

男人成为发型师的原因和女人成为发型师的原因是不同的。对女人来说，这是一个简单的行业。她们在十二岁的时候就学会了，在家里用发夹做卷发。但是一个男人成为发型师的途径有点不同。杰奎琳·肯尼迪，在她的助手或某人写的一本书中说，当安全警察发现白宫的两名雇员是同性恋时，她下令解雇了他们。她说："我不希望我的儿子们接触到这种人，因为他们长大后有可能成为理发师。"并非所有理发师都有同性恋倾向。有些人喜欢女人，更喜欢这份工作。

对于一个理发师来说，我指的是男性，最重要的是他要主导女人。你没有支配顾客的时候，你是会感觉到的。她可以告诉你："我想在这里有两个卷。"她成了造型师，而你要做的就是用手指做机械的东西。

---

① 肯尼迪夫人在肯尼迪遇刺身亡之后再婚，嫁给了希腊船王奥纳西斯。——译者注

在美发领域，你必须有个性。要我说啊，五分之一靠的是个性。要能推销自己。你的方法，你的第一句话，就像"早上好，今天的天气如何如何"。一个人必须有个冷淡的个性。他要一言不发，表现出这样一副姿态：不要告诉我，我是发型师。你对爱德华先生的期望很高，你会如愿的。如果一个女人需要一个发型，他说："夫人，你需要的是多一点颜色，我会处理的。"他不会自己做。他会叫来他的助手。他会告诉助手："我想在这儿卷起来，我想这样，我想那样。"然后女顾客说："好的，爱德华先生。"我不会用化学品弄脏我的手的。我是一个发型师。这就是你的形象，男人的形象。你要给自己一个头衔。不然，你就只能是个废物了。作为一个男性，你必须有这个自我，这很重要。

每个人都希望理发师是一个时尚原型，有黑色的胡子，好莱坞式的浮华外貌或女性气质。那些女人味的造型师，我可以从一英里远的地方就识别出他们。另一方面，我认识一个人，你永远不会知道他是一个理发师。他曾经拥有五家店，一个有家室的已婚男人，而且他是个秃头。我不会隐瞒自己是一个美容业经营者这个事实。

我以前经常去这附近的一家酒馆……我遇到了一个家伙。他不知道我知道他是个警察。他知道我是一个理发师。他喝醉了。他对我说："你是个同性恋。"我说："你怎么能通过看人就知道？"他说："看你撇嘴的样子。"我说："你喝醉了，你是个警察。"他说："你怎么知道我是警察？"我说："就看你的样子和行为。"他马上说："啊啊啊！"我说："如果你没有枪，你在这里能有多大的权力？任何人都可以做你的工作。你不能做我的工作。这需要技能。"他马上就躲开了我。他是个白痴。我帮很多警察的妻子做过头发。我总是提到他说我是同性恋。另一个女人的丈夫说："等我见到他，我会打他的脸。"

在军队中服役一段时间后，他在一次舞会上认识了他的妻子。她在一家美容院工作。"我说：'我想我要当个理发师。'她说：'你撑不过两天的。'我说：'见鬼，我才不会呢。'"他学习美容文化。"我带着我的箱子和白夹克。我觉得自己像个白痴。我看到这些有女人味的年轻人在跳舞，这些小老太太在等着我。她们躺下，脱掉衣服，我得按摩她们的背部和胸部周围。你在美容学校学到的东西是没什么的。你学不到如何与人相处。我的岳父总是说：'你做的只是一个女人的工作。'但这是很辛苦的工作，心理上很辛苦。你得比女人表现得好一点。"

发型师，即使是已婚的，也会被称为这个小姐或那个小姐。他们似乎不怎么喜欢称呼姓。巴黎的亚历山大先生或安德烈先生。爱德华先生，这应该比埃迪的美容院更受欢迎。这有点无聊，看到了吗？有时候，那些女性化的年轻小伙子使用的就是女性的名字。比如说"奶油蛋糕先生"之类的。在这里工作的这个家伙，他试图掩盖他很有女人味的事实。他管自己叫莫兰先生。

黑泽尔：当男性进入这个行业时，名字就变得很重要了。他们用自己的名字建立了声誉。他们用这个名字，而不是用一些愚蠢的或不明确的名字来称呼沙龙。一个女人可能给店铺起名叫作名利场或高光。对于一个男人来说，更重要的是他要保留自己的名字。

人们怎么称呼你？

黑泽尔：黑泽尔。

**爱德华：** 别人就叫她黑泽尔。

**黑泽尔：** 我在佛罗里达为莫里斯先生工作。我们所有人都被称为小姐。莫里斯先生把我的名字改作雷娜小姐，因为他不喜欢黑泽尔这个名字。

**当别人叫你的名字时，你会不会觉得不舒服？**

**黑泽尔：** 从来没有。我从来没有觉得自己比任何一个客人差。尽管有时他们会让你有这种感觉。我想，如果我曾经感到任何自卑，我早就辞职了。

**爱德华：** 我不会忍受羞辱。不会公开有女人对你充满敌意，说："如果你是一个发型师，你就比我低。"很多有钱人会请一个发型师，然后拖着他们的行李箱到处跑。这看起来真的很装模作样，你可能会说她是精英，往机场赶，她的发型师、贵宾犬以及裁缝都跟在她后面，就像示巴女王一样。这是一种羞辱的形式。但这家伙不在乎。她付给他很高的报酬，他也建立了自己的名声。而她也在利用他的形象来提升自己。

**黑泽尔：** 不太重要或智力一般的顾客，就是想多羞辱你。她可以突然每周去理发店。这种人试图压低你的重要性。她会问一些你可能没听过的名词。所以她会说："哦，你不知道！"但是一直光顾的顾客，如果他们不喜欢你做的发型，他们就会去别的地方。我说的那类人是平庸的知识分子模样的人，他们习惯进店后显示自己的重要性，并且试图贬低你。我很善于让他们消停下来。

**爱德华**：在我还是个新手的时候，有一些羞辱。我按摩得不够用力。"哦，别再费劲了！让黑泽尔来做就好了。"刚开始做理发师的时候，可能会被顾客搞得很尴尬，败下阵来。顾客说："哦，别再折腾我的头发了！帮我梳理一下，让这个白痴离我远点！"因为这个人是新手。有的时候，女人会拿起梳子说："把那个东西给我！"这是一种侮辱。有时候，顾客说："这个已经很好了！"你却不满意。有些理发师会生气，把梳子扔在地上，说："我不会用十四英尺长的杆子碰你。"韦莱纳就是这样。他把那些头发还湿漉漉的顾客赶出门外。他就是这样古怪的人。

但我还是觉得我们是为人服务的人。是公众的仆人，就像医生一样。不是做家务的用人。我不是在贬低那类工作。只是因为你是个很棒的发型师，得过奖——谁都可以买一个奖杯放在窗口。但这些人成了明星，变得傲慢。有些人说："我不会再接受这种非难了。"如果有客人让你难受，你就说："女士，我很抱歉，这是我认为应该的方式。如果我不能让你满意，你就得找别人了。"但你不会像某些人那样争论和扔梳子。你可以在报纸上看到寻找理发师的广告：不要明星，拜托了。

我们雇了一个人，他正打算到染发学校学习。他用我们这儿来练习使用他的发色。有一天，他接待了我们店的一位非常忠实的客户。他把她的头发染成了红色。她走出去，在车里哭了起来。她说："我不能就这样回家，我丈夫会杀了我的。"我说："我以为你想染个红头发。"她说："我只要求洗个头。"我把她带回来了。这时候他已经在收拾行李了。我并不打算解雇他。他只是离开了。他接待了一位女客人，让自己成为另一个天才，想让她光鲜亮丽。你不要自作主张。

你必须在美发学校学习一千小时才能拿到执照。普通的发型师、理发师、美发师受教育的程度与实用护士相当。你必须了解血液，你必须了解疾病。你必须知道与人体有关的一切，这样你才能理解为什么头发会生长。

从波波头开始，发型基本上是一样的。你能用头发做什么？这就像烹调排骨汤一样。通过添加更多或更少的蘑菇。风格一遍又一遍地重复，就像女人的衣服。你总是回到某种风格。

我们以前曾经烫一个头能挣五十美元。就像那种泛银光的金色头发。几年前，一个妻子不会想顶着一头金发去杂货店的。因为她是什么呢？表演女郎？浅色头发只适用于脱衣舞女郎、妓女和交际花。在那些日子里，为了染到一头泛银光的金色头发，你会使用大量的氨水和漂白剂，而且必须在头发变浅到银色的金发这个程度之前回理发店两到三次。一个流程要花五十到六十美元。因此，一般的家庭主妇，她的丈夫会说："你在做香烟女郎还是什么？你是个母亲，你有四个孩子，你在教堂里让我难堪，你看起来像个酒鬼。"但现在所有的女孩都看起来像酒鬼。


**黑泽尔**：这个行业的人已经把这行商业化了，而且推出了所有这些小工具，把本应该在店里完成的工作放到了家里。你可以买一把剪头发的梳子。你可以烫个头发。干这行的人本来应该严格保持专业度的。制造商变得贪婪，他们把美发行当商业化了，然而这些人把美发变得简单到可以在家里完成的地步。因此，你不能像若干年前那样开价了。现在，他们出售这些工具包，如果你能读得懂，你就可以做。这一切主要伤害了较贫困的区域。更富裕的社区，这些改变对她们的伤害并不严重。住在更富裕的社区的女性，大多数人不愿意花时间自己动手。

偶尔某一个发型会让我感到不安，因为我觉得我弄得不怎么样。我会为这个沉思一阵子。我喜欢一种感觉，就是觉得我每一天每个发型都做到最好。偶尔我也会不及格的。（笑。）

**爱德华**：你觉得自己像一个让病人死在手术台上的医生。你很担心。什么地方出错了？为什么我没有弄好？一个美发师不会在意的。我喜欢这份工作。即使赚的钱更少，我也会再干这一行。

我们的美容院已经丢掉了年轻顾客。我们的顾客群体平均年龄超过二十五岁。传统守旧的妈妈不会容忍看到自己女儿一头参差不齐的直发的模样。她看起来就像万圣节之夜的女巫。现在呢，这是年轻人的风格。

我接待过一个女孩，她来到店里问：我怎么能把她的头发拉直。她的头发？有一次，有个顶着一头这样头发的女人，她就像是一把扫帚似的。甚至她的母亲都会说："你到底为什么不去美容院把头发弄掉呢？"现在，你不知道一个孩子……

在我看来，男人越来越女性化，女人越来越男性化。如果一个男孩和一个女孩一起走在街上，而他的头发和她的一样直，他就会在家里烫个头发。直发的人通常是女孩，波浪形头发的人是男人。

这是由于我们这个宽容的社会造成的。有一段时间，9月一到，他们就被迫去理发店或美容院，为了上学把头发剪短。否则，老师会把他们送回家的。现在的社会全变了，一个年轻人可以上街，蓄起胡子，穿上疯狂的衣服，他可以脱下一只鞋，穿上一只鞋，没有人愿意去看他。

**黑泽尔**：这个社会已经退步了。

**你是否偶尔会与顾客意见相左？**

**爱德华**：我经常与顾客意见相左——这取决于她是谁，她有什么权力。有一次我失去了一位顾客，因为她来自德国，而另一位顾客恰好来自一个非常、非常保守的犹太家庭。后者说她不会买大众汽车，因为德国人对我们的人所做的事。那个女人说："我做了什么？我那时候还是个孩子。"接下来你知道，她叫她纳粹。所以在这里，我注定要失去一个客户。我偏爱的那个人，我希望我不会失去的那个人，是那个付了最多钱、享受最多服务的人。但我为另一个女孩感到遗憾。我表明立场只是为了金钱方面的原因。

# 琼·斯坦利（化妆品销售员）

她在一家百货公司卖化妆品和香水。这是康涅狄格州郊区的一家分店，是该市最时尚的场所之一。顾客大多是上层中产阶级。

虽然在过去的七年里，她每周工作五天，但她已经在这里工作了三十年，断断续续。"我在家待了大约二十年，孩子们上高中时我又回去工作了。"

她的丈夫是纺织品的采购员。虽然他有很好的记录和声誉，但由于这个行业对年轻业务员的职场压力，他的地位是脆弱的。他们有三个孩子，都上了大学。

我把化妆品卖给那些试图看起来年轻的女性。她们在治疗霜上的花费比几年前更多。我还记得以前口红最贵两美元。现在，有的口红能卖到五美元。因为外貌。很多时候我都在想，三十美元就买这一小罐面霜。我知道它没有这个价值。但是在那个女人的眼里，它有这个价值。一个化妆品出来，本来是要抚平皱纹五六个小时的。它把皮肤鼓起来了。皱纹又会回来。我们批评了它。但有一天早上，一个女人来了，她说："我要去参加一个工作面试，我已经过了四十岁了，我想让自己看起来更漂亮。"我对卖给她的感觉不一样。它可能会给她带来一份工作。

他们说，所有的东西都是同一个锅里出来的。（笑。）没有一款面霜是值四五十美元的。但当你看到购买这些东西的女性的热情（笑），你不想让她们感到气馁。她们的脸上开始出现线条和皱纹了。她们知道自己的丈夫在外面的生意场上与那些更有吸引力的年轻女性有接触。她们想把自己打扮得漂漂亮亮，让丈夫感兴趣。所以我认为，化妆品有它们的一席之地。

总是有竞争，让她们的丈夫感兴趣。你可以看到她们脸上的恐惧，恐惧脸上长皱纹。她们都在讨论这个。"看看我，我看起来糟透了。"她们会谈论在电视上看到的消除皱纹的面霜。是电视带来的这一切。更多的焦虑。

顾客会问你的意见。她们依赖你。如果你在这些地方工作了很多年，你就会有一批追随者。人们进来，实际上是在等你。你成了人们的朋友。她们对一个陌生人说的话比对一个熟人说的话还多。她们可能会告诉你一些小的悲剧或什么。当你整天和公众在一起的时候，你会了解很多人。有那么多孤独的人。有那么多四十岁到七十岁的女人。

你应该试着去卖某个品牌。很多店都是这样做的。我们推荐我们最熟悉的品牌。许多女人来了，她们想看雅顿、兰黛或赫莲娜的产品，你就给她们看。如果她们要求一个明确的品牌，你不会试图向她们推销另一个品牌。我不咄咄逼人。我不想让顾客带着满满一袋东西回家，当她回家后觉得，我为什么要买这个？你要尽量试探顾客的意向。我强调的是节约。"你想花多少钱？"

几年前，卖化妆品和香水的女人平均赚的钱比现在多。你可以比在办公室工作的女孩赚得更多。到了今天，你很难赚到这么多钱。公司在广告上花了那么多钱。也许他们觉得女孩会卖得更多，赚得更多，那样的话。（笑。）他们不会把钱投入到工资中，我知道这一点。他们有巨额的广告预算。我们的工作是工资加佣金。我的一个做销售的孩子说："最低的共同点是销售员的佣金。"（笑。）这让他们的贪婪和对同伴的漠视显露无遗。

我的工资不是由百货公司支付的，而是由化妆品公司支付的。公司希望你卖他们的商品。你每月给他们一份报告。我的部门有十个人。每个人都代表不同的公司。在郊区，你代表的不止一家公司。你可能有两三款面霜，四款、五款或六款香水。你有大量的存货要处理，报告要送进去。你必须有一个审计师帮助你处理你的所得税。（笑。）你有这么多不同公司的工资。

额外的工作，做出来的报告，是在你自己的家里，用你自己的时间完成的。露华浓公司的报告可以有十八英寸，上面有许多项目。你晚上回家时，你不可能写这些报告。你的眼睛会变得有点模糊。（笑。）你有点疲惫。你必须在星期天做。你要花一整天的时间在上面。

这工作还有一个危险。（笑。）没有健康保险或类似的东西。公司不承担你的住院费用。我得自己买。你也不能参加养老金计划。一个刚退休的女人，在这个部门工作了十五年。如果她直接在这家公司工作，她就可以带着一点退休金退休了。她退休后什么都没有。我什么都得不到。

我代表的公司每年给五天病假。如果生病超过五天，就没有工资。有一年我病了，超过的那几天没有工资。百货公司有工会，但如果你拿着别人的工资，那就是……无人之境。几年前收入更多的时候，我本可以拿着一点钱退休的。现在不行了。

我的经理对我非常友好。她知道她对我很放心。我将会留在我现在的位置上。已经七年了，我每天都在这里。当我们到了一定的年龄，必须……（声音渐低）。我可以被随意解雇。我们没有保护。

你整天站着。几年前，有一个规矩，每个柜台的后面必须有一个凳子。我不明白为什么再也没有这个规矩了。周围没有任何凳子。我想，每个人的脚在一天结束后都会感到疲惫。我们有大学生来，特别是在圣诞节前。他们比年长的女人更抱怨累。

经理们似乎不敢告诉年轻人什么事情做得不好。年轻人没有那么愿意工作，也没那么有礼貌。也许这在某种程度上是个好现象。也许他们觉得，所有的"谢谢""请"，还有别的什么，都是废话。他们的外表也是如此。他们表现出了一定的独立性。但在展示他们的独立性时，他们看起来和其他人一样。（笑。）

要是你有孩子正在大学接受为期数年的教育，这需要钱。（笑。）这也是许多妇女回去工作的原因，孩子们的教育。我们有一些寡妇，那些深陷在大萧条中的妇女，她们无法进入职场。所以，我们转而做起了销售。

像我们这种经营高价商品的百货公司，有黑人妇女的化妆品。很多人买的是淡妆。她们认为这样会更好看。你要卖给黑人妇女化妆品的时候，要非常小心。有些人喜欢浓烈的香味。有些人，因为是黑人，不会买浓烈的香水。这些都是中产阶级的女人。柜台背后的那些偏见，我不能告诉你。他们会用一些词。你不知道如何解决这个问题。有时你会对人性感到气馁。

还有其他的事情你想做。我对教书很感兴趣，但大萧条……你本想做一些更刺激更有活力的事情，一些你觉得能做出贡献的事情。另一方面，当你伺候这些孤独的老妇人，她们带着微笑离开时，你觉得你让她们的日子好过了，哪怕是一点点，这也是有补偿的。

## 斯蒂芬·巴特利特医生（牙医）

他是一名牙医，在底特律郊外的一个上层中产阶级的郊区行医十九年。他四十六岁，离婚了。他起步较晚；他在二十八岁时才进入牙科学校学习。

他来自田纳西州。"我在矿上工作了三年"，为他哥哥"挖三十英寸的煤"。他哥哥是个经营者。"我遭遇过一次塌方事故。"他开过卡车。他在户外广告业工作过："这个领域有很多腐败，很多私下交易。这让我失去了所有的乐趣。"

他每周有一天在市内一家医院教书。他骑着摩托车往返于离家五个街区远的诊所。

牙医工作要求一丝不苟。不管你做什么，有些时候就是不顺心。

牙医的一大弊病就是压力。身体上很难受,因为你一天中的大部分时间都处于一个不舒服的位置上。今天的技术,年轻的同行们都是坐着的。我希望自己能多坐着,但我不习惯。所以我每天的大部分时间都是站着的。你处理的口腔通常状态不理想。如果病人不合作,他们的嘴总是在动或流口水,很难完成工作。你会很紧张。如果你完成工作后不满意,别人不知道,但你知道。你是你自己最差的批评家。

病人也处于紧张的状态。双方都有压力。痛苦的意识始终伴随着你。有两类人:一类是更害怕针头而不是钻头的人,他们不要局部麻醉,另一类是更怕钻头的人。如果你遇到的是那些不要局部麻醉的人,你的压力就更大了,因为现在的设备都是大功率的,速度很快。他们只要在你工作时抽搐一次,就会对自己造成伤害。

除非你的手伸进别人的嘴里,否则你是赚不到钱的。它不像任何其他行业,你可以通过离开来获得收入。任何时候你不在病人身上工作,你就会亏钱。你的开销得继续。

吸引我在此工作的是我可以用我喜欢的方式来处理牙齿。我不可能在一个有人进来说"医生,快拔牙,很疼"的地方快乐地工作。与其拔牙,不如用根管治疗或补牙,或者戴上金牙冠。你不必一定要拔掉你的牙。一个人失去牙齿,这是一个创伤性的经历。随着所有的电视广告,这种情况越来越多。有了牙膏和漱口水和所有这些,人们越来越多地意识到保护他们的牙齿。

昨晚我让一个女孩丢了面子,一个年轻漂亮的孩子。我发现她的嘴角往下翻了一下。我问我能不能看看她的牙齿。我想看看她的牙齿是什么样子的。她缺了很多牙齿。嘴巴闭起来就像一个戴假牙的人,她会提前老去。这是我最先看的东西之一。

我去看了《屋顶上的小提琴手》。托波尔的特写镜头让我看到了他的牙齿，看到他镶了假牙。对我来说，这让他成了人类。你知道克拉克·盖博有好几年的时间只有一颗门牙吗？没有人看到这个。当你离它很近时，它就是你的生命。

牙齿可以完全改变一个人的外表。这让我有一种满足感，我可以发挥作用。让我不爽的是，你努力创造，比方说，一个金制的牙桥。这需要时间、精力和精度。在我把它们放好之前，我会让病人看看它们。一个艺术家可以把他的作品挂在墙上，每个人都能看到。除了我，没有人看到我的作品。牙医也是有创造力的。这需要一定的技巧，一定的艺术。如果你做得很好，该死的，你会感到自豪。你想让别人欣赏你的作品。

我不认为一个病人知道你是一个好牙医还是一个坏牙医。他们只知道两件事中的一件：他不让我疼，我喜欢他，或者他是个混蛋。这完全是跟性格有关的事情。我刚开始工作的时候就想改变自己的性格，结果弊大于利。当我成为牙医时，我印的第一张名片上面写着S.哈里森·巴特利特。太可笑了。我放弃了。我不是一个拘谨型的人。我讲笑话，做笔记，记住他们感兴趣的事情。我试着对我的每个病人说一些个人的东西。我不让人反感。

有一些病人没有留在我这里做治疗。有些人习惯了顺从。这不是我的行为方式。他们总是要求很高。如果你晚了一点，或者如果你没有正确地递给他们餐巾纸，他们就会不高兴。他们会恼火，提高嗓门，或者他们试图告诉你他们想做什么，不想做什么。该死的，他们在我的诊所里的时候，我就是老板。

　　在我试图立足的时候，有些人试图把我打倒。这几年来，这都没对我造成什么困扰。有些人长期迟到，这也没什么。但如果你跟他们迟到一次，他们就会不高兴。有时他们会在预约时间前半小时打电话过来说："我忘了。"我现在做了调整。我的女助理有一个名单，上面有可以立即来的病人的名字。所以，当有人没有出现，我们开始按名单向下叫人。否则，这就是时间损失，不能弥补。

　　我有一些病人，每年交一次钱，为了方便报税。要不然他们就是在等优惠券。有些人开着凯迪拉克却付不起牙医费。这并不是因为他们不想付。牙科是经济衰退中最先被削减的业务领域之一，人们往往会忽略，除非他们有牙痛。

　　当一个人走进诊所，你会有一种直觉。你知道谁会付钱，谁不会付钱。我从来没有用过收账公司。我应该用，因为我有很多要收的账。但这让我困扰。我不想这样做。

　　自从我离婚后，我的生活完全不同了。如果有人告诉我作为一个已婚男人的机遇，我会当面骂他们是骗子。真的是不可思议。开什么玩笑。当你坐在牙椅上时，你的压力很大，我不管你是谁。因此，你的警惕性就会下降。人们会比其他时候更多地暴露自己和自己的真实本性。

　　对女人的幻想在工作前后都会出现。时间表的设定，让你在与时间赛跑。你有半个小时的时间来完成工作。现在到了晚上，或者回顾一天的工作，我可能会想："该死的，她很好看！"或者："我不知道她是什么意思！"又或者："我想知道她说这话是什么意思？"再或者，你知道的："哦！"得出你自己的结论。

　　我喜欢女孩。还有女人。在开玩笑的情况下，我很多次被称为一个肮脏的老男人。这也是我形象的一部分。但是你不在你工作的地方吃喝玩乐，这是一个不成文的规定（这是规矩）。我不仅在这里工作，我还在这里生活。所以我很小心。在这样一个小社区里，声誉是非常重要的。

总体而言，从事牙医工作的人觉得自己是二等公民。我认识很多牙医，他们想成为医生，但没能进入医学院，所以他们去了牙科学校。我个人并不觉得自己是二等公民，因为我每隔三个月就会在医院的急诊室里度过。相信我，医学界的人对牙科一窍不通。

人们会说："哦，他是个牙医。"这并不影响我。当我刚拿到博士学位的时候，我是个新医生，当然，我非常自豪，我希望大家都能意识到这一点。记住，我出来的时候比大多数人岁数都要大，所以我不会像其他人那样感到困扰。

老实说，如果他们让我当医生，我也不会去当。我不知道世界上有什么职业比牙医更好。你是自己的老板，你自己设定时间，你可以去世界任何地方从事你的工作。你没有生死的重担压在你头上，每一个决定。你的工作条件很理想。好吧，虽然身体上很辛苦，但也没什么不好。

有人告诉我，牙医应该有高峰期。我不知道那是什么年头。我的前任是个老人，他的手在发抖，还有其他的症状。我知道，这将是未来一段时间内的一个因素。但我觉得如果你保持你的形象不断更新，年龄因素的影响会减小。我见过很多年轻人都显得很老气，我不建议走这条路。

## 多克·普里查德（酒店接待员）

**我们在曼哈顿时代广场附近的一家酒店。这是一个老字号的地方，**

大约有三百间客房。它的陈设非常简单，朴实无华。有常住的客人，也有流动的客人。

他是客房部接待员，从早上八点到下午四点，一周五天。他从事这项工作已经二十二年了。"我不光是客房服务员，我还做收银、结账、兑现支票之类的工作。一天的时间过得相当快。没多久的工夫，就到了回家的时间。（笑。）有时很困难。"（笑。）

我早上八点开始工作。我必须面带微笑。有些早上，这么做有点困难。你遇到的第一件事是人们前一天晚上退房。你可能会有一个间歇，然后人们开始到达。他们就像小蜜蜂。你专注于你正在做的事情。要一直保持微笑是有点困难的。有一个细心的女孩，她对我说："怎么？今天早上没笑？"所以我就笑了。

接待员的工资真的很低。这是美国工资最低的工作之一。我觉得他们应该多出点钱给一个好的酒店接待员。如果你能在前台找到一个性格好、能与人相处的家伙，而且他腿脚很灵便，我是说真正为客人服务，我是说真正鼓励客人再回来——酒店也要有一半的体面。那么我想你有一位每周值两百美元的接待员。

他们不懂这些。他们有时很难只做一份工作。很多人都是月光族。或者他们在另一家酒店多工作几个晚上。很多演员都是这样做的。他们这样做只是为了在不同的工作之间混口饭吃。这是在失业核查之前。很多演艺人员在酒店工作。他们会一直做下去，直到下一个角色出现。然后他们就辞职了。所以没有人真正关心的。

我怀疑一个酒店接待员是否真的受到了尊重。有人跟我说话，就像我是一条狗或是一台挖沟机一样。你想象一个上班的家伙，他必须要有一套干净的西装，一件白衬衫和一条领带，再加上他脸上必须要有那灿烂的笑容，不应该被人以一种低于他人的方式来谈论。

这给我造成了影响。给你那种感觉。哦，见鬼，有什么用？我一定要摆脱这一切。突然间，你照了照镜子，发现自己不再是二十一岁了。你已经五十五岁了。很多人都对我说："你为什么不早就摆脱这份工作呢？"我从来没有真正有足够的钱离开。我多多少少被困住了。

在很多酒店，收银是由某个人做的，开房是由接待员做的。在这里，我什么都做。有时我甚至充当经理，因为如果经理不在，你就得抓紧。有大量的记账工作。这可能会让人很困惑。有大学生来这儿工作过。我尝试着训练他们，他们对当客房服务员根本摸不着头脑。你必须记住一件事：忘掉昨天发生的事，让明天的事情顺其自然吧。你工作中要处理的事情是今天的。你所做的一切都要归在今天的日期之下。很多人往前翻两天，记上两天前的日期。我们就是这样被弄得一团糟的。（笑。）

当你在做这些事情的时候，有压力。有紧张，挺紧张的。在忙碌的一天，我会回家，花一个半小时来放松。我只想坐在那里，拿起一本书、一份报纸或其他什么东西。只是远离这一切。

我的腿很累。我一直都站着。做这些工作时，我没有多少机会坐下来。你要来回走动，大部分时间都在转来转去。你不是在一个大的区域。你要转身和旋转。一天中，我经常在办公桌前散步。

我不喜欢的是你一天八小时都被困在一个狭小的地方。你在办公桌后面。我们的办公桌上有一个围栏，我要求他们把它拿走，因为我觉得我是在监狱里。另一边是开放的，敞得很开，你可以和客人说话。但是这个笼子距离现金很近。我跟不止一个客人说过。现在那里有一块玻璃，还有一个牌子。请到前面去。

**"我开始工作是二战后不久的事。酒店更忙了。我在大部分的酒店工作过。我甚至在度假酒店工作过。你可能会工作两三个月，然后你就得拖着疲惫的身子去找另一份工作。我宁愿在这样的商业场所工作。在这里，从冬天到夏天都很稳妥。"**

你能看出来，我不是一个爱管闲事的人。我不关心别人在做什么。这不关我的事。我发现那些担心客人在做什么的人，十有八九是错的。特别是当你和艺术界的人打交道的时候。很多时候，这与生意有关，与那种对社会压力持执拗态度、自以为是的阿奇·邦克式的蓝领工人的想法无关。我有足够的时间去担心自己的工作，而不用担心别人的工作。

酒店的接待员很少拿到小费。倒是服务员会得到所有的小费。一个到酒店里来偷情的家伙，总是会给服务员丰厚的小费。服务员无论如何也帮不了这种人的。是接待员看到了他的邮件，看到了他的留言，看到了是谁进进出出地找他。其实是接待员在替他打掩护。但他似乎从来没有意识到这一点。如果经理希望把他赶出酒店，那么接待员能救他。服务员不能为他做任何事情。

接待员知道发生了什么事。这家伙靠着接待员保住他的秘密。服务员从来不会闭口不言。当他们回来的时候，他们第一个告诉的人就是接待员——如果接待员还不知道的话。（笑。）有时候，他们会告诉接待员一些事情。（笑。）偶尔你会遇到一些看起来很懂行的人。他们会时不时地扔给接待员几美元或五美元的钞票。

我们没有任何年轻的血液。没有激励。我不怪他们，因为他们在一个地方被束缚住了。现在的酒店不像以前那么多了。很多有两三百个房间的酒店都被拆掉了，或者变成了写字楼，剩下的都是一些老字号。还有那些大饭店，畸形建筑。没有家的感觉。你只是一个孤独的旅行者。如果你去酒吧，你不知道你会遇到谁。你的接待员可能是个十九岁的女大学生或男生。他们对酒店一窍不通。他们可以不在乎。他们甚至不知道你是做什么工作的。这些酒店成为人们的记忆。

大家都在赶时间："请你快点给我结账好吗？我很着急，我得赶飞机。"很可惜啊，因为我们可以生活在这样一个宽松的社会……

我有点老了。不能再像二十年前那样接受它了。有时候，你只是坐在那里，思考一天。你会得到很多的笑声。（笑。）有一天早上，一个家伙走进来，他想知道我是否见过他的妻子。他从口袋里掏出一张照片并举起来。他说："如果你看到她，告诉她我在找她。"那是一个裸体女人的照片。（笑。）你会得到很多的欢笑。

我还有九年到六十五岁。我的希望是我的身体状况良好，这样我可以在酒店至少干两三天活儿。我知道我会想念人们。你总是有这样的想法，你会让自己变得更好。你会想，哎呀，我不知道我能不能写一本书，或者就是我到底能做什么。我想我可以做得更好，而不只是做一个接待员。

## 霍茨·迈克尔斯（酒吧钢琴师）

**"你有喜欢的曲子吗？这是首老歌。"他弹的是《任时光流逝》。钢**

琴酒吧的人相当多。喝酒很随意。傍晚时分，市中心的豪客来了。这里曾经是本市体育界人士、政客和找乐子的陌生人最喜欢的聚集地。今年它将被夷为平地，为一座现代化的高层建筑让路。

他于 1952 年开始在这里工作。他提到一位老朋友，已经去世了。"切特和我开始了这一切。第一间钢琴酒吧就在这家酒店里。现在每个酒馆和沙龙都有一个。"房间里有一个点唱机。在钢琴停下来的时候，点唱机的声音笼罩着所有人。

他每周工作五个晚上，从五点半到"午夜左右"。"如果有观众，我就会继续工作。我可能会连续弹好几个小时。没人的时候我就休息一下。"经常有电话找他，打断谈话。

钢琴演奏在这里是附带的。这算是谈话的背景音乐。商人谈生意。外来的游客。偶尔会有一些人有兴趣听某一类型的歌，你就会让他们尽兴。我从来没有上过课。我完全是靠耳朵来演奏。我很幸运，我可以读出曲目。（笑。）

这些年来，我认识了很多人。他们会来钢琴酒吧，我们总会聊些什么。第二批人会进来，陌生人。他们可能来自小镇，他们想知道发生了什么。你要和人们亲密接触。这让一些钢琴演奏者感到恐惧，所以他们加入了乐队。我从来没有玩过乐队，因为我没资质。

晚间演奏已经是过去的事了。人们下班后不会再像以前那样熬夜了。本地人喝完酒就回家了。从前，他们一待就是五六个小时。而且他们也不像以前那样过来了。他们在郊区有娱乐的地方。我觉得他们有一点恐惧。我看到人们入住酒店，下来坐在钢琴酒吧周围。他们真的害怕离开酒店。这是最奇怪的事情。我自己则觉得很安全。很明显，我在钢琴酒吧的工作有一天会结束。没有什么是永远的。

我不想看到它结束。我会害怕它到来的那一天，因为我喜欢做事情。我喜欢与人交往。如果我突然继承了四百万美元，我保证我会在这里或者其他地方弹钢琴的。我无法解释为什么，我会怀念进进出出的人流。

你在这里就像一个听众。有时客人们告诉我一些我希望他们不要说出来的事情。个人问题、婚姻问题、生意问题，我每晚都会接到二十个电话。一个妻子想让丈夫带点东西回家。她用机敏的方式想知道他是在这里还是在别的地方。如果他一小时内不出现，我就会听到。我不断地掩饰。他们告诉我的东西，我只想赶紧忘掉。（笑。）

有些人认为我开了个应答服务。我们为此开了些玩笑。他们会打电话给我，说："某某在吗？你知道他可能在哪里吗？如果你能联系到他，你能让他打这个电话吗？"酒保也会听到同样的故事。酒吧里到处都是孤独的人，试图填补一两个小时的空闲时间。等火车的时候……

只有几件事能让你和广大的工人区别开来。通过这一行，我认识了一些政要。一个钢琴演奏家还能在哪里见到杜鲁门总统或鲍勃·霍普之类的人？如果我是一个管道装配工或水暖工，我绝没有机会见到。他们的工作没有错。他们可能比弹钢琴的人赚得更多——除了我碰巧在人们聚集的地方。这种感觉真好。我们在争夺一点点地位，不管是用哪种方式。

我生命中的每一分钟都在和喜欢喝酒的人打交道。我不是在责怪他们，他们给我带来薪水。但在他们喝了几杯马提尼之后，你就得用某种方式对待他们。他们改变得很快。除非他们变得粗暴，否则我不会介意。如果他在酒吧里得罪了什么人，说些粗俗的话，我就会站起来把他赶出去。只要对他好就行。大多数人你都可以和他们交谈。和一个喝了酒的女人在一起就困难多了。她可能很难缠。你不能把你的手放在她身上。

他们从来没有直接对我不礼貌。让我生气的是对女服务员和酒保缺乏礼貌。人们应该对他们好一点。不是"嘿，给我们来一杯！"。当然，我们面对的是喝酒的人，所以你必须忍受这种态度。如果有人对我无礼，我不会生气。我只是不往心里去罢了。我只是想，可怜的家伙。（笑。）在这个行业里，你不能把你的烦恼表现出来。顾客是可以有烦恼的。这就是我们在这里的原因。

一般来说，顾客总是对的。但如果他出格了……就在这家酒店里，我看到过粗暴的种族粗俗行为。来自某地的人对黑人服务员说脏话。啊，太残忍了。在 1952、1953 年的时候，切特和我就会介入。当这种情况发生时，他要么马上结账离开，要么就做个鬼脸。"你看不出我在开玩笑吗？"我是个会出面干涉的人——有时有些过了。最好不要什么事都参与进去。

我挣的就是工资。我从来都不是人们所说的拿小费的人。我不知道为什么。我在钢琴酒吧工作，周围除了钱，什么都没有。人们的花销都是用公费报。但我从来没有赚过这个行业的其他人的小费。那些我们这个行业曾有过的美好年代，我从来没有看到过。为什么，我不知道。（笑。）

这可能是我的一种独立性。有时人们觉得给我小费会得罪人。这是一个坐在钢琴前的城市人，他穿得很好。他似乎和人群相处得很融洽。也许他们觉得他不需要小费。城里的大多数人都是花钱大手大脚的人，那些爱好运动的有钱人，我太熟悉了。他们开始给我小费，但你一旦知道我是那个人的朋友，小费就在这儿终结了。我认识一些钢琴演奏家，他们保持着冷漠的态度。他们会在休息时走出房间。他们在自己的时间里远离别人。这是很好的心理学。

我不能这样做。自然谁都想多赚点钱。但这不是我生活的目标。我从来就不是一个骗子。骗取小费的方法有很多。你可以在钢琴上放个碗，放几美元进去。还有一种口头方式。一个家伙为了几首曲子缠着你，不肯罢休。有几种办法跟他开玩笑。"天啊，那一首要五美元哦，那一首。"但我就是不喜欢。如果他们想给我，很好。如果他们不给我，好吧。他们会看到同样的表演。

不管是嘈杂还是安静，我都会演奏。我不介意别人说话或大声喧哗。这是游戏的一部分。我从来没有特别以自我为中心。我有时希望我能这样。我可以弹奏所有的旋律，但我不是一个真正的好钢琴手。我希望我是。我来这里工作之前从来不碰钢琴。我家里没有钢琴。我父亲是个天才音乐家。以前，在我们家总是有一架钢琴。每个人都会弹，我父亲，我母亲，我兄弟，我妹妹，我自己。

我认为自己是一个威士忌推销员。在这间屋子里花出去的钱为我带来了报酬。我以一种很好的方式鼓励大家玩得开心。通常只有在生意冷清的时候，我才会休息一下。但是有客人的时候，你还是待在那里比较好一点。这样对吧台的服务员也有帮助。我从不认为自己是个艺术家。我知道我的局限性。这是一种买卖，一种表演业务。

我不敢去想退休的事。对我来说最可怕的事情是有一天我说："我要去圣彼得堡买个小房子。"我知道生命中的一切都会结束。我担心的不是变老，而是我会去干什么呢？当这里安静下来的时候，你的思想就会偏离，你开始想很多事情。我发现自己在谈论未来，但我总是在想过去。

## 泰迪·格罗多夫斯基（电梯启动员）

他是一栋大型写字楼的电梯启动员。他曾经操作过汽车，"但汽车变得自动化了"。他以前曾在一家工厂工作。"伙计，那时候我必须流汗，擦亮，抛光。这是一份干净的工作，我真的很喜欢。

"你可以说，我八小时中至少有五个半小时是站着工作的。看我穿的是什么？那是一双好鞋，有足弓支撑，有缓冲。哦，你明白我的意思了。

"我上了两年高中，但我本可以上四年的。都是我的错。但你能做什么？你不能为已经发生的事情而哭泣。"

有些刚开始干这行的家伙，什么都不会做。我告诉他们："一个好看的屁股和一天的工作会让你们完蛋的。"他们从来没有干过艰苦的工作。他们总是在电梯里。他们说自己很努力地为人们开门。这对我来说是一种乐趣，因为你可以了解人们。你会知道他们的习惯。

有些人同时进了电梯，我就知道他们要去哪里。有一个女人，我每次都会在十点或十点半的时候接到她。她不会告诉我她要去哪里。她总是在十四楼下电梯。你看，主洗手间在十四楼。（笑。）

我也是保安。任何人拿东西出去都要有通行证。如果有人看起来很可疑，你就问他们去哪里，很有礼貌地问。你只要看着电梯，看看他们要去哪里，然后不要再多说什么。有时通过观察一个人，你可以知道他是什么性格。每次他们去董事会，我总是说："有什么可以帮您的吗？"我以后不再说了。当他们看到你在注视着他们时，他们就会马上又下去了。就是这样。

很多人来到这里，径直去看指示牌，他们甚至不会问你，因为他们害怕。有些大楼里面的电梯员说："这里有标牌。"我试图提供帮助。又不会掉块肉。你提到一个房间号，我会告诉你怎么去那个房间。因为每次楼里的人改变标牌，我都会试着研究标牌。当有人向我问问题的时候，我就像个天才一样。

人们去度假或出差，我对他们说："你这两天不在呀。"他们会说谢谢你想着他们。记住人们的名字，这很重要。他们会让你知道他们是否想被称为先生或小姐。我尊重这些地位高的人。如果他们想让你叫他们的名字，他们会告诉你的。

我发现高管们才是真正的好手。他们会跟你开玩笑。即使是普通人，他们也会和你开玩笑。如果有一天我不和他们说话，他们会说："怎么了，你疯了还是怎么了？"如果我不笑，他们就会想知道我是不是生病了，或者发生了什么。你总得做点什么事情。我总是在早上告诉他们："祝您度过愉快的一天。"下一次我见到他们，我会说："快点回来哦。"当天气不好的时候，我总是说："这天气是您预订的吗？"他们喜欢这样开玩笑。他们说这能让他们开心起来。我不难和任何人相处。

我跟德克森①合过影。他进来的时候我们打开了门，就在他和我握手的时候，这个摄影师——我把它带回家了，两张彩色照片。他走

--------

① 已故伊利诺伊州参议员埃弗里特·德克森（Everett Dirksen）。——原注

过来和我握手。戴利进来了："你好啊。"他感谢我带他上楼去。你知道我在那里还遇到了谁吗？桑尼和雪儿 ①。他们穿得像嬉皮士。我不知道他们是谁，有人告诉了我。这事随时都有可能发生。当我看到一个名人，我回家告诉我的妻子。她会告诉她所有的朋友和亲戚。她会说我看到了谁。我不想退休。如果我不得不待在家里，整天不与公众见面，我会很迷茫的。

后记："自从电视机发明出来以后，我们就没有朋友了。从前，在有电视机之前，朋友们到家里来。现在，你说，'过来吧'，他们一过来，就把脸贴在电视机上。算了吧！我告诉你，我买了一架哈蒙德风琴。我正在上风琴课。我很快就会回家，在我吃晚饭之前——两罐啤酒。然后我会吃饭。接着我会练习风琴。看电视？别想了。"

## 蒂姆·德夫林（管理员，前销售员）

**他神经衰弱，在医院里住了三个月。他已经出院一年了。"我三十岁了，有时觉得自己五十岁了。"（笑。）**

我现在做的工作是我讨厌的。我是一个管理员。这是一个肮脏的工作。你的工作很辛苦。我上班的时候穿的是制服，灰色的卡其裤和

---

　　① 桑尼和雪儿（Sonny & Cher）是 20 世纪六七十年代由桑尼·博诺（Sonny Bono）和雪儿（Cher）夫妻二人组成的美国流行音乐组合。两人获得了两项格莱美奖提名，并在全球范围内销售了超过四千万张唱片。《滚石》杂志将他们列为史上最伟大的二十对组合中的第十八位。——译者注

灰色的衬衫。裤子很宽松。这是你看到很多管理员穿的衣服。这是我以前认为黑鬼会做的工作，或者是山里人或者民主党人。你不会和这样的人联系在一起，现在我是他们中的一员。

"你是个废物"——这是我对自己的写照。我是个失败者，因为我已经到了这个地步。我们有五个人在这里工作。这是一个住房项目。有三个人几乎不会说一句英语。他们是难民。他们工作很努力，也不抱怨。他们很满意，但我不满意。这是一个死胡同。今晚我要去酒吧见几个朋友。我已经很久没有见到他们了。我觉得很自卑。我会骗他们。我会说我是个律师什么的。

你在聚会上遇到某人时，他们会问："你是做什么的？"我跟他们胡说。我对他们胡编。他们的头脑就像一台电脑。"我是一个注册会计师。"哦，他每年至少要赚一万八千美元。他是个成功人士。如果我说我是个电工，他们会认为我每小时赚九美元。如果你说"我是个管理员"——哦哦！你就会觉得自己的地位很低。这是对我自尊心的打击。谁想当管理员？他们甚至称管理员为维修工程师。

我对自己的进一步发展没有任何兴趣，但我实在无法想象自己的余生会一直在做这个工作。我几乎到了应该领取福利的地步。我应该放弃这一切，什么都不做。我对工作的整个看法和以前不一样了。如果我可以说我是个管理员，我就自由了。如果我能说"我是蒂姆·德夫林，我喜欢我的工作！"，我就自由了。

我接受过大学教育，在销售部工作了近八年。我就是从流水线上下来的。在生活中，你成为一个成功的人是为了获得成功；金钱是判断人的关键。这就是我早些年的事情——大办公室、大车、大房子。那时我做得如鱼得水。我本可以做得更好。

我恋爱了，觉得这是世界上最美好的经历。结婚后不久，我发现我的妻子——我不怪她——对钱感兴趣。她在拿我和其他同龄人做对比。我在经济上是否成功？我工作时间很长。我觉得自己只是一台机器。周末的时候，我觉得，钱在这里，现在你爱我吗？现在你爱我吗？我是一个更好的人吗？

我当时卖的是复印机，每台价格是一千二百五十美元。我的回扣是三百美元。这台机器的总价值是四百八十美元。我想，老天爷，这里面有问题。如果它值四百八十美元，为什么不能以四百八十美元的价格出售呢——以尽可能少的利润，而不是为了尽可能多的利润？我期待着一个乌托邦社会，不是吗？我并不为自己感到骄傲。

我是他们的士兵之一。我读过销售手册。如果顾客这样说，你就那样说。绕着他转，让他在你的手掌心，然后——砰！——让他在虚线上签字。你给他胡说八道。你扭扭捏捏，你精打细算，你出卖自己，你让他签字。啪！你赢了一局。第二天又是一轮。我到底在做什么？我不喜欢这样。我的婚姻在变质。我赚了不少钱，有一辆公司的车。这是我妻子想要的，但是感觉很糟糕。我开始怀疑一些事情。这让整个婚姻崩溃了。

我从来没有对任何人说起过这件事。人们会认为我是个共产主义者，或者我疯了。一个赚钱的人不应该质疑钱的来源。我总是把这件事埋在心底。这就是美国梦。这就是我父亲一直往我脑海里灌输的东西。

我从我父亲那里学到了这个角度。他总是试图寻找一些噱头来赚大钱。他不想一辈子做个商人。他总是想开个店或者开个加盟店。他赚的每一分钱都赔了。他相信"美国梦"。我们应该审视这个梦想。如果我把一台价值四百八十美元的机器卖出一千二百五十美元，这就是美国梦吗?

离婚对我打击很大。我经历了一场危机。我责怪体制,责怪国家,责怪上帝。这就是我神经衰弱的原因。我几乎什么都不在乎了。我不想再见到任何人。我不想听到有人告诉我:"是啊,下周我就能升职为地区经理了。"有什么大不了的,我才不管他能不能当上美国总统呢。我是个愤世嫉俗的人。这就是我随身带着的特质。

我卖东西的时候,我的朋友们都很尊敬我。一个在面包店工作,另一个是开出租车送披萨的。他们在想,"也许我应该去做销售"。销售员!你每天穿西装,开公司的车。现在他们管他们叫客户经理。芝加哥交通管理局的公交车司机可能会赚更多的钱,但你有一件白衬衫,一条领带……我的姐妹们都嫁给了销售员。

很多人被认为是失败者,但这不是他们的错。我不知道自己到底想做什么。我不想再回到你死我活的竞争中去。还会是同样的事情吗?有人邀请我回去做销售,做一个骗子。但我已经被拒绝了。我想我错过了机会。如果可以重来一次,我会进入心理健康领域,真正找出让人心动的原因。我很想知道为什么人们认为成功很重要。

我确实想在经济上有所成就。但对我来说,唯一开放的是销售工作。我不是二十一岁了。天哪,我得从每周一百二十五美元的工资开始。那真的不叫钱。这只够让你不至于露宿街头。如果我做溜须拍马,我可能会在十年内成为助理经理,也许还会有很多头衔。恐怕这是我现在唯一的出路。我想我可以买股票,再婚,成为这个体制的一部分。但我真的很怀疑这个体制……

# 计算

南希·罗杰斯（银行出纳）

**她二十八岁，已经做了六年的银行出纳。她每月收入五百美元。**

我所做的事情就是在客户走到我的窗前时，跟他们打招呼。"有什么可以帮忙的吗？"然后完成他们要办的业务，就是从他们那里拿钱，并把钱放到他们的账户里。或者从他们的账户取出钱给他们。你要确保金额正确，把存款通过机器存入他们的账户。这样就能在账目上显示出来，让他们知道。你其实并没有做太多。这只是个服务型工作。

我们有一个出勤记录钟。这玩意儿真的很可怕。你有一张卡，把卡放进机器里，机器就会打出你到达的时间。如果你在八点四十五分之后到达，机器就会大喊大叫着："迟到了！"我不太明白这一套，因为我从来不觉得人应该被时钟这样的东西捆住。它没有那么重要。如果银行开门的时候，你人在那里，准备好为客户服务，就可以了。

我去我负责的金库，打开金库，取出现金，把我的格子间布置好，把我的印章准备好，然后给印章垫续上墨。从那里一直到九点银行开门的时候，我就坐在那里，和其他的姑娘们聊天。

我的上司对我大吼大叫。他大约五十岁，在一个他并不喜欢的岗位上。他在那个位置上坐了很久了，但并没有真的有什么长进。他原本该在很多事情上都有权威，但他并没有真正随时跟上变化。我觉得坐在他那个位子上的人应该获得某种尊重，那些在他手下工作的姑娘们对他并没有抱有这种尊重。在某些方面，这挺好的。跟他交谈更容易一些。你可以问他一个问题，而不会得到"我太忙了"这样的答复。但是，你同一个问题问了很多遍，却得不到你需要的答案。就像他不听一样。

我们现在用 IBM 的机器工作。这个机器与主电脑银行相连，里面有所有储蓄账户的信息。要获得任何信息，我们只需按下正确的按钮。一个格子间里有两个出纳员，机器就在我们的窗户中间。我不喜欢银行的设置方式。这种方式把大家分开了。人们已经被分开得够多了。在一些公寓房里，你不认识楼里的其他人。银行上层反对你进入别人的格子间，这是可以理解的。如果这个人收支不相抵，他们会说："她在我的格子间里。"格子间？我也曾想过这个问题。虽然不太像在监狱里，但我还是觉得自己被锁在了里面。

和我同在一个格子间的女孩，很年轻，是个黑人，人很好。我非常喜欢她。我和她在一起很开心。她来自南方。她是个非常放松的那种类型的人。我可以敞开心扉，不担心会得罪她。我一直告诉她，她是个偏执狂。（笑。）她一直说："我只不喜欢三种人，意大利人、波兰人和犹太人。"我会走到她身边，把手放在她的肩膀上，她会说："把你的手拿开，白妞，你不知道你不应该碰我吗？"这是很好、很放松的那种——我们坐在那里没事干，讲我们男朋友的八卦趣闻，这很有趣。

　　很多在银行工作的人我都不认识。从不说话，不知道他们是谁。从来没有人把你介绍给别人过。我甚至不知道银行总裁是哪位。我不知道他长什么样子。这真是很有意思，因为你做某些事情的时候必须获得许可。比方说，我们兑出现金达到一定的金额后，在一位领导点头之前，银行就不允许我们继续了。银行的人会说："去问弗兰克先生。"我就会说："那是谁？哪一个？"那个负责检查的女主管说："你不知道他是谁吗？他就是那边的那个。你还记得他吗？你之前等过他的。""我是等过他，但我不知道他叫什么名字。没有人告诉过我。"

　　我喜欢与人交谈。一旦开始有固定客户，你会花时间去交谈——这让工作变得更加愉快。这也让我对人产生了怀疑。对有些人来说，好像每一分钱都很重要。其他的人，对他们来说，钱是一种地位。他们真的喜欢谈论钱。有一天，我接待了一个客户，他在买股票。他说："哎呀，那个，我要买价值五万美元的 AT&T 公司的股票，而且我还投资了……"他不停地说话。他想给我留下深刻印象：我有钱，所以我是个人物。

　　钱对我来说没那么重要。对我来说，那不是钱，只是一张小小的纸片。除非**我**是那个把钱拿出来或兑现支票的人，否则它对我来说不是钱。那是钱，因为是我的。否则，它并不真正意味着什么。有人问我："整天跟钱打交道，你不烦吗？"我说："这不是钱，我是个魔术师。我来告诉你怎么回事。"我点了点纸。我说："在那边，在这个窗口，这什么都不是。在那边，那个窗口，这是钱。"如果你每一分钟都要去想钱——"哎哟，看呀，这里有五千美元，哇哦！我可以用五千美元去哪里？去百慕大……"——你会被套进去，因为要处理不属于你自己的钱而感到很不满意，没办法工作。

　　客户总是进来开玩笑——"你和我为什么不一块儿干一票呢？我过来，把钱拿走，我走后你按警铃说：'哎呀，我被吓坏了，我什么也做不了。'"我说："这还不够。"我的现金抽屉里的金额是不够的。如果你要偷，至少要偷几十万吧。为了偷五万美元，不值当的。

　　这事经常被人开玩笑。有时候，如果你真的出了点岔子，也会被人笑话。可能我给出一百美元，有两张钞票粘在一起，我给了客户一百一十美元。很多时候客户们会找回来，说："我觉得你多给我了十美元。"貌似他们不想让我惹上麻烦。"她今天不会收支平衡，我这里有她没有的十美元。"我很高兴知道人们是诚实的。有不少人是这样的。无论如何，我们是有担保的，我们是有保险的。银行通常会有一笔资金以某种方式用于弥补差额。

　　我从来没有被抢过。我们有一个脚踏警报器，一个用脚指头能够得到的警报器。在另一个地方，有一个按钮在紧挨着柜台的地方。有些人吧，你对他们的感觉挺有意思的。比如说，我不认为这是他的存折，这存折可能是偷来的。大多数时候，感觉从来都不对头。（笑。）

　　一个在这里工作的女孩遇到过打劫的。她就给了那个男人想要的钱。（笑。）你能做的只有这个了。她去找我们的出纳长要更多的钱。她说："墨菲先生，我刚遭到打劫。"他说："哎哟，当然，嗯，哈，哈，哈。"她说："不是啊，真的，我真的遇到了。"（笑。）他说："哦哦，你真的遇到了，是吗？"（笑。）一副很惊讶的样子。我觉得他们没抓住那个人。她没有给他所有的钱。她只是给了他自己抽屉里的一部分，并没有打开其他抽屉，而大部分的现金都存储在这些没打开的抽屉里。

　　我真的不知道自己会怎么做。我认为我不会太惊慌失措的。我会非常紧张，非常不安，但我可能会完全按照那个人想要的做。如果可能，触发报警器，但这不会有什么好处。我会把钱给他，特别是要是他手里有枪的话，我甚至会给他一点儿暗示……为了钱不值得做这样的事情。抢劫这种事，政府会给银行提供保险，所以没有真正的……会很刺激吧，我猜。

　　很多刚来的年轻女孩子被催得太紧了。如果你从来没有干过这行，需要些时间才能意识到——你必须停下来思考，尤其是在忙的时候。在这里，我在做三件不同的事情。我从客户的账户里把钱取出，然后把一部分存进支票账户里，然后他想拿回一部分，外加把一张支票兑现，他还要求开几张汇票。你要记住所有这些事情——必须要加加减减，把数字算对。

　　你强迫自己加快速度，因为你不想让客户等待。因为你在那儿坐着的原因只有一个，为他们服务。有好几次，某个我认识的人在旁边，我就想摆脱这些客户，好去跟那个人聊聊天。（笑。）

　　男性客户会邀请我出去玩，好多次了。我接不接受是另一回事了。我在银行里认识了不少人，我和他们约会过。有时候情侣关系会维持得很好，我会和这些人成为好朋友，可能会持续好几年。我的社交生活受到工作的影响，哎呀，当然会啦。一个客户进来说："我下周要开个派对，你愿意来吗？"

　　有些银行对这种事儿有点不认同，但大多数银行管不了的。一个我在银行遇到的家伙，在一家审计公司工作，我跟他约会了一小段时间。他说："不要告诉任何人。我们不应该和一个在我们所服务的银行工作的人约会。"一份工作会影响到你的私生活，这很奇怪哎。

银行让女性雇员穿制服，这很大程度上把她们的性别模糊掉了。试图让每个人看起来都是一样的。从某种程度上来说，这样很好，节省衣服。但从另一个角度来说，这样很无聊。几乎每天都穿同样的衣服，真是……唉！我见过一些还不错的制服，但有些银行的制服特别古板，颜色也很暗淡。保守是我能想到的唯一的形容词。我之前工作过的银行，制服是一套海蓝色的套装，这套装真的是，呃。（笑。）

因为工资标准的缘故，大多数银行出纳员都是女性。默认的就是女人的工资比男人低一点。（笑。）除了我的主管之外，只有两个男人在这里工作。出纳长，干了很多年了；还有一个小伙子，负责所有的银子。对大多数男人来说，这是一份没有太多晋升空间的工作。你必须是那种只喜欢坐着做同样的事情的人。就是一笔接一笔的交易。

有些时候，你对某个事情感到不满，就会在下班后还是想着这件事。某些人会把日子弄得很糟糕。（笑。）这种人会走进来，说："我的车在外面占了两个车位。你能不能快点，女士？我没时间在这里浪费。"然后你就会——"什么？？？"你想说："嘿，你为什么要把车停在两个车位上？所以如果因为你愚蠢地把车停在那里而被开了罚单，就跑来指责我咯？"但你不能这样做。这就是麻烦之所在。你不能顶回去。客户永远是对的。

有些人自己当天不顺心，就觉得一定要拿你出气。"你在那里干什么呢？""你为什么要检查那个？""你为什么要这样做？"你冷静地试图向他们解释："那是必须的。"你无法取悦他们。他们会确保你的心情和他们一样糟糕。（笑。）

我们在喝咖啡的时候会说很多话。会有猜测："你觉得事情是这样的吗？"这周有个女孩被解雇了。没有人告诉我原因和理由。没有人真的知道。银行的人不断说："我们不希望关于某些人某些事的谣言散布开来。"但他们没有对此做出解释。她已经完全不存在了。她已经不在这里了。

在我工作过的最后一个银行，我被解雇了。我告诉和我一起工作的人："如果有人问起，就说我被解雇了，把我的电话号码给他们。"我的一个朋友路过，问我在哪里。我以前的同事说："她已经不在我们这里了。"仅此而已。我消失了。

事情发生的时候，是非常突然的。我真的没有想到会这样。我本该是个榜样，这些事情就不会再发生了。其中一个因素是一个跟我处不来的男人。他在大厅柜台工作。他是个——我该怎么说呢——他是个很爱管闲事的人。他对每个人都是那样的。我不喜欢这样。他总是找准你在算账的时候，或者你想搞定一个事情的时候来打扰你。你不想被打断。其他时候，你会不介意，一笑置之。

我被开除的理由是，缺勤太多，经常迟到。但我觉得其实还有一个原因。那个做主管的女孩要走了，而按资论辈的话，我是下一任。我只是觉得银行上层不打算让我再往上走了。

对她来说，工作就是一切，是她的全部生活。如果出了问题，她会在那里待到晚上七点。如果上面要求她周六来，她也会来。而我下班的时候，对不起，我今天的工作已经结束了。

而我对自己的与众不同非常坦然。开始的时候，一个女孩在情人节那天带来了一个小贴纸类的东西。我觉得很可爱，就从其中一张贴纸上取了几个心形贴在了我的橱窗牌上，因为我喜欢。除了"怎么那玩意儿会在那儿？"之外，从来没有人真的说过什么。我说："因为我喜欢。"很多客户进来都会说:"哇,她的窗户上贴着心,她一定是个好姑娘。"这给了他们一个机会,让他们有话可说。而不只是觉得他们不认识你,不知道该说什么。我想银行并不太在意这一点。他们希望每个人都差不多,有点保守,符合常规。我想这才是我被解雇的真正原因吧。

我想,很多地方都不希望人们成为人。我觉得他们希望你几乎成为他们工作的机器。他们只是想让你失去人性。就像你早上走进去的时候,打开开关:"我是一个机器人。这是我的工作。早安,你好吗?我可以帮你吗?"我讨厌这样和人打交道。

在某种程度上,我觉得自己的工作很重要。特别是我在为那些想省钱的人服务的时候。他们把钱给我,我在他们的账本上做个记号,就行了,这令他们感到满意。哇哦,我完成了这件事。你说:"我很高兴再次见到你,你真的做得很好。"这些人大多数在市中心的餐馆工作,或者是秘书。下层中产阶级和很多黑人都会来这家银行。他们比其他一些客户要友好得多,那些人光忙着给彼此留下深刻印象了。

他们甚至不认识你。就好像我几乎被当成了一台机器。他们没时间打扰你。毕竟,你只是个苦力罢了。我遇到过一个黑人,他走到我的窗前说:"看到有和这里不相称的人在这种地方工作,真不错。"我想,哇哦!(笑。)我把头发扎成小马尾辫,只穿了一件套头毛衣和一条裙子,并没正儿八经地梳妆打扮。我当时很吃惊,这是我那么长时间里收到的第一次赞美。被认可的感觉真好呀。在大多数银行,橱窗上都写着你的全名。有些地方只是写着某某小姐或某某太太。我更喜欢用我的全名,这样大家就可以叫我南希了。(笑。)他们会觉得更舒服一些。对有些领导,你会直呼其名;对其他领导,你不这样做。

对有些人，你会觉得说"嘿，查理，你能过来帮我做这个吗？"有点奇怪；对其他的人，你会觉得称呼他们的全名很奇怪。所有坐在办公室办公桌前的男人，你都会称呼他们为先生。这么说吧，他是副总，一定要叫他某某先生。而你只是一个出纳员。所以他可以直呼你的名字。小银行往往比较友好和开放。

我在聚会上告诉别人自己在银行工作后，大多数人都会感兴趣。他们说："你是做什么的？"我说："我是一个出纳员。"他们说："哦，嗯，好吧。"然后走开。我记得自己和一个人讨论过战争的问题。我们不同意对方的观点。他是支持战争的。我没有生气，因为我认为他有权利有自己的观点。但这个人不能承认我有我的权利。最后他冲我来了句："你说这话是什么意思？说到底，你是谁啊？我自己开公司，你只是在一家破银行上班。"这话说不通啊。就好像是除非你有能力在商业界取得成功，否则你没有权利有自己的意见。（笑。）

我的工作没有声誉。这是一个服务工作。无论你是服务员、销售员，还是类似的工作——直接为公众工作——都不会被看成有声誉的工作。你在那里为别人服务。别人不来为你服务。就像一个家庭女佣或仆人。

一个女孩说："上了四年大学的人，应该因为取得的成绩而得到认可。"一个男人说："有个人当了汽修工，而且干得很棒，你不觉得他也应该得到认可吗？他也是个专家，就像那个要当医生的人一样。"然而别人却不这么看这个汽修工。有什么区别？真可惜，大家并没有把每一个工作都看作是特殊的。我不会修车，但我看到有人能把车修得很漂亮。就好像他们对这事有一种感觉似的。有的人可以写书，有的人可以在其他方面做得很出色……

# 弗雷德·罗曼（审计师）

**我通常会说我是个会计。大多数人都认为这是一个坐在那里的人，戴着绿色的眼罩，袖子上戴着袖箍，仔细研究账簿，添加东西，戴着眼镜。（笑。）我想注册会计师是有身份的。这对我来说没有什么意义。我喜不喜欢这份工作？这很重要。**

**他二十五岁，为世界上最大的公共会计事务所之一工作。该公司有一千二百名员工。他已经在该公司工作了三年。在这期间，大学毕业后的第一年，他在一家食品连锁店工作，做盘点工作。**

我工作的公司不生产产品。我们提供的是一种服务。我们的服务是审计。我们通常是由股东或董事会聘请的。我们会证明一家公司的财务报表是否正确。公司的人会说："这是我们去年做的事。我们赚了多少美元。"我们会进来检查账目，然后说："是的，他们做到了。"

我们正在寻找的东西是不能出错。我们的客户可能会说："我们有一百万美元的应收账款。"我们确保他们确实有一百万美元，而不是一千美元。我们问欠钱的人："你确实在这个日期欠我们的客户两千美元吗？"我们是在抽查的基础上进行的。有的公司有五千份应收账款。我们也许会抽查一百份。

我们也在寻找诸如现金浮动的东西。如果一家公司今天开了一张支票，第二天就把钱存进去了，这就说明了它的偿付能力。我们寻找账户之间的转账，以确保他们没有浮动这些东西——十万美元，他们一直在两个银行之间来回周转。（笑。）

我们跟数字打交道，但我们必须记住这些数字背后的东西。在我的工作中，人们让我感到不安的是他们太过沉迷于数字。对他们来说，财务报表就是目的。对我来说，它是管理层或股东使用的工具。

我们有一台电脑，我们叫它欧德科。它把会计中的细节苦差事清除出去了。我在每天的工作中都会用到从电脑里输出来的东西。会计会为敲击键盘做好准备。一个女孩敲击键盘，信息进入怪物体内。我们就是这么叫它的。（笑。）你还是要审核电脑里输出来的东西。我用铅笔工作。我们都这样做。我想这是因为我们犯了太多的错误。（笑。）

你是个审计师。这个词让人害怕，他们认为你是来检查他们是否从零用钱中偷窃硬币的。我们不关心这个。但人们对我们有这样的印象，他们认为我们是来监视他们的。我们真正做的事情是确保账目得到如实呈报。我不在乎是否有人偷钱，只要他报告。（笑。）

人们用恐惧和怀疑的眼光看你。做应收账款的女孩从来没有见过审计师。主计长知道你为什么在那里，他会协作。但下面的人却不确定，很担心。你问了他很多问题。他是做什么的？他是怎么做的？你是想抢他的饭碗吗？你是想让他被解雇吗？他不是很友好。

我们应该是独立的。我们应该证明公司的账目是正确的。我们要向证券交易委员会、股东、银行证明这一点。他们都会使用我们的财务报表。但如果我们怠慢了公司——如果我发现有什么事情会让公司今年损失五十万美元的收入——他们明年可能就不会再雇用我们了。

我不参与留住客户或争取客户的工作。那是经理或合伙人的责任。我几乎是最底层的人。我是一流的助理。有五个级别。我是员工

助理。在我之上是资深助理。资深助理是负责工作的，和客户一起出
外勤。更高一个级别是经理。他对客户有全面的责任。他负责开单。
再往上一个级别是合伙人，这是最高级别。他在公司有股份。我们的
老板被称为合伙人。他们有最终的责任。合伙人决定这五十万美元是
要从账上支出去还是留在账上。

　　有灰色地带。比如说我看到那五十万美元是坏账。客户可能会
说："哎呀，这家伙是好样的。他一定会还的。"你说："他在过去的
六个月里没有给你任何钱。他昨天宣布了破产。你怎么说他会支付
呢？"你的客户说："他正在重组，他会搞到钱的。"你有两种看法：
这家伙有能力支付或他没有。总得有人做出决定。我们是允许你展示
这笔应收账款呢，还是让你把它注销呢？我们通常会妥协。我们会试
着在这两者之间做一些决定。公司比我们更清楚，对吧？但我们必须
出具一份独立的报告。反正我不是做这些决定的合伙人。（笑。）

　　我想自己会在达到目标之前离开。我们公司很多人都不打算留下
来。压力。总是急于完成任务。自从我来到这里，已经有两个人的神
经严重崩溃了。我在任何工作上都有三个老板，但我不知道下周谁是
我的老板。我可能会给另外某个人工作。

　　我们公司的理念是不进则退。我三年前开始工作。如果第二年我
没有从 SA-3，也就是员工助理 3 级，升到 SA-4，就会被淘汰。去
年 6 月，我是 SA-4。如果我没有升到 SA-5，我就出局了。明年如
果我不升到中级员工，就会被淘汰。等我升到中级，我就是中 1 级
了。第二年，中 2 级，然后是中 3 级，然后是经理或出局。等到我
三十四岁左右的时候，我不是成了合伙人就是出局。

　　一个合伙人到了五十五岁之后，就不再直接负责客户了。他不会

离开公司，因为他现在是公司的部分所有者。他的身份是顾问。他们还没有退休。他们只是做研究类工作。我不是说这是好还是坏。就是这么回事。

这是一个非常年轻的领域。有很多人在底层做跑腿儿的工作。然后这个领域就像金字塔一样，不需要那么多的人在上面。公司雇的大多数人都是刚大学毕业。我不能给他们贴标签——范围很广——但我猜他们大多是保守派。大家几乎不谈论政治。

十五年前，公共会计师都穿白衬衫。你必须戴一顶帽子，这样你就可以传达一种保守的形象。我读大学时，最好笑的笑话是：如果你要为一家公共会计事务所工作，确保你能买到足够的白衬衫和帽子。打那以后，他们就不这么穿戴了。我们有长头发的雇员。但他们确实比其他行业的人更容易遭到指责。现在我们有了女员工。有好几个女助理和高级职员。有一个女经理。我们没有女合伙人。

如果你不升职，公司会帮你另找工作。他们对你很好。他们会开除你，但不会把你扔到大街上。他们会试着帮你在我们的客户那里找一份工作的。这是有理论依据的。假设我离开公司，然后入职某个制造公司。十五年后，我是主计长，我需要一个审计。我该去找谁？虽然他们的理念是不进则退，但他们对员工很好。

我的工作重要吗？这是我问自己的一个问题。对使用财务报表的人来说很重要，对买股票的人来说很重要，对银行来说也很重要。（停顿。）我不是去对抗污染或类似的事情。不管它对社会是否重要……（停顿了很久。）不重要，不是太重要。这行在经济领域是必要的，经济领域建立在大企业的基础之上。我认为公司里的大多数人和我的观点不一样。（笑。）

我在公司里有几个朋友。我们偶尔会聚在一起聊天。一开始你一点儿评论都不敢发表，因为你觉得这家伙对工作是真的很喜欢。你不想说："我讨厌这工作。"但然后你就听到他说："天啊，如果不是为了钱，我现在就不干了。"

我想回去上大学，读个硕士或博士，当个大学老师。唯一的问题是，我觉得自己没有这方面的智慧。我念高中的时候，觉得自己会成为一名工程师。于是我学了数学、化学、物理，然后拿到了 D。我想读历史专业。然后我说："我拿了历史学的学位能做什么呢？"我想到了政治学。我想得最多的是去学法律。我现在还在想这个问题。因为一个站不住脚的理由，我选择了会计学。我把其他一切专业都排除掉了。即使在我通过了注册会计师的考试之后，我也一直在说："我不想当会计。"（笑。）我还年轻。6 月之后，我可以四处看看。至于薪水，我比同龄人领先很多。我远远超过那些教书的人，也略微超过那些做工程的人。但不是这样的……

人们问我是做什么的，这个时候我就说自己是个会计。听起来比审计师好听多了，对吧？（笑。）但这不是一个很激动人心的行业。你能谈论什么有关于数字的事吗？（笑。）你告诉别人自己是个会计——（他的声音故意装成沉闷的单音）"是吗，不错。"他们不知道该怎么说。（笑。）你能说什么？我可以说："哇哦！我昨天看到这家公司的资产负债表，哇哦！"（笑。）也许我看错了。（慢慢强调每一个字）**只是没什么好谈的**。

# 跑腿

## 杰克·施皮格尔（工会组织者）

他是美国制鞋工人联合会的一个组织者。

"在这个行业中，大约有 60% 是女性。在一些工厂，比例高达 70%。大多是西班牙裔和黑人。这是个低工资的工作。现在制鞋业的平均工资是每周一百多美元。有各种各样的停工现象。即使是保守的工人在工厂里也会激进。

"传统上，制鞋业一直按件计酬。我们不鼓励这种方式，并且在许多情况下，我们与自己的人斗争。他们一周能够多工作 25%、30% 的时间。但我们不接受'你必须一直干到干不动为止'这样一种理念。

"小工厂要倒闭了，因为小工厂竞争不过巨头。在制鞋业，合并很常见，进口鞋已经占据了在我们国家销售的鞋子的三分之一。鞋子来自西班牙、日本、意大利……我们国家的平均工钱是 2.6 美元。在意大利是 1.1 美元。

"同一拨制造商，在这个地方进行剥削，再到那个地方开厂，把鞋子弄过来，在某处完成，然后贴上'美国制造'的标签。消费者认为自己交了好运。他们花了更少的钱买到了，但质量和工艺可能没有那么好。

"直到大约十二年前，我们有大约二十五万工人。现在只有不到十七万。在接下来的十年、十五年里，可能会减少到不到五万人。在制表业发生的事情可能会发生在我们行业。纺织业也是如此，在过去的二十年里，有一半的工人失去了工作。

"这些人把钱投出去，在其他国家建立工厂，然后把美国人的工作机会夺走了，如果政府不采取一些措施，向这些人征税，那美国的制鞋业就会完蛋了。那些六十多岁的人会退休。那些还能工作的人会发现在这行工作更加困难了。"

## 爱丽丝·华盛顿（鞋厂填单员）

**她在弗洛斯海姆鞋业公司的仓库工作。她是一名填单员。"我刚开始工作的时候很难，但九年后就习惯了。"她是当地工会的秘书兼财务主管。"我家里有五个孩子。"**

你去不同的过道或货仓，根据订单拿出鞋子。有存货订单和常规订单。有急件。你会拿到一个放在文件夹里的订单，上面大约有两百到七百双鞋。就是各种不同类型的订单。

我一天到晚都在走动。通常我们加班两个小时，也就是到六点。周六我们工作五个小时。一整天我都在走路。我认真地想了想，我要坐下来，试着计算一下我一周内到底走了多少英里。对我来说，一天大概有五十英里。（笑。）

我觉得运动对我有好处，但对我没有任何用处。（笑。）听医生和我读过的不同的书里面说的，走路对人身体健康有好处。是吗？我看起来像掉肉了吗？这就是倒胃口之处。（笑。）

　　不仅仅是走路，还有伸手、弯腰。我的意思是，你在所有区域都有大量运动。比如说，你想要的是 20292。我知道在第三或第四区。假设你的尺码是八码半 B 型，也许这个尺码放在非常高的位置。我必须伸手去拿梯子。或者也许它在很低的地方。我得弯腰把鞋拿出来。

　　你整天都在推着一个架子。是个大铁架子，通常能装 208 双鞋。你把架子放满，数一数有多少双鞋，开出单子。有些订单很难完成，需要的是奇怪的尺寸。今天有两个订单让我彻底头疼了。如果你用心去做，想把这些订单做出来是很紧张的。有些时候，我没有那么累。也有些时候，我真的好累啊。

　　现在我的脚有很多问题。反正水泥对脚不好。整栋楼都是水泥地。我穿的是绉底鞋。不能穿底子太平的鞋子，必须稍微高一点才能保持脚后跟离地。我遇到过很多刚进来工作的年轻女孩子，她们说："你从来没有为了自己的脚抱怨过吗？我的脚要疼死了。"我们已经抱怨过了，是的。管理人员会说："给你自己买双适合的鞋子。"

　　大部分年轻女孩都是靠奖金制度，就是按件计酬。我们除了赚取平均工资外，还想赚取额外的钱。这沉闷稳定的节奏会持续一整天。完全无法忍受啊。有一天，我们有一个大型集会。谁拿到了那些最好的订单，谁没有拿到？姑娘们自然是想拿到那些大订单，这样她们就可以在月底赚到奖金啦。我自己就从来不追求大订单。我知道从长远来看，我是跟不上那个节奏的。我在仓库里只是为了做一天该做的工作。

　　我经常想找一份坐下来干活儿的工作，但我不知道。也许是因为我习惯了这样的工作。我曾经从事过检查工作。取鞋工人取完鞋子后，你要检查错误。你整天都坐着。说实话，我更喜欢走路。坐着好像搞得我的背不怎么舒服。

她十七岁开始在南卡罗来纳州的一家汽车旅馆当女服务员。十八岁时，她结了婚。她在纽约工作了三年，"在一所商学院。""兼职，从六点到十点。我是接线员和会计。我们有一台记账机。我负责电脑、会计，还有接线台。我有时间去适应这份工作。

"我来到芝加哥时，正在寻找我在纽约做的那种办公室工作。我试着不觉得我的肤色与这个有关，我去了市中心的某个地方两三次，我和其他人一样熟悉接线台。我看着一个女人教一个女孩，我几乎要伸手给那个女孩示范，因为我对接线台太熟悉了。我参加这个工作的考试时，那个培训我的女人好讨厌，没有任何理由。她让我很不高兴、很紧张。我不得不看了她两三次。我说：'我不会发脾气的，不会的。'我在努力找工作。考试结束后，她说：'如果有空缺，我们会通知你的。'（笑。）除了肤色，没有别的原因了。（笑。）我不喜欢这种感觉，但是……我找不到别的工作了。我有孩子要养活，所以我接受了仓库的雇用，打那之后就一直在这里。"

我以前几乎每天都会加班，但在大儿子上大学后，我就不加班了。我可以说是靠他来照顾小一点的孩子。我坐公交车回家，如果幸运，我还会搭上一些走同样路线的伙计的车。每天晚上，我都会准备好晚餐，看看孩子们的功课，看看他们有没有做我早上离开前告诉他们要做的事情。星期三，我洗衣服。我们有一个洗衣房。我来回走动，洗衣服，我一直在做饭。你知道这得走多少路吗？周三晚上，我十一点才上床睡觉。某些早上起来的时候，我感觉太累了。（笑。）但一旦我起来洗脸，折腾一下，就会状态好不少。

如果你停下来做些白日梦，就会失去很多取鞋的时间。你早上进仓库的时候，会说："哎呀，我要开始干活儿了，我要把活儿干完。"如果你不断地工作，不浪费时间，不胡闹，时间会过得很快。你转头看一眼表，哎哟，我的天，到了休息时间了，或者到午餐时间了，又或者到回家的时间了。

午饭的时候，我们互相开玩笑。我们喜欢找点乐子。这样一来，会减少因为知道又要继续干活儿而感到的辛苦。这也能让你不觉得累。我们讨论从新闻里听到的不同的事情，就是些一般的事情。我们主要的对话是讨论孩子们。如果我的孩子做了什么有趣的事或坏事，我就会讲。如果我同事的孩子做了什么事，她们也会讲出来。

我们和办公室的人相处得很好。每次我进仓库的时候，我都会给他们说声早上好，我总是尽量说一些有趣的事情。我觉得自己不比他们差。事实上，有一位年轻的女士在办公室工作，她想来仓库里工作，因为她没有赚到足够的钱。在办公室里赚的钱还不如在工厂里工作赚的钱多。

我走了那么多路，每小时至少应该赚五美元。我能够存的钱很少，我是说真的很少。要付房租、电灯和电话费。要给孩子们买衣服穿，要让他们吃上饭。这是非常困难的。如果你有一两个子儿，遇到个需要花钱的地方，就必须花掉这点儿钱。我的儿子刚上完大学。每次他拿起电话，这个要做，那个要做……很辛苦。

我这样还能坚持多久？这是我最担心的问题。这也是我从不为奖金烦恼的原因。我知道随着年龄的增长，我会无法继续干下去。所以我只是随着自己工作的节奏工作。我早上打卡的时候，有一定的工作量，因为我拿到了相当于一天工作量的报酬。但要像这些年轻的孩子一样猛冲、奔跑……我有十九、二十岁的同事——我们中有两个人是这个年龄——这些年轻的孩子，他们去参加聚会和别的活动，然后——砰！——第二天早上就回去工作。至于我？我做不到。

哦，有时我变得非常厌恶自己，我对自己说："我总是要这样走路吗？"也许我应该趁着自己还没老的时候，努力做一些别的事情。在你等了九年之后，想努力做点别的事情，年龄会是一个很大的障碍。我说："我现在不能放弃，我有孩子在上学。"所以……（重重地叹了口气）这个想法在我的脑海中流淌，我有时会变得很灰心。

（她的脸色变了，她在发光。）我想做和孩子们有关的工作，小孩子。我曾多次想过要建一个托儿所，即使一开始只有一两个孩子。那才是我真正想做的事。我曾很认真地想过这个问题。大概两三年前，我跟一些工作上的女同事提过。这不是向人们收取多少费用的问题，只是一个有关帮助的想法。这位母亲必须离开这里。相信我，我们很多人都必须走出去。我的意思是，**必须走出去**，走出很远的距离，然后——你有没有在公共汽车上看到一位母亲，她晃动着手臂，领着两三个手拉手的小孩子，并试图得到一份工作？我想做与小孩子有关的工作。这一直是我人生中真正的希望。


## 约翰·富勒（邮递员）


**他从 1964 年开始做邮递员，不过他已经在邮局工作二十六年了。"在那之前的 1947 年的时候，我是财务窗口的办事员，我有段时间没有**

**工作,然后再工作的时候当了一名卡车司机。我的选择不多。做邮递员让我有更多的时间在街上工作,在那里我可以接触到更多的人。"他四十八岁。**

我所做的工作是我一生的理想。我上学的时候,大家要在年鉴上说自己最有可能做什么工作。我确实说过邮递员。我第一个想到的就是邮递员。我还是个孩子的时候,我还在成长的时候,根本不知道这将会成为我选择的职业。这已经成了我的职业。

这是一个人人都仰望和尊重的职业。他们总是说:"邮递员来了。"小马快递什么的。这总是让大家眼前一亮。每个人都喜欢收信。我觉得这是整个国家最受人尊敬的职业。你是在为公众做事,也是在为国家做事。

现在已经到了能赚些钱的地步了。以前他们给的工资不多。每个人都认为邮递员赚的钱比自己赚的多得多。"哦,你有一份好工作,你赚了很多钱。"你只能勉强凑合维持生活所需吧,只能勉强过日子。

你发现邮局里的大多数人都有两份工作。有些人有三份工作。我大部分时间都是做两份工作,现在我只有一份。我的妻子在工作。如果她不工作,我不知道我们该怎么办。

现在最高的是一万一千美元。这只是最近几年,他们已经进步到这个地步了。在相当长的一段时间里,最高也就七千多美元。一个刚开始干的邮递员每小时赚 3.6 美元左右。这是基本的。他们每年大概每小时能涨七美分。

邮局里的每个人都是兼职的。我们有很多男人在邮局工作,他们的妻子也在邮局工作。现在有更多的女邮递员。她们做得很好。对一

个女人来说，这是一份美妙的工作。八年后的一万一千美元，对一个
女人来说是个不错的变化。

我的一天从四点开始。我开始准备。五点半我就开始工作了。我
们从夜班服务员丢下的箱子里拿信。我开始投掷信件。在我工作的站
里，有五十三个邮递员。每个人都有一个小格子，他的信件都会被放
进去。你要不断地从这些小格子里取出邮件。

我在市中心负责一栋大办公楼，还有一栋小办公楼。每个公司都
是一个信箱。你在投放一个信箱的邮件时，就会认识那些收到私人邮
件的人。你把信丢给那家公司。我服务的大楼里有六十家不同的公
司。市中心比住宅区容易得多。在住宅区，你可能要分拣五百四十份
邮件。我认识办公大楼里 90% 的人。我们都是直呼其名。

我每天都要去两趟。邮件是由卡车转送的。我到了楼里，把邮件拆
开，按照不同的办公室排好顺序。然后我就开始逐层分发。我们这栋楼
有二十三层。我乘电梯上到十五楼，上楼的时候，我把邮件放到每一层
楼。然后，我走下来，进行分发。接下来，我到更高的楼层进行分发。

我在楼里遇到各种人，我们经常聊天，世界大事，什么都聊。你
没有机会做白日梦。我的一天大约在两点钟结束。白天我可能会感到
疲惫，但到了下班时间，总会感到快乐。

我在住宅区工作了六个月，然后飞回市区。（笑。）在那里要多走
很多路。我曾经负责一个覆盖了三十二条街的区。在住宅区有中继
箱。中继箱是一个大的棕色盒子，你可能会看到它设置在一个角落
里，在红、白、蓝盒子的旁边。你有一把钥匙可以打开。我负责的区
域大概有三个中继箱。邮递员每天可以跑二十五英里。如果我有计步
器，我在这项工作上的时间应该是十英里左右。

　　走路对你有好处。它能让你保持活跃。你或多或少会感觉好些。袋子一直在我的肩膀上。它的重量从两磅到三十五磅不等——三十五磅是你应该携带的极限。肩膀没有受到影响。只要继续走，就这样。

　　你要不停地走。你回家后把脚放在热盆里。这感觉很好。大概一周两次，你要好好泡一泡。我在家的时候，我把脚抬高，尽量不活动，让它们多休息。我一年平均要穿破三五双鞋。当我刚开始背这个包的时候，我好像背了一吨的东西。但当你走的时候，包并没有变得更轻，但你已经习惯了。

　　当我回家的时候，我走进家门，打开电视看电视机，脱掉制服，坐在沙发上，看个节目，然后通常就睡觉了。（笑。）大概六七点钟的时候，我老婆回来了。"你累了吗？""有点。"于是我又陪她看电视，吃晚饭。九点半、十点，我准备睡觉了。

　　如果你有兼职，两点下班后，忙忙碌碌地去做兼职。你从那里八点、九点下班，赶紧回家，赶紧睡觉。睡得快，起来再重新开始。直到去年我还在做兼职。我试着从那份工作中摆脱出来，想找一份固定在一个地方的工作。但我大部分的兼职工作都是送货。我一直在动。如果我没有在移动，可能会在工作中睡着。脚下的移动让我保持清醒。

　　最可能和邮递员产生冲突的是狗。你以为它不会咬人，但你一开门，狗就从客户身边冲出来，咬住你。这对邮递员来说是一种非常忙乱的经历。在很多居民区的街道上，有狗群在游荡，很多时候你不知道狗是否友好。为了不被攻击，你试着和它交朋友。在某些情况下，狗会和你一起经过你负责的区，和你一起经过某个街区。你到了拐角处后，它就会折返回家。（笑。）你养了一条恶狗，它追着你跑。

　　（叹气。）现在的狗越来越多了。是的，他们有狗，总是在外面。

哎呀，我已经被攻击了。我有好几次被狗逼着跳围墙的经历。有一次是在一个空地上。我离它大约有一百码远。我当时正在走路，往前走。我在看它，它显然也在看我。我经过某个地段时，它就冲过来了。那是在一个中产阶级的白人小区。有个女人正走在街上。她一定认识那条狗。她叫着它的名字，然后打了它一拐杖。她上前说："很抱歉它打扰了你。"她跟狗说话，让它离开，狗就走了。

大多数人都对邮递员送信的时间掌握得很好，知道他什么时候会来。有养老金领取的老太太，也有领受抚养儿童援助金的人。他们一直在等待支票。他们总是在等待。如果他们在这个街区错过了你，他们会跑到下一个街区去。"邮递员，你收到我的支票了吗？"（笑。）你知道支票不在你手里，因为你知道你有什么。"再看看袋子里。可能和别人的邮件混在一起了。"你不管怎样看就对了，这会让他们感觉好一点。你认识那些收取支票的人。因此，你必须为他们做好准备。有趣的生活。

我会一直工作到退休。我有服务年限，但我不知道到多少岁。去年出了一个特别的方案。我们可以在工作二十五年和年龄到达五十五岁时退休。我还得干七年。退休后每月能领到二百五十到三百美元不等。不算多。所以不少人都没退。

工作三十年后，我就七十多岁了。如果退休划算，我就不在这里了。退休以后，我会再找一份工作，一份不只是能仅仅糊口的工作。另一份工作只是一种补充。我想自己去做生意。这样等我到了晚年，就不用那么辛苦了。

**跟你老婆聊过你一天的工作吗？**

没有，她自己的问题已经够多了。

## 康拉德·斯威贝（煤气表抄表员）

**他是一名煤气表抄表员。他已经干了一年了。他二十四岁，已婚。**
**"有一个孩子将在 7 月 28 日出生。第一个孩子。这会是相当让人激动的。"**

抄煤气表，这是个很辛苦的活儿。你要四处奔波。今天，我去一个非常糟糕的地方抄表。因为我负责的是威尔麦特[①]的老房子。房子都在一英亩、半英亩的土地上，你要走很多路。如果你的一天过得很顺利，抄表员管这个叫"带劲儿"。一本"带劲儿"的抄表簿就是一本非常棒的抄表簿。今天我没有"带劲儿"的抄表簿。如果所有煤气表都在户外，我可以在一个小时内读完一百个表，也就是一百家。我今天一小时大概读了三十五个。

大房子有一半都在佛罗里达州。那里有漂亮的房子。我也想拥有这样的房子，真的。你通常会走到后门、按门铃，然后敲门。如果我敲得太大声，女主人就会对我发火。如果我只按门铃而不敲门，人们会说："你为什么不敲门？"总会有人说你。敲门，我会被说；不敲门，会被说。也许十户人家中有八户人家的门铃是坏的。有时他们会贴个小牌子。门铃坏了，请敲门。

你的蓝色衬衫上贴着煤气公司的标签。在冬天的时候，他们会给你一个徽章，上面有你的身份证照片和所有的东西。这可以帮助你进入房子。他们尽量让我们走同样的路线，这样人们就会习惯你。人们

---

　　[①]　芝加哥北部上层中产阶级的郊区。——原注

是有疑心的。

有一些为煤气公司工作的人是有色人种。他们几乎每天都会被警察叫去。他们会碰上一个年长的女人，她会说："哦，我的上帝，一个有色人种！"她会认为他闯进了自己的房子。有些抄表员是高大的非洲裔。我有一张和善的脸，所以房主不会找我的麻烦。有色人种抄表员去地下室的时候总是被人跟踪——这样会拖慢你的进度。他们会问："你读得那么快？回来再读一遍。"嘿，我读过了，别烦我。

在埃文斯顿，我负责有色人种和白人居住区。也许十个有色人种家庭中有五个会养狗，而九个或十个白人家庭中有八个会养狗。最糟糕的是雪纳瑞犬和贵宾犬。它们会咬你的膝盖或腿。几乎每次你进屋的时候，它们都会跳到你身上，闻你的气味，如果你一天做三百户人家，那就会变得很糟糕。

我已经被一只德国牧羊犬咬过一次了。真不是闹着玩的。真的很可怕。那女人的煤气表是在外面装的。我看了煤气表，正往回走，听到一个女人的叫声。我转过身去，那只德国牧羊犬正向我走来。我想到的第一件事就是它可能会像电影里那样，冲着我的喉咙去。所以我俯下身子，把我的胳膊给了它，而不是我的脖子。它对着我的胳膊咬了一口，然后转过身去。我的手臂有点软，所以我想给它一些更硬的东西。所以我就给了它我的手。我的手比较硬，所以它咬了我的手。

我给了它我的手，这样它就不会咬我的喉咙了。我不想让它咬我的脸。它又转过身来。这时——煤气公司通常会给你一个三节电池的手电筒，一个相当大的手电筒——我拿出手电筒，正好打中了狗的嘴。它把手电筒从我手里抢走了。我把手电筒塞进它嘴里，它就咬住手电筒把它丢到一边。我跳过六英尺高的围栏想摆脱它，因为那时我又恢复了理智。也许就在五秒钟内，这一切都发生了。

**你伤得严重吗？**

不严重。只是在我手臂上咬了个洞（展示一条新疤痕。）我当时骂得也很难听。她想叫那条狗回来，这让我转过身来。否则那条狗可能会从后面袭击到我。我很高兴我转过身来。

你通常能知道狗是否会咬你。你只需等着它做一些事情，然后你就可以打它了。煤气公司会在这种事情上支持你的。那是狗一天中最重要的部分，煤气公司的人来了。（笑。）

我去过一些房子，那里的女人会说："让我来抓狗，我不想让你为难它。"在一个房子里，我试图与狗交朋友。那是一只雪纳瑞犬。我开始走开，因为它只是摇着它那小傻瓜脑袋叫唤着。它倒向一边。我以为它得了心脏病。女主人说："它通常会因为叫得太多而旧病复发。"她瞪了我一眼，好像这是我的错似的。

通常狗主人会说："不要打狗。"如果狗太坏，我通常会用手电筒打它的头，把它打跑。然后他们会说："你为什么要打它？这狗又不会咬你。"我说："它跳到我身上了，它在抓我。"女主人会说："它只是在抓你而已。"真奇怪，它不是在咬我，而是在抓我。（笑。）所以没事的。

**在没人注意的时候……？**

你通常会把它踢下楼梯。（笑。）通常，狗会跟着你下楼或回楼上。这将给你一个很好的机会，因为狗会试图超过你。所以你会把它踢下楼梯。（笑。）即使它只是跟着你下楼，你也会试着在它身上撒一下你在几间房子之前没机会教训的那条狗的气。如果你虐待狗，很多人都会举报你。但我呢？

人们向公司投诉，说你跳过他们的栅栏或穿过他们的草地。我通常不会再跳围栏了，除非我很急。老板通常对我很好。他会对他说："好吧，这种事不会再发生了。"他们在本子上记下了守则：不要越过草坪或不要跳过围栏。照顾草坪的老人不喜欢任何人穿过他们的草坪，这有点奇怪。

我有一次收到了一封表扬信。我并不是说，我收到过说我不好的信。我真的应该得到也许六到十封表扬信。也许一个女人残疾在家，我会浪费五到十分钟的时间，我会说："我给你冲一杯咖啡。"他们会说："非常感谢。"然后我就走了。写信说这个人帮了我的忙，有什么不好呢？

他们不希望被上门打扰。他们宁愿有别的事情要做，也不愿去应门，让煤气表抄表员进来。为什么他们不能说"我现在不想让你进我的家，因为它很脏"？我可以告诉你一些事情。大部分的房子都很脏，又脏又臭。有一个女人有十五只猫，她把它们放在地下室里。我会走下去，然后直接走出来，不看煤气表。是啊，白人中产阶级。即使在威尔麦特，上流社会社区。房子外面是保持良好的，很漂亮，但走到里面的时候，你进入它的心脏地带时，它是肮脏的。

有一个人读了八年的煤气表。他去买家具。第二天，他应该去店里抄煤气表。他想让我进去，因为他不想让售货员看到他，不想让售货员知道他是个抄表员。他很尴尬。其实做什么工作并不重要，只要你在工作。

抄表员为整个公司挣钱。如果没有这些人开单，燃气公司没有这些钱入账，其他员工就拿不到工资。你必须知道如何读表，因为如果你犯了一个错误，某个人可能会多支付一百美元。这是很棘手的。有四个表盘。公司给你一个高的和一个低的。比方说低的三千，高的五千。通常是四千左右，就在中间。你必须去那里，并确保他们使用的是中间那个。我可以在二三十英尺外读表。

有一个人读了八九年的表，他已经老了。我不知道我能否做八年。我可能会难以置信地老去。因为我已经受够了发胖，而且我还在跑步。我妻子给我买了一个步行一英里测量器。你可以把它放在你的腰带上，这是个日本的小东西。我发现我每天要走八到十英里。所以，我很长时间内都不需要担心得心脏病。（笑。）

我通常在九点开始读表，一天八小时，我通常在中午完成。我的速度相当快。你要学会控制自己的节奏。通常如果你抄同一本簿子到了足够长的时间，你就能知道人们是否在家，以及哪一家最好不要去，因为如果有人为难你，你会说："我们几个月后再见。"如果他们花了太多时间从窗口偷看，我就走了。我很匆忙，他们也很匆忙。

我的老板和他之前的老板都是抄表员，他们会有和我一样的抄表簿。平时一天八小时的工作，他们却花了四个小时，所以他们不会告发我。五年前，他们也在做同样的事情。这种事或多或少通过等级往下传。就像你是个二等兵，然后是一等兵。你必须这样往上走。

当我回到家时，我通常会对自己说着数字。通常是四个数字。比如我查的最后一户：2652。我回到家，脑子里还一直念叨着 2652，2652，2652。我的脑海里会被 2652 占据着。就像一首你听多了的歌。

"我还是个孩子的时候，就想成为一个棒球投手。我参加了小联盟、小马联盟，上了一年半的大学后被选中。棒球本来是很好的，每年都有不错的收入。"（笑。）

煤气公司的工资真的很不错。每两周我就能赚到二百五十美元的税后净收入——这还不错。对于在那里工作了一年的我来说，这已经很不错了，而且还只工作了半天。每隔几个月，他们就会多给我五美元或十美元。你甚至不需要问他们。

我们现在开始让年轻人加入了。年纪越大，晋升的机会就越大。超过二十六岁我们就说是老了。我们有十八、十九、二十岁的同事。二十、二十一岁开始蓬勃发展。公司试图雇用已婚的人。他们不想雇用十八、十九岁的人。因为他们有一种路边估算的手段，一个人可以坐在车里，自己估算一个数。电脑会发现他的问题，但可能需要三四个月的时间。到那时，这个家伙已经有六七百美元到手了，然后他就会去加油站或者其他地方工作。他们只是想找一个有责任心的人。

有流传很广的传言说，煤气公司可以打你的电话号码，然后就会转接到煤气表上，电话里就会有读数。我希望到时我能换个领域。但我现在喜欢它。

有时房主会问你要不要喝点酒或可乐。然后我就会坐下来和人们聊天，因为如果他们好心给我一块饼干或一瓶可乐，我就会说："好啊。"（笑。）然后聊上五到十分钟。我希望这种情况能经常发生。然后我可能会在正常时间完成任务。我可能会多花点时间。通常我都要到外面去把水管弄开，然后偷偷地喝水。如果被他们发现了，他们会怀疑我在做什么。大多数人只是专心致志地或不知所措地做着他们要做的事，而不愿与我计较。也许他们有他们的衣服要洗。

和我们聊得最大的话题就是狗和女人。"你应该看到了这个穿泳衣的人，真可爱。"如果你抄表的时候遇到一个可爱和善的小妞儿，那会让你的一整天都感到阳光明媚的。如果遇到的是好看的年轻女性，我们抄表员有一个代码，我们在卡片上写一个 Q，代表可爱。然后，抄表员就停下来，然后好好抄表。但他们从来没有记录细枝末节。

有几次，小男孩会让你进去，说："到地下室去。"我不这样做了。刚开始的时候，我不知道情况。所以，我去了地下室，有个女人在裸体洗衣服。这吓到了我，也吓到了她。我也遇到过一个女人裸体来开门。她后来告诉我，她以为是自己的女性朋友。门打开的时候，我以为自己不是抄煤气表的而是抄电表的。（笑。）完全糊涂了。到现在为止还没有发生过什么身体上的接触。总有一天会发生的。

我在斯科基参加了一个犹太人的聚会。那里的女人，我不会说她们很狂野，但她们年纪大了，在看到一个年轻人进屋想查看煤气表时，你懂的。（笑。）就是这样的事情。这取决于女的怎么做，我不会……

如果你看到一个漂亮的女士穿着两件式泳衣坐在那里——如果顺利，她们会趴在阳光下，背上不穿任何东西——如果你走过去，好好吓唬她们，她们会跳起来。要把她们吓得跳起来，你就能更好地看到她们，这会花些时间，让你有事可做。这种事给你的一天增添了刺激。如果你吓到她们，她们会说："你应该早点说，而不是跳到我身后大喊'抄表员'！"你得给自己制造点刺激。

通常女人会跟着你下楼，以确保也许你不会拿什么东西。这绝对是一种神经反射。当然，如果她穿的是漂亮的短裙，你就跟着她上楼梯。（笑。）这是为了打发你一天的时间，你知道吗？打发一天的时间。

## 布莱特·豪瑟（超市打包员）

**他十七岁。他曾在洛杉矶郊区一个中产阶级住宅区的超市当过打包员。"顾客来到柜台前，你帮他们把东西放到袋子里。然后把东西搬到他们的车上。这是一种磨炼。"**

你要对人非常顺从："女士，我可以帮你拿包吗？""我可以做这个吗？"那是在葡萄园罢工者散发传单的时候。他们非常尊重人。顾客来到收银台，他们会说："我第一次因为外面那些白痴买葡萄。"我不得不把他们的葡萄放进袋子里，感谢他们的到来，并把他们带到外面的车上。唯唯诺诺让我感觉很不舒服。

这是一家连锁超市。超市是个巨大的综合体，里面有面包店，还有那些大喇叭里的唱片播着助兴音乐。这样一来，顾客在购物时就可以放松一下。播放的有《头发》的片段，也有古巴革命歌曲《关塔那美拉》。综合体里面也有克利弗的书——《冰上灵魂》——在打折出售。每样东西都装点得非常漂亮。人们不会注意音乐。他们会去购物，揍孩子，谈论那些宣传反葡萄园请愿运动的白痴。

一切看起来都很新鲜，很好。你不知道，在后面的房间里，很臭，地上到处都是板条箱，墙壁混乱不堪。有涂鸦，人们在骂人，互相叫骂。你走进门，音乐开始响起，一切都很美好。你说话的语气很低沉，很尊重别人。

你戴着一个写有自己名字的徽章。我曾经遇到一个多年前认识的人。我记得他的名字，然后说："卡斯尔先生，你好吗？"我们谈东谈西。他离开时，他说："很高兴和你谈话，布莱特。"我感觉很好，他还记得我。然后我低头看了看我的名牌。哎呀，妈的，他根本不记得我，他只是看了看名牌。我希望我把"欧文"写在我的名牌上。如果他说："哦，是的，欧文，我怎么会忘记你呢……？"我已经准备好怎么回复了。这里没有什么个人化的事情。

你必须对每个人都很尊重——顾客，经理，还有收银员。收银机上有个牌子，上面写着："对顾客微笑。向顾客问好。"大家都默认一点，那就是如果你是一个打包员，那么你在那里的原因是想某一天成为经理。所以你要学习所有你完全没有兴趣学习的小东西。

这里的大事是当上助理经理，最后当经理。男收银员也有当经理的梦想。这就像实习一样。他们乐此不疲地看着牛奶如何包装。每个经理都有自己的领域。冰激凌经理，食品杂货经理，乳制品经理……他们后面有一个牌子，上面写着：对你的工作好，你的工作就会对你好。于是，你把全部关注放在冰激凌如何包装上。如果有东西从架子上掉下来，你就死定了。我在那里看到了太多我实在无法忍受的垃圾。有一个黑人男孩，一个做打包工作的东方人，还有一个有慢吞吞的得克萨斯口音的人。他们需要这份工作来维持生计。我想自己有一个奢侈的权利，讨厌这份工作，然后辞职。

在我刚开始工作的时候，经理说："把你的头发剪了。穿白衬衫，穿黑鞋，打领带。准时到这里来。"你到了那里，但他不在那里。我真是不知道该怎么做。收银员转过身来，说："你是新来的？你叫什么名字？""布莱特。""我叫佩姬。"这就是他们说的一切，他们一直跟你说这个……他们会说："不要把这个放在那里，把它放在那边。"但他们不会帮你。

你必须保持围裙干净。你不能靠在栏杆上。你不能跟收银员说话。你不能接受小费。好吧，我到外面，把袋子放到车里。对于很多人来说，自然的反应是拿出 25 美分给我。我会说："对不起，我不能接受。"他们会被冒犯。你给别人小费的时候，会很潇洒。你拿着 25 美分，放在他们的掌心，你希望他们说："哎呀，非常感谢。"你说"对不起，我不能接受"时，他们觉得有点失望。他们说："没有人会知道。"然后他们把 25 美分放在你的口袋里。你说："我真的不能接受。"这就已经到了你必须对一个人使用身体暴力来拒绝他给你小费的程度了。这与超市"亲切"的哲学并不符合。接受小费是件亲切的事，让顾客感觉良好。我真是搞不懂这种不一致。有位女士把小费放进了我的口袋，上了车，然后开走了。我不得不把硬币扔给她，或者把它吃掉什么的。

工作没那么紧张的时候，收银员会谈论发生的有趣的事情。关于"我们"和"他们"。我们是在那里工作的人，他们是那些愚蠢的傻瓜。他们不知道什么东西摆放在哪里，只是跑过来把一切都弄乱了，然后购物。我们为他们服务，但我们不喜欢他们。我们知道所有东西摆放的位置。我们知道市场什么时候关门，而他们不知道。我们知道用优惠券做什么，而他们不知道。这是一种低级同伴情谊。但这种关系并不健康，这是对其他人的贬低。

有一个收银员恶意满满。他很喜欢把每一个小问题都变成重大的危机，他必须从中获得胜利。有顾客给他一张优惠券。他会说："你一开始就应该给我的。"女顾客会说："哎呀，对不起。"他就会说："现在我得打开收银机，把所有的东西都看一遍，夫人。我不是每一个顾客都能照顾到的。我不能替你打理生活。"这是在贬低。

我把东西放错的时候，从来不会介意。在一般情况下，跟宇宙的大问题相比，把一罐狗粮放错了，并不是什么大问题。对他们来说却并非如此。

有几个收银员人很好。有一个总是很悲伤。她有时会令人很不愉快，但她和每个人都交谈。她是为数不多的几个真正想和大家说话的人之一。她说自己多么想去学校学习课程，这样她就可以获得教学学分。有人问她："你为什么不去呢？"她说："我必须在这里工作。我的工作时间不行。我得把我的工作时间调换掉。"大家说："你为什么不这样做呢？"她在超市工作了多年，有资历。她说："吉姆不会让我改的。"吉姆是经理。他根本不在乎。她想去上学、教书，但她不能，因为每天她都要回到超市去装杂货。然而她并不苦恼。如果她临死的时候还是个收银员，从来没有把自己的生活过得更丰富，那也没关系，因为那是她的时间。

她完全陷入自己的不愉快之中，但她也非常会关心人。有一次，我洒了一些葡萄汁，她像鸟一样叫了起来。我回来后，用拖布把葡萄汁清理干净。她不停地对我："别担心，我们都会遇到这种事的。"她会对顾客说："如果我能有钱买我洒掉的葡萄汁……"

吉姆是老板。跟他握手的时候，像抓着一条鱼一样。他是个秃头，四十多岁。很多经理都是二十多岁的年轻人，胡子刮得干干净净，头发剪得整整齐齐。所以，吉姆会说像"妙啊"一类时髦的词。

打包员每两个小时休息十分钟。我就是为了这个休息时间而活的。你会到外面去，把鞋脱掉，再做回人。你必须要求休息时间。你休息的时候，那些老板会让你感到内疚。

你上前说："吉姆，我可以休息一下吗？"他会说："休息一下？你想休息一下？快一点结束，休息9.5分钟。"哈哈哈。有一次，我问助理经理——亨利。他比吉姆还老。"你认为我可以休息一下吗？"他说："你被雇用的时候，有过一个休息时间。"哈哈哈。即使他们开玩笑的时候，那也是一种贬低。

装架子的人都比打包员高一档。就像军官学校的高年级学生一样。他们会确保你符合所有规定的规则，因为他们曾经是打包员。他们知道你在经历什么，也明白你的焦虑。不过他们没有让你感觉更轻松，而是让你更难过。超市就像个军事机构似的。

总是有打包员跑到我面前，说："吉姆有没有跟你谈论你头发的事？他会跟你谈的，因为你的头发留得太长了。你最好把头发剪了，或者抹点油梳到后面去，或者搞个什么别的发型。"他们乐在其中。吉姆告诉我之前，他们就已经来找我了。每个人都在贬低别人……

## 贝波·塞科利（超市收银员）

她是一家超市的收银员。她已经干了快三十年了。"我从十二岁开始工作，在房子对面的一家私人开的小杂货店工作。店里没有收银机。我以前在纸袋上记下价格。

"高中毕业后，我不想找秘书工作。我想在杂货店工作。对一个年轻姑娘来说，在杂货店工作很有意思。我就喜欢上了这份工作。除了这个以外，我不会干其他的工作。杂货店工作很辛苦，但我喜欢。这就是我的生活。"

　　我们这里什么都卖，几百万种商品。从薯片到汽水。在一个牡蛎罐头里面，甚至有一颗真正的珍珠。罐头的售价大概是两美元。还有带壳的蜗牛，你把它放在桌子上，很有情调。有些东西我从来没有听说过，我们这里都有。我知道每样东西的价格。有时老板问我，我就会很高兴。这家店里没有你不想要的东西。

　　我记住了价格，直接就能想起来。我知道半加仑的牛奶是 64 美分；一加仑是 1.1 美元。你看看标签。一小罐豌豆、"破烂娃娃拉格迪·安"①、"绿色巨人"②，价钱要贵上几分。我知道"绿色巨人"的价格是 18 美分，"破烂娃娃拉格迪·安" 14 美分，德尔蒙③罐头 22 美分，但最近价格一天比一天高。两天前，人造奶油 43 美分。今天 49 美分。现在我看到"帝国"④牌到货，就知道价钱是 49 美分。你只要记住就可以了。收银机上有一张价格表，是给兼职的女孩子看的。我从不看。

　　我不需要看收银机上的按键。我就像一个熟悉打字机的秘书。触摸就行。我的手大小很合适。数字 9 对应我的中指。拇指是数字 1、2、3，还有上行键。手的侧面用收银台来计算总数一类的。

①　美国作家约翰尼·格鲁埃尔在其为幼儿写的一系列书籍和插图中创造的一个角色。"破烂娃娃拉格迪·安"是头发用红色纱线制成的布娃娃，有一个三角形的鼻子。——译者注
②　冷冻和罐头蔬菜品牌。——译者注
③　德尔蒙是总部位于美国加利福尼亚州旧金山的著名食品制造和经销公司。——译者注
④　以前由联合利华经销的一个人造奶油品牌。——译者注

　　我用自己的三个手指——大拇指、食指和中指。右手。我的左手放在货品上。顾客放下他们的货品。我的臀部按下按钮，货品会在柜台上滚过来。我觉得自己面前有足够的杂货时，就会松开臀部。我只是在动——臀部、手和收银台，臀部、手和收银台——（她示范时，手和臀部以东方舞者的方式移动着）。你只要不停下来，一，二，一，二。如果有这样的节奏，你就是一个动作迅速的收银员。你的脚平放在地上，你在前后转动你的头。

　　有人跟你说话。如果你把手从货品上移开，你会忘记记账记到哪里了。这就是感觉。在我给货品扫码的时候，我总是把手放在上面。如果有人打断我问我价格，我会边动边回答。就像弹钢琴一样。我一天有八个小时是站着的。站着也是一种身体上的疲劳。回家后，我会恢复精力。站在那里，我并不觉得累。累的是到处查看，试着抓小偷。这里有很多偷东西的人。我看到一个的时候，就会跑去找他们。

　　我的老板问我怎么知道的时候，我只知道通过他们的手的动作，以及他们的钱包和购物袋，还有他们重新整理过的衣服。你就是能知道他们在做什么，我从来没有搞错过。

　　最厉害的偷东西的人，他们这样做不是因为他们需要钱。湖滨路附近非常好的阶层的人。他们每天都这样做，有男有女。最近多少有些嬉皮士，每天都吃了上顿没下顿的……

　　人们会偷肉。有些女人的包很大。上周我在这里抓到一个。她的包里有两大包西冷肉条。总价是十美元。她走到收银台时，我很有礼貌地说："你想为其他东西付钱吗？不要让我为难你。"我的老板就站在那里。我叫他过来。她看我的眼神有点狂妄。我说："我知道你的包里有肉。在你的邻居看到你之前，你要么付钱，要么把东西拿出来。"她变得非常暴躁。这时，我的老板走了进来。"你为什么要拿肉？"她付了钱。

没人知道。我说话很有礼貌。我的老板不会做任何激烈的事情。如果偷东西的顾客吵闹，他就会提高嗓门让他们难堪。他告诉他们不要再来店里了。

我遇到过一个人，偷的是剃须刀片。他是个衣冠楚楚的男人，六十出头。他不比月球上的人更需要这些刀片。我一直在跟着他，他知道这一点。所以他在偷刀片这事儿上收敛了些。就是像这样的小事。他们对某个人很生气，所以必须把他们的愤怒发泄在某些事情上。

我们这儿来过一位女士，她恳求我们说她想回来，不要让她丈夫发现。我的老板告诉她，无论她去哪里都会被监视。但那只是为了吓唬她而已。因为她只是一个老人。如果发生这种事，我会进店都不好意思的。但我想，无论在哪里，现如今偷东西只是正常的事情。你必须为这样的人感到遗憾。我喜欢他们所有的人。

我的家人从在店里偷东西的人那里得到最大的乐趣："今天怎么？"（笑。）我讲了关于那个包里有肉的人的事。她不比月球上的人更需要那块肉。

有些人对价格感到愤怒和不安，他们开始对我破口大骂。我只是看着他们。你必须考虑到背后的原因。我就不回答他们，因为在知道为什么之前，我会陷入激烈的争论。顾客永远是对的。她不知道我必须买同样的食物吗？我去购物，支付同样的价格。我没有得到任何折扣。那些偷东西的人，他们对我说："你不想要什么吗？"是的，我想要，我整天站着，有静脉曲张。但我不会带着装满肉的包离开这里。我想吃一块牛排的时候，我就买一块牛排。

我的脚，有时会很痛，非常痛。我十八岁的时候，穿上泳衣，可以看到我腿上的花纹，跟地图似的。因为站着，总是站着。而且没有合适的鞋子。于是我穿像护士鞋一样的鞋，有很好的内底足弓支撑，就像"爽健"①牌鞋子。这种鞋缓解疼痛，就是这样。有时候我去睡觉，累得睡不着。我的脚很痛，就像我在床上的时候还在站着一样。

我喜欢自己的工作。我有一个非常好的老板。我有一个黑人经理，他很英俊。他们不会打扰你，只要你做自己的工作。而且工资也很高。由于有工会，我会得到自动加薪。零售员工工会。现在我已经准备好退休了，只要工会运作。我的工作年限足够。我的工资已经达到了上限。我挣到189美元的毛工资。我退休后，每个月可以拿到接近五百美元。这是因为工会。福利齐全。业务员都知道我的名字。年轻的孩子们不会停下来，思考一下工会都做了什么好事。

有时我觉得有些女孩的工资过高。她们没做自己应该做的工作。来工作的年轻女孩只是慢悠悠地做事。所有的老顾客都说："我们去贝波那儿吧。"因为我动作很快。这就是为什么我这么累，而这些年轻女孩晚上去跳舞。她们并不真的自豪地去工作。对我来说，工作就是生活。有时，我感觉不舒服时，我就会来工作，觉得自己会在这里振作起来。有时不管用。（笑。）

我是一个收银员，我很自豪。有些人说："收银员，呃！"对我来说，这就像有人当老师或律师一样。我不感到羞耻，我穿制服和护士鞋，我有静脉曲张。我的生活很诚实。不管谁看不起我，他们都比我低贱。

---

① Dr. Scholl's，美国鞋类和骨科足部护理的品牌。——译者注

　　在顾客对我很傲慢的时候，我会很生气。"快点儿"或者"快点给我兑现支票"。我觉得这是不对的。你该等就等，我会全神贯注为你服务。如果你急于求成，就会一无所获。就像昨天，我的柜台上有两个大订单。我把货品推下来，女顾客说："我要在十分钟内到达某个地方。快点把东西装起来。"你不要对我或其他收银员这样说话。

　　我是人，我为生活而工作。顾客有时会贬低我，有时会说些脏话。我就不说了，我去找经理。没有人会叫我（杯子手放在嘴边，小声说）b-i-t-c-h。这些都是上流社会的人，就好像我是他们的管家或女佣一样。你甚至不会这样和女佣说话。

　　我也会犯错，我不是无懈可击的。我道歉。我当时就发现了。我告诉我的顾客："多收了你们两美分。我会在你的下一件商品上扣掉这两美分。"于是，我的顾客不会在我记账的时候看着我。他们信任我。但是今天早上我碰到一个人。我跟这个人说："你好吗？"我们的谈话就这么多。她对我说："等等，我想检查一下。"我不理会。我装作不知道她在那里，或者根本没听到她的声音。她准备好进行争论。于是我说："等会儿，我会记完之后给你一个收据。如果有任何错误，我会纠正的。"这些人，我理解不了他们，我也不能为他们的小事而找茬，因为还有下一个顾客想结账走人……

　　他们不信任我的时候，我的感情很受伤。我不会欺骗任何人，因为钱不会进我的口袋。如果我犯了一个诚实的错误，他们就会说你是小偷。我才不是什么小偷呢。

　　有时候，我觉得自己的脸变得很红，感觉很委屈。完全处于崩溃的状态。我的家人说："我们今天最好不要和她说话。她今天心情不好。"他们说："怎么了？"我看着他们，就开始笑，因为把工作带回

家不是一个办法。你把自己的麻烦留在超市里，反之亦然。但也有你
无法应付的时候。但是问题会解决的。

**"你犯错时，有三次机会。然后他们从你的工资中扣除，这是对
的。你不能每周都犯十美元的错误。这是有问题的。这是在搞什么？
如果我多给了顾客十美元，那是我自己的错。所以他们才会有这些收
银机，上面写着金额。你不需要停下来数钱。我从来没有犯过这样的
错误。这主要发生在一些年轻人身上。"**

几年前，店里的气氛更友好，更甜蜜。现在空气中弥漫着紧张
的气氛。店里的气氛很紧张，你一走进去就能感觉到。每个人都在
争吵。他们在催促，催促："我是第一个来的。"现在得刻意努力才会
说："你好，最近好吗？"这一定是今天人们生活的方式。一切都那
么匆忙，匆忙，匆匆忙忙，推推搡搡。大家哪儿也不去，哪儿也去不
了。我想有些人是在把自己往坟墓里推吧。

店里有很多人。他们推着购物车互相碰撞。有些人是故意的。我
买东西的时候，他们就会用推车撞你。撞到你的脚踝，你就会有很大
的一块瘀伤。你知道谁最喜欢这样吗？那些购物的老人。这些人。他
们太可怕了，就是拿车撞你。有时我过去拍拍他们的肩膀。"你为什
么要这么做？"他们看着你，然后开始大笑。他们只是在恨，他们是
痛苦的。他们恨自己，也许他们那天感觉不好。他们要把怒气发泄在
某件事上，所以他们就会拿车撞你。这真是太可笑了。

我知道有些人是孤独的。他们身边真的没有人。他们的购物车里
只有一两样东西。他们就在那里买了一个小时的东西，磨磨蹭蹭，同

别人聊天。他们告诉别人自己感觉怎么样、今天做了什么。这些老人只是想发泄一下。年轻人要赶着去参加家长会什么的。他们只是瞥了一眼这些人，没时间理他们。

我们这儿有个小咖啡馆，提供免费咖啡。很多人进来喝咖啡，然后就走了。我遇到过一个老太太，没有地方可去。她在橱窗前坐了几个小时。她会在店里走来走去，然后再回来。我发现这个老太太是一个人。没有家人，什么都没有。我从收银台看到了事情的整个经过。

我不会知道在工厂里怎么工作。我觉得应该就像在监狱里一样。我现在这样，我可以看看外面，看看天气如何。我想呼吸点新鲜空气，就走出前门，吸几口空气，然后再进来。我在这里待了四十年，每天早上提前五分钟来。除了那场大雪，我从来没有迟到过。我从来没有想过任何其他的工作。

我离开几天，就会很想念这个地方。放假的时候，我迫不及待地想走；但离开两三天，我就开始变得坐立不安。我不能闲站着什么都不做。我必须时刻忙碌着。我期待着来上班。那是一种很好的感觉。我非常喜欢。

## 托马斯·拉什（机场搬运工）

我们在一个中产阶级黑人社区的现代平房里。这是一个由一户住宅群组成的区域，前面的草坪修剪得很好，汽车也停得很小心。这个秋天的黄昏，一股幸福的气息弥漫着。

他是一家大型航空公司的行李搬运工主管——"旅客服务主管"。"我制定工作日程表，哪些人在大厅楼上工作，哪些人在楼下工作，哪些人在行李领取区工作。我指挥着所有的行李搬运工作。"

他从 1946 年就开始从事这项工作了。"我服役回家后，本来要去警察局的。在等待入职的时候，我申请了一份空港的工作，并且得到了这份工作。第二天，我就被警校叫去了。我母亲不想让我当警察。我妻子也不想我当警察。所以我说：'管他呢，我就待在这里，看看会发生什么。'打那以后，我就一直在这里了。"他五十七岁了。

干这份工作，我已经走了几百英里了。我的脚并没有太大的问题。但我确实累了，非常累。（笑。）我戴着护膝。有一天，我和一位行李超重的乘客一起去办理登机手续。在我转身要走的时候，我的膝关节发出咔哒声。我去找急救，急救员帮我包扎。这病反反复复的。

我刚开始工作的时候，行李都是用手拎的。后来，我们为独立航空公司工作时，有了两轮车。有的人可以把十八到二十个行李放在一辆车上。我做过很多次，但我不再做了。因为我现在有点老了。我不强迫自己。

机场行李搬运工是随着喷气式飞机的出现而出现的。人们叫我们搬运工，红帽子。你现在在路边遇到的人不可能是个笨蛋。他要看票，还要卖票。他还得找人预订酒店。你要是知道旅客让搬运工做的那些事儿，你会惊讶的。

我们要做的事情比一般人想象的要多得多。人们认为我们身强力壮，但是头脑简单。他们没有意识到我们所做的事情和他们走到柜台时所获得的服务是一致的。代理人所做的就是查票和验包。我们口袋里有时刻表。我知道飞机上是否有餐食。我知道是否有鸡尾酒、电影，等等。不需要别人告诉我这些信息。凭着记忆，我知道自己当班的大部分航班去哪里、什么时间去、什么时候到。

　　我们是最先和最后迎接乘客的人。他们从汽车或出租车上下来时，我们在行李领取处见到他们。尤其是老年人，他们急于和任何为航空公司工作的人交谈。他们希望得到保证，我给他们讲一些愚蠢的小故事。"你不会有坐过山车的惊恐的，什么也不会发生。放松，享受一下。下次你回到这里的时候，我想你会来看我的。"

　　我平视每一个人。我既不往低了看也不往高了看。扯皮推诿的日子已经过去了，我最好不要看到任何一个为我工作的家伙在做这件事。永远不会！你什么都不用做，只需要彬彬有礼，做好自己的工作。必须要做的事就这么多。那种一成不变的笑容我就是喜欢不起来。有人说我不笑，就是这么回事。我说："我觉得没必要。"我有事情要笑的时候就会笑。否则我就不笑。我让乘客高兴就足够了。我对人没有意见。也许这是我的做事风格吧。我在工作中完全是公事公办。人们就不会来找我的茬。

　　一天晚上，有个水手走过来对我说："小子，哪里可以买到酒？"我把他带到航站楼尽头的楼梯下，冲着他的嘴来了一拳。他喝得半醉，我也没有想伤害他。我说："告诉我你刚才跟我说什么？"他说："你不能开玩笑的吗？"我说："好吧，小子，你可以到街对面去喝酒。"我只是想给他一个教训。那时我还年轻得多。那是二十年前的事了。

　　行李搬运工赚了不少钱。如果他不这样做，就留不下来。我们这里有各种各样的人……他们正在做的活儿让他们赚更多的钱。就是这么简单。这里的大多数人都四十六岁以上。你不可能在年轻的时候找到这份工作。没有空缺。有人退休或死亡时，会有一个空缺。我不知道有人辞职，我在这里已经二十六年了。

我不会有一份不赚小费的工作。但我不会是一个出租车司机。我也不会做服务员。我从来没有想过要做一个铂尔曼酒店的行李搬运工。在这里工作的人一辈子都有尊严。

但考虑到我们真正做的事情，我觉得自己的工资太低了。这里有的人一周能卖出三四千元的座位。他们的工资远远比不上代理人的工资，然而代理人除了销售完全不用做任何其他工作。我们这儿有些在售票处工作的人一个月赚的钱比行李搬运工多两百美元。我想说的是，一个普通的行李搬运工每个月的销售额比这个售票员多一千美元。

有很多人都会因为一时的冲动而离开。特别是推销员。没有人预约购买机票。人们只是来到机场，想知道哪家航空公司有什么航班尽快飞往目的地。这就要看你怎么向他推销你的产品了。我觉得我们的价值没有得到认可。在季度会议上，公司会告诉我们，我们有多重要，但是他们在 UG-100 上涉及加薪问题的时候没有说。

但我们靠小费赚到些钱。每次我走过那扇门，我都能拿到钱。你不觉得这些人知道我在赚钱吗？我认为大多数代理人对行李搬运工都会有一点敌意，因为他们觉得我们做得很好。坡道服务工每小时赚的钱不止五美元，他负责把行李放进加压舱，再搬到提取区，然后放在旋转带上。我取下行李，那人给我四美元。坡道服务工在寒冷的环境中做了所有的工作，而汤姆却拿到了小费。（笑。）

主管不会打扰我们。如果一个主管来找我，告诉我他想让行李搬运工干某个活儿，而我说不行，他也无话可说。我会想当主管吗？当然不会。他赚的钱没有我赚的多。（笑。）

我们宁愿不要工会。我们赚的钱比外面大多数人都多。我们比坡道服务工福利要多，而他们有一个工会。他们也不像我们一样穿得那么好。他们穿着粗布衣一类的东西。我们不穿那种糟糕的衣服。我们穿的是制服，穿的是西装。我们是舰队的精英。（笑。）

后记："我手下的每个员工都有自己的家。所有人的妻子都是好朋友。我们偶尔会去对方家里转转。我妻子正在组织其他妻子们成立一个股票购买俱乐部。

"隔壁的房子是一个行李搬运工的。他隔壁是个推销员。推销员旁边是一个警察，警察的妻子开了一家美容院。这个社区已经变好了。那边的房子以前总是倒塌，草坪从来不修剪。房子以前属于一个白人警察中尉。他从不粉刷房子，所有的东西都在剥落。看看现在，都重新装修过了。大多数人到这里来都很惊讶。我想知道为什么。（笑。）那房子是不是很华丽？比中尉在的时候好看五百倍。"

## 格雷丝·克莱门茨（行李工厂的制毡工）

她四十五岁左右，身材娇小。她有十八个孙子孙女。"我是用简单的方法养家糊口的。我嫁给了我的家庭。"她在工厂里工作了二十五年。"我干过冲床操作工、卸炉工、砂光机操作工，负责铆接、分拣、轻型装配……"她在阿姆柯公司工作了二十一年。

在过去的四年里，她在该公司的一个子公司的行李部门工作。在同一家工厂里，生产雪地车零件、挡风玻璃除霜器、斜盖、下水道瓷砖以及收音机和电视机的黑皮纸扬声器。

"我们大约有十二名妇女在这一个区工作，每个槽一个人。我们当中大约三分之一是波多黎各人和墨西哥人，也许四分之一是黑人，其余的是白人。我们各个年龄段的妇女都有，从十八岁到六十六岁，已婚的、单身的、有家庭的、没有家庭的。

"我们必须在七点前打卡。我们大约在七点前一两分钟到达自己的槽旁，接替要离开的女孩。这些槽一天二十四小时都在运行。"

我负责的槽有六英尺深，八英尺见方。里面是黏浆，由磨碎的木头、磨碎的玻璃、玻璃纤维、化学品和水混合而成。黏浆透过一个铜制的筛网，定型，形状就像你在商店里买的行李箱。

在四十秒内，你要把湿毛毡从毛毡机里拿出来，把一块橡胶制的毯子盖上，把多余的水分吸出来，等两三秒，把毯子拿下来，把湿毛毡挑起来，架在肩膀上保持平衡——没有办法拿着湿毡子而不把它全部撕碎，毡子是湿的，会塌下来的——伸手过去，拿水管，往这个铜制过滤器里面喷，防止它堵住，转身，走到你身后的热干模前，用另一只手把热块拿下来，放在地上——这个湿毡子还搭在肩膀上——把湿毡子放在干模上，按下这个让干模压下去的按钮，检查我们刚才拿下来的热块，堆起来，然后数数——堆到十片的时候，把它推到一边去，开始另一叠十片——然后回去把毯子放在从槽里捞上来的湿毡子上……然后重新开始。四十秒。我们还必须在这段时间内每三片称一下重量。必须在某个重量以内才行。我们要不断地站立和移动。如果你在工作期间说话，会遭到训斥，因为如果你在说话，是很容易做出次品的。

一个三十英寸的行李箱在湿的时候重达十五磅。热块重达三到四磅。大行李箱也许只会加工四百个。小行李箱可能一天要处理八百个，有时是八百五十个。整天都是同样的事情，一遍又一遍。每四十秒走十步，一天走八百次。

　　我们连续工作八小时，有两次十分钟的休息时间，一次二十分钟的午餐时间。如果你想上厕所，你必须在那段时间去。等到你离开水槽，去洗漱间，梳洗一下，进娱乐室，就很难在二十分钟内吃完一顿简单的午饭，再回到水槽旁边。所以你真的没有太多时间聊天。我们很多女人只吃半个三明治，或者有些人什么都不吃。我是个大吃货。我带一个饭盒，水果、半个三明治、一小杯奶酪或沙拉。我发现很难在规定的时间吃完午餐。

　　你不能在任何时候离开水槽。在你离开的时候，模具里的部件会被烧掉。如果你真的，真的，真的病了，而且急需，你就会把槽关掉。你打开故障灯，等着工具操作员来接替你的位置。但他们会带你去找护士，检查一下。

　　我现在做的工作比我以前做的冲床要容易。但还是没有冲床快，在冲床，一小时要生产五百件。而在这里，你可以有十几秒钟的休息时间。我是说按秒算的时间。（笑。）橡胶毯子在毛毡上把湿气吸走的那个工夫，你要等两秒钟的时间。你可以站着放松这两秒，最多三秒。你希望自己不是必须在工厂上班。要是你只会干这个，你就干这个。

　　我想我的伤疤现在已经愈合得很好了，因为我已经休了两三个月的病假。平时我通常有两三个烧伤点。真的很烫，碰到一秒钟，就会烫伤你的手臂。大部分的女孩都会一直带着伤疤。

　　在过去的一年半里，我们发生了两三起严重的事故。其中一次发生在大概两周前，是一个在液压升降机上工作的女人出了事故。铁质支架随着年岁的增长而老化，裂开了，模具掉了下来。她的整只手都断了。她失去了两根手指，并做了整形手术来覆盖烧伤。干模的温度从三百八十五到四百二十五华氏度不等。

我们可以在木质平台上面行走。有些水槽有防滑条，防止滑倒，因为地板会湿的。我们用来洗毡子的水管有时会漏水，会喷回来洒在你身上。有时水槽会溢出来。你会滑倒。在油上面滑倒。液压机每隔一段时间就会漏油。我们已经遭遇过一些事故了。我现在在进行一场工伤赔偿诉讼。我把胳膊放到了电闸箱下面，伤到了骨头和连接骨头的肌肉。我不能用这个胳膊了。

我的手指关节有关节炎。你处理热块的手会出汗，最后你的手指会有风湿病或关节炎。自然而然地，肩膀用来搭湿毡子的地方也会出问题。又热、水分又大，因为有蒸汽冒出来。在热模碰到湿毛毡时，你有可能被蒸汽灼伤。每隔四十秒，你就会被一团蒸汽吞没。

在这儿工作很吵的。如果工具操作员过来跟你说话，噪声大到你几乎要大喊大叫才能让人听见。有蒸汽的嘶嘶声，空气压缩，气压很高——它能把十五磅重的东西举起来，并从铜制过滤器上弄下来。我已经失去了一部分听力。我听不到院子里的电话。家里人可以。

夏天的时候，我们工位的温度从一百到一百五十华氏度不等。我已经拿温度计测过了。你身后有三台开式压力机。除了石棉板，你和高温之间什么都没有。他们最近在娱乐室装了空调。工会和公司之间就这个问题进行了不少讨论。他们把空调温度调得太低了，不适合在开式压力机旁工作的人。我们工位的温度会高达一百四十华氏度，走进娱乐室，那儿可能空调温度设置在七十二华氏度——因为办公室的人对这个温度很满意，很满足——在压力机旁工作的人回去后几乎会晕倒。我们真的很痛苦。

我是申诉委员会①的主席。我们有不少的申诉。有时候，我们没

---

① 这个申诉委员会是美国汽车工人联合会的一个地方分支机构。——原注

有从人们那里得到应有的支持。有时公司很固执。大多数情况下，我们的许多申诉都是会赢的。

大多数人三点下班，我两点就下班了。我有一个小时的时间来调查冤情，处理冤情，写冤情，通常只是检查工作条件。我也是工会报纸的编辑。我的工作都是自己做的。我剪模板、写文章、复制图片。不用仪器我不是一个很好的画家（笑），所以我复制图片。我通常是在工会办公室做这些工作，然后才回家做晚饭。制作一份报纸大约需要五个小时。两个晚上。

（笑。）我一边工作一边做白日梦。你的大脑会自动挑出缺陷。我计划我的报纸，还有晚餐吃什么、周末做什么。我丈夫和我有一条六英尺长的船。我们有很多周末和晚上在河上度过。我试着想出如何周六晚上喂饱二十到二十五个人。我也会祈祷能够赢得一场申诉。

大家不会一直在这里工作。我们从来没有能够留住一个人超过一个星期。他们说这太单调了。我觉得女人比男人更能适应单调的生活。因为她们的思维习惯同时做两件事情，而男人通常一次只能做一件事。女人习惯一边听孩子讲话，一边做别的事情。她可能在做蛋糕，而孩子在问她一个问题。她可以回答那个孩子的问题，然后继续把那个蛋糕做好。在槽边也是这样。你可以机械地做你正在做的事情，而你的大脑在做别的事情。

工会介入的时候，我是这里的组织者之一。（笑。）一开始我反对工会，现在是工会一员。我来自威斯康星州的一个小农业社区，不知道工会是怎么回事。我根本不了解劳工运动。在学校里学到的是劳工运动坏的一面。

在工会介入之前，我工作八小时，拿薪水，然后回家，做家务，照顾我的女儿，然后回去工作。我没有别的兴趣。只是为了生活而活。自从我在工会里变得积极，我已经积极参与政治、社区管理和有关立法问题的讨论。我去华盛顿旅行过一两次。我去过斯普林菲尔德。这让我对生活有了更多的动力。

看到其他人，我很难过。他们只是来工作，做他们的工作，回家，照顾好他们的家，然后再回来工作。他们的谈话仅限于各自的家庭和吃什么饭。他们每天得过且过，仅此而已。

"我努力让我的孩子们完成职业学校的学业。一个女儿在一家自动售货机公司工作，供应热午餐。她的收入不错。一个女儿做服务员工作。一个女儿进了工厂工作。一个儿子在工厂工作。他想干到维修工。一个女儿结婚了，完全不工作。我老公在工厂做保管员。他喜欢做管理员的工作。没有人逼他。

"这个夏天我病得很重，他们一直在为我操心。（笑。）周一和周二我和两个女儿用六十多夸脱的桃子做了六批果酱。周三我们做了五批次野葡萄果冻。我们喜欢尝试新的食谱。我喜欢每天晚上在餐桌上看到不同的东西。我喜欢自己烤面包和咖啡蛋糕。我们午饭里的所有面包、蛋糕都是我自己烤的。"

自从有了工会，我整个工作态度都变了。现在我想做工会顾问，或在经济机会局工作。我以申诉委员会主席的身份与人们一起工作。他们生着气来找你，带着伤来找你，带着困惑来找你。你必须让他们的生活更轻松。

我参加了州长妇女地位委员会的一次会议。另一位女士和我一起去的。我们都是工会官员。那里的大部分女性不是教师就是护士，或者是专业领域的人。当她们知道我们是劳工出身时，态度很冷淡。你觉得自己像个小渣滓。她们表现得好像比我们优秀得多，就因为我们在工厂工作。我觉得，没有我们，她们就会变得很糟糕。（笑。）没有我们，她们就什么都没有了。如果没有工厂工人印制书本，我们怎么能雇用老师呢？还有公文包，那是行李。（笑。）

我能理解黑人和西班牙裔的感受。我是农民的女儿，即便如此，因为我们只是勤劳的贫困农民，就被很多人看不起。然后去工厂工作，也是一样的。你会被人看不起。如果你穿着工作服，甚至可以在商店里感受到被人看不起。穿着工作服进一家漂亮的百货公司，和穿着礼服去，是两种完全不同的感觉。人家对你的态度完全不一样。

我希望自己不要再工作很久了。我累了，喜欢待在家里打理打理。我们希望我丈夫能开个小汉堡店，也在湖边买一个地方，我可以在那里有个小花园，养我喜欢养的花……

## 多洛雷丝·丹蒂（服务员）

她在同一家餐馆当了二十三年的服务员。许多顾客都是拿着公费账户信用卡的人——会议代表、政治家、劳工领袖、机构人员。她的工作时间是从下午五点到凌晨两点，每周六天。她更早到达，以便把东西准备好，镀银餐具、牛油。"人们进来给你提出要求的时候，你希望自己能全部处理好，因为这意味着你能赚更多的钱。

"我成为一名服务员是因为我需要钱，而你在办公室里是挣不到钱的。我的丈夫和我离婚了，他给我留下了债务和三个孩子。最小的孩子才六个月。挣快钱就是靠小费了。我收到的第一张十美元的小费是一个北欧人给我的。他是一个非常强壮的、了不起的无神论者。这让我们进行了不错的谈话，因为我也是。

"每个人都说，所有的女服务员都有一个破碎的家。他们不知道的是，人们有破碎的家庭时，她们需要快速赚钱，就来做这项工作。她们没有因为当服务员而家庭破碎。"

我一定要当服务员。不然我怎么能了解人呢？不然世界怎么来找我？我不可能去找所有人。所以他们必须来找我。每个人都想吃东西，每个人都有饥饿感。我就为他们服务。如果他们今天过得不好，我就照顾他们，哄他们。也许用咖啡来哄。我给他们讲点哲学。他们喝鸡尾酒，我给他们讲政治学。

我会说一些让我不爽的事。如果他们是肥皂制造商，我会说我对污染的看法。如果是汽车制造商，我就说我对汽车的看法。我倒水的时候会说："你想知道你今天的水银含量吗？"我送奶油的时候会说："这是你的替代品。我认为你喝的是塑料。"我就是无法保持沉默。我对每一个主题都有自己的看法。一开始是神学，我的老板不喜欢。现在是政治，我的老板不喜欢。我说话都是随口说的。但如果我发火了，那我就不管了。我说话就像意大利人说话一样。我不能奴颜婢膝。我提供服务。这是有区别的。

人们直接叫我的名。我喜欢我的名字。我讨厌别人叫我小姐。即使我为一位女士服务，一个陌生的女人，我也不会说夫人。我讨厌叫夫人，我总是说"milady"（女士）。在美国的语言中，没有一个词可以用来形容一个女人，来表示她是已婚还是未婚。所以我说女士。有时我也会戏谑地对男人说"Milord"（男士）。

如果我不得不说："你要不要来杯鸡尾酒？"然后一遍遍地说，那就很累了。所以为了自己的享受，我说的方式也不一样。我会说："在酒吧里，我可以提供什么令人兴奋的东西吗？"我不能说："你要喝咖啡吗？"也许我会说："你有心情喝咖啡吗？"或者："咖啡感觉起来很刺激。"只要重新表述，让我觉得有趣就好。这将使他们产生兴趣。场面会变得很有戏剧性，我觉得自己就像玛塔·哈里 ①，这让我陶醉。

人们想象一个女服务员端来食物，不可能有其他的想法和愿望。当有人对我说："你很棒，你怎么**只是**个服务员？"**只是**一个女服务员。我会说："怎么，你觉得自己不配接受我的服务吗？"这是在暗示他不配，不是说我不配。这让我很气愤。我一点也不觉得自己低贱。我自己也觉得很有把握。我不想换工作。我很喜欢这份工作。

有什么建议？我觉得自己像卡门。就像一个吉卜赛人拿着手鼓，然后他们扔硬币。（笑。）如果你喜欢别人，你就不会想到小费了。我从不在晚上数钱，我总是等到早上才数。如果我想着小费，我会很紧张的。我从来不看小费。你很快把小费拿起来。我会在早上记账。如果我知道我赚了这么多钱，却没有挣更多的钱，我会很无聊的。我确实喜欢挑战。而且小费不是贬低，对我来说不是。

有可能在某些场合，顾客会让给小费变成一种贬低，比如镇上的会议代表。到了付账的时候，他会做一些小动作："我应该给你多少钱？"他可能会在小费这个问题上做一点文章。我确实对一个人说过："不要跟我装上帝。做你想做的事。"然后，拿不拿得到小费就真的不重要了。

---

① 玛塔·哈里（Mata Hari），荷兰舞女，历史上最富传奇色彩的女间谍之一。——译者注

我会把怨气吐出来——他竟敢让我觉得我只是为了小费而工作。

他会用他的支票。也许他要签字。他会花很长的时间，他让我站在那里："我们现在来看一下，你觉得我应该给你多少？"他不会放过这个机会的。你知道他不会。你知道他是想贬低你。他手里拿着零钱，如果他要签字，他就会挥舞着笔等着。这时候我真的很生气。我不是沉默寡言的人。我会说一些话。然后我就真的不在乎了。"该死的，留着你的钱吧！"

有一些会议代表，他们离开了他们可爱或者糟糕的妻子。他们靠近你，说："有什么热闹的地方吗？""我在哪里可以找到女孩？"当然，这首先是针对你的。我的意思不是说那是一种恭维，因为他们要找的只是女性。他们不是在找同伴或谈话。我很善于理解这一点。我觉得自己足够有魅力，有人可能只是想和我说话。但我会把那种方式搞得很理想化。毕竟，聊完了还能剩下什么？时间已经过去了，我偶尔可能会在家休息，或者看书，或者学习吉他。我会说："你要给我提供点儿什么？饮料吗？"我会指着吧台说："我这里都有。"他一脸茫然，然后我说："一个男人？如果我需要一个男人，你不觉得我会有一个自己的男人吗？我一定要等你吗？"

生活不再让我感到害怕了。只有两样东西能让我们屈尊——厕所和坟墓。我现在就得上厕所，不然我现在就得死。我去厕所。

而且我对老板的评价不高。你越受欢迎，老板就越会罩着你。你给他们带来了生意，但他知道你的小费不错，你不会离开。你要担心不要玩得太过火，因为老板会变得很反感，老板就会把赶你走当作一种惩罚和威胁。

如果你成为太优秀的服务员，就会有嫉妒心。顾客们进来，不会问:"老板在哪里?"他们会问多洛雷丝在哪儿。这并不能让人满意。这让人很难受。有时你会说:"见鬼,我为什么要这么努力? 我确实得了胃溃疡。也许我所隐瞒的事情让我很难受。"

这不是顾客的问题,从来不是顾客的问题。这是不公正的。我爸爸来自意大利,我想起他那蹩脚的英语。他讨厌不公正。如果你痛恨这个世界的不公正,你就最痛恨对你的不公正。忠诚永远不会得到欣赏,特别是如果你是那种不喜欢小题大做的人,也不是那种会打你的同事小报告的人。老板想暗中了解情况。在现在这个社会,到处都有告密者。他们告发过厨师,告发过同事。"哎呀,有人浪费了这个。"他们会说我在跟所有的顾客说话。"我看到她把这样那样的东西拿出来了。看看她是不是把这个写在她的支票上了。""这份沙拉看起来像是双份沙拉。"我不透露任何信息。我只是自顾自地工作。线人为了让自己的工作更有价值,会编造一些东西。他们不确定自己是不是工作者。总有人想得到你的职位,他们会成为觊觎王位的人。在生活中,总有人想要别人的工作。

我沉浸在提供服务这个工作中。客人会提出要求,让我服务,我没法服务所有餐桌的客人。有的服务员没有客人。她们会有怨气。我觉得很自责。我觉得有一种罪恶感。这种自责和罪恶感压抑了我的风格。我很想对顾客说:"去找某某吧。"但你不能那样做,因为你觉得有一种忠诚感。所以你会赶紧忙,快速地去找你的顾客。有的人不愿喝酒,但他们还是会等你。这是一种赞美。

有很多让人紧张的地方。如果厨子不好,为了顾客能拿到你知道他们所喜欢的东西,你得费很大劲儿。你必须用外交手段对付厨师,他们总是很危险的。他们都是疯子。你必须成为他们的朋友。他们最好喜欢你。酒保最好也喜欢你，因为他可能会对酒做手脚。如果酒保不喜欢你，厨师不喜欢你，老板不喜欢你，其他女服务员不喜欢你，你就有麻烦了。

而且会有一些顾客是疑病症患者，他们觉得吃不下饭，我就会哄着他们。然后我希望能从厨师那里得到恰到好处的方法。我可能会自己拌沙拉，就按他们的要求来。

也许有一个十人的聚会。大人物会说："多洛雷丝，我有特别的客户，今晚要尽力啊。"你只是希望有个合适的厨师在后面烤肉。你真的想让你的客人高兴。客人在出售东西，他也希望一切顺利。你全力以赴。牛排看起来怎么样？如果是你切了他的牛排，你就偷偷地看。怎么样？

端盘子是个问题。我们确实发生过意外。有一次我打翻了一个盘子，上面有七人份的牛排。那是一块巨大的 T 型骨，都切好了。但是那个盘子掉下来的时候，我就顺着盘子倒了下来，一点儿动静都没发出，盘子和所有其他的东西（轻轻地）没有发出任何声音。那块牛排花了一个半小时才烤熟。我怎么解释这个事情呢？那块牛排被抢救回来了。（笑。）

有些人不在乎。摆放盘子的时候，你可以听得到声音。我尽量不发出这种声音。我希望自己上菜的时候，用手用得恰到好处。拿起一个杯子的时候，我希望拿得恰如其分。我上菜的时候几乎是东方人的风格。我喜欢上菜的整个过程都很好看。当服务员是一门艺术。我也觉得自己像个芭蕾舞演员。我必须在那些桌子和椅子之间来回穿梭。也许这就是我一直保持苗条的原因吧。我能用一种特殊的方式在椅子间穿梭，别人做不到的。我做得很优雅。如果我弄掉了一个叉子，我用某种特定的方式把它拾起来。我知道别人可以看到我是多么巧妙地完成这件事的。我是在表演。

我告诉大家我是服务员，我感到很自豪。如果有护士提供服务，我就会说："你很专业。"无论你做什么，都要专业。我总是赞美别人。

我喜欢让我所服务的餐桌看起来很漂亮。客人们喝咖啡和抽烟的时候，我喜欢看到有足够多的烟灰缸。我不喜欢烟灰缸装得满满当当，让客人们不能享受这一刻。这让我很不爽。我这样做不是因为我认为这样做会得到更多的小费，而是因为不把餐桌收拾得漂漂亮亮会冒犯到我自己。

客人说："再也没有工作出色的人了。"我不相信。你知道是谁说的吗？地位高的人，他说自己手下的人没有做好工作。他就是那个总是说"你什么都不是"的人。有钱的家庭主妇，她认为家务活儿是贬低自己的，因为她请了别人来做。如果做家务活儿不是如此有损身份，为什么**她**不去做？所以凡是给她做家务的人，都是要被贬低的人。那个做家务的女佣说："好吧，见鬼，如果你觉得这样，我就不做你的家务了。你说我不好，我什么都不是。好吧，也许我不在这儿干了，然后成为个大人物。"他们之所以生气，只是因为现在找不到人做。错不在那些做低级工作的人身上。

只是一个服务员。到了晚上，我觉得自己很疲惫。我想很多女服务员都会因此变成酒鬼。在大多数情况下，服务员不吃饭。他们处理食物，他们没有时间。你会在厨房里挑东西，也许是一块面包。你会吃一块饼干，一点汤。你回厨房拿一茶匙的某样东西。然后也许在后厨坐下来喝一杯，也许三四五杯。还有酒吧的服务员，他们大多数都是酒鬼。他们会结伴出去。有一些下班后玩的地方。你得去把紧张感释放出去。所以他们在睡觉前出去。有些人整晚都在外面。

这工作很累，很紧张。我们从来没有坐下来过。我们在舞台上，老板们都在看。如果你穿错了鞋，缝错了针脚，你就会很烦。你的脚会痛，你的身体会痛。如果你对别人对你所做的事情显露出愤怒，脚上和身体的疼痛只会让你觉得自己很贱。真的，我一直都没有说出来。但最近，我开始吐露出来了。就好像我感觉到我的身体和灵魂已经受够了一样。

这种感觉在你的肠胃里不断地积聚，不断地积聚。几乎要哭了。我可以想一想……（她轻轻地哭了起来。）因为你累了。当夜晚结束的时候，你累了。你做了那么多的事情，还有那么多的事情要做……你必须把事做完。害怕有什么不对的地方，是因为你想取悦。你希望每个人都满意。夜晚结束了，你已经完成了你的表演。窗帘拉上了。

第二天早上，又是一个愉快的早晨。我拿出我的记账本，写下我赚了多少钱，我的账单是多少。我在管理。只要我有能力，我就不会放弃这份工作。如果我只是坐在家里，我就会觉得失去了联系。在工作中，他们都认为我是个怪人。（笑。）没关系。不管我在哪里，我都会为自己开辟一条艰难的道路。就我一个人，我停不下来。这让我感到受伤，让人感到受伤的事情就得说出来。


后记："十六年后——那是七年前——我去夏威夷和加勒比海旅行了两个星期。和一个情人一起去的。孩子们看到了——他们现在都结婚了。（笑。）我的一个女儿说：'做些符合你年龄的事。'我说：'亲爱的，如果我按我的年龄行事，我就不会走路了。我的骨头会痛的。你不会想听我说我的关节炎吧？我很高兴，你不为此感到高兴吗？'"

# 只是家庭主妇

即使是一个女人在做布丁，或一个男人在做板凳，

如果生命融入布丁，布丁就会美味。

板凳就会结实。

这个女人就会满意，清新的生命带着涟漪注入她的身上，

这个男人就会欢畅。

——D.H. 劳伦斯

## 特蕾莎·卡特（家庭主妇）

我们在卡特家的厨房里，就像八年前一样。它位于道纳斯格罗夫庄园，是芝加哥以西的一个非建制地区。在这个蓝领技术工匠"中产阶级"的社区里，有一户户的住宅。他们都有很好的工作，水管工、电工、卡车司机。特蕾莎的丈夫鲍勃是一家汽车车体修理店的领班。他们有三个孩子：两个男孩，二十一岁和十四岁；一个女孩，十八岁。

这基本是鲍勃自己建造的房子。在我上一次拜访期间，他还在工作。今天已经完工了，他很满意。房间很大，非常整洁，所有的东西都摆放得井然有序。墙上有一块小黑板，上面写着幽默的家庭评论，还有一块布告栏，上面贴着剪报和政治漫画。

**另一面墙上我记得是厨房祈祷词:**

福佑我烹饪的厨房

福佑这个小角落里的每一刻

让欢声笑语与香料、烤盘和扫帚一道

分享这个房间

愿我和我爱的人拥有爱和健康

而我不会要求更多的财富


我会怎么形容自己?听起来会很可怕,只是一个家庭主妇。(笑。)这是真的。什么是家庭主妇?你不必有任何特殊的天赋。我没有任何天赋。

我早上做的第一件事就是进厨房抽根烟。然后,我会把咖啡煮好,然后准备好我们早餐要吃的东西:培根和鸡蛋、香肠、华夫饼、吐司,等等。然后我会给小鲍勃做一顿午餐——上学的时候,我会把更多东西打包——然后让他们去上班。我通常会在等下一批人起床的时候,把一堆衣服扔进洗衣机里,然后再继续。其实这也没什么。

之后,我就会打扫屋子,然后缝缝补补,做点什么。我给凯茜和我自己缝了很多衣服。这台缝纫机是我几年前带过来的。它属于这里。这是我的房间,我喜欢厨房。

我很早就开始做晚饭,因为我喜欢忙活。我会烘烤,烹调……总是有一些小干扰,孩子们跑进跑出,带我到这里,带我到那里。吃完晚饭后,我真的很累。吃完晚饭我就不工作了。我昏昏欲睡。我坐下来放松一下,看书,洗澡,吃冰激凌,然后睡觉。(笑。)这并不是完整的一天。你觉得是吗?你让我听起来很重要。继续说吧。(笑。)

　　我认为家庭主妇的工作是不重要的，因为这么多年来，这工作没有得到认可。我做手头在做的事，我充实我的一天，我很满足。然而我看到周围的女人，比我做得更多。不得不工作的女人。我觉得她们值得拥有比家庭主妇更多的赞美。

　　如果别人这么说，我会回敬他们，但我**自己**觉得家庭主妇的活儿没什么。任何人都可以做到。我离开了四天，凯茜接替了我的工作，没有我也能处理得很好。（笑。）我感觉很好，真的。我知道她有能力。

　　在我没有看到他们的结局之前，我永远不会说自己是个好母亲。到目前为止，他们做得很好。在医院里有人告诉我，我在养育他们这方面一定做得不错。我只是一天一天地做着该做的事情，他们的结果还不错。

　　哦，我去年还自己粉刷了房子。刷漆工刷房子能拿到多少钱？（笑。）瞧，我自己不也是个能工巧匠吗？我从来没想过这个问题。艺术家？不是。（笑。）我想，如果你确实烤了一个好蛋糕，你可以被称为艺术家。但我从没听人这么说过。我也烤面包。哦，天哪，我已经做家庭主妇很长一段时间了。（笑。）

　　我从来没有想过我们的价值是什么。我在报纸上读过这些东西。如果你是一个裁缝或厨师，你一个小时会挣这么多钱。我觉得这太夸张了。我认为如果你要做母亲或家庭主妇，你应该做这些事情，因为你想做，而不是因为你必须做。

　　你看看周围所有这些职业女性，她们真的在做一些事情。我在做什么？烹饪和清洁。（笑。）这是必要的，但其实并不伟大。

　　众所周知，她们过的生活和家庭主妇不一样。我不是在说果尔达·梅厄[①]一类的人。只是附近的一些女性，她们要工作，回家后还要照顾家庭。我真的认为她们应该得到非常多的荣誉。

家庭主妇就是家庭主妇，仅此而已。低人一等。我可以看报纸就知道了。模特或电影明星，都是些厉害的人物。我觉得她们不一定是厉害的人物，但你听说到的就是这些人。一个电影明星会养育这个美好的家庭，但她还有事业。我想大多数女人都会感觉自己没那么有价值。不仅仅是我。

一个为了生活而工作的人，比一个没有工作的人更重要。他们所做的事情在商业界是非常重要的。我做的事只对五个人重要。我不喜欢贬低家庭主妇，但大家都做这些事情这么长时间了。这几乎就是我所做的事情。在内心深处，我觉得自己做的事情很重要。但只是讨厌说出来，因为我算是什么呢？只是一个家庭主妇？（笑。）

我喜欢当家庭主妇。也许这就是为什么我感到如此内疚。我不应该因为自己正在做的事情感到开心。（笑。）也许，你不应该感觉很开心。我从来没有把当家庭主妇看成一种责任。

我想得很多。（笑。）当然，我做白日梦。每个人都做白日梦。有些梦很宏大，有些梦很蠢。有时你会梦见自己还是个孩子，骑着自行车。有时你做白日梦，梦见你真的是一个特别的人，人们咨询你的意见，梦见你在做一笔特别大的买卖。（笑。）

我的乐趣非常简单。我读的书并不多。很多东西我理解不了。我从来没有读过——哎呀，怎么念来着，加缪？我对音乐没有兴趣。我对艺术一窍不通。我从来没有和任何人讨论过这个问题。别人一定是

---

　①　果尔达·梅厄（Golda Meir, 1898—1978），以色列犹太裔女性政治家、外交家和社会活动家。早年曾移民美国生活，成年后投身犹太复国运动并参与了以色列建国的筹建，是以色列的创国元老之一及第四任总理。——译者注

对的，因为我不知道他们是对还是错。我对波士顿流行乐和甲壳虫乐队的了解最多。（笑。）无论在哪个方面，我都没有特别的天赋。

我刚刚读了彼得·德·弗里斯①的一本新书。我想不起书的名字，太可怕了。（突然）《永远悸动》。我是世界上第一个彼得·德·弗里斯的粉丝。我给我姐姐介绍了彼得，那是我一生中做过的最重要的一件事。现在我在读《愤怒的葡萄》。我为自己感到羞愧。家里的每个人都读过那本书，这本书已经买了十五年了。最后我决定读一读这本书，因为我女儿对它赞不绝口。

**有一本阿尔弗雷德·阿尔瓦雷斯②的《野蛮的上帝》平装本。我指了指它。**

我刚开始对西尔维娅·普拉斯③有点了解，我决定要读这本书。《女士》杂志④有一篇关于她的文章。当然，我不认为只是因为我在家里，读《女士》就是不寻常的。我并不同意杂志里面所有的东西。但我读它。我也读火柴盒包装。（笑。）

---

① 彼得·德·弗里斯（Peter De Vries，1910—1993），美国编剧和小说家。《永远悸动》的英文原文书名应为 *Forever Panting*，而不是特蕾莎所说的 *Always Panting*。——译者注

② 阿尔弗雷德·阿尔瓦雷斯（Alfred Alvarez，1929—2019），英国诗人、小说家、散文家和评论家。《野蛮的上帝》（*The Savage God*）是近现代少有的一部为自杀者呐喊的著作。——译者注

③ 西尔维娅·普拉斯（Sylvia Plath，1932—1963），美国天才诗人、小说家和短篇故事作家。——译者注

④ 《女士》（*Ms.*）杂志是由女权主义者、社会政治活动家格洛丽亚·斯坦尼姆（Gloria Steinem）和多萝西·皮特曼·休斯（Dorothy Pitman Hughes）共同创办的美国自由派女权主义杂志。这是美国第一本全国性的女权杂志，其影响力在20世纪70年代达到巅峰。——译者注

　　我觉得妇女解放运动①把家庭主妇贬低了。虽然她们说如果这是一个女人想要的，那么就是完全没问题的。我觉得这话说得很冷嘲热讽："如果她只能做这些，而且她很满足，就别管她了。"这是一种居高临下。

　　我现在把阅读完全当成享受和放松。所以我甚至不会让自己在晚上十点前拿起一本书。如果我这样做，我怕自己可能会忘记其他的事情。在午餐时间，我会看一本杂志，因为我可以放下它，忘记它。但真正愉快的阅读我会在晚上进行。

　　白天看书我会感到内疚。（笑。）在你自己的家里。有这么多事情你应该做。如果我做了，我就不会认为世界末日要来了，但这是我干活儿的方式。现在不是干活儿的时候，我就不干活儿。

　　几年前我上学的时候，那里的人都感到很惊奇。像我这样的大龄女青年，为什么会想回学校呢？他们不会直接说，但你会听到一些传言。我在大学里学了一些课程，英语、心理学、社会学。我很喜欢去，但我不想继续读书，然后当老师。我还是更喜欢在家里。哦，如果有什么我会喜欢的特别的东西，我可能会回去。

　　我喜欢做饭。如果做饭是一份工作，也许我就不喜欢做了。虽然我认为做家庭主妇的地位很低，但我喜欢做家庭主妇的每一分钟。你会听到我像其他人一样抱怨、哼哼唧唧，但我确实感到享受。

　　等孩子们都离家了，我也会很享受。我一直有一种感觉，**我真的**可以——哦，我不知道我想做什么，但不管那会是什么，我都能做到。我会依靠自己的力量。我很期待。只是很多事情我都没有花时间

--------
　　① 1960年代末期出现的由妇女和女权主义知识分子组成的政治联盟。——译者注

去做。

我从来没有去过艺术博物馆。现在这是一件我可能做的事。（笑。）我在芝加哥长大，但我从来没有去过艺术博物馆，我认为这很糟糕。因为我从来没有坐上火车离开。我还不能花那么多时间待在那边。但很快我就可以了。

我至少有十年没去科学与工业博物馆了。这些东西对别人来说没什么特别的，但对我来说是很特别的。如果我喜欢，可以坐下来在一个下午读完一整本书。那就很了不起了！

孩子们离开的时候，我希望那是一种快乐的时光。只是做我想做的事情。不是去旅行。只是做自己想做的事情，而不是在某一个时间或者某一天做。一次缝制一整件衣服。或者只为两个人做饭。

这才是让我感到内疚的地方。通常孩子们走了，结婚了，母亲就会坐着哭。但我怕自己会一直微笑着度过。（笑。）他们会认为我不是一个典型的母亲。我爱我的孩子，我爱他们的一切。但同样地，我也会为他们、为我自己、为鲍勃感到高兴。我想我们应该有时间单独在一起。

我认为做家务不是苦差事。人们会抱怨说："我为什么要擦地板？"对我来说，这和一个人站在那里——这是他的生计——日复一日地把两颗螺丝钉钉在一起是不一样的。这会让任何人都发疯。这会把我弄疯掉。那个可怜的人甚至看不到成品。我会坐在这里，制作一个馅饼，看到每个人吃掉它。这是我的贡献。我想这是世界上最大的满足。你知道自己已经取悦了一些人。每个人都有被需要的感觉。我知道自己是被需要的。我为他们做些事，他们也为我做些事。这就是事情的真相。

# 杰苏西塔·诺瓦罗（家庭主妇）

她是五个孩子的母亲：最大的孩子十二岁，最小的两岁。"我的第一任丈夫离我而去时，我就去领了福利。我一个人无所事事，彻底待业了一阵子。我和第二个男人结婚后，就不去领福利了。他开始酗酒、不带钱回家以后，我不得不辞掉工作，再次去领取福利。我从福利部门得到过好处，我不喜欢它。"

她在附近的一家娱乐、教育和社会中心兼职做助理诉讼助手。所长"说我做得确实不错，可以找份多用脑子的工作，钱多一点"。"这个工作只干四个小时，因为下午我想和孩子们在一起。他们还小。"

她刚从医院回家，在那里她因重病接受治疗。在这个炎热的 8 月的下午，气温超过了一百华氏度——厨房里的鼓风机并没有什么作用。比起谈话，屋里的三个孩子更迷恋科技——录音机，但是他们在听对话……

.

我五点钟开始一天的工作。我起床后把所有孩子的衣服都准备好。如果有鞋子要擦，我早上就给他们擦鞋子。七点左右，我给孩子们洗澡。我把孩子交给保姆，然后去中心工作。我一直工作到十二点。有时候，如果我必须去福利院为某个人领取支票，我会工作得更久一些。回家后，我试着做热乎乎的饭给孩子们吃。下午，基本上就我自己。我擦洗，做罐头，烹饪，干所有我必须干的活儿。

救济金让你觉得自己一无是处。就像你躺着什么都不做，钱就落到了你头上似的。但你要明白，母亲也是要工作的。我家很干净。我从今天早上开始就一直在擦洗。你可以看看我的衣服，都洗好了，熨好了。我在家，我在工作。我是一个职业母亲。

一个女人在家里做的工作是很烦琐的，尤其是如果你想把它做好的话。如果你想糊弄事，那就没那么糟了。我差不多是个完美主义者。我让孩子们把毛巾挂起来。我不希望毛巾被丢到一边。这是很难的。这是一个不停歇的游戏，拿起这个，拿起那个。然后把这个收起来，这样家里才会干净。

有些男人一天工作八小时。有的母亲一天工作十一二个小时。我们晚上起来，孩子呕吐了，你要叫医生，你要给孩子换衣服。你有时间停下来喘口气的时候，真的吗？你没办法休息的。这是一个连轴转的工作，白天和晚上。为什么大家把救济金说成慈善事业呢？我们为挣钱而工作。为了拿到这张支票，我在工作。这不是慈善。我们是在给这些孩子一个家。

我整天都在忙，没时间做白日梦。我经常祈祷，祈求上帝给我力量。如果他要把一个孩子从我身边带走的话，要有力量去接受。这是他的孩子。他只是把这个孩子借给我而已。

我以前总是在忙活，把自己关在家里。现在我为自己的权利说话。我抬头挺胸地走路。如果我想戴大耳环，我就戴上。如果我超重，那太糟糕了。我已经彻底感觉到自己的渺小了。我现在工作，我在长肉。我会及时摆脱领取救济金，这是我的目标，不再领。

我依赖救济金生活，感觉像人们说的那样不劳而获。你会觉得也许自己是这样的人。你会想，为什么我这么傻？为什么我不能工作？为什么我必须这样生活？反正这些钱也不够生活。你会觉得自己堕落了。

前几天我在医院，我去缴费。这个护士来了，给了我绿卡。绿卡是领取救济金的。她当着我的面，把卡给了收银员。她说："我希望自己可以待在家里，等着钱落在我的腿上。"我觉得自己很烂。我只是在内心里感到愤怒。你一直都要承受这些。医生连看都不看你一眼。大家出示这张绿卡的时候都感觉害臊。为什么一个女人就不能收到一张邮寄的支票呢？给，这张支票是给你的，别想着救济金了。你是个有工作的母亲。

根据这个护士的思维方式，她代表了劳动人民。那些有绿卡的人，我们代表那些懒惰的人。这是她说的话的意思。他们是好人，我们是坏人。

你知道在医院发生了什么吗？我被安排在一个不错的房间，半私人的。你在那里待着，直到一个有保险的人进来。然后你就被推到五楼。里面大概有六个人，即使你按铃，也没有人进来。我说："听着女士，你可以把我放在楼顶。你只要弄清楚我出了什么问题，我就可以离开这里了。"

如果人们总是被贬低，如果他们不断地感觉自己什么都不行，怎么能让他们摆脱救济呢？人们说，我在底层，我会一直在底层待着。而这种情况会一代又一代地持续下去。他们的女儿，他们女儿的女儿，他们女儿的女儿的女儿。那你怎么打破这种局面？这些孩子没有要求出生——这些孩子总有一天会长大，会献出自己的生命。总会有一个越南。

总会有战争。一直都有。世界是这样运行的，是的。战争总是会有的。为什么会这样？我真的不知道。没有人告诉过我。我忙着处理我自己的事情，照顾我的孩子，试图让我自己赚钱。我晚收到救济金或者东西被偷了的时候，我就打电话给福利机构。我只知道这里发生了什么事。我是个聪明的女人，在一定程度上……我希望自己知道。我想是大人物们决定了这场战争。我不怀疑，因为我一直在忙着打自己的小仗。

中心的负责人想让我重新工作后去做社工。我去拜访家庭，和母亲们交谈。我试着让她们意识到，她们有东西可以付出。我不试图解决这些问题。这样不好。我试着帮助她们做出某种决定。如果没有决定，就接受它，因为有些问题没有任何答案。

有一个母亲需要鞋子，我给她找了鞋子。还有一位母亲需要钱，因为她的救济金收得晚了些。我找地方给她借了几美元。这就像一个基金。我可以借几美元，直到我的救济金来，然后等我的支票来了，我再还回去。母亲们还有多少时间出去做这件事？我们有很多人付出了时间，让其他母亲可以学习英语，让她们能够去工作。我们很乐意这样做，因为主给了我们英语。

我去一个女人家，她是西班牙裔。我用英语和她说话，她不肯开口。我可以看到她眼中的恐惧。于是我开始说西班牙语。她马上请我喝咖啡，告诉我最新的消息……

我想帮助母亲们意识到自己可以怎样为社会做出贡献。不是一整天，可能是三四个小时。而且还能得到报酬。没有什么比在自己工作的地方收到一张支票更让你自豪的了。这是你的，你挣到的。


在她第二段婚姻期间，她曾经在一家电视机厂当过装配工。"我并不喜欢这份工作。太机械了。只是工作，工作，工作，我并没有付出自己的努力。赶紧把事情做完。即便你找到了一份领薪水的工作，如果你不喜欢，你得到的是什么？你这里（拍打太阳穴）没有成熟。"

社区服务中心的人开始拜访我，拜访领救济金的母亲，试图让她们对烹饪项目和缝纫感兴趣。他们开始敲我的门。一开始，我很生气。我就像在自己周围拉上了一道帘子。我认为自己真的不适合做任何事情。所以我就退缩了。只把我的烦恼留给自己，就像植物人一样。这些人开始找我的时候，我开始发现，我可以说话，我确实有头脑了。我成了一名志愿者。

我想成为一名社会工作者。一个与众不同的人，对每个人都能倾诉。你不能口沫横飞。你不能和大家一起哭。即使你在心里哭，也要保持平和的心态。你要尽量帮助那个人跨过这个坎。我会去一幢房子里面，试着交朋友。不是当间谍。女士们都说，社会福利工作人员是间谍，看看你有什么东西。或者你得把所有东西都藏起来，因为他们要来了……人们害怕社会工作者会因为发现什么而大喊大叫，也许是个男人或男朋友。我不做任何笔记，也不拿笔、纸、铅笔或其他任何东西。我只是进屋说说话而已。当然，我会看看周围的环境是什么样的。这个你必须要记住。你不会说，但你会记住。

我答应自己，如果哪天我一整天都上班，我要给自己买点保险。这样下次我去医院的时候，会去想去的房间。我会一直待在那个房间里，直到出院为止，因为我要自己付账。我不喜欢糟糕的感觉。我希望我的孩子们长大后，不用再靠这个生活了。我想学习更多的东西。我渴望知识。我想做一些事情。我在寻找一些东西。我不知道要寻找的是什么。

第 六 卷

# 安静的生活

唐娜·穆里（书籍装订师）

她装订书籍已有二十五年了。她的客户包括芝加哥大学、植物园、艺术学院和私人收藏家。她的思考有些自由联想的性质。

"我甚至没有真正成为一个书籍装订师。我干这行是因为我们有非常多的书。我从父亲那里继承了这个很大的图书馆，而约翰[①]有很多很多快散架的艺术书籍。我们有大量的图书，我想这是我该做的事情：我要把这些书固定得结结实实。于是我开始了某种实验，而且我非常喜欢这个实验。我成为一名书籍装订师是因为我没有别的事情可做。"

一开始没有人教我。我没做什么事。然后一个**了不起**的女人，她是个出色的艺术家，给了我一个她父亲为她制作的**绝妙**的框架，这个框架是用来缝制书籍之类的东西的。于是我学会了缝书。这些书真的是好书，只是封面烂了罢了。你将其拆开，弄牢固，压紧，然后缝起来。这就是全部了。

我家里有一个装订书籍的地方，就像一个洞穴一样，真的。那里

---

[①] 约翰是她的丈夫，他是一位艺术家，也是国立大学地方分校的艺术教授。——原注

有你的设备——一张你工作的桌子、一台切割机、一台压力机，以及其他一些装订图书用的东西。你有一台很好的螺旋压力机，很重的一个，可以压书。装订师的装备主要是拇指指甲。你用它按着，用拇指指甲比用别的什么都要多。

我一定不能摆出优秀装订师的架势，因为我不是。那是展览装订，制作精良。你把某张图纸卷起来，用蛋清填满。然后用纯金箔将其覆盖。我很喜欢修复，非常喜欢——当你修复一本背面破破烂烂的旧书时。你一定要把书脊擦一擦。书脊都烂了，所以你把它放在一边，然后你**非常小心**地把书页翻回来。这是我最喜欢的环节。

很明显，我做书籍装订赚不了多少钱，但这是个让人非常舒适的工作。卡罗琳[1]和我为大学做了一些简单而必要的事情。我们把珍贵的小册子装订好，以便其可以保存下来。古版书——一千五百年前印刷的书籍。建筑作品和一些拉丁诗人的作品。

那些用牛皮纸做的，通常都是书背烂掉了。牛皮纸是一种野生的东西，小牛或小羊的皮。它是用酸处理过的。书页都散了。如果可以，你就把它们拿出来洗一洗，在某种溶液中脱酸，然后把它们叠在一起，放到压力机里面压一压。

我的一些私人客户有一些非常华丽的收藏品，你永远不会再看到的漂亮的装订。我有一些特殊的、可爱的客户。有一位客户已经不在人世，他收藏了大量的史蒂文森和狄更斯的书，第一版。

我去他家，带着我的设备、油和颜料，还有某种装订师用的糨糊。还有一个画家用来保护家具和地板所用的罩单。有一块美丽的东

---

① 卡罗琳·霍顿，她的导师。——原注

方地毯，事实上你不能在上面掉任何东西。你要摆上一张轻便小桌和书挡，就这样，真的。

我们计算书的数量。我们要确保书本能准确地回到它们之前的位置。我们看着每本书，然后把它拉出来，测试它是否撕裂。几乎每个人都会抓着书的上部把书拽出来，所以书的上部总是破损的。美妙的皮革装订就这样被拽坏了。在除去书籍上的灰尘时，你永远不要碰到书的内部。尘埃只会落在书的顶部。人们把书拽出来，想给它们除尘，这简直太可笑了。这样做只会毁了书。

我的助手帮我拿了布，然后我们把书籍排好。她把书顶部的灰尘擦干净。你总是从书脊往外掸，清洁书本。然后你用大英博物馆的神奇配方，乳酸钾。擦在书上，把一开始在皮料中的酸性物质置回皮料中。它们已经完全干了，所有的盐分都被破坏了。于是我们用乳酸钾来擦拭所有的皮革制品。轻轻用棉签一擦，让乳酸钾沉淀下来。然后，我们就把这些书擦亮了，然后放回书架上。这个方法能保存在这种气候下无法存放超过五年的书籍。

这是个很艰巨的任务，但我想这个任务很重要，因为如果不做这样的工作，这些书就会散架的。父亲的图书馆就是这样。特别是在城市里，二氧化硫的浓度很高，会把书损耗殆尽的。城市里可怕而有毒的空气。人们喜欢拥有整套狄更斯、马克·吐温或大仲马的书——在我们母亲生活的时代流行这种收购，为的是把书架填满。与莱克福里斯特[①]同一期的书籍相比，芝加哥的书正在散架过程中，到了最骇人听闻的程度。这已经持续了好几年。城市的空气摧毁了书，吞噬了它们。太可怕了。

---

　① 芝加哥北岸远郊，是芝加哥最上层的地方。——原注

我通常在十点半左右到。只要我有兴趣，我就会工作。如果我的桌子填满了，书本也上了油，我常常在四到六点钟离开。我可能为一个客户工作两三个星期。就阿穆尔夫人的书而言，我花了六个月的时间。在老房子里，她存放了一系列质量极高的藏书。花了两天时间拆开箱子。她的母亲是一个品味极其惊人的收藏家。这无疑是我见过的最漂亮的藏书之一。不仅在装帧方面，而且在书的挑选方面也一样。那一刻，在那里的感觉真是太好了。

我不想装订任何没有什么价值的东西。你必须考虑到里面的内容。如果你要装订一本关于一个伟大的思想的书——卡尔·马克思！（笑）——你显然会提供一次适合的装订服务，不是吗？书的装订理念应该反映书里面的内容。植物园的书是最有趣的书之一。其中有些是 16 世纪和 17 世纪的书，奇妙的草药。漂亮，非常漂亮的书。带花的纸张。没有比这更特殊的方式来表达你自己的品味、你自己的想法。

如果书里有日本的那些**非同凡响**的树木——天啊，天啊！我是在加州长大的，在那里我看到过红杉，现在这些红杉正在遭到系统性的破坏。而在日本，有一些红杉与你此刻的想法有关联，天啊（轻声地）。你必须非常巧妙地进行装订，给予书应有的尊严。因为书页中充满了惊艳的、奇妙的东西，这些东西说：这就是生活。那么，你怎么进行这样的装订？我不知道，你只是让它更加牢固。不管是皮革、布制还是纸制的，你都要让书更加牢固，让书对自己里面的内容进行展示。

我只喜欢装订一些有意义的书。我知道这对那些坚持保存那些只能永远放在书架上或咖啡桌上的书的人来说是个大忌。书是供人阅读的，仅此而已。我认为除非人们阅读书籍，否则书籍就毫无价值。

这是我在那次大洪水后在佛罗伦萨工作时发现的。我是夏天来的。约翰和我住在那里，他第一次的学术休假时就在那里工作。我非常喜欢那座城市。直到国家图书馆的人邀请我去的时候……

你在装帧图书、被书吸引的时候，看看书里的内容应该是**很美妙**的事情吧——但显然你不能。你永远也做不完你的工作。我可以在属于自己的时间里看书。我对我拿起的每一本书都有很强烈的感觉。它就像一些有生命的东西，或者颓废的、死亡的东西。我不会把《我的奋斗》装订成册。因为我觉得把时间浪费在这样一本猥琐的书上是很恶心的。你要给我一百万美元来装订它吗？当然不会。

我很喜欢这份工作。它让人很舒服。唯一让我生气的是，几乎所有的时间我都停留在书的外表上，而不是书里面。我想阅读书籍。但我确实认为在自己的屋子里工作，舒服地做一些我觉得有益的事情——这很重要，不是吗？

我只是个负责打扫的人。（笑。）我不是艺术家。我用苯胺染料，为的是不对皮革造成伤害。苯胺是一种天然染料，仅此而已。这不是什么高难度的工作。如果你想保存书籍，我知道的只是书籍需要的是什么。这只是你所做的事情。一个机械师检查一个轮胎，他知道……

哦，我认为这很重要。书籍是让我们继续前进的东西。书籍——我对其他很多事情都没有什么感觉。我喜欢这份工作。只是有时会很孤独。坐在别人身边很好，不管是和你一起工作的人，还是你的丈夫或朋友。它让人愉快，就像耳语一样，总是……如果你真的很聪明，就不会把时间浪费在粘贴和装订上。但如果你干书籍装订这行，就要把活儿干得漂亮，真正的好活儿。是的，我愿意让一本好书保持良好的状态，我愿意投身于一个不会被打破的、持久的约定，这个约定将真的跟书一样牢固。

让一本四百年前的书保持完整，让这种精神得以延续。这是一份诱人的工作，令人愉快，因为你知道那是属于我们的。因为一本书就是一个生命，就像一个人就是一个生命。是的，是的，这个工作对我有好处，对老年有治疗作用……就用手**继续工作吧**……

## 尼诺·奎迪奇（药剂师）

我们在一家街角药店的柜台后面。这是一个不断变化的社区。东边是上层中产阶级的高楼大厦，西边是低收入者。沿着将两个区域分隔开的大街，匆匆路过的年轻人是最显眼的。"很难相信我在这条街上待了有四十年了。"他从1926年开始做药剂师。他已经七十岁了。

在柜台后方的箱柜里，放着按各家大药厂名称放置的几千瓶药。"估计有5000到7500个品种的药丸。当我被难住的时候——以前我没有——我们就去看红皮书。书里列出了名字，告诉你是谁生产的，多少钱。"

街角药店，现在已经有点过时了。小店也快不行了。顾客不够了。在过去，他们把药剂师当作医生。今天有多少人进来说："我耳朵疼，你有什么建议？"或者："我的孩子感冒了。"消失得无影无踪。不过，顾客还是和我刚开始时一样。就像那个进来的男人。他今晚想买份报纸。他说："一定要给我留一份报纸。"他是个常客。如果我忘记了，我可能也会忘记填处方。这是个大错误。不过，顾客跟我还是很私人化的。

我们所做的就是数药丸。在计数器上数出十二粒，放进这里，再数出十二粒……今天有点不寻常，我做了一个药膏。大部分的药膏都是已经做好了的。这个医生是个老前辈，他要的是硫黄和其他两种成分混合在一起的东西。所以我得用秤称一下。平时我只要一管膏药就可以了。

以前医生都是自己写出配方，这些东西大部分都是我们做的。现在大部分工作都是在实验室里完成的。真正的药剂师是在制造公司里找到的。他们是工厂工人，也是药剂师。我们只需要知道药品的名称、编号和使用方法。这就简单多了。过去每天要用手填二十到二十五个处方。现在你可以填一百五十个左右。每年的这个时候，最多的是抗生素，因为人们都会感冒。

以前我们只是用简单的药物，简单的软膏基质，比如凡士林、羊毛脂，把它们混在一起。过去这些东西没有现在那种产权。现如今我真的是一个填订单的专员。（笑。）我不是批评药剂师，但这一行发展到如此高度发达的地步……我们只是在配药，仅此而已。

我更喜欢这种方式。如果你必须把每样东西都配好，医生必须把所有的成分都写在处方上，你就很难在这个经济制度下维持下去。一切都更快，这样更好了。过去人们不会像今天这样，从药里得到缓解。


**"在我上药学院的时候，只读两年。现在是六年。在我那个年代，他们会给你基本的金属和盐类。你知道某些盐类对咳嗽有好处，然后你把它和蒸馏水混合起来，这就是你制作药品的方法。年轻人知道更**

多的化学知识。他们比我们受过更好的教育。他们已经准备好去制造药品了。年轻的高中生，他们学会了如何做我一无所知的东西。（笑。）迷幻药之类的东西。这些孩子比我知道更多关于如何制造危险药物的事情。（笑。）"

我刚开始工作的时候，给七八岁之后的孩子们配的药很少。我们以前没有药膏给脸上长满粉刺、痤疮之类东西的孩子用来修饰。现在，有些孩子有一个小粉刺，就被送到一个皮肤专家那里。我们给他们配了很多药膏。我们卖的化妆品比以前多了很多。以前这只是一小部分业务。现在至少占了 50%。我想说大约 20% 的人是来买药的。其他的只是来满足他们的日常需求。

人们来到店里，除非我知道这个人是谁，否则我几乎连给他们洗手都不敢。法律告诉你，要叫他们去看医生。天啊，这家伙连三十五美分都没有。我这里有一个屠夫，他用刀割破了他的动脉。天啊，他流了很多血。叫他去看医生？他会失血过多而死。我用普通纱布给他止血。天啊，这家伙差点死于失血过多。还好。我可能救了他，但这种事情你不会得到任何功劳的。假设他死在后面的房间里。天啊。我试着给他急救。那你就告诉他们打破伤风针吧。天啊，十次有九次你都是在跟没钱的人说话。我已经有过把东西从人们的眼睛里取出来这种经历了。我一直很擅长这个。别人告诉我："天啊，你是疯了。"

他的同事格雷丝·约翰逊走进来，穿上了她的白大褂。她当药剂师已经有三十年了。"我们班有三百六十个男同学，女生只有我们三个。男顾客来找我时总是犹豫不决。我总会知道男人想要什么，因为他会躲着我。（笑。）当我开始在我父亲的店里工作时，我会在后面合成一些东西，他会叫我出来。男人们会转身走出去。他们认为我太精明。女人总是接受我。

"当我说我是个药剂师时——哎哟！！！哦，那真是了不起啊！你的确是一个有头脑的人，或者其他什么的。关于女药剂师的想法。这就像女医生一样。但我觉得药剂师所获得的赞誉与他们作为病人和医生之间的联络人所做的事情相比，并不足够。如果医生犯了错误而我们没有发现，他们可以起诉我们。他们不告医生，是因为他们站在一起。

"三十年来最大的变化是在商品上。我们今天有这样的变化。以前谁听说过在药店里卖收音机？（笑。）还有谁听说过这几千种药？一个药剂师曾经对我说，如果原子弹半夜投在这个街区，没有人会知道（笑），因为99%的人都在服用速可眠和耐波他[1]，对吗？医生只是自动把这些药丢到病人的嘴里，不管他们需要不需要。几乎每个人都在服用某种药物。今天每个人都有神经问题，因为我们生活在紧张的环境中。"

我喜欢工作。我喜欢与人相处。我五年前就可以辞职了。不是说我不喜欢家，而是什么也不做太单调了。有了社保和我所交的税，我不工作也一样能过得很好。但我喜欢出来。我不是说我爱人们，但你会想念他们。有些时候，你回家会说："哦，天哪，我今天看了这么多东西。很多人把我逼疯了。"还有这样那样的麻烦。我喜欢这样。当你看不到任何人、不和人说话的时候……

———————————
① 安眠药的品牌。——译者注

**三十岁的经理杰夫插话说:"我不知道有谁不喜欢离开工作岗位——除了尼诺。"**

对于很多人,上班都是苦差事。而我不这么认为。我不说我爱工作,我不说我恨工作。我工作。这对我来说是一件很正常的事,比什么都不做要好。我觉得我是被需要的。如果你不出现,你可能会给某人添麻烦。如果我走了,在街上走了一个小时,我喜欢听他说:"你到底去哪儿了? 天啊,刚才很忙的。我需要你。"有些人会认为那是在胡说八道,会生气。我不会。如果你过来,他们说,"我们真的不需要你",我还不如不干了。我喜欢被需要的感觉。这感觉挺好的。你说,好吧,你是有一些价值的。

很多人只是迫不及待地等到六十五岁离职。他们真的高兴死了。我不知道为什么。然后他们回到家,我见过他们的妻子,她们很遗憾丈夫在家,多少有点碍事。普通的男人在家,像我这样,做完了这样的工作,我现在真的没什么可以做的事情了。所以你才喜欢被人需要的感觉。

**"我十二岁时就开始在药店工作。"**那时他住在伊利诺伊州南部的一个小镇上。他的父亲是个石头切割工,在他年轻的时候就去世了。**"我开店,扫人行道,拖地板。"**在芝加哥,他一边上药学院,一边在晚上工作。**"我曾经看到我父亲努力工作,农场里的人和矿工们为了一周几美元的收入而努力工作。我只是站在那里等人,打招呼,就能得到同样的钱。对我来说,这似乎是一种简单的赚钱方式。"**

我从来没有想过要拥有自己的店。我曾有过机会,但我停了下来，我想：我必须支付贷款的利息。我不能独自经营它。我不想让我的妻子每天工作十二个小时。我的很多朋友，他们的妻子也加入了，他们努力工作，并得到了一些成就。他们对此感到快乐和感激。这不是我的人生哲学。

我一直都是做得不错的老板。我管理过商店。我曾经看到过在冷饮柜台工作、每周挣五六美元的姑娘。那是当时的工资。我是那种人，我不能要求任何人白白工作。要想成功，你必须对别人提供的帮助进行充分利用。别误会我的意思。我并不是说要想成功就得做一个卑鄙小人，但你必须做事情——我早就意识到自己不是那种人。不是说我是个好人。我不是一个好人，但我不想要求别人做我不想做的事情。

**"到我这里来的有不少有色人种，他们是在附近工作的人。他们告诉我：'你知道我为什么在这里买吗？在我家的社区，那些卖东西的人从我身上抢钱。'这是事实。以前我在那里工作，我知道一些商店占穷人的便宜。"**

我知道我不会成为百万富翁。要想赚大钱，你必须要有很大的野心。对我来说，只要我付得起房租，吃得下饭，去看球赛，去赛马场，偶尔带老太婆出去玩玩，账单都付清了——那么，你还需要什么呢？我想有足够的钱，在那里我就不用在街上当个流浪汉，也不用拿着枪挟持别人去拿一美元。这是一种美妙的感觉，走出去，赚取你生活所需的钱。这是我的观点——也许这和十万美元一样愚蠢，没有什么比十万美元更愚蠢的了——但这是我的观点。

我从来不在乎是否富有。我知道这一点听起来很傻。我有一个朋友，他说："我从来没有见过一个像你这样不关心钱的家伙。"这是谎话。我喜欢钱。我知道你得有一定数量的钱。但一个人需要多少钱才能活下去？我有个弟弟，他是个能干的人。他能把我的店买下来再卖掉五六次。并不是说我懒。你会说我是那种有梦想的人。

我想我已经成功了。如果他们不想要我了，退休也不会让我感到困扰。我会去看球赛，我会去看赛马，我会去钓鱼。在我的生活中，有一段时间，我有点担心。以前报纸上有一则广告：药剂师，四十岁以上不要申请。那时候我已经四十五岁了。我想，这越来越是年轻人的游戏了。但我很幸运。什么事都没有发生。

如果让我重来一次，我会成为一名医生。我读了医学预科。然后我想，哦，再过四年就太难熬了。但我不能抱怨。我已经很幸运了。我没有为这个世界做出任何贡献。有几个人是这样做的。他们都是聪明的人，也许可以赚到各种钱。但他们把全部精力都花在教育上了。他们把自己的一生都奉献给了社会。你不会读到他们去远途旅行。你在社会上也看不到他们的身影。我们也有一些无知到可怕的人。有趣的是，他们怎么会成为国家的首脑。很疯狂，对吧？

我一直很自私，像一般人一样。可能只是为自己着想。悠闲地过日子，吃喝拉撒睡。真正的好人屈指可数，我无法说出他们的名字。我的工作对我来说很重要，但这只是一件小事。对世界来说并不重要。


**约翰逊女士：**你的工作当然很重要，尼诺。你是非常重要的。你纠正了多少次医生写的东西？对于这家店来说，你是非常重要的。（对其他人）人们喜欢他。他有很多追随者。他们带着他们的孩子来，他们带着他们的孙子来见他。

**杰夫：** 70% 的人都是因为尼诺才来这里的。

我不知道那个。看看周围——那些为人类做了伟大的事情的人。

**约翰逊女士：** 哎呀尼诺，你每天站在那里都会为人类做一些事情。

（惭愧地望着天边。）哦，听听这个，好吗？哦，我的天啊。天啊。

**后记：** 有人说起一位老同事，他后来去世了。他是一个严格的人。"我们之间最严重的一些争论就是因为我不够严格。有人进来说：'我今晚睡不着觉。'他不会给他们任何东西，除非他们有书面记录。他们绕着街区走了一圈，然后回来找我，我会说：'我知道你，你很可靠。哦，当然，这里有一片或两片药。'我愿意在人性上冒险。我不认为这是一种罪过。"

## 尤金·罗素（钢琴调音师）

他偶尔会出现在城市的街道上，走路或骑自行车。除了休闲的工作服，他的与众不同之处在于一条宽大的腰带，腰带上挂着一个箱子，里面装着他的行业工具——钳子、剪线钳和各种刮刀。他是一名钢琴调音师，从事专业调音工作已经有十五年了。

"我是一名钢琴技师。他是一个专门的钢琴调音师。（笑。）钢琴调音并不是一门真正的生意。它是一种奉献。例如，有钢琴调音、钢琴重修、古董修复这种。比如，标度设计和工程这种事情，为的是尽可能产生最高质量的音质。我参与了这一切，我享受其中的每一秒钟。

"我当了许多年的音乐家，是一个爵士单簧管手。演奏了很多迪克西兰舞曲。我所接触的每一架钢琴都有一点不尽如人意的地方。我从十四岁起就开始调音，更多的是为了满足演奏的美学部分，而不是将演奏真正商业化。"

他的妻子纳塔莉也加入了谈话。

**尤金**：每天都不一样。我有时在周六和周日工作。周一我为一家唱片公司调琴，九点前必须完成。完成后，我又去另一家公司，至少调四架钢琴。在这一天里，还穿插着调了几架大键琴。同时，我会和站在电话旁的妻子商量一下。我可能会在中间的某个时候去见一个补位的人。等我做完时，天已经很黑了。

我有可能完全睡着了，然后继续调钢琴，没人知道。（笑。）如果我在调试一些好的施坦威钢琴，我的一天就会过得非常快，甚至不知道时间怎么就过去了。但如果我在调试一件无趣的乐器，调音的时间就拖得无比长。在美妙的声音里有一种令人兴奋的东西……

我曾和另一位调音师讨论过，他是弹吉他的一把好手。他说："为什么我们是调音师？"我说："因为我们想听到好声音。"我去了一个年轻的学生的家里，把一架旧的立式钢琴重新组装，重新上弦。这架钢琴的声音很美妙。一周后，他想卖掉这架钢琴。我说："为什么呢？"他说："我已经找到了我想听到的声音。"

不一定是一架豪华的大钢琴。可以是小型立式钢琴，可以是旧的立式钢琴，可以是 17 世纪末的古董钢琴，也可以是大键琴。它们都要尽可能经常地进行调音。

等调性的性质使得不可能真正地把钢琴的调性调好。系统自身会走调。但它离调准如此之近，所以它是兼容的。你从一个基本的A-440 开始，你调低一个八度，然后调出一个该调组合的关系。上调五度，下调四度。在一个给定的八度内，通过一个五度的圆圈。当你在四度和五度中得到平衡的时候，你就用三度，用六度——这样就平衡了。然后，你再到其余的八度中去，对钢琴的其余部分进行调音。你所要做的就是数拍子。

**纳塔莉**：现在电子化了。世界上的任何人都可以用它来调钢琴的音。你可以像夜总会老板一样听觉不灵敏。我根本没有辨音能力。但有了这些电子设备中的一个，我就能把一架钢琴调好了。

**尤金**：这是个辅助工具，但不能节省时间。到了一定程度，你就会像拐杖一样依赖它。长时间使用它的人可能会觉得它很有价值。

我认为没人能教你调琴。我想说的是，实践比训练更重要。入门后，你要脚踏实地，而且你就是实践，实践，实践，直到它对你来说是一件很自然的事情。

**纳塔莉**：吉恩有一双非凡的耳朵。我想任何人类的耳朵都能做到接近绝对音高。任何有理智的人都能学会调校现代乐器，但很少有人能像吉恩那样学会调音。据我们所知，全国只有三个技师能像他一样，对古董乐器进行调音，而且其中两个已经退休了。有时候，他要制作机械和工具。他做过维金娜琴和非常早期的大键琴。这真的是一门失传的艺术。这似乎不是吸引年轻人的东西。吉恩有一系列的学徒，但他们缺乏耐心。

**尤金**：调音行业的年轻人比较少，因为刚开始的时候赚钱不够快。这行大部分人都是音乐人，他们很辛苦，在闲暇时间想找点事做。现在和以前有一样多钢琴调音的活儿。有一点很奇怪，在经济衰退或者萧条的时候，钢琴调音的生意会更兴隆。人们有了更多闲暇时间，他们想发展自己的艺术能力。他们希望给自己的钢琴调一下音。一架钢琴如果保养得当，可以用好几代人的时间。钢琴不像汽车，汽车第二年就会被淘汰。一架钢琴有可能持续使用两百年。老人们都去做他们知道不会随时间流逝而烟消云散的事情。老一辈的音乐人大多都会去做钢琴调音，因为你到了一百岁的时候还可以谋生。其实，你年纪越大，经验就越丰富。

**纳塔莉**：他一点也不介意别人叫他调钢琴的。但小孩子都很注重身份。当人们说比利的父亲是调音师时，我的孩子就想上去踢他们。几乎任何人的父亲，只要智力正常，都会调钢琴。但没人能像吉恩那样调琴。我们为他感到非常骄傲。我的孩子对他爸爸的工作性质很清楚，很明确。我们也觉得这样很好。直到我十几岁的时候，我才知道我爸爸每天坐火车去做什么。大概是合法的吧（笑），这是我所知道的一切。但比利知道了，他很自豪。

**尤金**：对我来说，怎么称呼并不重要。如果有人想叫我钢琴调音师，我完全没意见。我丝毫没有地位意识。

　　**纳塔莉：** 但他对高楼大厦有一些很奇怪的经验。我们决定吉恩必须把他的工具放在一个手提箱里。当他穿着晚宴外套去俱乐部约会，在别人的派对上表演时，他受到了极大的礼遇。但当他带着他的工具箱走进来，穿得像垃圾工杜立德① 时（笑），他们会看着他，并产生怀疑。他到底是什么人？

　　**尤金：** 哦，是的，我在一些高楼大厦里要过安检。我签上我的名字，我要去哪里，什么时间到那里；当我通过安检回来时，我签上名字和所有的东西。如果我穿着商务套装，带着手提箱，我可以直接上电梯。

　　我知道这些建筑必须有保安，所以我不把我的个人感受放在心上。虽然偶尔我也会反感下到地下室的想法。有时你必须去接待室签到。浪费了很多时间。坐服务电梯要花很长时间才能到你要去的地方。我曾以客人身份坐电梯去公寓。但只要我手里拿着那个工具箱，我就得坐服务电梯。还是那个门卫。哦，偶尔我也会生气……

　　**纳塔莉：** 我儿子和我要给他买一个手提箱作为圣诞礼物。我们担心他有一天会发脾气，可能会发生一些不愉快的事情。

　　"我曾被警察拦下，他们会问我：'你有什么东西在箱子里？'我就会说：'一个 DIY 的防盗工具。'然后他们会说：'把你箱子里的东西倒出来。'我有一个圆柱形的金属管子，我把蓝图放在里面。他们居然站

---

　　① 音乐剧《窈窕淑女》中的人物。——译者注

在十五英尺外，拔出枪来，与此同时，我把盖子拿掉，让他们看里面什么都没有。（笑。）

"我带着我的工作服，带着我的工具箱走在路上。他们会让我停下。'箱子里有什么？''工具。''什么样的工具？''工作工具。我做生意用的。'他们不会问你的生意是什么。他们想看看你的工具。我给他们看完工具后，他们会问：'你做什么生意？''我是钢琴技师。''你确定吗？''是的，我确定。''你住在哪里？''就在这条街上。''带我们看看你住在哪里。'我把他们带过来，他们让我把所有的工具都扔在草坪上。他们很仔细地看了一遍，然后他们说：'我想你最好到警察局来一趟。''我不认为我最好来。''你可以很容易地用这些东西闯入房屋。''我知道，但我从来没有过，我也没有理由闯进房子里去。这些都是合法的工具，用于合法的生意，这让我过得很好。''你带我们看看你住在哪里。'他们按了门铃，叫道：'尤金·罗素住在这里吗？''是的，他住在这里。''我们只是来看看。'然后道别。我知道这是例行的检查，所以这没有打扰到我。没有理由生气。"

尤金：这是一个竞争激烈的行业。如果你有一件让人垂涎欲滴的美事，其他调琴师想要，他就会去追逐。我不能这么做。每个人都有很多机会。我尽量把收费控制在每小时十美元以内。有人多年来一直是我的客户，他问："你要多少钱？"我总是说："你知道的。"他们看看之前的支票是多少，他们就会付多少钱。

纳塔莉：吉恩非常谦虚，所以我才会这么急躁。我们认识的一个技师有两家店。他会把吉恩叫去重做他为客户做的令客户不满意的工作。但他是个了不起的商人。他很不得了，绝对是个生意奇才。吉恩没有告诉你，但他也是一个小规模的经销商。买卖键盘乐器。就在我们的家里，从厨房里，我买进并卖出。这比你想象的还要残酷，尤其是古董生意。

**尤金：** 方形三角钢琴之类的东西。我有一架可爱的老式方形三角钢琴，里面有一架风琴，很特别……

**纳塔莉：** 我在厨房里做了很多钢琴经纪人的工作。比尔告诉我有一架钢琴要卖，人们就会打电话给他，想要买下。这个阶段的业务是非常残酷的。哦，吓死人了。

当你做经纪人时，你不拥有商品的所有权，你不储存商品，你通常不移动它。就像做证券交易一样。而且我也不总是收钱，因为我不是商人。我们也买旧乐器，吉恩把它们修复好，然后再卖掉。我们在家里工作。任何地方，车库……

**尤金：** 我觉得没有任何事能把我的生活和工作分开。

**纳塔莉：** 因为我们——就像法国人说的那样——到了一个年龄，所以很多人说："罗素夫人，你和你丈夫是怎么打下这么好的退休事业的？退休前是做什么的？他是一个退伍军人吗？"他们认为这是一件很可爱的事情。多么甜蜜的老夫妻，开了一家古董店，他搞起了这种甜蜜的老式小手艺之类的生意。

**尤金**：他们认为，是一种爱好吧。因为它很有乐趣。我从中得到了很大的乐趣，因为它涉及很多方面。别人都是按部就班。在某个时间，他们打卡。然后他们就结束了，**然后**他们的生活就开始了。对我们来说，钢琴事业是我们生活中不可或缺的一部分。

**纳塔莉**：哦，是的，是的，是的。他显然是带着极大的乐趣和热情去做的。我们感觉到，数以百万计的人都把时间投入在他们并不特别喜爱的工作上。而他们期待着退休后能开一家小古董店或其他他们真正乐于从事的工作。因为这就是美国人的伟大幻想。他们说所有的美国人都想拥有一家夜总会。我从来没有过。但我不是很典型的美国人。我在夜总会工作过，吉恩也是，也许这就是原因。另一个神话是，所有的美国女孩都想成为空姐或女歌手。我不认为这是真的——如果你做过这两种工作的话。但显然，美国中产阶级的梦想是开一家讨人喜欢的小古董店，在安全和舒适的地方。我们认识几个过着神圣生活的经销商。他们都是有钱人，这对他们来说是一个非常可爱的小爱好。他们从不在自己的店里。年复一年，你看到的都是同样的商品。没有什么东西会变动。如果你把古董店当成收入来源，你就不能这么做了。它是一个残酷的行业，非常可怕。这并不意味着你要想成功就一定要歪门邪道，但这里面有大量的歪门邪道。吉恩对这个领域很了解，他能看出假货。

（轻轻地笑起来。）我不像吉恩那样是个科学家，也不像个工程师，我更像个生意人。是的，更多的是生意人，但我很喜欢这样。老实说，我告诉你吧，当我累了，如果我们有能力，我肯定不会去做音乐生意或古董生意。不会的。

**尤金**：我想我永远不会退休。我就像那个洗窗子的人。有人问他："你喜欢洗窗子吗？"他说："不，我不喜欢。"他们说："你为什么不辞掉你的工作呢？"他说："还能做什么？"（笑。）我喜欢这个笑话。

（快速地。）当然，我喜欢我的工作。我知道这个领域的其他人对我有一个很高的评价。

**纳塔莉**：我们结婚的时候，他正在同一个乐队合作，虽然他有一个商店。我开始找房子。我说他是个商人，或者说他是个技术员，因为每个人都说："我的上帝，不要告诉他们你丈夫是个音乐家。你永远不会租到一间公寓的。"有一个针对音乐家的强烈偏见。他们认为他们是候鸟，也许，或者，他会举办烂醉如泥的聚会。关于音乐家还是存在一种罪恶的光环。

**尤金**：我们生活中做的每一件事，都与受人尊敬有关。只要我们把工作做好，只要我们老老实实地做，别人怎么看待这份工作并没有那么重要。这才是真正的生活。如果你在利用别人，通过剥削来获得利益——我不能用这种方式来生活。

我从来没有让任何人真正奚落过我。似乎有一些关于音乐、关于钢琴调音的神秘的东西。有这么多的美来自音乐。这么多的美来自钢琴调音。我开始研究和弦进行曲……

**纳塔莉**：他在学巴赫。

**尤金**：我知道的和弦足以让我听到我想听到的声音。我在给一个长号手调琴，他曾经为扬·萨维特演奏过。当我在调音的时候，我随手弹奏了萨维特的主题曲"Out of Space"。那些增强十一和弦渐渐向下滑向第九和弦。这很美妙。他冲进房间："你从哪里听来的？你怎么知道的？"我听到了饱满的增强和弦，这在今天的音乐中是听不到的。有一天我回家说："我今天刚听到一个减弱的和弦。"

　　我有一种胜利的心情。有一天，我坐在酒店的宴会厅里调琴。当时有一个电脑制造商的座谈会。其中有一个人走过来，拍了拍我的肩膀。"有一天我们会替代掉你的工作。"我笑了起来。"为了能分离出无限多的谐波，你得用掉价值几十亿美元的设备，才能达到我用耳朵工作时达到的水准。"他说："你知道吗？你说的没错。我们绝不会碰你的工作。"电脑调音的成本绝对是高昂的。那一刻，我感觉很好。

# 经纪人

## 玛格丽特·理查兹（房地产经纪人）

她在过去的五年里一直做房地产经纪人。她寡居，有两个成年的孩子。"这是一份新职业。"她年轻的时候工作过，"在我用了二十年照顾家庭之前"。她在一家公司工作，与她共事的还有二十七位同事。"这是非常富于进取性的，'富于进取性的'这个词在这里用的是它最美好的意义。好的思维，新的思维，他们对做广告抱有信任。我认为我们在这个地区给予了极好的服务。"

她已经在这个地区生活了三十四年。她的丈夫是个银行家，她从丈夫那里继承了一份充裕的收入。"不管我做不做房地产经纪人，我的家人都能吃住穿用无忧。"这是一个位于大型工业城市北部郊区的上层中产阶级聚居区。

"要想获得经纪人的资格，就得上学，参加国家考试。你要了解调查，你要了解抵押贷款，你要了解产权费用、过户费用。你必须了解分区的相关事宜。"

做房地产经纪人是我非常喜欢的事情。这可能与多管闲事有关。最精巧的部分是身处这个决策流程的底层。房子是一个家庭最大的投资。人们说大学教育已经取代了房地产，大学教育已经变得如此昂贵。那么，投资的第二位就是买房子。这在这些人的生活中变得相当重要。

过去房地产经纪人的形象不是很好。你认为这行落到与二手车销售员相提并论的地步了吗？房地产经纪人只是买入和售出吗？但是买家总是问你的意见。这没什么不好的。（笑。）关于小区、学校、公园的事。对我个人来说，最有意义的事情是和年轻人一起购买他们的第一套房子。你会发现壁炉是多么重要。谁会需要一个地下室？（笑。）"我们真的不需要有车库，但我们必须有一个壁炉。"（笑。）诸如此类的事情。

最美好的部分之一是来自全国各地各个年龄段的人不断涌入。在一个村子里，你很容易停滞不前，你只能看到背景相似的人。我觉得能接触到一些和我不一样的人是很刺激的。

我想，为什么不试试房地产呢？我喜欢房子。我骨子里可能是一个一流的建筑师。（笑。）我从秘书做起，然后进入销售领域。销售领域绝对更有利可图。佣金是前五万美元的6%，超过的部分则是5%。总是遇到新的人，总是遇到新的情况，这才是关键。

这是一个竞争非常激烈的领域。在这个地区有很多经验丰富、高度专业的房地产经纪人。所以你的确会与别人产生摩擦。这很少是故意的。如果有人拿起周日的报纸，读到一则有关在我这里挂牌的房子的广告，他们打电话给我，我可以在两分钟内得知他们是否一直在通过别的经纪人寻找房子。如果他们不主动提供信息，我就会问他们。我鼓励他们给自己的房地产经纪人打电话。如果他们的经纪人给他们提供了良好的服务，为他们付出了时间，看在老天的分上，就和他或她合作吧。我的时间太宝贵了，不能花在与其他经纪人一起选购的人的身上。那里的机会不是那么好。我会尽我最大的努力为任何一位坚持和我在一起选房的人服务。我会给他们最好的服务，我配得上他们的忠诚。

进入整合环节，这种事情，房地产经纪人的立场是他们代表买家和卖家。他们自己没有立场。房地产经纪人是被雇用的。他无权教你把房子卖给谁、不卖给谁。有一种感觉，就是房地产经纪人应该采取更积极的立场。我们的立场是：他拥有房子，我们不拥有。当然了，我们只是在法律的框架内代表他。我从来没有接到过不要卖给黑人家庭或犹太人家庭的指示。我并不天真。我相信一定有案例。但我还没遇到过这种情况。我们平均每座房子是五万美元，所以这就有限制了。

这个星期天，我将举行一次开放参观活动，从下午一点到四点。会在报纸上刊登广告。我会在那里回答问题。找房子的人肯定会来。其他经纪人也会带着他们的客户来。我是代表卖家的。我们合作。希望房子的主人不会从一点到四点都待在那里。这样对他们更好一点。那对业主来说是很难受的体验——有人走过来说："她为什么要给客厅选这个颜色？"你在那里记录来参观的人们的名字。观察房子，把它的优点展现给大家。虽然我会毫不犹豫地指出我认为不好的特点。

大约二十年前，这个领域里有许多兼职女士在。那些女士和朋友们一起吃午饭，有人说："我在找房子。"所以你给他们找房子，这就是你的贡献，也算你的工作。这种方式是不被看好的，也不再得到纵容。如果你要持有房地产经纪人的执照，你要声明这是你的职业，你不做任何其他事情。我觉得这很好。那些做这行来养家糊口的男士，不应该被那些午餐会上的房地产经纪人女士挖墙脚。

女性房地产经纪人的存在是合理的。女人比男人更了解厨房。（笑。）大体上，买房子的是女人。根据我的经验，大多数男人都会让妻子来决定，只要价格合适，学校也不错，他也可以去坐火车。女主人要花时间在房子里面。让她高兴的东西也会让男主人感到高兴。一个女人自然能更好地了解女人的需求，找到她想要的东西。

我遇到过商业调动的案例。这类调动曾经很活跃。也许某个人获得了提拔，从康涅狄格州搬到这里。他们以前住在一个非常有魅力的价值三万五千美元的房子里，而且，天啊，他们现在可以花六万美元买房了。当他们看到六万美元能买到什么时，他们开始哭了。（笑。）没有他们离开的位于康涅狄格州的那幢三万五千美元的房子漂亮。当他们第一次来找房的时候，身份地位很重要。当他们看到一些最好的地区有丑陋的灰泥房子时，他们轻而易举地放弃了这个标准。但是，它靠近学校，靠近海滩，有良好的交通，还有一些对孩子有好处的东西。身份地位就被抛在一边了。他们想知道在这个街区是否有孩子。我们没有收到很多关于种族群体的问题。身份地位就被抛在脑后了。

当然，你会感到紧张。我刚刚有一个三千美元的交易失败了。从一开始就不看好，这是我唯一能说的。（笑。）它已经在我这里挂牌六个月了。另一个经纪人带来了对这所房子的报价。其实我在这笔交易上花的时间不超过八到十个小时。但是，如果你把我用来保持房子处于开放状态的时间、写广告的时间、展示房子的时间、接电话的时间和写信的时间加在一块儿——是的，是的，非常多的时间，是的。

有些日子就像闪电一样。去年这一年，从4月1日到8月中旬，我有一个星期天在家。周日上午十点或十一点之前，我不能给人看房子。但我在十一点到一点之间会带人去看三四套房子。然后，我会去一间一直开放的房子，也许从两点到五点之间吧。然后，会有人进来，想看其他的房子。我知道的第一件事就是七点半了，随后我会投身工作中。这是非常累人的。

在这些开放日的早晨，当你进入一栋又一栋房子时，有一个古老的技巧。你在一楼进去，然后去二楼，而不是去地下室。从二楼可以下两层楼到地下室。然后你只要上来一层就可以了。如果你先去地下室，你得爬两层楼。（笑。）这能让你保持身材。（笑。）当你在展示房子的时候，你要有精神，楼梯不要太高，这一点非常重要。如果你在楼梯上气喘吁吁地走，她可能会想："我怎么把我的衣服搬上这些楼梯呢？"所以……

我听有人说，房地产销售就跟汽车销售一样，不怎么费事。我觉得大有文章可做。对我来说，世界上最激动人心的事情就是拿起电话，然后有人说："有些朋友要来城里，你能帮他们吗？"我听到一些房地产经纪人说："我讨厌第一次给别人看房。"这句话真正的意思是，我讨厌见到他们，我感觉不舒服。我对还没见过的那对夫妇感到兴奋。我很高兴能见到他们，了解他们。我觉得这很有趣。只要我能爬完这些楼梯就行。（笑。）

## 詹姆斯·卡森（游艇经纪人）

他做游艇经纪人已经有四十一年了。"我所提供的服务形式基本上和房地产经纪人一样。我为客户寻找游艇。我的每一笔销售都需要大约一百七十个小时的努力。我可以把同一艘游艇展示给二十个人看，然后才有买家。我平均每年卖出的游艇数量是二十艘。自从我入行以来，我已经卖出了大概八百艘游艇。"

他卖的是二手游艇，价值在一万五千美元以上。"我没有展厅。展示的地点就在游艇此刻所在的地方。夏天的时候，它们通常在港口。冬天的时候，它们会被放在仓库里。我不喜欢卖超过十年的游艇。

"有一些销售员销售新游艇，他们是经销商。他们的工作直接从工厂开始，而且对他们的要求是购买非常多的游艇。我试过，然后放弃了。经销商这个工作不适合我。你站在跑步机上。为了保持你的经销权，你必须每年卖出多少艘新游艇。如果经济不景气，银行就会拿走经销商大部分的钱。这是个很艰难的生意。经销商，除非他有一个忠诚的制造商，否则他可能卷到大麻烦当中去。我见过很多人拿下经营权，然后工厂通过一个假经销商在他的地盘上卖游艇。这最终导致了苦恼和法律诉讼。当你卖游艇的时候，不是所有闪光的东西都是金子。"

不幸的是，我发现，在这行干了四十一年之后，有高达80%的人都在占便宜。（笑。）这是看待人性的一种酸溜溜的方式，但这是我看待人性的方式。

大多数时候，卖家都会给我打电话。或者，我是一个游艇定位器。买家打电话说："我在找一艘三十四英尺长的塔尔坦帆船。"这就是我长达一百七十个小时搜索的开始。我维护着自己的文件系统。我的搜索半径是三百英里。有些人要你支付他们来回的车费。我可以因为让人们在全国各地飞来飞去而破产。

我有一个姐夫，周日下午无聊的时候，会去看房子。虽然没有买房的打算，但他却占用了房地产经纪人的很多时间。在我年轻的时候，还很天真，我花了很多时间，不仅带人看游艇，还带人在湖上游玩两个小时。还在游艇俱乐部给他们提供食物。他们会不辞而别，你也不会再见到他们。这就是人性。现在，我不会带任何人去游艇上，除非有可以用作检查的定金。

卖家要支付佣金。这是一个固定的价格，7%。我四十一年前开始干这行的时候就收这些，我一直干到最后也就收这么多。其他人收取 10% 的佣金。我以此为生。我觉得也许我应该收得更多，但我正准备收手，就是这样。

我通常会让卖家签订书面合同。有些时候这是不可能的。有时顾客打电话过来说："你有什么四十二英尺的半舱式游艇①？"我会说："我只是在电话里拿到了一个列表。"他会说："我们出去看看吧。"我们会去游艇那里，船主有一把钥匙藏在某个地方。我从来没有见过这个人。所以，也许到了一天结束时，我会有一张定金支票，而没有合同出售。我也曾在这一步被骗过。买家和卖家一伙儿……

买游艇的人有很多种。他可能是个木匠，可能是个医生，任何一个普通人都可以。我把游艇卖给了每个阶层的工作者。我想说我们的游艇 99% 都是有资金支持的。银行有五年期的购船贷款。但他们希望至少有 25% 的首付。这就像汽车一样。实际上你看到的每个人都有贷款。

我开始做这行的时候，一直到二战期间，银行家们都害怕任何一个既拥有游艇又需要钱的人。他们感觉像 J. P. 摩根一样——如果你不得不质疑游艇的价格，你不应该购买它。他们认为一个工人没有权

---

① 半舱式游艇（half-cabin cruiser），一种船体结构内为船员和乘客提供住宿条件的动力船。——译者注

利购买游艇，除非他能开出全额支票。但之后银行就招揽生意了。他们现在有相当多的游艇贷款。各种价位的游艇都有。有的游艇高达一百万美元，你可以用几百美元买一艘小帆船。

这些大号的游艇是很少见的。愿意花那么多钱买游艇的人不多。我刚开始干这行的时候，一般的有钱人都会买一艘游艇，嗯，七十五到一百、两百英尺长的游艇。五大湖上有过一整支由这些游艇组成的舰队。有些游艇主雇的船员人数高达十六人。二战后，由于税收的原因，那个一百六十五英尺的游艇的主人拥有一艘五十二英尺的游艇，可以用一个人而不是十六个人来管理。然后他们开始把游艇归入公司，并将其作为损耗在账上注销。当他们被国内税收局追责时，这种情况就逐渐消失了。

1970年的经济衰退让我损失了四千多美元。我不得不动用自己的积蓄来支撑我度过这一年。人们首先可以舍弃的是游艇。1970年大跌前半年，人们就不再买游艇了。我想他们是有内幕消息的。我从销售所遭遇的阻力就能看出来。你能够接受一辆用了三年的汽车，你能够接受一艘开了五年的游艇。

对啦，游艇是一个很重要的地位象征。很多富裕阶层的人都住在湖滨大道旁的高楼里，俯瞰着贝尔蒙特港。要想在那个港口买到一艘游艇几乎是不可能的。他们有一个很长的等待名单。我相信那些人坐在自己的公寓里会说："哦，是的，那是我的游艇。"有些游艇甚至没有使用过，只是不折不扣地作为身份的象征而保留下来。他们想说："我有一艘游艇。"

他们换游艇时一次增加五英尺，为了彰显地位。首先，他们会从舷外机开始，我对其一无所知。他们来找我的时候，通常拥有的是三十英尺的游艇。他们会卖掉三十英尺的船，想要三十五英尺的。他们会一次增加五英尺，直到达到六十或七十英尺。就这样。我告诉你，在1970年的时候，没有多少增加英尺数的要求。

有两类买家。一类是从未拥有过游艇的人，你必须引导他。你要陪着他，直到你确信他很熟悉游艇的操作。你不能给他钥匙，然后一走了之，让他在湖里遇到麻烦。我和他有感情，我要对他负责。也有纯粹的自私动机。任何在湖面上的不良宣传都是对游艇的不良宣传，对经纪人的不良宣传。我必须确保他的安全。

你和那些一夜之间成为造船专家的人打交道。起初我经常和他们争论。但现在我只是坐在那里微笑。你是个傻瓜，你就是什么都不懂。你只是让他们告诉你。这已经不重要了。我很后悔做这份工作。如果让我重来一次，我就不会干这行了。我会成为一个工程师，一个建筑设计师。

这个领域有很多优秀的人。我不认为游艇行业里有过二手车经纪人。游艇兄弟会是一个相当八卦的组织。如果一个伙计多次主动出击，不需要太长的时间就可以混得风生水起。如果你建立了一个良好的声誉——我希望我已经建立起来了——也能游刃有余。

有时你会觉得自己被欣赏和被需要。其他时候，他们让你觉得你是一只寄生虫。我最不爽的是，当你努力卖掉某人的游艇，并把它展示给很多人看之后，你准备完成这笔交易，那人说："我不认为我欠你7%。""为什么不欠？""你只打了一个电话，这个家伙就买了。"他们不知道有多少个小时，多少个月，多少天，多少年，你坐在那里希望有活儿找上门。日常开销还在继续。

挫折、羞辱——但这在任何行业都是如此，不是吗？有些你最信任的人最想骗你。你最大的危险是当你对一个人有了喜爱之情的时候。你就会变得不像你应该的那样讲究实效。你没有让他签约。你想,好吧,我就是没法向这个人张嘴。我在他家做过客,我和他喝过酒,吃过饭,我们是互相直呼名字的好朋友。但当你坐在桌前时,看到的是一个完全不同的人。两个不同的人。你发现这一点时为时已晚。你手头就会有一场官司。

我遇到过一个人,我非常欣赏他,他很能干。他是个前空军飞行员,曾是轰炸机飞行员。而且天啊,他英俊、高大、修长,有着最亲切的笑容。他是一个白人新教徒,如果你知道我是什么意思的话。他看起来就仿佛可以在这个国家的任何一座教堂成为长老一样。而且他有一位非常善于交际的妻子。如果你想找一个人代表上层社会的游艇主,他是最合适的人选。我的天,他让我很失望。

他的第一艘游艇是我卖给他的。我认识他多年,很欣赏他。他用这艘游艇换了一艘很棒且昂贵的柴油船。他的儿子,一个十几岁的孩子,在船上疯狂开派对。他的妻子担心一定会发生什么事。她说:"我们要把它卖掉,彻底退出游艇界。"他们不断给我压力,让我卖掉这艘船。最后我给他找了个买家。我之前活儿干得很漂亮,用一个特别好的价格让他买到了这艘船。(叹气。)这么多年来,我都没有——像个傻子一样——如果我的律师跟我说过一次我就够傻的,他跟我说过上千次:"做生意的时候千万不要相信任何人。"

(深吸一口气。)买家在银行拿到了四万美元的贷款;这是我安排的。银行递给我的老朋友一张四万美元的银行支票。我说:"查理,我的佣金呢?"总共是两千八百多美元。他面无表情地看着我。他瞥了一眼他的外套口袋,那里是他放钱包的地方,然后说:"哦,我忘带支票本了。"他都不需要把话说完。我知道我和这个人有麻烦了，因为我没有任何笔头证据。

他带来了八百美元的现金，并说："这是没有上报的。你不必在你的账目上显示这笔钱。国税局永远不会知道这件事。我是在帮你的忙。"我说："你想从我身上讹两千美元，把我关进监狱。我的天啊，你是我有史以来最大的惊喜。我以为你是一个游艇主所能代表的最顶尖的完美。你是我见过的最大的骗子。"他是一家大型煤油公司的总裁。顶尖的飞行员。这让你怀疑你自己是否聪明过度了。天啊，被这样的人伤害了。

你以为游艇经纪人都是笑容满面的，一切都是牛奶和蜂蜜。你有你精选的朋友圈。而在你建立这个圈子的时候，只是想知道自己有多聪明。你就是不能相信别人。不管他们是街道清洁工还是银行行长，你永远不知道他们什么时候会背后给你一击。

（一段漫长的间歇。）我越早退休越好。我快到六十五岁了，我受够了。我不能再像以前那样活力四射地工作了。那些人比以前更让我烦恼了。所以我觉得——工作为的是什么呢？我应该在几年前就离开的。哦，我不知道我接下来会干什么。你一辈子都认识这些人。你除了做游艇经纪，没有其他的社交生活。我不知道我是否有什么卖点。也许你会找到一些退休的人，正在寻找与职业有关的治疗，这将使他忙碌，并会带来大约一个月一千美元的收入？（干巴巴的一声笑。）

## 戴维·里德·格洛弗（股票经纪人）

**我们在里德·格洛弗公司的办公室里，这是一家位于拉萨尔街的**

经纪公司，靠着芝加哥金融区。"我父亲是创始合伙人。有十二位合伙人。我们有大约二十个推销员，他们也处理客户的账目。换句话说，这些推销员被视作客户的人。

"我们公司是我父亲里德·格洛弗在 1931 年创立的。他曾是南部边远小镇的银行家。他觉得需要一家投资公司来为小型社区银行服务。现在有一万五千名银行家，大部分在中部各州，他们都会收到我们的信。在名单上待了四十年后，他们中的很多人都会抽出时间来给我们打电话。我想说我们是中等规模的。"

我四十岁了。我从 1954 年开始做证券生意，这是我在军队之外唯一的工作。我相信我们正处在一个新的时代。我认为我公司的创始合伙人被大萧条时期的心理所束缚，他们不明白股价不可能再出现严重的崩盘。资深经纪人因为不愿意顺应一些新的思维而被认为是老顽固和古板。年轻人中出现了大规模的责难。

1968 年和 1969 年发生了一件事，就是很多大公司过度扩张。比这更糟糕的是，他们推荐的股票是不健全的。我现在说的是大企业集团。你听说过四季疗养院的事、电子股的事。这些都演变为愤怒。当 1969 年和 1970 年的经济衰退发生时，这些公司中的多数都倒闭了。他们忘记了，真的没有一个新的时代。商业周期是不会消失的。你必须为逆境和繁荣做好准备。我现在意识到有一些原则是必须坚持的。

我的职业曾多次受到个人质疑。最糟糕的一次是在我接近四十岁这个充满魔力的分水岭的时候。（笑。）那段时间，我们正处于熊市如火如荼的时期。（笑。）而这是一个高度情绪化的行业。当市场在上涨的时候，你会有一种幸福感和满足感，为他人的福利做出贡献。当市场在下跌时，这一行就是一支相当不幸的队伍。当你在处理一个人的钱的时候，这是一个巨大的责任。

有经济能力的个人在经纪业务中接触的人太多了，他向你寻求投资服务是件让人感到荣耀的事情。我一直遵循的规则是，我期望有我姐夫的老客户，还有我大学室友的。但似乎每个人都有做这行的大学室友或者是姐夫。所以我不怎么用我的社交熟人来做生意。我最亲密的朋友分布在许多经纪公司里。在社交聚会上，我们不讨论市场，除了以一种调侃而非正式的方式谈论一下。

我很惊讶，个人客户很少会找经纪人的毛病。除此之外，我们的业务中也没有书面合同。如果股票下跌，客户的话就是他唯一的保证。他们都会付出代价。这是一个有信誉的生意。

当你在处理一个人的金钱和投资时，你处理的是他的希望、雄心和梦想。越来越多的人开始成熟地了解到，他们实际上可以拥有像通用汽车公司这样的企业的一部分，只需下单购买股票这样的无形物品。

人们很容易看看后表示，这是一个寄生虫性质的业务。你所做的只是从别人的生产力中捞取你的分成。我认为，这是一个错误的观点。坦率地说，我一直在纠结这个问题。归根结底，这个国家强大和繁荣的基础是有史以来最好的经济体系，这个体系有所有的不公平和不完善之处。我们的系统依赖公有资产的自由交换，而我们是其中的一部分。

如果没有股票市场，我认为经济会被扼杀。它将阻碍我们公司的发展，使其无法推销扩张所需的证券。看看联邦爱迪生公司，前几天刚发行了一百万股。如果没有股票市场，公司就无法投入资金，无法发展。这就是我的生活，我算得上是非常幸运的，能从事这份工作。很有成就感。

## 瑞·瓦克斯（股票经纪人）

他在华尔街做了几年的股票经纪人。他住在纽约市郊外的一个上层中产阶级的社区。他已婚，有两个已经长大的孩子。

"在我成长过程中，我真的相信，自己会用某种方式取得成功。当我还是个孩子的时候——我当时不超过十二岁——我就会凌晨五点起床，去一个露天市场，他们在露天摊位上卖蛋糕。天气太冷了，你必须戴着手套来切蛋糕。我一天能挣四五美元。这在那个年代是一大笔。我工作，并为此感觉良好。

"我十四岁的时候是个高尔夫球童。我曾经为了挣 2.5 美元，背着两套高尔夫球袋打了十八个洞。我猜今天会挣十美元。当你跟着打完十八个洞的时候，你真的赚到了你的工资。如果球童师傅喜欢你，也许你会完成三十六个洞的任务。

"我觉得即使家里有钱，我也应该工作。我应该赚点钱。这是你必须做的事情之一。如果你做了，它就应该让你感觉良好。我是个好球童，我感觉很好。我觉得总有一天会有人认识到我的闪光点。霍雷肖·阿尔杰 ① 那一套就是一派胡言。"

---

① 霍雷肖·阿尔杰（Horatio Alger，1832—1899），美国作家。阿尔杰的小说描述的大多是一个贫穷的少年是如何通过其正直、努力、坚持不懈和少许运气最终取得成功的。他创作的巅峰时期，正值美国由农业社会向工业社会转型的艰难过渡期。阿尔杰小说中的主人公，在某种程度上给予美国低收入工作者一定的力量、信心和动力，使他们更加努力地工作以获取成功。——译者注

二十年来，他在各种企业里都工作过。"我一般都很成功。后来我失去了兴趣，或者我认为已经没有什么前途了，我就去做别的事情。50年代末，我曾向南美出口汽车。我当时一年做了一百万美元的生意，然后就没劲了。我唯一的优点就是不骗人。有一段时间，我以为我可以在南美生活。然后我发现整个世界都被操纵了。他们不想让我做任何合法的事情。"

是什么让你没有成为百万富翁？

"我只是不……我不够能说会道。我足够聪明，可以做我必须做的事情，获得体面的收入，但我真的没有取得很大的成绩。（停顿。）好吧，我为了疯狂赚钱而准备做的事情是有限度的。但这是没有好处的。你应该做一切你必须做的事情来赚钱。我想，在某个点上是有极限的。你要么贬低自己，要么改变自己，或者某些事情的发生，让你变成另外一个人。后来，当我拥有一家旅馆的时候，我唯一能继续干下去的方法就是让一个皮条客在酒吧里放四个女人。我拒绝了。我做不到。我最终失去了旅馆。"

他成了一个土地投机商。"我没钱了，因为土地需要很多钱。为了保护自己，我成了一名房地产经纪人，开始兜售土地。我把土地卖给建筑商，我意识到这只比经营糖果店强一截。几年之内，我就开始盖房子了，而且盖得比任何人以前盖得都好。我真的有某种责任去建造一栋好房子。直到我开始把土地用光……"

我喜欢盖房子。这真的是一件很奇妙的事情。你和那些用手工作的人一起工作。当木匠来工作的时候，该死的，他们很厉害。砌砖工进来的时候，他们必须了解自己的工作。我有一个瓦工，一个挪威人，或者是别的什么地方的人。当他爬上那该死的屋顶、把那东西扣在那里时，伙计，你知道那会是你所拥有过的最好的屋顶。我没有在房子上作弊。我卖自己的房子，不会把它们交给经纪人。做这些事给我带来了享受，比我人生中任何东西给我带来的享受都要多。我不知道自己为什么没有继续做下去。

我是那种奋发努力的人。我必须继续做点别的事情。我没法看到自己去建造一块由五十、一百栋像小盒子一样的房子组成的住宅区。我不能拿那种可以在一两英亩的土地上建五六栋房子的地块，去建造一栋精致的房子。过了一段时间，挑战就没有了。

我投资了一家旅馆。它有一百零一把钥匙。我迷上了旅馆，它的运作，它是如何放在一起，谁来，谁去。我带着二十五万美元的资金，在世界博览会旁边建起了自己的旅馆。我们所建造的成果是博览会上所有汽车旅馆中最大规模的。两年后，博览会就变成了一片废墟。这片区域一片荒凉，死气沉沉。我全身而退，但把旅馆还给了银行。

我还在折腾旅馆的时候，就开始玩股票。运气好的时候，我赚了十万美元。这让我确信自己可以以此为生活方式。我想这是一种不错的生活方式。我开始学习做股票经纪人。我通过了考试。你要学习这一行的伦理，什么可以做，什么不可以做。都是些虚头巴脑的东西。

纽约证券交易所有 1066 名会员。我一直把它视作诺曼征服[1]。这些会员都是征服者威廉。1066 是世界上最伟大的俱乐部之一。交易

---

[1]　这里指的是 1066 年法国诺曼底公爵威廉对英格兰的入侵和征服。——译者注

所的一个席位，在不景气的时候要花十万美元，在景气的时候要花五十万美元。这些家伙在没有决定他们要彼此照顾、保护自己人之前，是不会支付这个入场费的。他们是所有股票的守护者。他们是专家。他们互相把这些股票小规模发放，获取优势。他们成为所有股票的庄家。这是城里唯一的驱动力量。

我真的认为市场是一条河。钱流向大海。我想，自己要做的就是站在河岸上，每隔一段时间就放下一只桶，然后从中获取一点。我不在乎这些手臂下夹着小公文包的温柔的异教徒带了多少钱回拉奇蒙特，或者有多少钱流到韦斯特波特。我想他们会让我放下我的桶。但他们不会让任何人放下桶。

恐怕股票经纪人的工作是多余的。他曾经确实发挥了作用，当时很少有人被允许进入市场、有分享部分好东西的机会。市场真的是很有技术的人玩的游戏，他们在低位积累股票，以便可以在高位分配。市场是被操纵的。有知识的人买入某些股票，不管它们是否有内在价值，在以后的某个时刻，公众被告知这些股票代表着良好的价值，应该购买。等到普通百姓进入股市的时候，制造这种氛围的人就出去了。市场上每赚一美元，就会损失一美元。那1066名专业人士做到了。

经纪公司需要一些人让这整个机器运转起来。在这个格局的某个地方，有股票经纪人。这就是我的作用。我们都被连接在一起了。我在观察每一笔交易。市场上发生的一切，我都能即时看到。我面前有一台机器，它能记录并记住一天中发生的每一笔交易。它叫"邦克·拉莫"报价器。它实际上是一个电视屏幕，重现了位于新泽西的一台主电脑的信息。在几分之一秒内，当我按下我想要的符号时，它就会传到中央电脑，然后自动回来。当我把手从机器上拿开的时候，我面前的屏幕已经在重现信息了。

我看着一千八百万、两千万股股票通过磁带。我看着每一个符号，每一笔交易。我会走火入魔，但我的眼睛已经习惯性地筛选了大概两百只股票，而忽略了其他的股票。我用眼睛挑出古德里奇①，但我没有看到 ITI 公司②。我不关注国际电话公司，我对这个不感兴趣。我没看到 ITI 公司，但我看到了 IBM。有超过三千两百个符号。其他的三千多个符号我就不看了。否则我会疯掉的。我今天真的是非常疲惫的一天。

六点半起床，八点前我读了《纽约时报》和《华尔街日报》。八点到十点，我读了道琼斯的行情带。三点半收市时，我工作到四点半或五点。我投入了大量的技术工作。我狂热地听新闻报道。我试图确定发生了什么。我完全沉浸在我正在做的事情中。与我在这份工作中投入的工作量和智慧相比，我没有得到适当的补偿。我现在的生活很普通。唯一的补偿就像我与机器的对抗。我想用我的智慧来对抗机器。我是一个该死的约翰·亨利，在和这该死的钢钻战斗。我离开这个世界的时候可能手里还握着我的锤子。（笑。）因为我不想缴械投降。也许我错了，但我想用自己的方式达到目的。这是非常困难的，这是上帝的真理。

---

① 古德里奇公司（Goodrich Corporation），美国一家航空航天产品制造商。——译者注

② ITI 指的是 International Telephone Industries Limited（印度电话工业有限公司），是印度中央政府拥有的电信设备制造商。该公司成立于 1948 年，总部设于班加罗尔。——译者注

市场运作起来是为了摧毁你。它说，用你的方式玩吧，傻瓜，买账吧。相信美国梦，买百倍倍投，相信 IBM，如果你怀疑，上帝帮助你。永远不要怀疑你在做什么。

**"人们去赛马场。当赛马场有五万人的时候，有四万九千九百九十个人是去赔钱的。这算是一种自讨苦吃。竞技场里可能有十个人是专业的，他们早上六点就到那里给马计时，他们摸过草皮，和骑师或马房的人交谈过。他们是专业的赌徒。他们在那里只有一个目的，就是赚钱。而其他四万九千九百九十个笨蛋，他们是来输钱的。我不需要告诉你关于马的事。"**

进入股市的人都致力于赔钱。他们不会责怪经纪人。他们不怪机器，而机器被操纵用来对付他们。你买股票的那一刻，你就上钩了。你在进入或者退出股票市场的时候要支付佣金。通常，这是一个相当大的百分比。股票要至少涨 1.25 个点，你才能收回本。如果你在 50 美元时买入一只股票，它必须涨到 51.35 美元时，你才会收支平衡。你在转过弯之前就被套牢了。在你买入那只股票的那一刻，你就是个失败者。

我想做的是，为了证明我的存在，就是要了解股市是如何运作的。我参加了课程。我参加了每一个讲座。我订阅了各种服务。我做图表。我几乎就像那个赌徒，在早上六点，马场的人把马放出来练习的时候跑来计时。但我真的只是在场外往里看。别人已经操纵了这场比赛，知道谁会赢。还有人知道要买入什么股票。我相信，每只股票都有一个小组来决定他们什么时候买入、什么时候抛出。当你看到火车开动的时候，你能做的就是——这就是火车移动的理论……

火车开始移动时，你能做的就是看着它移动，希望能上车。你不知道火车什么时候会减速，直到征服者威廉们跳下来之后才知道。你会比他们晚十个点上车，再比他们晚十个点下车。如果你能辨别火车的方向……

也许如果我二十、二十五岁，刚从哈佛商学院毕业，我就会相信了这些胡话，这些胡话是经过包装的……华尔街，麦迪逊大道。这些人连长相都一样。他们真的相信自己的无坚不摧。他们相信自己的成功故事。我不相信。（凄凉的笑声。）这种做股票经纪人的理由真是够糟糕的。我以一种疯狂的方式提供一种服务。我试着给这样的客户一个合理的投资解释。我试着……（疲惫地叹了口气。）

"听着，我们有价值八百亿美元的钱在欧洲各处闲置着。这是不可兑换的。我们把世界上所有的国家都搞垮了。我们让世界上所有的中央银行都被美元搞得焦头烂额了。他们什么也做不了。我们对他们说：'我们是得州人。'世界是属于康纳利的。他实际上是在告诉他们：'用这些钱生活吧。我们已经买了你们的公司，我们已经接管了你们的经济，我们已经给了你们虚假的美元。不要对我们吹口哨，因为整个天空都会塌下来，小鸡仔。也许两三年后，如果我们想，可能会讨论美元兑换成黄金的问题。同时，去你妈的。把钱用来购买我们的国库券、购买我们的股票吧，做点什么吧。但不要回来找我兑换现金，因为这些东西一文不值。'我们把世界搞得一团糟。

"我见过他们这样做。我买黄金，我买白银。这是唯一真实的东西。在这个国家，你不能买黄金。我们不敢。如果我们让美国人买黄金，每个人都会在后院挖土，把金条埋起来。因为他知道那东西是真的。"

（一段漫长的间歇。）我试着去完成一项有意义的工作。我试着不要拿别人的钱去做一些糟糕透顶的事。如果一个银行家拿着你的钱，给你5%，他却赚了12%，应该有更好的方式让小人物参与进来。他应该做到比把钱交给保险公司或银行更好。不应该是这样操纵的。他应该有机会得到公平的回报的钱。他为之而工作。别人不应该用这些钱得到12%的回报，而付给小人物5%的回报。

真正在股市上赚到钱的，是拥有真正财富的人。我会说："如果你给我五千美元，我可以让你获得10%的回报。如果我们的业绩很好，也许我能给20%的回报。如果大获全胜，也许我们会翻倍。"但你要想赚到一百万美元的唯一方法，就是先从一百万美元开始。

**"在市场上赚到钱的人，始终都是有钱人。这个国家的大富豪都买了强生公司，买了IBM。他们从来没有卖过一股。到今天，66%的股票是由从来没有卖过股票的人拥有的。他们在1930年买了通用汽车，他们从来没有卖过。他们没有以4%的回报率把它存入银行。他们靠回报过活，他们从不卖掉本金。"**

我在努力运用我的智慧，这是我在其他行业中锻炼出来的。但这就像和章鱼摔跤一样。太多我无法控制的事情正在发生。我可以告诉你事后发生了什么，但很难在事前告诉你。市场从来没有真正以完全相同的方式日复一日地重复。多年来有相似之处。杰西·利弗莫尔，一个传奇人物，三次破产。但他对这条街很有价值，他创造了太多的刺激，以至于兄弟会，就是1066俱乐部，给了他钱，让他重新做生意。他在股市里所实施的操纵，他所进行的活动，每天都会创造额外的销售额。其他人也变得兴奋起来，参与其中。然而这个人，带着他所有的经验，不断地被消灭掉。他对抗的是一个比他要强大的东西。最终他被摧毁，自杀了。他甚至失去了与他所知道的现实之间的联系。[1]

这其实是一种幻觉。它之所以真实是因为有足够多的人相信它是真实的。整个市场基于一个前提——潜在的增长。你可以把股票翻任何倍数。如果一只股票一年赚一美元，它就卖一百美元。它的售价是其赚钱能力的一百倍。如果你相信这只股票是未来某种经验的反映，你可以投资于其收入能力的一百倍，并且你将随后受益，你就有资格成为一个真正的信徒。但当你质疑这个前提的那一刻，整个事情就像纸牌屋一样坍塌了。你必须为这整个疯狂的谎言买账，否则就没有市场。

"IBM、伊士曼柯达、施乐，这些都叫成长股。而且它们被各大机构、各大养老基金、各大高校所持有。这就是中坚力量。没有机构质疑这些股票会不断变好的基本前提。宝丽来在过去的四年里，盈利增长为负十一。但因为他们有一台独一无二的相机，所以他们假装自己会以无限的速度扩张。只要你相信，你可以为宝丽来支付一百三十美元，就像今天一样。只要你相信这个美国梦，相信增长是永远的，你就会付出任何代价。但那些创造这个市场的人，在某个糟糕的时候他

---

[1] "利弗莫尔说过：'我拥有我所认为的 IBM 和菲利普·莫里斯公司的控股权。'于是我问：'你为什么要去做其他事情呢？'他回答说：'我只懂股票。我不能去管企业。'于是我问他：'你们这种人会把一千万放在没人能碰的地方吗？'他看看我，回答道：'年轻人，如果你不能拥有巨额财富，有一千万有什么用呢？'"（阿瑟·罗伯逊在《艰难时代》中的回忆，New York: Pantheon Books, 1970）——原注

**们会把宝丽来以一百三十美元的价格卖给像你和我这样的笨蛋。然后他们又会以六十五美元的价格把它捡起来，然后重新开始整个过程。他们一直在这样做。"**

有些人认识我多年，让我处理他们的业务。在人们恳请的基础上，我创造新的业务，这取决于我的记录有多好。经纪人的功能是设法让他的账户进行交易。真正的"钱"从来不是靠卖股票赚来的。经纪人的命脉，他唯一的钱，是通过产生佣金而来。大多数钱都是通过让人们把自己的投资组合、股票一年交易三次、四次、五次赚来的。如果你真的缺乏道德——见利忘义，这是个更温和的词——你可能会让他们把他们的股票一年交易十次或十五次。这是有名目的。

股票经纪人只不过是股市里微不足道的炒股人。他们是接单员。如果是在大型机构里，股票经纪人做的事情很少。这是一个正在衰退的职业。所有的事情都在电脑里，在系统化的磁条上。现在有些华尔街的大机构称："你永远不要做决定。我们有一台电脑，告诉你要对你的客户做些什么，让你买入和卖出股票。"在某一时刻，经纪人的功能可能会被降级为一些坐在电话机旁、重复电脑告诉客户有关买入和卖出信息的女孩。我认为华尔街将沦为一种超市。最大的机构会吞噬其他机构。最后会以剩下四五家公司结束，最多不超过六家。

有的公司保证，如果你使用这台机器，你每年会从你的客户那里得到五到十笔交易。他们会把他带进股市里，然后再把他带出来。很好。但在实际操作中，当市场不景气时，机器就会坏掉。它无法照顾到变幻莫测的市场。机器无法解释经济危机或世界大萧条。机器无法解释超过 6% 的失业率。机器无法解释在越南的军事冒险。它是个机器人。它可以做编好程的磁条让它做的事情。但它无法对我们所生活的这个不平凡的世界做出解释。

像我这样的人一开始觉得股票经纪人在社会上有一席之地，觉得自己真的拥有一个有用的职能。经纪人看到这一职能被市场的见利忘义所摧毁。一只一文不值的股票可以被赋予魅力，很多人可能会被诱导购买。刺激，公共关系。绝对的见利忘义让那些构建股票市场的人走上巅峰，而这种绝对的见利忘义也能将股市里的人彻底消灭掉。

你能想象吗？我以前真的觉得自己可以抵制这台机器的。开始干这行的时候，我确信自己可以赢。现在我不再有这种信心了。发生的事情是如此不寻常。它比我大得多。

我只是想顺势而为。我与此无关。他们相信游戏，因为他们知道牌会怎么发。我不相信这个游戏是因为我知道牌是叠在一起的。在被告知财政责任后，他们知道国库会放出各种美元，各种各样的钱会被提供给公司，让公司将其投入市场。这是一个矛盾的地方。这就是事情的关键所在。

我不能说自己做的事情有什么价值。我在做的事情没有让我感到太高兴。如果我能在某种程度上学会见风使舵——但我不能。如果我犯了一个错误，让客户花了钱，就好像是我的钱一样。这是很特别的。一般的经纪人都是为了赚取佣金而活着，而他回家就好像是在卖鞋带或领带一样。他不会把该死的市场带在身上。我就像背着沉重的负担。伙计，我半夜醒来，想起自己做得对不对。这可不行。但我真的不能让它发生。

我盖房子的时候，雇了一个砌砖工，雇了一个屋顶工，我决定由谁来把这该死的东西摞在一起。我把钥匙递给某人时，房子是完整的，我让这件事实现了。我在市场里不能这样做。我只是被人操纵，被人使唤来使唤去……我一直假装我可以理解它，我可以以某种方式应付它。事实是不能。

经纪人作为一个人正遭到金融界的贬低。他的佣金被削减了。我加入了经纪人协会——我们有大约一千名会员，而经纪人有四万名。这个协会试图把自己当成飞行员工会。可怕的是我们不开飞机。我们处理该死的电话，在电脑上翻译的东西上打出数字。我们假装自己在社会上有地位，但我们是消耗品。

经纪公司刚刚又削减了我们的佣金，而他们自己的佣金却增加了42%。证监会批准了一套新的佣金率。证监会只是证券交易所的一个部门。他们把自己的人安置在里面。像每一个监管机构，它为证券交易所提供服务，并且骑在公众头上。大型证券交易机构的佣金更多一些，但我没有比以前挣得更多。这种情况发生在街上的每家公司。就好像他们一起出去打高尔夫，然后达成一致。

在这场骗局中，我们受到证券交易所成员的蔑视。他们告诉你，你不是一个有用的社会成员。他们真的是在说："如果你发出太大的声音，我们会让一个女孩来接单，剩下的就由机器来做。你最好让我们为你做决定。不要试图使用你的智慧。不要试图弄清楚发生了什么么，如果你知道什么对你有好处的话。"

哦，我会继续应付的。（笑。）我会继续与机器作斗争。我会带着我个人幻觉的破灭继续下去。（笑。）哦，我想有一天早上醒来，去做一些能给我带来快乐的工作。如果我可以重新建造房屋，我会这么做。因为当它完成的时候，有人会住在里面，房子会建起来，在我走后它还会在那里。（停顿。）啊，他妈的！

# 官僚

## 史蒂夫·卡迈克尔（政府项目协调人）

"我是个协调人。我做的是项目管理。"他为邻里青年团[①]工作。虽然该组织是由联邦政府资助、通过经济机会局执行的，但他受雇于该市。"我们的两个机构是在半年前联合起来的。向扶贫项目制度化又迈进了一步。"他领导着一个九个人的部门。"我们接收贫困收入家庭的年轻人，并通过工作经验来帮助他们，那些已经辍学的人，从而提高他们获得工作的潜力。"

他二十五岁，已婚，有一个孩子。

我在"服务美国志愿队"工作时，最大的挫折是与行政人员打交道。我当时在一所学校工作，我认为教育委员会是一个大的官僚机构，不能动。我对华盛顿的官僚们不屑一顾，他们制定了规则，却没有到过那些规则生效的地方。官僚主义。我说，我可以代替一个官僚，在与人的关系中实行一项计划，而不是数字。我很怀疑三年后我

---

① 邻里青年团（Neighborhood Youth Corps），约翰·肯尼迪总统上台后发起的"向贫困宣战"运动框架下衍生的几十个项目之一，目的是给贫困的城市青年提供工作经验并且鼓励他们继续学业。——译者注

是否会参与公共管理。一个原因是每天我都发现自己越来越像我想取
代的人。

我会碰到一个行政人员，试图着手开始一项改变，然后我就会去
找另外一个人，与之沆瀣一气才能让改变得以进行。渐渐地，你的效
率就会下降。很快你就不再是那个有想法的聪明人了。你成了坏了一
锅粥的那粒老鼠屎。你被你的上级和下属批评。不是以直接的方式。
间接的，是被无视。他们说我不切实际。其中一个和我一起工作的人
说："相信这个项目能让十六七岁的辍学者有所作为，这是个梦。这
可能是真的，但如果我要去相信这个，我就不能相信我的工作有任何
价值。"

我可能是在摇摆不定，虽然我没有任何成就。当对我的批评越来
越多时，我工作的安全感就开始发挥作用了。我开始说："好吧，我
最近得到了晋升。我赢得了这个晋升。"他们不能拒绝任何做出重大
投入的人。现在我处于一个平台。随着批评的继续，我发现自己的言
论有所收敛，越来越担心安全问题。

我被认为是一个后起之秀，我是白人，比他们年轻。（笑。）他们
的年龄在三十到四十岁之间。他们可能会给我这个人打分，公平地打
个中等。他们可能会给我 60% 的评分。作为一个主管，我的评分会
降到 20% 左右。我认为我是一个比他们所认为的更好的主管。他们
批评我，因为他们可能对整个项目有什么批评——这和我在他们的位
置上时批评我的主管的方式差不多。他成了一个食人恶魔，是项目失
败的责任源。不同的是，我不会像他那样神气十足地对待我的员工。
他们向我提出建议，如果我觉得是合理的，我就会试着去执行。我想
这已经建立了他们对我的一些信心。

　　我的建议要经过行政渠道。90% 由我的直属上司过滤掉了。我认为需要做的事情一直都不太成功。我花了六个月的时间才说服我的老板做出一项明显的行政改革。她花了两天时间否认她曾经反对过这项改变。

　　我们有五六个年轻人都想进入汽车培训项目。每个人都说："这需要签字，这需要时间。"我跟进这些事情。因为其他人似乎都忘了还有人在等待。所以我会接到那个电话，做一些调查，发现什么都没有发生，向老板汇报，然后打电话回去道歉。然后处理几件小事——约翰尼今天扯断了一把锯子……某些参保人正在抗议。因为他们的工资被扣掉了。

　　所以，在四点四十五分的时候，我突然看了看我的办公桌，上面铺满了文件、报告和备忘录。我必须在秘书将所有这些归档之前把它们整理出来。每个人都会在五点钟离开，除了我。通常我在那里待到六点。如果我做了所有我应该做的文件工作，我的理智就会消失。文件工作我几乎完全不理会。我在电话里做了很多决定。两个月后，有人问："关于这个和那个的报告在哪里啊？档案在哪里？"这个时候，你就想起这茬儿了。


　　"我曾经怀抱着比现在多很多的希望。当我从'服务美国志愿队'出来后，想从事教育工作。我也想找一份收入不错的工作。我开始在这里干的时候，年薪是一万美元。考虑到我当时没有任何经验，而且只有二十三岁，这已经很不错了。当你说自己是'服务美国志愿队'的时候，我不知道这意味着什么。我不认为这是惊人的。

　　"我上过四年大学，学的是工商管理，我在伊利诺伊贝尔公司工作过，那是一家相当不错的公司，但那份工作不适合我。我有太多的精力。我进入商业领域是因为容易。工作了一段时间后，我对私营企业腐败的信念得到了证实。（笑。）这让我很不爽。还剩下什么？社会服务。我辞职后飞奔到华盛顿，收到入职通知四天后就被'服务美国志愿队'录取了。他们给了我一个2A的延期签证。我奇迹般地没有在稻田里绊倒。"

对我来说，最令人沮丧的是知道我所做的事情对别人没有积极的影响。我不认为这项工作有什么意义。我现在对我的工作不屑一顾。我的工作地位完全取决于内部。谁是你的朋友？你能走进这个人的办公室直呼他的名字吗？对不了解工作的陌生人来说，我所做的工作的地位很低。机构内部的人也不理解。（笑。）

成功就是让我能在一个位置上做出决定。现在我必须等待，看看我说的或做的是否有任何影响。我不知道我会如何运作，人们会说："有一个有能耐的家伙。他知道他在说什么。"而我说的话就成了金句。我不知道这对我来说会不会很满意。（笑。）那可能比争取一切你想要的东西更令人沮丧。现在我觉得自己很不重要。

后记："在我等待这份工作的时候，有人建议我去见我的区委员。我当时正在挣扎。我的妻子怀孕了。我几乎没有存款。我将得到一份一万美元的工作。我该怎么办？我本来打算做出租车司机。然后我说：'我要当个砌砖工。'晚上回家洗个澡，放松一下。我准备给我叔叔打电话，他是个石匠。我知道他能帮我联系上，这就是讽刺。我是在谴责一种制度，它迫使我去找我的区委员去找市里的工作，但我准备打电话给我的叔叔，让我加塞排在队伍的最前面进入石匠工会。（笑。）
一种制度和另一种制度一样不道德。幸运的是，我的申请通过了市政
厅的审核，没有通过政治手段。直到今天，我还是没有政治背景的人。
我不知道这能持续多久。我可能要去找市议员，才能让我的升迁通过。

　　"我最近两年的目标是当一名大学教授。教授一年只工作九个月。
（笑。）他可以对收入进行补充。什么是令人感到舒适的收入呢？我
们——我和我妻子——把从一万五千美元起步作为我们的目标。我们
现在已经到了两万五千美元左右。如果我有另一个孩子，目标将上升
到三万美元。我对大学教授的看法——除了影响别人的能力之外——
就是商业界经常把他当作顾问。不错啊。"

## 莉莉丝·瑞诺兹（项目协调人）

　　我很难描述自己现在所做的事情。可能听起来像胡言乱语。很难
理解所有的首字母缩写。就像字母汤一样，我们刚刚经历了一次重
组，这是政府的典型特征。现在重组的速度很快。我的工作不仅在名
称上发生了变化，而且在地位上也发生了变化。

　　她已经为联邦政府工作了九年。"我为经济机会局工作。我是地区
主任的助理。我是所谓的区域委员会的联络人。有一个叫机构间区域
委员会的组织，由五个机构组成：经济机会局、卫生教育局、福利局、
劳工局、交通局和房管局。这个组织每个月开一次会。

　　"各机构并不真正想协调工作。他们想按照自己的方式来运作自己
的项目，而其他机构则见鬼去吧。经济机会局的独特之处在于，我们

直接向社区提供资金，而不通过其他政府机构。①

"区域委员会实际上是由联邦政府来指挥的。管理和预算办公室来告知区域委员会要做什么。委员会只是一个微不足道的政治体。其中一个重要的推动力是与该地区的六位州长和市长——从任命秘书到规划人员再到预算部门——建立更好的联系。为你想要的项目争取到所需的资金，让它落到人民手中。我们大部分时间都在做这个工作。"

令人惊奇的是，周围的信息实在太少了。从这就能看出信息的传播是如何系统性地遭到阻止的。一些西班牙裔社区团体相当擅长骚扰区域主管。他们想知道问题的答案。我们办公室里有多少会说西班牙语的人？这并不难，有两个。有多少人受雇于我们提供资助的机构？有多少人收到了我们资助的机构提供的服务？这些都是合理的问题。我们得到答案的方式很荒谬。我们就是拿不出统计数字来。我们只是做了一个有根据的猜测。要改变规则很难，人们会选择阻力最小的方式。

我有一个理论。一个员工的晋升取决于他的上司对他的看法，而不是取决于为他工作的人的看法。区域主管的工作取决于他在华盛顿的朋友圈。所以他最好的做法就是不挑战体制，不搞事情。他的未来取决于是否对那些正在做决定执行对他的雇员造成伤害的财政削减的人笑脸相迎。所以他缄默不语。但下面的人，现场代表，那些知道发生了什么事的人，有了反应。所以主管就尝试着摆脱最能搞事的人。

---

① "尼克松政府加快了通向建立耐心、审慎评估机制的步伐，特别是在经济机会局内部……受到波及的机构当中首当其冲的是经济机会局，它是旧方式的旗舰，亦是新方式的家园。"（杰克·罗森塔尔，《纽约时报》，1973年2月4日）——原注

在我们的办公室里，关于穷人的话题越来越少了。主要是讨论我们应该如何做事。我不知道是不是一直如此。只是现在更明显了。当地的政治家们在项目上有越来越多的发言权。在芝加哥，市长戴利管理项目。在其他城市，这取决于权力结构。我们现在更多谈论的是地方机构，而不是穷人。

我在工会<sup>①</sup>中非常活跃。我们经常与管理层对峙，坚持要求他们解决问题。我们试图让他们提升秘书的级别。他们的工作报酬太低了。管理层与我们对抗。我们试图在政策制定上有发言权。我们敦促他们直接为贫困群体提供资金。管理层与我们抗争。

例如，工会已经在支持中西部穷人联盟。我们试图让资金直接给芝加哥印第安村和印第安纳州的一个贫困团体。几乎总是被机构回绝。我们攻击管理层，因为他们没有执行《经济机会法案》。

员工应该帮助制定政策，因为他们最了解事情的进展。这可能和汽车厂的情况一样。很多时候，工人比经理能更好地对生产做出决定。经理们并不经常到下面去了解情况。

你所受的教育让你准备好去做一份工作，并接受你被告知的事情的正确性。我曾在社会安全局工作过几年。这份工作有大量的规则和条例。在很长一段时间里，我相信他们是正确的，我的工作就是执行这些规则。在我到经济机会局之后，我越来越明显地发现，这些规则中有很多是错误的，规则不是神圣不可侵犯的。我觉得这种情况发生在各地的工人身上。他们在挑战规则。这就是我们正在做的事情。

通过工会，人们一直在提出想法，而管理层也被迫越来越多地倾

① 美国政府雇员联合会（American Federation of Government Employees）。——原注

听。他们到现在还没把我们当回事。但我们刚刚得到了一份全国性的协议，其中要求成立工会——管理委员会。我认为我们的工会比大多数政府工会对管理层的挑战要大得多。这主要是因为经济机会局所吸引的那类人。他们相信去当穷人代言人的意义。他们相信去组织人们挑战这个系统的意义。组织一个工会，也是对制度的挑战，这是很自然的事情。

我是办公室决策过程中的前十五名人员之一。当工会变得更加咄咄逼人时——那是在印第安人的问题上，主任试图解雇我们的主席，我陷入了一场大麻烦。我们对主任提出了三十三项指控，并向所有的社区机构、所有的受资助者、所有的参议员和国会议员大规模邮寄信件。在那之后，我就不再是地区主任的助理了。（笑。）

这也是政府的另一个典型特征。当管理层想要摆脱你的时候，他们不会解雇你。他们做的是夺走你的工作。这就是发生在我身上的事。他甚至没有告诉我新工作是什么。他们派人去看我的人事档案……"我的天，我们能拿她怎么办？"他们遇到了问题，因为我是个高等级的员工。我是十四级。地区主任是十七级。其中一个副主任告诉我："你要去当经济发展专家。"（笑。）

我现在对我的工作非常灰心。我无事可做。在过去的四五个星期里，我没有做任何正式的工作，因为他们真的不期望任何东西。他们只是想让我安静下来。他们说这是一个六十天的任务。我要写出一些关于经济发展的文件。不会很难，因为能做的事情不多。六十天结束的时候，我会把文件提交上去。但由于重组，我可能永远不会被问及文件的事情。

这是极其令人沮丧的。但是，具有讽刺意味的是，在过去的几周里，我觉得做自己想做的事比做我去年作为公务员应该做的事更有成效。作为公务员，我无所事事。我一直致力于组织妇女和工会活动。这项工作是伟大的。

如果他们能再松一点绑，我就真的可以做一些事情了。我们有很多数据可以证明性别歧视的可信性。黑人女性的平均成绩是最低的。白人女性的平均成绩稍好一点，然后是黑人男性，然后是白人男性。我相信这是我们整个社会的统计数字。我们相信，只要把女性组织起来，我们就能在各个方向上做出改变。我们已经开始这样做了。

我们没有理由不把这一点带到社区行动机构中去。他们中的许多人都在与福利母亲打交道，与各种以妇女为首的家庭打交道。如果妇女更了解她们的权利，她们就会更容易。如果我们能进入整个法律诉讼的问题，我们会获得真正的改变。我的办公室正试图阻止我们。

当你做一些自己真正感兴趣的事情时，下班后的时间也会做。我把自己更多的精力投入其中，表现得像个有能力的人。当你在做一些你不喜欢的事情，你就不会发挥你的才能。在我们的办公室里，有很多人做得非常非常少，就是因为他们的工作太没有意义了。

有些工作在纸上会显得很有意义。扶贫计划的想法是令人兴奋的。但人们却被官僚主义的决定和不做决定所阻止。当你在一线冲锋陷阵、却因为政客们陷入棘手的局面时，你不能指望你的办公室支持你。你会受到惩罚，比如，你的工作会被夺走。（笑。）

因为我一直在做自己想做的事，我的日子过得快多了。在我还是地区主任助理的时候，很多时间都被无休止的会议所占据。我每周花在会议上的时间很容易达到二十个小时或更多。非常、非常没效率。虽然现在我在做我想做的事，但我知道这不会长久。

我必须把自己在做的事情加以隐藏。如果有人走进办公室，你必须迅速把东西推开。现在大家都知道我不做任何公务了。因为工会和主任之间的争论已经开始了。人们不是站在这一边就是站在另一边。大多数来找我的人都是站在工会这一边的。我并不隐瞒我没有做任何正式工作的事实。

我隐瞒这些事情是因为我觉得有点内疚。这可能是我的新教教养。我一生都是以工作为导向的。我不能为做我想做的事领取薪水——这是我的习惯性思维。我爸爸在工厂工作。我被教导工作是你必须要做的事情。你这样做是为了赚钱。这不是你的生活，但你必须这样做。现在，我相信——我已经开始相信了（笑）——你应该做你想做的事情来获得报酬。我知道这种事正在我的身上发生。但我仍然有这样的习惯性思维：这太好了，不可能是真的。

我曾和比我的立场偏右和偏左的朋友讨论过。偏左的人说，你不应该参与到一个腐败的系统中去。在他们身上花费你的时间，并从他们那里拿钱是不可能的。偏右的朋友说，你没权利拿纳税人的钱，却什么也不做。你不是在做公事，所以你不应该得到报酬。

我的罪恶感比一年前少了很多。我对管理层的人应该告诉我该怎么做越来越没有信心。他们知道的比我少。我更相信自己的判断。我相信我所做的事情很重要。

我有什么建议？我读了贝拉米的《向后看》，是关于乌托邦社会的。呼吸就能得到报酬，这就是它的意义所在。我相信，如果人们做自己想做的事就能得到报酬，我们会好很多。个人肯定会做出更大的贡献。我想，这将会带来令人兴奋的变化。这将是伟大的。

现在人们获得报酬的原因是错误的。我认为奖励制度应该有所不同。我认为我们应该有一个基本的保障——体面的住处，体面的食物，体面的衣服，以及所有这些。这样，人们在工作中就不会那么害怕了。人们被吓到了，而这个体制就是为了强调这种害怕。他们通过经济上的威胁，从人们身上得到他们想要的东西。体制让人们成为阿谀奉承的人和拍马屁的人。我以前经常听到有人说："工作需要重新定义。"我以为他们疯了。现在我知道他们并没有。

## 黛安娜·威尔逊（流程员）

她在经济机会局工作。"这是一个叫 PM&S 的部门，我一辈子都记不住这个名字代表什么。[①] 有时他们会对名字做出改变。重组之后，又是另一个首字母缩写。（笑。）

"我是一个流程员。我们这个部门有三个人。我们在外勤代表去看望这些贫困的人之后，把资助金发给受资助的组织。受资助的组织是穷人的组织。也许是我所居住的地方——加里的动员中心，大急流贫困中心——一个年长者的组织，日托中心。他们给所有组织起了名字。

"我们把表格寄给他们，让他们签字，这样他们就能从华盛顿拿到钱了。当他们把表格还给我们时，我们还要走另外一个流程。我们有一封州长的信和一个包裹要放在一个橙色文件夹里寄给受资助者。他必须同意。我们有一封小电报要打。他同意或不同意。我们将其转交。这样就正式生效了。有一个三十天的等待期。过了这段时间，我们就把包裹寄到华盛顿……"

---

① 人员（Personnel）、管理（Management）和服务（Service）。——原注

你希望有一个更好的制度。很多钱被扣住了，受资助者想知道为什么拿不到钱。有时候，他们打电话，在电话里被耍得团团转。我从不这样做。我说的都是实话。如果他们没有钱了，他们就没有钱了。不，我不再感到不安……如果我刚开始做这份工作，我可能会有这样的感受。但随着年龄的增长，我意识到这是一场闹剧。你只是对此感到习惯了。这只是一份工作。我拿到我的薪水，仅此而已。反正这一切都是政治。

很多时候，受资助者到我们的审计部门寻求帮助。他们不被当作人看待。有时他们不得不等啊，等啊，等啊——没有理由。受资助者不知道这是没有理由的。他以为自己有了收获，其实不然。

他们让他从一层楼跑到另一层楼，把他从一个人那里推到另一个人那里，他就这样转来转去。有时他离开了，他什么也没有完成。我不知道为什么会这样。你可以看到他们等了这么久。有时这和肤色有关。不管谁是老板。如果你是少数群体，你可以从他们的行为中看出来。很多时候，他们并不知道你对此是知情的，但这种事已经发生在你身上了。

所以这个人就站在外面。他是来提供材料的。他是外地来的。秘书告诉老板，有一个人在等着他。也有一些人在老板的办公室里。他本来可以招呼那个受资助者，让他快些离开的。但他当着年轻人的面关上了门，年轻人站在那里。这样持续了大约四十五分钟。秘书厌烦了这个人站在那里。所以她说，她能帮帮他吗？他是不是想给那个人什么材料？他告诉她是的。她收下了，这样他就不会站在那里了。这就是他要做的，把材料给老板。我觉得这简直太无礼了。这个老板十有八九是这样做的。我不知道他是不是故意的。我知道如果是印度人或黑人或拉美人来找他，他就会这样做。

生活真有趣啊。这个老板是从国税局过来的。他非常非常严格。他经常每周五开会，讨论人们迟到、早退、滥用午餐时间。每个人都习惯了这种轻松的态度。你就像加班一样。没有人打扰你。以前的老板也随着一起。你干你的活儿。

每个星期五，每个人都会坐在那里，听这个人说话。然后我们走出会议室后都继续做同样的事情。（笑。）下个星期五，他又要开一次会，告诉我们同样的事情。我们走出去后再去做同样的事情。（笑。）他会尝试着和一个人谈话，看人们会怎么谈论另一个人。但我们在一起工作了很长时间。你知道游戏是怎么玩的。明天你可能需要有人帮忙。所以没有人会说什么。如果他想知道某人是什么时候来的，谁会告诉他们？如果他想知道某人以前是哪里的，我们总是会说："他们在施乐公司。"随便任何地方都可以。他这个招数行不通。现在，你看！我们到处都找不到**他**。他进入了这个美好而轻松的氛围中……他很早离开，午餐时间很长。我们已经改变了他。（笑。）

在我提出申诉、进行斗争之后，我当上了流程员。再也不是打字员之类的了。（笑。）我是 1969 年开始在这里工作的。当时有一个紧急情况，他们都想加班。所以我在家里做了些调整，因为我得赶晚点的火车。我们的主管是黑人。我们所有的人都是黑人。我们会帮她把事情搞定，这样在这件事上就不会有任何后顾之忧了。好吧，所以我们都加班加点，表现得很好。

但他们就是不给我们本该属于我们的晋升。他们就是不想给你任何东西。人事部的人，他们都会让你知道为什么你不配升职。老板，被我们改变的那个人——他是在我们汗流浃背地赶最后期限之后才

"上船"的，就像他们所说的那样。所以他不知道我们做了什么。但他告诉我们，我们不配得到这个机会。这句话让我永远铭记在心。以后我再也不跟他计较了。

但是处理我们申诉的那个人非常好。他一直盯着这个案子。我们提出了民权申诉。否则我们永远不会得到晋升。他们不希望任何机构来调查种族问题。他们说："哦，不是这样的。"但你坐在那里，看到白人妇女什么都不做，却得到了晋升。我们在这里工作，他们说你不配。黑人对我们和白人一样苛刻。更难。他们生你的气是因为你惹了很多麻烦。我的感觉是，我会给他们制造我能制造的所有的麻烦。

我们的老板是个黑人，就是那个说我们不配的人。（笑。）那个为我们战斗的工会成员，坐在那里、挥舞着拳头的那个，是白人。我们的案子终于到了副主任那里，他就是那个最后给我们升了职的人，一个白人。所以我们从四级打字文员变成了五级流程员。

我们有另一个老板，他会走来走去，他根本不想看到你闲着。有时候你的工作会有拖拉的地方，你都赶上了。这已经让他很不爽了。我们升职了，我们也没有持续忙碌。他们一看到黑人妇女闲着，就很不爽。我说的是黑人男性，也有白人。他们希望你持续地工作。

有一天，我接到一个电话，让我去他的办公室打字，他给了我一大堆手写稿。我到现在都不知道那些东西是什么。我问他："为什么我被选中做这份工作？"他说他的秘书不在，他需要在中午之前完成这个工作。我说："我已经不是个打字文员了，你自己说过让我别再琢磨这个了。你是想把我搞糊涂吗？反正我看不懂这些东西。"他告诉我，他会把稿子读出来。我说："好吧，你读的时候我写出来。"他的手在稿子上到处游走，忙得不亦乐乎。他不知道他在读什么，我看得出来。我知道他为什么要这样做。他只是想看我忙碌的样子。

所以我们完成了第一页长纸。他还想继续。我说："不，我一次只能完成一张纸。我过去把这个打出来。"所以我做的是，我会打出一个段落，然后等五到十分钟。我确保我犯了所有我可以犯的错误。很惊人，当你想犯错误，你真的犯不了。所以我就在这张黄纸上贴了一张修正纸。我把它修饰得非常漂亮。我不会停留在空白处。他亲口告诉我，我不再是一个打字文员了。

我把第一张纸还给他，当然，我漏了一两行。我告诉他，要在一定时间前打好，这让我很紧张，我没有时间校对，"但我准备让你把另一张纸读给我听"。他开始校对。我故意拼错了一些字。哦，我做起来很好看。（笑。）他把字典拿出来，帮我查了一下单词。我把它拿回来，把字划掉，然后把新字挤进去。他开始校对下一张纸。我又做了一遍同样的事情。一共有四张纸。他把所有的字都校对了一遍。哦，他看起来很认真！他花这么多时间只是为了让我忙起来，明白吗？我中午前还没写完呢。

如果我不按时完成，我就看看他会怎么做。哦，这是当务之急！我知道这个世界不会那么快就改变。外面很美好。如果这事儿变成个问题，我就回家。今天天气很好，管他呢。所以十二点半到了，这个活儿看起来糟糕得很。（笑。）我把所有的字都打在线上，我在任何地方都这样干。一个女孩过来，她说："你打歪了。"我说："哦，安静点，我知道我在做什么。（笑。）到一边儿去吧。"（笑。）我把四张纸放在一起。我以前的生活中可没见过如此糟糕的玩意儿。（笑。）

我决定给他写一张纸条。"亲爱的罗伯茨先生，您帮了我很多忙。您做了校对，您为您的秘书查字。为您工作一定很了不起。我希望这能得到您的认可。请您再来找我。"我一直没有他的消息。
（长长的笑声。）

　　其他那些人，他们工作，工作，工作，工作，没有任何结果。他
们是那些受罪挨罚的人。那些每天准时来的人，工作，并试图跟上其
他人。一个计时员，一个瘦小的黑人妇女。她对时间很狂热。如果你
迟到了，她会和你争论。她为政府工作了二十五年，但她没有得到晋
升，因为她不是一个好争斗的人。

　　她从来没有报过病假。有些时候，我不会来。如果外面天气不
好，大雪，暴风雪，我就不去了。你第二天再去。工作会在那里。她
认为我的态度很差。她总是跑来跑去，表现得好像她害怕所有人。**有
一天她不在**。她预约了牙医。哦，老板发了大脾气！哦，我的天啊！
他从不和我争论。

　　那个我给他打字打得一塌糊涂的老板失去了他的秘书。她升职
了。公司上层告诉这个老计时员，她要当这个老板的助理秘书。哎
哟，她非常得意。没有更多的钱或任何东西，她整天做两份工作。她
整天忙东忙西，奔波劳碌。她是一个经不起打击的家伙。当她请老板
为了评选一个奖而写东西赞扬她的时候，老板拒绝了。这是对她如此
忠诚、顺从的奖励。

　　哦，我们喜欢老板们去参加那些冗长的会议，那些重要的会议。
（笑。）我们就结伴离开，去看戏。我们不在乎。当我们回来的时候，
他们会翻白眼。他们知道他们最好什么都不要说，因为我们走后他们
什么都没做。我们做的是我们必须做的工作。老计时员，她一直坐着
干活儿，总是很忙。

　　我一直在阅读。自从他访问中国后，我就一直在读关于中国的一

切资料。试着去看看人们的生活方式和想法。这给我带来了很多改变。我觉得没必要从事你不喜欢的工作。我喜欢印第安人的生活方式。他们从一个季节到另一个季节都在移动。他们不交税。每个人都有足够的钱。我不认为少数人应该控制一切。我不认为这是对的：女人躺在地上生孩子，然后几个有钱人，告诉你们的儿子，他们必须为他们的国家而死。他们不是为国家而死。他们是为了少数人的利益而死。我认为这不是必要的。我只是厌倦了这种事。我只是觉得我们应该只是做一个人。

# 组织者

## 比尔·塔尔克特（组织者）

我的工作是试图改变这个国家。这是我选择的工作。人们问我"你为什么干这行？"的时候，就像问你得了什么病似的。我不觉得自己有病。我觉得这个国家已经病了。日常的不公正只是让我比其他人更感到难受。

我试着把那些被制度压制、排斥的人聚集在一起。你试图建立一个组织，一个将会赋予他们做出改变的力量的组织。每个身处社会底层的人都集中在这里。十年前，人们可以说穷人受苦，中产阶级得过且过。现在已经不是这样了。

我的父亲是个卡车司机，受过六年级教育。我的叔叔是安纳波利斯大学的毕业生。我父亲不善言辞，一生都在用手工作。我叔叔一生都在用嘴工作，只用手去剪优惠券。我父亲的问题是，他无能为力。我叔叔的问题是，他是无能为力的，虽然他认为自己很强大。剪优惠券时，他总是处于权力的边缘，但从未真正拥有过权力。如果他想参与剪券公司的管理，他就会被剪掉。这两个人都死得很不开心，对自己的生活感到不满意。

权力已经被少数人掌握。上层很小，底层很庞大。你看不到中间有多少人。底层的人认为谁是有权力的人？大学教授和管理人士，通用汽车等大公司的地方经理。这些人到底有什么样的权力？他们拥有艾希曼[①]自称所拥有的那种权力。他们有权力做坏事，不质疑他们被要求做的事情。

我对被老鼠咬的贫民窟孩子的困扰，比对一个中产阶级的孩子的困扰更大，中产的孩子除了玩弄女人、吸食毒品、挥霍生命之外，找不到任何事情可做。但每个人都废了。


"我是在50年代意识到的，当时乔·麦卡锡[②]正在四处奔走。就像我这个年纪的许多人一样——我现在三十七岁——我意识到有些事情是非常错误的。我在大学里挣扎了两年，很失望，然后参军了。我是我所在连队的士官。在一次讨论中，我说如果我是个黑人，我会拒绝服役。最后我被送到师部，关在房间里两年，所以我不能和任何人说话。

"在旧金山州立大学，我参与了农场工人的运动。我会在下议院前的岗亭上发表演讲。然后我会出去，在体育馆后面和运动员们进行一个半小时的比赛。1964年，我辞去了学生会主席的职务，去密西西比为学生非暴力协调委员会[③]工作。我在旧金山的黑人社区工作了三年。

---

① 阿道夫·艾希曼（Adolf Eichmann，1906—1962），纳粹战犯，"犹太人问题最终解决方案"重要执行者。——译者注

② 即约瑟夫·麦卡锡（Joseph McCarthy，1908—1957），美国共和党政治家。1950年起，冷战的紧张局势引发公众普遍的担忧。人们害怕共产主义颠覆世界，麦卡锡在此时成为最耀眼的公众人物。他声称有大量的共产党党员、苏联间谍和共产主义同情者藏在美国联邦政府内部和其他地方。——译者注

③ 学生非暴力协调委员会是20世纪60年代美国民权运动中的重要民权组织。——译者注

"那时，我想是时候和白人一起干了。我父亲来自南卡罗来纳州。我去拜访时，我们度过了一段可怕的时光——暴力争吵。但我很重视家庭。我从那次经历中了解到，你必须与南方边缘的白人建立一个堡垒。但愿你能在黑人和白人之间建立一个联盟……"

我随着经济机会局一起来到东肯塔基州。一年后我就被解雇了。经济机会局的人的想法和戴利① 一样。你利用经济机会局建立一个组织来支持正确的候选人。我不认为这是我的工作。我的工作是建立一个由被放倒的人组成的组织，一旦他们当选，就可以控制候选人。

我在派克县建立了一个相当稳固的阿巴拉契亚人的组织。这是一个单一的行业领域，煤炭。你要么为煤炭公司工作，要么不工作。60% 的人在收入上低于政府对农村地区的指导标准。

我被邀请去教其他组织者如何做。我认为这些来自哈佛和哥伦比亚的中产阶级的孩子们太忙了，他们忙着告诉其他人他们应该做什么。唯一要做的是组织当地人。

当我被解雇时，有足够的人支持我，每月一百美元和食宿。他们从口袋里掏出钱来，带着吃的，把我当表弟一样照顾。他们觉得对我有责任，但他们没有把我当成他们中的一员。我不是阿巴拉契亚人，我是圣弗朗西斯科人。我不是一个煤矿工人，我是一个组织者。如果他们要去拯救自己，他们就必须自己做。我有一些技能，可以帮助他们。我做这个工作三年了。

"组织者"这个词已经被浪漫化了。你会看到一个神秘的人在做

---

① 理查德·戴利（Richard Daley，1902—1976），美国政治家，1955 年起担任芝加哥市市长。他被称作"最后一个（控制和动员美国城市）的大城市老大"。——译者注

神奇的事情。一个组织者是一个带来了新成员的家伙。我不觉得我的一天很美好，除非我已经与至少一个新人交谈。我们开个会，给新人腾出空间来。组织者坐在新来的人旁边，所以每个人都要把新来的人当成平等的人。你这样做几次，这个家伙就有足够的实力成为团体的一员。

你必须倾听他们说的话，再三告诉他们，他们很重要，他们有能力完成工作。他们不必为自己不够好、不配而自责。大多数人从小就认为自己不配。学校就是把那些充满生命力的漂亮孩子，打造成幸福的奴隶的过程。这对一个年薪二万五千美元的高管来说是如此，对最贫穷的人来说也是如此。

你不会在人的兄弟情谊的基础上找到盟友。人们都被眼前的问题所束缚。他们很难去担心别人的问题。我们的社会是如此结构化，以至于每个人都应该自私到极点，去搞垮别人。基督徒的兄弟情谊是开明的利己主义。大多数对穷人犯下的罪都是由那些来帮助他们的人犯下的。

我是以一个陌生人的身份来的，但我是带着证书来的。有认识我、信任我的人，他们对其他人说。所以我说的都是可以验证的。赢是可能的，击败像伯利恒钢铁①这样的公司是可能的。大多数人打心底里不大相信。当他们突然意识到这是有可能的时候，真是太好了。他们就会充满斗志。

没有人相信PCCA②能阻止伯利恒挖矿。十英里外，有一个山坡正遭到开采。十英里的距离就像一千万光年的距离。人们想要的是一

---

① 美国第二大钢铁生产公司，总部位于宾夕法尼亚州的伯利恒。——译者注
② 派克县公民协会（Pike Country Citizens' Association）。——原注

个公园，一个给孩子们的地方。伯利恒说："去死吧，你们只是一群驼背的阿巴拉契亚人。我们不会给你们任何东西。"如果我能为他们争取到那个公园，他们就会相信做其他事情是有可能的。

他们真的需要一场胜利。他们一次又一次地失败，日复一日。所以我召集了二三十个我认为是领袖的人。我说："我们一起把那个公园拿到手吧。"他们说："我们没戏的。"我说："我们可以。如果我们让全国所有的大组织知道……全国教会委员会和每个人都开始打电话、写信、追问伯利恒，他们就会给我们公园。"发生的事情正是如此。伯利恒想：这真是越来越麻烦了。我们把公园给他们，他们就会停止开采。我们还没有让开采停下来，但我们得到了公园。派克县有四千人开车来观看推土机为了建公园而把地面推平。这是一个令人难以置信的胜利。

二三十个人意识到我们能赢。四千人明白这是一场胜利。他们不知道是怎么发生的，但他们中的一些人很好奇。这二三十人现在在他们自己的社区里，试图让人们兴奋起来。

我们试图把州内其他地方的人联系起来——列克星敦、路易斯维尔、卡温顿、鲍灵格林——以及他们当地的问题，希望能把他们联系起来，形成规模更大的团体。

当你开始与列克星敦的中产阶级人士交谈时，话语虽然不同，但都是同一个剧本。这就像在派克县或密西西比州与穷人交谈一样。学校很差。好吧，学校糟糕的原因不同，但都不怎么样。

中产阶级也在对抗无力。中产阶级的女性，在列克星敦的斗争中，比下层女人的参与度更低。贫穷的女人知道自己对这个家庭至关重要。中产阶级女人认为，如果我明天死了，老头子可以给自己雇个女佣做我所做的一切事情。白领男害怕自己会被电脑取代。学校老师收到要求,让他们不要教书,而是要当保姆。如果你教书,你就自求多福吧。牧师被与他格格不入的会众所困。他终其一生都在违反使他进入牧师行列的信条。警察与他应该保护的人没有关系,所以他实行压迫。消防员想救火,结果却打起了仗。

　　人们变得害怕对方。他们相信自己什么也做不了。我认为我们内心有能力改变现状。我们需要勇气。这是一个可怕的事情。因为我们从出生那刻起就被告知,我们内心的东西是坏的,是没用的。而真实的情况是,我们内心的东西是好的,是有用的。


　　**"在密西西比州,我们的组织选出了一百年来的第一个黑人。在旧金山,我们组织建立了发展机构。我们把组织的两亿美元投放在那里足有两年之久,直到那帮混蛋最终和社区居民达成协议。最初和我一起工作的那个人是黑人社区的一个酒鬼皮条客。他现在是长老会的牧师,非常受人尊敬。"**


　　我从凌晨两点一直工作到第二天凌晨两点,一周七天。(笑。)我这不是向你诉苦。我是我认识的为数不多的几个在生活中发现了自己真正想做的事情的幸运儿之一。我只是在享受人生中最快乐的时光。我为所有这些我总是碰到的没有在做他们想做的事的人而感到抱歉。他们的生活是地狱。我想每个人都应该辞掉工作,做自己想做的事。你的生命只有一次。你有,比如说,六十五年的时间吧。你怎么能把四十五年的时间浪费在做自己讨厌的事情上呢?

　　我家里有妻子和三个孩子。我做了六年的这种工作,还能养活他们。我们的生活并不富裕。我有足够的钱买书和唱片。孩子们的教育和这个国家的任何人一样好。他们的朋友范围从旧金山的百万富翁到列克星敦的黑人妓女。他们和这些人相处得很舒服。我的孩子们知道游戏的名字：挺到最后。

人类有记载的全部历史大约有五千年。在这么长的时间里，有多少人造成过巨大的变化？二十个？三十个？我们大多数人一生都在努力实现一些事情。但我们不会做出惊人的改变。我们尽我们所能。这就够了。

历史的问题是，它是由大学教授所书写的关于伟人的历史。历史不是这样的。历史是很多小人物聚集在一起，决定为自己和孩子们过上更好的生活。

我有一个目标。我想在一个由国家管理的老人院里走向我生命的尽头——组织人们和老人院的管理者进行战斗，因为他们没有管理好。（笑。）

第 七 卷

# 体育人生


## 埃迪·阿若优（职业赛马骑师）

今天在赛道上发生了一起事故，我不知道那孩子是怎么出来的。今天在霍索恩。他的马摔倒了，然后他就飞了出去。我不知道他是否有意识。救护车把他接走了。

他是个职业赛马骑师，不出错误，已经在这里工作了六年。他在东部、南部以及他的家乡芝加哥的赛马场都有不少的胜利、名次和表演。每年有"超过六个月"的时间，他在霍索恩、阿灵顿和运动家公园都是骑马的熟人。"我骑马的头几年，我一天都没有错过。我在佛罗里达州结束比赛，第二天就坐飞机来这里骑马，或者只要有赛道开放，我就会来这里骑马。我一年中99%的时间都在工作。"

他二十八岁。虽然出生在波多黎各，但他算是芝加哥家乡的孩子，在这里上过高中和初中。"他们说我个子太小，当不了棒球运动员，那为什么不试着当个骑师呢？我看了看骑师的收入有多高，于是我想自己要试一试。现在我已经成为骑师了，总是担心打球和受伤。你必须达到这样的高峰，害怕做任何其他事情。所以除了骑马，我什么都不干了。

　　"对人们来说，这是一份光鲜亮丽的工作，但对我来说，这是我一生中从事过的最辛苦的工作。我从小就很坚强，也很幸运。这些让我走下去，我喜欢这份工作。我也喜欢它的魅力。每个人都喜欢在报纸上读到自己的故事，喜欢在电视上看到你的名字。人们在街上认出你来。他们通过'我的名字，我的脸，我的身形'认出我。你就像一个篮球运动员一样引人注目。我想我们都是以自我为中心的。我们大多数人都有量身定做的衣服，你可以看到你的行为举止。"

　　在过去的三周里，我一直有个体重方面的小问题。我一直在保留水分，我通常不会这样做。我没有通过出汗来减重。我平时的体重大约是一百一十磅，加上马鞍和其他东西。脱光衣服，我大约重一百零六磅半。现在我的体重是一百零八磅，如果我试图瘦到一百零六磅，我就开始感觉到消耗，能量的损失。但你浪费了这么多的能量骑马，所以我吃得像一匹马那么多。然后，我真的要盯着我的体重。

　　我从其他骑友那里学到了减肥，他们已经有二十多年经验了。他们可以在三个小时内减掉七磅，通过出汗，只是在热箱里。所有的骑师室都有这个设备，或者你可以吃药。它能让你的身体变得非常虚弱。它把盐分从你的身体里抽走，你就不能完全恢复了。

　　骑马是非常危险的。我们平均每年有两个月的时间因为受伤而无法工作。我们的死亡人数可能比任何其他运动造成的死亡人数都多。我是很晚才成为骑师的，二十二岁。他们通常在十六岁开始。十六岁的时候，你还没有足够的生活经验，无法真正看到危险。二十二岁的时候，你已经经历了更艰难的时期，你知道如果你做了一个错误的决定，你可能会让你自己或其他人受伤。你十六岁的时候，并不真正关心。

我一直很幸运，直到去年，几乎没有事故。我去年的第一次事故是在 2 月份。我在比赛前热身时，膝盖的软骨碎掉了。那匹马做错了事，我从它身上摔了下来，它从我身上碾过——我的膝盖——撕裂了我脚踝的韧带，弄断了我的手指，我遍体鳞伤。大约三个月后，我又摔了一跤。我有脑震荡，太阳穴有撕裂伤，缝了六针，我后背的脊椎骨有骨折。（指的是有疤痕。）这个是星期六的事。一匹马把我甩出了大门，击中了我的鼻子。我的牙齿都被打掉了。（笑。）

**他的母亲，正在端咖啡，轻轻地徘徊在附近。她听着的时候，她的手试探性地朝脸颊伸过去。习惯性动作。到了晚上，她轻轻地倾诉了自己每天的恐惧。她希望他能尽快做其他事情。**

最常见的事故是我们所说的别了另一匹马的蹄后跟儿。你的马被另一匹马的蹄后跟儿绊倒，它自然就会摔倒。对我们有好处的是，马向前冲的势头这么足，摔倒得非常快，于是我们会飞到空中，不会落在马附近的位置。我们通常在十五英尺外落地。这真的对我们很有好处。

我根本就不当回事。如果我去想马有多么危险，就不敢骑到马背上。可能发生很多事情的。我回家的时候，手臂上有瘀青，动弹不得。我不知道什么时候出的情况。可能是在出闸时，也可能是在比赛中发生的。我拉伤了肌肉，却不知道发生了什么。比赛结束后，我会感觉到疼痛。你的心思百分之百放在正在做的事儿上。你在那一刻是感觉不到疼痛的。

我猜，伤亡率是其他运动的三四倍。去年，我们有九人死在赛道上，不少人背部骨折，不少人瘫痪……

我一个很要好的朋友，他瘫痪了。我摔倒后三天，他就摔倒了。只是一个普通的意外。我们都以为他会站起来走掉。他的腰部以下都瘫痪了。已经一年零几个月了。我们为他举行了一场慈善晚宴。从那些人——赛道主——身上拿钱，就跟试着把柠檬榨干一样。

如果他是骑师公会或骑师协会的成员，他就会得到补偿。在两千多名骑师中，大约有一千五百名骑师属于协会的成员。我是芝加哥的代表。行业工会每周拿出五十美元，赛马场给我们五十美元。

只有五十美元的补偿金！我们没有退休金计划。我们正在努力，但立法机构阻止了我们。他们说我们是自营职业者，他们把我们和医生划为一类。有老医生，但没有老骑师。

有些赛道仍然反对行业工会。很多时候，赛道太危险了，所以我们拒绝在上面骑行。他们通常会等到两三个骑师摔倒，然后才会判定赛道的危险性。有时骑师不会有事，有时却会骨折。下雨，寒冷的天气，有时会结冰，有坑。明摆着，动物和人类不适合在这些条件下工作。

骨头断裂有点随意。你习惯了，一根手指……最容易骨折的是你的锁骨。我把它弄断了。我可以说一个又一个骑师的名字，第一次受伤之处就是锁骨。

我为要参赛的马热身。赛前三天，我会和我要骑的马跑上半英里，或者八分之三英里。马主想让我感受一下马。我一年中日复一日地这样做。所以我在判断速度方面是一把好手。马主知道我不会让一匹马跑得太快，哪怕是一丁点儿。马可能会消耗掉所有的能量，比赛开始时，它就会很虚。我早上平均给两到三匹马热身。大多数时候，我只是和马主聊天，然后他会问我："那天我的马跑得怎么样？"或者："我要骑你这匹马，它喜欢像这样奔跑。"我不为某一个人干活儿。我为任何需要我的人干活儿。

如果我参加前四场比赛，我必须在十二点半回来。第一场比赛是两点过十分。你得至少提前一个半小时到。你有三十到四十五分钟的时间来换衣服，减轻体重，做好准备，仔细阅读当天要骑的马匹的跟踪记录，还有你自己的马匹的记录。你追求速度。

你知道这些马的记录，因为或多或少你以前和它们比赛过，或者自己骑过它们。它喜欢走在前面吗？它喜欢从后面冲过来吗？它喜欢待在中间吗？它喜欢绕行吗？它是否喜欢从中间穿过？然后驯马师会告诉你他喜欢怎样骑马。如果他是一个好的驯马师，他会告诉你马的习惯，即使是坏习惯。坏习惯就是拖拖拉拉，喜欢到处跑，而不是在赛道里跑，这样的马不会太好打理。这就更危险了——也更难赢得比赛了。有更多的方法被打败。

你有时只有一分十秒的时间来做所有你必须要做的事情。平均比赛有四分之三英里长，通常一分十秒或一分十一秒跑完。你做了一个错误的决定，那就是比赛。你真的不知道自己会跑在什么位置，也不知道马在不同场次的比赛里表现如何。你的第一件事就是让它出闸。你必须寻找位置。我可以在哪里呢？有十四、十二匹其他的马都想占到同样的位置。也许有六匹马想领头。其他六匹马可能会从后面赶来。你不能不换地方。你必须来回摆动，冲出一条路。

你骑啊骑，发现比赛已经过半。如果你在领先者附近，你就得晚一点行动。如果你在后面，你就得早一点行动。因为你有很多事情要做。这就是骑师的特点。你必须意识到，在比赛中，还有其他骑师和你一样有能力。所以你必须运用良好的判断力。你必须判断哪些马会在你前面做些什么。哪些马会继续奔跑，腾出空间，让你能顺利通过。或者哪些马会停下来，你必须避开。

你一定也认识其他骑师。他们都有自己的习惯。我知道自己可以超过哪些骑师，哪些骑师超不过去。我有个习惯。我一直被认为是一个跑在最前面的骑师，我可以更好地拯救一匹马。当我在前面的时候，我很会判断速度。但我觉得自己更愿意在后面骑。一匹马是有竞争性的。它的天性就是要打败其他马。这就是它们一生所学到的东西。通常在三岁的时候，它们就开始结伴而行了。它们开始晨练热身时，我们就会让它们互相对决。你可以看到那些小马，两岁的小宝宝，它们想打败对方，这是它们的本能。一匹马想走在另一匹马的前面，就像一个小游戏。一匹马前面有很多马时，它会等待。另一匹则会跑到前面去。它们会像这样。它们已经习惯了。

当然，动物是有区别的，但如果你遇到的是两匹类似的马，你必须打败其他骑师。你必须等待他犯错误或表现出他的习惯。我已经学会了耐心。我知道别人的习惯比我的好很多。我相信他们对我的习惯的了解比对自己习惯的了解还要多呢。

如果一个骑师遇到麻烦，他大声呼救。其他骑师必须尽其所能地帮助他。不管他是否会因此而失去比赛机会。有一种可能：他周围都是马，他在中间，无法控制他的马。所以他会撞上另一匹马，别住另一匹马的蹄后跟儿。如果他这样做，他就会摔倒，后面的人就会从他身上摔下来。这就是今天发生的事情。

你看到他，或者他大叫："我控制不住我的马了！"你只需让开，让他出来，这样他就可以把马拉开。大多数骑师都会这样做，即使会让他们失去比赛的机会。但不是所有的骑师都会这样做，有些骑师只想赢得比赛……他们是被人厌恶的。他们在其他骑师中没有什么朋友。你也不好说他们的意图是不是无辜的。我认识很多骑师，他们给我带来了麻烦，我请求他们的帮助，我觉得他们本可以做的要比他们实际做的多得多。没有良心。同时，他们遇到了麻烦，我也尽了一切可能去帮助他们。我不得不把马停下来，以保护另一个骑师。更糟糕的是，看到其他骑师犯了错误，你必须保护他。你**必须**这么做。

**赛马界的人是一个亲密的兄弟会。"我们一起工作，一起旅行。整个队伍从一个州搬到另一个州。我们自动寻找对方。我们是好朋友。"**

工资由马匹奖金的 10% 组成。如果是四千五百美元，你可以得到四百五十美元左右。大约是奖金的 10%。这里金额最小的奖金是两千五百美元，所以你能赢二百五十美元。每一个名次、每一场比赛，你都可以得到一个直接的工资。第二名就是五十或五十五。第三名的钱是四十、四十五。出场费，第四名或以下，就是三十、三十五美元。

我们有经纪人。我的经纪人只为我工作。我付给他我总收入的25%。这是相当多的，但他值得这么多。经纪人对骑师的成功非常重要。他能给你找到骑马的机会，他有权让你骑一匹马，你必须遵守。他努力让你骑上最好的马。他必须善于根据以往记录和竞技条件预测赛马比赛胜负。他必须是一个好的谈话者。他必须是值得信赖的，马主可以信任他。从驯马师到经纪人再到骑师，有很多信息都是你不想让别人知道的。有些经纪人以前是骑师，但这部分人不是太多。他们和赛马有关系，类似父子关系，等等。赛马有一个习惯，就是保持自己的习惯。

你去马房，从给马热身开始。就是在马匹上场训练后，遛马半小时，让它喝水。大约每隔五分钟，你要让它喝两到三口。然后你一直陪着它，直到它完全平静下来，直到它不再出汗为止。你每天都要这样做。你可能会遛六七匹马，这会让你的腿开始变得很健壮。我们都是这样开始的。没有捷径可走。

从遛马开始，我成了一个马夫——一个照顾马匹的马夫。这是下一个步骤了。他通常会照顾三四匹马一整天。他清洗马匹，按摩它们的腿和身体，清理马厩。

我从马夫又变成了驯马骑师，更高级的一个步骤。现在你要骑马了。你首先开始走，习惯缰绳，习惯小马鞍。你可能会绕着马棚走一周。他们通常会选一匹老马，很有礼貌的那种。从那时起，你就可以去赛马场了。

第一天你去赛马场的时候，真的很热闹。因为根本没有办法做准备应付一匹奔跑的马。无论你做了多少练习，你都不适应。我绕着这个一又八分之一英里的跑道跑了一圈。我到了后面，他们让我停下来的时候，我的腿已经麻木了。我再也没有感觉了。我从马背上跳下来，没有任何东西可以支撑我。我直接倒在了地上。我在那里坐了半个小时，就在我落地的地方。他们从这件事中得到了好多乐子。每个人都会遇到这种情况。

有时，我会骑上七八次。有时两三次。一天下来，你会感觉到累。有时回到家，我就崩溃了。我可以睡到第二天。你的马儿想跑的时候，你是幸运的。其他时候，你必须做所有的工作。有一匹自由奔跑的马比较容易。你不需要做太多的事情，只需要引导它，在需要的时候帮助它。但如果你拿到一匹不想跑的马，你在跑了四分之三英里后就会很累了。

要成为一个骑师，你必须爱马。有很多时候，我对它失去了耐心。只是有些马让你很烦躁。没有两匹马是一样的。它们有个性，就像你和我一样。

冷淡的小优，身材健美，她很美。她是个小淑女。她看起来像个淑女，身材娇小。只是有点凶狠，而且不可预测。我已经喜欢上她了。我知道她喜欢被人骑的感觉。我不知道她是否了解我，但我了解她，特别是她喜欢我做什么，这匹马可以马上表现出来。我自信地坐在那里时，她就会成为一个完美的女人。如果你没有信心，马就会利用你的没信心。

威利·休梅克是最棒的。他有老派风格。他的手有一种天赋，能把信息传递给马。他有感觉马嘴的天赋。但这和我们 90% 的人的风格不同。我们已经跟上了南美骑师的潮流。他们骑在马的肩膀上，而不是马的背上。看起来好看了一倍。大多数骑师现在已经做出了改变，把两种骑法混合起来。

拉美骑师正在这项运动中占有优势。他们很活跃，他们要取得成功得比美国骑师付出更多辛劳。他们出身于非常、非常贫穷的群体。他们有一个目标，他们想达到顶峰。美国骑师满足于混口饭吃、混出个名堂。他已经达到了一个高度，并且一直在那里不动。而另一个家伙只是在不断地努力……

骑师们有一些偏见，但大多数骑师在互相了解后，都会成为很好的朋友。大部分是来自官员的偏见。我简直不敢相信。官员们对西班牙骑师有偏见。我没有感觉到，因为我是在这里长大的。家乡的孩子做得很好。但西班牙人……两个骑师犯了同样的错误，一个被罚，另一个没有。一个是西班牙裔，另一个不是。偶尔一次，好吧，但这种事一次又一次地重复。这里面有一种偏见。

有时候，我觉得人们对你不太友善。其他时候，他们对你有点太好。他们变得有点粗暴。很多时候，你想一个人待着。他们不知道我花了十五分钟梳理头发，而他们过来做的第一件事就是把我的头发弄乱。他们会搂着你，请你喝酒，但你不能喝。你第二天还有赛马。你拒绝递过来的酒，他们就会说："这孩子对我真够意思啊。"如果我接受每一杯递给我的酒，我得肥得跟个气球似的了。

我有很多朋友都赌马，但我从来没有被不良分子、黑帮分子找过。其他骑师曾找过我。我想说的是，赛马和这些人臭名昭著的日子相比，已经发生了一点变化。骑师们现在赚到了足够多的钱，他们不需要作弊。只要我赢了比赛，我就能赚两三百美元。对于我来说，冒着失去执照的风险，是没有意义的。骑师在没有钱的时候更容易接这种活儿。

看到骑师像他们一样诚实，再想想他们所处的环境，这真是不可思议。如果你能看到背后的条件，人们不得不用什么样的方式生活。谷仓区，现在就像二十年前一样糟糕。我不得不住的肮脏的地方，我不得不为之卖力的工资，我的环境，酒鬼，还有别的什么玩意儿。从那里出来……我当时才二十二岁，我用自己的方式安顿下来了。但我的朋友们，在他们十三、十四岁的时候，就经历了这些，并且成了好公民。**令人难以置信**的是，人们可以走出那里，并成为伟大的运动员和伟大的个人。你想，他们本可能不是好东西的。

公会正在努力改善赛道条件，为我们骑行的地方提供更好的空间。我想只有四五个赛道的骑师宿舍是干净的，适合居住的。这里有一个组织，他们每天下注一百万美元，有记者来采访你。让他走进来你会感到尴尬的。脏兮兮的。我们从赛马场拖来的泥巴。你认为他们会有人来打扫的，但他们没有。同样的家具……没有什么变化。

在谷仓里，我们有马具房，马夫和健壮的遛马员都住在那里。一个遛马员每周能挣六十美元。他没钱买房子，就住在马厩里。他们有两张床。这几乎就像一个马厩。你可以把一匹马放在那里，如果你想的话。一个马夫的收入大约是一百美元。驯马骑师赚得更多一些，大约一百五十美元。所以，他们通常可以租公寓。我真的不知道一般的骑师能得到什么。我平均每年有六万美元。我不知道我们的平均年限是否超过三四年。我不知道自己还能坚持多久。我希望能再骑十年，但是……我的野心是赢得肯塔基德比大赛。这仍然是最有荣誉感的比赛。我有两三次差点就能参加比赛了。我现在是斯科特先生的手下。假设他有一匹两岁的小马让我骑，明年我会骑着它，而这匹马会成功进入德比赛。我和他一起完成。嗯嗯，可能会发生。

靠着经验，你知道该怎么做。马鞭是否能让它跑起来，是否以手执缰驾驭，是否打它的肩部，打它的后背，吹口哨还是跟它说话。你什么都要试。如果一种方法不奏效，你就试另一种。

我现在很放松。但我刚开始骑马时——大赛前夜，我睡得很少。你光是紧张，光是跑洗手间，光是想着比赛，就瘦个两三磅。尤其是当你骑的是最受欢迎的马的时候。你必须尽力别那么紧张。我必须真正摆脱紧张焦虑而引起的感觉，否则我真的会犯大错。其实就是心无旁骛。专心致志。

作为一个骑师，我所学到的东西有时会让我疯狂。我已经到了可以观察动物并在它们身上看到个性的地步。我学到的大部分是耐心。它来自对马的热爱。很多时候，一匹马会做一些甚至会让我受伤的事情。一开始你想打它，纠正它。但后来你意识到它只是一种动物。它很聪明，只是不够聪明，不知道它在伤害自己，也会伤害你。它这么做只是因为它只知道这么做。

让我告诉你吧，动物有人类的特点。你把一个神经质的人放在一匹马身边，它就会变成一匹神经质的马。这也帮助我了解了人类。通过了解马，动物本身，它的情绪，它的个性，它的生活方式，它所喜欢的，它所不喜欢的——人类也是如此，你必须接受他们的本质。人们做事情因为这是他们唯一知道的方式。你试图把他们改变成你的思维方式，但你必须接受他们存在的方式。

后记："我希望看到这项运动得到不同的对待。我希望看到政客们不参与其中。我希望看到各州拥有所有的跑道。现在拥有跑道的人都在榨干它们……"

## 史蒂夫·汉密尔顿（棒球运动员）

他是一位阅历丰富的替补投手，曾在华盛顿参议员队、纽约洋基队、旧金山巨人队和芝加哥小熊队任职。"我住在坎伯兰山脉的山脚下。肯塔基州的莫尔黑德是一个只有四千人的小镇。我在那里不是一个英雄，因为每个人都认识每个人。"

这是星期六晚上，1971年8月下旬。我们在芝加哥市中心的一家酒店里。他的球队，旧金山巨人队，处于第一的位置，但迅速下滑，今天下午输给了小熊队。

有好几次我去曼哈顿的市区，有些人拦住我说："你不是史蒂夫·汉密尔顿吗？"这让我觉得很兴奋。人们认识我，这让我感觉很好。不管男人们承认与否，我想当他们得到认可时，大多数人都会感觉很好。他们觉得自己很特别。每个人都会从特殊的感觉中得到乐趣。我想这是这个游戏的一部分。

我从来都不是一个大明星。我从来都没有做过什么出众的事情。我觉得以我现有的装备我已经尽力了。我和米奇·曼托一起打过球，现在又和威利·梅斯一起打球。人们总是能认出他们。尤吉·贝拉，人们总是能认出他来。尤吉的面孔让人过目不忘。但有人能认出我！

"我在 1958 年与克利夫兰印第安人队签约，与他们的农场俱乐部。在小联盟来来回回。"他当时正在攻读硕士学位。一个球探签下了他。"我告诉他们，我二十一岁。我实际二十三岁。他觉得我如果是二十三岁就没有好机会了，所以我就随他去了。现在我给出我的真正年龄。我三十六岁了。"（笑。）

年龄在棒球界是非常重要的。如果你有两个能力相当的前锋，一个孩子二十岁，我二十三岁，他们会选二十岁的孩子。他们认为他们会拥有他更长的时间。这就是为什么球探认为我二十一岁很重要。如果你能进入大联盟，球探们会得到一些钱。我们棒球界大多数人三十岁都被认为是老人了。很多时候，拉里·詹森①想让我去替补球手的热身区时，他会说："老爹……"（笑。）我不觉得自己很老，但在棒球界，我是个老古董。

在大联盟的平均年限是两到四年。当你考虑到七十个人中只有一个人签了合同甚至能进入大联盟，那是很短的一段时间。在小联盟里，人们会打八九年。他真的什么都没有得到。他一年能赚五千美元。如果他坚持的时间够长，他可能会赚到一万美元。但他没有冬天的工作，他成了组织机构内的驯顺成员。他们认为他可以帮助年轻球员。而年龄也在不断流逝……

在小联盟里，我们花了很多时间坐公交车，而且公交车很热，你没有太多的站台能吃饭。你吃得很差，因为你的饭钱不多。我们每天有1.5美元。但你当时还年轻。我在乙级团的时候，接到一个长途电话。我老婆去医院生孩子了。那是第一个孩子，我必须回家。那张票要四十多美元。我们拿不出这些钱（笑）——经理，所有人。我晚到了一天。我以为棒球运动员赚钱非常多。（笑。）所以我才想玩，也喜欢这个游戏。

跟你说实话吧，我已经准备退出了。我觉得我不想再玩了。我失去了欲望。我想我还能再玩几年，但我的腿已经没有那么有活力了。我是第一个承认这一点的人。我的手臂是好的，因为我从来都没有用力投过。我从来都不是一个力量型的投手。我一直是个曲线球投手，控制力强。你不会这么快就失去控制力。但我厌倦了旅行，我厌倦了时间，我失去了热情。当这种情况发生时，是时候离开了。

---

① 当时他是巨人队的投手教练。——原注

　　人们说我们很幸运，我们有飞机旅行。这意味着他们可以安排更多的比赛。我们现在打了一百六十二场比赛。以前，我们在同样的时间里打了一百五十四场。现在我们打了更多的夜场比赛。昨晚我们在圣路易斯打了一场比赛。大约十点四十分就结束了。我们必须穿好衣服，坐四十五分钟的公交车去机场。我们坐了五十五分钟的短途飞机到芝加哥。我们又从机场坐了三十五分钟的公交车到市中心。我们昨晚两点左右才到这里。包裹迟迟没有送来。他们搞乱了。三点半了，我们还在等行李。今天我们要打一场比赛，这真是一个漫长的夜晚。

　　有一个规定，如果有一个半小时或更短的航班，你可以安排一场夜赛，第二天再安排一场日赛。那个老裁判说："你不能用几个小时打败他们。"——那是另一次。（笑。）还有一件事，当你坐火车旅行时，你不用担心那么多的车祸。每个人在脑海里都会想到这个问题。有一点担心，特别是在恶劣天气下。去年我们飞到密尔沃基，当我们的飞机颠簸行进、惊险降落的时候，皮特·沃德说："贝比·鲁斯从来没有在这样的旅途中打出过六十支全垒打。"（笑。）紧张的气氛真的很难受。在火车上他们很放松，聊天，睡觉。当他们进来的时候，他们没有从一辆车转到另一辆车。我不认为现在的条件有多好。

　　一个更长的赛季，更多的比赛安排，和更长的春训。我们马上开始打排位赛。再一次，昨晚是夜场，今天是日场，明天是两场比赛。我们周一本来要休息一天，但他们安排了周一晚上在明尼苏达和双城队的一场表演赛。（笑。）**那场**比赛结束后，我们就坐上飞机，然后一路赶往旧金山，第二天再打比赛。（笑。）

### 这场表演赛的目的是什么？

钱啊。（笑。）威利·梅斯曾经在明尼阿波利斯队打过球，他们利用他的名字赚钱。巨人队有那么多钱保证，卡尔文·格里菲斯[①]会赚很多钱的。这会伤害到我们，因为我们需要休息。我们现在在争夺冠军，我们累了。我们的情况很糟糕。我们期待着今天的休息。也许你只是想睡一整天，或者只是放松一下，远离它。但我们周一晚上的比赛只是为了给别人赚外快。这有点伤人。[②]

对于一天的比赛，我大概十点到场地。我们每天要在一到二十几个棒球上签名。我在洋基队的时候，我们每天要签六打棒球。我们以前很讨厌这样。前台的人都有些朋友，他们想把签好名的棒球送给这些朋友。我不知道这些球都去哪里了。一天六打！81 天！这是很多的棒球啊。（笑。）

在路上，球星们都是很棒的讨价还价者。没有人愿意为任何东西支付零售价。所以我们花时间去小批发点。每个城市的情况都不一样。在纽约是毛衣，在洛杉矶是西服，在亚特兰大是鞋子。我读了不少书。这主要是我在路上的时候读的。我的室友是一个超级电影迷。

人们批评投手。但在过去的几年里，棒球的热度更高了。玩的人更多了，范围也更广了。现在谁都能打出全垒打。每个人都会挥棒击球。你对投球感觉更加紧张。老一辈的人说他们只是后退着把球扔出

---

① 明尼苏达双城队的老板。——原注
② 巨人队，在这次谈话的时候排在第一位，赢得了锦标赛。1972 年，芝加哥白袜队和奥克兰运动家队争夺第一的位置，打了一场十九局的比赛。那是 8 月 11 日。第二天晚上，他们又打了一场加时赛。第三天晚上，白袜队前往芝加哥，与小熊队打了一场表演赛。——原注

去。现在你会变得狂野，因为你对把球扔过本垒板很犹豫。所以这让比赛时间变长了。

没有多少人再去谈论手艺了。比如说，你有个家伙是个外野手。他在小联盟学到了接球的方法。你得学会把球扔到哪个垒。你必须知道如何接球。没有人会因为一个家伙是个好外野手而来看他。他是来打球的。他会早早地来到击球区，然后打啊打，打啊打。他不会打苍蝇，也不会抓漏网之鱼。这对他不重要。接到飞球是没有地位的。我相信很多工作都是这样的。你要做的是最能给你带来名利的事情。

普通球迷无法理解。他们认为你的薪水过高了，工作时间也很好。他们读到的是超级明星和巨额薪水。对于我们大多数人来说，钱并不是那么好赚，因为这个职业只能持续很短的时间，而且你离开棒球领域时，这个工作并没有真正帮助你。我们只有六百人，我们是我们行业的佼佼者。要打棒球，你得有独特的技能。关于我们的薪水有很大的讲究，但没有人质疑那六百名顶级律师或顶级保险人的收入——那种拥有棒球俱乐部的人。我一直想知道这个问题。

你可以在任何时候被交易，只要他们想交易你。没有保证。你可能刚搬完家，又被交易了。你有七十二个小时的时间从一家俱乐部转到另一家俱乐部。我们觉得球员应该对他的去留有一定的发言权。比方说，一个孩子从小联盟升上来。他在这儿待了一个月，他们就把他送回去了。他带着全家人一起回去了……

"我有两个女儿和一个儿子。再过六个月，我们又要有一个娃了。如果你不带你的家人去春训，就有六个星期的时间。在他们在赛季来与我会合之前，还有大约五个星期。夏天他们会在这里待上三个月。

但我要离开一个半月。

"我想念我的家人。我的妻子不得不成为一家之主。她必须包下所有的事情。如果下水道坏了，如果通便器坏了，她必须去处理。她支付所有的账单。她做这一切事情。我不再是一家之主了。"

在过去的十年里，棒球发生了很大的变化。我们吸纳了更多的男大学生。我第一次参加比赛的时候，他们经常来找我，叫我"教授"，因为我受过大学教育。今天更多的人都在考虑他们不打棒球后要做什么。有时他们会被批评为对以后的生活太过清醒。不这样做是很疯狂的。我见过三十多岁的人打小联盟。他们夏天打棒球，冬天做非熟练工。他们根本就没有前途。他们没有接受过培训。你会惊讶于有多少球手没有收入，而且状态不好。他们大部分都是老前辈，有些还很有名。

你听到这么多关于福利的事。怎么能绕过这个话题呢？他们批评我们的球员协会没有帮助老球手。为什么要让现代球员来承担这个责任？为什么不由俱乐部老板们来承担呢？球员为他们打球，为他们赚钱。

"我在洋基队当了五年的球员代表。其中有四年是美国联盟的代表。早些年，有人接下了这份工作，因为没有人愿意做。存在一个大问题。我们真的没有固定的职位。要想让球员协会保持混乱，你所要做的就是不断交换球员代表。我无法证明，但我知道球员代表的期限相当短。我们总是处于一种混乱的状态。"

你总是不喜欢说任何对老板不利的话，因为你被逼得觉得你很幸运能打棒球。你应该庆幸才对。不要介意你没有得到公平的待遇，你很幸运能在那里，你不应该，永远不应该批评大联盟的老板或管理部门。当我进入职业棒球界时，我大学时的教练告诉我的第一件事就是："不要做俱乐部的律师。"

俱乐部律师是一个麻烦制造者。不要掀起波澜，伙计。不要搅乱局面。只要去打球，做好你的工作，然后开心，你听到了吗？这句话让我记忆犹新。我是个"好孩子"。当时的俱乐部律师很少。他们马上就被打上了烙印，说他们是大嘴巴的热心人，不关心比赛。在我看来，一个对不公正现象大声疾呼的人，不是工会律师。他只是在行使自己的权利。

"比赛的利益"是你经常听到的。老板们所做的一切都是为了"比赛的利益"。他们说棒球是一项运动，但他们把球队从一个城市搬到另一个城市完全是为了钱。两年前在西雅图的一支新球队花费了大约五百万美元。这支球队要卖一大笔钱。这个俱乐部应该是亏损的，但却有一个感兴趣的买家。棒球界没有一家俱乐部会赔钱。每个俱乐部都会赚钱。我不明白你怎么能称之为运动。这是一个大生意。

公司所有权已经取代了个人所有者。这在我们和老板们签下第一份协议时就很明显了。没有一支棒球队被称为，比如，波士顿红袜队。而是金色西部①、CBS 公司②和查尔斯·芬利③企业。它们都是公

① 金色西部（Golden West Broadcasting Ltd.）是一家加拿大广播和数字媒体公司。——译者注
② CBS 公司（CBS Corporation）是美国一家大众传媒公司，专注于商业广播、出版和电视制作业。——译者注
③ 查尔斯·芬利（Charles Finley，1918—1996），美国商人，曾任美国职业棒球大联盟奥克兰运动队的老板。——译者注

司的一部分。这就是他们赚钱的方式。这是一个很棒的税收减免方式。任何属于公司的俱乐部都不可能亏损。芬利的奥克兰队是他保险公司的一部分。洋基队是 CBS 公司的。巨人队是一家地产公司的一部分。这是不人性化的。

很多老板并不是真的想了解球员。那么你就会变得不仅仅是一个名字。你不仅仅是一张他们可以交易、出售或解雇的纸。他们坚持把你当作一个东西来看待。这对他们来说很容易操纵。但当你与某个机构发生关系时，就很难了。唯一能成功经营棒球的方法，就是把球员当作东西来看待。

或者看作孩子。查床，监视选手。你为什么要检查二十一岁以上的男人？打电话到他们的房间，确保他们在床上？这让你觉得好笑。你是个成年人，他们对你这样做。你的电话响了。你睡着了。比如说是在十二点半。你十一点就睡了。他们打电话说："嘿，你在吗？"（笑。）你从沉睡中醒来。好吧，现在直到凌晨四点，你都不能睡着。（笑。）

黑名单？我没有证据，但是克雷特·鲍威尔曾经是最好的棒球防守三垒手。他因为批评管理层而被亚特兰大队解雇。有参加锦标赛的球队可以用他。他没有被一个俱乐部选中。我有一种预感，管理层之间有勾结。他现在在夏威夷打球。如果这不是黑名单，那就从来没有过黑名单。

协会在合同上帮助了我们。我不是个商人，所以他们真的是在骗我。现在有人帮我们了。一开始最低是五千美元。然后是七千，直到三年前。然后就涨到一万了。明年要涨到一万三千五百美元。这是一场超级大战。考虑到生活费用涨了多少，也并不出格。而且你不会在棒球界待很久。你必须认识到这一点。

今天有更多有自由思想的球员。他们以前从没想过这个问题。我们都有这样的态度：不要质疑。有很多人想抢你的饭碗，他们都很厉害，所以你能在这里很幸运。如果你是个大明星，你就不会担心，因为你年薪十万。你可以不在乎。我不怪他们。如果我年薪每年十二万五千美元，住在城市里，我就更不愿意批评球会。老板对球星很好，因为他是他们的饭票。那些人通常不会击球。但现在很多情况都在改变。如今球星们更注重互相帮助。年轻人也更了解世界上的大事和发生的事情。我们谈得更多的是社会问题。

**"1960 年我刚开始在南方协会工作时，他们甚至不允许黑人球员参加。我们是一水儿的白人。现在关系相当好，但我不能说没有种族歧视。今年有个球员带我到球场上，说：'现在有一个真正的黑鬼。'这让我很震惊。事后我觉得难过，我没有对他说什么。我只是走开了。我和他一样有罪。"**

对于一些人来说，获胜就是一切。是一切。如果你不赢，那就是浪费。我尽力而为，但如果你以获胜来判断自己的生活，你就会受到伤害。我知道我们是为了钱而打球。这些人说："如果我不赢，我就赚不到钱。"但如果我出去打比赛，在知道我已经尽可能做到最好时，就有一定的满足感。无论我多么努力，我永远也成不了桑迪·库法克斯 ①。但我能像史蒂夫·汉密尔顿一样优秀，我觉得我已经成功了。

① 即桑福德·库法克斯（Sanford Koufax），职业棒球选手，守备位置为投手，左投右打，棒球史上最具主宰力的左投手之一。——译者注

我可能会告诉你关于我自己的事情，我真的不想了解这些。我还在小联盟的时候，我曾经希望大联盟的人表现不好，这样我就可以上去了。我不认识那些人。有些日子我很烦恼。我曾经怀疑这是否正确，我曾经怀疑这是不是罪恶的。就好像是说，我不知道自己有没有能力。但如果他失败了，我就有机会了。我见过别人在自己的团队中做得不好时，有些人真的很高兴，因为这让他们看起来更好。这是他没有安全感的表现。看到这种事情很糟糕。我不能说我曾经希望一个投手失败。

我看到那些回来的人，你看着他们进了俱乐部。没人认识他们。球迷都不认识他们了。我往后退了退，看着最积极的粉丝来抢夺那些打得好的选手和大明星。他们想抓住他们的衣角。我见过太多的家伙获得了一个虚假的自我重要感。人们总是说关于你的好话，对待你就好像你是特别的人物似的。你开始相信自己很特别。现在他们离开了棒球。他们觉得："我很棒。"但没人记得他们。你的名字是什么不会造成任何区别。我见过一些人真的很难应对这种改变。

当你不再受人关注时，你会发现人们不再想和你联系在一起。我见过这些人来到洋基体育场的更衣室。我看到他们不再来了。我们从第六名降到最后一名时，我根本没看到他们的身影。去年，我们回到了第二名的位置。我看到他们回来了。（笑。）是啊，他们又来了，跑在最前面的粉丝。

很多前球员都去当保险或汽车销售员了。我和他们中的两三个人谈过。是的，因为我是个大人物，所以我可以见到很多人。今天的情况更紧张了，你的身份也不那么重要了。我离开棒球界后，我觉得自己肯定会教书和做教练。这是我想做的事；我在冬天的时候做很多基督教的工作。

（叹气。）一旦你开始得到认可，得到认可就变得对你来说很重要。我以前没有这种感觉。有一天，当我们从飞机上下来，一个家伙问我，我是不是旅行秘书。这可不是什么好事。（笑。）我来到国家联盟时，没有人问我的签名，因为我有灰色头发。这让我很不爽。我在头发上涂了些东西，头发就变成了中棕色。但我不喜欢这个颜色，我让头发长出来。我就发现是自己的问题。我觉得不对劲。我的腿还在疼，我的胳膊也没好转。（笑。）

认可、名声——我总是想起一幕，我站在印第安纳州查尔斯顿的房子外面，双色砖，我把一个棒球往不同颜色交汇的地方扔。我一遍又一遍地打，一遍又一遍地打。我们在天太黑看不见的地方抓苍蝇，就这样几个小时，几个小时，几个小时，几个小时……这就是我们大多数人都做过的事。

## 布莱基·梅森（体育新闻代理人）

"我是一个行为古怪的人，一个空间盗窃者。我一直对'公共关系顾问'这个词避而远之，这是麦迪逊大道的老生常谈。你躺在后面，颂扬别人的美德。你说的那些人有的没有天赋，有的却很厉害。我是偶然进入宣传领域的。我想成为一个夜总会的喜剧演员。我没有上过新闻学校。我的教育来自生活，来自城市的街头。"

你每天都要走在路上，走出去，插队。如果我每天不去报社一次，我就会觉得我错过了什么。我不是一个坐在打字机前写圆滑的新闻稿的人。我必须走出去，看到我的工作成果——看到我的客户从第二体育版登上第一体育版。或者看到我的拳手努力向上。我所取得的一点成功，都是拳击运动的功劳。

今天，没有什么比世界重量级冠军赛更让人兴奋的了。你已经和一个人一起努力了六个星期了。现在是比赛的夜晚。有一定的戏剧性，有一定的活力。突然间，一盏聚光灯照到了竞技场的一端。你看到了冠军的降临。你已经为之付出辛苦劳动的一切，就在你的眼前。数百万人都会关注这家伙。你比外面任何一个人都了解他。你和他一起吃过饭、睡过觉，你知道他内心的想法，知道他喜欢看什么杂志，知道他喜欢吃什么类型的食物。你看到他和挑战者从过道上走下来。那时候你就会起鸡皮疙瘩。

我曾和已故的洛基·马西亚诺①一起在训练营工作过。我所担任的是在重量级拳王赛期间的一个非常重要的职务。我是个起缓冲作用的人。每天都会有记者来参观。我必须做好充分的准备来回答所有的问题。为什么洛基先穿左边的鞋？他很迷信吗？他一共打了多少回合的拳？他喜欢吃什么食物？像埃德·沙利文这样的人打电话给我，说他们想让马西亚诺上他的节目。我就可以裁决，看他不能在这一天和那一天离开营地。沙利文过来了，从营地上就做了节目。这是个时刻性的工作。

我和一个闷闷不乐、好斗的桑尼·利斯顿一起工作，他对新闻记者很不屑。他会让你恼火，因为你永远不知道他要说什么。我和穆罕

---

① 洛基·马西亚诺（Rocky Marciano，1923—1969），1952 到 1956 年间的世界重量级拳王。其职业生涯战绩 49 胜 0 败 0 平手，是拳击史上唯一的一位职业生涯全胜的世界重量级拳王，被公认为史上最伟大的拳手之一。——译者注

默德·阿里一起工作。当他说"我是最厉害的"时，他是最厉害的拳手之一。阿里是他自己的新闻代理人。我在训练营和他一起工作时，我觉得我的报酬是白拿的。他做了全部的工作，他让我很容易进行工作。他会接手一场新闻发布会，把你给忘掉。你不需要坐在那里指导他。他会接过来，说："先生们，你们有二十分钟时间。"他们会问他一个问题。他不会停止说话，直到我站起来说："先生们，今天到此为止。"

我七点就起床了。八点一刻，我坐上我的汽车，去往卢普区。我不是那种早上起来唱着咏叹调和歌剧、讲着有趣笑话的开朗的人。到了芝加哥的边缘地带时，我开始感觉好些了。节奏抓住了我。我来到了危险地带。卢普区是我的地盘。我离开三天就成了一个迷失的灵魂。当我徘徊的时候，我在我的王国里。这些都是我的，我的，我的人。

直到下午我才真正开始工作。那是我奋斗的时候。那是我最强壮的时候，肾上腺素开始流动。我冲啊，冲啊。我在给不同的媒体打电话。"我有一个很好的资讯给你。"这持续了整个下午。我不断接到电话，不断的电话，人们请我的客户出场。我开始觉得自己像一个戏剧经纪人。

就在今天，电话响了。是穆罕默德·阿里。"你好，你这个小白鬼。"这是突然出现的。这让我有种振奋的感觉。我突然觉得这一天是值得的。他抽空给我打电话，和我聊天。"你要不要来参加这场战斗？"诸如此类。

我有一定的节奏。你从报社巡视回来。你有七八个消息在等着你。你吃过午饭，回来后，有更多的消息等着你。你去街对面喝杯咖啡——有更多的留言。有的时候，你来了，却没有留言。你得罪了谁？你伤害了谁？我不能伤害任何人。这是我工作的一部分。你卑躬屈膝、毕恭毕敬，你就像一个小贩。你在战斗。客户不想看到华而不实的新闻。他想看的是发表在报纸里的公告。你奋斗，疯狂奋斗。

你害怕告诉某个人他到底代表着什么。你想，但你必须压制这一点，因为他掌握着你未来生活的命运。这让我很沮丧。你想有一种独立的感觉。

人们总是给你打电话。离婚案："我可以请个律师吗？""我可以不上报纸吗？"你去帮了大忙，却再也见不到他们这些人了。当你请他们帮忙时，这些人总会给你那一句老生常谈的话："如果我能为你做的话，我会的。但是，哎呀，我不知道。"我不说他们有义务，但这是一种伤害的感觉。有人对你说："我永远不会忘记你，布莱基，感谢你为我做的一切。"你以后见到这些人，会觉得他们在躲着你。我感觉他们跟我打招呼很冷淡。

你对自己说，这就是我的人生故事。为什么我不能像那个人一样？利用一个人，然后走开。你觉得自己被利用了，完全被抛弃了，因为你所做的事。我很敏感。这种事留在我心里，然后我发现自己变得很有报复心。我只希望这个男人再来找我帮忙，我会狠狠地伤害他。这些情况让我变成了那样的一个人。我出生于一个艰苦的社区，帮个忙是大事。我们以前相信伙伴系统。我见过的太多的人都在不断地拿你当垫脚石。

自从我加入后，二十七年来环境已经发生了变化。现在的人已经是另外一个种类了。他们是麦迪逊大道的公关型。布鲁克斯兄弟的西装，手提箱，还有所有这些俗套的玩意儿，这种类型已经固定下来，不可变更。这些时长三小时的午餐。大公司有这些人互相砍杀，背后捅刀子，争夺位置。哦，这份工作已经变得非常商业化、冷漠和没有人情味。现在就是："我们将有一场针锋相对的交锋。"体育新闻写的是组织架构和调查。这让我非常困惑。当一些机构带着事实和数据走进来时，一定会给董事会留下深刻的印象，诸如此类的事情。我为可以不经过这种虚假的、烦琐的程序而感到自豪。

我对自己的工作感觉如何？我成不了大事，但我在这个领域的工作是最快乐的。如果有人把我从这个工作中拽出来，一年多给我两万五千美元的年薪——"你是一家男装部的经理"——我会说不。我会很痛苦的。我会像一只被关在笼子里的狮子，踱来踱去。我会对每个人咆哮，为了钱这样做不值当的。我不想贬低卖衣服的人，因为这些人也是不可或缺的。但我永远无法想象卖给一个人一条价值三美元的领带这一挑战，敲响收银机，说："我今天完成了一件事。"三十天之内，我就会接受精神治疗。我将会被逼到角落里。这不是我的菜。

一个拳击手或一个篮球运动员走进来时，你会说："我要宣传这个家伙。"你拿起报纸，看到的是自己所付出的努力的成果。这就是挑战。这项工作是有意义的。它给我带来了快乐。

我想我是这个种类的最后一个。我是最后一个真正的骗子。我可以在一个小时内完成自己想做的事。我不需要坐下来喝完四杯马提尼那么长的时间。我也不能跟一个说"给我找个女人"的客户打交道。我出生的时代——那些大师——他们现在都不在了。我从他们中最伟大的人、已故的杰克·卡恩斯那里学到一些东西。他是我的导师，上帝让他的灵魂安息。他对我说过很多次，很多次："孩子，你是过去日子里的那种人。但有一样东西你还没学会——盗窃。我得教你。"

我没有上过完整的课程。这就是我没能成为大人物的原因，我尽力而
为，我得做我自己。

## 珍妮·道格拉斯（网球运动员）

　　她是一名职业网球运动员。她二十二岁。她作为弗吉尼亚州职业
女子巡回赛的成员，每年有九个月的时间在旅行。"这是妇女的自由，
你已经走了很长的路，宝贝。是啊。关于一家香烟公司赞助体育赛事
的事，已经引起了不少讨论。你能说什么？有些女孩抽烟，有些不抽。
这只是推广网球的一种方式。我们不是在推广吸烟。"

　　当她们组织自己的巡回赛时，她们被美国草地网球协会列入了黑
名单。"美国草地网球协会的官员都是非常富裕的商人，他们从来没有
花钱去参加温布尔登的比赛。我一直都是花钱的。就好像比赛是为他
们而办的，而不是为球员而办的。"发生分裂的原因是："女子的奖金不
到男子的一半。拿在森林小丘体育场举行的比赛①来说，男子得到六千
美元，女子会得到一千六百美元。比利·琼②是女权主义者。她勃然大
怒。"在菲利普·莫里斯公司③加入之前，女权运动一直在摸索中前进。

---

　　①　体育场位于纽约皇后区森林小丘社区，隶属于西区网球俱乐部（West Side
Tennis Club），是一家私人网球俱乐部。该体育场最著名的赛事是举办了60届美国国家
锦标赛（1968年改称美国网球公开赛）。——译者注
　　②　即比利·琼·金（Billie Jean King），美国著名的职业网球运动员。她倡导性
别平等，并于1973年获得网球"性别大战"的胜利。——译者注
　　③　菲利普·莫里斯公司（Philip Morris Inc.）是世界上最大的烟草公司，其旗舰
品牌为万宝路。在1973年美国网球"性别大战"中，公司当时的首席执行官乔·库尔曼
（Joe Cullman）决定为已经与美国草地网球协会决裂的比利·琼·金和她的几位斗争参
与者提供经济资助。——译者注

"菲利普·莫里斯公司拥有维珍妮①。他们不能再在电视上做广告了，所以他们把钱投到了维珍妮网球巡回赛上。"

巡回赛：从长滩到华盛顿特区，再到迈阿密和里士满。"城里的人都出来了。已婚夫妇。蓝领也许一周会来一次。上流社会的人每晚都会来。网球运动正在蔓延开来。但我厌倦了靠手提箱里的东西生活，厌倦了衣服是皱皱的样子。我讨厌这样的生活。我喜欢打网球。

"我十一岁的时候就开始打网球了。我的整个家族都在打。我们是一个庞大的网球家族。我的叔叔大约是美国第十名。我妈妈结婚后就开始打了。她在南加州排名第二十五位，那是打网球最好的地方之一。她在我们网球俱乐部的一家专业店工作。她逼迫我，我一开始真的很反感。但她让我打到了足以让我喜欢的地步。"

我出生在那个年代，纯属运气。现在有了职业网球。以前是没有的。现在是一门生意。就像牙医一样。我是通过训练来提高的，要练习、跑步。通过比赛这种方式，女选手们现在都在作弊。（笑。）

也许不是真的作弊。我们有裁判员和边线裁判员。有一天，一个裁判对我的对手做了一个不利的判罚。比分很接近。他说"出局"。我不会去反驳裁判。也许在业余的时候我会说："等一下。我觉得刚才没问题。"我可能会说："再打一球来决定吧。"我现在不会这么做，也没有人会这么做。你还是业余选手的时候，你会更开放。现在赢球就是一切。

---

① 维珍妮（Virginia Slims）是美国的一款女士香烟品牌，由菲利普·莫里斯公司生产。——译者注

　　第一次遇到这种情况的时候，我才刚参加完青少年① 比赛，是双打。我们不可能打败别人，他们是世界级的选手。好吧，我把球打过了中间。在红土网球场上，球击到后线。球击打到边线上。你可以看到球弹了出去。这是整场比赛的第一场比赛。他们花了五分钟看标记。"球出界了！出界了！"我的搭档说，"如果太难判定的话，就再打一球吧。"不，这是整场比赛的典型情况。他们都是顶尖选手。根本不可能很接近。但谁也不会放弃一丝一毫。

　　现在的选手往往比较肤浅。以前大家比较友好。选手会来回写信，度过快乐的时光。现在你没有好朋友了。你在球场上，大家都在闹情绪，发脾气。现在的人为了钱争得面红耳赤，你不想卷入其中。你上了球场，怎么能打败你最好的朋友，这种类型的问题吧。有点孤独的生活。

　　我想成为优秀的人，这是唯一的办法。但是，涉及钱的时候，竞争可真激烈啊。世界上好像有六十五个女人，每周都拼尽全力，接连不断地跟对方较量。这真的是一种艰难的生活，让人有点儿摇摇欲坠的。不少女选手都回家了。顶尖的选手越来越有魅力——比利·琼说："是我们带来了观众。"

　　这就是为什么我必须不断提高。我永远不会成为一个蹩脚的网球选手。女选手中也有这样的人。有些人没有成功，只是不愿意放手。她们去参加比赛……她们很自卑。不前进的人生是很悲哀的。我不再进步的时候，会去做别的事情。一些更好的东西，比如六英尺三英寸。（笑。）

---

　　① 青少年为十八岁及以下。——原注

"我成长得很快，我很笨拙。我真的不喜欢打网球。我妈妈每小时给我二十五美分让我打球。我家有五个孩子。我们都打网球。我大哥连续两年都是加州大学洛杉矶分校的头号选手。他在美国排名第二十三。

"我们订阅了《世界网球》杂志。在上面看到的是温布尔登的那些人的照片。我说：'我这辈子都见不到那些人。'我开始打得很不错，开始旅行。我在少年怀特曼杯队待了三年。我退了学——我本打算在加州大学洛杉矶分校主修设计——然后去了澳大利亚、南非、法国、意大利，我还打了温布尔登网球公开赛。经济上很困难。你要自掏腰包。得到的是象征性的奖金。然后维珍妮巡回赛出现了。我只是幸运地碰对了时机。

"我妈妈想让我参加，因为她从来没有打过巡回赛。她参加了所有的茶会，但她觉得自己的生活毫无成就。我去这些房子，和这些家庭主妇待在一起。她们所做的就是计划晚餐和照顾孩子，这让我很吃惊。这些女人什么都不做。我确实想结婚，有一个家庭，但我确实想做点什么。"

社交生活为零。我每年都会谈两次恋爱，网球打得稀烂。有个法国女孩几年前是世界第三名。她的爱情生活很顺利的时候，就打得特别好。

我哥哥也在巡回比赛。我们一直在比较分数。男人的情况不一样。城市女孩出门。她们戴着假睫毛、化着妆、喷着发胶，在九十华氏度的高温下坐着看网球比赛，却一滴汗也没有，这一直让我很惊讶。男生们追女生。女生们更难出去一夜情了。已经到了我只和以前见过的男人出去的地步了。你可以表示友好，度过愉快的时光，但你讨厌被占便宜。我不是那种女孩。我不是一个假正经的人，但我不会只是趁我在城里的时候去和一些男人睡觉。

男运动员就是大种马。女网球运动员曾经取笑过。一群澳大利亚人玩一个小游戏。他们钓来一些女孩，一起玩，然后安排一个男人在隔壁房间看，然后打分。他们做记录，让这个成为一场比赛。这些城里人根本不知道这些家伙在搞什么花样。他们就这样一个接一个地泡着一个又一个的女孩。这是一个机械式的事情。

通过网球，我认识了很棒的人。我在家的时候，在罗灵希尔斯教那些非常富有的人。他们住在大门后面，有警卫，有私人球场。我在教一个拥有自己飞机的人，他从纽约送我回家，这样我就不用支付机票之类的东西了。

我有一个赞助商，他支付我的各项成本。去年，我勉强做到了。我妈妈支付了我所有的网球费用。很多父母支持女儿的工作。有了赞助商就好办多了。去年，在每次比赛前，我都会计算我要走多远，我的下一张机票，还有一切。我好紧张啊。我们必须自己支付机票费用。

**为什么维珍妮巡回赛不能支付你的交通费？**

他们现在负担不起。我们唯一能保证的就是能参加比赛。也许还能赢得奖金。

**如果你没有赢呢？**

那你就是输了。你什么都得不到。你得到的是食宿招待。我的赞助商得到他花费的一切资金的偿付。在他得到偿付之后，我们五五分成。今年我已经赚了五百美元，所以我在比赛中遥遥领先。一个女运动员在她的赞助商拿到偿付之前，自己每张奖金支票的 90% 都要归赞助商所有。当时我很兴奋。但现在这笔交易不是那么划算的方面正在显现出来。

我的赞助商是个赛道车手。我对他印象深刻。他在《时代》杂志上写过文章。他是个不可思议的人，他对我印象深刻。

如果我和那些不爱运动的人约会，我觉得自己像个运动员。整个谈话，没有什么可说的。和棒球运动员或其他什么人约会，谈话会很正常。但这家伙却无法忘怀。一个女运动员是如此新鲜。就像一个孩子长大后要当宇航员一样。这是以前从来没有过的。令人惊讶的是，小姑娘们会来找你签名。她们说："哦，我想长大后成为维珍妮巡回赛的网球运动员，就像你一样。"这真是让我大吃一惊。这是发生在我身上的最棒的事之一。在一场篮球赛上，有人向我索要签名。我的意思是，我不是一个比利·琼·金。

我遇到了些富得流油的人，我以前从来没有机会见到。一个牙医去一个鸡尾酒会，谁会谈论你的牙齿呢？如果你是一个网球职业选手，每个人都可以谈论这个话题。有一个共同的纽带。能够跟某人聊天是极好的，而不是像家庭主妇一样有这样一种感觉：我怎么能和比利·琼说话呢？

从某种程度上说，这也是一种丑陋的财富。俗气的钻戒，给彼此留下深刻印象。在迈阿密海滩，我住在赛马俱乐部。我很幸运，我们三个人住在八十五英尺的游艇上。他们互相之间不尊重，但他们尊重我们。这是钱买不到的东西。

在维珍妮巡回赛之前，我对更多的事情抱有兴趣。我想旅行和学习语言。我会说西班牙语和一点法语。在我去过的每一个国家，我都住在当地人家里。你可以和他们交谈，了解一个国家的更多情况。现在是赚钱。

我真的很想从头开始，并且做门跟网球相关的生意，因为突然间它就成了大生意。我以前从没想过这个。于是我试图改变自己的方式。我希望能够代言一些球拍或鞋子，做广告，赚很多钱。我不是一个像我爸爸一样的物质主义者。他一直不赞成网球。他总是说："好吧，你什么时候去当秘书，赚点钱？"他就像一个天气好的时候才会出现的朋友。我赢了的时候，太好了！他喜欢宣传。我是他的女儿。但如果我输了："当秘书去，挣钱去。"他连自己的变化都看不出来。我根本就不在乎他。我想独立。钱意味着自由。

如果我结婚并且有个女儿，我会逼着她进入某个领域，就像我妈妈对我一样。我觉得孩子应该是被逼的。好吧，"被逼"是个很烂的词。孩子应该得到引导。我在一个房子里住了几个星期，孩子们都很胖。他们放学后什么也不做，光看电视。他们好像快死了一样。我比较喜欢运动，会逼着她发展到很好的程度。如果她还是不喜欢，我也不会逼她。

**"青少年网球就像一个自己的世界。家长们都会带着孩子们去，因为孩子们不会开车。这就像舞台上的母亲。有网球妈妈。也有不少父亲是令人讨厌的。这些人坐在边线上，从后方进行指导。我妈妈从不来看我，虽然她在看我妹妹……"**

我的二哥曾获得长滩州立大学的奖学金，他不喜欢比赛。他每天打一个小时的球，只是为了让我妈高兴而已。如果他认真起来，就会很厉害。他享受打球，不会沮丧。他回家后，我妈妈会问："你打得怎么样啊？"他会说："差一点就赢了，我本来应该赢的。"她会说："为什么没赢？你为什么没打得更投入一些呢？"他就会笑着说："我没有想过。"这让我妈很不高兴。他不是那么热衷于赢。他只是喜欢打网球。这我就不明白了，因为我很喜欢竞争。

我妹妹今年十岁。她四岁时就上了《网球世界》杂志的封面。她很厉害，从两岁起就开始打球了。她跟着我的教练，打遍整个加州无敌手。通常大概五六岁开始打球。所以，我开始得有点儿晚了。我比她大十三岁，但她动力更足一些。她很确切地知道自己到底能走到哪一步。她是十岁以下组比赛的第一名。

八年来她从来没有输过一场比赛。她七岁起就开始参加比赛了。看看我的妹妹如何接受失败，这将会是很有意思的……

## 埃里克·涅斯捷连科（冰球运动员）

**他是多伦多枫叶队和芝加哥黑鹰队的成员，做职业冰球运动员已有二十年。他三十八岁。他已婚，和妻子育有三个孩子。**

"我以前住在加拿大的一个矿区小镇，一个被上帝遗忘的地方，叫弗林弗兰。在温尼伯以北四百英里的荒郊野外。那是一种美好的生活，美丽的冬天。我记得北极光。黑夜会在三点钟左右到来。零下三十华氏度，但很干燥，很干净。

"我住在溜冰场的对面。我四五岁的时候就这样开始了。我们从来没有任何装备。我曾经把《生活》杂志包在我的腿上。我们没有像现在这样有组织的冰球。我们所有的比赛都是临时的、不会结束的比赛。也许一队有三个孩子，然后有十五个，比赛会继续进行。没人会记分。那是一种纯粹的游戏。你在这里看到的游戏，在体育场外，在贫民区的边缘。我在学校的操场上也看到过。就是他们在篮筐周围打球的样子。纯粹的比赛。

"我父亲给我买了一双溜冰鞋，但仅此而已。他从来没有参加过。我打球是为了我自己，不是为了他。他甚至都不在身边看。我是为了快乐而比赛的，和我的同龄人一起。很少有成年人在身边。我们组织了一切。

"我在孩子们的体育活动里看到父母。都是高度组织化的，非常正式。他们有裁判员，等等。父母都是观众。孩子们是在为他们的父母比赛。他打得好，老头子就奖励他；他打得不好，老头子就不奖励他。（笑。）父亲给孩子的压力太大了。孩子就成了软骨头。如果你想让孩子做一件事情，这件事情得有趣才行呀。

"我是个瘦小又可怜的孩子，长着可怕的痤疮。我的行动还挺敏捷的，但我一直都看起来并不怎么样。（笑。）没人注意到我。但我可以打冰球比赛。在加拿大，这是文化的一部分。如果你会打球，就会得到认可。我从一开始就很优秀。比赛成为我所热爱的。我想成名成腕儿，而打球就是我实现这个想法的方式。打球就是我的生活。"

十六岁时，他读高中期间，就在半职业球队打球，每周挣两百加元，十八岁时，他加入了多伦多枫叶队。


有一种讽刺，一个人因为比赛而获得报酬，比赛应该带来金钱。你出售比赛的时候，纯粹的、娱乐性的比赛就很难存在，也很难让比赛作为一门艺术而存在。它被腐蚀了，它变得更难了，也许它被残酷化了，但它仍然存在。一旦你学会了怎么打，被群体接受，就会有一种融洽的关系。作为运动员的你，所有的一切都会被磨炼，变得更加敏锐。你学会了在一个非常艰难的世界里生存。这有自己的回报。

职业比赛是一种舞台。人们可以看到我们是谁。我们的个性在我们的身体上体现出来。这是令人兴奋的。我还记得有两万人参加的比赛。那地方会因为声音、动作和色彩而变得疯狂。人群产生的巨大能量涌入冰面，集中在你身上。这是很难抗拒的。（笑。）

我当时真的得到了认可。我记得一场比赛，那是在半决赛中，我们赢得斯坦利杯的那一年。我当时在芝加哥队。那是第六场对蒙特利尔的比赛。他们是大俱乐部，我们是名不见经传的队。我们的比分是三比零，我们三，还剩五分钟。两万人自发地站了起来。我当时在冰场上，我记得看到整个体育场的人都站起来了。从阳台到包厢，一排一排地站起来。这些人都被我们吸引住了。（叹息。）我们离开了冰面，离冰面三英尺远……1961年的春天。

多伦多放弃我的时候，我说："我是个失败者。"二十二岁，一个人到底懂些什么？你要不然就是当下最红的男孩，要不然就什么都不是。我们展示的是活力和年轻的身体。我们知道自己的风光是短暂的。没有机会比赛会让我们焦躁不安。我们的价值是即时性的，要想韬光养晦真的很难。

暴力的程度更高了。总是有受伤的阴影。一个好的球员，刚进入他的巅峰期，打碎一个头骨，打断一条腿，他就完了。如果你被打了，你就会被用无人性的力量打。他会尽全力打你，能打多重就多重。如果你受伤了，其他球员就会离开。没有人同情你。你受伤的时候，他们不会看你，甚至你自己队里的球员也不会看你。帷幕落下了，因为那可能是我。一个人害怕自己受伤。你不愿意去想太多。我看到我的队友躺在那里——我很了解他——他们在他脸上缝了四十针。我看到他躺在桌子上，医生在给他做手术。我说："是他总比是我好吧。"（笑。）我们习惯了这样想。我觉得这是一种防御机制，而且很残酷。

职业选手认识到这一点，越来越少让自己承担风险，所以稳妥对他而言是有利的。这需要一点经验。无一例外，受伤的都是年轻球员。老将们要学会计算自己的弱点。（笑。）这就会影响到比赛的进程。我年轻的时候，曾经为了冒险而抓住各种机会。今天，我不再试图强行通过，而是放松下来。这让我把风险降低。年长的职业选手往往采取伺机而动的策略，等待对方在竞技场上全情投入。

年轻的球员，有很好的天赋技能，比如说鲍比·奥尔[①]，就会强行上场。他会逼迫对方。有时他们足够优秀，可以逃脱。奥尔在打球的头几年伤得很重。他的两个膝盖都做过手术。现在他更聪明了，更小心了，也更愤世嫉俗了。（笑。）

愤世嫉俗是一种生存的工具。我开始迅速成长起来。我开始对打冰球不再是早年间那样纯粹而感到失望。我开始看到老板对选手的剥削。你会意识到老板并不真的关心你。你是资产。他们想尽办法从你身上榨取更多的利益。我记得有一次我的肩膀被撞伤了。伤口正在愈合中，但我知道还没有好转。他们请来了医生，医生说："你可以打了。"我上场了，然后伤口完全撕裂了。我躺了下来。然后我看了看俱

---

① 即罗伯特·奥尔（Robert Orr），加拿大冰球运动员，被认为是最伟大的冰球选手之一。——译者注

乐部老板。他耸耸肩，走了。他并不是真的讨厌我。他没有人情味。

在球员之间，我们打球时非常亲密。我打过球的一些最好的俱乐部都有这种亲密关系——这种亲密关系是现代人很难达到的。我们可以赤裸裸地看到对方，情感上，身体上。我们彼此相通，因为我们需要对方。有的时候，我知道对方在想什么，而不需要他跟我说话。当这种情况发生时，我们可以一起做任何事情。

这不能只是一份工作。不值得为了钱而打比赛。这是一种生活方式。我们还是孩子的时候，在玩耍中得到了释放，在能够移动和控制自己的身体中感受到愉快。这就是打球的意义。打败某人是次要的。我还是个孩子的时候，能真正地动起来是我的快乐。我觉得得到了释放，因为我能够在任何人身边转来转去，我是自由的。

在职业选手中，这种把打球当作一种生活方式的想法是存在的，但也有金钱这方面的因素存在。你知道他们从你身上赚了一大票。你知道自己只是一项资产罢了。一个年长的球员离开队伍时，不仅仅是他的身体离开了。用现代的训练方法，你可以打很长时间。但你会对这一行感到厌倦。它变成了一份工作，只是一份低劣的工作。（笑。）

我不喜欢住酒店，因为深夜才来，还要花时间在房间里等待比赛。你有一天的时间要打发，而比赛却在你的脑海里。很难放松。读一本好书也很难。我会看一本简单的书或者去看一场电影来打发时间。我年轻时不介意打发时间，但现在我很反感打发时间。（笑。）我不想打发时间。我想用自己的时间做一些事情。

坐大飞机旅行，往返酒店是非常辛苦的。我们周三在纽约，周四在费城，周六在布法罗，周日在匹兹堡，周二在底特律。这样的生活方式真糟糕。（笑。）周日的比赛结束后，我很累——不仅是身体上的累，也是情感上的累，精神上的累。这些比赛结束之后，我可不是一个很好的伙伴。

比赛不顺利的时候，事情就会加倍艰难。需要更多的勇气，而你对自己的评价不高。职业比赛的全部目标就是赢。这就是我们售卖的东西。我们把它卖给了很多人，他们在平时的生活中根本不会赢。他们把自己和他们的球队联系在一起，一支胜利的球队。我对此并没有抱有愤世嫉俗的态度。我们取得胜利的时候，自己身上也会有一种代入感。生活会更轻松一些。但在过去的两三年里，疲劳感一直存在。我筋疲力尽。但这没关系。我宁愿这样活着，也不愿无聊。如果我睡个好觉，吃点美食，就会恢复活力。我又活过来了。

球迷们用手触碰我们，尤其是我们赢球的时候。你能感觉到全身上下都有手在拍打。背上，肩膀上，他们想和你握手。我感觉良好的时候，就会对此做出回应。但如果我感觉不好，我就会扮演某个角色。你必须要演出来。这与纯粹的快乐无关，跟我小时候的感觉无关。因为，该死的，那时候没人认识我。我不用装。我们很多人都在寻找某种角色来扮演。职业运动员的角色，我已经学会了如何很好地扮演。和陌生人一起笑。这不需要费太多力气。它有其自带的动作、反应。粉丝有地位，但我没有什么地位。（笑。）现在不这样了。我知道这种扮演意义不大。我对此越来越回避。我感觉不好的时候，有人走过来说"你好，埃里克"，我有时会有点冷淡和唐突。我可以看到球迷们从我身边走开，感到受到伤害。他们想融入某些东西中去，但他们没有成功。他们可能会含混不清地做些什么评论。我对此无能为力。

我在努力不那么愤世嫉俗。我想做的是找到另一种生活，多玩一点。我没有别的职业。我有一种感觉，除非我找到一个其他的职业，否则我的生活可能会经历一个急转直下。我能找到一份工作，但我不想工作。我从来没有只是为了养活自己而工作过。我可能不得不只是为了谋生而工作，但我肯定希望自己不要这样。

我对自己的工作有怀疑。我对自己不是那么确定。有时候我也不太清楚。我是一个男人，在玩一个男孩的游戏。这是个赚钱的理由吗？然后我辗转反侧，想到了一份工作。我试着当一名股票经纪人。我对某人说："我有一只好股票，你要不要买？"他说："不要。"我说："好吧。你不想买，就别买。"（笑。）我不擅长说服别人买他们不想买的东西。我只是对金钱的力量不感兴趣罢了。我发现这点了。给人记录得了多少分的方式就是看他赚了多少钱。我发现自己已经厌倦了这种方式。

我在建筑业工作过，我最喜欢这份工作。（笑。）我那时一直在做股票经纪人，再也受不了了。一个周五晚上我喝醉了后，在镇上到处乱晃悠的时候，碰到了一个我过去认识的人。他说："你为什么不和我一起去汉考克大厦工作呢？"他在工程管理领域工作。接下来的那个周一我就去了。我待了一个星期。我很想看看一栋大楼是怎么建起来的，还有就是用我的双手来工作。股票经纪人的身份地位更高。他身边都是有身份的人物。但股票经纪人来看我比赛，我不去看他做股票经纪人。（笑。）

真正的身份是同行对我的评价，还有我对自己的评价。队员们有时会小心翼翼地自我怀疑。我们谈论着我们那脆弱的自我。我们真的那么有名吗？我们真的有那么好吗？我们抱有可怕的怀疑。（笑。）演员们可能会遇到这样的事情。我做得好吗？我值得这些掌声吗？把冰球推来推去真的那么有意义吗？（笑。）我打不好冰球的时候，粉丝不喜欢我怎么办呢？（笑。）紧接着我的反应是相反的——真正的蛮不讲理。他们总是在互相讲理。这也许是必要的。当你无法控制事情的时候，这不是一个糟糕的处理方式。那些真正并肩携手的球员，他们几乎没有疑虑，通常会更容易管理。如果你能得到同行的认可，就可以了。

我还是喜欢生活中的肉体性和感官享受。我还是喜欢使用自己的身体。但我现在喜欢的东西更温和。我不想打败别人。我不想证明什么。我有一个朋友，他以前是打职业橄榄球的，但他和我的理念一样。我们到了这个国家，虽然很朴素，很冷，很严酷，但是有很好的审美反馈。这个反馈是柔软的，舒适的，甜美的。我们从那里出来的时候，精力充沛，身体健康。我们经常像一对傻瓜一样进城，喝得烂醉如泥，大笑不止。

在现代社会中，靠身体谋生的人正在变得过时。机器已经取而代之。我们在办公室工作，我们与规则和公司斗争，但几乎没有打过人。并不是说打人就能解决问题。但曾经为了在这个世界上生存，人们必须站起来战斗——与天气战斗，与土地战斗，或者与岩石战斗。我想人确实有做这些的欲望。如今呢，人已经演化得更被动、更顺服……

我想，这就是为什么职业比赛，以其超强的肉体性——男人们在合作的基础上聚在一起——对中产阶级男人很有吸引力。是中产阶级男人在支持职业体育。

我认为这是北美生活方式的反映。这是你成为名人的方式之一——你打败了别人。（笑。）有些人必须比你差，你才能成为有名头的人。我不再知道这是不是正确的了。我再也没有那种动力了。如果我很辛苦地工作，那也是为了与艰苦的环境进行抗争。这比把别人打倒更可取。

我现在与一个年轻的硬汉对垒，然后他要是非常想要冰球的话，我就会给他。（笑。）当你开始这样想的时候，你就有麻烦了，因为这涉及作为一个职业运动员的问题。但是在这些方面，我再也不想成为其他任何人了。我已经有了一些钱，我已经有了一些巅峰时刻，我已经站在舞台上了。

这是一种很好的生活。也许我可以做得更好，比如成绩更好一些。但在过去的二十年里，我真的很少有遗憾。我可以享受到一些我小时候被拒于门外的艺术。也许这是我唯一的遗憾。我还是个孩子的时候，对比赛的热情占据了我的整个身心，以至于我把自己与音乐隔绝开来。我把自己与经历的某种广泛性割裂开来。也许一个人必须这样做才能充分探索自己最有激情做的事。

我认识很多职业运动员，他们有能力获得更广泛的体验。但他们想成为冠军。他们必须把自己的注意力完全集中在自己的那一件事情上。当他成为冠军的时候，他的主要优势是他的自我之旅，他渴望出类拔萃，渴望成为特别的人。在某种程度上，他必须把自己非人化。我寻找一种低调的生活方式。但这种生活方式必须与身体有关。我相信如果没有它，我会死的，成为一个酒鬼或其他什么的。

我还是喜欢滑冰。去年的一天，在一个寒冷、晴朗、清凉的下午，我在户外看到有好大一片冰。该死的，如果我没开车去那里又穿上溜冰鞋的话。我脱掉了我的驼毛外套。我只是穿着一个外套，穿着我的溜冰鞋。然后我飞了起来。那儿没有人。我像鸟儿一样自由。我真的很开心。这要追溯到我还是个孩子的时候。我希望自己会一直这样做，直到我死。哦，我是自由的！

风是从北方吹来的。在风的作用下，你在运动中，你可以轮滑、俯冲、转弯，你可以把自己与地表之间的角度减少到不可想象的程度，这是走路或跑步时永远无法做到的。你倾斜四十五度角，转弯的时候肘部几乎接触到冰面。难以置信！太美了！你打破了地心引力的束缚。我感觉这是人类与生俱来的欲望。（他的眼睛在发光。）

我没有保留很多自己的照片，但我发现了一张我在全力飞行的照片。我正倾斜着身体转过一个弯。我利用离心力，向内侧倾斜身体。有几秒钟的时间，离心力给我提供了支撑，就像陀螺仪一样。我全速飞行，头部转向一侧。我在专心致志地做一件事，我在笑。我喜欢用这种方式把自己呈现在照片上。在那一刻，我是另一种存在。我在另一个层次存在着，只是在纯粹的运动中。想去哪儿就去哪儿，想什么时候去就什么时候去。这是很令人愉快的，你懂的。（轻笑。）

## 乔治·艾伦（橄榄球教练）

**华盛顿红皮队的主教练和总经理。如果只能选择一个词来形容他，那就是"激烈"。如果只能选择一个目标来定义他，那就是"胜利"。他身上弥漫着一股修道以及工业的气息。他是帕西法尔[①]，在赛季的每个周日下午追寻圣杯。**

---

① 帕西法尔（Parsifal），德国作曲家威廉·理查德·瓦格纳创作的最后一部歌剧作品《帕西法尔》里男主角的名字。帕西法尔的故事情节与中世纪的圣杯传说有关。——译者注

　　我们在职业橄榄球队的总部。这是弗吉尼亚州的一块飞地，离华盛顿约二十五英里。它的外观是一个成功的工业综合体。黑板上用粉笔画着玄奥的图表。除此之外，办公室的墙壁上挂着牌匾，上面写着反复出现的赞美词："……以杰出的领导力、远见、能力提供服务，无私付出……"最引人注目的是玻璃后面的两个银色圆盘：美国退伍军人协会五十周年纪念"上帝与国家"奖。

　　在会议室里，谈话经常被打断（他的秘书遭到亲自上门的人和来电者的围攻，每隔几分钟就把他叫出来）。这个办公室有一种"有影响力"的感觉。巨大的桌子可能会让任何董事会都羡慕。当下的压力让他显得很烦恼。明天训练营开营，为即将到来的赛季做准备。


　　我接过工作，走到这片树林中间。我把它叫作我们的香格里拉。我们已经拥有了取胜所需的一切。而且我们会做出改进。我们现在正在铺设一百码的草皮，而且用格子花纹的合成跑道取代煤渣跑道。这样就不会有干扰了。

　　我们在休赛期每天工作十二、十四、十五个小时之多。赛季开始后，一周七天，早上、中午、晚上。为的是为橄榄球赛做准备。

　　我喜欢在家里做笔记、复习。我拿起一个笔记本和一支铅笔，一直带在身边。我想研究一些必须要做的事情。


　　**在他的办公室里，有《橄榄球百科全书》《最佳战术》，还有几本他自己写的《防守演练》《如何训练四分卫》《赢球演练全书》，以及《橄榄球记录》《第92届国会名录》《美国杰出青年》《行政人员应该知道的会计报表》等书。**

你必须把每天做的每件事分出个优先级。如果你不这样做，你就完不成要做的事。如果你喜欢自己的工作，它就不是工作。是乐趣。如果你讨厌上班，那么你就是在寻找打发时间的方法。可以说，我宁愿来红皮公园干自己的活儿，也不愿意打高尔夫。高尔夫是一项很好的运动，但太耗费时间了。我没那个时间。

在赛季，你一心扑在工作上的时候，工作就得先于家庭。我很幸运，我有一个善解人意的妻子，她是个好母亲。我的孩子们现在已经接受了这种生活方式。

他们成长的过程就是如此，我就是这样的人。这可能是个错误。应该是你的家庭和教会排在第一位。但我觉得在这个赛季，有很多事情要做。我甚至在开球前都在努力想办法让我们还能赢。

我们所做的一切都以胜利为基础。我不在乎你有多努力，也不在乎你组织得有多好，如果你不赢，那还有什么用？所有的努力都会化为乌有。你可以有一个了不起的比赛计划，但如果你输了比赛，计划有什么用？

最棒的事情之一就是赢球后身处更衣室。和球员和教练在一起，意识到已经完成的事情，还有走过的路。奖励不一定是有形的。是辛苦、痛苦、血汗和泪水。

你输球的时候，更衣室就是一个停尸房。就应该是这样的，因为你失败了。偶尔你会看到一些眼泪。我认为哭没有什么不对。我认为这是好的，眼泪是有情绪的。我认为当你把自己的很多东西投入到某件事中时，也会释放出很多东西。有些人可以输球，然后走出去，成为派对的灵魂人物。我就不行。能克服失利的唯一方法就是在下周赢下比赛。

　　格兰特兰·赖斯是我们伟大的体育作家之一，他说，你赢或输并不重要，重要的是你如何打比赛。我完全不同意。最主要的是要赢。这就是比赛的目的。只是出去打比赛，然后说："好吧，我没有赢，但我打了比赛，我参与了。"——每个人都可以做到这一点。你必须成为第一，不管是橄榄球还是卖保险或干其他任何事情。

　　大多数教练都没有太强的商业意识。我是红皮队的总经理，所以我必须比单纯的教练更有商业意识。我更感兴趣的是怎样能获得更多的收入，用这些收入来帮助我们赢球。这样我们就可以花更多的钱。任何你能学到的会计或商业方面的知识都是有帮助的。我们是一个组织。

　　每个球员都是整个团队的一部分。一支橄榄球队就像一台机器。它是由各个部分组成的。我喜欢把它看成一辆凯迪拉克。一辆凯迪拉克是一辆好车。所有精良的零件一起运作就组成了球队。如果有一个零件不工作，一个球员和你对着干，不干他的活儿，整个机器就会失灵。

　　没有人是不可缺少的。如果他不能打球，我们就让他知道，他以后不能跟我们一起了。"你想去别的地方打球吗？"我们每年都会尝试改进，更换一些零件。

　　只有当你赢了后，才会放松。如果输了，你不会放松，直到你赢了为止。我就是这样的人。几乎一直处于紧张状态。

**艾伦的十条戒律** [①]

　　1. 橄榄球是第一位的。"在休赛期，我告诉我的球员们，他们的

_____
　　① 摘自鲍勃·奥茨（Bob Oates）的采访，《洛杉矶时报》，1970年7月9日。——原注

家庭和教会应该排在第一、二位，橄榄球排在第三位。但在赛季的六个月时间里，国家橄榄球联盟的竞争非常激烈，我们必须把橄榄球排在其他事情前面。"

2. 人生最美妙的感受就是从事一份平凡的工作，并通过它来获得成就……

3. 如果你能接受失败，打开你的工资信封而不感到内疚，你就是在偷窃。"你在对自己的雇主实施盗窃，也在从你自己身上窃取东西。胜利是唯一的途径……失败者只会在一辆新车里或在派对上显得很愚蠢。在我看来，没有胜利的人生就像在监狱里一样。"

4. 每个人，尤其是主教练，必须付出 110% 的努力……"一般程度优秀的美国人把自己描绘成一个勤奋的人。但大多数人其实都是在不到一半的功率下运作。他们出力永远不会超过 50%……因此，要想达到 100，你必须以 110 为目标。一个想着每天工作八小时的人从来不会工作那么久，甚至很少工作到一半的时间那么长。然而，同样一个人，当他受到一天十七个小时的挑战时，他工作到第八个小时的时候，就只是刚刚热身而已……"

5. 闲暇时间就是晚上睡觉时的那五六个小时。"没有人应该一直工作。每个人都应该有一些闲暇……你可以同时结合两件好事，睡眠和休闲。"

6. 没有一个细节是微不足道的。任何任务都不会微不足道，也不会大到离谱。"胜利可以定义为一门科学，就是要完完全全准备好。我把准备工作定义为：不留任何未完成之事……现在的情况是……国家橄榄球联盟中的球队之间没有什么区别。通常赢家会是准备得更充分的球队……"

7. 人生必须有所成就，否则你就像墙上的纸。"成就者是唯一真正活着的个体。开着一辆好车，在高级餐厅就餐，或观看一部好电影或电视节目，仅仅做这些是不可能获得内心的满足感的。那些自以为做这些事情很享受的人，都是半死不活的，而且他们自己还不知道……"

8. 一个有问题的人是死的。"每个人都有问题。成功的人能够解决他的问题。他承认这些问题，努力寻找应对措施，然后解决它们。另一天遇到另一种问题时，他不会感到不安……胜利者……解决自己的问题。被别人左右的人是双倍的失败者。首先，他还没有相信自己的信念；其次，他还在迷茫。"

9. 无论输赢，我们都是一个团队。

10. 我祈祷的是，每个人都可以获得尽自己最大能力去比赛的权利。

# 主管

瓦尔德·科瓦尔（电视和广播主管）

我们在芝加哥的论坛报广场。我们在 WGN 洲际广播公司总裁的办公室里。这个公司是"中西部最强大的广播媒体"。他一直在和轻微的鼻窦炎作斗争，但他的存在感，还是能感觉到。

"我负责公司的整个广播业。我们这里有广播和电视。我们这里有一家旅游公司。我们这里有一家销售公司。我们这里有大陆制作公司。我们在明尼苏达州有广播和电视，在密歇根州北部、威斯康星州以及明尼苏达州有翻译系统。我们在密歇根州和加利福尼亚州有有线电视。我们在丹佛有电视。我们在纽约和东京有销售公司。我在美国和日本经营着十六家不同的机构。"

我的一天从早上四点半到五点开始，在温内特卡的家里。我在我的图书馆里口头下达命令，直到七点半左右。然后我吃早餐。司机大约八点钟到达那里，在去办公室的路上，我经常在车上继续下达口头命令。我早上去广播中心，中午再去论坛报广场。当然，我在车上读了很多书。

对着录音机说话。早上七点半之前，我可能会有多达一百五十封口述信。我有五个全职秘书，他们除了为瓦尔德·科瓦尔工作以外什么也不做。我有七个为我兼职工作的女秘书。这还不包括我在纽约、洛杉矶、华盛顿和旧金山的秘书。她们每天都会收到我寄来的口述录音带。她们也接收电话留言。我的私人秘书不做这些。她处理约会和我的旅行。她试着安排我的日程，以适应其他秘书的工作。

我大约晚上六点半、七点到家。和家人吃完晚饭后，我每晚至少要花两个半小时去看邮件和口述。我应该在家里设一个秘书，就是为了处理那里来的邮件。我说的不是账单和个人笔记，我说的只是商业邮件。虽然我周六、周日不去办公室，但周末还是会有邮件送到我家里。我在周六和周日口述。当我在圣诞节、新年和感恩节等节假日做这件事时，我必须偷偷摸摸地做一点，所以家人不知道我在做什么。

我们做的是一天二十四小时的生意。我们不是在生产三千双鞋子，豆制品，或者领带。我们每天都在生产新的产品，有新的问题。周末接到电话是很正常的事。"您对它有什么想法，科瓦尔先生？您愿意说一说吗？"我不会掩饰我对它的姿态。我要回答这个问题。这可能意味着要去录音室录音。或者我可能在家里做一个录音带。也可能我只是做一个声明。我现在每周工作七天，我很喜欢这份工作！

"我生长在一个非常贫穷的家庭里。不仅没有人向我们征求意见，我们还向其他人征求意见。我们想知道为了下一美元我们该怎么做。在大萧条时期，我们确实能应付。但我知道还有其他人没能从这些困难中解脱出来。我不会忘记他们的。一封来自这些人的求助信，对我来说就像来自大通曼哈顿银行董事会主席的建议一样重要。他们得到同样的重视。他们得到我的私人信件。他没有给我的助手写信，也没有给我的秘书写信。他想听听瓦尔德·科瓦尔的意见。"

当我来到广播中心的时候，我可能会有五六堆不同的邮件。有一叠是紧急的，应该在我打任何电话之前就采取行动。我处理这些通常需要十五到二十分钟的时间，一旦处理好，我就开始拨打重要的电话。在这些电话和其他不太重要的电话之间，我开始处理其他邮件。通常一天我们会收到一千三百封写给我个人的一等邮件。每封信都会在四十八小时内得到回复，而且不是格式信。没有格式信。如果他们给公司总裁写信，他们不想听到第三副总裁的声音。他们会从总裁那里听到。邮件和电话，是这个行业的游戏名称。

**我想你的电话事实上不会很长吧？**

不，这些电话事实上并不长。我有这种能力——在我多年前做播音员的时候，我学会了这一点，当时我们对六个网络进行供应。我可以用耳机听所有这些频道，我知道什么时候该在正确的时间说正确的提示。我现在仍然可以做到这一点。

"高中时，我想成为一名优秀的橄榄球运动员，一名优秀的篮球运动员，一名优秀的棒球运动员。我设法成为我曾经参加过的每支球队的队长。大一结束时，我的教练说：'现在缺少做演讲和宣讲工作的人。'他说：'我们只是想找到一个拥有你这样的声音的人。如果你愿意做这个，我就原谅你每周有几个晚上不参加橄榄球训练了。'我赢得了密歇根州的口才和演讲冠军。在伊什珀明的决赛转播当晚，一家广播电台的总工程师，一位波兰先生，给我母亲打了电话，告诉她我将来会成为一名网络播音员。

"我在高中一年级的时候就开始在马凯特的 WBEO 做播音员。我从早上十点工作到晚上十点，每周拿到 17.5 美元。同时，我还开着一辆商业牛奶车，从早上四点开到八点，每周挣 22.5 美元。这两份工作让我有钱去密歇根大学读书。我为我的大学感到非常自豪。我是校友基金及其发展委员会的主席。

"我赢得了底特律电台播音员的工作，周薪 35 美元，当时我还是学生。我每天都搭车或坐公共汽车从安阿伯到底特律。在校园里，我是年鉴的宣传经理。我是《密歇根日报》的体育和专题作家。我是新生橄榄球队、棒球队和篮球队的队员。而且我是兄弟会的主席。所有这些都在同一时间。显示你可以做到这一点，如果你足够努力。

"当我在大学申请入学时，我被问到毕业后的目标是什么。我说：'WGN 的播音员。'我在 1941 年 6 月 8 日完成了最后一次考试。第二天我就开始在 WGN 工作了。"

我不想永远做播音员。我想成为总经理。我觉得这是任何人都能做到的事情。在任何行业里，最重要的事情就是去获得经历，这样你就可以向你手下的人展示你可以做任何他们能做的事情。今天我手下的人都知道，我可以播报任何节目，我可以写剧本，我可以制作节目，我可以处理摄像机。如果我还有那种声音，我会很享受再次回到直播间。

我必须和所有人一起发展团队合作。我更喜欢别人叫我瓦尔德，而不是科瓦尔先生。90% 的人都叫我的名字。组织里的年轻女性不这样做，尽管我当然不会反对她们叫我瓦尔德。我最不想当一个架子十足的人。我想以家庭为单位来管理这个组织。我更希望它呈现出非正式的一面。

我一直觉得在我的一生中，如果你有任何能力，就去争取第一名。这就是我的兴趣所在。这并不意味着我想成为一个独裁者。上帝知道我不是一个独裁者。我试着给我所有的社团联盟完全的自主权。但他们知道有一个人在负责。

当然，在你成为第一之前，你必须是第二号人物，除非你是天生的。我出生在一个贫穷的家庭。我必须创造我自己的道路。当然，我做过第二副总，第一副总，还有执行副总。但我的人生目标只有一个，那就是当总裁。

像瓦尔德·科瓦尔这样的家伙，他现在已经是老手之一了。但这并不意味着我要无所事事了。我打算把更多的时间投入到我们的子公司，培养那些有新想法的年轻人。我并不期待退休，我觉得我还有很多有用的年头。到了该退位的时候，我一点儿也不会后悔。我有很多文章要写。我有很多事情要做。

**比起老板，你更像个哲学家之王……**

我想这是真的。十六年前，8月1日，当我来到这里时，我从未想过要当沙皇。我不喜欢说我用铁腕统治，但我必须负责和清理这个地方。我是队长，发号施令，每隔一段时间，我就会打出正确的战术，我们很幸运。

我没有感觉到任何压力，虽然我的家人说我有些时候会表现出来。我没有紧张。晚上睡觉的时候，我睡得很好。公司运转得很好。我的员工都在作为一个团队在运作。成功的故事依赖的不是瓦尔德·科瓦尔，而是一个伟大的团队。

后记："一般情况下，我们每天会接到七百个电话，平均每天有八十个长途电话。"我估计，在这次谈话期间，大约有四十个电话是打给瓦尔德·科瓦尔的。

## 戴夫·本德（工厂主）

这是一家新建的、相当现代化的工厂，位于一个大型工业城市的郊区。几十个人在办公室里工作。打字机和加法机的声音，但却弥漫着一种非正式的气息。他来到他的私人办公室，领带歪斜；他需要刮胡子了。我们喝了几杯威士忌。

"我制造投币机和自动售货机的零部件。我们还生产娱乐设备的装置。我们不知道他们要用它来做什么。我们对他们可能会做什么有一些猜测。我有大约两百名员工。我从没数过。他们是人。我们有工具和压膜机、模型机、钣金、螺丝机、木制品、油漆和磁环线圈。你能想到的，我们都有。"

我只是待在后台。我自己喜欢制造东西。我在这里制造机器。我不是一个工程师，但我有想法，我开发东西，而他们（带着好奇的神情）——他们**干活儿**。我整晚都在想这个地方。我喜欢我的工作。这不是钱的问题。这只是我表达感情的一种方式。

我们开始运行这家工厂的时候，我们完全只是从事弹球游戏部分业务。我一直在增加，增加，增加，从未停止。最后我进入了自动点唱机这一领域。当然，老虎机入局了，然后老虎机又出局了。永远不要跟山姆大叔闹。他们说不要老虎机零件，是认真的，我也是认真的。我不希望他们检查我们。你可以在生活中没有它。我们做了这么多不同的东西。一点点这个，一点点那个。不是很多的某一样东西。

我做了一台制造塑料管的机器。它就像一种攀附植物。一分钟能跑二百五十英尺，一次制造五根管子。我制作这台机器用的是一堆疯狂的想法和我在附近找到的垃圾。我可以把它卖出两万美元。如果我把它打扮得漂漂亮亮的，再放上花，你就能卖更高的价钱。

我是个没出息的流浪汉，在高中被开除了。我走到一个老师面前，说："如果你不让我通过，我就打爆你的脑袋。"我偷了一把枪。（笑。）我被开除了。那是我高中第二年。我做了一些肮脏的事情，我不能说。（笑。）我十三岁的时候，我把一辆 T 型福特车拆开，然后在地下室重新组装起来。我做了一些疯狂的事情。

我和人们谈论塑料的时候，我把自己设想成塑料，我会怎么穿越机器，我会看到什么。也许我很傻。在生意上，我采取的立场是：如果我是顾客，我会在哪里？我对你有什么要求？有些人是天生的臭脾气。我试着想办法去接近他们。只要方法得当，谁都能制服。

我把自己制作的东西都卖了。我不知道该怎么处理它们。（笑。）那些人用它们做包装。我用木头、塑料、金属，任何东西，进行制作。我还会用纸。即使在家里。星期天我把纸贴在一起，想办法把勺子、叉子、餐巾纸和吸管放进包装里。餐巾纸供应机做好了。我们已经制造过吸管供应器。那就剩下勺子和叉子了。我们怎么拿？我们要把袋子吹开吗？拉开吗？我们要把它挤下去吗？所以我就把东西塞进去，用我老婆的发夹和小发夹等一切能拿到手的东西来挤。我甚至还拿了猫砂，垫猫屎用的东西（笑），来把袋子打开。这是学校用的，是价格便宜的包装。售价大概是一美分一包。塑料的。这些讨厌的东西整个都在一个袋子里。所以我能告诉你什么？

　　每个人都在包装这些东西。他们的方法是过时的。我的方法是完全自动的。我知道我的竞争对手在做什么。我从不低估他们，但我比他们领先十步。我可以随心所欲地满足他们的要求。但不是要把他们的心挖出来。我们都要谋生啊。


　　"我拿着四十美元入了这个行当。那是 1940 年的事儿了。钱是我借来的。在 1938 年，我是一个大商人。我是世界上最伟大的瘪脚射手。（笑。）我当时在做橡胶零件和柱塞杆，用于弹球游戏。然后 1941 年战争爆发了。你从哪里弄来杆子？我拿着钢锯去了垃圾场。还记得上下床铺用的旧铁栏杆吗？我把它切断，做了柱塞杆。我做了一些疯狂的事情。

　　"我从几个人开始。我自己一个星期赚了十五美元，但我连这点钱都没有。哦，天啊，天啊，我什么都试过了。做工作手套。我十八岁的时候，去做煤炭生意。我向我哥哥借了两百美元。突然间我有了四辆卡车。我厌倦了运煤，就把四辆卡车的钥匙给了我父亲。我说：'爸，这是你的生意，你不欠我钱。'我还做了什么？哦，天啊，制造东西。建造一家工厂。我喜欢制造。

　　"商业对我来说是一种工程的方法。即使是在广告中。我一直在想，为什么他们不了解人们的真实面目呢？就像这个阿尔卡苏打水的广告。我经营生意的方式也是一样的——去了解人。我们除了人之外还是什么？"

　　即使在战争期间，我也从不占便宜。我以前卖东西都是三十五美分。在战争期间，我还是以三十五美分的价格出售。一个顾客说："戴夫，我永远不会忘记你。"他们都是骗子。他们很快就忘记了。我从来没有骗过任何人。我的生意就是靠这个建立起来的。我的竞争者来了又走了，我还在做。我现在比以前更大。

　　我希望能够上市。所以，我必须显示出增长。这就是游戏的名字。我的工人在这里工作了二十七八年了。我觉得自己欠他们一些东西。我不知道如何补偿他们。至少如果上市，我可以给他们股票。我想重新给大家发工资。这也是一种感谢的方式。

　　大的自动售货机公司给我各种优惠，我都拒绝了。对我来说，这将是很美妙的。我带着一百万倍的钱走了。那又怎样？那这些可怜的家伙怎么办？我把他们都炒了？啊？

　　对他们来说，我是戴夫。我了解他们的家庭，我知道他们的麻烦。"戴夫，你能给我一美元吗？""戴夫，来点咖啡怎么样？"我会去找模型师，谈谈我们的问题，我们会喝上一杯威士忌。问他妻子的感觉如何。"很好。"他想给家里放置点东西，我可以做吗？"当然可以。"他们都叫我戴夫。当他们叫我本德先生时，我不知道他们在和谁说话。（笑。）

　　我喜欢机械。我的指甲都被剪掉了。你进来之前我洗过手了。油脂。我绝对下了第一现场。你把尺子靠在这里，或者把尺子放在这里。我想要这个，我想要那个。"弗兰克，你把这个砍了。把这个放进磨坊里。把那个砍下来。"我同时有三四件事要做。

我早上六点来这里。五点半我就会离开。有时我会在周日来这里，所有人都走了后，我会在这里摆弄设备。这地方没有一台机器是我不能用的。没有一件事我不能这样做。

他们告诉我，我在机器上工作，对工人来说不好看。如果我扫地，我也不在乎，我就是扫地的。昨天有一些餐巾纸从餐巾纸供应机上掉在地上。我对焊工说："把餐巾纸捡起来。"他说："不，你来捡。"我说："如果你累了，我就捡起来。"所以我就把纸捡起来了。

工人们说："你是老板，你不应该这样做。这样做不好。你应该告诉我们该怎么做，但不应该自己做。"我告诉他们，我喜欢这样。他们希望我或多或少在办公室里。我甚至不来这里。如果我进来了，也只是和我的工人一起喝杯酒，然后我们一起吃饭，仅此而已。当他们叫我本德先生的时候，我觉得他们是在讽刺我。我觉得自己对他们而言不像个老板。我觉得自己像个哥们儿。

我认识很多有钱人，但我和他们没什么关系。他们对我来说太高尚了一点。我觉得他们很势利。他们被宠坏了，因为他们的财富。我不会提名字的。我是在穷人家庭出生和长大的。我白手起家。我是个幸运的家伙。不管我得到了什么，我都很感激。这就是我的生活。我只是喜欢平凡的普通人。我有一个医生朋友，但除了医生之外，他是我的脏话朋友。我们互相说脏话。一个在酒类商店工作的人是我的朋友。这里的一些工人也是我的朋友。

**你是这些人的老板……**

不，我只是在这里工作。他们说："戴夫，你应该给我们下命令的。你不应该去捡餐巾纸。"哦，不要误解我。我不是世界上最简单的人。我对他们发誓。我是个顽固的家伙。当我终于有了自己的想法，我很粗暴。我知道我想要什么，给我自己想要的。但我有足够的理智，知道什么时候该离开、让他们自己工作。

**你不觉得自己当老板有地位吗?**

哦哦哦，我讨厌这个词！我告诉人们，我不想再听到关于我是谁或我是什么的字眼。我每天十一个小时很享受。我回到家的时候，把鞋子脱掉，让自己舒服点，捏捏我老婆的屁股，亲亲她，当然，问她今天做了什么。我尽量不把我的问题带回家。我有问题，很多，但我尽量避免。

周六和周日是一周中最糟糕的日子。这是一个漫长的周末，因为我不在厂里。我四处游荡，看电影，去别人家，但我总是在等周一。我去度假，那是世界上最糟糕的事情了。我老婆在西班牙的马略卡岛心脏病发作了。她住到医院里。我在那里待了六个星期。那是我有生以来第一个真正的假期。我终于去钓鱼了。我在这里喝着酒，吃着橘子和奶酪，在船上撕着面包，度过了我一生中最美好的时光。我告诉我老婆，得她心脏病发作才能让我享受假期。(笑。)

退休? 天啊，我才不呢。我会再开一家店，从头再来。那我该怎么办? 疯掉吗? 我告诉过你，我喜欢我的工作。我认为这是某种形式的不安全感。我总是担心明天。我很担心，我为明天而战。我不用担心明天。但还是想工作。**我需要工作。**

今天，我在店里工作了一整天，跟模型师、两个工具制造师和一个焊工一起。我没有像样的蓝图。我他妈的什么都没有。我所有的东西就是这个。(敲了敲他自己的太阳穴。)我会拿一张纸。我连图纸都不会画。我在测量,在这里减去八分之三英寸或加上两英寸。这是你见到过的最疯狂的一块铁。我这辈子从没见过这样的东西。但那天我看到它在运作。

我把它造出来的时候,将会是一台包装机。你会看到手臂上下摆动,齿轮工作,机器运转,卷轴机和卷线机,所有的一切都是自动的。我知道它可以申请专利。它是独一无二的。这都是我的想法,是的,先生。而且我不能告诉你我的电话号码。

我从来没告诉别人我是老板。这会让我脸红心跳,很羞愧。当他们发现我是个老板的时候——老实说,人们都是寄生虫。他们在某一方面把你当作一条脏狗,一旦他们发现你是谁,就会变成另一个人。(笑。)他们从前门进来——"我想让你见见我们的老总,本德先生。"他们真的像孔雀一样趾高气扬。我宁愿作为一个人从后门接待某人。从前门来,他有所有的餐桌礼仪。哦,那副虚假的样子。他从来都不踏实。所以我不喜欢说我是谁。

一个人进来,我正在像工人一样地工作,他就会告诉我一切。他说的都是心里话。你可以跟他一起吃饭,你可以说脏话。任何发自内心的东西。他一发现你是负责人,就会仰慕你。其实他是恨你的。

我老婆有个朋友,她老公找到了一份工作。如果他们别再在我背后骂我就好了。我做了那么多错事。你为什么不让我为我所做的事情下地狱?我故意看我能把他们逼到什么程度。他们不会叫我下地狱,因为我是戴夫·本德,老总。他们把我看成一个杰出的人,一个有头脑的人。其实我是个蠢货,跟走在街上的人一样蠢。

然而,我们到底为了什么而奋斗?虚无之巅的一片该死的空地?

一个沙堆？山丘之王的意思是，你站在那里，为了爬上一座空无一物的山的顶端而奋斗。但这确实满足了你的自尊心，不是吗？我们做这些疯狂的事情，不一定要有金钱上的回报。只是满足感。

我现在正在做一台机器。我希望在接下来的几个月里能把它做好。无论从大小、形状或形式来看，这台机器与帮助人类没有任何关系。看到这块铁做一些工作，我个人很满意。就像一个机器人在工作。这对我来说就是奖励本身，没有别的。我的自我，就是这样。

昨晚有件事困扰着我。我吃了一片安眠药才把它忘掉。我半夜没睡，一直在烦，一直在烦，一直在烦。今早六点我就在厂里了。我说：“全停下来。我们犯了一个错误。”我指出了错误所在。他们说："天啊，我们从没想过这个。"直到今天，我们还在进行重新建造。这种东西让我很感动。不仅仅是哪里出了问题，而是你怎么去解决问题？我感觉好多了。这个问题，已经结束了。如果你使用逻辑和推理去思考，没有问题是不能够解决掉的。我不管是什么问题。这就是所谓的有见识。有了这个，你可以做任何你想做的事情——决心，你可以征服世界。

## 欧内斯特·布拉德肖（银行审计部门主管）

“我在银行的审计部门工作。我监督大约二十个人。我们盯着其他领域。我们做了很多的检查，以确保里面没有人偷东西。这是一种内部安全。”这家公司是大公司，大约有五千名员工。

他做这份工作已经一年了。他两年半前开始在这家公司做文员。“你总是对升职感到高兴。这意味着更多的钱和更少的工作。”（笑。）

**他二十五岁，已婚。他的妻子是一名教师。除了他自己之外，部门里还有两个黑人。**

你可以控制人们的生活和生计。这对一个喜欢这种工作的人来说是好事，他可以主宰别人的生活。我不是太纠结于看到一个女人，五十岁，丢掉了工作，因为她不能像年轻的人一样达到标准。他们把她调离了她的工作，而她做那份工作很开心。

有些人可以应付得来，有些人应付不来。我想我能应付得来。但这是我个人的感觉。我不应该对这个女人说："好吧，我给你的评分低于平均水平。"她没有人支持。如果她被解雇了，一个五十岁的女人去哪里找工作？我是个好主管。我写的都是应该写的东西。我的感觉是不能发挥作用的。我做的是我必须做的事。这并不意味着我不会有白头发或感觉有点糟糕。

一开始他们怀疑我的话，我是黑人，又是年轻人。那个女人是白人。他们让我把自己的感受记录下来。他们不知道是人格偏见，还是黑人和白人之间的敌对。所以我就把它记录下来。我给他们看了这个点那个点……他们就说好吧。他们知道我并不特别在意这样做。他们知道我的感受。我告诉他们，她是个好人。他们说："你不能让个人的感情掺和进来。我们会给她五个月的时间来改过自新或者离开。"她被处以缓刑。

这就是你在任何行业都会遇到的事情。他们从不谈论个人感情。他们让你知道，人是漠不相关的。你接受了这份工作，你同意从八点半到五点工作，没有如果，没有但是。感受被排除在外。我认为其他一些主管很有同情心，我想我也是。但他们采取的是简单的方式。你找一个最底层的员工，你把他评定为平均水平。六个月后就会给他加薪。你把一个人描述成最底层的时候，这个人就不会得到加薪，而且他还会失去工作。每个人都会采取简单的方式，只是把一个人的平均水平写下来。这样就把所有的压力都消除了。我觉得必须要有一个办法，对一个人要真实，因为这些情况迟早会出现在他们身上。我把人看成人，人与人之间的关系。但当你在工作中，你应该失去这一切。

如果是一个小组织，你不需要这样的东西。你不需要评估。大家彼此都认识。在大公司里，人就成了棋子。这些大公司会不断发展，人越来越少。人已经不重要了。在任何大公司里，最重要的是钱。

在这种情况下，我们可以把她调到工作要求不高的地方去，让她不用担心被炒鱿鱼，也不用担心像我这样的人监视她。给她一份她有潜力的工作，在那里她可以发挥她的最佳能力，在那里她可以有一个较慢的节奏。为什么把她放在一个需要年轻和速度的地方？

我不把这份工作看作一种地位。好吧，我手下有二十人。这对我来说不是地位。地位是指做一个顶天立地的人，而不是只做一个棋子。你不是在最底层，你是在上面的台阶上。但你上面还有五十个人。所以这个工作真的没有地位。

但在上面的人是做什么的？他是董事会主席。我不知道这是不是一种特别好的感觉……你手下有五千人，二十亿美元的资产，还有一小撮人在盯着你的位置。你不在的时候他们在做什么？在上面是我无法想象的事情。

**在服役两年后，他曾在附近的房地产办公室工作。**"管理物业，筛选出哪些人是可以接受的，哪些人不可以。邻里关系变得相当艰难，所以我确定离开是有利的。

　　"我以前并没有打算把这当成一份永久的工作。只是在这里待半年，然后回到学校，全日制，学会计。但我结婚了，所以我必须留下来。我现在还没有决定。我有几门商科课程，但我不学了，只在人文方面努力。看看那里有没有什么比商科更适合我的。"

　　我通常八点前就到办公桌前，在工作开始前半小时。为一天的工作做准备，写计划，给不同的人分配不同的工作。当他们进来的时候，我们会清点人数。你看看谁迟到了，谁没迟到。你检查一下，确保他们八点半就开始工作，而不是去洗手间补妆十五分钟。你要确保他们需要休息十五分钟，而不是二十分钟。你检查午餐时间，确保他们需要四十五分钟而不是一个小时。而且他们不能用银行的电话打私人电话。你所做的就是检查员工的情况。这会持续一整天。

　　这个工作很无聊。这是一个真正的重复的事情。我没有注意到时间。我可以不在乎时间。我真的不知道是否五点了，直到我看到有人收拾他们的桌子。五点我就去上学了。总是一样的。没有什么令人兴奋的事情发生。

　　只是不断地监督人们。这多少有点像你有一个工厂，里面满是在操作机械的机器人。你在那里检查，并确保机械不断地工作。如果机器坏了或者出了问题，你就要去修理它。你就像流水线上的工头。如果它们坏了，就更换它们。你就像一个整天坐着看电脑的人一样。一样的事情。

　　就像老大哥在监视你一样。每个人都在监视某个人。当你转身开始观察他们的时候，这很有趣。我经常这样做。他们知道我在看他们。他们会变得不安。（笑。）

应该把人当作人，而不是把人当作一台价值百万的机器。人的待遇还不如一台 IBM 的机器好。大公司让我很反感。我不知道这一点，直到我成为一个主管，我才意识到你必须玩的游戏。当你还是个文员的时候，你没有任何烦恼。你只需要做好你的工作。你只需要担心按时签到，按时签出。你只知道你有一份工作要做，并且要完成它。

我不会永远待在那里。在银行工作没有什么激动人心的。我没有跑回家说："妈，我现在在银行工作了。是不是很美妙？"我还在寻找。我确实到处走动。我从不坐在办公桌前。这是我永远做不到的一件事，就是坐着。也许这就是我的下一份工作，我可以到处走动的工作。也许是个推销员……

不少人下班后都会留下来。我每天出门的时候都会看着他们。（笑。）我不是那样的人。他们是老一辈的人。他们留在那里只是为了确保工作都能完成。我无法理解。老一辈的人比年轻一辈的人更敬业。我永远无法想象有一天我们会回到一个时期，那个时期一个人开始在一个企业里工作的时候，他的余生都会致力于这份工作。那个时期结束了。

一个人可以上三年学，随时可以在他感觉准备好的时候转行。他可能是一个整天推送文件的文员，但他也去计算机学校。他可能会去另一家公司，在那里他的工资会更高。很多上一代的人只是满足于他们的工作，从不找别的地方。

我向自己保证过，绝不会让自己得溃疡的。为了钱不值当的。但是有个女人真的让我很沮丧。她人很好，很温柔，但这是我必须要做

的事，我告诉她这么做是必须的。我告诉她，人们一直在支持她，给
她打分打了个平均水平。她坐在离我两张桌子远的地方，我大部分时
间都在帮她。她的工资也没涨。我想她很感激我告诉她。

## 彼得·基利（前老板）

"我是卖窗帘的。我已经做了很多年了。以前我做窗帘。那是我
的生意。现在不再是我的生意了。我卖的是自己过去做的产品。我破
产的时候，那是一种跌落。我不相信今天会是这样。我相信这是一种
对年龄所做出的调整。我认为这是一种胜利。有很多人处境也是这样，
他们已经放弃了，颓废了。我的不少老朋友。我就不一样了。"

他已经六十五岁了。

"最初，我在新英格兰开始卖东西。宽大的丝绸。小店，顽固的新
英格兰裔美国佬。这是一场不小的教育。如果你能推销给他们，你就
能推销给任何人。1941年，他们把我调到匹兹堡，每周四十美元。我
成了分公司经理。我很成功——直到今天。"

我加盟经营的公司被卖给了西海岸的一家公司——合并。我被开
除了。公司的政策是：不能有年龄超过四十五岁的员工。每个人都处
在合并的状态。很多人都被丢在马路边。我没有反击。这伤害了我的
自尊心。这件事从诸多方面伤害了我。我丧失了勇气，很害怕。那是
一年前的11月。我当时六十四岁。很多朋友放弃了你，很多人不认
识你。你必须用自己的方式去奋斗——这是我一辈子都在做的。我现
在已经适应得很好了。

　　我把这个分公司从一年十万美元带到了一百五十万美元。没有什么大的动摇。我非常疯狂。（笑。）我用了四个月的时间发疯。再过一个月，我可能会把这栋楼烧掉，然后自杀。我把一切都归咎于所有人。

　　这些天我为一家公司处理库存，每周能挣一百二十八美元。还有采购。他有七万美元的库存，大约有十万码。没有任何布料可以在我不知道的情况下被裁剪、出库。我非常努力地工作，直到中午。

　　我自己做了点小生意，每个月赚三百美元左右——装修生意，一家小小的公司。在这里和那里做一些工作。我下午在这上面工作几个小时。我很少出去吃午饭。

　　我打电话给我的客户，都是冷冰冰的。我看了一下电话簿，然后给十个人打电话。"您到底要不要窗帘？"你会很惊讶的。就像一个人对二十个女孩说："你愿意和我上床吗？"十九个说不要，但一个说好。（笑。）

　　我使用电话簿，我看报纸。这里有一栋新办公楼。我会打电话给建筑商、建筑师，或者是管理办公楼的公司。这样一来，我就占了先机。通常情况下，我没有取得进展。突然间，你找到了某一个人，就得到了一个客户。通用电气，一个全国性的公司，对吧？他们从黄页上找到了我的名字。匹兹堡的基氏公司。搬运工头——现在叫他维修主管——给我打电话说："这是通用电气公司，我们想把办公室装修一下。"他们对我一无所知。是从电话簿里找到的线索。这是一种方式。

　　我说："这里是匹兹堡的基氏公司。我是彼得·基利。我可以和医生谈谈吗？"你从来都跟他说不上话，他比身上有跳蚤的狗还忙。所以你就跟护士说："您的窗帘怎么样？我想从您那里赚点儿钱。我可以在这上面赚四十美元。但您会满意的。”这是个好主意。要么她会认为你疯了，要么她会说：“好吧，上来吧。”我从来没有说过我卖的是最便宜的。他可以去杰西潘尼商店[①]，你可以去西尔斯百货买更便宜的，但你不会从我这儿买到最便宜的。我就是不卖便宜的布料。我卖的布料必须总是最好的。我们现在说的是非常小的东西，非常小的生意。（笑。）我能接到活儿，可能十个里面有一个，二十个里面有一个。这就够了。如果我都得到了，我就不会和你说话了。这栋楼就是我的了。我一个月能接五个，我从来没有用过刻板印象的方法。“我是彼得·基利，我是匹兹堡的基氏公司。我想从您那里赚点儿钱。”

我试着仔细挑选。我只是去感觉。我不会接受一个在那里工作了四十五年、每五年就清洗一次窗帘的牙医。那不是我该找的人。当我听说有新的建筑时，我可能会开车经过，然后从前台拿到名单。

我这一辈子，每次我打电话遇到冷漠的回复，我都会退缩。不管我是给通用汽车公司的总裁打电话——就像我过去所做的一样——还是给一家小型的育婴用品店打电话，同样的紧张，总是这样。如果你打了足够多的电话，让紧张像蝴蝶一样飞走，你就会成功。十个里面中一个，二十个里面中一个。就像那个卖甜甜圈的老家伙。如果他打的电话够多，他就会卖出一个甜甜圈。

他们挂断我的电话很多次。一个击球率不超过 0.300 的棒球运动员，当他挂我电话时，我说：“你看，基，你对这个人做错了什么？理论上你是个销售天才。”然后我会对自己说：“我没做错什么。我是

① 美国最大的连锁百货商店之一，成立于 1902 年。——译者注

个天才。这家伙是一个愚蠢的狗娘养的。"

我从来没有感到羞辱。有一次，我和波士顿一家商店的首席采购员打了一架。他是一个非常讨厌的狗娘养的。他告诉我，我定的价格太高，东西又不行。他和我就在五楼开吵，吵来吵去。最后在电梯里结束了。商品员把我们分开了。我唯一一次对买家发火。烂买家就是不买你的东西，但没有动手。我们都被逮捕了。（停顿。）也许他确实羞辱了我。（停顿更久。）我越想越……这是我一生中唯一一次诉诸暴力的销售。

从情感角度来讲，这一年真是非常糟糕。我有很多担忧，我万分焦虑，度过了很多个不眠之夜。因为这种宣泄，这种落魄。我感觉到了。我知道事情正在发生。我知道这个海岸公司的政策。我没有做任何反应。我应该做的。对一个自负的人来说，这是个打击。突然间你会发现你不是世界上最聪明的人。（笑。）

说"基利先生从某公司辞职"要比说"基利先生被某公司开除"容易得多。（停顿。）就这样，他们把我辞退了。他们给了我几张支票："我们对此感到遗憾，基利先生，谢谢你，再见。"就结束了。

我本应该在有机会的时候，自己做出改变的。一个人身居负责人职位的时候，很多机会对他都是开放的。他离开后，这些机会就消失了。这些机会都随风而去了。你有工作的时候，再找一份工作并不难。但是你没有工作的时候，去找工作——那是我的错误。我觉得自己失败得很惨。这差点毁了我。

我不后悔。我还没有遇到过一个不犯错误的人。我觉得我是一个巨大的成功——在某种程度上。在金钱上我不成功。但在精神上，我是一个巨大的成功。六十五岁了，我还在卖东西。我没办法。你不能放弃你喜欢的东西。我这样做是为了让我的头脑保持清醒和清晰。我这样做是为了让我自己活下来。

"'销售'这个词是我人生的关键。我以前是个胆小的孩子。我甚至不能在电话里说话。我会万分焦虑，我会出汗，我会摔倒，我必须去厕所。我在这栋楼里走了二十圈，抽了两包烟。我从来没有勇气进去，我是一个完全内向的人。但当我发现人们喜欢我，我也喜欢他们的时候，我就开始卖东西了。这是发生在我身上最好的事情。你必须喜欢每一个曾经的笨蛋。每个人都有自己的特点。"

我反对大公司的一个难以击败的事实——年龄。能力没有用。什么都没法打败年龄。不，呃，呃。我不期待退休。那会要了我的命。没有退休这回事。这是一个缓慢的死亡。

也许我还在试图证明什么。我人生里前面的经历都非常糟糕。我晚了四年上的文法学校。我晚了十一年才读完晚间高中。我上了两年大学，晚了十二年。我一直在努力追赶。我不得不比别人晚一些才能证明很多东西。每个人都要有胜利的东西。对我来说，我的人生就是一场胜利。现在这个时候，我可以把我想卖给你的东西卖给你。但我还有一些东西要证明……而我不确定要证明什么。

## 洛伊斯·基利·诺瓦科（他的女儿）

**彼得·基利的女儿。她是一名教师。她一直坐在边上，听着她父亲的回忆。**

　　我结婚那年，我父亲的生意失败了。（对他）我记得你回家后坐在床上。你不得不解雇所有这些人。他不得不贴出通知：他们的工作结束了。那是匹兹堡基氏公司的末日。我以前从没见过一个男人哭泣。这真的吓坏了我。1956年。我认为我父亲是有史以来最聪明的人。他总是告诉我如何能做这些事情。他经常帮我做数学题。我曾经害怕父亲在厨房的餐桌旁帮我出主意的时刻。事实上，我很讨厌这样。我在想，我能不能像他一样聪明，一样成功？

　　我上大学二年级的时候，一切都泡汤了。我从没想过会发生这种事。这就像世界末日。我们有过那些优裕舒适的日子。我还记得那栋房子。孩子们说："这是你家的房子吗？"我们上的学校，棕榈泉高中，邀请你的朋友们来度周末，游泳池，漂亮的衣服。这一切都与我父亲息息相关。最后，我不得不面对一个事实，那就是我父亲是一个真正的男人。

　　一年前，他解职的时候，我知道。我母亲在电话里告诉我："请回来吧。有些事情出问题了。"我知道，但那是一种奇怪的感觉。我父亲的工作是关键，我父亲的成功是我们生活的关键。

## 拉里·罗斯（顾问，前公司总裁）

　　公司是一个弱肉强食的丛林。很刺激。你靠着自己，为了生存不断地战斗。当你学会了生存，游戏就是要成为征服者，领导者。

　　**"有人说我是商业顾问。有人说我是商业心理医生。你可以把我说成企业高层管理人员的顾问。"**从1968年开始，他就一直在做这个工作。

我是，哦，天啊，1942 年开始在企业界工作的。大萧条时期，我做过各种工作，没有受过正规教育，我没有能力成为工程师、律师或医生。我倾向于销售。现在他们称之为营销。我在各种公司里成长。我成为一家大公司的执行副总裁，然后是一家更大的公司。在我辞职之前，我成了另一家公司的总裁和首席执行官。都是全国知名的公司。

1968 年，我们卖掉了我们的公司。有足够的钱在交易中，我不必再去做生意。我决定不再参与公司的争斗了。它失去了兴奋点和吸引力。人们经常问我："你为什么不自己做生意呢？你可能会赚很多钱。"我自己也经常这样问，我无法解释，除了……

我去过的大多数公司，都是纽约证券交易所上市公司，有着成千上万的股东。最后一个地方，我是总裁和首席执行官，我总是受董事会的约束，他们有来自股东的压力。我拥有一部分业务，但我并没有控制权。我不知道在企业界有哪种情况下，一个行政人员可以完全自由地随时确定自己的工作。

公司必须总是正确的。这是它们面对公众的面孔。事情变糟糕的时候，它们必须保护自己，并且解雇某人。"我们与此无关。我们有一个主管，他搞砸了一切。"他从来没有真正当过自己的老板。

你成为一个地区经理后，危险就开始了。你的手下为你打工，上面还有个老板。你陷入了一种挤压。挤压从一个阶段发展到另一个阶段。我来告诉你什么是挤压。你有为自己工作的人，正在为你的工作卖力。你的手下害怕你会把他赶出门。每个人都会说："行政管理人员面临的真正考验是，你的手下可以取代你，这样你就可以升职。"这话说得真好听。经理害怕聪明的年轻人上位。

在公司结构中，恐惧总是普遍存在。总是有不安全感。你把工作搞砸了。你害怕失去一个大客户。你害怕很多事情会出现在自己的记录上，对你不利。你总是害怕犯大错。你去参加公司的聚会时要小心翼翼。你的妻子和孩子都要好好表现。你必须要适应这个模式。你得提高警惕。

当我还是这家大公司的总裁时，我们住在俄亥俄州的一个小镇上，那里是主要工厂的所在地。公司规定了你可以和谁交往，以及在什么级别上交往。（他的妻子插话说："你可以和谁的妻子玩桥牌。"）总裁的妻子可以做她想做的事，只要是有尊严和优雅的。在一个小镇上，他们没有必要对你进行检查。大家都知道。有一定的规矩。

不是每个公司都有这样的规矩。越是老牌的公司，越是长期处于强势地位，越是僵化，它们的做法越是保守。活跃的公司一般都是新公司，新锐，新贵。但随着它们年龄的增长，比如杜邦、通用汽车、通用电气，它们变得更加僵化。我把它们比作老牌的富豪——洛克菲勒家族和梅隆家族——训练自己的孩子如何处理金钱，如何节约金钱，并鞠躬尽瘁地随着它们金钱的增长一起成长。这就是发生在老公司身上的事。只有当它们遇到麻烦的时候，它们才会让一个年轻的新锐老总进场，并试图撼动一切。

行政管理人员是这个丛林中的孤独动物，他没有一个朋友。企业与生活息息相关。我认为，在我们每天的生活里，大家都很孤独。我只有妻子可以倾诉，但除此之外……当我和她谈生意时，我不知道她是否理解我。但这并不重要。重要的是，我能够大声说出来，听听我自己的声音——这是我作为顾问的功能。

给我打电话的行政管理人员通常知道问题的答案。他只是必须有人和他交谈，大声听到他的决定。如果他大声说出来的时候听起来不错，那就很不错。当他在说话的时候，他可能会突然意识到自己的错误，他就会大声地纠正错误。这就是妻子为行政管理人员提供的一大好处。她在听，你知道她是站在你这边的。她不会伤害你。

流言蜚语和谣言在公司里总是很普遍的。绝对没有秘密。我一直觉得每个办公室都是有消息传递渠道的。你从董事会出来，办公室里的人已经知道发生了什么事。我曾经多次试图追查一个谣言，但从来都没有做到过。我想大家在那里待了这么多年，已经形成了一种读懂反应的能力。从这些反应中，他们做出了一个很好的、有教养的猜测。小道消息其实是会发展成事实的。

这曾经是很多小高层获取一些信息的伎俩。"听说加州的地区经理要调到西雅图去了。"他知道人们正在谈论关于更换地区经理的事情。通过使用这种伎俩——"我知道一些事情"——他向与他谈话的人表明，他一直都在其中。所以，告诉他也无妨。流言蜚语是另一种在谣言发起人内心建立重要性的方式。他在内部圈子里，他是内部圈子的一部分。我们又回到了丛林里。每一个计谋，每一个招数都是为了生存。

当你要与一家公司合并或收购另一家公司时，这应该是最高机密。你必须做一些事情来阻止谣言，因为谣言可能会搞砸交易。谈到合并，整个地方都在一片混乱之中。就像有人说大楼里有个炸弹，但我们不知道炸弹在哪里，什么时候会爆炸。有这么多的兼并，高层管理人员被裁员，会计部门被裁员六成，生产量减少 20%。我还没有在公司里找到任何一个人感觉自己很安全到诚实地相信裁员不会发生在自己身上的地步。

他们装模作样："哦，这种事儿不能发生在我身上。我太重要了。"但在内心深处，他们非常害怕。恐惧是存在的。你可以嗅到这种恐惧。你可以在他们的脸上看到。在我向上爬的过程中，有好多次，我不确定你不会在我的脸上看到许多恐惧。

我过去总是说——粗暴、强硬的拉里——我总是说："如果你干了一个很漂亮的活儿，我会给你一个大奖励。你会保住你的工作。"我会举办一个销售竞赛，完成配额的人将赢得奖金——他们会保住工作。我并不是说，没有让手下的人害怕的行政管理人员。他和走在大街上的任何人没有什么不同。我们都有同样的不安全感和神经质——在每个层面上。竞争力是不安全感和神经质的基础。我为什么不留在企业里呢？作为一个孩子，经历大萧条时期，你总是听到关于大亨、有权力的人和工业界的人的事情。你有些向往成为这样的人。啧啧，这些都是超人。这些人没有感情，不受人类情感的影响，没有其他人都有的不安全感。进入企业后，你会发现他们给裤子系扣子的方法都和别人一样。他们有同样的恐惧。

公司是由很多很多人组成的。我称他们为灰色人和黑色人或白色人。黑人和白人都是明确的颜色，泾渭分明。灰色不是的。灰色人从九点到五点在公司，做他们的工作，没有特别的野心。他们没有恐惧，这是肯定的。但人们不会对他们提很高的要求。他们只有在生意不景气、公司要裁员的时候才会被解雇。他们从一家公司跳到另一家公司，获得工作。然后，有黑色人或白色人。有野心的人，领导者，那些想出人头地的人。

当个人达到副总裁或他的总经理的位置，你知道他是一个雄心勃勃、全身心投入的家伙，他想要爬到顶部。他不是灰色人中的一员。

他是邪恶的黑色人或白色人中的一员——领导者，那些在人群中脱颖而出的人。

当他在这个江湖中挣扎的时候，在所处的每一个位置，他都是非常孤独的。他无法向他手下的人倾诉和交谈。若是发泄自己的感情、表达自己的恐惧、诉说自己的不安全感，他就会暴露自己。一路走下去，直到他当上了总裁。总裁真的没有人可以倾诉，因为副总裁们都在等着他死，或者犯了错误被辞掉，这样他们就可以得到他的工作。

他不能向董事会申述，因为对他们来说，他必须以拥有实力、知识、智慧的主心骨的姿态出现，他还要拥有做成一切的能力。董事会的人很冷酷，很强硬。他们没有任何直接的责任。他们以员工的身份坐在那里，而实际上扮演着上帝。他们对利润感兴趣。他们对进步感兴趣。他们感兴趣的是如何在社会上保持良好的形象——如果这有利可图的话。你有人与人之间规模巨大的内斗，为了生存，为了上位。前进。

我们总能看到因为压力和紧张而导致的身体不适的迹象。溃疡，剧烈的头痛。我记得我所在的一个大公司里，首席执行官每分钟都在吃抗酸药。那是治疗溃疡的。他有一个私人餐厅，有他的私人厨师。他吃的都是制作精良的牛排和汉堡。

我以前有一个公司主管，保守地说，他每天工作十九到二十个小时。他的一生就是他的事业。他对他的主管们也有同样的要求。除了生意，生活中没有什么是神圣的。会议可能会在圣诞前夜、新年前夜、周六和周日召开。他不做业务的时候是寂寞的。他总是在创造条件，让他可以被他的手下包围，不管他们是什么级别，老总、副总……这是他的生活。

在公司结构中，责任一直传递到首席执行官手中。然后就没有人可以推卸责任了。你坐在孤独的办公室里，最后你必须做出一个决定。这可能涉及一百万美元或几百个工作岗位，或者把人们从他们喜欢的洛杉矶调到底特律或温尼伯去。所以你坐在办公桌前，扮演上帝。

你说："钱并不重要。你可以做出一些与钱相关的错误决定，那并不重要。重要的是你做出的和为你工作的人有关的决定，与他们的生活、他们的生命有关的决定。"这不是真的。

对董事会来说，美元和人命一样重要。只有你自己坐在那里做决定，你希望你的决定是正确的。你一直在警惕。你见过不警惕的丛林动物吗？你总是从你的肩膀向后看。你不知道谁在跟踪你。

任何人在生意场上使用的最愚蠢的一个说法就是忠诚。如果一个人为一家公司工作，他就应该是忠诚的。这家公司付给他的薪水比他在其他地方做类似的工作要低。他留在这里说自己是忠诚的，这是很愚蠢的。唯一忠诚的人是那些在其他地方找不到工作的人。在一个公司里工作，在一个企业里工作，不是一个游戏。这不是一个学校的活动。这是一个生存或死亡的问题。这是一个吃饭或不吃饭的问题。他对谁忠诚？不是他所属的国家，不是他所信仰的宗教，也不是他所支持的政党。他为一些公司工作，这些公司为他所做的事情付给他薪水。公司是为了赚钱。野心勃勃的家伙会说："我在做我的工作。我拿着我的钱不觉得尴尬。我必须要进步，当我不再进步的时候，我就不会待在这里了。"呆瓜是忠诚的家伙，因为他在其他地方找不到工作。

很多企业会依靠某个家伙，或者把他提升到一个不属于他的地方。突然间，当这个人在那里待了二十五年之后，他已经没有用武之地了。而且他已经太老了，不能再重新开始了。这就是残酷的一部分。你不能只谴责公司的行为。这个人自己应该足够聪明和直观，知道自己没有任何进步，就应该滚蛋，重新开始。当初要裁掉一个人，难度要大得多。但如果你生活在丛林中，你就会变得很难，很不幸。

当一个行政管理人员被解雇时，先王已逝，新王万岁。突然间，他就成了不受欢迎的人。当这种事情发生时，冲击是巨大的。一夜之间。他不知道是什么打击了他。突然间，组织里的每个人都离开了他，避开了他，因为他们不想和他扯上关系。在公司里，如果你支持错误的人，你在他的阵营，他被解雇，你是有罪的关联者。所以很多公司的做法是，当他们把一个人叫来时——有时他们会在星期五晚上叫他来，说："现在回家，明天早上再来，把你的桌子清理干净，然后把你的工作做好。离开。我们不要什么告别之类的。快起来，然后滚蛋。"这一切在和善的言语里完成了。我们说："你看，为什么找麻烦？为什么要搞得组织鸡犬不宁？你最好还是消失吧。"他的凯迪拉克立刻被收走了。他在 WATS 线路上的电话分机也被拿走了。[①] 所有这些事情都是悄悄进行的，然后——搞定！——他过气了。他家里的电话不再响起，因为断绝关系后对关联的恐惧还在继续着。死亡的味道就在那里。

我们聘请了一位副总。他是被强力推荐来的。他和我们一起工作了大约六个月，但他完全不合适。完全不适合我们。把他叫到办公室，告知他要离开了，给了他一笔丰厚的遣散费。他崩溃地哭了起

---

① 广域电信服务是一些公司给予重要高管的一项特权：无限制地使用电话向世界任何地方打电话。——原注

来："我做错了什么？我的工作做得无比出色。请不要这样对我。我女儿下个月就要结婚了，我怎么面对那些人？"他哭了又哭，不停地抹泪。但我们不能把他留在身边。我们只能让他离开。

我只是参与了一个巨大的公司。他们在两个星期四前进行了一次重组。现在被称为"黑色星期四"。二十个人中有十五个人一夜之间被解雇了。聪明的公司说："清场，今晚就走，即使是在一个星期的中间。周六早上来清理你的桌子。就这样，没有再见什么的。"他们可能是已经在那里工作了一年到三十年的人。如果这是一个成功的行动，公司是非常慷慨的。但话又说回来，有人情世故的因素在里面。老板可能是报复，什么都不给就把他撵走了。这可能要看公司想维持什么形象。

这对自尊心有什么影响！一个身居要职的人，每个人都想和他说话。他所有的下属都想和他搭讪，为的是建立自己的地位。客户在给他打电话，每个人都在给他打电话。现在他的手机没电了。他坐在家里，没有人给他打电话。他出去，开始拜访自己的朋友，朋友们都在忙于自己的生意，没有时间陪他。突然间，他成了一个失败者。不管是什么原因——虽然新闻稿说他是辞职——他被解雇了。

只有当他辞职并宣布他的新工作时，他才不会被认为是一个失败者。这就是线索。"约翰·史密斯辞职，未来计划不明"意味着他被解雇了。"约翰·史密斯辞职，接受某公司总裁的职位"——那你就知道他辞职了。这个细微的差别，你在公司工作的话，马上就能辨别出来。

1942年以来的变化？今天，电脑正在占领世界。电脑暴露了一切。诡计和假象没有存在的机会了。一般来说，电脑会打印出真相。

不是百分之百，但也足够了。电脑消除了大量的江湖内斗。如果电脑给了他正确的信息，商人就有了更多的事实依据。有些时候，电脑没有给出正确信息。在 IBM 公司有句话："如果你把垃圾放进电脑里，你取出来的也会是垃圾。"从营销、金融、投资角度来看，商业正变得更加科学化，也更加不人性化了。

但在企业里，温暖的个人感情**从来没有**存在过。那只是一种传说。说到底，你得赚取利润。有很多家族控股的公司，真的觉得自己是传说的一部分。他们对自己的员工有责任。他们尽可能地这样进行下去。然后他们就破产了。对自己人的忠诚，父权制，把他们都拖垮了。不管他们还剩下几斤几两，都被迫卖掉，被公司的冷酷之手接管。

我的猜测是，二十家公司将控制大约 40% 的消费品市场。还有多少空间留给小人物？杂货品行业里有超市。在我们的时代，有小商铺①，全国各地有成千上万家。如今有多少家？除非你是国家茶叶公司或 A & P 公司，否则就没有地盘了。小连锁店会被大连锁店接手，大连锁店自己也会被接手……大鱼会吞掉小鱼，再被更大的鱼吞掉，直到最大的鱼把它们都吞掉为止。我有一种感觉，总会有小企业家的空间，但小企业家将会很罕见。小企业家日子会非常不好过。

顶头上司与其说是企业家，不如说是总经理。赌运气比以前少了。他不会像以前一样在财务和营销方面犯那么多错误。这是门冷酷的科学。但是在与人打交道的时候，他还是要有这种感觉，他还是要自己去思考。电脑不能为他做这些。

---

① 英文原文是"mama-and-papa stores"，为一个口语化的术语，用于描述小型的、家庭拥有的或独立的商铺。——译者注

我进公司的时候，没有人可以在三十五六岁前成为行政管理人员。在过去的十年里，真正的行政管理人员已经有二十六七岁了。最近，情况发生了逆转。这些年轻的人在情况好的时候爬上了顶峰，但在过去的几年里，我们遇到了一些困难时期。公司被打垮了，有些公司又回到了年长的人手中。但这不会持续下去。

企业需要的是训练有素、技术过硬的**年轻的**管理者，他们要有高度专业领域的知识和学历。这在所有的职业中都发生过，在企业中也是如此。有高度专业的会计检察官。有必须了解金融的财务主管——由于税收和美国证券交易委员会，金融是一个极其复杂的行业。在制造领域也是如此。管理者必须在仓库和运输方面高度专业化——能够廉价而迅速地运输商品。运输已经成为一个可怕的问题，因为成本已经变得巨大。你必须懂得营销、研究、广告的效果。一个专业化的世界。最高层的人必须要有一般的知识。而且他必须要有找到合适的人去领导这些部门的诀窍。这就是困难所在。

你有一间漂亮的、豪华可爱的办公室。你有一个私人秘书。你走在走廊上，每个人都鞠躬说："早上好，罗斯先生。您今天好吗？"级别再往上一些，高管们会说："罗斯太太好吗？"直到你接触了更高级别的主管，他们会说："南希好吗？"在这里，你们进行社交，你们了解对方。每个人都在玩这个游戏。

一个人想进入公司高层，不是为了钱。到了一定程度之后，你还能赚多少钱啊？在我往上爬的过程中，说实话，钱是次要的。除非你需求巨大，游艇，私人飞机——你走到了一定的高度，钱就没那么重要了。重要的是权力、地位、声望。坦率地说，高高在上，每个人都叫你罗斯先生，还拥有一架飞机、一辆轿车和一个司机供你使用，这是叫人高兴的。你到城里来的时候，有人会照顾你。你走进董事会的时候，每个人都会站起来向你问好。我想，没有一个人会不喜欢这样的感觉吧。这是一种很好的感觉。但最终的权力是在董事会。我不知道有谁是自由的。你在报纸上读到股东大会，年度报告。听起来都很光鲜亮丽。但在幕后，是一片丛林。

我每年都在一家公司工作。我每个月花两三天时间在公司的各种机构里。关键的管理人员可以和我交谈，并向我反映情况。高级主管可能会有一个具体的问题，我会进行调查，然后把我的想法反馈给他。我从事这项工作的原因是，在我的企业生涯中，我一直在寻找像我这样的人，一个经历过的人。因为如今的企业没有新的问题。只是用不同的名字来形容各种问题，这些问题已经持续了很多年，很多年，很多年。还没有人想出一个不熟悉的问题。我也曾遇到过这样的问题。

举个例子。首席执行官对营销结构不满意。他提出了很多问题，我可能不知道具体的问题。我会查清楚，然后带着建议回来。他可能会考虑提拔他的一个高管。范围缩小到两三个人。比如说，两个被调到新城市的年轻人。这是个两难的选择。我注意到其中一个买了新房子，投入了大量资金。另一个房子是租的。我推荐第二个。他比较现实。

如果他来到董事会面前，总会受到钳制。这个可怜的混蛋陷入了下面人和上面人的挤压中。当他来到董事会的时候，他必须要硬着头皮来。我可以帮他，因为我完全客观。我是从丛林中走出来的。我没有以前那种不得不开除某人时的创伤。这对他有什么影响？我可以给他冷酷无情的逻辑。我不参与。

我离开了那个世界，因为突然间权力和地位都空了。我去过那里，我到了那里后就什么都没有了。突然间，你有一种小男孩在玩商业游戏的感觉。突然间你有一种感觉——那又怎样？我开始有这种感觉是在，嗯，1967、1968 年。所以当公司被卖掉的时候，我的销售分红，那可真是……我不用回到丛林里去。我不用一路打拼抵达山顶。我已经到了山顶。（笑。）不值得。

　　这是非常困难的，从那个地位上退下来的过渡，在山顶，整天都有人在电话里想和你说话。突然间没人给你打电话了。这是心理上的……（停顿，长时间的停顿。）我不想谈这个问题。为什么没有完全退休？我真的不知道。在过去的四五年里，有人向我提出了诱人的条件。突然间我意识到，我现在做的事情比再次进入那个丛林要有趣得多。所以我拒绝了他们。

　　我一直想当一名老师。我想把自己在企业生活中获得的知识回馈给大家。人们总是告诉我，我一直是一个优秀的销售经理。在每一个销售小组里，总是有两三个年轻人，他们都想着有朝一日出人头地。他们总是端坐在椅子的边缘。我知道他们是有希望成功的人。我觉得自己可以带着他们，让他们成长，培养他们。很多像我这样的老家伙——我可以对这个和那个在我手底下工作过的家伙进行评论，现在他们是这间和那间公司的老大。

　　是啊，我一直想教书。但我没有受过正规的教育，也没有大学愿意联系我。我愿意免费教书。但那里也有那个圈子的丛林世界。他们不想要一个商人。他们只想要学术界的人，他们有正规化的、在我看来是空洞的训练。这就是我真正想做的事情。我想与年轻人交流，把我的知识传授给他们，免得这些知识和我一起埋入尘土。不是说，我所拥有的东西有多么伟大，但是有某种理解，有某种感觉……

# 家庭小生意的勇气

在三十年战争期间，被称为"大胆妈妈"的安娜·菲尔林作为一个小企业家，跟随军队勉强为生。她把自己的啤酒、鞋子、杂物卖给士兵。她说：

> 如果某个地方有太多的美德，那肯定是有问题的迹象。啊，如果一个将军或一个国王很愚蠢，使他的人民陷入混乱，他们就需要绝望的勇气，一种美德。而如果他很懒散，不加以注意，人民就必须像蛇一样聪明，否则他们就完蛋了。

> ——贝托尔特·布莱希特，《大胆妈妈和她的孩子们》

## 乔治·布鲁尔和艾琳·布鲁尔（杂货店店主）

这是一家杂货店和礼品店。"我们在前面挂了个牌子：一万种商品。我们有你需要的所有香烟、冰激凌和新奇的东西。你需要的所有颜料、蜡笔和学习用品。药品不是处方药，只是你的头痛药、酒精、双氧水，还有你的绷带。然后我们卖珠宝，现在只是卖服装。以前，我们有钻石。但顾客并不喜欢。我们有防晒霜、头发用品、缝纫用品——针、线和纽扣。还有贺卡……家庭小商铺倒闭得很快，因为它们没有足够的品种。但在连锁店，顾客可以找到他们所需的一切，任何他们想要的东西。

"我们从卖玩具和摇摇马车开始。然后我把牛奶加进去了。我说：'亲爱的，那会给我们造成毁灭的。我们会成为它的奴隶的。'然后他们开始叫喊着要面包。然后他们想吃午餐肉。然后他们想买罐头。于是就成了乡村杂货店。"

他们经营这家店已经十四年了。"在这之前，"乔治说，"我的乡亲们从 1943 年开始就经营这家店。"他后来又把店面扩大了。我们在商店后面的生活区：五个房间，包括一个"冥想"的房间。这里有各种电器和工艺品，包括一架演奏钢琴。后面是一个两车位的车库。

他们十四岁的女儿在照看商店。他们的大女儿二十一岁，住在别处。他们的儿子，十九岁，已经当了三年兵。一条狗，"小杂"，进进出出地游荡着。

这是芝加哥最古老的蓝领社区之一："后院"①。虽然畜牧场已经出现在科罗拉多州的格里利和新墨西哥州的克洛维斯等这些不可能的地方，住在这里的人仍然是工人阶级。但已经发生了变化。"这里曾经是波兰人和立陶宛人的老街区。现在的居民更年轻些，更混杂一点。有波多黎各人，有乡下人。黑人搬到越来越近的地方，虽然这里还没有，但也越来越近了。这里不像以前那样宗族化了。在过去，如果你得罪了一个人，整个街区的人都会对你生气。现在无所谓了。下一个人就会进来接替他的位置。"

**艾琳**：我们过去认识 95% 的客户，有名字的。现在我们几乎不

---

① 后院（Back of the Yards）是一个工业和住宅区。之所以这样命名，是因为这个区域靠近前联合货厂，该厂于 20 世纪初雇用了成千上万的欧洲移民。——译者注

认识任何一个人的名字了。以前你可以在早上六点在街上溜达，你会看到一些波兰妇女，她们拿着扫帚正在清洗镇子，清理小巷。现在你不会看到太多这种情景了。

**乔治：**人和人之间的接触。"孩子们怎么样啊？""这个怎么样呀？""那个怎么样呀？""工作顺利吗？""很遗憾听说你失去了工作。"所有这种类型的事儿——都消失了。

虽然人们住在附近，但更多的是一种短暂的交易。他们非常飘忽不定，你不知道谁住在哪里。你甚至不能相信一个来了六个月的人。因为他们来得快，走得也快。我们以前会收现金支票，给顾客们赊账，让他们成为回头客。随着小区发生变化，再这么做的话你会被坏账缠住。所以我们已经取消收取现金支票了，因为我们有额度高达一千三百美元的坏账。我们允许给老客户一点赊账的额度，为期一周。

**艾琳：**如果我们冒着风险，收到了一张确实兑不出来的现金支票，我们会发现那些用假支票的人在街道的另一边走。他们不愿意承认他们住在附近——就为了五美元。人们的改变之大令人难以置信。我们有杂志和书籍，但我们两年前就把它们拿掉了，因为偷盗现象太严重了。

**乔治：**去年我们处理书籍的最后三个月，我们有一千三百美元的书籍被盗。窃取食品的情况也很多。女人会打开她们的钱包，把午餐肉放进去。有一天晚上，我抓到一个家伙把两打鸡蛋放在他的艾森豪威尔夹克里。

**艾琳：**我当时站在面包架前，看到这家伙想把第二打鸡蛋塞进他的夹克里，用拉链塞到腰线处。他很难把第二打鸡蛋塞进去。我说："嘿，亲爱的，有人在后面偷了两打鸡蛋。"乔治到处跑，其他顾客都在互相看热闹。没有人知道谁拿了鸡蛋。

**乔治**：我朝着一个方向跑，他从另一个方向跑来跑去。我说："他在哪里？"他说："我在这里。"（笑。）他把鸡蛋还给了我。客人会进来取笑，对艾琳说："嘿，你想搜一搜吗？我有鸡蛋。"（笑。）

**艾琳**：尼龙裤被偷了。现在我们十一点以后就把门锁上，只让认识的人进来。算了吧，认识的人已经不多了。我们一直开到半夜，这些年都是这样。以前我们在店里工作到凌晨两三点，就不开门了。现在我们晚上迫不及待地把门闩上，真是受够了。我一开门就提心吊胆的。很难再从外表看出谁是好的，谁是坏的。有些人长得真是再丑不过了，但当你和他们说话的时候，他们真的很好。

**乔治**：最难看的嬉皮士那类东西，他们进门后是如此有礼貌，然而另外一些顾客，那些打扮得非常好的人，却如此无知。以前这家店全部是家庭经营。现在不怎么是了。剩下的那些家庭经营的小店铺六点就关门了。他们吓得要死。

**艾琳**：我们这里已经发生了好几次抢劫事件。大概是晚上十一点十五分，三个年轻人来了，脸上戴着滑雪面具。两个男人和一个女孩。

**乔治**：我正在检查，他们把枪对着我的头。我说："哦，去死吧。"我以为是附近的孩子们在胡闹呢。我抬头一看——他们胁迫着我们退到了珠宝柜台周围。前面的部分是比较贵的东西，高档的，钻石、金戒指。他们从后面的架子上搜刮了廉价的人造珠宝。我说："该死的，给我留点儿东西应付你们下次光临。"他们说："好吧，好吧。"然后，他们就离开了。（笑。）从那以后，我们有好几起抢劫事件。我不太担心。

**艾琳**：当马丁·路德·金被杀时，你可以想象当时的紧张气氛。我一个人在这里。人们都很恐慌。他们在广播和电视上宣布，人们应该在晚上八点离开街道。商店被迫关门。我们最小的孩子才九岁，在她的煽动下，我们当晚卖出了大量的食物。她说："我们明天可能不开门了，因为今晚会有暴动，暴徒可能会来到附近。你最好搞到所有你能搞到的东西。现在就去囤货吧。"她是半歇斯底里的，她让每个人都感到恐惧。顾客们扫荡了冰箱，所有的食物都被抢购一空。我都来不及打扫了。警察来了三次，叫我关店。那晚我们真的大挣了一笔。

她三岁的时候，就到店里来了。我们在架子上摆满了情色杂志。有个男的站在这里看《花花公子》。她会从他身后爬上梯子，拿着十字架在他面前晃悠。他受不了了，只能把书折起来。（笑。）

**乔治**：我们以前经常在早上六点开门。有一天，一个母亲来了，她说我不应该在上学的路上卖便士糖。第二天，又来了一位母亲：苏西不应该吃泡泡糖，因为她的牙齿有填充物。另一位母亲来了。我说："听着，我不会因为和你结婚而得到额外的好处。如果你不能照顾好你的孩子——我开这家店是为了给你提供方便，这样你就可以买到来准备早餐的东西了。在孩子们上学之前，我不会开门的。"所以现在我到十点半左右才开门。

通常睡眠时间不怎么长。我们以前平均睡两三个小时。这样持续了十年。现在我们平均睡四个小时。有时还有时间吃早餐。早上我拖地，从地下室拖出十五到二十箱苏打水，扔进冰柜里。在前三个小时里，你会接待各种各样的售货员、面包工和牛奶工。上午可能会以二百美元的预支开张。到了下午两点，你已经挣回一百九十七美元，入账六美元，然后你的晚间交易开始了。我们在两餐之间交班。我不会说一天结束时我们很累，我们只是瘫成一坨泥了。（笑。）

一周七天。周日我们从早上七点开到十点，关门后去教堂，吃饭，然后在下午四点重新开门，一直到午夜。我们已经开始出去吃饭了，因为顾客们会来到窗口（模仿高亢的声音）："我得买一张贺卡。""我需要一夸脱牛奶。"我们没法子安静地吃饭呀。

**艾琳**：有些人认为经营一家商店很容易。你所要做的就是站在那里卖东西。人们说："你当家的在干吗呢，睡觉吗？"他几乎从不睡觉。搬运所有的库存，冰箱堵了要修理，清理所有排水沟，他把所有的杂货拖回家，打开箱子，所有的时间他都在移动。

**乔治**：我通常对她说："嗨，再见。"这就是我们谈话的内容。

**艾琳**：十二点后，我们会放松一个小时，但我们太累了，就睡着了。我们的生活一直都很艰难，但我们也算过得不错，养育了三个孩子，从来没有缺过东西。

"我们的儿子几乎毁了我们。他为整个社区提供他们想要的一切和任何东西。他永远不会说'不'。孩子们向他施压：'你给我那个，否则我们就揍你。'我们刚进了一些苏打水，他就全部都送出去。我们差点因为这孩子破产了。当他上高中一年级的时候，他除了当兵，什么都不想。所以当他年龄到了的时候，我们为他签署了文件。"

乔治：我并不介意连锁店。得有一个地方，人们可以在那里买得到一块面包、一打鸡蛋，或可以用来当零食吃的小吃，一品脱冰激凌或一瓶苏打水。而不是去连锁店排队。冷冰冰的无情。人们在这里仍然可以跟别人接触，一来一去地闲聊，说些八卦和笑话。

艾琳：乔治和我喜欢和顾客开玩笑。他马不停蹄地和女人打交道，奉承她们，不管她们长什么样子。我就跟那些男人开玩笑。

乔治：一个新顾客进店来，她被吓着了。我说："你还爱我吗，好像你从来没有爱过我？"她说："真不好意思啊，我只爱我的丈夫。"（笑。）我们有一个标准笑话。顾客进来买了一盒高洁丝，我们会说："在这里用还是带走？"他们会震惊得目瞪口呆。（笑。）

艾琳：还有一个笑话。一个男人晚上会走进店，说："你丈夫在吗？"我就会知道，他们的脸会变得很红，就像一个女人问一个男人要高洁丝一样。

我注意到顾客们的态度发生了很大的变化。他们进来的时候可能看起来很不爽。我说:"嗨,你好吗?"他们过去会回答"嗨",现在他们看我的眼神就像我是个疯子一样。他们认为你是疯了,因为你跟他们打招呼。现在这里更像一个大城市,而不是一个小社区。人们都很冷漠。

几年前,每年万圣节我们都会送出价值五百美元的玩具。会有几个孩子站在店前面。我们会把气球从楼上的窗户扔出去,里面有票。他们拿着票进店兑换,就会得到奖品。附近的邻居变了,父母就会开始抢气球,踩着孩子们。所以,我们就取消了这个活动。

**乔治**:其实,这是一个财源。我们是在主要街道。街道这侧的人不想把孩子送到另一侧去。你在这里的主要客户是所有那些要"一个这个,一个那个,还有那边儿那个"的小家伙。便士糖。他们来了,三美分,花了二十分钟才下定决心。

**艾琳**:人们说:"你们怎么会有耐心站着等那些孩子?"这真的很难,但如果你让自己变得紧张,你在顾客面前就会显得很糟糕。所以我们只是耸耸肩。

我们现在见过的人,有的结婚了,有的离婚了。我们的店刚开起来的时候,他们还在上文法学校,他们现在已经有两三个孩子啦。他们都是可怜的孩子,乔治教了他们大部分的礼仪。他们进来的时候说"给我一美元的零钱"。乔治教他们说:"能不能给我一美元的零钱?"看到这些孩子中的某些,你会想,他们家里是怎么教他们的啊?

**乔治**:经营家庭小商店必须要忍受的一件事是,母亲把它当作保姆。对母亲来说,给孩子一美分,去商店就容易多了。孩子走到商店要十分钟,在商店里要十分钟,回来也要十分钟。妈妈说:"你是个好孩子，这里还有一美分。"于是，他们以每小时两美分的价格请了一个保姆。在一天的时间里，你会遇到八到十次这种糟心事。一美分一次。

**艾琳**：我们所经历的一切都令人难以置信。这么多年来，我们晚上都会接到各种电话。现在不那么多了，因为我们的名字不像以前那样被记在本子上了。我们有那么多傻乎乎的电话。他们打电话问我们是否有阿尔伯特王子，我说有，他们就会说："让这个可怜的家伙从罐子里出来。"那种笑话。哦，很多人都会站在那里等报纸。他们谈论宾果游戏，抱怨黑人把他们的停车场都占了。我们必须听这些。

**乔治**：他们过去常在附近闲逛。但现在我不允许任何人在商店喝苏打水或吃食物。我把开瓶器放在外面。让店里的人员保持流动。否则，它就会只是一个普通的聚会场所。会变得非常拥挤。

**艾琳**：他们成群结队地来，一次有六七个青少年。一两个人可能会买东西，其余的人在店里转悠，他们会把你偷光。你必须马上让他们出去。"有多少人想买？其余的人请离开。"你得有点粗鲁才行。

**乔治**：当我第一次来到这里，一些小混混，我们是这么叫他们的，一些在社区惹事的人，我挑出一个领头的。我会带他去健身俱乐部，我在那里工作。我的状态很好，举重。你带着这些自以为很强壮的年轻人去做健身操。他们的身体会疼一个星期之久呢。（笑。）下一次他们就会对你更加尊重了。现在，我练习空手道已经到了黑带级别。那些小混混发现了这一点，他们对我那可是正儿八经地尊重啊。（笑。）

**艾琳**：很多人进来后都会说："你们怎么会开这么旧的车？为什么啊？你们有那么多钱，却存起来。你们就不能买辆新车吗？"那我们就买一辆新车。"嗬，好家伙！你们真的在赚我们穷人的钱。"你根本无法让他们满意。

当物价上涨时，人们走进商店，把商品扔在柜台上，然后责怪我们。鸡蛋每打涨了十美分，这些人的反应，就好像是我们涨的价一样。其实，我们一加仑牛奶能赚两美分。你不能告诉他们。他们不明白有商家赚这么点儿钱。他们说："现在你们更有钱了。"他们已经习惯了不理解，所以怨恨更多。他们摔门而去，对你破口大骂。他们总要责备别人，所以他们责备我们。

**乔治**：我们刚开店的时候，我们的保险是 398 美元一年。现在已经飙到 1398 美元了。保险公司的人说，你们所在的区域风险等级太高。照明费涨了，煤气费涨了，水电费涨了。加价利润减少了。就像结婚蛋糕一样——他们把一个项目提高了一美分，你的成本就多了一美分。你得到的回报比例减少了。以前的加价率为 22%，超额利润为 5%——这就留下了 17% 的利润。现在，如果你运气好，他们会把你的加价幅度压到 12%。成本上升，你的管理费是 10%，现在你的利润只有 2%。你不仅没有挣钱，还正在亏钱呢。除非你兼职做别的事情，否则不可能生存。

"我们被迫上交过所有东西。我们店里遭到过一次突袭。这是蓄谋好的交易。一群骗子警察让一些家伙带来了午餐肉罐头。这家伙说他要停业了，他有几箱午餐肉罐头。我从他那里得到了一个好价钱。我把罐头放在过道里。大约半小时后，这两个家伙走了进来。'那是偷来的商品。你们还有什么东西是偷来的？'他们把屋子里的东西翻了个底朝天。'我们要把你们的电视机拿走。我们要把这个拿走。这是偷来的。这是偷的。我们知道事情是怎样的。给我们一千美元，我们就不打扰你们了。'

"我们当时是新来的，害怕了。我就出去借了钱，给了这些人，我把他们的车牌号报了上去。他们给我们做了测谎测试。他们不想相信我们。我们不得不去找警察，还有类似的事情。在这段时间里，一个接一个的警察拿着搜查令突袭我们，骚扰我们，一件接一件。一直以来，我们都在等着去指认这些家伙。

"电话整夜响个不停，还伴有沉重的呼吸声。他们针对家庭开展工作。我们有卫生检查员，建筑检查员，消防检查员，所有你能遭遇得到的城市骚扰。只是因为我们告发了几个警察。他们翻了个底朝天。"

艾琳插话："有一天，九到十一个便衣进来，开始在店里翻箱倒柜，撕毁东西和一切。他有一张搜查令，说我们有一台印刷机，印刷假的信用卡和假身份证。他们把店里翻了个底朝天，在阁楼上，在地下室里。最厉害的是，他们进来找这些色情书。他们说附近的一些女人举报我们把这些卖给孩子。他们把我吓坏了。我们卖的是那些节省钱的书。我们把它们放在柜台后面，让孩子们去看。那是七八年前的事了。这是骚扰的一部分。我们经历了所有这一切。"

"到了我们去芝加哥警察局内部调查处的时候，我们就放弃了。我们说我们不能确定他们的身份。然后一切都安静下来了。"

乔治：当然，你总是看到了硬币的一面。几年前，烟花是非法的。这是一种精心的预谋。警察在街上抓到了一个小贩，把烟花带到这里来卖给我。我转过身来，在柜台上卖给他们，在露天的柜台上。天空火箭，罗马蜡烛，所有的。警察会接到电话，说我们卖的是非法烟花。他们会打电话给我们说："我们要突击检查你们，把所有东西都收起来。"他们就会进来说："我什么都没看到，对吧，乔？""是的，我什么都没看到。"（笑。）

这真是一场赛跑。我们在这个地区变得停滞不前。我们越来越成为木偶。我们正在毁掉我们的存在感。我们正在毁掉我们所说的话。你在这里听到什么？"你们有那个吗？""你们有这个吗？""你们有那些玩意儿吗？"你发现自己说话的方式就像近来的贸易，尤其是在这个地区退化的情况下。你开始觉得自己的生活没有进步。

"我们决定要做一些事情来启迪自己。除了身体上的活动，还要在精神上活动。所以我们就进入了灵修领域。我以前看过手相。我们去上催眠课。艾琳在手相学方面有了更多的发展，而我则在教催眠的原理。她是灵修中心的工作人员。"

艾琳插话："我们俩都是被国际灵修大会任命为牧师的。这是一个非教派的宗教组织。乔治收留那些受到挫折的人和遇到问题的人。在这里的冥想室里。"

乔治：工作是很辛苦的。在我们的空闲时间，就是午夜和早上六点之间。我把整个楼上都建好了。把阁楼变成了女生宿舍。我们拥有这栋楼，我们和财务公司。（笑。）

艾琳：紧张得不得了，你得一直看着他们。你转过身，他们正在填满他们的口袋。我们已经接收过一些人，他们假装受伤并试图偷东西。到了最后，你会自言自语。

乔治：这就是灵修中心帮了大忙的地方。我们可以来这里，只是躺下十五分钟，并能够放松。这相当于别人的一个小时的睡眠时间。

我希望我们不会永远这样做。如果我们不干这行了，我们就有希望进入灵修领域，在度假区、疗养院、疗养所之类的地方，在那里，人们可以发展更精细的自我意识。

唯一能让家庭小商铺运作下去的家庭，是那种大家都投入进去并且能随时帮忙的家庭。而且家庭成员都拥有属于自己的小王国。

后记：公寓的墙上有一句话："伟大的神灵，请保佑我不去批评我的邻居，除非我穿上他的软皮鞋步行一英里。"

# 关于失业和退休的思考

芭芭拉·特威利格（失业）

**她三十多岁。她有独立的收入，生活舒适。在她不太富裕的日子里，她当过演员、售货员，从事过市场调查和其他各种职业。**

暂时不工作会很精彩，因为这会改变节奏。你可以反思自己所做的事情。没有任何懒散的感觉。我喜欢一个人长时间地待着，不需要职业。不过两个月后，这对我来说就不适用了。我开始觉得需要一个存在的理由。除非我恋爱了。如果我应该恋爱的话，几个月后，我就会开始觉得自己是个寄生虫，而且是个懒惰的人。

**这和爱情有什么关系？**

哎呀，爱情是女人的职业呀。（笑。）如果你结婚了，这就是一份全职工作。既然我没结婚，我说的是恋爱。如果你有任何的自我，你就不能把恋情当作生活的理由。

**关于工作和失业……**

你提出了内疚的话题。

**（有点茫然）我有吗？**

经济上摆脱了工作的需要之后，我得出了一些结论。有事情做是至关重要的。一个人应该从自己的职业中找到快乐。一个伟大的诗人可以让爱情和闲散结成诗，这是一种美好的消遣。他不会想到管这个叫工作。工作有一种贬义的调调。不应该这样的。我无法告诉你我对工作的感受有多强烈。但我们所说的工作有很多是非人化和残酷化的。

我年轻时就做过打字员。我曾在办公室像工厂的地方工作过。铃声一响，就是十分钟的咖啡休息时间。那是很可怕的。不过，大多数人还是比较好的——在任何能让他们的生活有一定结构的东西中，他们的理智得以维持。我不喜欢这样的工作条件，也不喜欢这样的规律性，但我喜欢打字的过程。我是一个好打字员。我打字的速度非常快，非常准确。有一种节奏，我很享受。只是工作的过程。这是一种动作。有一些活泼的东西。一张空白的纸，你的手在键盘上。你在创造一些以前不存在的东西。

我试着非常注意我打下来的字。我很在意语言。有些词让我很反感。如果我不得不打一些色情的东西，或者不得不说："干麦片是最好的东西，可以用来日夜喂养自己的孩子，他们吃脆皮泡芙会茁壮成长。"我是做不到的。但这个过程让我很满意。没有太多修改的地方。我打下来的字很整洁。

我真的觉得工作很令人愉快。它是你人生唯一可以依靠的东西。爱情是靠不住的。哦，爱情是很短暂的。工作有你可以依靠的尊严。工作必须是一场游戏，才能做得漂亮。你要能在其中发挥，与自己竞争。你把自己逼到极限，才能享受工作。在任何一种工作的过程中，你都能发现自己参与其中的节奏相当美妙。可以是打蜡地板，也可以是洗碗……

我在一家职业介绍所工作，做安置工作。他们把女孩分为可安置的和不可安置的。我通常被不可安置的女孩所吸引。这些女孩在我看来有也许是不成熟的创造性天赋。她们想要的工作是能让她们感受到自己个性的工作。那些头发乱糟糟、看起来不整齐的女孩，她们不会那么容易被人接受。这里面有一些怪癖。我会把我的大部分时间花在跟她们在一起上。我会打电话给——上帝原谅——广告公司和电台。

如果你把精力放在那些可安置的女孩身上，你就会赚到钱。这些女孩是从高中生产线上下来的，尤其是天主教学校。她们似乎是很平易近人的年轻女孩。在那些日子里，她们去银行做档案员。你给银行打电话，然后拿到卡片目录，你把女孩送过去工作就行了。你可以自己成为一个从事大规模生产的工人，把这些女孩纳入系统中工作。没有强硬的手段，没有什么磨人的地方。我的一个同事一周赚了两百美元，把人塞进这些位置。我并没有做办公室其他女孩做的事情。我发现自己在夜里被那些无家可归的女孩所困扰。那些不可安置的女孩就是我。如果我辜负了她们，我也辜负了自己。我赚不到钱。我在三个星期内就辞职了。反正他们可能会解雇我。

那是相当紧张的几个星期。我吃了很多苦头。我需要钱。我几乎一无所有。我负责的女孩都是失败者。我发现拒绝她们是无法忍受的。你说："我们没有什么职位给你。"然后把她们送走。你的时间就是金钱，你抽取佣金。空白申请表上有一个代码，于是你可以拒绝女孩，而她永远不会知道为什么。

有几次我给那些不修边幅的女孩找到了工作，她们的丝袜都是宽松的。而把那些天真可爱的女孩安排到银行工作，甚至还有些乐趣，她们只想在银行工作，她们很感激。即使在那里，过程——成为某个东西的一部分，让某事发生——也很重要。这就是活着和死了的区别。现在我没有使任何事发生。

每个人都需要觉得自己在这个世界上有一席之地。如果不这样，那会是无法忍受的。我不喜欢觉得自己是多余的。人是需要被需要的。我想说的是，无所事事、闲闲散散是可悲的，是可耻的。每个人都要有自己的工作。

爱情是不够的。它填不满足够的时间。我不是说工作必须是为了活动而活动。我不是说执着的、空虚的活动。我的意思是创造新的东西。但无所事事是一种罪恶。我不认为人可以在无所事事中保持平衡或理智。人类必须努力创造一些一致性。你只有通过工作和爱才能做到这一点。而你只能依靠工作。

## 比尔·诺沃思（退休机车司机）

这是一个郊区，很多老铁路工人退休后都往这里来。我们在一座新式的砖砌平房里。外面是一个花圃，打理得很精心。屋子里面有装着鲜花的花瓶，宗教人物的雕像，家具上的塑料罩；一面墙上是一个十字架，另一面墙上是一行文字："上帝保佑我们的家园。"在厨房的墙壁上，有几行装裱的诗句：

我的房子很小，

不是百万富翁的豪宅，

但有留给爱的空间，

有为朋友准备的空间。

这就是我所关心的一切。


"我在铁路上工作了五十三年，我当时觉得这够多了。我在西北铁路公司从底层一直干到顶层。"1917 年到 1922 年间，他在家乡伊利诺伊州斯普林瓦利的一个火车机车库里工作。1922 年到 1944 年间，他是一名铁路司炉工。从 1944 年到 1970 年 8 月 30 日退休那天，他是一名机车司机。他现在是当地机车司机兄弟会的会长。二十年来，他一直担任秘书兼财务主管。

有时，他的妻子也会说些感想。


柴油机比蒸汽机容易多了。干活儿效率要高得多。柴油机可以拉更多的车厢，吨位更高。柴油机可以拉任何东西。它们可以移动，可以运行。它们不像蒸汽机那样需要掌握一些技术诀窍。蒸汽机挑战更大。那些人没有受过良好的教育，但仍然有技术诀窍。他们比拥有大学文凭的人能利用发动机获得更大的产出。这就是他们的骄傲。

当柴油机出现、司炉工再也派不上用场的时候，这些人几乎得在一夜之间让自己成为机车司机。铁路公司为自己节省了一美分，但是在我看来，他们后面要付出的代价是一美元。因为公司聘用的那些人甚至从来没有在那个领域当过司炉工，他们几乎没有在路上花过时间。

大部分的柴油机都是靠电运作的。如果柴油机坏了，这些人是修不好的。你得派人去修。过去用蒸汽引擎的时候，哎呀，是由你来控制引擎的。如果有什么地方出了问题，哎呀，你可以自己完成所有的修理工作，加润滑脂或机油，或者需要什么就把什么加进去。用柴油机，要踩油门和刹车，和汽车一样。我想这比开汽车更容易。你是在轨道上行驶。开汽车的话，你得注意弯道和所有这类事情。这是真实的。

柴油机是非常干净的。过去用蒸汽机，你会遇到蒸汽泄漏和所有这类情况。冬天有时候你在路上走，几乎看不到任何交叉路口，因为蒸汽在汽缸周围泄漏。用柴油机的话，你可以穿上商务套装。跟这个房间一样。它几乎是隔音的。用柴油机的话，你要做的就是在那儿，在前面，一声不吭地待着。

在过去，我觉得十个司炉工里面有八九个来自小镇。因为唯有他们才四肢发达、头脑简单。（笑。）我刚开始工作的时候，他们有短期司炉工。在得克萨斯州的哈密瓜成熟期、伊利诺伊州的煤炭高峰期、埃斯卡诺巴的采矿季节和海岸的小麦收割期都有短工的身影。他们就这样走了，当生意不景气时，他就会放下他的小箱子，去下一个地方。

那是公司真正交好运的时候。这些人都是有经验的人。在高峰期，如果他们没有这些短期工，不得不雇用新的人，公司会说，他们经常花费两千美元来培养一个司炉工。一直到他了解自己的工作为止。当一个短期工出现时，他有五年或十年的经验，你却什么经验都没有。我有个同父异母的哥哥也是个短工。他在阿拉斯加的科尔多瓦被淹死了。挖金矿的。短工都是单身。他们都知道哪里能找到季节性工作，哪里在招人，他们会给技工领班写信，然后当场就能成为最佳人选。现在他们不再做这种工作了。

机车司机、司炉工、刹车员都在驾驶室里。没有什么交流，大部分对话都跟工作有关——优先通行权相关的事儿，在每次转弯和变向的时候看着点儿，等等。如果往你这个方向变向，你的职责就是查看火车，看是否有热箱或任何东西在拖动。因为要不了多久就会有东西冒出来。可能会造成灾难性的后果，如果你没有干自己的活儿，哎呀……

我曾经在他们所谓的后备组里。那都是额外的工作。你离开家后，比如说你去艾奥瓦州的克林顿。好吧，你会留在那里，也许公司会把你派到伊利诺伊州的贝尔维迪尔，再回到艾奥瓦州的纳尔逊，或者回到克林顿。他们必须在你回家的第六天开始。你可以回家，然后休息十个小时。然后再上路，也许再工作六天。我想说，你三分之二的时间都是不在家的。

你很高兴有时能得到超过八小时的休息时间。除去洗洗澡、吃点东西的时间，和试着消消食，而不是饱着肚子去睡觉的时间，哎呀，在公司再来催你干活儿之前，你只剩下四个小时的时间了。你起床的时候，即使是凌晨三点，你意识到下一次吃东西可能就是十二、十六个小时之后的事情了，哎呀，牛排和土豆，或者火腿和鸡蛋，你把空荡荡的胃填得满满当当的。（笑。）在我退休前，每周有七天的工作时间，没有节假日。你只能有轮班。

**诺沃思太太：你必须独自抚养孩子们，大部分时间都是你一个人在抚养。他一离开就是六天。你不知道他什么时候回来。我们结婚**

**四十二年了，直到他退休前，他还是每隔一个晚上或者每隔几天就离开一次。你一个人的时间挺多的。**

以前是一周七天。没有假期。在后备组里，有额外的火车时，你就等着轮班。我们每个后备组里有多达四十五个工友。有很长一段时间，加班甚至没有得到任何报酬。大概是二十年前开始吧，公司才在工作超过十六小时后支付给你额外的工资。如果你在克林顿待了十六小时，就会进入公司所谓的补偿时间。如果你在那里待了二十四小时，你会拿到八小时的工资。然后他们可以让你再跑回来，再加十六个小时，不用再额外付你一分钱。

**诺沃思太太：你必须坐在房子里等着电话铃声，嗯，是的。如果你去了某个地方，你就得打电话给他们，告诉他们电话号码，以防他们需要你。然后你就得赶紧回家准备去上班。大概是凌晨两三点，起床，吃完早饭，就去上班。**

其实，额外人手小组也一样糟糕。如果干的是常规的活儿，或者在后备组里，或者被撤下来了——因为你生病了或者什么的——他们会在那里有一个小组，有额外的人。我不能离开家很久，因为我觉得有些事情会来。如果你错过了电话，你就是不服从命令，你必须去见技工领班。是啊，如果你错过了电话，他们会再次把你安排到底层。公司现在再也没有后备组了，但仍然有一个额外人手小组。

运货火车，里面是家畜。星期天是大日子，你要把星期一的货运过来。哎呀，有很多天，我看到1300节车厢从克林顿出来。周一早上，你就会带着空车回到克林顿。有时你要在那里待到下个星期天，才能把另一列火车运来，没有任何报酬。

你通常会试着找一家公寓，尽量弄到一个价格尽可能合理的房间。有些公寓里面，一个房间里可能有两三张小床。镇上大概有六七家家庭旅馆，还有一间老旅馆，那里有一个老喜剧演员，是一个叫查理的厨师。我们常拿煎饼跟他开玩笑，声称："你会用扫帚打狗的屁股，然后你会弄出一个平底煎锅。"（笑。）

诺沃思太太：通常晚上他们都会离开。你不能和任何人约会，也不能参加聚会，因为你知道自己永远也没法赴约。那天晚上他就会离开。花了两年的时间才在这对夫妻家里聚在一起。这个人在家里，那个人出去了；或者那个人在家里，他在外面。我们很多在铁路工作的朋友也是这样的。有人会邀请我们去吃饭，我会告诉他们："如果你不介意，等一下，可能是在最后一刻，我才可以告诉你。"因为我们不知道他什么时候会进来。你不知道他们什么时候会回家。

他喜欢这份工作，所以一切都好。但养育孩子的过程有点孤单。这挺难的。有时会发生事故，他就会打电话说："我两三天不回家。"或者是在有一个大风暴的时候。

我们有三个女儿。我说，如果我们有一个儿子，我绝不会让他当铁路工人，因为他永远不会回家。一旦一个铁路工人的血液里流淌着铁路工人的血液，那就是他的全部，什么都没有了。

柴油机出现以后，铁路公司削减了司炉工的岗位，给了他们一点儿离职金。过了一阵子，公司开始需要司炉工，但他们当中很少人回来。郊区的火车上也有几个。现在你必须有一个司炉工。那是州法律规定的。

现在的机车司机少了很多，或许只有以前的六成了。曾经我们有十七辆客运列车到沿海地区，西北铁路公司。现在除了郊区外，一列客运火车也没有。都是货运。过去有运货的火车。那是过去的事了。我们过去有运牛奶的火车。那是过去的事了。

过去，我们在一个小镇——斯普林瓦利。罗克艾兰横穿山谷的底部，镇子在山上，火车通过山谷的时候，在铁路交叉口前鸣笛。火车行驶了一两英里，回声就会从山谷方向传来。那是一种……（他停顿了一下）……真的是一种很美妙的感觉。

**诺沃思太太：我们以前住在山顶上，火车机车库和铁轨就在这座大山下面，你可以听到火车的声音。我还是喜欢听发动机的声音。听火车的声音很迷人。你几乎听不到火车的声音了。都是货运火车了。但我觉得火车的声音很好听。**

那些小孩子，如果他们能看到机车司机，或者你向他们挥挥手，哎呀，他们就真的会受宠若惊的。那个男人向他们挥手。你在这样一辆火车上时，嗯，就像是你去一些地方，那儿的妇女或者某个人物亲自出来敬你一杯酒。那是一种很美妙的感觉。很多这样的事现在都不复存在了。

**诺沃思太太：当他们走在镇上的街道里时，人们会从你的工作服、帽子和手帕上认出你来。你一看到他们，就知道他们是铁路工人。**

　　他们曾经是贵族，但那个时代已经过去了。你以前必须认识某人才能找到工作，即使是司炉工。有一些和我共过事的年轻人是那个时代之后受雇的，看看他们，我觉得他们不可能陷在过去的日子里出不来。从前，很多时候，你要铲三十吨的煤。是的。

　　**诺沃思太太：他从那儿出来时，脸色黑得像煤一样。有一次我和他一起坐火车，我穿了一件黑色的雪纺裙。不管你信不信，我坐上车厢，当我从车上下来的时候，我就跟我的裙子一样黑。哦，那真是，哎呀！然后他通常会被火烤得浑身发热。**

　　那不是很糟。你学会了喜欢铲三十吨的煤。有的时候，铲子会撞到门上，但它并没有全部运进去。各行各业都有技巧。你要让铲子代替你的背部做很多工作。

　　我认识的每个人，一百个人里有九十九个人认为他们干一天活儿，就能得到一天的工资。现在这些人，如果他们还是自由之身，他们想工作的时候就会工作。在过去，在凌晨两三点钟的时候，零下二十华氏度的时候，你得想方设法去工作。但现在不是了。该死的，在我们第一次休假之前，我在那里已经三十年啦。

　　我们的主要诉求是想请假。刚开始的时候，我们有很多诉求。在过去的日子里，他们有油灯。老式的油灯，在工作开始之前的两三个小时，你必须下楼去把灯装满，然后把它清洗干净，供前灯使用。我和那些有油灯的机车司机们一起工作，他们会跟你讲这个事情。他们想改用电灯。你会觉得公司要破产了。而这是他们最大的节约。他们有一个很大的争论，甚至去国会获取支持。而当自动添煤机到来的时候，他们真的要破产了。事情总会变得对公司有利，但他们不得不为之而奋斗。似乎他们觉得，我们不能失去对那个人的权力。我们要让他做我们认为正确的事情。

我们每个月都要和兄弟会开一次会。他们中的大多数人现在都在抱怨现在得到的帮助。如果这些年轻的人得做我们当年不得不做的事，他们就玩儿完了。机车司机当时很受尊重，现在却没有人尊重他了。他只是个笨蛋罢了，和我们其他人一样。

过去，机车司机就是老板。大家敬重他，公司上上下下都尊重他的判断。现在不一样了。他们可以让一个十八岁的高中毕业生成为列车长，你想告诉他什么是对的、什么是不对的，他很可能会因为你不服从命令而起诉你。在以前，你对你自己负责的火车、自己所能做的事情都有判断。当你觉得自己做得太多的时候，你就会告诉火车调度员。你的话曾经就是法律。尊重已经不复存在了。

我给你看一张公司的半世纪卡。（他掏出一张金纸卡）"威廉·J.诺沃思先生，芝加哥西北铁路公司机车司机，谨以此表彰其五十年的服务。"就是这样。

**有了这个可以免费坐火车？**

只有西北公司的线路才行。但那条线路没有火车了。

**有仪式吗？**

没有，先生。他只是打电话给我，告诉我在上班的路上去一趟他办公室，他有东西给我。我到了那里的时候，他把我的五十年卡递给我。仅此而已。

他和你握手了吗？

没有，并不是说，我和他就像兄弟一样。没有任何仪式。他只是叫我来，把卡交给我。就是这样。

后记："如果他们再有好的火车，人们就会乘坐。但他们不鼓励你。上次我妻子去新泽西的时候，那真是太可怕了。"

诺沃思太太：我晚上五点从纽瓦克出发，第二天早上八点到了芝加哥——在车厢里面几乎要冻死了。我们把毛衣和我们有的任何东西裹在脚上。我们冻得一塌糊涂，像这样坐一整夜的车。他们一个铺位要多少钱？四十四美元。所以下一次，他说："还是飞吧。"

## 乔·兹穆达（前运务员）

他一个人住在芝加哥西区的一间整洁的地下室公寓里。有一台大屏幕电视机，上面有一个雏菊花瓶。桌子上有一台小型收音机。在这炎热的 7 月，一台电风扇让一切都相当凉爽。"再过三周，我就七十五岁了。"十年前，他自愿退休了。

"我当了二十五年的运务员。公司变得一团糟。然后我在一家毛毡厂投入了十五年。我在操作一台切割机。在那之前，我是一个流浪的罗密欧。在他们要你的出生证明之前，我还是个孩子的时候就工作了。盒子厂。"

有人告诉我："乔，你的健康状况不佳，你不应该这么做。"但为时已晚。我不知道我为什么要退休。我想这只是一种习惯吧。(叹息。)是的，我没有遗憾。

头两年，我心灰意冷。我无处可去，无事可做。然后，我好好观察了一下自己。你不能这样坐在家里浪费时间。所以我继续旅行。我去看我的一个老朋友。两天后，我又去见另一个人。三天后，他们都会过来看我。这就是生活的方式。

现在对我来说每天都过得很快。我一点也不后悔，我手边有这么多时间。我在尽我所能地享受这些时间。我一点也不做白日梦。我只是想到一些东西，然后就忘记了。做白日梦对你没有任何好处。管他呢，没有理由发牢骚，也没有理由对这个世界生气。笑一笑，世界就会和你一起笑，这是个老口号。

我靠养老金和社保生活。我的退休金不多，因为我在那个地方只干了十五年。我每个月从那里拿到 36 美元，从社保拿到 217 美元。如果我理财的话，每到月底我就有 15、20 美元的收益，我的大部分饭菜都是我做的。

(他伸手在旁边的书架上拿起一本活页账簿，念了起来。)这是手头的现金，这是我的开支清单。他们要粉刷我们的教堂，所以我捐了 7 美元。那是 7 月 1 日。第二天买菜是 6.12 美元。这个月的煤气费和电费是 16.48 美元。杂费是 2.22 美元。我不记得那是干什么的了。租金是(喃喃自语)多少多少钱。医生——那不是指医生，而是酒——6.8 美元。那是一张超级可怕的高额账单，用来买酒的。上周日，俱乐部会议，5.73 美元。我得记一下。如果你不这样做，谁会啊？如果你到了每月的 25 号却没有钱……

我每天晚上都会熬夜到一点钟。我睡得很晚。我早上九点到十点半之间起床。你做的第一件事是拿起咖啡壶的手柄。你发现它是空的，所以你要煮咖啡。然后我拿起烟斗，把烟叶装满，一天的工作就开始了。半小时前刚吃了三个溏心水煮蛋。你进来的时候我刚要擦下巴。

我一直待到一点到一点半。现在我不能经常出门，因为我三周前刚做了这个白内障手术。我还是不能看太阳。他们正在给我配新眼镜。我可以看到那幅画。我可以看到那朵花。我的视力恢复得很好。我看电视没有困难。

晚上，我喜欢看半小时左右的新闻。最近水门事件让每个人都很烦躁。说实话，我都不明白是怎么回事。他们说政治就是政治，我已经厌倦了。今晚我想我会听白袜队的比赛，然后躺着休息。十点钟小熊队会上电视。他们对阵旧金山队。星期天我会去教堂。

我喜欢棒球。我可以从收音机和电视上听棒球，我不会厌倦。在冬天的时候，我喜欢电视上的保龄球。哦，我喜欢保龄球。我记得有一年我们去了伊利诺伊州的曼德莱恩。那是我一生中唯一在外面看到保龄球的地方。信不信由你，我在那些木质球道上打保龄球。

夏天的时候，我经常去钓鱼。我有个姐夫，他是个很棒的渔夫。漫长的十年里，我们在威斯康星州的海沃德待了两三个星期。我们度过了最美好的时光，然后回到家里，等待明年的到来。1961年12月的第一天，他开车去上班，心脏病发作。他猛地撞上了一辆车，撞上了一根柱子，然后直接冲进了一家酒馆，就这样。

就在十年前，我去参加了一个五十周年纪念的婚礼。我母亲唯一活着的妹妹的女儿。仪式在埃尔姆赫斯特市某处举行。信不信由你，两张桌子上摆着一打废旧书籍。这让我想起了我的祖父、我的祖母、我的母亲、姐妹和所有的人。而现在这些都没有了。我时不时地给我的一些亲戚打电话。我得到了相当多的人。我通常会坐车去公墓看我妻子的坟墓。一个星期后我再去另一个公墓看看我父母的坟墓，就这样。周日晚上，我的房东——我从小就认识他——他喜欢打台球。我也喜欢。我们打台球不是不计输赢——一局一美元。星期天我连赢了他三场，他一直在喊叫："你这个熊玩意儿。"（笑。）

我周六或周日会去酒馆。我在那里见到我的老伙伴们。还有一个家伙，愿他的灵魂得到安息，他半年前去世了。他非常喜欢台球。我打败了这家伙，他就会开始大叫："那个讨厌的老头又把我打败了。"（笑。）

有时我们会组成四人组。每个人拿一枚硬币，扔上去，然后你就可以选择你的搭档。如果你输了，你请客喝酒。如果你赢了，你就可以不花钱喝酒。中间还可以聊天。我小时候就喜欢打台球，现在也喜欢。我不会说我是个专业级选手。我不会挑战明尼苏达胖子 ①，但我能对付酒馆里一般水平的家伙们。

就像星期天，我们有一个小屋聚会。我们有七个人。每个人放两美元在锅里，我们就用这些钱在下午剩下的时间里喝酒。我喜欢每周喝三四杯酒，打三四局台球，这就是我的夜晚。

我去的酒馆就在三个街区之外。我走过去，但我由房东开车送我回家。所以我们不用担心会被抢。我的想法是，你得小心，所以不要把所有的钱都放在钱包里。有时你得在领子后面放十美元。四年前的3月22日，我在这附近被抢了。我很高兴他们没有打我。他们拿走了钱，但他们把钱包还给了我。我当时很害怕，甚至不知道他们把钱

---

　① 指美国职业台球选手鲁道夫·沃尔特·万德隆（Rudolf Walter Wanderone）。——译者注

包放回了我的衣服里。

我有两个朋友住在南区，离国家饼干公司只有一个街区的距离。当我经过那里时，真的被刺激到了。天啊，你应该去看看那个地方的好环境。

我从我的表哥身边经过，他在我的婚礼上站起来支持我①。我花了两三个小时和他在一起，他说："我要打电话给老白。"他是另一个退休的人。他有那个该死的习惯。他这周每天都在公园里……看着那些玩纸牌的人和高利贷的人。我表哥打电话给他，他就过来，然后我们又开始打牌了。

就像我说的，当我们还是年轻人的时候，曾经有一个游乐园。只要活着，我就不会忘记那个地方。我有一次带着我的女朋友去了那里。那是1920年左右。他们有辆叫作北斗七星的过山车。那家伙爬上去，冲下来，再爬上去。我女朋友有一个很棒的白色大帽子，帽子有个很漂亮的白色大宽边。她还有一件人们所说的披肩，毛皮做的。当那该死的东西往下跑时候，她就像晕倒了。我不得不抱着她。我得抱着她的帽子，抱着她的毛皮，还得抱着我自己。我们下车的时候，她说的那些话是不允许被印出来的。除此以外，她是个可爱的孩子。大约五十三年前。这就是我们谈论的内容。

另一个在我的婚礼上站起来的男人，他也退休了。但他有哮喘之类的病。信不信由你，他拿出一个这么大的杂货袋，说："乔，这是我要赛跑的玩意儿。"他把里面的东西倒出来，有十二瓶不同的药。他说："乔，你不知道你很幸运。"

---

① 在西方文化中，在某人的婚礼上站起来意味着支持新郎或新娘，也支持这段婚姻。——译者注

有时当我变得有点疯狂的时候，我就会坐火车去格伦埃林看我女儿。我给她一个惊喜，因为我讨厌强加于人。我有两个孙女。当我走出去的时候，他们会求我："外公，留下来吃晚饭吧。"我说："这次不行。我要坐火车，原路返回。"偶尔我也会留在那里。

街对面有两户斯洛文尼亚家庭。男主人是连襟。他们喜欢和他们的妻子来酒馆喝上一两杯。其中一个有一副好嗓子，他喜欢唱歌。所以我们开始在酒馆里唱歌，他们的妻子也加入进来。信不信由你，我们挖出了五十年前的歌曲。（他唱道。）

> 我好开心，哦，好开心，你不羡慕我吗？
> 我今天三点出发，回田纳西的家。
> 爸爸和妈妈，姐姐和哥哥们都在那里等着我。
> 而在桌子上，梅布尔旁边，有一个空的椅子。
> 哦，天啊，你应该看看她给我展示的世界。
> 就在我母亲的膝盖上，她向我展示了这个世界。

（他停顿了一下，犹豫了一下："我有点儿搞混了。"）

> 今晚我所能想到的就是那片雪白的田野。
> 班卓琴在嗡嗡作响，黑人在打鼓。
> 所有的世界似乎都是正确的。
> 门前的玫瑰让我更爱母亲。
> 我将看到我的心上人和我以前认识的朋友们的光芒。
> 当我——

（他停顿下来。）不知怎的，我听不懂那首歌了。不过没关系。

　　我每隔一段时间就去看一次火。三个月前在密尔沃基大道上发生的那场大火，是在早上开始的。那天下午四点我在那里。我很惊讶，该死的所有窗户都被打破了，但烟却冒得老高，但你看不到火焰。他们有大约三十个单位在那里。你可以从收音机里听到新闻。我本来要去米德韦机场的事故现场的。我的两个朋友，他们说："乔，你什么都看不到了。那里已经被清理干净了，被夷为平地了。"他们动作很迅速。

　　我告诉你我确实看到了什么。1915 年，我是个跑腿的。我看到东岸灾难发生两分钟后的情景。船翻的时候，我就在桥上。听到尖叫声。我是被赶走的。那是西电公司的野餐活动。有七百多人淹死了。

　　我通常会去市中心的汇兑银行，只是为了给自己找麻烦。我有一个兄弟在那里。他把一美元纸币包成一包，装在帆布袋里，周围放上铁丝。一美元纸币一包有四百张。有时他有一叠大约两英尺长、两英尺宽、三英尺高的钞票。你可以想象他有几百万的钞票。这就是令人头痛的地方。

　　即将到来的 12 月，将是我去加州旅行三周年。我有一个妹妹在那里。我在外面过圣诞假期，我们去了迪士尼乐园。信不信由你，对天发誓，我不认为在我们这个世界上会有这么美好的东西存在。那真是很棒的事情啊。

　　我希望能在这里至少再待五年。我不在乎。再过二十年？哦，上帝，不。人老了以后，就会变得有点孩子气。

　　我的记忆力非常好，非常好，非常好。我再告诉你一件事。

1918 年 6 月 18 日，我去参加一个舞会。另一个人和我一起去的。有两个女孩在跳舞。她们是姐妹。他抓住了一个，所以我抓住了另一个。你知道他们弹的是什么吗？（唱歌。）笑一笑，你向我悲伤地告别。我吻了那个女孩的脸颊。她对全世界和我说："如果我不嫁给你，乔，我永远不会嫁给这个世界上的其他人。"她上周已经七十岁了。我打电话给她，祝她生日快乐，仅此而已。我本可以娶她的，但是——我知道很多歌曲。有时我洗碗的时候，就会想起旧时的歌曲。（他在唱。）

> 每个人都喜欢孩子，
> 所以我才会爱上你。
> 漂亮的宝贝，漂亮的宝贝，
> 你会让我在爱的摇篮里摇晃你吗？
> 而且我们会一直抱着。
> 每个人都喜欢孩子。
> 这就是为什么我爱上了你，我的漂亮宝贝。

这就是全部。这就是结尾了。我知道的还有很多。我为此感到自豪。我的很多朋友都会告诉你："如果你有什么想知道的，就去问乔吧。"

第 八 卷

# 查利·布洛瑟姆的时代

查利·布洛瑟姆（复印员）

他二十四岁，出身于上层中产阶级家庭。他的父亲和祖父都是医生。他的父母离异，各自再婚。他在西海岸的一所大学上了一年，然后退学，从此自立门户。"我主要关注的是政治活动。我当时是由父母支持的。关于是否继续从父母那里拿钱这个问题，我认识的很多人都在挣扎。"

他的长发被扎成了马尾，眼镜是金丝边的，胡子很乱。他席地而坐，摆出了莲花坐的姿势。对于他的生活、冒险和反思的描述，有些语焉不详。

我的第一份工作是在狗窝，清理狗屎。只做了几天。我第一份真正的工作是在一家工厂里。我受雇于人，把地上的屎扫掉。他们看我是个好工人，就让我做了机器操作工。我当时十八岁，是个谨慎的反对者。我在工厂里告诉他们，我不想做任何与战争相关的工作，不想为与任何军事机构签订的合同工作。我试图坚持我的政治和道德。从那时起，通过不同的工作，我被带入了妥协的境地，这使我堕落。

他们说："你不必做任何与战争相关的东西。"他们只是不告诉我这是什么，想着我会很冷静。我忍受着这些，因为我想保住我的工作。我不希望有对抗。我当时做的是类似泡沫塑料的东西。这东西是为了制造防盗报警器之类的怪东西。你把它扭来扭去，然后把它挤出来。我当时真的很生气。这对一个人来说是不值得做的工作。我和自己进行了一场真正的斗争。如果我有任何真正的勇气，我会说"他妈的"，然后走出去。我就自由了。所有这些情绪上的紧张让我成了囚犯。如果我站起来，我会放下这一切，并说："这是假的，这是废话，它不值得的。我是一个人。一个男人；一个女人，不应该花时间做这个。"——然后就走出去。我就解放了。但我没有。

　　一天下午，我在整理模具，把它们挂在管架上。为了腾出空间来挂更多的模具。我不得不像往衣柜里塞衣服一样推它们。它发出了一种可怕的锐利的声音——金属与金属之间的声音。我对自己说——有点戏剧化——这就像越南人被凝固汽油弹击中时的尖叫声。所以我走到工头身边，说："听着，不做与战争有关的工作已经不够了。整个工厂不能做任何与杀人有关的工作。否则我就不干了。"这有点像一次小罢工。我说："我要回家了。"他说："好的，一两天后回来吧。"所以我一两天后回来了，一些高层的家伙说："也许你最好找另一份工作。"我说："好吧。"那是我第一份真正的工作。

　　我在美国志愿者服务组织工作了几年。我被派去做青少年工作者，没有真正的监督，没有活动。我只是拿着我的薪水支票，兑现，然后生活。我想我和其他拥有一份有组织的工作的人做得一样好。摆脱了很多思想习惯，内疚，压抑。更好地熟悉自己的感觉，自己的知觉，自己的身体，自己的生活。在他们炒了我之后，我就和游击戏剧剧团一起工作。我为一家左派印刷厂工作。但并不顺利。我没有车，没有钱。找不到工作。并不是说我一直在努力。最后有人推荐我去芝加哥一家报社做复印员的工作。

那时候我的头发很长，达到后背的一半。为了得到这份工作，我把头发扎了起来，让它全部垂到衬衫里面。从前面看就像一个乡下人的油头。就像约翰尼·卡什的那种。我借了一些看起来很讲究的衣服，广告公司的衣服。

我去了报社，和这个人聊了聊，告诉他我有多想当记者。这听起来像教科书里写的一样。很多人都喜欢假装世界是这样的。他喜欢我，他觉得我很聪明，就雇了我。我打上了领带。

在那里工作几周后，我就穿回了平常的衣服。我带着有机核桃和有机葡萄干去送人。对我来说，来工作是一种传教士式的事情。原本我是想拿点钱就走的，但我必须参与其中。所以我试着去与人相处。

几周后，编辑把我叫到他的办公室。他说："读读我写的这篇小演讲，然后告诉我你的想法。"这只是一堆陈词滥调。他只提到了客观性。我开始告诉他一些东西：我认为一份报纸应该是这样，那样，还有其他事情。我们谈了大约一个小时。我认为我们的意见很一致，他很吃这一套。我完全是在转述他说的话。在商业世界里，你得玩这个游戏。我正在四处打听申请奖学金。

我们正在交流，关于报纸作为一个自由的团体是多么美妙的言论，还有类似的废话。**突然**，他说："我上周经过办公室时，我说：'那边那个肮脏、卑鄙、恶心的肮脏生物是谁？'我得知，那是我们新来的一个复印员。人们告诉我，他阳光而充满活力。"

他在谈论**我**！我觉得这种与人相处的方式很奇怪，这种奇怪让我感到惊奇。他一开始就说衣服不重要，"所以我才让你换衣服"。

这真是太奇怪了。我告诉他："听着，现在我有了工作，我会买漂亮的衣服，我会租房子，我会洗澡。"他似乎很高兴，但他想让我剪头发。我一口回绝了。他从办公桌后面站了起来。面谈结束了。他说了一大堆话，把我赶出了办公室。我受了很大的震动，出去哭了。或者说我当时没有哭。但有一次他被一个助理编辑气得不轻，把气撒在我身上，吼道："明天你看起来得像个年轻的业务员，要不然你就卷铺盖走人吧！"那一次我很确定自己确实哭了，因为我不知道该怎么想。

我很享受自己的工作，因为我大部分时间都在接电话。人们会打电话来抱怨或有问题。我会说："这是一个资本主义的新闻报纸。只要它是一个资本主义的报纸，它就不会为你服务，因为它的目的不是为你服务。它的目的是为老板赚钱。如果你想得到一些帮助……"我把他们介绍给黑豹党或《种子》①。人们非常感激。他们会说："非常感谢你。"在他们跟我聊了四十五分钟左右之后，他们会说："我很高兴跟你聊了天。我不知道黑豹党是那样的。"

**有什么投诉吗？**

关于什么的？

**关于你的——呃——评论和建议？**

没有起诉，没有麻烦。我很有礼貌。在游戏的那个阶段，我的心境极好。我把有机葡萄干、核桃和葵花籽送给每个人——记者和改稿

---

① 一家当时很受欢迎的芝加哥地下报纸。——原注

人。我心情明亮开朗，什么都好。城市编辑对打电话、挂电话之类的
人很粗鲁。我会说："那是一个人的电话。"我经常在办公室里走来走
去，说："成年人怎么能把时间花在这上面？"我得到的是冗长的责
备。我居然让一个做了二十年记者的人，认真地问自己："我在做什
么有价值的事情吗？"我喜欢这样做，说服人们去思考。这是我对世
界的贡献。所以我告诉那些打电话求助的人，他们应该写信或者打电
话给编辑，或者直接来接管报纸。很多人对这些建议反应很好。

**没有针对你的劝说的投诉吗……？**

（漫不经心地。）有时候有。最后发生的事情是，我卷入一段严重
的个人关系中，我真的变得可憎了。我很明显地疏远开来，而且怀有
很大的敌意。我停止带有机食品来。我开始在晚餐时间休息几个小
时——这非常酷。在我休息的时候，拿上两三瓶啤酒，抽一两根大
麻。大麻和啤酒让我处于一种微醺的状态。有人打电话来，而记者挂
断了他的电话的时候，梦就醒了。那人又打了过来，我接了电话。我
对那个人也很生气，说他是偏执狂、种族主义者，也挂了他的电话。
那人抱怨了一下。而我就是那个惹上麻烦的人。这是件大事，编辑因
为我在电话里的态度对我大发雷霆。我猜他发现了其他那些电话。我
不明白他的愤怒。我只是想把自己的感受传达给大家。

我在报社的整个春天都在幻想得到一把枪，然后进来射杀他们。
拿到迷幻剂，放在他们的饮料里。拿着枪走进那个编辑的办公室，把
他赶走。也许先用枪指着他说："好吧，你怎么面对你的死亡？"我
曾经看过一部日本电影，两个人以两种不同的方式迎接死亡。这就是
我的幻想，用刀子把他们砍死。

据我观察，其他人的幻想是有关性的。他们的幻想与政治现实无关。他们会看着那些年轻的女人——以白人、资产阶级的标准来看是很有吸引力的，那些有着长长的金发、身着迷你裙的女人——并从中得到色欲刺激。

有一个女人通过某个有势力的叔叔，被聘为复印员，一个月内她就成了编辑助理。有两个男复印员在那里工作了几年，他们已经结婚生子了，但作为编辑助理却没有他妈的报酬。

复印员是某种类型的黑鬼。你站在一个房间里，周围的人都很自我，沉浸在一种幻想中——他们认为自己在发行一份报纸。这些人是记者和编辑。有人大喊："复印！"你跑过去——或者你走过去——他们给你一张纸。你把那张纸拿去某个地方，你要么把它留在那里，然后回去等着；要么你再拿一张纸，把它带回给最开始叫你的人。

你要做的另一件事是，当出版物从印刷厂印出来的时候，你把三百份报纸放在一个大推车上，然后推来推去，在每个人的桌子上放一份。诸如此类的事情。"我们有一包照片要去美联社拿，过去拿吧。""有人在城里发表演讲，去拿吧。"或者："把这个拿到市政厅去，交给那边的记者……"

复印员也要做编辑助理的工作。就是接电话，说"城市台"。如果是记者，你就给他联系编辑什么的。如果一个人打电话来，说有一则写着"接第七页"但是不在第七页上的故事，我就会翻阅报纸，直到找到故事所在的位置，然后告诉他。或者我去图书馆把简报取出来。你拿一张纸去换另一张。基本上都是废话。

当我第一次在那里工作时，我会跑。他们会说："复印！"我就跑。没有人注意到。这没有任何区别。然后我开始走。我为什么要为他们跑呢？今年春天，我开始拖着脚走了。这时人们开始对我进行抱怨。我1970年2月入职，1971年5月20日被解雇。我因为肝炎离开了半年。

想知道我因为什么最终被解雇吗？我有一双鞋，鞋底开了。我不想在鞋上花钱。我每周拿回家七十美元，还能省下五十美元。我在报社里混并不是因为那是我的命运。我只是个小弹球，掉进了老虎机。我在那里是因为一堆意外。我也有意志和能量，我在动。我在运动，在创造。

我想在报社有一台电脑。我想这样安排，可以在早上起床后，打电话说："好的，我是查利。我可以在周二、周四、周五、周六晚上工作。还有周三早上。我绝对不能在周三晚上工作。"大家都打电话，电脑会把所有打进来的电话都放在一起。公司的人会打回电话来，说："好吧，这些是你这个星期的工作时间。"因为他们运作报纸的方式就是，谁来都一样。这些都是我的想法。我想让决策权掌握在工作的人手中。我想让他妈的资本主义早点完蛋。

我看到这些东西是以级别为单位的。七楼是行政人员。四楼是中产阶级——编辑、记者，以及所有这些。管理阶层的办公室也在那里，不跟高层决策人一样在上面。我经常在大厅里看到马歇尔·菲尔德①。我在想，如果他们杀了鲍比·西尔②，也许我应该拿把枪进来杀了菲尔德。也许这也是我保住这份工作的原因。我在这里没有任何其他成就。我不想要钱。钱不值得。

---

①　马歇尔·菲尔德（Marshall Field，1834—1906），美国企业家，芝加哥百货公司Marshall Field and Company的创始人。——译者注

②　全名为罗伯特·乔治·"鲍比"·西尔（Robert George "Bobby" Seale），美国政治活动家、作家。1966年，他与同为活动家的休伊·牛顿（Huey Newton）共同创立了"黑豹党"，主要目的是监督警察活动，挑战黑人社区的警察暴行。——译者注

**你杀了马歇尔·菲尔德能取得什么成就呢？**

哦，好吧，你不能把它看成什么成就。就像一位编辑告诉我的那样："如果你表现得好，你就不会被解雇。"我真想拿根棒球棍把他的头打烂，不过我想用手打。他让我很生气。这个混蛋，他很舒适，他没有挣扎——事实上，他没有什么好挣扎的，因为他就是一袋棉花糖里的棉花糖。他是个好人。我的意思是，我喜欢他。但他是一个他妈的棉花糖。

**你的鞋，鞋底开了……**

是的，我只是在上面涂了胶水。然后有人建议我把胶带贴上去。所以我做了。人们一直建议我买鞋。我一直说："不，我不想买鞋。这双鞋很好。"我没有理由留在他们的文化中。

但我还是在和不同的人交朋友。我试图让外国编辑做一篇关于鸦片的文章，中情局负责将鸦片作为海洛因带入这个国家。我在《壁垒》杂志[1]上读到了它。他们只是一笑了之。一周后，另一家报纸刊登了弗洛拉·刘易斯的专栏，内容是关于《壁垒》上的文章。我被这些蠢货给激怒了。这家伙以为他是我的朋友。我的意思是，我很喜欢他。他真的是个好人。我不知道如果我用点 50 口径的机枪射杀他，看到他的尸体四分五裂，我会不会有任何快感。我会被这种彻底的破坏行为弄得情绪不稳。但我会从中得到一些满足，因为我对这些家伙的愤怒。他们写示威游行和黑豹党大陪审团的方式。这些蠢货让我怒火中烧……他们假装自己是自由主义者。他们假装

---

① 《壁垒》(*Ramparts*)，一份与新左派政治运动密切相关的图文杂志。——译者注

关心。他们从不为一个问题而争吵。这个编辑告诉我："我每天都在为世界而战。"天啊！

我曾经对这份工作产生过最有敌意的幻想。我简直达到了某个点，我就是不想分发这份该死的报纸，我想把它烧掉。这就像你在监狱里找到一份工作。这是在城里唯一的工作。你的工作就是在牢房里走来走去，发发毛巾。我可不想只负责发毛巾。你开始意识到这个被关起来的人也只是个普通人。也许我可以帮助他走出去。我给他拿烟。我想这才是真正的原因——分发有机核桃和葡萄干。还有我的想法。

这份工作也是一种腐败的东西。我意识到，我可以得到很多免费的书，很多书都用来写书评。还有唱片，我可以复制唱片。你要对这个人好一点，因为他会给你唱片。我变得腐败了。

这些人多么可怜啊！他们一直告诉我，我应该努力保住这份工作。这是保障。我可以看看这些工作了二三十年的人，他们告诉我，如果我剪了头发，穿了不同的衣服，我就会像他们一样。他们不想说，"天啊！我搞砸了！我六十岁了，我已经浪费了一切。"我又不傻。我可以工作。我很懒，我们大多数人都很懒。但我们懒惰是因为我们没有什么值得做的事情。我在那里工作，浪费了一年的生命。值得吗？

我说的都是些神神叨叨的东西，就是这样的。我们怎么才能让那只靴子向左或向右走三英寸，这样就不会踩坏那朵花了。看看这些一无所知的有钱的混蛋。我们不需要有这样一个社会，在这个社会里，你工作是因为你被欺骗，被哄骗，被操纵，或者被逼迫。

这个国家有多少工作是固定东西或数东西的啊，比如钱——银行、出纳员。或者是某种类型的看门人。这些工作到底为什么存在？这些工作不是生活所必需的。昨天和我聊天的这个人说："钱能让世界运转。为了钱，兄弟们互相残杀。"那是真的。我指了指太阳："是什么让这个世界运转？你不会告诉我是钱让这个世界运转吧！"所以除了钱，还有别的东西。你不能吃钱，不能搞钱，除了交换东西，你不能用钱做什么。没有钱我们也能生活。我们可以和人一起生活，种植食物，搭建桌子，按摩扭伤的脖子……

**你的鞋子，你用胶带粘住了……**

哦，对了，你想知道我为什么最终遭到解雇吗？我对东方的东西很感兴趣。有时我会幻想自己是一个武士，尤其是在我看到一部日本电影之后。所以，我曾经以一种日式姿势跪坐在地板上。（此时，他从莲花坐的姿势转变为武士的姿势。）我会选择房间的一个安静的角落。

**（轻轻地，几乎听不到）在新闻编辑办公室……？**

在宗教编辑的办公桌前。我觉得很合适。坐着，呼吸。人们试图忽略。有些人认为我在冥想。我说："当然，我是在冥想。"我不知道冥想到底是什么，所以我不愿意把它叫作冥想。以前我经常这样做，在收发室的地板上。有一天，一个人提出异议，因为他认为如果一个人推着东西进来，他就会看不到我。我向他展示了我可以极快地移动。这让他打消了顾虑。

有一天，图书馆馆长，他就是这样的混蛋——我真的不喜欢叫人混蛋，因为他们都很好，我比很多被我叫混蛋的人更讨厌。但他是那种只对自己感兴趣的人，这对我来说是一个非常过时的观点。我的意思是，如果你研究禅宗或古代哲学，他们说的都是同样的事情，那就是，没有人是一座孤岛。好吧，所以他进来说："不要这样坐。"我说："为什么不呢？我没有打扰任何人。"他说："我不希望你这样做。"

我说："伙计，让我解释一下……"他说："你要我跟编辑说吗？"我说："不，不，不，不要和他说，他会解雇我的。"所以他说："我不希望你坐在那里，这看起来很可怕。"我说："好吧，我不会坐在角落里，我会坐在房间的中间。"他说："不，不，不，也不要这样做。"于是我就走了。我走下来，坐在宗教编辑的办公桌前。

大约一周之后——我在报社的一个站点是公共关系办公室。有一个花瓶，里面有一些花。于是我坐在椅子上看了看里面的花——大概五分钟，最多六分钟——然后我起身离开了。几天后，编辑把我叫到他的办公室，说："我有三件投诉，想和你谈谈。一件是图书管理员打来的。他告诉我你跪坐的事，我告诉他如果你再这样做就让你卷铺盖走人。第二件是关于你和花的事。他们抱怨你扰乱了办公室的秩序。"我说："我当时是背脊挺直地坐在那里，呼吸（慢慢地、刻意地、深深地呼吸），而不是（疯狂地喘气）——对吗？"这就扰乱了他们的工作？

从某种程度上来说，我确实打乱了。这是甘地或梭罗或基督会说的那种话。如果你真的想打击社会的腐败，就到永恒来吧。我不得不承认，一个坐下来冥想的人——试图与上帝或其他什么东西取得联系——是最有威胁性的。在物理层面上，我根本没有干扰他们。但事实上，我背脊挺直地坐着，而他们工作中的大多数人都不会背脊挺直地坐着，这很奇怪。他们看着我，他们觉得很内疚。我不是想激怒他们。我也没有想给他们施展什么魔法。我只是在看花。

最重要的是，我想被这些花感动。我轻轻地抚摸了几片花瓣。我想伸出手去说："嘿，植物，我知道你在这里的办公室里，这可能是一个拖累，你是孤独的。但我爱你。"我拿起几片从桌子上掉下来的花瓣，放进口袋里。

**第三件投诉……？**

……是关于我的鞋子的。他说："你的鞋上贴着胶带，这是完全不能接受的。"

**你被开除是因为鞋子、看花还是用武士的姿势坐着？**

不是的，周一早上我打电话给报社，说我要迟到十五分钟，我迟到了十五分钟。周二早上，我打电话说我要迟到十五分钟，我迟到了十五分钟。他说那是完全不能接受的。于是他给了我一份书面备忘录。

**就是因为这个吗？**

不是的，本来他们是为我的衣服而生气的。我说："我穿上自己的好衣服时，因为在打字机边上磨来磨去，好衣服也得毁了。你应该提供一些罩衫。"出乎意料的是，他接受了这个想法，给我们送来了罩衫。该死的，当时天气很热，而且是夏天。所以我开始只穿罩衫，不穿衬衫。他说这是完全不能接受的。"假设有人进来看到你怎么办啊，这是间商务办公室。"

没有人抱怨我的工作，除了复印部主管，我和他做了个交易。我说："让我来做所有的送报工作，我就不去新闻编辑办公室了。"我讨厌他们在新闻编辑办公室里对待你的方式。

我从送报中得到了极大的满足感，远比从去图书馆或在新闻编辑办公室里闲逛得到的要多得多。我下去把车装满，那该死的东西很重。我得推着它，这需要力气，我会出汗。每一期都有二百五十或三百份报纸。我喜欢这样，因为我流着汗，和人们交谈。我做完后，我会说："我做了些事情。"

我送完报后，会去外面的花房里坐着。过了一周左右，复印部主管说："听着，复印部的其他人看到你在他们工作时坐着，这让他们感到紧张。"我说："好吧，我会回来，做更多的工作，但我不会送所有的报。"他们很紧张并不是因为看到我闲坐着，而是因为应对这些记者，这些总是管他们叫"男孩"的蠢货，**他们希望有机会出去。**

（喃喃自语）那就不是鞋子，也不是武士姿势，也不是花，也不是迟到……？

不是，我当时正处于一个不安的状态中。我对复印部主管说："我经历了这么多怪事，还没去吃午饭。我还不如早点离开。"人们总是这样做。到了五点，我开始收拾东西，换衣服。我穿着蓝色牛仔裤来上班，然后换上一条裤子和一件衬衫。在一天结束的时候，我可以换回蓝色牛仔裤。五点半的时候，我就会（打响指）走出门。

五点半的时候，有人走了进来，对我说："这里有一些夹子，你能去拿吗？"我说："不行，我要走了。"另一个复印员也说不行。第二天早上，编辑来找我，说："你走得早……巴拉巴拉巴拉……你还拒绝去拿夹子。"我说："让我解释一下。"他说："这是完全不能接受的。这是压死骆驼的最后一根稻草。"对我来说，这更像是一根压死一头猪的稻草。

我想了好几个月，我被炒了怎么办？我会在新闻编辑办公室里抽大麻吗？我会在图书馆里打坐吗？我想做一些事情来证明，嘿，我比你们这些混蛋强。我被解雇是因为我与众不同。我不想成为一个密码。我在想，我怎么才能表现出来？绑架马歇尔·菲尔德？通过枪杀他？我必须快速思考，所以我看着编辑说："我希望你能忍受你所创造的条件。"我转身走了出去，开始哭了起来。

他急忙追着我说："等一下。我没有创造这些条件，是你。"我说："不是的，不，不，我不是那个有权力的人。你才是那个有权力的人。"我走出了那里。然后我在办公室里晃了大半天，卖《愤怒崛起》①。（笑。）

我给自己搞了张失业证明。前几次他们对我很好，然后一个女人让我去要个号码。我想告诉她，去你妈的。我可以在你的公寓外等着，然后敲你的头，偷你的钱。去你妈的钱。摆在首位的不是你的钱。是我的钱。我为它工作。如果你不给我钱，我也不在乎，因为我还能活下去。在我年轻的时候，我申请了一份工作，而那个人不给我一个不雇用我的理由，我会说："没关系。"我不会对他大喊："你是个种族主义的蠢货。"我会想，好吧。有人会雇我来杀你。或者我可以当银行抢劫犯。但是那种苦涩，我不喜欢苦涩。我是一个和平主义者。

我已经为自己选好了职业。我想从事那种比现代西医更注重精神的传统医学。我想学习草药和按摩之类的东西，还有冥想。我不想依赖别人。这种自力更生的观念，在今天是很奇特的。拓荒者靠自己的努力生活。今天没有人这样做。我想做一个精神的拓荒者——在那里，工作不是一种累赘。

----

① 当时芝加哥所有地下报纸中最激进的一份。——原注

## 史蒂文·希莫尼-金代莱（出版商）

我们现在身处《资本家记者》的办公室，一份六十四页的月刊小报。办公室位于曼哈顿中街的一栋老旧的办公楼里。虽然很拥挤，但却弥漫着一种忙碌的气息。工作时，在半满的纸质咖啡杯和灰盘中，嘻嘻哈哈地坐着几个年轻人，长发飘飘，穿着随意。

他是出版商，二十六岁。他生于匈牙利，革命后移民到加拿大。他和其他人一样拘谨。他的衣襟上有一个大大的"耶稣爱你"的纽扣，脚上穿着运动鞋。他的狗在这间内室的毯子上乱窜。

"我们报道的是成功人士。如何从小额投资开始，如何在股市之外投资并获得丰厚的回报。比如购买便宜的土地、古董、农场……我们讲的是经过充分研究的故事，人们以很少的资金或零资金起步、大获成功的故事，他们自立门户，并取得了成功。

"我们已经做到了自己所宣扬的事情。我们一开始有三万美元——一万美元的资本和两万美元的贷款。预刊发行完后，我们银行账户里只剩八千美元了。我们现在是第二年了——我们有十万的试用订户，有五万美元的报刊亭发行量——发行量还在增长。现在，我们资金不足，所以一分钱掰成两半儿来花。每个人要干两三个人的工作。

"我和帕特①八年前成为生意上的伙伴。这几年我们一直在奋斗，省吃俭用，把钱投入到风险投资中，亏了再投资。最后我们发现自己有能力通过印刷品传达销售信息。"

---

① 帕特里克·加勒德（Patrick Garrard），《资本家记者》（*Capitalist Reporter*）的编辑。——原注

我九岁的时候就去工作了。我经常早上三点半起床，送四百份报纸。上学的时候，我觉得很无聊，最后一年就离开了。我从不害怕工作。我总是喜欢挑战，我总是喜欢回报。我做过各种各样的事情。

我十三岁的时候是个餐车勤杂工。我花了六个星期的时间不断地寻找工作，当时加拿大的失业率很高，我意识到一个人唯一的保障就是他自己能做什么。我喜欢尽可能地控制自己的命运。

我不相信答案在于赚钱。对我来说不是这样的。我二十一岁的时候，开着一辆凯迪拉克，可以在佛罗里达州租得起每月一千五百美元的海边公寓，去看演出，每晚花两百美元，带着我的母亲、我的祖父，像国王一样生活。但我比在多伦多给一家杂货店送货、每小时赚三十四美分的时候还要沮丧。

我不明白为什么我不快乐。幸福与金钱无关。在所做的事情上取得成功是衡量一个人的标准。衡量一个人的标准就是自力更生。靠自己成功，不靠别人的支持。

我的追求，我已经找到了。我在《圣经》中找到了。在我二十四岁之前，我从来没有读过《圣经》。但我听说上帝对每个人都有一个计划，我可以通过耶稣基督与上帝直接接触。我请求基督进入我的生命。在那一刻，我意识到了生命的意义。我的生命变得真正有意义。

在我找到基督之前，我学会了滑雪、航海、飞行、法语。这些东西我都在掌握了之后就放弃了，因为它们不能满足我。你可以像掌握代数一样掌握赚钱的方法。当你掌握了基本的精髓之后，任何人都可以做到这一点。

在我接受基督之前，我并不觉得自己有一份好工作，直到我真的从一个人身上榨干了最后一分钱。所以当我接受耶稣后，我意识到自己是金钱的奴隶。我打电话给帕特里克，他当时是我在另一个企业的合伙人，我告诉他我想退出。我们当时是做出版的。我们通过邮寄来卖书。自我提升，教育，性爱手册。对这个行业来说很容易接受，很正常。我们进行过一场非常成功的图书营销。我们卖出了约十五万份。这是一个非常有利可图的项目。但我今天不会这样做。

我觉得我可以开始任何生意。归结为一个公式。你发现有需求的东西。然后你满足这种需求。在你的成本和你的销售价格之间有一个差价。这就是所谓的利润。我不知道有什么比利润更公平的奖励方式了。一个人播种什么，就会收获什么。

每个人都有自己的使命。上帝给我的恩赐就是做一个商人。要会组织，要会销售，要懂数字什么的。我想用这些恩赐来荣耀神。我不想在自己的商业生涯中做任何会使我的救主蒙羞的事情。所以我总是从《圣经》中寻找如何经营生意的指导。跟两年前相比，我做生意的原则已经完全改变了。

以前我的原则是：要是能够逃得掉惩罚，那做的事儿就是对的。你唯一能犯的错误就是被抓。你内心有这种直觉的恐惧。上次他来的时候我跟他说了什么？这一点我已经不担心了。我总是对每个人说同样的话。我在生意场上所做的一切事情都必须是光明正大的——必须是我死后一旦出现在上帝面前就可以面对他的事情。


**一期杂志图文并茂地介绍了加拿大一位罢工者的成功经历。"也许用'罢工'这个词是不对的。那个人做的是供应，在竞争性的劳资体系中。罢工是劳工可以使用的合法武器之一。管理层也有权利保持运**

作。由于对管理层的人身威胁，大多数公司都不愿意继续运作。如果员工不愿意工作，执法部门还不能保证他们的人身安全，以保障他们的经营权。这家公司所做的就是对继续为罢工公司工作的人进行人身暴力的拍照取证，并将其告上法庭，对其进行限制……这就是我在故事中收集到的本质。"

帕特里克·加勒德反映了另一种观点："史蒂文不喜欢工会。我只是对他们有一点厌恶，因为他们很官僚。史蒂文把这篇文章看作对工会的报复——让我们给他们点颜色看看。对我来说，这是个好故事，仅此而已。我有点担心，因为这是我们所有期刊中唯一一篇可以被解释为右翼的故事。我不希望我们的杂志有这样的名声。"

我们与其他商业刊物不同。《财富》《福布斯》和《商业周刊》谈论的是公司和公司高管。我们谈论的是个人和小公司。我们有很多来自囚犯的订阅，他们从自己的供应账户里转出九美元来购买《资本家记者》。要是你每天赚二十七美分，九美元可是一笔可观的钱。很多犯人都是天生的企业家，他们跳出了社会公认的规范，他们的结局理所当然。

我们这里来了一些孩子，长头发的嬉皮士，他们非常兴奋，想买回几期杂志，或者在杂志上刊登广告。我想今天很多嬉皮士都认为，成功比失败更有趣。（笑。）我觉得现在成功已经成为一种时尚。

有两种人——有些是有天赋的领导者，有些是追随者。过去几年的年轻领袖是消极的、虚无主义的、具有破坏性的，他们已经走到了尽头。年轻人现在正在寻找其他方式。我为什么活着？一个答案是，一个人必须自我超越。他不能指望别人把所有的东西都放在银盘子里端给他。最不快乐的人是那些家里什么都有的年轻人。

很多年轻人反感的是，他们不得不进入公司，在那里他们必须花费三十年的时间，然后身心俱疲地退休、领退休金。他们说："我到底为什么要这样做？人生一定有更多的事要做。"靠自己的力量去出击，更有挑战性。

《圣经》说，如果一个人不工作，他就不应该吃饭。我完全同意。除非是残疾或有智力缺陷的人士，一个人应该工作。我十二岁在加拿大的时候，我找到了一份餐车勤杂工的活儿。我一家又一家地找工作。如果我决定自己想要什么，我就永远找不到工作。我愿意接受任何事情……

30年代的大萧条是一个独特的时期。人们都愿意工作，然而周围没有工作。我觉得30年代的心态和今天的心态是不一样的。那时人们真的很想工作。现在的情况是，要**有意义**的工作。我鄙视这个词。现在的人必须愿意接受任何自己发现的东西，他们必须从中成长。**充实**，这是另一个他们偶然发现的词。我并不是一开始就是一家拥有十万订户的公司的总裁。我必须去擦洗厕所。我就去擦洗厕所。并不是说我喜欢这样做。但我并不觉得自己被贬低了。总比什么都不做要好。**任何**工作都比不工作要好。工作让人变得高尚。

这是一个关于有意义的工作的谎言。它来自从未真正工作过的教师、博士。他们觉得自己有一种特殊的知识，可以强加给一个低等生物，而这个低等生物在十三或十五岁的时候就去工作，然后安顿下来，继续前进……

如果我已经尽力了，我觉得自己的工作很有意义。如果我没有尽我所能，我就不觉得它有意义。我不认为自己的工作比一个人扫大街更重要。对我来说很重要，只是因为我的工作提供了我的生计。对社会是否重要，只有时间才能证明。

在我看来，唯一的真理就是《圣经》中的上帝之言。那是唯一可靠的、已被证实的、没有争议的事实。你可以在所有的报纸上读到它，耶稣基督在今天成为一个问题。耶稣怪胎是一个错误的术语。他们是非常正常的年轻人。他们不再吸毒了。他们不再滥交，不再和任何东西乱搞了。他们过着非常健康的生活。也许和其他人相比，他们是怪胎。

我每天早上跑三英里。我八点左右来到办公室。我花半小时读五首诗和一句谚语，然后祈祷。然后，我把一天中要做的事情列个时间表。我试着把尽可能多的任务分配给我的员工，这样就可以减少我的工作。我需要多两三个人。我正在更换几个不称职的人。这是很痛苦的。你要面试很多人，才能找到那个有才华又态度端正的人。于是我一直要工作到晚上九点，而我们正常的工作时间不是这样的。一般来说，我一天的工作会在下午一点钟结束。

我不把我的工作带回家，不带回家。你可以来做工作的奴隶。要想成为一个成功的管理者，你必须始终掌控自己的工作，而不是让工作控制你。你要确保具体工作已经分配给别人。在做完这些事情之后，你要寻找新的盈利渠道。在其他地方寻找。谁知道呢？我可能开始对另一个生意感兴趣。现在我对学习《圣经》很感兴趣。我想花更多的时间来做这个。我喜欢读书，可惜我的知识不够丰富。

如果上帝召唤我，我可能有一天会成为一名传教士。我看不到更远的地方。我每周靠五十美元生活当然可以和每周靠五百美元生活一样快乐。我可以调整自己的生活标准。我怎么觉得有某种宿命在我前面——神要我用不同的方式来使用神给我的恩赐，而不仅仅是让我富有。我想将来会有一些类似的事情。

## 汤姆·麦科伊（校对员）

他二十三岁。他是一家全国性周刊杂志印刷厂的校对员。他的父亲是一名退休警察；母亲是一名退休的社会工作者。"我父亲从来不认为自己是警察。他是在大萧条时期成为警察的，当时没有任何其他工作。他担心的是生存问题。"

他在西北大学主修社会学。"因为那是最简单的事情。我不是真的着迷。我在学校的仅有的原因：要么我太年轻了，不能反对；要么我当时还是一个大二的学生，我想自己最好还是不要入伍了。"他花了五年半时间才毕业。"我在不断入学和退学。"

我喜欢自己的工作的一个原因是，每周的时间会有所不同。有一周我会在周三晚上工作，周四下午，周六晚上。下周白天是周二，晚上是周五……我永远不知道自己什么时候会工作，而且看起来几乎不像是在工作。工作时间很奇怪，所以我不会陷入高峰期。不会陷入困境。我很喜欢。

老板在的时候，我很烦恼。他通常白天都在。到了晚上，没有人监督，我也不会担心自己的样子。这真的令人很愉快。老板在的时候，如果他看到你在看报纸什么的，他就会很生气，会给你找点事做。这是我最不喜欢的部分，必须看起来很忙的样子。

一个老家伙告诉我，他觉得我坐在那里对老板完全不闻不问，还能看报纸，真是太神奇了。这是他永远不会做的事。这有悖于他的道德观。我看他那态度完全就是在说工作必须是糟糕的。

前几天，我注意到有人在打电话，一个老家伙。他说自己在办公室。我恍然大悟，当一个人说，"我在办公室"，这意味着，"我是一个白领"，意思是，"我不会弄脏自己的手"。他不是在工作，他"在办公室"。这真的让我大吃一惊。我想我这辈子都没用过这句话。我说："我在工作。"

我不怕老板。我觉得他有点怕我，真的。他怕在那里工作的年轻人，因为他们对工作不尽心。年纪大一点的人，一辈子都被组织裹挟着，头上悬着一把剑。老板可以不给他升职、加薪。如果他搞砸了，就可能被解雇。他的事业就悬在了天平上。如果我犯了一个小错误，我会说："那太糟糕了，我很抱歉这件事发生了。"而这个年纪大一点的家伙会吓坏的，因为他的事业悬在那里。因此，老板对我们没有那种权力，真的。角色好像有点儿对调了。我们对他拥有权力，因为他不知道如何说服我们。我们工作，把工作做得很好。但他不知道为什么。他知道年长的人为什么工作——因为他们想出人头地。他不知道我们为什么工作。

我搞不懂他。这是一个奇怪的混合物，高傲，试图成为一个好人——"你可以这样做吗？"——并试图塑造一个严厉的、家长式的形象。他不知道该做个好人还是做个干练的人。部分原因是出于他自己的恐惧。他没有意识到年轻人对这一点很反感。我反对把他看成自己的父亲。我宁愿把他看成某种平等的人，或者老板。年长的人，老板告诉他们该怎么做，他们就会照做，因为这就是他们的方式。但他从不确定年轻人是否会去做。他们想知道为什么。没有人拒绝做事，但我们想知道为什么。

如果工作中出现停顿，年轻人就会去大老板工作的主办公室，那里很豪华——他们会睡在沙发上。大老板向我的老板抱怨说，周六大家都在沙发上睡觉。他问我能不能传话，不要再睡沙发了。我说："为什么呢，这没有任何意义啊。如果没什么事做，又是半夜，人们想抓紧时间睡觉，而沙发又在那里……"他说："嗯，那是大老板说的。"我就告诉他："不行，我觉得告诉他们不好。你得自己跟他们说。"这真的很愚蠢。如果沙发在那里，有人累了，他就应该躺在地上，为了让这个人的沙发保持整洁到下周一吗？

## 拉尔夫·沃纳（百货商店营业员）

"明天我就二十岁了。"他的父母离异，后来又再婚。他和继父、母亲住在钢厂区，那里大多数家庭都有自己的房子；标配，是一幢A形结构的平房。"我们是这座城市仅存的白人社区之一。人们对黑人有恐惧感。唉，我真的不知道。他们从西区送来了很多孩子，但学校里没有发生过任何麻烦。我确实对他们有一些顾虑，但我试着从基督徒的角度来看待问题……"

他以一个普通学生的身份从高中毕业。"我所做的事情，也就达到了一般人的水平。我觉得历史课很枯燥。数学课程我从不擅长。我喜欢科学，科学课堂上我可以做一些事情，而不只是听讲。我们称之为做实验。橄榄球是我高中时的强项。高三那一年，我成了全市最好的中卫。"

他个子不高，精瘦结实，敏捷，热情。他的西装外套领口上别着一枚美国国旗胸针。

在我的社区里，孩子们长大了，他们高中毕业后就结婚了，在工厂里工作。他们的整个生活都围绕着一个社区和特定的一群朋友。他们永远不会出去看看这个世界是什么样子的。对我来说，这看起来很可怕。

我本打算拿着一份橄榄球奖学金去西伊利诺伊州的。我没有得到这份奖学金。我当时的心情有点低沉。我真觉得自己没法在工厂工作。我以前干过，在我是一个初中生的时候，放学后全职干了大概两个月。从下午两点工作到晚上十一点。幸运的是，我从来没有太多家庭作业。我讨厌这份工作。很脏。日复一日的老一套，这就是你的一生。

我曾经是个工人。在工厂里，每个人都是从那里开始的，除非你受过大学教育。我在烧剥室工作。我们会把钢铁上的刨花烧掉。我把它们铲起来放进一个大桶里，然后再运走，重新熔化，再做成钢。

这并不是说工作有多辛苦。你有很多时间休息。只是让人意志消沉。我认为自己的道德水平很高。他们的整个生活都围绕着工厂、赛马场、酒馆展开。他们谈论性的方式非常粗俗。这种语言在公共场所是闻所未闻的。（笑。）这不是我喜欢的生活方式。

五点后，所有重要的人都回家了。办公室的人都走了，之后一切都变得暗淡无光。到了六点钟，工厂已经被工头们管理得很好了。那两个月让我对附近的情况有了更深的了解。

我还记得小时候，我很害怕工厂。我经常在钢铁厂的日历上看到一个大块头铲煤的照片。大坑里有火。我很想进去。我发现这不是个好地方。有工头，还有叫副工头的新职位。工厂以前很粗暴，但现在变得很野蛮。因为种族关系紧张。我不想在这里度过一生。

因为我认识一些白领工人，休息的时候就和他们接触。我不敢和那些跟我一起干苦活儿的工人走得太近。不是因为我怕他们。他们对我都很好。只是我不喜欢他们的谈话。所以我就和那些白领工人待在一起。工厂里到处都是不同的小团体，就像我在高中时发现的那样。你走到哪里都会有小圈子。

我想，很多地位高、非常有钱的上流社会的人，那些手上没有老茧的人，和一个在工厂工作、知道通过体力劳动赚钱是怎么一回事的人，对于一美元的认识是不一样的。如果你生病了，你知道那会伤害你。如果你出了什么事，导致不再有工作能力，工厂的上层会把你赶走。工人们对生命有更深的关注。他们对政治制度有着比上流社会的人更深的感情。他们让我们的国家运转起来，他们生产钢铁。他们把自己的心和拳头都置于其后。他们不会坐在那里，让大脑工作。我觉得这些人的性格更坚强一些。

昨天是我最后一天在大商场的一家商店做营业员。我在那里工作了半年。一家昂贵的、上流社会的商店。你不是为了买一双袜子而进来的。人们会花很多钱。从上流社会到中产阶级，一些医生、高管、重要的人，他们有很多钱。我们有卡，根据人的信用等级的高低，有不同的颜色编码。自然最好的是金卡。他们是比较优质的客户。我自己只有在需要买工作服的情况下才在那里购物。否则我是不会在那里购物的。

还有一种是灰卡或者银卡，这是一种很好的信用等级，但是这些人没有持金卡的人经济条件那么好。还有一种蓝卡，他们会给员工或者新开户的人，每次他们要买东西的时候，我们都会打电话到商业中心。大多数人都会穿得很像，所以很难通过卡的颜色来判断某人是做什么的。

持蓝卡购物的话，在我们打电话到商业中心之前，店里不会出售任何商品。好几次我们的电话都打不通。要持续等待。于是我们会告诉顾客："我们不能把商品出售给你们。我们必须把电话打过去。"我看到好几次，持有蓝卡和银卡的顾客会把卡撕碎后扔掉。我觉得这样给人分类是不对的。如果你给他们一张信用卡，不管他们能不能在工厂工作，能不能当医生，我觉得每个人都应该是平等的。

我高中毕业后，想去做零售。那是我父亲的工作，我的亲生父亲。他是一个推销员。这是他干了一辈子的工作。但我不喜欢这份工作。季节性太强。总是站着。

我的继父在工厂工作。他以前是一个管道检查员。他现在去做文员了，这是一份更好的工作。他比我亲生父亲对生活更满意。他和厂里的人相处得很好。他回家的时候很高兴。他很清楚自己的人生要做什么。他很少谈及此事。他不表达感情，但他看起来很满足。他从来没有说过什么反对的话。这是一份高薪的工作。他想在几年后退休。差不多十年吧。他只是想一直干到干不动为止，我觉得这很好。

他还有一份兼职工作，反正是帮他打发时间呗——在一家通讯社的报刊路线上收账。工资不是很高，但这是他喜欢做的事。这让他每年都能有钱去钓鱼。哎呀，他在家里很好的。他喜欢清理车库，割草，照料房子，保持整洁。我觉得他四十五岁左右吧，出入至多一两年。我的亲生父亲也是这个年纪。

我的亲生父亲在明尼苏达州，他经常出差。他是做销售的。他得不断地说话，好赚取一美元。我有一个弟弟和一个妹妹，分别十岁和十一岁，父亲希望能花更多的时间和他们俩在一起。他渴望在湖边找个小木屋，在生活中放松一下。但他知道这在很长一段时间内都不会实现。他看起来有一种与他年龄不相匹配的劳累，很疲惫。

在过去的这个夏天，我和他相处了不少时间，他对我说了很多激励的话。他对我说过几句话，在我的生活中发生压抑的事情时，会在我的脑海里一直回荡。他告诉我："有时候你必须在生活中做出一个决定，无论对错。"这几句话让我好几次一直昂着头，撑了下来。没有人会牵着你的手，陪你走完人生。我爸爸对这样的事情很有智慧。他知道人生的意义。他知道你在人生中必须做些什么才能前进。这就是为什么他是一个如此成功的销售人员。即便他很累。

他不能——（停顿）——他不再能真正体会他的工作了。再提一次，他已经干这行干了太久了。他在几家公司干过，马不停蹄。他想成为一个独立的个体。但他年纪越来越大了。他比他应有的年纪还要衰老。时间不等人。他被环境困住了，就像一个在工厂被困住的人一样。

我的继父不表达自己的想法。有一天，他在他的车上贴了一张美国国旗的贴纸——有些人可能会认为这是一件大事。他把那面国旗贴在车窗上时，就有点儿把他归类了。他就是一个典型的美国中产阶级。我为此跟他开了个玩笑，说他已经变成了资本家之类的家伙。但他不采取公开的立场。他是一个安静的人，享受生活的自然美。这在他去加拿大、威斯康星州、明尼苏达州的钓鱼旅行上能体现出来。他很喜欢户外活动。

我想，得给自己的人生定个目标，得努力达到什么目标。大三的时候，我对作为一种爱好的摄影产生了兴趣，最后我投入了不少钱。这就是我想要的，一些我做起来可以很享受的事，一些能让我表达自己的事。而且这个事不会成为一个累赘，让我在朝九晚五的工作中度过余生。

**他即将在一家摄影学校报名参加一个为期四十周的课程。"他们不能保证能找到工作，但她说学校会在学生离开后两天内给每个学生安排位置。"**

我可以带着我的相机……我希望自己可以做广告。我可以自己冲洗照片。我可以看到自己工作的结果。我会知道自己做得好不好。我喜欢拍场景，拍人，拍气氛。我想创造一个比下一个人更好的气氛，公司就会用我的照片。如果安排我做某家公司的摄影师，而没有竞争——不管照片拍出来的效果如何，如果只有我一个人，他们就得用这些照片——这是我所不愿意的。因为你陷入了困境。我没有什么可追求的，没有人可以打败。如果我不跟任何人较量，我就不想玩了。(笑。)

竞争一直是我生活中的一个方面，我讨厌输，我喜欢赢。从文法学校开始，竞争就已经参与到我的生活中。竞争赋予人一个目标。它令你把自己变得更好。有些人满足于生活中的第二或第三名。但我不满足。我想成为最好的人，我不想被超越。

在橄榄球领域，我个子算很矮的，很多人都认为我不会成功。但我没有让这一点对我不利。我努力训练。我投入了很多时间。一年四季我们都在不断地打橄榄球。我进入校队的时候，体重大约是一百三。我觉得个子小是个优势。我把很多人所认为的障碍变成了优势。我在速度上下功夫，在头脑上下功夫。我不是要去把那个大个子撞倒，所以我要去思考和练习怎么绕过他。这几乎就像一个企业。你必须知道自己要做什么，你的对手能做什么，并试图在他的弱点上击败他。知己知彼，百战不殆。

你注意到我衣襟上的美国国旗了，这一年来我每天都戴着它。我的车上贴了四张贴纸。我认为美国是世界历史上最伟大的国家。原因之一是什么？自由经营。在生命中，你可以直达心灵深处的东西。在美国，你可以在任何地方设定你想设定的目标。这都是美国精神的一部分，竞争，更好，成为第一。要走得更远，你可以的。如果下一个人不能走那么远，不要停下来等他。生活会把你超越。

有的时候，我会闭嘴；有的时候，我不该不吱声。我不想让人对我产生难受的感觉，尤其是在店里。我很注意自己说话的内容，还有说话对象。头发的长度，我把头发打理得很干净，梳理得很整齐，头发没有落在我的眼睛里。但它有点遮住了我的耳朵。我马上被归类为一个激进分子。管理层并没有直接出来攻击我，但我不禁觉得紧闭的大门后一些有关我头发的事情正在酝酿中。

我穿着保守的西装，我的衣襟上别着国旗。但我还是因为我的头发遭到了激烈的质问。我留那个发型并不是为了表示我是个左派，我是一个右翼分子。但我想看看留个那种发型会是什么感觉。我享受了一阵子，但上周五我把头发剪了。现在我的头发是直的，就像我生活中大部分时候留的发型一样。我更喜欢这个发型。在店里，我感觉到一种更温暖的感觉。

啊，是呀，我可以看到自己在未来会有一个家庭，有一个家，被称为一个典型的美国中产阶级。我不认为自己会上升到上流社会。我想保持在中产阶级就行。我觉得你可以更好地体会生活的滋味。

我的"梦中情人"有一头长长的黑发，不用化很多妆，也不用在头发上喷很多喷雾，因为她会有一种自然的靓丽。她的穿着打扮会很自然。我希望她很有个性，因为到了她五十岁，我五十岁，我们正在往上爬的时候（笑），必须要有很多东西，不仅仅是外表。这将是一个我可以沟通的人，她需要我的指导和领导。而且她是我可以依赖的人。而且她会是一个好妈妈。一开始她可能会工作。她可以待在家里照顾我们的第一个孩子，从那时起一直如此。我觉得她的位置是照顾家，在我回家时准备好晚餐。我希望有三个孩子，两个男孩和一个女孩，我希望我的女儿能像她一样长大。我的女儿会受到两个儿子的保护。如果我不在身边，她会在两个哥哥身上得到安全感。而且我觉得有两个男孩参加体育比赛也很好。

我希望竞争是我能传授给他们的东西之一。竞争创造了一种对于自身的自豪感。当我在运动中被击败时，我尊重击败我的那个人。重要的是，被击败时，你应该泰然处之。但真的不要去想失败。胜利是唯一的事情。

我想买一栋殖民时期的房子，可能是偏向地中海风格的房子。我喜欢自己的房子里有很多大胆的东西。我希望在地下室有一个漂亮的娱乐室，可能是一个台球桌。我希望我老婆会打台球。

最后，我可能会去创业。一旦我开始做某件事情，我会努力成为其中的领导者。我想成为指挥者。就像橄榄球队一样。我努力成为队长。大三的时候我就是队长。我喜欢被人仰视，被人期待着拿出答案。我不想在底层待着。我想去顶层。我想赢。


## 巴德·弗里曼（爵士乐手）

**他六十五岁，不过他的外表和做派都是威廉·布莱克的"黄金青年"式的。他从事次中音萨克斯管演奏已有四十七年了。他在他的同**

事中备受尊敬，是"世界最伟大的爵士乐队"的成员。这是一家合作企业，由音乐家、老牌爵士乐手共同拥有。

"我和年轻人在一起，是因为他们拒绝被曾经给你和我洗脑的那些事情洗脑。我爸爸虽然一生辛苦，但对我们却很宽容。爸爸被身边的人洗脑了。他们每天都会进来说：'你的孩子们为什么不去工作？'所以他犯了一个错误，七点半就把我哥哥叫醒了。我装睡。爸爸说：'你要起来，到外面的世界去找工作，要有出息。'我哥哥说：'还没到周末，你怎么敢叫醒我们？'（笑。）我记得从那时起就没见过我爸爸。（笑。）"

我大约中午起床。因为别人的生活方式，我只会认为自己不正常。他们不断地提醒我，我是不正常的。我永远无法忍受过那种大多数人过着的沉闷的生活，被关在办公室里。我活在绝对的自由之中。我做自己想做的事，因为我想做。做一些有趣的事情来谋生有什么不好？

我不会为任何人工作。我是为自己工作的。奇怪的是，爵士乐是黑人受压迫后产生的音乐，但它却能让人自由地表达，也许比任何其他艺术形式都要自由。爵士乐手在他演奏的每一个音符中都在表达着自由。我们只能通过做**我们**所做的事情来取悦观众。我们必须先取悦自己。

我认识一个为劳伦斯·韦尔克工作的优秀的音乐家。这个人一定非常需要钱。他做的是很有规律的音乐。既无变化，又没新意，也不讲述生活的故事。这只是那种不关心音乐的人会买的音乐。

已经有人对我说："看在上帝的分上，你做这个不会是为了生活吧？"我当时很震惊。我说："我还能以什么方式谋生？你要给我寄支票吗？"（笑。）人们无法理解，世界上有艺术家，也有游手好闲混日子的人。

我只知道，小时候的我是个叛逆的人。我看到的生活是为我们大多数人计划好的。我不想过那种平淡的生活。我曾经在罗德与泰勒①工作过，朝九晚五。那是非常沉闷的工作。我只干了六个星期。我无法想象自己成为一个朝九晚五的人，赚钱，结婚，有一个大家庭——天呐，这是什么样的生活方式啊！

我八岁的时候就知道，我在商业世界里不会有什么作为。（笑。）我希望我的人生能有一些冒险的事情，一些未知的事情，一些与自由生活有关的事情，一些与惊奇和惊讶有关的事情。我喜欢演奏——事实上，我可以用即兴的方式来表达自己的想法，**在没有计划的**情况下。

我现在比以往任何时候都更爱演奏，因为我对音乐有了更多的了解。我对发展主题和演奏一些创造性的东西感兴趣。现在的生活没有那么困难。我们每年工作六个月。我们住在世界各地。而且我们不必在夜总会工作，连轴转，每晚都要演奏。

在夜总会演奏的时候，我经常想，我们什么时候才能离开这里？大多数观众都喝醉了，你往往会变得懒惰。如果你自己也是个酒鬼，你的音乐也就没有了。这就是为什么很多伟大的天才都死了或者退出了。他们讨厌音乐事业。我很幸运，现在我已经六十五岁了，我已经演奏了四十七年了。

如果爵士乐手被赋予我们这个乐队今天所拥有的机会——有机会

---

① 罗德与泰勒（Lord and Taylor），美国奢侈品连锁百货公司，总部位于纽约市曼哈顿，业务主要集中在美国东部。——译者注

想想你的工作，而不是整晚都必须要演奏，五场或是六场——老天啊！或者是电台的工作，或者是商业广告的工作——这些人一定会产生厌恶的。我认为爵士乐手没有得到公平的机会去做真正想做的事，在不被当作奴隶、不受到我们一辈子都厌恶的音乐行业的影响的条件下工作。

我已经爱上了自己的工作。这是我的生活方式。爵士乐是一种奢侈的音乐。你不可能整天都在演奏它，也不能整夜演奏。最好的演奏方式是在音乐会上。你要演奏一两个小时，你全身心投入，全力以赴。而且观众是清醒的。我也不急于让夜晚结束。在夜总会演出，那是没完没了的。

如果你是一个有创造力的音乐家，有些事情必须要发生，而且会发生。某种神奇的事情发生了，然而它不是魔法。几百次我上班的时候都在想，天啊，我讨厌想到今晚的演奏。会很糟糕的。但在某个特定的夜晚，有些事情发生了，在结束之前我就很兴奋。这讲得通吗？如果你拥有这样一个夜晚，你没有注意到时间，因为有样东西击中了你。

关于即兴表演，有很多不真实的说法。音乐家不会站在舞台上对他们不熟悉的东西即兴表演。真正的即兴表演是经过艰苦的努力得来的。在家里练习的时候，你会围绕一个主题，把所有跟这个主题相关的可能性都练习一下。因为旋律就在你的脑海中，所以演奏的时候，它就会出现。你是不会在舞台上即兴发挥、不知道自己到底在做什么的。这样是行不通的。我开音乐会之前，总是把那该死的号拿出来练习。不是音阶，而是寻找有创意的东西来演奏。我今晚回家后，在上班前就会练习。我已经迫不及待地想去练习了。

我练习是因为我想吹得更好。我对技术从来没有太大的兴趣。但我对设备感兴趣。为了感觉舒服，当我的想法从我的脑海中突然出现时，我可以用手指拨弄，把玩乐器。一些有趣的事情发生了。你会听到一句话，突然间你就会有新的灵感。这不是每天晚上都会发生的。但即使我度过了一个糟糕的夜晚，说"哎呀，我太累了，我要睡觉了，我会想想别的事情"，音乐也会回来的。昨晚我不太高兴去上班，因为我很累。这是个拖累。但今天我感觉很好。现在要回家练习一会儿了。

练习对我来说不是什么苦差事。我很喜欢。我真的很喜欢一个人练。他们叫我自恋的次中音（笑），因为我对着镜子练习。其实我从照镜子和演奏中学到了很多东西。所有爵士艺术家的梦想就是有足够的时间去思考和演奏自己的作品，去发展。

**是否曾有一段时间，你完全厌倦了自己的工作？**

绝对有过的。我停了有一年。我遇到了一个非常富有的女人。我们去了南美生活。我们在海边有一栋房子。我以前从来没有意识到一个人怎么会这么有钱，这么不快乐，这么无聊。这让我感觉很害怕。但我确实需要一年的假期。回来的时候，我觉得很新鲜。

另一次是我有自己的乐队的时候。我有了名气，所以我不再为大乐队工作。人们期望我带领一支自己的乐队。但我处理不了和其他人之间的关系。如果我有一个乐队，钢琴手，比方说，不喜欢我的演奏，我就演奏不了。我不明白这些乐队领导是怎么做的。除了音乐本身，我无法忍受任何一种责任。我必须作为一个独奏者来演奏。我只能管好我自己存在和思考。

我有过一个乐队，这些家伙总是迟到。我不想跟他们计较，我不想虐待他们，所以我说："伙计们，我们应该放弃吗？"我不愿意让他们走，我自己留在这里。我们是好朋友。我说如果他们不按时来，我就不干了。他们开始准时来了。但我不是一个领导者。我以前在乐队里是站在旁边的！靠边站。（笑。）现在我们有一个合作的乐队。所以我有一种感觉，我是在为自己工作。

我不知道自己会不会成功，但我希望五年后自己会演奏得更好。我应该这样做，因为我知道自己在做什么。学会演奏一种乐器需要一辈子的时间。我们有很多轰动一时的年轻演奏家出现——唉，你听他们演奏半年，然后他们就退出了。现在的年轻人，没错。真正的天才需要很长的时间来成熟，学习如何将自己的性格带入声音，带入演奏中去。[1]不是乐器，而是你试图创造的音乐风格应该是你的延伸。而这需要一生的时间。

我想演奏一辈子。我不认为停止有任何意义。如果我还能再活三十年，那我就能活到九十五岁了——为什么不尝试着去演奏呢？我可以听到评论家们的声音。"你听到弗里曼老人昨晚演奏的美妙音符了吗？"（笑。）就像本·韦伯斯特[2]说的："我要吹这该死的萨克斯管，直到人们把它放在我身上。"在我演奏了四十七年之后，它对我来说变得更珍贵了。这是我必须要做的事情。

---

[1]　洛特·莱曼夫人经常谈到艺术和年龄问题。她回忆起与布鲁诺·瓦尔特大师的一次让人印象深刻的对话。他八十多岁的时候，反思了年迈的艺术家所拥有的丰富和智慧，也反思了年轻的大师还要走的漫长路途中所蕴含的丰富和智慧——"但他不那么累了"。据说，阿尔图罗·托斯卡尼尼在最后的岁月里，常常是这样反思的。——原注

[2]　著名的次中音萨克斯手，其创造力最高的时期是与艾灵顿公爵合作的时期。——原注

# 肯·布朗（总裁）

他二十六岁。他是四家公司的总裁：美国摩托车技工学校、埃维尔·克尼维尔电动摩托车服务中心、3A 级摩托车租赁公司和 AMS 制作公司。

第一家：全国最大的摩托车技工学校。"我是最早开始的。这是一个三百五十小时的课程，十二周，每天六小时。晚间班则是三小时，二十四周。现在，我们有家庭学习课程。我们正在做新的课程。关于旺克尔旋转发动机的课程。它们将在未来五年内大展拳脚。大部分汽车都会装有这种发动机。它们不污染环境。"

第二家：特许经营权——"服务中心和配件销售的特许经营权。我为太阳电气公司设计摩托车测试设备，用电子手段发现问题。我和埃维尔·克尼维尔[①]是合作伙伴，我们将在全国范围内发展业务。我们希望在每个城市都有。我在全国各地有十五个销售员，销售特许经营权。你走进去，把你的摩托车调好，然后购买配件。我们原包装卖给他们，我们设置好，我们有我们自己设计的组装，还有别的所有一切。这将会像麦当劳或肯德基一样。"

第三家：另一种特许经营权——"你可以像租赁汽车一样租赁一辆摩托车，租一个季度、一个月、一天。我们在这个方面也要走向全国。"

第四家：是为克尼维尔表演的节目提供服务的。"我们有三个出售节目广告和摊位的推销员。今年我们要进行十场演出。在演出时，你

---

① 著名的摩托车特技演员。"他昨天把背摔坏了。在亚特兰大，因为飞跃。我刚刚和他通了电话，因为他是我们团体保险的一部分。"——原注

需要大约五十个人。"

"在接下来的几年里，会有很多大事情发生。绝对会暴涨。去年我经历了很多起伏。跌倒的时候，你得以六倍的努力继续攀登才行。"

我很享受自己正在做的事情。我会在一个领域里挣上好大一笔钱，再投进另一个领域里，然后看着钱生钱。比起把钱囤在某个地方，我挣得更多。我觉得自己比大多数二十六岁的人要厉害。（笑。）

如果我把所有的时间都投入到这些公司中，任何一家公司可能都会有两倍的规模。但这就不再是个挑战了。我有一些新的想法，真的很了不起。我甚至都不知道该不该说什么了……

我很早就开始工作了。六岁时，我有了自己的第一条送报路线。九岁时，我在一家自行车修理店工作。同时，我还为一家中国餐馆送炸酱面。我在一家杂货店做了一年的理货员。我没有对这些产生过任何兴趣。这都是放学后和周末的事。我一直喜欢独立的感觉。我从来没有向父母要过资助。任何我想买的东西，我总是有钱买。我没有让他们盯着我。如果他们知道的话，也不会在意的。

我在学校是幸运的。每个人都有困难的科目——数学、代数——对我来说都很容易。我从不学习。我对工作比对学校更感兴趣。我喜欢制图和机械厂。历史和英语让我觉得很无聊。

"我赢得了一份去弗朗西斯·帕克①学习的奖学金。我母亲希望我去那里。他们说：'没人会知道你是靠奖学金的！'我想没有人不知道。

---

① 一所上层中产阶级的私立小学和高中。——原注

**我从来没有被邀请参加过任何派对。他们只是因为你在那里而容忍你。打了很多次架。最后还花钱赔了一扇窗户。两年后，我退学了，去了我真正想去的莱恩技术学院①。"**

我的第一份全职工作是在国际收割机公司做拖拉机技工。他们有一个工业设计师的空缺。我在伊利诺伊理工学院学习过这个。我的年薪是八千五百美元，他们会另外支付我的教育费用。我本该周一八点上班。他们早上六点半打电话给我，说他们招到了一个有大学学历和十年经验的人。我说："你们需要拖拉机技工，我愿意接受那份工作。"我一通胡吹后得到了这个职位。他们给我做了一个可笑的测试。我没能拿八千五百美元做工业设计师，而是拿着一千五百美元以拖拉机技工的身份开始工作。（笑。）

我在那里工作了大约一年。我大概只睡了几个小时。我每天工作二十个小时。我简直完全崩溃了。我在医院住了三个月。有一次复发，又回来了一个月。这时，我想了很多。我决定自己做生意。我租了一个地方，一个月四十五美元，开了一家摩托车、割草机、自行车的修理店。那是九年前的事了。我当时大约十七岁。

我这次的动力——也许可以追溯到弗朗西斯·帕克那里。看到那些孩子们开着司机开的车——我认为是更美好的事情。我想让自己有所成就。我觉得如果自己年轻时努力工作，以后就能轻松一些。如果我来自一个富裕的家庭，可能永远不会有这种动力。别的孩子都在海边躺着玩，到处乱搞。在这里，我已经开始做生意了。我觉得自己真

---

① 一所公立高中，主要由下层中产阶级男生就读。（现在是男女同校。）——原注

的有了成就。

我对摩托车的兴趣最初是因为钱。我看到这以后会是一个很广大的领域。后来，生意变成了游戏。钱是记账的一种方式。不然你怎么看自己往上爬？如果你做生意成功了，就说明你赚钱了。你已经做了所有自己想做的事情了。没有什么是你想买的了。你从看到生意的增长中获得快感。只是把它越做越大……

开始赚到钱的时候，我就疯了。我买了一辆豪华轿车，请了一个司机。我买了两辆凯迪拉克和一辆科尔维特①。在斯科基买了一套公寓。我刚刚在埃文斯顿买了一套房子。我在亚利桑那州建了一个农场。一旦你得到了一些东西，它们就不像以前那么重要了。你需要别的东西来继续前行。我永远不会退休的。工作已经住到了你的心里面。如果没有每天都进步，你会觉得你浪费了那一天。那是你永远也找不回来的日子。

你在生意上会有敌人，尤其是当你成功的时候。那些和你一起长大和起步的人。你想被人喜欢，你想帮助别人。我发现你不能。你的这些想法，没人领情。他们从不感谢你。如果你在生意上成功，就会一直与虚假为伍。总有一些人恭维你、拍你马屁，想让你从他那里买东西或借钱给他。

你记得老朋友和美好的时光。这段关系已经消失了。你们有过的乐趣。他们羡慕你所拥有的东西。他们想知道为什么他们没有做到。我在老城区开修车铺的时候，我每周给我的搭档二百五十美元。我给他买了一辆车，还帮他交了学费。有人给他的工资是我的两倍。我

---

① 科尔维特（Corvette）是美国通用公司旗下品牌雪佛兰最高端的跑车系列。长久以来，科尔维特被视作美国跑车的代表之作。——译者注

说:"如果你走了,就别回来了。"于是他就走了。我们一起长大,上了文法学校。我和他住在一起。涉及钱的时候,就没什么忠诚度可言了。

我比大多数为我工作的人都年轻,但我感觉自己还要更老一些。这就像一个大家庭。我感觉他们不是为了钱而来。他们想帮助我。他们尊重我。他们觉得我所做的事情,最后会对他们有利。我不喜欢一个员工来了之后张嘴就讲价钱,"我一周要这么多钱",然后五点钟就走人。

我通常在凌晨一点钟离开这里。回家,两点吃晚饭。我在晚上的思维最敏捷。我早上七点才能入睡。我打开电视。我甚至不把注意力放在电视上。有通宵电影。你真的觉得自己像个白痴。我只是坐在客厅里,做笔记,试图记下第二天要记住的事情。我提前一个月做计划。也许我会在凌晨四点左右躺在床上。如果我脑子里有什么东西,我就会起来写下来。我睡三四个小时就差不多了。

这时候我就会有自己的主意。这时,我才梳理汇总有关电动摩托车的主意。我让太阳电器公司接受了为我制造电动摩托车这个主意。然后,我让埃维尔·克尼维尔接受了用他的名字来为车冠名这个主意。他上的是全国播出的电视节目呢。

克尼维尔就是一个为了名利而做事的好例子。他接受了所有的挑战,突破自己,就像他所做的那样,因为他觉得出名和赚钱是那么重要。你真正喜欢一件事的时候,这件事就不像是工作了。只要愿意,世界上每个人都可以做点什么事。我想有些人什么都不想做。如果他们能做的话,他们就不会互相争斗了。

这个世界上有很多人没有胆量,也没有勇气自己去闯荡。人们都想为自己做生意，但他们不想冒这个险。这就是我和大多数人的不同之处。如果我有一个主意，我会继续前进，并把一切拿来冒险。

现在很多年轻人都开始做生意了。年轻人去的商店、酒吧和其他地方。有谁比一个年轻人更清楚什么是能吸引年轻人的？公司开始意识到这一点。

我遇到的最困难的问题是找技工。如果我雇了一个老家伙，一个好的技工，我不能告诉他该怎么做。他可能已经干了二十年了，他不想听我这样的孩子说话。但如果我带着一个什么都不懂但有野心的年轻人，我可以让他成为一个更好的人，为我所用。这就是大公司的发现。

很多在这里工作的年轻人的动机，是他们看到像我这样的人成功了。他们会想，天啊，我到底怎么了？报纸上刊登关于我的报道[1]时，天啊！我接到很多年轻人的电话，说："这真是太好了！我要开始行动了。"我接到一个十六岁的孩子的电话。他觉得自己真的很想做事。我很惊讶，因为有很多年轻人读了这份报道。

一个和我一起上过文法学校的家伙——从六年级开始就没见过他——在这里的大厅里。他的哥哥得了癌症。他告诉我，他们俩读到这样的东西有多高兴。这给了他们很大的鼓舞。他们知道有人取得了成功。

对于那些嬉皮士，我不相信给任何人任何东西。我认为每个人都应该工作。这个世界上最困扰我的问题是年轻人的态度。他们有机会，但没有欲望。我讨厌看到那些觉得世界要养着他们的人。所有这

---

[1] 《芝加哥每日新闻报》财经版对他进行了整版专题报道。——原注

些福利。他们中绝大多数的人什么也不想做。

我周六也在办公室里。周日,大约有一半的时间。另一半时间也许我和老婆会去骑马或者去朋友家做客。即使你和他们一起去拜访,你也不能离开你的工作。他们会问起这件事。这是一种很好的感觉。这样的周日不多。因为这些加盟店,我出差的次数比以前多了。

我刚开始获得成功时,业内人士想方设法坑我。我最大的乐趣之一就是超越他们。他们无能为力。我现在所处的位置是没有竞争对手的。如果有人想对我做什么、伤害我的话,我可以把我的专营店就开在他们的隔壁。

在我更年轻的时候——我正在申请雅马哈的特许经营权或本田的特许经营权——这些经销商代表会来找肯·布朗。我说:"我就是肯·布朗。"他们会说:"我想和你父亲谈谈。"我争取到了在老城区开店。商会不希望我去那里。他们仍然有这种(关于摩托车骑手的)黑色皮夹克的形象。他们觉得所有这些地狱天使会下来,破坏。我们把店开了,一个周末就有三十万人。你甚至都不用做广告。整个店人满为患。他们看到那里能赚钱。一个年轻的小混混进来,以一百二十五美元一个月的价格租下一条小巷。我在夏天从那条小巷里租车赚了大约十二万五千美元。这真的让他们大跌眼镜。

你年轻时做生意的话,年轻就不是一种资产。我第一次走进银行时,他们不想和我打交道。我曾经很紧张。我看着桌子对面那个打着领带、穿着西装的家伙,还有其他一切,你可以看到他在想什么。你应该看看我现在进来时的样子。我现在去银行的时候,我觉得我比他们强。他们也知道这一点。

你注意到我的米老鼠手表了吗?(笑。)我喜欢这样的东西,因为没人会想到我会戴着这个。无论我做什么，他们都不会想到。我租圆形剧场做第一场演出时，他们拒绝了我。我租了大剧场，然后取得了成功。第二年，他们很乐意和我打交道。

新来的人进圈，还取得如此成功，这困扰着他们。这并不容易。别人出去玩，享受时光，骑着摩托车，喝得酩酊大醉，狂欢，这个时候呢，我在工作。我放弃了很多。我放弃了我的整个青春，真的。这是你永远也找不回来的东西。

人们对我说："哎呀，你工作这么辛苦，怎么能享受呢？"我每天都在享受。我不需要出去过个周末才能享受。最终我会搬到亚利桑那州，把那里作为我的总部。我还很年轻。五年后我才三十一岁。我仍然可以做这些事情——骑马，照顾动物，我喜欢动物。但我永远不会退休。我会慢慢来的。我不得不这样做，从十八岁开始就有溃疡了。

（他指着桌上的一瓶药片。瓶子上面写着："胃能达。铝和镁的氢氧化物的缓和组合，缓解胃酸过多和烧心。"）我嚼了很多这种药片。这是为了胃，在胃里形成一层膜。像马洛克斯 ①。我大概一天要吃二十片。

我想人们从生意中得到的刺激是不同的。给那些从前认为你永远不会有什么成就的人一些难堪，这会让人产生很大的满足感。如果我明天死了，我会觉得自己很享受。我想让人们怎么记住我？我不知道自己是否真的关心被人记住。我只想在自己还活着的时候被人知道。这就够了。反正我不喜欢历史。

---

① 马洛克斯（Maalox），抗酸药品牌，主要产品是一种含有氢氧化铝和氢氧化镁的调味液，其主要作用是中和与减少胃酸，以达到缓解消化不良、烧心、胃食管反流病的症状，也可以缓解胃或十二指肠溃疡。——译者注

## 凯·斯捷普金（面包店主管）

我们在"面包店"。"我们教各种各样的人如何做面包。'黏土人家'就在街对面。他们教人们做陶瓷。'织布工坊'在一个街区外。他们给人们上编织课，教人们如何制作自己的织布机。附近是'印刷工场'。他们教……这是一个不可思议的社区。在四个街区内，有各种可能的类型的人，各个国籍的人。"

橱窗里有海报，门上有贴纸："和平与善意待人""新约的孩子""招聘面包师，勤劳，低薪""我们有面包屑和残渣给你的鸟儿吃"。

有全麦面粉桶。有巨大的纸箱和罐头的坚果、香草、蜂蜜、花生酱。各种各样的花草茶都能看到。柜台上摆放着面包——全麦、肉桂葡萄干、燕麦、黑麦、大豆葵花籽、玉米粉。"人们提出的建议我们很喜欢听。人们会说：'你们为什么不做这个？你们为什么不做那个？'我们会试一试。我们平均每天做二百到二百五十个面包。我们使用任何自然状态的原料。我们不使用白面粉。"

在她的客户中，还有健康食品店，包括一家大型超市在内的传统杂货店。"店家来取货。我们没有车。大约一半是批发，一半是零售。零售部分是最愉快的，因为我们和人们相遇，和他们交谈，他们会问问题。"一个刚买了一块面包的老太太停了下来。"三周前我试了这个大豆葵花籽面包，真的很好吃呢。我把它作为圣诞礼物送给了两个人。"

在顾客和路人中轻松地游走着，其中有小男孩，深深地、长长地、以一种滑稽的方式吸着气。已是午后，她的几个同事正在休闲。她二十九岁。

　　我是主管。没有店主。原本我是店主。我们是一家非营利性的公司。因为我们把剩下的面包给了别人，给任何一个会饿肚子的人。穷人也会买，因为我们接受食品券。我们以半价出售面包给六十五岁以上的人。我们从不拒绝任何人。几分钟前有个人来了，我们给了他一条面包。我们讲课和做讲座，传授如何做面包。有时学生会来这里。我们带他们参观，并解释我们在做什么。

　　我们所做的一切是完全开放的。我们做的烘焙就在这里。附近的人，早上等车，进来看我们做面包。我们不喜欢浪费任何东西。这是很重要的。我们用这么好的原料，我们讨厌看到它进入垃圾桶。它可能会被烧毁，以某种方式进入空气中。

　　我们男女工都有，我们都做同样的工作。每个人都做所有的事情。这不像听起来那么混乱。现在我们有八个人。不同的人负责不同的工作。我们上周才开始卖茶叶。汤姆对草药很感兴趣，是他购买的茶叶。

　　我们只雇用附近的人。只要是能干的，我们都会雇用。有过各种年龄的人。曾经有一个十二岁的男孩在这里工作。一个四十岁的女人曾经在这里工作。这里没有任何机械。我们什么都用手做。我们互相了解对方是谁，互相之间喋喋不休地聊。听你的邻居说的话，比机器的噪声更有价值。很多人都失业了。机器正在接管。所以我们让人们代替机器工作。

　　面包就像你在家里做的一样。你可以做得很马虎，也可以做得很好吃。如果你是做面包的，你就知道什么时候开始，什么时候停止揉面，加多少面粉。机器就是做不到这么精细。当我意识到我们的食物供应正在遭受越来越多的毒害时，我开始自己动手。没有人教我。我只是犯了最愚蠢的错误。

"那是九年前的事了。我会阅读有关的书籍。但没有人可以倾诉。我在做不同的工作。我在教书。我是一个服务员。我从来没有做任何令人满意的事情。大约两年前,我开始意识到外面的情况有多糟糕——在这个星球上。(笑。)

"我看到我们生活在一个完全精神分裂的社会中。我们在一个地方生活,在另一个地方工作,在第三个地方玩儿。你必须根据你和谁说话采取不同的说话方式。你在一个地方工作,认识了很多人;晚上回家,你很孤独,因为你不认识附近的人。我认为这是一种把所有这些都结合起来的手段。我喜欢人们一起生活、一起工作的这个主意。"

我们早上五点半开始营业,晚上七点关门。我们每周开放六天。周日我们卖掉周六剩下的东西,并提供面包课程。对于任何愿意来的人,我们收取一美元一节课的费用。这大约包括了原料的成本。每个人可以做三条面包。我们会告诉大家为什么这家店用的是某些食材,而不是其他的。几乎每样东西都是有机的。我们有一个标志,标明哪些食材不是有机的。

我们先给员工一个试用期。我们先让他们当替补。你不能通过语言来判断一个人的表现。有员工不在的时候,我们会让别人来替补。我们从选出来的那些人当中进行选取。我们密切关注他们。我们教他们:"你们的手应该这样移动。""你们是这样知道面包做好了的,它摸起来是这样的。""你们为什么不摸摸我的面包?"

我们从一开始就试图跟大家说清楚,因为这家店很难有很高的营业额。如果有人申请工作,我会把所有的坏处告诉他们。有些人认为这是一些新的或时髦的东西。我很快就让他们知道根本不是那么回事。这是工作。每个人在这里都有不同的原因。汤姆对生态方面的事情感兴趣；乔喜欢待在这里，她喜欢工作半天时间……

我六点半到店里。我站在桌子前制作面包。我大概会干两个小时。八点半左右我会做早餐，看半小时的报纸。可能接几个电话。然后回去称一下面包的重量，给它们塑形。

我们每个人每天赚七美元。一开始我们根本就没有工资。两个星期后，我们每人拿五美元。这听起来不科学，但我们大多数人都能勉强度日。每个人都和其他人住在一起。我们都能得到对方的帮助。我们还在店里购买食材。我们以真的很低的价格购买食品。我们每人每天可以从店里拿走一个面包。商店支付我们所有的税。

我们的价格真的很合理。我走进一家杂货店，看到他们卖的面包价格。机器做的全麦面包卖四十五美分。所以我们把价钱定为五十美分一条面包。在家里用同样的原料做那个面包要花五十美分的。我们是故意这样定价的。

我们有大约十一种不同的面包。所有其他面包都是六十美分一磅。如果生意好的话，我们会降低价格。运转得还不错。批发价少十美分。我们给面包定了转售价，因为有些人把我们的面包卖出了很高的价格，比如八九十美分一条面包。现在他们只能以比我们这里的标价多五美分的价格出售。我们对商店进行检查。我总是喜欢看见面包，还有商店展示面包的方式。

我们开始的时候非常严格。我们只卖我们**制作**的东西。否则，我们就成了中间商，从别人的劳动中获利。但现在我们也在卖原料，因为周围没有其他商店能提供原料了。我们卖蜂蜜、油、面粉、坚果。我们购买六十磅重的罐装蜂蜜。我们能够以比大超市低二十美分的价格出售真正的高质量黑蜂蜜。

我们的客户必须自带瓶子和袋子。我们根本没有任何袋子。我们想，我们在这里节省的任何一分钱，都会以某种方式传递给顾客。我不知道我们怎么能赚到钱，因为我们的工作的性质。一个人能做多少面包是有限制的。既然有更多面包的需求，这里就必须有更多的人。我们从来没有剩余的钱。我们有三千五百美元的贷款。我们每周还二十五美元贷款。我们已经还了一千美元了。

但我们正在以其他方式进行发展。我们正在寻找一些方式，在不使用机器制作面包的情况下，以更便宜的价格将我们的产品卖给顾客。一种方法是在不牺牲质量的前提下，让原料更便宜。现在，整个中西部地区只有一个散装有机种植谷物的分销商。他的粮食都是从得克萨斯州运来的。有高昂的运费转嫁到我们身上。此外，我们不知道这些粮食是否真的是有机的。所以我们买了一个工厂。这将会为这里带来重大改变。

我们自己磨面粉。我们以后能够就在这里，在中西部，买到有机粮食。直接从农场购买，价格也许会是三分之一或四分之一吧。我们以后能够去农场，而且亲眼见到。如果一行行的小麦之间没有一个杂草生长，你就知道他们使用化学品。甚至我们的客户以后也会去这些农场，亲眼看看。

我们每周要用一千磅左右的小麦。我们可以对农民说："停止使用这种化学品，我们会买下你们的整片田地。"周围的农民会看到，他可以靠卖这个获取利润，也许他们会跟着干。人们可以做任何事情。（笑。）这种感觉真好。有顾客会进来说："你们的面包很好吃。"就像你在自己家里做饭，然后给别人吃一样。顾客进店就像客人一样。他们有一个主意，我们可以采纳他们的建议。有一个人曾在烘焙学校工作过，他在这里工作了三个月。他很喜欢这里。起初他对我们的工作感到很惊恐。我们不称量面粉，他对此不能相信。我们的面包每天都会根据温度的不同而以不同的速度发酵。我们没有自动发酵的东西。他教了我们很多。他教我们如何以一种更高效的方式更好地给面包塑形。

我们也教了他很多东西。他发现全麦面粉不用称量。你可以通过感觉来判断出，面包做好了，用了足够的面粉。这也给你更多的满足感，而不是只用机器做。你以某种方式把更多的自己投入其中。

我们试图在高效做事和人性化做事之间达成妥协。我们的面包每天都要有同样的味道，但做面包的人不一定要成为机器。在好日子里，在这里是很美好的。我们很开心，努力工作，大笑。只要我们不犯太多错误，玩得开心，就是好日子。我觉得一个人可以在他力所能及的范围内努力工作，不仅是为了别人，也是为了让自己满意。

一开始，我们人员流动很大。现在已经慢下来了。我在年底做报税相关的事情时注意到，我们过去三个月时间里店里只有十一个人，这很美好。这意味着只有三个人离开了。在我们最初的三个月里，有十八个人。（笑。）一开始的时候，工作是令人难以忍受的。随着我们了解得越来越多，我们的工作也越来越轻松。所以有一种很大的成就感。

我拿到的钱和其他人一样多。我不认为那是重要的问题。决策主要是由我来做，但这种情况越来越少了。最初所有的主意都是我的。但我是从别人那里获取的主意。现在，不管什么时候，任何一个人认为需要开会，我们就开会。有好几次大家都不同意我的意见，我们就按照大多数人的想法去做。

我相信，如果我们依靠自己，依靠彼此，大家就能生存。如果我们用自己的双手而不是用机器工作，我们所面对的就是具体的、个人的事物，而不是抽象的、非个人的事物。除非我们做一些这样的事情，否则我认为这个世界是持续不下去的。所以我真的没有可以为之存钱的未来。（笑。）我不知道这间面包店在一两年后会成什么样子。我想说，这个星球所处的时代比以往都更糟糕，所以每个人，他和她，都在尝试着尽自己最大的努力。我在做的事正是我想做的事。

工作是活着的重要部分。你的工作就是你的身份。工作向你展示了你是谁。它变得如此抽象。人们不是为了工作而工作。他们为汽车、新房子或假期而工作。对他们来说，重要的不是工作本身。在做好工作的过程中，有一种快乐。

**别人问起来你是做什么的时候，你怎么说？**

我是做面包的。（笑。）

后记：一个醉汉进来了，很明显他这一天过得很不容易。大家轻声讨论着。她递给他一块面包。他离开了。"他向我要二十五美分。我今天早上给了他一次。现在他说他还饿。所以我给他面包。他说：'如果你不给二十五美分，我就不拿面包了。'所以我说：'好吧，别拿了。'他拿了面包。"

## 凯瑟琳·莫兰（医院助理）

她今年十九岁。

你的工作是什么？

整理床铺和床板，还有类似的烂东西。

人们怎么称呼你的职业？

护士助理，沉默的助理。

**现在她在一家中产阶级医院工作。这是她的第三份工作。她以前的工作是在下层中产阶级和上层中产阶级的机构里。她从十五岁开始就在做这行了。**

我真的不知道自己是否介意工作，因为总是要和人一起工作，这让我发疯。我不介意清空床便器，里面的东西，血迹，这些我一点都不介意。与人打交道是我不喜欢的。这只是让其他的事情变得乏味。

你多久工作一次？

尽可能少吧。周末的两天，只是为了让我完成学业，比如买书的钱什么的。我们七点开始上班，但我尽可能晚点起床，穿戴好一切，然后跑出门。我骑着自行车去上班。通常会有一个人替我打卡，因为我从来没有准时过。你会觉得我疯了，但我工作做得很好。如果我七点过一刻钟来，他们会很惊讶。他们不会介意，因为我会在规定时间前完成我的工作。我不会让任何人说我做得很差劲。我不知道为什么。

我们开始工作，你必须测量气温和体温，或者必须给病人称体重，或递水。然后去房间里。你把病人早上这么早叫起来时，他们会大吼大叫。然后，你称体重的时候，他们不想下床。他们抱怨说："怎么不早点把水递过来？""有噪声，吵得我们整晚都睡不着。"或者你走进房间，说"你好"，他们会说："早上好，你好吗？"我就说："很好。"然后有些人会说："哎呀，你才是该问我这个问题的人。"他们甚至不给你一个机会。

我真的不知道为什么自己对人的态度如此恶劣。我可以不在乎他们。我会忙自己的事儿，就像，你知道，好，我会给他们最好的照顾，但我对他们没有一丁点儿的关心。至于满足他们的情感需求，算了吧。这就是为什么（轻笑）我觉得自己不应该去做护士。

我工作的楼层是老年病区。老年人和精神病患者，所以他们的脑袋里从来不装任何人。他们要不就是疯了，要不就是很困惑。当你发完托盘后，很少有一个托盘上所有的东西都有，他们开始大叫："我没有拿到两块糖。"然后你花了一半的时间跑到所有的房间去拿他们的东西。然后你要喂他们所有人，一半的病人都疯疯癫癫的，向你吐东西，扔食物。他们把自己的盘子扔在墙上和地板上。我讨厌喂那些总是咳嗽的病人。他们会直冲着你咳嗽。（笑。）我倒不介意清理东西。只是你要让他们冷静下来，和他们说话，算了吧。不会打扰到我的。

我以前在医院工作，那是一个癌症病房。年轻的女人、男人。我和男人们相处得很好，他们可以不在乎。但我总是讨厌和女人一起工作。她们让你发疯。我真的不能同情她们，除非有时，很少，我想，如果我在她们的位置上会怎样？就像年轻的女孩，她们希望你为她们感到遗憾。我真是感觉不到这个。有些人还不错，但她们总是在哭。

这并不令我感到沮丧。我一点感觉都没有。很多护士进来后，和病人坐在一起，和他们说话。算了吧。

病人会很痛苦，他们会哭。他们把呼叫护士的灯打开，想说话什么的。我真的不在乎。这是很糟糕的，你知道吗？很多时候，我都会试着去想，为什么我有这种态度。我真的认为这是来自我在寄宿学校的经历。

"住在一个一直有孩子的宿舍里，你不一定要被接受，但你总是要站在最上端——否则你就会被欺负什么的。在玛丽维尔，我从来没有真正与任何人亲近过。不能承受这个，否则你会受伤。所以我就把所有人都拒之门外。我只是不交际。我从三岁开始就在那里，直到十六岁。

"有些孩子的父母有钱，但他们出于某种原因不想要他们。我们刚上高中的时候，大家都管我们叫孤儿。我不明白，因为他们有钱，他们有衣服，他们有父母来看他们。但也有一些人没有父母。

"我的母亲，每年赚大概六千美元。她真的没钱在家照顾我。我出生后，我爸就走了。他是个酒鬼。我母亲也是个酒鬼。我在玛丽维尔长大，在孤独之类的东西中长大。我母亲总是来看我，不管天气怎样。

"在八年级的时候，你必须变得愚蠢才能生存，不是开玩笑的。我不会让任何人欺负我。有人告诉我，如果有人找茬的话，我很好斗，或者我很敏感。我能看到女孩们是如何被欺负的，被揍一类的事情。但我体育很好，我成了最好的游泳运动员，我打篮球，我被仰望。所以我有资本靠自己和自己一个人待着。学校允许我们出去找工作。当你出去的时候，你并不是一文不值。"

她在一家医院工作了几个月。"那真是个垃圾场。主要是黑人和低收入的白人，虽然也有一些来自附近中产阶级的病人。在圣家医院之后，我真的不明白。我以为那是一家典型的医院，一尘不染。当我看到这家医院时，它很脏，餐车上有虫子，我想：'哦，天啊。'我只在那里待了两个月。

"我以前不得不早上起床去那里。我很少周末工作，虽然我应该去。（笑。）这不是我的风格。这就是为什么我说我得离开这里，因为在这里工作让我很不痛快，这很愚蠢。他们从没有过床单。他们从没有过任何病人需要的东西。就像病人们花了那么多钱买一个房间一样。我没有说谎，不要以为我是疯子。没有一个早上，我们在十点、十一点之前就整理好床单。病人七点就被叫醒了。我们从来没有足够的帮助，而其他的助理，他们没有真正满足病人的需求。我是医院里唯一的白人助理，他们很奇怪我在那里做什么。"

我和黑人病人打交道遇到过糟糕的时刻，因为他们很敏感。你会觉得我很糟糕，但在我进入一个房间的时候，我的态度没那么差。我不是个无趣的人，但是如果我不想说话，我就不说话。我会给他们洗澡，但我不会为了让他们感觉好而编一堆话。

这事就发生在上周。我和一个黑人病人在一个房间里，她的头发用卷发筒固定好了，她看起来二十多岁的样子。我看不到她的头发，看不出是不是有白发。她四十一岁。我问她是什么病，她说是关节炎。我说："天啊，你看起来像二十多岁的人。"她感觉很好。她说："哎呀，谢谢。"我说："我真的无法判断一个黑人的年龄，他们总是显得那么年轻。"如果你说他们是有色人种，他们就会大发雷霆。如果你说他们是黑人，他们就会大发雷霆。所以你不要叫他们。所以，她很不开心。"为什么黑人这么不一样呢？你是说你看不出白人的年龄？"他们只是看不太出来，不那么明显，在我看来。哦，她开始大喊大叫。我对她很有耐心。

我觉得黑人要求更多的关注——像一些她可以伸手去拿的小东西，她想让我替她拿。我的意思是，他们会像白人一样利用被人伺候的机会。因为她是黑人，她也会得到白人的服务。

我真的没有偏见，但他们都把钱放在枕头下，而白人则把钱放在抽屉里。我在给一个女病人铺床，所以我给她翻身到一边，把她的钱包放在窗户上。我走出她的房间，我听到她说："那个白人婊子偷了我的钱包！"她真的大喊大叫。我往窗户上看了看，钱包就在她的面前。然后她说："好吧，在这里，反正你可能从钱包里偷了什么东西。"我正要走出房间，她说："嘿，白妞，你能不能回来把毯子整理一下？"他们真的很过分的。那时候，你觉得想冲着她的嘴来一脚。很少有我忍耐的时候。我只是说："你想要人整理你的床？找别人去吧。"

就像我要给一个黑人洗澡，我懒得走，去下面的杂物间拿块肥皂，所以我拿了洗手间里的肥皂。她就对我说："你以为我是什么，一条狗吗？你以为我会用一块白人用来洗过手的肥皂吗？"于是我告诉她这是一块相当新的肥皂，我说："皮肤颜色和一块肥皂有什么关系啊？"她继续喋喋不休，所以我告诉她我不给她洗澡了，因为有时你不能为他们把任何事情都做对。

白人病人也一样糟糕。但黑人总是提起自己的肤色。白人只是让人讨厌。黑人更有攻击性，但是白人会更多地为着自己没有拿到的东西而对你唠叨不止。

　　当我刚开始在圣家医院工作的时候，我真的无法忍受，因为我真的不想要这份工作。我做这份工作只是为了离开玛丽维尔几个小时。在我刚开始工作的时候，我一窍不通。我沉默寡言。你可能会觉得我是个疯子，但我真的觉得自己无论做什么都很有能力。所以我很快就学会了该做的事情，还不惜做一些额外的事情，测量血压、检查绷带什么的，这样我就可以一个人静静地工作了。不会有任何人在我的屁股后面检查我。如果他们想完成什么事，那件事就可以完成，懂吗？我与护士和助理是真正的好朋友，这让我高兴。

　　总是有一个护士，你想知道她在那儿是干什么吃的。她们废话连篇，坏消息，脾气暴躁，她们想欺负你——我担心自己会变成这样。大多数护士，她们坐在办公桌前，做图表、处理药物。至于与病人的接触，她们一点儿也不管。是助理，懂吗？护士们除了打针，什么都不做。护士长一直在办公桌前执行医生的命令，所以助理们得到了所有的接触机会。这就是为什么我想，如果我进入护理行业，不管怎样我都不会跟病人有任何接触。

　　我会疯掉的。我做这个工作只是因为这是一个好工作。如果时代变得像大萧条时期，医院总是需要护士。我还是想读个硕士，进法学院什么的。每个人都觉得我疯了："如果你讨厌护理学校，那你还读它干什么？"因为我能做好自己的工作，我可以忍受它，即便这工作让我发疯。

　　你遇到的病人，要么根本不想洗澡、然后举报你不给他们洗澡；要么遇到临近洗澡时间假装胸口疼，所以你给他们洗了澡，下一分钟你就看到他们在大厅里走来走去，东张西望。

　　对于骨科，对于老年病人，这真的令人沮丧。疗养院给他们的护理很糟糕，他们的溃疡你不会相信——骨头、肌腱，什么都露出来了。我更换敷料，浸泡，并尝试将其放置在没有疮口的地方。但任何地方都有疮。你会觉得疮口处很痛。

很多时候他们会得膀胱炎。你只要铺好床，他们就会在干净的一侧排尿。你必须，好吧，伙计，重新开始。你把他们翻到干净的一边，然后他们会上个大号。有时，这将重复四五次。一个病人的床你必须一天整理至少三四次，才能把工作做好。要花四个小时才能把所有的病人重新全部清理干净。做完后，你感觉很好。但一个护士走过来说："某某需要换床，他们拉了一身屎。"这真是让人灰心丧气。每次你走进那个房间，你都想杀了他们。

我在三点半干完活儿。但很多时候都是三点半的时候，有人从床上掉下来，或者拔掉他们的点滴，或者你知道的……好吧，我会留下来。但很多年轻人在三点四十五分的时候就溜了。我通常会让他们打卡下班，因为他们早上做得还可以。

**她整理了一下我身后的垫子。"呃……你要不要往后靠一靠，好让自己舒服一点？""你说话的语气就像一个对病人感兴趣的护士助理。""我忘了我们在说什么。"**

**如果你听到有人因为痛而大喊大叫……？**

我可以不在乎。护士是马上赶到那里还是明年，我不在乎。这态度太糟糕了，真的是这样。天啊，如果我在医院里，有人这样对待我，我会发疯的；让我生气到这个份儿上的是：如果我在医院里，我会是一个典型的病人。我可能会比他们都差。但我却无法忍受他们。

但是，我不知道啊，你会喜欢上他们中的一些人。有一个老人，他最近去世了。他从疗养院来的时候很糟糕，我们给了他很好的照顾。他是个令人讨厌的人。比方说，他从来不想吃饭，因为他认为他必须交饭钱，而他没有钱。他只是固执。他会做一切事情好让你伺候他。但你知道他很困惑，他老了。他回到疗养院，我看到他的时候，他已经萎靡不振了，你不会相信他身上的疮。我当时很生气，我打算给养老院写个条子，真的要做点什么。

我想，我到了七十岁左右，要靠别人了，我该怎么办呢？如果我躺在床上——很多时候他们没有意识了——你就会想，上帝啊，我会怎么做呢？我说，嘿，等我到了七十岁，我要自杀。但我太胆小了，不管我得到什么治疗，都不敢自杀。

我和他们感觉到的不一样，我真的无法摆脱。我对病人的治疗，还不如他们在一起。我们有一个老病人，她八十岁了，她自称有博士学位。她是个聋子。哎呀，她很讨厌，把所有东西都拿去扔到墙上，在我喂她的时候用勺子打我的头。我没有像我本应该的那样那么和善。我好像从中获得了乐趣一样，这是十分糟糕的。我知道自己得喂她，她就会吐出来，所以我玩得很开心。她生了很大气，我把食物放到她嘴里的时候，那种感觉真是很美妙啊。我记得那天晚上我在想，天啊，那真是太糟糕了。我从来没有打过病人，虽然我被打了几次。但我本可以对她更温柔的。唉，我很糟糕。护士们把我看成与众不同的人，看成对病人很好的人，而事实上我不是。我装得很像。但他们不会相信的。病人总是因为我的态度而举报我，但护士们看不到我的那一面。

我工作做得很好。我遭到过几次举报，不是因为我提供的照料，而是因为我对他们说的话。这可不是什么好事。你应该要有同情心的。我的态度，已经烂透了。我停下脚步，想知道为什么我不真正关心别人。我想被人接受，让他们觉得我很好，你知道吗？这很有趣。但我却不给别人任何时间。

"我想这与玛丽维尔有关。以前有严格的纪律。我们有一个修女，但是，天啊，我忍受不了她。如果你哭了，你就是个讨厌的人。她真的让每个人都哭了。她总是大喊大叫，从不注意她打的是谁。我记得我和某个女孩走出门时，听到她对这个修女说去死吧。修女把我叫回来，说：'她说了什么？'哎呀，我不会告诉她的。于是她让我给她干活儿，从早上八点半到晚上十点。我得把所有的楼梯洗干净，擦干净。我四点钟就做完了。我干得很快。我有一套擦地方法。我想我给她展示了一下，嗯，只是到四点钟，我就干完了。她让我重新擦一遍。

"她要训导我们，要清理我们的宿舍，要看图书馆，还要做我们高中的院长。你会觉得这很奇怪，她是那么强悍，那么残酷，我有点佩服她，因为她在很多工作上都很出色。"

她是你的榜样吗……？

"我知道！别提了！（笑。）她在我三岁时就接收了我。我永远摆脱不了她。每次我升年级的时候，她都在那里。从我们吃饭的地方到我们宿舍所在的地方有相当一段距离。我们还不到五岁的时候，不得不排成一排，在天寒地冻中一句话不说地从我们睡觉的地方走到我们吃饭的地方。不能碰雪。你不能脱下自己的手套。我记得有一天晚上我在雪里摸来摸去，于是她惩罚了所有人。她让你守规矩。如果有人不守规矩，她就会惩罚所有人。她有一个大桨，另一只手里有一条皮带，天啊，那真是令人讨厌啊。她打孩子们的屁股，打他们，他们会去睡觉，每个人都在哭。（咯咯笑。）

"有人向我发起挑战，让我不遵守规矩，偷偷摸摸地去睡觉。是我害得大家都受罚，我假装睡着了，所以她说：'凯瑟琳·莫兰，过来！'天呐，我还记得！她打了我，我不得不跪着念了几个小时的《玫瑰经》。所以每个人都对她有这种恐惧，总是打人。她常说她有五个兄弟。每次你不守规矩，你就会被打。她的拳头——她的指关节，每一个都是她的兄弟。哎呀，她是个恐怖的女人。

"当我上了高中后，就不经常见到她了。我上晚自习的时候，她就会来了。她会很沮丧。我从来没有注意到她的那一面。她开始向我倾诉一些东西——她是如何打了某个人，而她并不想这样做。她是个很敏感的人。她真的很关心。我记得我更理解她了，但不再喜欢她了。我觉得她很软弱，我无法理解。"

以前，即使你怕她，而且她打你……？

"她很厉害。她做什么都做得很好。现在听她说话让我毛骨悚然。就像虚弱的病人在抱怨之类的。她就是这样的。我不能忍受，她也不会忍受我的。我知道我和其他人一样软弱，我不喜欢这样。有些护士很好，很关心病人，而我真的不想被打扰。"

我不知道有哪个护士助理喜欢这行。你说："天啊，你正在为人类做些事情，这难道不是值得做的吗？"我说："别跟我说这个，那是一堆废话。"我不觉得有什么。我喜欢这份工作，因为我可以在下午看球赛。

这就是为什么如果我是护士，我会去做行政工作，我会在外科工作。你在手术中唯一要面对的就是和你一起工作的人。你不需要和病人打交道——比方说，同情他们，说："天啊，我们不能把癌症连根拔除。"诸如此类的话。我喜欢在重症监护室工作，因为他们都是半死不活的人，你可以给病人很好的照顾，不用和他们打交道。我喜欢这样的工作。这很可怕。

**你总是说这很糟糕。**

在看到别的护士助理在和病人打交道的时候，你会觉得自己有点糟糕……

**你的良心困扰着你？**

嗯……很少。离开医院后，我就把所有事忘得一干二净。最让我不安的是，如果我在医院里，我会很让人讨厌。我知道自己很糟糕，这就是为什么我不和病人打交道，因为我和他们一样。很多护士说："天啊，你能不投入感情，而且能做好自己的工作，真是太好了。你不去同情、在乎的少一点是好事啊。"

有很多优秀的护士对病人还是有感觉的。一个人死了的时候，她们觉得像是："哦，某某死了。"所以我说："我会带他们去停尸房。"我会把他们包起来，因为我不介意做这种事。通常人们死后，会全身裂开，你必须把他们清理干净，把他们的手和脚绑起来，在他们的头上盖上一条白床单，把他们放在小车上，然后把他们带到停尸房。

不过，停尸房真是会让我害怕的。它在地下室，与世隔绝。一个长长的大厅。安装了阴沉的小灯光，从锅炉房传来滑稽的声音——嗡嗡嗡嗡嗡。（模仿。）这有时让我不安。这不会让我害怕死亡，虽然我很害怕。不会让我毛骨悚然。你打开冰箱，看到所有的尸体，一切都显得毫无意义。几年后，我会在那里，有人会带我下来……

**几年……？**

嗯，你永远不知道。通常都是由勤杂工来做，因为要把他们弄进这个小盒子里很困难。我下去的时候，我很少想到自己是把一个人，一个有过生命的人，放进这个冰柜里。有装眼睛之类东西的罐子，我觉得很有趣，每个人都尖叫着跑出去。为了好玩，有人把门在我身后锁上。但这并不影响我，因为我不投入情感。如果你从来没有投入过情感，就不会有恐惧感。我进去看看尸检什么的。每个人都在说："哦，上帝啊，我想如果我躺在那张桌子上，如果我……"然后，天啊，我有问题了，因为我开始思考，这让我感到困扰。我是一个非常敏感的人，如果我开始把自己视作一个病人，算了吧。我可不想有事。

**你有没有感觉到自己像一台机器？**

我从来没有想过自己是一台机器——虽然我就是这样的人。我不是没有感觉。我有过，但不知道为什么，我不再有感觉了。我无法解释。这有点愚蠢。我哥哥刚入伍。我和他相处得很好。他对我真的很好。他帮我填表。我妈妈说："不会想他吗？"我会想他的，因为我得自己填写所有的表格。因为他是个好伙伴。但我从来没有让自己去想过对他的真正感觉。

如果我对他做白日梦什么的，我就会觉得这是软弱的表现。有时我会想起我在玛丽维尔的美好时光。有时我甚至不记得铺床的事。我会知道我做了什么事，但我真的想不起来是什么时候做的。

三点半结束工作时，我通常会看球赛。然后我会骑着自行车，沿着湖边骑上几个小时，或者在随便哪个没人打扰的地方，读几个小时的书，然后再骑车回去。我读了很多书。我喜欢哲学。这有点像一种斗争，我正在经历的。我喜欢让·保罗·萨特。我读了他所有的书。我试着找到我自己，并把它和我周围的世界联系起来。我知道自己做不到，因为我不了解自己。我总是对自己持消极态度。但我确实觉得自己做什么都很有能力。我本来是想去学体育的。但她说："那是傻瓜才做的。"

谁说的？

那个修女。但那也是和人打交道。你知道吗？我对没有这么快（打响指）听懂话的人没有耐心，因为应该立马就懂才对。所以我以前就知道自己不能当老师。无论我做什么，我都会有同样的态度。而我正在努力摆脱这种态度。

几个月前，我不得不给一支球队当教练。对我来说，要做一件事的时候，就不是为了好玩。从来就没有什么东西是为了好玩的。他们想玩得开心，想踢球。我说："在你们自己练习踢球的时候玩得开心吧，但是在你们比赛的时候，可不是为了好玩。你们在工作。"你们必须努力，成为最好的。第一名。但如果你们踢了一场好球的话，我不在乎你们是不是输了。如果他们态度恶劣但赢了比赛，我就告诉他们，他们已经输了。

护士们告诉我去做运动，因为这是我喜欢的事情。但无论我做什么都是一样的。我都会很疏离。我赢过奖杯。我走过去，拿奖杯，这没什么大不了的。每个人都在说："天啊，你表现得就像你为得到奖杯而生气。"如果有人表现出情绪，如果有人兴奋，我是没办法忍受的。如果我对某件事情感到兴奋，我就会把它藏在心里，压抑它。

有一天晚上，平安夜，我正在工作，一个病人做了结肠造口，不能接受手术。他不肯服药。他是个很坚强的人。我们听到一声巨响，这家伙把他的静脉注射器拿出来，扔到墙上，把电视拿出来，扔到墙上，把他的桌子扔到窗外。一片狼藉。他被绑了起来，用皮筋绑着。每个人都惊慌失措。他们叫了警察，所有的病人都在哭。我认为自己可以应对得了他，我也不害怕他的所作所为。但我受不了病人的哭声。护士嘱咐我让他们安静下来。我说："我不介意。"大家都很紧张，我却不紧张。

他不是弱者，他是在战斗。他不知道自己那个时候获得了力量。我不在乎他正面临问题。这并不影响我。把他安顿好，清理好，是一项艰巨的任务。我很喜欢这样做。因为他不在床上躺着，而是在战斗。

我喜欢为一把年纪的人提供服务，喜欢在紧急情况出现时进行干预，在病人冲着桶猛踢、医院的人试图挽救这些病人的时候。你不需要和病人打交道，你只需要处理工作。你在努力挽救生命。虽然我不认为这是一个生命，我认为这是一份工作。

**你关心他的生死吗？**

不关心，我真的不关心。不是我不给他提供照料。我的态度不会影响我的工作。如果有人快死了，我会花几个小时把管子插进他们的鼻子里，把东西吸出来，这样他们就能活下来。但我不在乎。但我知道这是不对的。我只是想弄明白……

# 从摇篮到坟墓

露丝·林德斯特伦（保育员）

她快八十岁了。她于 1913 年从瑞典来到美国，随后立即开始从事家政工作，每月收入十美元。1918 年，她成为一名执业护士。"我参加了婴儿护理的培训。如何给婴儿打针、量体温……我过去常常去医院接他们，并陪他们一周、两周，或者父母要求的时间。两个月，这是平均时长。我和一个孩子待了四年。那时工资一周七美元。"

随着她的回忆，过去和现在交织在一起。

保育员就是换尿布并且很爱宝宝们的那个人。夜里每个小时都要起来给他们喂奶、换裤子。如果宝宝咳嗽或哭闹，你必须找出有什么需求。我通常有自己的房间，但我和宝宝睡在同一个房间里。我会全权负责。也就是二十四小时。我以前每周有一天休息，我会回家看自己的两个小家伙。时间太长了，我几乎忘记了以前是什么样的。

我学会了如何处理事情。我从来没有找过工作，因为一个雇主会把我推荐给另一个雇主。在我工作的日子里，我照顾过很多孩子。我有四百个孩子的照片。

早上六点钟，宝宝们会喝到他们的第一瓶奶。你把他们放回床上。

大约八点，你把他们抱起来，换尿布，给他们洗澡。然后，他再喝一瓶奶。再把他放回床上。他睡到十点、十一点或十二点。你再做同样的事情。这就是日常。有时晚上十一点你才安下心来。下午，如果天气允许，你有时会带他们坐马车出去，这样他们就能呼吸到新鲜空气。

我通常会为全家洗衣服，为孩子们洗衣服和奶瓶，并准备好所有的奶粉。母亲可能在休息，或者她可能有其他孩子要照顾，又或者她可能出去购物。有时候孩子们睡午觉的时候，我也会小睡一会。

我曾经为非常富有的家庭和非常贫穷的家庭工作过。我有时什么报酬都不拿，因为他们太穷了。我为他们感到难过。我睡在军用小床上，每次转身都会掉下来。（笑。）我曾经无偿工作了六个星期。这些人在大萧条中失去了一切，他们需要我。我没有拿到现金，但我收到了一些可爱的画。我为他们工作了十六年。

母亲从医院回家时，她很累，很焦虑，高度紧张。她需要一个可以依靠的人。现在一个照顾婴儿的保育员一天能拿二十五、三十美元。如果雇主们负担不起的话，我会接受拿更少的钱。我也为非常、非常高级的有钱人工作过。有时候他们比中产阶级还小气呢。（笑。）

大多数时候我都会去医院把他们接回来——刚出生的孩子，大约一周或十天大。看到他们长大，变得又圆又胖，胖乎乎的，对着你笑，总是很高兴。我看到他们学会了走路、说话和自己做些事情。你想抓住他们的时候，他们却从你身边跑开了。（笑。）

在一个地方，孩子当时已经九个月大了。爸爸妈妈出去旅行了两个星期。当妈妈回来的时候，宝宝不愿意靠近她。他哭了，紧紧地抱着我。妈妈和他说话时，他的手臂搂着我的脖子。我对妈妈说："别难过。"她说："我很高兴，因为我知道他获得了很好的关爱。"这个孩子现在十九岁了。

　　还有一个男孩，他回到家时，所有的血都被抽干了，他得了白血病，病得很重。我熬了十九个小时。我抱着他在房间里走来走去。他哭了，我也哭了，妈妈也哭了。但他长大了，长成了一个很好的孩子。他们搬去了加州。有一年我去了加州，他七岁了。他看到我，就抱着我。碰到这种事情，我会觉得一切都是那么值得。他现在四十七岁了。有一个家庭，我照顾她的儿女和她的孙子孙女。那些我照顾过的孩子们的孩子。

　　有时离开他们真的很难，我告诉你。我照顾了两个小女孩，她们的母亲去世了。她们的父亲完全独自一人。小女孩一岁，大的那个四岁。我陪了她们两年。那是我最难离开的工作。那个小女孩，她站在门边，拉着我的裙子说："妈咪，不要离开我。"哦，这给你多大的触动啊！我还留着她们的信。哦，是的，你变得非常有感情。她们哭着向你伸出手。你想留下来。离开她们，这是最糟糕的部分。真的太难了。

　　在他们还小的时候，你要小心翼翼地对待他们。这是一个美好的职业。这是个负责任的职业。我从来没有在雇主们看不起我的地方工作过，即使是那些有钱也有助手的雇主也不例外。有时他们会把我叫到客厅："坐下来，我们谈谈。"我刚来这个国家的时候，当女佣的是没什么才能的人。我从来没有这样的感觉。我觉得如果你能帮上忙，做一份诚实的工作，当女佣并不是一个耻辱。


　　**"我以前当过贵妇人的女佣，为洛克菲勒·麦考密克夫人服务。她们有客人来的时候，你给她们拿外套，然后你会看到她们在化妆间里**

补粉。如果她们的丝袜破了，你会看到她们补破洞。然后你带她们到女主人要做自我介绍的房间里去。

"你把银器擦干净。即使房间里没人睡，你也要换床单。所有的花都是我布置的。我们每天都有新鲜的花摆在桌子上。你做了很多事情。有一次洛克菲勒夫人来过这里。她吃了午饭。当然，我们都小心翼翼的。那里有十三个仆人。那是过去的事了。没有人欣赏我在那里的工作。"

婴儿是令人有满足感的。不管怎么样，他们哭一晚上，我都喜欢他们。我去照看那些需要我的人，两岁、三岁、五岁的孩子。上周我还帮人照看孩子呢。

我永远不会退休的。为什么？只要我还能帮上忙，只要还有一些有需要的地方，我就会工作。即使我不能擦地板，我也会做一些其他的事情。哪天我不能工作的时候，我就会成为一个迷失的灵魂。

## 罗丝·霍夫曼（公立学校教师）

我是一名教师。这份职业我以前就喜欢，现在也很喜欢。这是我八岁时就立下的志向。从 1937 年开始，我就开始了教学工作。敬业是我那个年代的事情。我很崇拜教师。我曾经认为教师家里的马桶是用黄金做的。（笑。）我以前还以为教师们不做任何我们普通人做的事情。

她在一个不断变化的社区里的一所学校里教三年级。这是三十三年来她所执业过的第二所学校。她在这所学校已经待了二十年。"我有一个全托小组。你要跟学生们待一整天。"

嗯，自 1937 年 1 月 6 日以来，我看到了巨大的变化。（笑。）那是大萧条时期，这些敬业的人是如此美妙。老师们，孩子们，我们的处境都一样。我们努力摆脱困境，努力工作。我被称为一个犹太波兰人。（笑。）我丈夫告诉我，我像波兰人一样跪着清洗地板。（笑。）我被分配到一个四年级的班级。学生主要是波兰人。我们有两个有色人种家庭，但他们很可爱。在那个时代，我们规模很小的有色人种群体——他们通过努力工作走出大萧条。

我是老师，他们是我的学生。他们不是我的同辈。我爱他们。我所教过的孩子里面，没有一个会说他不尊重我。但我不立足于亲密的基础上。我不想知道家里发生了什么事，是否有离婚、家庭破裂。我不看记录，不去查明学生的家庭里有过多少次离婚。我不是医生。我认为老师不应该研究家庭的背景。我对血淋淋的细节不感兴趣。我不在乎学生们的父亲是否有二十个妻子，也不在乎他们的母亲是否行为不检点。这不关我的事。

我班上的一个小女孩告诉我："我妈妈要结婚了，她要嫁给一个嬉皮士。我不喜欢他。"我不想听。我的天性是不喜欢打听的。即使是一个孩子，也应该在他的个人生活中享有某种类型的隐私。我看不出这和孩子的学习有什么关系。我来自一个破碎的家庭。我八岁的时候，母亲就去世了。那不是一个破碎的家庭吗？我就做得还可以啊。

我有八岁的学生。班上有三十一个，其中大约二十三个说西班牙语。我有大概两个阿巴拉契亚学生。那二十三个波多黎各孩子得到了某种帮助。那两个小阿巴拉契亚人，他们从来没有得到过其他那些孩子们所获得的特别关注。他们的名字不是西班牙语的。我为他们感到心碎。

学校里有一些说西班牙语的工作者，他们要在"作为第二语言的英语教学"项目中为波多黎各孩子们提供帮助。我很震惊，英语是第二语言。当我的父母来到这里时，我没有拿着纳税人的钱把犹太语作为第一语言来学习。波兰人也没有把波兰语作为第一语言来学。但现在学校让这些讲西班牙语的孩子学习英语，费用由我们承担。对我来说，这就是罪过。只要他们在这个国家，英语就应该是第一语言。这是我最讨厌的地方。其中一个老师有浓重的西班牙语口音。所以学生们也学会了这种口音。这个老师把"dog"（狗）念成"dock"（船坞）。太可怕了。

语言！我以前从来都做不到使用一些我听到的单词。五年前，我从来做不到念出某个四个字母的单词。现在我可以毫不尴尬地说出这种词。孩子们马上就会说了。"老师，他说了一个不好的词。"我说："什么词？"他说："Jagoff。"[①] 我说，这不是一个不好的词。然后他们都开始笑。我说："Jagoff 的意思是离开这里。"学生们都笑了。我回到家，问我丈夫："Jagoff 是什么意思？"于是他向我解释了些令人吃惊的细节。我以前不知道的。这些孩子什么都知道。这让我很震惊，因为我认为任何使用这种语言的人都不知道更好的词。他们没有掌握任何语言。（叹气。）但也许我错了，因为现在聪明的人也在用这个词。我一定是个古板的人吧。

有个说法：因为他们的宗教背景，说西班牙语的人不会直视你的眼睛。这是不尊重人的。我不相信这种说法。这些孩子，当他们使用这种词时，他们会直视你的眼睛。我从来没有学过如何使用这

---

① Jagoff 是贬义俚语，意思是白痴、愚蠢或不称职的人。该词的使用集中在匹兹堡及其所在的宾夕法尼亚州。——译者注

些四个字母的脏话，直到我接触到他们。我连脏话都不会说。现在我厚颜无耻了。有一天，我跟我老公吵架了。你知道我对他说了什么吗？"去你妈的。"（笑。）我从来没有说过这样的话。（笑。）我总是从学生们那里听到这个词。他们使用这个词的方式，就和我们说"吃"和"说"一样。他们不说"美分"，他们在前面加上这个词。每个词都要加上。这是一个非常具有描述性的形容词。

他们以前就知道这些词，我很肯定。但他们知道使用这些词是分时间和地点的。这种事从来没有发生在我身上过，但一些老师告诉我，孩子们对他们说脏话。没有任何一个孩子对我这样做过。

我喜欢波兰人。他们很勤劳。如果他们没有钱，他们就以每小时十美分的价钱帮着做家务，照顾婴儿。没有什么工作是低贱到他们不能做的。但在这里，这些人——父母们——早上来学校。学校对他们而言是社会前哨。他们看着自己的孩子吃免费的早餐和午餐。没有任何羞耻感，没有任何自豪感。我所认识的这些波兰人，他们是有自豪感的。你不敢做这样的事情。你不会去琢磨的。

我在这里经常看到这些父母。一个父亲带着他的孩子来学校，他在大厅里闲逛。我觉得学校里有这么多成年人是很危险的。什么人都有。我害怕待在我的房间里，除非我把门锁上。

我们在课间休息时看到这些人。午餐时间，他们在那里。这些人，他们怀有一种怨恨，认为一切都在跟他们作对。而波兰人却努力地走出了大萧条。他们热爱财产。他们喜欢房子。我父亲喜欢他的小房子，如果有人踩到草地，他会杀了这个人的。（笑。）他会说："滚出去！这是我的地儿！"（轻声地。）那是一种极大的自豪感。这些人，他们对任何事物都没有自豪感，他们进行破坏。真的，我无法理解他们。

他们拿走了窗帘。他们抢走了电线杆。偷走所有的东西。我们学校的每一扇窗户都被打破了。几年前，没有人会打破窗户。这些孩子，如果他们生你的气，他们就会做出可怕的事情。（叹气。）是的，这个社区在改变，孩子的类型也在改变。他们甚至在欺负一个在这所学校里的友好的犹太小男孩。

当我第一次来这里的时候，这附近有上层中产阶级的人。他们都是很好的人，他们的孩子也很好。有一个荣誉制度。你说："我要去办公室一会儿。你们可以低声说话。"学生们就会听话。我当时真的很激动。我现在都不敢这么做了。我连厕所都不去了。（笑。）我是个强势的老师，但我不敢离开学生们。

以前，孩子们会坐在自己的座位上。如果我必须离开房间几分钟，我会说："请你们乖乖的好吗？"他们就会乖乖的。今天这些孩子会发誓："我们会乖乖的，我们会乖乖的。"我不知道是什么原因，他们的家教还是种族背景——或者说，这要追溯到历史。可怜的西班牙人被抓走了，他们不得不靠撒谎和偷窃来生存。我告诉他们："在这里你们不必撒谎和欺骗。每个人都是平等的。"但他们的背景……

第一批进学校的波多黎各人很高兴。他们都是非常可爱的孩子。我很喜欢他们中的一些人。我不在乎你属于什么种族群体，如果你是一个卑鄙的人，我就不会喜欢你。

现在，学校有的是多座的椅子，而不是带基座的那种，座位连接在一起的那种。孩子们在房间里滑来滑去。他们做所有能让生活更困难的事情。（笑。）如果我不拿这些事情当笑料的话，我就坚持不下去了。而教一个有上进心的孩子是件很快乐的事情，你怎么激励**这些孩**

子呢？靠食物？靠带饼干去学校吗？相信我，这些孩子什么都不缺。如果我向他们兑换一美元的零钱，我就能拿到。他们的钱更多了……我们有十七个孩子吃免费午餐，而他们都有买零食的钱。

我一直都是一个强势的管教者，但我不会给这些孩子布置作业。他们很清楚自己该做什么。习惯。习惯是非常枯燥、非常单调的，但对这些孩子来说是一件很好的事情。我不会告诉他们事情的原因。我给他们死记硬背的方法，告诉他们怎么做。之后，再讲道理。每个人都要到黑板上给我展示他们真的知道。因为我不相信试卷。他们作弊，抄袭。我不知道他们是怎么干的。我走来走去，盯着他们。我告诉你吧，这是一种生活方式。（笑。）

九点钟，孩子们一进来，我们就向国旗敬礼。我看着他们。我们唱《我的祖国是你的》。然后我们唱一首我找到的《我的祖国是你的》的模仿曲。

> 为国效力就是放逐私心，
> 并带来世界和平。
> 我爱每一个女孩和男孩，
> 我喜欢新的友谊。
> 运用黄金法则，
> 直到战争停止。

然后我们唱《星条旗》。我看着他们。这是一个有尊严的练习。这些孩子喜欢有关习惯的主意。很笨拙又很奇妙的东西。

我从算术开始。我在黑板上画了乘法口诀乐趣表。一切都要有趣，有趣，有趣，玩，玩，玩。你不要说表，你说乐趣表。一切以激励为主。看他们能做得多快。这是个很能抓住注意力的事情。当学生们做练习的时候，我就批卷子。我的速度非常快。上帝对我很好。我一边批卷子，一边考勤。那是必须的。这一切都发生在九点十五分到二十分之前。

接下来我做的事情就是收牛奶钱。四美分。我有零钱。我的速度非常快。买牛奶是为了课间休息时间，而且我们有我带来的饼干。为了激励学生们，贿赂他们。（笑。）我还会给他们买面巾纸，因为他们会擦鼻涕……（笑。）九点四十分，也就是下一节课，我试着批完卷子。有两个孩子参加了"作为第二语言的英语教学"项目。（叹气。）

然后我在黑板上写字，上一节书法课。我写字很漂亮。我有一张帕尔默书法文凭。在星期一，我写得很漂亮："如果我们去参加集会，我们不吹口哨，也不说话，因为良好的礼仪很重要。如果我们的礼仪好，你会很高兴，也会让大家高兴。"星期五，我们给他们做了一个测试。他们很喜欢。习惯，他们喜欢习惯。

他们喝牛奶。我必须带他们去厕所。我必须看着他们。除非有人监督，否则谁都不能去。我们在外面看着他们。如果太多人嬉戏打闹的话，我必须去阻止他们。他们在课堂上举手时，我就让他们去厕所，即使他们在撒谎。我告诉他们："如果你在撒谎，惹了麻烦，你就不能再去了。"所以我希望他们偶尔能跟我说个实话。

十一点左右，我给他们发英语作业本。大约在十一点一刻的时候，我把免费午餐券发下去。白天的某个时候，我让他们做伸展运动。侧身，然后上上下下，我们把手放在臀部，头抬起来，等等。我很擅长做这个。我比孩子们做得好。

我有读书小组。一个是高级班，一个是中级班，一个是低级班。一点四十五分，我们有拼写测验，每天两个单词。一周六个单词，真的。如果我听写得再多一点，就记不住了。我试过其他的方法，学生们错得一塌糊涂。我没有骂他们。我扪心自问。我做错了什么呢？我发现每天两个词就可以了。拼写是个大问题。我们把单词拆开。我们给词造句。我试着让这项活动持续到两点。十五到二十分钟，这是他们的注意力范围。有些日子很好。但有些时候我无法让他们做任何事情。

我又带他们去厕所，因为他们开始不安分了。你再一次看着他们。从两点一刻到两点半，我们一起读书。我也给他们听音乐。这由我决定，我忙得不可开交。学生们喜欢音乐。我每周都会给他们听两三次。两点半的时候，如果他们表现好，我就给他们上艺术创作课。我给他们做漂亮的情人节礼物。我们教他们如何对它进行装饰。这就是一天。如果他们不听话，如果他们大喊大叫，到处乱跑，我就不给他们上艺术课。我给他们安排活儿干。如果他们对我不怎么样，我也不会对他们好。我不会奖励他们。

三点十五分，学生们回家了。你一路送他们到门口。你一路看着他们。（笑。）我回家了。我永远不累。我去购物。我在回家路上的每一家店都会休息一下。十二点我也会去购物。我必须远离其他老师。他们总是在谈论和购物有关的事情。

我不把任何工作带回家。和这些孩子在一起，你要马上让他们知道他们的错误。否则他们就会忘记。当我在家的时候，我忘记了学校，绝对，绝对，绝对地。我从没想过要当校长。我已经实现了我的目标。

至于退休，会的，也不会。我还没到六十五岁呢。（笑。）我不累。这对我来说不费力。我的一天过得很快，特别是当我前一天晚上出去玩，玩得很开心的时候。我过的就是美好的生活。如果我玩得开心，我可以做任何事情。我甚至可以在凌晨两三点回家，然后起床去工作。我必须有一些外在的东西来刺激我。

有些孩子我很喜欢。有的有长相、有头脑、有个性。我尽量不偏爱。我给每个孩子一个机会，让他们接受监督。我告诉他们，我是他们在学校的妈妈。我骂他们，并不代表我恨他们，而是爱他们，所以我才骂他们。我对他们说："你妈妈不骂你吗？"

这些孩子让我很困惑。对我们以前那种类型的学生而言，上大学是一件必要的事情，是必须的。他们自然而然地去上大学，因为他们的父母读过大学。对学习的崇拜是伟大的。但是这些孩子，我不知道……我告诉他们："霍夫曼太太在这里，每个人都在工作。"霍夫曼先生取笑我："啊，啊，霍夫曼太太来了，大家都在工作。"工作是一种幸福。我对这些孩子最大的惩罚就是什么都不做。如果他们表现不好，你就坐在那里玩手指头。我看着他们。他们不需要老师，他们需要一个监督员。我说："霍夫曼太太太笨了，不适合做教学和监督。如果你们想让我当老师，我很乐意当老师。如果你们想让我做个监督员，我只能看着你们。"

年轻的老师们的态度更——他们爱说的词是什么呢——放松。很嘈杂，也很自由，孩子们在这里走来走去，干什么的都有。我从来没有学过在这样的条件下进行教学。对我来说，教育的第一条规则就是纪律。纪律是学习的基调。纪律是我生命中的伟大因素。我约束自己做每一件事——早晨起床、走路、跳舞、运动。如果没有纪律，就不会有国家。我们不能放任自流。当有人进来说，"哦，你的房间真安静"，我知道我已经成功了。

在我从教的这些年里，有一个小女孩在我的脑海里显得格外突出。她已经长高了，很可爱。小潘。她那时不太聪明，但她很可爱。她从不惹麻烦。她很特别。我每隔一段时间就会看到她。她现在是金银岛<sup>①</sup> 的收款员。今天她也不给人添麻烦。她对每个人都露出同样的笑容。

## 帕特·齐默尔曼（另类学校教师）

他是上城区<sup>②</sup>南部学校的"校长"和行政人员。这是一所特殊学校。这所学校建于 1969 年。"我知道孩子们在这里惹了不少麻烦。我只是觉得我可以教他们，让他们的麻烦少一点。有人给了我一座只在周日才使用的临街的教堂。有人给了我们书桌和几张餐桌。我找来一些课本，我们就开始了——尽管有一段时间没有收入。没有许多免费学校所做的那些长达几个月的策划和宣传……开始时只有八个孩子。

"四年来，这所学校已经发生了变化。我们现在更加多元化了。不超过 50% 的学生是贫穷的南方白人。其他的是芝加哥的孩子，黑人，波多黎各人，还有几个印第安人。迈克·迈耶教的一个男孩班里，是八岁到十六岁的男孩。琼·费希尔和玛丽·瑞安有一个女孩班，年龄

---

① 社区的"超级"超市。——原注
② 芝加哥的一个区域，许多南方白人移民在此居住；大多数情况下是自带家具的公寓。——原注

从摇篮到坟墓

在七岁到十五岁之间。我有一个男孩班，由从十二岁到十七岁的男孩组成。有三个教室，一个大的娱乐室，和一个电视区。我们 5 月份就可以申请认证了。"

他三十一岁，来自南卡罗来纳州，出身于一个工人阶级家庭。"漂泊到 1967 年，突然我有了冲动。曾经，我想说我有了使命。我开始教书……"

我是一个严格的老师。当我在房间的一边用非常沉静的声音对一个学生说一些话的时候，我希望房间十分安静，我的话能够传到他那里。我不需要经常让学生们闭嘴。这是自我强化的。[①] 我对我的学生提出了很多要求，如果他们没有竭尽全力，我就会实实在在地生气。重要的不是老师是否严格。是为了孩子好，还是为了让自己的教学角色更轻松，而且不卷入其中呢？我做老师的观念受我做人观念的影响。我面对的是特殊的孩子。

我不知道他们中的任何一个人最后会变成什么样子。所以我在课堂上是个不安定的老师。我有一定的关于自己的紧张感和焦虑感，因为我不喜欢面对很多人生发展条件很不利的孩子。他们明白了，并抱有一些希望，会有一点点帮助。

这不是你所读到的那种免费学校。我们忙于选择别人忽略教授给孩子们的基本技能。他们中的一些人有愤怒的感觉，这种感觉并不明

---

① 去年我在那里参加毕业典礼演讲时，家长们都很认真，其中很多是患黑肺病的季节矿工的妻子。学生们很兴奋，也很好动，因为苏打水和蛋糕。帕特随意地看了一眼——事实上是一种深切的关注——沉默瞬间降临，仪式开始了。后来，我发现那些窃窃私语和笑声与我有关。他们在预测我在他们展示给我准备的礼物——一块刻着字的铁路工人金表——时所表现出的惊讶和无以言表。——原注

确，孩子们在学校里将其以一种很危险的方式表现出来。我们试着让他们冷静下来。

在我们这样的社区，这是非常危险的。这是一个低收入社区，有许多种族群体。这个社区已经经历了应对贫困的斗争，并没有改变。现在的孩子们不相信政治。他们不相信事情会变得更好。有一种无望和绝望的感觉。

他们的年龄从六岁到十七岁。当然，一个十五岁的孩子不会把一个八岁的孩子看成平等的。但孩子们确实会抛开年龄的障碍，把对方当作人类来看待。因为他们看到我们对他们做同样的事情。

十六岁的人意识到他有很多事情要做，工作。他知道我不会让他难堪。其他孩子也有同样的问题。我在课堂上不鼓励竞争。我唯一接受的竞争是学生与自己所进行的竞争。他要和自己现在所处的位置竞争，和自己想成为的人竞争，和自己曾经所处的位置竞争。我觉得每个孩子都明白这一点。他们不需要向我证明什么。每个孩子都要向自己证明他是有价值的。这里没有作弊。没有任何理由作弊。

我们并不试图花言巧语骗他们去学习，而是在他们面前摆出很多学习材料，然后告诉他们，他们完全有能力做得到，而且不要找任何借口。我们也用报纸，还有一些朗朗上口的都市题材——但更多的是为了活跃气氛。如果你骗某个人去学习的话，你是真的相信他们没有能力学习。所以我们很直接。我们的学习资料是很难的。学习很难。

有些学生可能最终会上大学，但我不强迫他们。我把一个男孩送去了拉丁学校 ①。他拿到了一份奖学金。他在那里很不开心，他做了

———————————————
① 一所豪华的上层中产阶级的私立学校。——原注

所有他能做的事，直到我把他带了回来。我以为他能得到一切让他快乐的东西。聪明、多彩的人们散发着成功的安全感，友好的老师，宏伟的建筑，所有他能读的书。但他缺少了一些东西——友谊。

我不认为他们想成为医生或律师。这不是因为他们不知道这些职业。是因为他们不指望。有些人有一种模糊的感觉，想成为教师。他们对职业角色不感兴趣。看到了吗？他们只是想要工作所带来的安全感——一份稳定的工作。一些他们的父母在芝加哥所没有的东西。这些孩子正在实现他们父母的希望。如今很流行从向上流动的角度来看待少数群体的成功。我不知道向上流动的群体有多幸福。

我们学生的父母大多都依靠福利。这些人一出事，就羞愧难当，躲着我们。有一个家庭散了，我们已经认识这个家的人很久了。他们无法面对这个事实。他们知道，有时候事情并不一定要变得那么糟糕。他们知道自己能做些什么。

我们只有在学生的家庭想要了解我们的情况下才能对这些家庭有所了解。如果一个孩子不想让我们参与进来，我们相信这对他来说是最好的事情，我们相信他需要我们与他一个人单独相处，而不是同他的家人分享。如果孩子和他的家人之间真的有问题，我们能给他最大的尊重就是不要介入。要给孩子一个机会，让他自己去把自己解救出来。我们足够信任孩子，让他成为一个自主的个体。希望如果他自我感觉好一点的话，家人会发现这一点。很多时候，孩子们在家庭状况中成为水平高超的"治疗师"。有一个孩子在帮助父亲克服一些困难的过程中承担了大部分的重任。

我尝试着对孩子们的感受有一个基本程度的了解。有时，我为自己太过感同身受而感到内疚。当他们触及我的感受时，我总是让他们知道，这些感受是什么样的。我认为孩子们不知道大人们的感情是什么样的。我教过的一些孩子——有的已经教了四年——他们已经十六七岁了，正在尝到这种感觉。另一方面，青少年有新的感受，不同于我在他们这个年纪时的感受。所以他们愿意分享自己作为一个成年人的感受，因为他们知道我知道他们有新的感受。也许，试图与他们分享痛苦本身就是一种痛苦吧。他们在伸出手，试着去触摸一种他们从未经历过的东西——成人。在"贫困"这种城市生活的特殊情况下。

在我的学校里，老师们可以想带谁或者不想带谁。没有管理者这样做。他决定的是他想教什么以及如何教。作为一个管理者，我唯一的要求就是老师要教得好。

我们的班级是按性别分开的。这对他们来说更容易学习。他们不需要扮演在社区里人们要求他们扮演的传统两性角色。男人们对自己是男人这一点没有安全感，所以他们在家里的女性身边表现得很粗暴。他们必须这样做。女孩子们扮演角色太过火了，变得过度追求和过分挑逗。我们给她们一个机会，让她们在生活中有一个地方可以抛开这些角色。我们的学生有机会在两性角色上变得更自然，因为他们摆脱了他们父母所感受到的防御。

我们在学校里度过了这么多的时间。我们的生活，幸运或不幸。我们很难摆脱它。我的工作就是我的一切。我发现自己时不时地想过一两个小时的个人生活，但都是徒劳的。我宁愿为我的工作生活而死，而不是我的个人生活而死。我想你真的不能把两者分开。学校不是一个机构。我们有一栋楼，那是学校存在的地方。但当我们离开时，它也存在。

我们经常在六点以后工作。我们为之工作的人——国家精神卫生研究所的人——曾经希望我们做一份诚实的考勤表。他们看到我们的诚实考勤表后，说："麻烦你在考勤表上写上每天八小时。"（笑。）周末？什么周末？（笑。）我周六上午工作。写信，行政工作的细枝末节。我通常在周日下午和周日晚上工作。

我第一年在南区的一所全黑人学校教书。我和一位非常强硬的女老师一起工作，她很受学生欢迎。我学到了很多她的优点。第二年，我独自一人，很不开心。学生们留级了，我也踟蹰不前。我不能参与他们的生活，他们也不能参与到我的生活中来。我们都在扮演角色。这就像一个礼貌的舞蹈。我喜欢他们，他们也喜欢我。我们都知道少了很多东西。

我必须在我要教的东西和我的课堂用词方面拥有完全的自由。如果我想骂他们什么，我就骂他们。某种程度上，骂人是一种情绪的释放。如果我想和他们讨论私密的事情，我想自由地讨论，而不需要向管理者解释。我想去父母家对他们大喊大叫，如果我觉得这样能让孩子成长的话。

如果我看到今天会是糟糕的一天，因为每个人的心情都很糟，我想自由地去某个地方，而不是假装这会是美好的一天。我不会告诉他们："今天我们开心点，玩得开心点。"有时我说的恰恰相反。（笑。）我说："我今天很不开心，我们不会玩得很开心，我们要工作了。"学生们把我从中解救出来。当他们心情不好的时候，他们不会掩饰。他们当然会让我知道。

我们接待了明尼阿波利斯一所免费学校的师生。我认为学生们不开心是因为他们没有方向。有大量我认为孩子们并不想要的自由。老师们似乎对理论比对实际的教学工作更感兴趣。学校的资金充裕得让人惊讶，有二十五个员工，一百八十个学生。我对他们也没什么好说的。在这种情况下，成年人是在剥夺青少年的童年。孩子们应该有不负责任的机会，从错误中学习。在低收入社区，你很快就会失去童年。

我不认为这些孩子有能力成为成年人，或者想成为成年人。在一些免费学校里，成年人准备把自己的成人身份送给学生，把学生们的童年从他们手中夺走。这是欺诈，会导致混乱。他们在强迫一个年幼的人有比他的真实年龄要大的老成。我们学校的自由受到两个义务的约束：学习和不对他人施加暴力，无论是身体还是情感上。这也包括我。

我们学校有六十八个学生，我们还是规模太大。我想把上限定在五十个。但我太心软了。（笑。）如果有人在我们的门上敲了足够长的时间，门就会为他们打开。我把值得被关心的人和一些完全放弃的人区分开来。他们不值得被关注，因为他们从别人那里夺走了太多的东西，而别人却想从自己的生活中获得一些价值。

那些自毁的人应该得到一个给予他们完整父爱和母爱的人。如果有人愿意把他或她的生命交付给那个人，可以。但不是在一个教室里，和其他想要关心的人作为一个群体。你会看到一个六个月来都很好的孩子，突然间就堕落了，没有办法……其他的孩子会花很多时间去忽略这种情况的发生。他们花了很多精力来保护自己的情绪，防止这件事传染给他们。一个老师看着自己关心的人放弃，会经历很多痛苦。

我昨天很不高兴。10月份有个孩子堕落了，因为犯罪活动被送走了。他在假释期重新出现，求着出狱后再回来。虽然我很关心他——我不知道。这就像一个乒乓球游戏。我还没有决定。

成绩？我给了分数，但没有记在任何东西上。我只是把分数作为一种趋势记在心里……孩子们喜欢成绩，因为他们想知道自己现在的情况。记录？不，他们有足够多的记录。他们有警察记录、社会历史记录、福利记录。（笑。）我应该做记录吗？

我想父母们很高兴我们在身边。我们给他们减轻了很大的压力。我们给他们一个机会去处理他们生活中的其他事情。我们已经有很多家庭搬回南方。我们附近的很多地方都被城市重建的推土机推倒了。那些在八九年后不太顺心的家庭，现在决定再回南方试试。孩子们在社区里惹上了麻烦。城市生活可能就是有点太难了。

我们的学生能找到一份全职高薪的工作，我们就真的很满足了。如果他想学，我们一直在他身边。他对认识自己仍然抱有兴趣。他意识到自己的生活并不是在他找到工作后就结束了。或者当他结婚的时候，他的生活并没有结束。他不会因为结婚而进入天堂或地狱。

从我读到的关于集中营的资料来看，在感觉上和贫民区有相似之处。墙不是建出来的，它们就在那里。你的生活怎么会变得像在集中营一样。与其逃避，我试着像一些幸存者那样——从中找到意义，并与他人分享。不是以任何殉道者的方式，因为我可以随时离开。但对我来说，这是美好的。能够被事情伤害，然后理解它是如何发生的，并向其他被同样事情伤害的人解释。

我遇到一些人，他们说他们有多羡慕我的工作。这让我很尴尬。我不对我的工作做任何评判，不管它伟大还是毫无价值。这只是我最擅长的工作。这是我唯一想做的工作。我努力工作是因为我必须这样做。我累了。（笑。）四点钟的时候我就觉得自己快要死了。我并不觉得有什么不妥。这就是我的生活。我就是**这样**。

# 姬蒂·斯坎伦（职业治疗师）

她是美国中西部一所大学医学中心医学外科的助理教授。"这只是一个头衔。我是一个职业治疗师。这是一个新兴的职业——像大概一百年前的医学一样。

"我们收治一个心脏病发作的病人。我们试图帮助他找到一种令人满意的生活方式。我们收治过一个富人，他的眼里除了工作什么都没有。如果三天后死亡，他宁愿在工作中死去，也不愿以他不习惯的方式再活十五年。我们的一些病人是以死亡为导向的。"

医院是一个非人性化的机构。人们进了医院就变成了胳膊、腿、肾脏、膀胱，或者除了人以外的其他东西。如果医院是一个适合人们工作的地方，它就会满足病人的需求。那就不需要我了。

护士，医生，医学生，都是建立在一种僵硬的地位体系上的。如果你相信这种制度，你就会相信"我没有上面那个人那么好"这种话。住院医师不会在主治医师不顺心的时候对他进行攻击，而是拿着护士撒气，护士则对着医院助理或清洁女工发泄。

许多病人告诉我，对他们最好的人是清洁女工。然而医生和护士，每个人都在说清洁女工做得真的很糟糕——"那脏东西已经在地板上待了三天了！"清洁女工与病人打交道是在人的层面上。她正在房间里擦地，病人说："我儿子今天没来看我呢。"清洁女工微笑着说："我知道你的感受。我知道如果我生病了，我儿子不来看我的话，我会有什么感受。"清洁女工不用肾衰竭或回肠造口的方式看待病人。

她只是看到一个可怜的生病的女士。

直到最近，我还不确定自己的工作有多大意义。我曾有过怀疑。一个外科医生做了一个漂亮活儿。这对他来说**立刻**就有意义了。但这不是那种让工作有意义的持续的东西。它必须关系到你与工作对象的关系。我们会被竞争所困扰。"谁负责挽救这个生命？""谁负责这个垂危病人的变化？"而不是说："我们一起帮助这个人，让他的生活变得更好，这不是很美好吗？"

我在国内领先的康复医院工作。时间安排非常严格。每个人上班和下班的时候都要打卡。你只有那么几分钟的咖啡休息时间。病人的一天是有规律的，就像我的一天是有规律的。你有一个四肢瘫痪的病人，八点钟去做职业治疗，九点钟去做物理治疗，十点钟去见社工，十二点钟再去做职业治疗。我们把他看成一个四肢瘫痪的人，而不是一个人。我们，我们两个，都是物。

这就是医院里发生的事情——不是因为人们没有感情，也不是因为人们不在乎，而是因为他们觉得被放下了。你必须以某种方式保护自己。院里的许多事情都让我感到沮丧。那个拒绝与一位知道自己生命垂危的病人打交道的医生。他说："他什么都不想知道。"或者是肝硬化的酒鬼。把他放在病床上有什么用？延长他的生命，只为把他送回孤独、孤立的世界，让他坐在房间里喝酒，没人给他做饭？你知道没有地方可以送他去。还有那个中风的老太太，她一个人住。她对所有的工作人员都很好……但你知道你不能让她住在那张一天一百美元的床上，她被福利机构塞进某个很糟糕的养老院。她不能独自生活。还有那些你要对付的混蛋——阴阳怪气的医生。他们不是真正的混蛋——这是组织让他们变成这样的。你想：

"有什么用呢？"

　　几个月来，我一直负责照顾中风偏瘫的老人。他们半边身体都瘫痪了。早上第一件事就是去老人的病房，教他们穿衣。他们觉得自己什么都不会，但他们可以自己穿衣服。如果人们能照顾好自己，他们就会更有自尊。

　　他们住在狭长的病房里，床边有窗帘。我从教他们穿衬衣开始，让他们努力把瘫痪的手臂穿进袖子里。有些人要花十天的时间才能学会。有些人一天就能学会穿上衬衫，穿上裤子，如何用一只手洗漱……病人教会了我很多。他们有更好的方法，他们自己学会了。他们会说："如果我这样做不是更好吗？"我从他们身上学到了很多自我保健的知识。我试着告诉我的学生们，要听从病人的意见。

　　生病就像重新经历早期发育阶段一样。对人来说，这可以有深刻的成长潜力。生病，就像重新做了一次孩子。医生就像父母一样。我见过这种情况发生在肾移植病人身上。重病的人可能会变得更强壮，更快乐……某种学习。在病人的角色中可以发生一些事情。这是一个领域，我们说在这个领域内，作为一个生活在当今社会的成年人，依赖是可以的。

　　我认为个体病人的这种奢侈即将结束——我感到很高兴。团体治疗要有效得多。我服务过的病人之间互相帮助，比我为他们提供的帮助要多得多。如果我让五个半身不遂的老人聚集在一起做一些疯狂的事情，比如在他们瘫痪的手臂上系上一条红丝带，这就变成了一个游戏或笑话。他们看着另一个人正在做的事情——他不知道自己能控制身体的那一侧——然后说："嘿，你正在做的是错的。"我可以一遍又一遍地说，一遍又一遍地说，但这并不会有什么意义。他们从对方身上学到了生存之道。他们通过讨论自己的生活是什么样子的，他们现在是什么样子的，来学习如何生存下去。我不能告诉他们。我并不知道那是什么感觉。我从来没有从脖子以下瘫痪过。

我们所做的这种事情，在综合医院谁都可以做。护士很容易学会偏瘫病人的穿衣方法。如果他们能花时间陪着病人，就能干我干的活儿。我最擅长的就是在医学外科做一个好的清洁女工。

我对自己的工作曾有过太多的怀疑。我会想，天啊，医生不认为我做的事情很重要。我终于明白，医生怎么想并不重要。如果我相信自己所做的事情的话，我不在乎医生怎么想。我开始看到医生自己的保护罩。

有一个医生，他曾经认为我们都是些嘻嘻哈哈的女性。职业治疗用的是手工，好玩的东西。我以前认为这是一种地位的丧失。我还曾认为职业治疗没有测量体温和所有这些重要的、救命的事情那么重要。现在我觉得职业治疗很令人激动，比其他事项更重要。我认为它是很多人生活中缺少的东西。并不是高层的人没有认识到我们工作的重要性。是**我**没有认识到这一点。


**她一度辞去工作，在附近一家受欢迎的餐馆当服务员。回到医疗中心后，她一直在做兼职服务员。"这让我重新认识了自己的生活。我自以为当助理教授是件了不得的事情。我掉进了这个身份陷阱，因为人们确实表现得很钦佩。我做服务员的时候和做助理教授没什么不同。学校让我辞去了服务员的工作。大学有一个政策，如果你身兼两职，就必须填写一些表格。我想，哎呀，见鬼，不值当的。"**

　　我从大学辞职之后，我告诉学校上层，我对他们来说是个大麻烦，就像他们对我来说一样。我不喜欢这种死板的规定——你必须八点到这里。你晚上待到十点也没关系，如果你迟到一分钟的话，人们就会认为职业治疗师不敬业。我让他们去死吧。学校上层很喜欢我的斗志，就说："你要怎样才能留下来？"我说："请假。"我觉得我这份工作做得很好，我对学生也很好。但如果我对自己不好的话，我对别人也不会好的。

　　学校需要我，所以他们就不跟我啰唆了。我第一次接受这份工作时，他们说我不能戴耳环。只有荡妇才会戴穿孔耳环。我叫他们去死吧。我还说，我不会穿白色的工作服。每个人都应该穿白色的工作服。他们说："好吧，穿白大褂吧。"我说："我不穿。"现在全体员工都不穿工作服了。这事儿在一个有地位意识的机构里，是非常具有破坏性的。

　　通过从事这份工作，我逐渐了解到，我确实有一些影响力，至少对我自己的幸福有影响。我本可以在这里，穿上工作服，战斗，生气——感到可笑，但无奈。现在我说："工作服见鬼去吧。"而且我确实戴着穿孔耳环，而那些人没有把我的耳环拽下来。我向他们挑战时，我很幸运或者说很聪明。他们屈服了，现在我对自己的力量有了一些了解。

　　我确实从自己的头衔中得到了一些好处，我不愿意承认这一点。我面对新来的人的时候，他们问我的工作是什么，我就会开玩笑地告诉他们。但事实上，我确实告诉了他们。当然是地位问题。等到我不再害怕失去地位时，我会变得更加健康。

## 贝齐·德莱西（病患代表）

我被叫作病患代表。我的工作是为病患办理入院。我是他们进门时看到的第一个人，也是他们离开时看到的最后一个人。他们收到寄来的账单时，会想到我。我想。我的名字和消防、警察部门的名字都存在他们的电话上。（笑。）紧急情况下该给这些人打电话。

**她在一家拥有五百四十张床位的医院工作，三十五个病人由她负责。她穿着一件海军蓝色的衣服，黄色的领子和黄色的袖子。"病人们不仅认识我这个人，还认识我这身工作服。我已经厌倦了这身海军蓝工作服。作为个人，我没有任何识别标志。穿上这身工作服后，我作为一个部门得到了认可。我穿着工作服回家。我从床上爬起来，穿上它。我不看自己的衣柜，决定我那天要穿什么。"**

我负责处理 A、B、J、K 四类病人。我们给保险公司打电话，还要了解病人领取福利的情况。然后，我们为电脑编码计数。我们打好所有必要的表格。这就是所谓的预入院。我们让你知道你的福利是什么，所以你不必为你的医院账单而担心。我们的房间是七十五美元一天。如果保险只付二十五美元，那病人在这里每天都要自掏腰包付五十美元。我提前收钱。你没有保险，必须要有五百美元的押金。如果要拿到床位，你必须带着五百美元进医院。

他一进来第一件事就是跟他要钱，有时候往往会让病人不高兴，除非你用一种他们最感激的方式来表达。我发现最好的办法，就是在自己不被人指名道姓地骂的情况下，迷住病人，他们就会冷静下来。
"你知道你的福利是什么吗？你有能力每天支付另外五十美元吗？"
他们认为你是在告知他们，而不是在要钱。但你就是在要钱。

　　我去看你的时候，我已经警告过你，也已经对此开过玩笑。我已
经把整个事情磨得很柔和了。所以这不是一个巨大的冲击。我宁可走
到你面前说："先生，你欠了两百美元。"而不是不去打扰你，有一天
你出院了，然后发现你欠了一千五百美元，大吃一惊，又要心脏病发
作。医疗费用是很贵的，你知道的。

　　我不觉得自己代表的是病患。我代表的是医院，我代表的是收银
员。我是病人和收银部门之间的缓冲区。这项工作可以做得更细致一
些。有的时候我们要在病人躺在床上的时候给他打气。"明天，你能
不能把这账单上的三百美元付了？"

　　我没有问题。少数病人认为这样做有些粗暴。另外医生也很善于
提醒病人，如果你的保险不够，在医院要带一些押金。如果病人带不
来五百美元，你就问他能筹集多少钱。我们接受周付和月付。大多数
病患都很理解和配合。

　　我们已经有几个病患被要求离开了。只有医生才能让病患出院。
如果建议你在十天内出院，也许你可以在五天内回家。医生很注意这
个，因为这会影响到账单金额。然后医生决定病患可以回家了。你是
在帮病患的忙。你可能会为他省下五百美元。这家伙没有被踢下床。
"对不起，先生，没钱了，就没有床了。"这种做法是很有技巧性的。

　　我们尽可能多地去探望病患，让他们把我们视作自己的代表。
"你舒服吗？""你对你的食物满意吗？"然后，病人开始认识我的时
候——"我知道你的账户将会是个问题……"我不是在收钱，但如果

病人不问这些问题的话，我就会提。我就跟他们开个玩笑，然后把问题说出来，告诉他们。

"病人希望账单得到解释。这是电脑化的，我开始做这份工作时，花了大约三个星期才明白。病人只是看着这些数字，却不知道什么是什么。

"电脑让情况比以前更糟。以前有三个收银员。现在有七个。有编码，有分类，有纸张要撕下来的部分。曾经你只需要在角落里写一个小数字就可以了。以前很简单的事情，你用五分钟就能完成，现在却要花五天时间。自从有了电脑之后，医院的费用就增加了。一个错误的成本是如此匪夷所思。如果你付了十美元，而我写了一张一百美元的收据，这只是一个简单的小错误。我只要把一百划掉，写上十就可以了。现在如果出现这种错误的话，就会把所有的事情耽搁五天时间。"

我真的很喜欢去看望病人和聊天。大多数人，他们躺在床上，看着已经看了一整天的同样的老肥皂剧。我走进房间里。我穿过走廊的时候可以是耷拉着脸的。一进房间，我就把肩膀往后提，脸上挂上个灿烂的笑容。我一头冲进房间。病人们在床上坐起来，整理好衣服，掀起床单，然后关掉电视。他们真的为我的到来感到很高兴。有一个人在我进来的时候打开了电视机。他不需要我，他正在告诉我这一点。

我不会对一个垂死的病人提账单的，如果我可以同他的家属谈话的话。亲戚会感激我，因为我没有纠缠病人。这里没有问题。不过这也是我工作中最糟糕的部分。我真的不喜欢说："哦，我有没有跟你说过那四百美元的事儿？"有时我会坐在那里聊上十五分钟，然后把这句话塞进谈话里。突然间，探望消失了，生意开始了。我尽量避免这种情况，但有时我别无选择。

人们把医院看成金钱第一，健康第二。在我们的入院表格上，我们会问所有这些问题——近亲谁来付账？然后填上所有这些空白的格子。**最后**一个问题是："先生，你有什么问题呢？"我更愿意看到病人在第一位得到关照，然后才是经济问题。

我去探望不全是为了收钱。一个人刚截了腿，没有亲人。我去看望他，然后跟他闲聊。他回家后能照顾好自己吗？如果这位病患要住在一间位于三楼的公寓，而他家里一个人也没有，这会让我很困扰。他是我的病人，因为他是我的字母表上的字母。账目处理好了，我就成了他的朋友。

我会惦记着孤零零的病人。曾有过一个小女孩，她得了风湿热。她病得很重。她是南美人。她家里人所拥有的保险非常有限，她的账单也在飞涨。我和大儿子谈了谈，他当时十七岁。我带着他们的申请去申请公共援助。但我遭到了拒绝，因为他们的父母都在工作。我把小女孩转到了拉比达①。他们还欠医院一千五百美元。他们已经安排每月支付四十美元。真令人伤心。但这是一份一天八小时的工作。我可以下班，然后不用为这件事情感到担忧。

我曾经在威博尔特②工作过。只收现金。我清点前一天收到的所有钱，准备好交给银行。我从来没有见过顾客，我只看到顾客的钱。

---

① 拉比达（La Rabida），专治患心脏病的儿童的医院。——原注
② 威博尔特（Wieboldt's），一家百货公司，其顾客主要是下层中产阶级和工薪阶层。——原注

我在药店工作过，管理收银机。我所做的每一件事都是钱，某种程度上来说。我很难处理情感因素。

人们问我的时候，我不喜欢说我是负责收款的。如果我在代收款领域工作的话，我宁愿说自己在威博尔特工作。医院里应该设有一个代收款部门，这一点看起来很奇怪。病患代表听起来更好听。没有人知道这个工作是怎么回事。这就像任何有组织的企业。企业上层给了人们这样或那样的头衔，没有人知道这些头衔是怎么回事。

我希望看到所有人都有一份保险，一个计划——社会化的保险计划。免费医疗将是美好的，但我不知道免费医疗如何得到支持。我们最终只能通过税收来支付。这往往会激怒人们。聪明的人都知道医疗费用很昂贵。他们意识到医院是不赚钱的。医院严重滥用资金。但那是管理不善。

我在另一家医院也是这样。我们是以现金为基础的。如果你没有保险，你就得付现金。其他做病患代表的姑娘们因为要坐在那里要钱而感到心里难过。我没什么不适感。我没有在那里做。我会说："如果他没有钱，可以明天再来。他不会死的。"很容易有这样的态度。但我现在的态度完全反过来了。

我不怎么和病患争论。他们或多或少都会听从我的摆布。他们不能说太多话。一旦你在医院里，你欠我钱，如果我用同情的方式跟你说话，你就不会太讽刺我。如果你欠我钱，我不能无视这个事实。你可能生病了，快死了，我很喜欢你，你让我哭了，诸如此类的，我还是要去和你谈谈你的账单。这就是困难的地方。

**后记：她后来被调到了会计部门。她是负责人。她已经加入了耶**

和华见证会，这占据了她大部分的闲暇时间。

## 卡梅莉塔·莱斯特（养老院执业护士）

　　她于 1962 年从西印度群岛来到这里。在过去的五年里，她一直是一名执业护士。"你要研究关于人性、人体的一切，且行且学习。如何给病人提供照料，如何让病人舒服……大部分时间我都是工作七天。"

　　我们在一家养老院的包间里。"他们大多是上层社会的人，中产阶级以上的人。我只为自费病人工作。有的可能是中风，有的可能是糊涂。有的病人没什么问题，但亲戚就是把他们带来，然后把他们留在这里。"

　　她一边编织，一边温柔地望向躺在床上的老太太。"我的孩子得了脑血栓。她已经九十三岁了。"[①]

　　我今天早上八点半左右到的。我摇了摇她，确定她没事。我拿起她的盘子，给她擦脸，给她一些麦片和一杯橙汁，还有一个鸡蛋。她无法咀嚼硬的食物。你必须通过注射器给她输液。她每天应该输两千毫升的液体。如果不这样做，就会变得干燥，她会长小疹子之类的东西。

　　早晨第一件事，吃完早饭，我用海绵为她进行擦拭，给她搓背。然后，我保持她的清洁。她应该每两小时翻一次身。如果我们不每两小时给她翻身，她就会生疮。即使她睡着了，也要给她翻身。

--------

　　① 四年前，我去看望"她的孩子"，当时她八十九岁。那是一间布置优雅的公寓。她非常好客。她眼睛明亮、机警、诙谐，讲述了她在大萧条期间的经历。——原注

我给她吃午饭。盘子在十二点半的时候送上来。我像早上那样给她喂些食物。下午我去厨房,四点钟拿起她的盘子,再做同样的事情。大约五点半,我离开这里回家。从五点半到晚上十一点是楼层护理时间,她会一直待在这里,直到夜班护士来。

你必须非常非常熟悉她,才能发现她正在发作。我去通知,说她正在抽搐,护士就来给她臀部注射两格令阿米妥钠。当她打完针的时候,血压就会有所下降。因为抽搐,她的呼吸停止了,她试图呼吸。如果周围没有人,她就会窒息。

有些时候她是清醒的。有些日子她只是在睡觉。当她醒着的时候,她非常警觉。有些人认为她不清醒,但她知道发生了什么。你会听到她的声音,在说一些很简单的事情。除此之外,她什么也不说。自从去年她上一次重度中风后就不说话了。在那之前,她会说话。现在她不再交谈了。哦,她知道发生了什么事。她知道。她通过声音认识人。如果一个男人来到这个房间,一旦她听到那个声音,我就不能给她脱衣服。(笑。)

当我不在这里的时候,她是知道的。如果我离开太久,她会担心,会生病。但她对于我有时要出去这件事已经习惯了。她知道我会回来的,所以她现在更放松了。哦,有时候我坐在这里,会昏昏欲睡。我想着过去和未来。有时我会想到我在古巴还是个小女孩的时候,还有我曾经做过的事情。

如果我忙完她的事之后什么也不做,那就是乏味的一天。我笑,我让自己忙着做一些事情。我可能会做枕头。我卖掉它们。有时我会写账单。这是我在这里唯一属于自己的时间。如果我不想做这些事的话,我会确保她没事,我会到街上去散步。

工作离不开我的大脑。我和她在一起的时间太长了，这已经成为我的一部分了。在我的脑海里，总是在想："她过得怎么样了？"我担心她在夜班护士到岗前的那几个小时里会发生什么事情。如果我去旅行，我就会说起她。我会说："我不知道我的孩子怎么了。"我的女性朋友会说："你说的是哪个孩子？"我会说："我的病人呀。"（笑。）我去了拉斯维加斯。我在那里待了一个星期。每天晚上我都打电话。因为如果她抽搐的话……

我的孩子啊，不是每个人都能照顾她度过这个病的。任何人都会坐在这里，她会开始说话，而你却不知道。所以，你必须是一个可以察觉到某些正在发生的事的人。我每天晚上都会打电话问她的情况。我的电话账单曾达到七十八美元。（笑。）如果她生病了，我就得飞奔回来。她一直在我脑海里，但我不知道为什么。（笑。）

**她通过护士登记处工作。"你去他们派你去的地方。也许你会分到一个小宝宝。"她以前在一家综合医院工作过。"我在好几个地方干过，我为老年病人服务过，在儿科工作过，为青少年服务过，我为所有这些人都服务过。内科外科都有。我和她在一起两年了。只要她还喘气。"（笑。）**

在美国，人们不会把自家的老人留在家里。在美国，到了一定年龄，人们就会把老人送走。在我的国家里，老人在家里待到去世为止。但在这里，不是这样的。这让我很惊讶。人们把老年人送走。他们首先想到的是养老院。有些人不需要养老院。如果他们在家里有自己的卧室，看看电视或听听收音机，或者他们自己忙着织东西……我们所有的外国人，对此都有所思考。

现在有一位女士在这里，她没有什么毛病，但是她家里人把她送来了。他们不来看她。只有当她说"我不能呼吸了"的时候，他们才会看她。她想得到一些关注。这样的话，她就只是在变老而已。当我来到这里的时候，她是一个美丽的女人。她看起来非常漂亮。现在，她正在变得不振。如果她的家人有时愿意来，偶尔把她带出去的话……

两年前我们这里有一位女士，她有两个儿子。她摔了一跤，臀部骨折。他们叫来了大儿子。他说："为什么叫我？打给小儿子吧。她把所有的钱都给了那个小儿子。"那很糟糕。我当时就在那里。

在这里并不是所有人都很无助。但是，只是家人要摆脱他们。这里有一个女士，她的孩子有一天带她去兜风，把她从车上推下来了。就让她到处流浪。她没能找到回家的路。她的家人来了，把她带到这里。他们想夺走她所有的东西。他们想让她签文件之类的东西。她没有任何毛病。她可以自己穿衣服、梳头、散步……她家里人让她在这里签字，让律师在这里签字。他们只是为了钱。她会告诉你："我没有什么毛病。"

这里发生的事情。我见过很多这样的病人，他们需要帮助，但他们没有得到足够的帮助。有时他们吃东西，有时不吃。有时要等八个小时。那些可以请私人护士的人，还好。那些不能请私人护士的人，要受苦的。而这里是一个高档的地方。**穷苦的老人**……（她摇了摇头。）

**"我之所以对这种工作那么感兴趣，是因为我曾生过一场病。有一天晚上，我的力气就这么没了。我的腿和所有一切都撑不住了。有一**

年的时间，我都不能走路了。我看了十二个医生。他们都找不到病因。美国各地的医生都来给我看病。甚至还有德国的教授。一个南卡罗来纳州的医生来了，他把这个病写在了一本书里。我的主治医生说：'你必须忍受你的病情，因为我们无能为力。'我对他说：'在我要这样活着之前，我宁愿死。'因为我不能养活自己，我什么都做不了，这种生活不适合我。

"家里人把我带回家。我开始向上帝不断祈祷，做这样或那样的事情。奥拉尔·罗伯茨①，我给他写了几封信。从我的心底写的。但我仍然是残废的。连一杯水都不能放到嘴边。力量已经被带走了。我努力地祈祷。

"有一天晚上，我在床上，睡得很沉，我听到了电击声。就像你拿着一根电线，触摸它一样。它射穿了我的两条腿。哦哦，电击得很厉害，我醒了。当我醒来的时候，我感觉到了三次。第二天早上，我可以把这条腿抬起来。我很惊讶。

"第二天晚上，我也有同样的感觉。第三天晚上，我也有同样的感觉。于是我起床去了洗手间。我回到医生那里，他说：'真让人吃惊。'哦，我真不敢相信。有一个奇迹。这非常令人震惊。"

你觉得是什么治好了你？

"上帝。"

罗伯茨有帮助吗？

"有帮助。"

---

① 奥拉尔·罗伯茨（Oral Roberts，1918—2009），美国最知名的福音传教士之一。——译者注

**怎么实现的呢？**

"通过祈祷，真诚地从心底最深处祈祷。"

**"我以前做过护士，但我并没有全身心地投入。我在场的时候，看到了护士是怎样对待病人的。哦，这是很可怜的。我无法忍受。而从那时起，我有了柔情。这改变了我。就在那时候，我就决定献身于这个职业。"**

我为每一个无法照料自己的人感到遗憾。因此，我从不休息。我照顾完一位病人，就开始照顾另一位。有时我不得不说："一个星期都不要叫我。"我太累了。有时我不得不离开家，躲到一边去。养老院让我保持忙碌，忙啊忙啊，一直忙个不停。我多年前照顾过的人都会打电话回来问我。

很多护士都不在乎。如果他们拿到了钱，别做梦他们会在乎。他们总是用那种方式说话。他们对我说："你还在这里啊？"我说："是的。""哦，你还在担心那个老女人。"我说："这就是为什么她付钱给我，为的是让我为她感到担心。"大部分的护士都有感情。

如果我在这个国家拥有权力，我会在养老院做的第一件事，就是雇一个装病的人。因为只有这样你才能知道发生了什么。我将会建立政府养老院。给每个人都提供免费护理。那些收费太高的医院，你没有保险，他们不接受你，我会改变这种状况，一夜之间。

现在老人的生活太糟糕了——如果我能买得起几栋楼，我就会有个依靠。你得独立。你就不用老了还得东跑西窜。他们的收入不够。我不想成为那样的人。

老人就是回到了婴儿时代。变老给你一种青少年时期有过的感觉，你成年了，你觉得自己很强壮，很开心，你又回到了婴儿时代。老年人不知道发生了什么。但是你对他进行照料，你就能看出不同。这让你感到很难过，因为如果你活得足够长，你觉得自己会和他一样的。

**后记：这次谈话后几个月，她的"孩子"过世了。**

## 赫伯特·巴赫（追悼顾问）

我们被称为追悼顾问。我们用电话招揽生意。我们使用直接发送信件的方式。我们把广告登在报纸上。在任何领域，你都要大海捞针。

我们自称是殡葬业。殡葬业有一点不同。你办一场葬礼，需要一两天、两三天的时间，这就结束了。但是我们要负责五十年、一百年、两百年。人们会进来说："我的曾祖父在哪里？"如果你没有这方面的记录，我们就有麻烦了。

我们所在的是一个创意领域。我们要工程、园林绿化、采购鲜花。我们涉及的领域范围从与失去亲人的家庭合作，到把下水道埋到三十英尺深的地下，以便下水道能正常排水。嗯，是的，公墓的管理有了显著的变化。

在过去，公墓是严格意义上的墓地。有人去世后，公墓管理人会处理遗体。他们让每个家庭自己去安放墓碑。今天，公墓是一个社区机构。它应该是一件美丽的事情，一件有尊严的事情。

在过去，公墓的作用很简单。今天我们从生态的角度来考虑。

在住宅区和商业区的中心，新建的数英亩绿化地带。我们这里有一百六十英亩。我们周围是工业园区。不过，我们这块绿地……公墓领域已经专业化了。

在过去，每个小教堂，每个小犹太教堂，都会买一块地，由教堂司事负责记录谁和什么东西被埋在哪里。当时没有景观设计，没有道路，没有排水系统。我们的园林设计师每年都会参加世界花展。我们的一位建筑师做过西格拉姆大厦的设计。我们雇用具有前瞻性思维的人，他们使得墓地为整个社会提供服务。

以前，公墓的维护是由各个家庭来完成的。一个家庭出钱，其他家庭不出钱。会出现某个区域杂草丛生、其他区域照料得当的情况。现如今，在一个现代公墓里，有信托基金。每当一个家庭进行购买时，就会有一部分钱投入到信托基金中。这个信托基金是不可侵犯的。在这种状态下，它是由第三方——银行来保管的。你知道墓地是会得到照料的。

我们已经取消了墓碑和纪念碑。我们使用平整的青铜纪念碑。你摆脱了大理石园林这个东西——还有冷冰冰的石头带来的那种压抑感。你看到的是灌木、鲜花和树木。这种美代表了某种面向整个社会的东西。

我们这个机构只有十五年的历史，我们的信托有近百万的资金来帮助支付维护费用。当公园建成后，信托总值将在一千二百万到一千四百万美元之间。只有利息可以使用。所以我们在园区增置了艺术品。

我不是一个悲伤的心理学家。（笑。）我认为死亡是个人的事情。我们觉得我们必须做一些事情来帮助人们克服悲痛。在每次安葬仪式上，我们都会搭建一个小教堂的帐篷。我们有一个户外小教堂。我们称它为"林中小教堂"。我们每年都会举行追思会。这样家属就会知道——即使他们不来参加追思活动——他们的亲人被记住了。我们有一个降低的设备——棺材被放在上面——用绿色覆盖。所以人们不会看到地面上光秃秃的洞，这是很有创伤性的。①

今天的葬礼比较克制。过去人们的情绪非常非常激动。今天的葬礼是有尊严的。参加者不需要感情用事。他们不必像过去那样做那种事情，向大家展示他们有多爱那个逝去的人。在死亡的时候，最大的一件事就是内疚情结。我们总觉得自己为去世的人做得还不够。所以我们在死亡的时候要努力克服这个问题。

人们在死亡时说得最多的一句话是："哦，我很爱他，我想让他得到最好的。"我想买最好的这个和最好的那个。他们受到情感上的过度消费的影响。在殡仪馆，他们会买他们买不起的棺材。在公墓，他们会买他们买不起的安葬空间。我们尽量避免这种情况。我们说这应该是有计划的，就像你计划人寿保险一样。没有汽车保险，你不会开车。你不会在没有火险的情况下搬进房子。为什么不买追悼保险呢？

他们可以在一段时间内进行预算。如果人们不做预算，就得付现

---

① 乔·马修斯，一位牧师，回忆起他年迈的父亲的葬礼。"在父亲下葬的前一天，我和他单独坐在一起。化妆品让我感到震惊。这不是我所认识的父亲。我想再看看他的皱纹。我尝试着让那些皱纹再次呈现在他脸上。我的兄弟姐妹帮忙让那些皱纹再次呈现。我的母亲帮忙让那些皱纹再次呈现。那些皱纹是我的一部分。那天，那些皱纹不在那里。仿佛它们夺走了**我的**生命一样。就好像我为我父亲原本的样子感到羞耻。不能这样。殡仪馆的人很友好，虽然很困惑。他给我拿了我要的肥皂、海绵和一盆温水。我从爸爸脸上卸下了妆容。我没有让他看起来像九十二岁。但当我完成后，他看起来不再是五十岁了。"——原注

金，对吧？如果你不支付一台冰箱的钱，卖冰箱的人可以收回冰箱。如果有人去世了，你把人安葬了，你不能收回完好的尸体。（笑。）所以他们必须在这里提前支付现金。这是一个预算问题。

## 埃尔默·鲁伊斯（掘墓人）

不是任何人都能成为掘墓人的。你可以以任何方式挖一个洞。一个掘墓人，你必须挖得很平整才行。我有个哥们儿，有一次他想去看看坟墓。他是个挖下水道的家伙。他看到我挖的这个墓以后，留下了深刻的印象——它是多么方正，多么完美。一个人的躯体要进入这座坟墓。这就是为什么在挖墓时，你需要技术。

**他已经挖了八年的墓，作为工头的助手。"我在这里住了将近十二年了。在最初的四年里，我割过草，还做其他事情。我从来没有梦想过有这样的工作。我曾经开着一辆拖车从得州跑到芝加哥。"他已婚，有五个孩子，年龄从两岁到十六岁不等。这是一个非常寒冷的周日清晨。**

如今的掘墓人，他们必须要操作机器才行。你只需要用铲子把土推松就可以了。不然，你就不用他们了。我们正在尝试一种新的机器，一台挖土机。这台机器应该可以应付严寒。到目前为止，它做得非常好。天气温和，比如零上十五华氏度的时候，你可以轻而易举地干活儿。

但是天气低于零度的时候，相信我，你就真的很辛苦了。我必须使用面罩。你的皮肤在冷的时候会很痛，就像你把热火靠近你的脸一样。我说的是在外面站两三个小时。你必须戴上口罩，否则根本无法忍受。

去年，霜冻深达三十五英寸。那是很难举行葬礼的。霜和水泥，几乎是一回事。我相信水泥会比霜更容易碎掉。水泥是真的很坚固，但敲击一下水泥呢，它们就碎掉了。冰霜，你只是进行敲击的话，是不会那么容易就敲碎的。去年，我们不得不用上了气锤，当时霜冻得足有三十五英寸。

我挖墓最多的一次是一天六七座。这是在夏天。在冬天就有点困难了。在冬天，你碰上四个葬礼的话，就是相当繁忙的一天。

下雪的时候，我一直工作得很辛苦。我们用的是木炭加热器，和你用来做烧烤排骨或热狗的木炭一样。我去标记明天坟墓的所在地，在那里铺上一层木炭，尺寸跟棺材一样。然后，这十五英寸厚的冰霜会在第二天早上完全融化掉。我很早就开始工作了，大约早上七点，我在葬礼前就把公园打扫干净了。明天有两场葬礼，十一点和一点。这就是我的生活。

以前应该是四个人。一边两个人，分别拿着一根绳子，一点点地往下放。我想那应该挺难的，因为我想有些人一定有两百磅重，我能感觉到那种重量。五年前，我们有一个葬礼，一个重达四百磅的家伙。他放不进下降装置里面。我们本可以用一台大拖拉机的，但那看起来很糟糕。因为用拖拉机放棺材就像放任何东西一样。你必须予以尊重……大约有六个人一起忙的。

不到两分钟，坟墓就会被覆盖上，完成。我们只要打开料斗，装上适量的土。我们只要按动料斗，就会铺上一层黑土。然后我们再把属于那里的草皮放进去。几周之后，你就不会知道那里是个坟墓了。

它是完全平坦的。你很少看到一个坟墓是沉下去的。

挖一个坟墓要花一个半小时到一个小时四十五分钟的时间。只有两个人做这项工作。操作挖土机的人和另一个家伙，用拖车，我们把土放在那里。

老板不在的时候，我必须自己应付所有事情。包括给伙计们发号施令，挖墓，等等。伙计们不出现时，会让我很难受。就拿我们这儿这个新来的家伙说吧。他人很好，但不是很可靠。他经常失误。这个家伙，他大约有二十四岁吧。我是唯一一个真正懂得如何操作那台机器的人。

我通常会告诉他们我是个看门人。我不认为这个名字听起来很糟糕。我必须看着墓园，以便在一天结束后，该关的都关上，没有人损坏墓园。有些时候，有些人来偷东西、抢劫，在园子里做坏事，破坏一些东西。我相信这可能是一些年轻人干的。一个有责任心的人，是不会做这样的事情的。后来，我们把一些门打开，然后在太阳下山的时候再关上。从前，我们是不关门的，不关门。我们有一个玫瑰栅栏。日落后你可以开着车过来。

**你告诉别人自己在公墓工作以后，他们会转移话题吗？**

有些人，他们想知道。尤其是来自墨西哥的西班牙人，他们问我，我们埋葬一个人的时候，是不是真的会在四五年后把他们挖出来，然后换上另一个人。我告诉他们这不是真的。这些人被埋葬以后，就会永远埋在这里。

这就像一个行业。就像一个机械师或医生一样。你必须正确地展示自己的工作，这就像一个手术。如果你不知道在哪里做切口的话，你是不会成功的。我们这行也是这样的。你必须要有一点技巧。我不是在说什么大学或此类的东西。我自己没有上过小学，但你必须知道自己在做什么。有一些人已经上了很多年学了，但还是不知道自己要怎么做。在一切都变得顺利，巴赫先生向我们表示祝贺的时候，我感到很自豪。四年前，工头心脏病发作的时候，我接手了。那一年对我来说真的很艰难。我不得不挖墓，我必须告诉伙计们该怎么做。

掘墓人是非常重要的人。你一定听说过两年前我们在纽约的罢工吧？有两万具尸体躺在那里，没有人可以埋葬他们。他们提高了葬礼的费用，但他们不想提高工人的身价。他们的生活方式，所有的东西都要涨价，我不知道会发生什么。

你能想象如果我明天早上不出现，而另一个家伙——他通常会迟到——有时他不会出现的情况吗？我们十一点有一个葬礼。想象一下会发生什么？葬礼时间到了，你要把尸体埋在哪里？

我们放一些水和阿司匹林，以防有人晕倒。拿起一个胶囊，你打开后放到快晕倒的人的鼻子里，那闻起来有一股盐味儿。我们还在帐篷里放了暖气，让这里暖和一点。

有一些葬礼，他们真的会触动你。一些年轻的孩子。我们埋葬了很多年轻人。你有情绪，你会沉浸其中，相信我，你会的。大约两年前，我遇到一个葬礼，是两个十几岁的孩子，一个年轻的男孩和一个年轻的女孩。这是一个真的很悲伤的葬礼，因为除了年轻的青少年以外没有别人。我已经习惯了每天出现在葬礼上——当然，这让我很烦恼——但我并不像埋葬一个年轻的孩子时那样感到难过。你真的会沉浸在情绪里。

我通常会给自己戴上黑色的太阳镜。我参加葬礼从来不会不戴太阳镜。因为当你有强烈的情绪时，你的眼睛是第一个显示的东西。总是这种黑色的太阳镜。

这种每天都能看到的悲伤，我真的已经习惯了每天都有人在哭。但有一些情况真的很糟糕，在你不得不接受现实的时候。有些人就是不想放弃。你要明白，有人去世的时候，你什么都做不了，你必须接受它。如果你不想接受，你只会让自己的生活变得更糟，只是会生病罢了。现在人们似乎更容易接受。他们怀念这个人，但没有那么怀念。

有一些葬礼，参加者显示出自己并不悲伤。这是不同类型的人。我相信他们很高兴——不是以唱歌的方式——看到这个人已经脱离了他在这个世界上的痛苦。这个人走了，永远地安息。我很多时候有这个问题："我怎么能接受呢？"他们问我埋人的时候是不是很平静。如果你停下来想一想的话，葬礼是世界上自然的事情之一。

我非常喜欢这份工作，尤其是在夏天。我不认为工厂或办公室里的任何工作有多好。你整天都能呼吸到空气，这真是太美了。割草的时候，草的味道，真是太棒了。冬天过得太快了，有时你都感觉不到。

当我在这里完成工作后，我就不记得自己的工作了。我太喜欢音乐了，所以我有更多的时间去听音乐或玩音乐。这就是我花时间的地方。我不喝酒，不抽烟。我弹西班牙贝斯和吉他。我玩手风琴。我想成为一个音乐家。我在得州出生并长大，没有上过好学校。我自己从不同的地方学习音乐。关上大门之后，我就会玩。我不认为在葬礼上演奏音乐会很好。但是在经历了所有的事情之后……

我相信我们不是富有的人，但我认为我们过得很好。我们没有受苦。比方说，我知道许多人因为世界危机而在这个世界上生活得很艰难。我的妻子，有时她厌倦了待在这里。我尽量多带她出去玩。不是去派对或俱乐部玩，而是去商店，有时去汽车旅馆之类的地方。

她也习惯了葬礼。中午我去吃饭，她问我："你今天办了几场葬礼啊？你们今天埋了多少个人啊？""哦，我们埋了两个。""你们还有多少个？""又来了一个。"还有的人，你去你的办公室，他们说："你今天写了多少封信？"问我的时候，就成了："你今天办了多少场葬礼？"（笑。）

我的孩子们已经习惯了一切。他们开始在房子边上玩球。他们不能过马路，因为那边是葬礼。只要在房子对面有葬礼，孩子们就不能玩。孩子们喜欢狗，就像每个孩子一样。从某种程度上来说，在这里养狗是最好的事情，尤其是德国牧羊犬，能照看这里。但人们不希望这里有狗。在葬礼上看到狗是不好的。或者猫之类的动物。所以孩子们没有宠物，没有。

我想自己可能要在这里一直待到死。对我来说不会太糟。因为我已经在公墓里生活了十二年了。我还是会在公墓里生活的。所以无论我什么时候走都是可以接受的。我想我可能会被埋在这里，看起来好像是这样的。

第 九 卷

# 极聪明的孩子和木匠

布鲁斯·弗莱彻（苗圃养护员）

没有人喜欢变老，但我恐怕很早就变老了。我还很年轻的时候，岁月过得很快，在我本该享受快乐的岁月里，岁月过得太快了。我很早就成了一个忧心忡忡的老人。我在二十一岁的时候就开始白发苍苍……

他是参与最初的《儿童问答比赛》[①]节目的孩子之一——第一期节目于 1940 年 6 月播出。他是最年轻的。"我七岁，快八岁了。"他参加了三年的广播节目，从 1940 年到 1943 年。他三十九岁。

"我的专长是希腊神话和自然史。他们在节目中问我的就是这两个主题。在家里，我会坐在地板上翻书，把鸟的名字背下来。我的姨妈路易丝认为这非常好，非常精彩。于是她叫来邻居让我表演。其中一个邻居打电话给报纸，他们来给我拍照，对我进行报道。我被认为是神童。

"参加了三年的《儿童问答比赛》，我已经十一岁了，恐怕很惹人讨厌了。你七岁的时候，这些事情还可以忍受。你十一岁，成为青少

---

年的时候，这些事情就变得不能忍受了。我早于十五岁退出，这被认为是明智之举，十五岁被认为是《儿童问答比赛》的毕业年龄。我不知道发生了什么事。从那时起，我就成了普通的布鲁斯·弗莱彻。"

我最大的野心是去纽约和哥伦比亚大学。当一个中西部的乡下人来到纽约时，你会从最底层开始——而我就是这样做的。我在一家工厂工作，对工厂的运作方式感到很有兴趣。八点钟的钟声响起，所有的机器都启动了，你自己也开始像小机器一样工作。

我在一家非常高端的男士俱乐部找到了一份工作，只对社交名人录开放。让我感到有趣的是，有些事情远远超出了它的时代：侍应生被当作仆人对待。我每周挣二十九美元，外加两顿饭。他们懦弱而胆小，这个可恶的厨师却想把事情转嫁到雇员头上。事情变得很绝望，以至于有一个侍应生拿着一些你都不会用来去喂一只饥肠辘辘的小狗的香肠走到一个俱乐部成员面前，说："给，**你吃这个**。"六个月就够够的了，我向你保证。

我更喜欢工厂，除了钱之外。我很高兴能成为车轮上的一个齿。至少这并不丢人。我觉得我只要完成一天的工作，赚到足够的钱，哦，我可以每周去三次大都会或者卡内基音乐厅，当我的时间属于我自己的时候，我就可以或多或少地好好过日子了。

年轻的我在哥伦比亚读书期间，也在食堂工作，从早上六点半到下午三点，我很受管理层的尊重，尽管我把和我一起工作的人逼疯了，因为我的标准他们无法应付。我无法忍受懒惰和疏忽，我的脖子要累断了，而别人却在摸鱼。我会大喊大叫，像个恶魔和暴君一样继续工作。

在哥伦比亚大学毕业后，<sup>①</sup>我在纽约最大的一家律师事务所找到了一份校对工作。不管是什么情况，律师事务所让我重新认识到，我不只是某人的仆人。人们要么很喜欢我，要么恨得牙痒痒。但我受到了尊重。我做过的每份工作都很受尊重。

这份工作让我的眼睛非常疲劳，就像你把你的眼睛在磨石上磨了一样。你得整天看小字，眼睛要紧盯着它。还有，我们有手写的文件，律师会送来。他们的一些笔迹就像埃及的象形文字。我们遇到了可笑的情况。如果出了问题，我们就会受到指责，脑袋会像白菜帮一样晃动。

我是在相当荣耀的情况下离开的。律师事务所一半的工作人员，也就是律师们自己为我举行了告别午餐会。大家要求我发表演讲，我得到了很多掌声。

我挣得最多的是一周七十五美元。我认为这辈子赚的钱不少，在这里，你可以走进超市，你可以把自己选的所有东西都装进购物车里，而不用把每件商品的价格加起来。这应该是在 30 年代的时候，那个时候钱永远不够用。哈哈。我在纽约做的事情与我现在做的事一样。我把东西放进购物车的时候就把价格加起来，以确保钱包里的子儿能付得起这些我想要的好东西。

1960 年至 1968 年期间，他在西海岸和得克萨斯州。他在三个不同的电台担任播音员，偏爱古典音乐。他用自己收藏的一万张留声机唱片为广播制作磁带。有一份工作"让我整日忙碌，耗费了一年半的时间，那是我一生中最快乐的时光"。

"自从 1968 年回到芝加哥，我就认为自己已经退休了。三十六岁的我已经不年轻了。人们雇用二十岁的人。他们不雇用三十六岁的人。哦，我从二十多岁开始就觉得自己老了。"

现在我在一个温室里工作，在那里我们只种玫瑰。你走进那里，就会沉浸在宁静与安详中。很有私密性，你甚至几个小时看不到与你一起工作的人。这并不总是美好的。玫瑰花的根部周围要放肥料。所以我戴着橡胶手套就去了。有些工作是相当沉重的。

钱也不多。夏天的高温几乎要了我的命。因为你在玻璃屋顶下，一切都被放大了。几乎没有通风设备，一天下来，我真的是汗流浃背了。但至少不会有什么人偷偷地跟在你身后，在你耳边大喊大叫地谩骂。我受够了。

我之所以喜欢这份工作，是因为我的心态一整天都很轻松，没有任何紧张和压力。从身体角度而言，这份工作让我保持站立。我比以前更努力，更强壮。我一整天都站着。我有一个雇主，他是我一生中最好的雇主。从来没有出现过丝毫的分歧，这真是个奇迹。每个人都说："布鲁斯很难相处。"如果有聪明的人和我一起工作，如果在我工作的地方，人们不会追着我不放，也不会因为这件或那件事而对我横加挑剔，布鲁斯并不难相处。

我往往过于专注于自己正在做的事情。这就是我很容易害怕的原因。如果在我工作的时候，有人突然走到我身后跟我说话，精力高度集中的我几乎要从屋顶跳下去。

我早上七点十五分上班，第一件事就是剪玫瑰花。一大早就得剪。最重要的是剪得让花与花之间不那么紧凑。蜜蜂和蝴蝶不会待很长时间，因为没有花蜜和花粉。我们剪玫瑰花的时候，花与花之间紧凑到蜜蜂和蝴蝶都不能靠近的程度。如果把花放在冷藏室和水中，适当地修剪花茎，一周后它们也会很新鲜。

当然，还有就是电话。这是个大问题。温室距离电话似乎有好几英里远，但你总是能听到它，即使在很远的地方。这意味着要跑很远的路去接电话，祈祷打电话的人不会在你接电话之前就挂断电话。电话通常意味着有订单要接。有时候，一天的事情太多了，我觉得自己想当场死掉。

当一天的工作结束后，我会去图书馆。如果晚上有歌剧或音乐会，我会相应地安排时间。我总是像在纽约那样安排。除非我必须去大都会剧院排队，这意味着下班后要马上赶到那里，否则我会回家，打个盹儿，这样我就不会在演出时睡着了。然后回来，尽可能多地睡上一会儿。除非我开着读书灯睡着了，手里还拿着一本书，否则这一天就不完整了。

我不知道会有什么事情发生在我身上。如果能这样就更方便了：我得了癌症，去世了，并说："哦，多么悲惨。"我可以获得坟墓的平静。我不知道。我很想回到电台，回到古典音乐领域。我像温室里的玫瑰花一样绽放……我在自己的那种工作中。

在我逃避现实的这些年里，和平、安静和隐私对我来说意义重大。我不觉得自己是《儿童问答比赛》中的一员。记者和摄影师从你这儿刺探消息，说你的坏话，问一些可笑的问题。作为一个孩子，你无法应付这些事情。我遭到了剥削。我无法原谅那些剥削我的人。

我宁愿以自己独特的方式长大。如果我当初跟别的孩子一样长大的话，我本会成为一个更好的人。在学校里，如果我回答不出问题，老师就会在全班同学面前说："好吧！你是《儿童问答比赛》中的一员，并不代表你是我班上的聪明学生。"我希望这一切从未发生过。

（轻轻地）但我们当时是独一无二的。大萧条已经结束了。美国是避风港，所有的好东西都在这里。而我曾经是《儿童问答比赛》中最年轻的一员。当然，我是过去式了。《儿童问答比赛》本身也是过去式了。但它所带来的东西，并不是一个过去式。它创造了历史，这也是我引以为豪的地方，我曾经是其中的一部分。（笑。）啊，退休的时间到了，我也在其中！我也在其中！

## 尼克·林赛（木匠和诗人）

虽然他居住在印第安纳州的戈申市，但他认为自己的出生地——南卡罗来纳州海岸旁边的埃迪斯托艾兰——是"家乡"。四十四岁时，他是十个孩子的父亲；最大的是一个二十六岁的女孩，最小的是一个一岁半的男孩。

他是个木匠，也是个诗人，他在大学校园和咖啡馆里朗读和吟诵自己的作品。"这是我一生中为数不多的几次以木匠以外的事为生的经历之一。林赛家族从 1755 年就开始做木匠了。偶尔也会有一个人去当医生或传教士之类的。[1] 一般来说，他们都是木匠——木匠和传教士，木匠和农夫，木匠和店主，一直到现在。一个人在描述自己的时候会使用一个动词。你做什么，那就是你是什么。我会说自己是个木匠。

---

[1]  他的父亲瓦切尔·林赛是一位医生，也是一位著名的诗人。——原注

"我十三岁的时候就开始稳定地工作了。我拿起锤子，去钉钉子。有一个人，我从他那里学到了很多东西，他是一个看门人，他没有冒着木工行业起伏不定的风险。你可以从书上学到很多像这样的东西——钉子的工作原理，不同种类的木材。"

他从高中辍学了。"这是个好办法。拿着你能忍受的东西，不要拿更多的东西。这是上帝把舌头放在你嘴里的目的。如果味道不对，你就把它吐出来。"

让我来告诉你，你的悲痛让你哪里最难受。你在为谁工作？如果你要吃饭，你就得为付给你工资的人工作。那不会是一个穷人。有一个大家庭的人，他需要一所房子，你不会为他盖房子。你唯一的工作对象是没有房子也能生活的人。你是在给有足够工资的人建房顶。

你看到那边的小屋需要一个屋顶。在这里，你要为一个可能没有孩子的人盖一栋六万美元的房子。他不怎么心疼，这点儿钱不算什么。这是栋名贵的房子。他要升迁了——哥们儿，他要因为拥有更奢华的玩意儿而比他的邻居高一头了。接这个活儿有点像进到了那台机器中一样。不要误会我的意思，这个活儿干起来很有乐趣。在材质优良的木头中间，用你的双手去镶板，这真是一种享受。木板闻起来很香，而且与木工刨形状贴合度很高，用平面。那些木头里充满了具有创造性的神秘的东西。每种木材都有其特质。钉钉子，是的，你的精神将与木头的特质相碰撞。

你做的东西会怎么样？你的工作就像你在跪着一样。你去纽约河滨教堂，长椅之间没有空间可以跪下来。（笑。）如果你想在那间教堂里跪下，你会被前面的凳子撞断鼻子。很多教堂都是这样的。谁会在那间教堂里跪下？我告诉你谁跪下了。在洗手间里安装马桶的人跪下了。他必须跪着，那是他工作的一部分。在地板上钉凳子的人，他必须跪下来。在河滨教堂的墙上安装我不知道有多大马力的管风琴的插座的人，他要跪下来——那东西马上就会把你吹上半天，嘭！那个给管风琴装电线的人，他跪了下来。任何工作，你都要跪下——这就像某种崇拜。工作是事物圣洁性一部分，是的。就像吸气是圣洁的一样。这是必要的。如果你不呼吸，你就会死。这也是一种圣礼。

手工业的一个好处是你一次工作两个小时。有一个仪式。这是休息时间。然后再工作两个小时，就到了晚餐时间。所有这些休息时间都很好。十分钟很短，但是不要逼得太紧才好。突然就到了休息时间，就像朋友敲门一样，很意外。这是一个交换故事的时间。你真正要做的是为你的工作做铺垫。

一个工匠的生活除了妥协以外没有其他。看看这里的瓷砖。这是工匠的作品，不是艺术品。工艺所要求的工作是重复一个非常接近公差的图案。你在这里铺设的瓷砖公差在十六分之一以内。公差应该在一个真正的九十度角的六十四分之一以内。理论上它应该是完美的。不应该有任何六十四分之一的公差，应该是零公差。完全是直角，明白吗？我们是这样做的吗？没有，你看这附近的镶木地板。很漂亮，但那些边边角角。干这个活儿的人妥协了。他说，不得不这样做。

他们好像就是要催一催你。在材料上所做的让步一直在进行。这让人很头疼，很难过。就像最近，我们完成了一套房子。嗯，还没有完工。雪松护墙板，那是有木结疤的材料。这也是魅力的一部分。但如果木结疤掉了，那可就麻烦了。你用锤子敲打其中一块木板，它就会变成一块瑞士奶酪。所以你得把那些结疤钻孔钉回去，一百万个结，再钻孔钉回去。（笑。）这种木头闻起来很香。你有一块十英尺的木板去做六英尺长的物件，扔掉四英尺长的木头？你打算怎么处理这四英尺长的木头？拼接，刮擦，试着做一个隐形的连接，然后使用它？好还是不好？你和材料妥协。保存它？毁掉它？它一直在你的脑海里。哦，当然，木头是神圣的。它花了很长的时间来成长。这就像一个血祭。圆满了。那木头在这之后是不会去任何其他地方的。

我刚开始干这行的时候，这行就像欧洲木工制作。但是现在，整个行业都在拼命奔跑中。你的接缝做得很简单，有预装门，有机器装配的橱柜工程，你盖房子也要适应这些工厂生产的零部件。变化是向着更快速这个方向发展的。一个普通的美国人可以给自己买某种类型的房子，因为我们可以把房子造得很便宜。所以，你的心又是纠结的。这是好的，也是不好的。

有时候，这和他拿到的工资多少有关系。他拿的工资越多，他能发挥的技能就越多。你要雇我？我要给你挂门。假设你付给我每小时五美元。我得尽快把门挂好。因为如果我不快点挂门，我还没挂好你就会没钱了。没有人可以急着把它挂好的。

我认为工艺上的自豪感并没有减少。我不知道什么是自豪。你为拥抱一个女人而感到自豪吗？你不会从中获得自豪。你从中获取愉悦。可能就没有那么高兴了。如果你能廉价地盖一栋房子，并真正地把它送给一个需要它的人，这对你来说是一种社会性的满足感。同时，你也希望自己所完成的工作更华丽，更独一无二。

但每隔一段时间，就会有一些事情在你身上发生。突然间，有些事情落到了你的身上。假设你把一颗八美分的镀锌钉钉进这块护墙板里。你的整个宇宙都被卷到了那颗钉子的头上。每一次轻轻敲击都足以证明你生命的价值。你说："好吧，我不是想把这颗钉子钉完，好去做一些重要的事情。没有比这更重要的事了。重要的事情就是这个。"然后就成了——砰！你脑海中所想的不是把钉子砸进去，而是敲击钉子——敲中钉子，不偏不倚。现在就做这件事。敲击一下。

如果你看到一个木匠对自己的工作很有活力，你会注意到他敲钉子的方式。他不会（模仿机枪嗒-嗒-嗒-嗒）。他会尝试着把钉子敲进去，敲得妥妥帖帖，这样他就可以快点再敲一颗。虽然他的工作速度可能很快，但每一次的敲击都像他在用锤子敲打一个单独的个体。就好像在那一瞬间，他有了一个单独的朋友一样。而当他敲完一个以后，又来了一个。每一个都是独特的。砰！但你把最后一颗钉子敲进去之前，得停一下，你知道吗？这是精巧的活儿。握住锤子，只是最后一击，不要用你的锤子敲击钉子，用冲钉器敲，这样就不会留下锤子的痕迹。把握节奏。

我在南卡罗来纳州的一家氢弹工厂工作。我的工作是造模板。我不认为最终的产品让我如此烦恼，因为审判日并不是什么问题——（声音逐渐减弱。）这并没有压在我的心上。也许我应该被说服，这是不合适的……

他们有一个大的旧反应堆工程，里面有重水一类的东西。重型设备日夜不停地运行，一个接一个，以每小时四十英里的速度，挖那个大洞，已经挖了一半了。他们在那里建了一条公路，就是为了挖那个洞。

现在你得给你建一栋楼，用混凝土和钢筋。你运来一个预拌设备，就是为了那栋楼。山上有一台泵，它开始把混凝土泵入洞中。木匠的工作时间快到了。我们正在为那栋楼的第一层造模板。我是一开始雇的两千四百多个木匠中的一员。这就能看出这个工程当时有多么大。有三千名工人。每当我们建造一个反应堆，就会有一整个小镇来为其提供支持。我们在这个县建了十几个镇。

我们都知道我们在制造氢弹，并试图在俄国人造好他们的氢弹之前完成我们的，明白吗？这就是大家的想法。这是一个伟大的秘密工作，在那里门口有守卫，场地周围有铁丝网，有间谍，还有所有其他这种类型的愚蠢的玩意儿。

有人叫它硬猪油带，有人叫它圣经带。大多数是走出农田的农民，他们有佃户或者自己是佃户。这是一份能让人活下去的收入，自从棉铃虫席卷之后，咱们国家的这个地区还是第一次有这种收入。而且，天啊，你不能低估这一点。一个北方佬来了，让我们去造他们的氢弹，这似乎是一个巨大的喜剧般的事情。这场精美的喜剧的一部分，是北方佬应该来给我们自北方侵略战争以来的第一份最低生活收入——为了这种事。

在印第安纳州的布卢明顿，我看到了许多妇女以制造炸弹为生。当她们制造出第一百万枚炸弹时，她们举办了一场盛大的野餐。为了那些扔在人们身上的炸弹。而学生们举行示威反对炸弹。也许这些女人对她们所做的事毫无知觉，但她们从她们所做的事中看到了自己的工资……

有人会说："我是个诗人。我比你强。我是不同的。我是一种独立的物种。"在我看来，诗歌不是这样的。在我看来，就像知更鸟唱歌一样。几乎没有一只知更鸟不唱歌。诗歌也是如此。诗歌自然而然地来，是我们生命的意义。这是鲜活语言的天然表达方式。要我说，我的使命是成为一个木匠和一个诗人。不矛盾。

　　（吟唱）工作是一个相当大的领域。真工作和假工作。有假工作，也就是卖淫。不过有发薪日的魔力。你会说："好吧，如果你因为工作得到了报酬，那是卖淫吗？"实际上不是的。但你要怎么证明不是呢？很麻烦。真工作，假工作，和卖淫。发薪日的魔力。桌上堆满了杂货。还有新酿的酒和商店买的衬衫。这就是工作，是的。

# 寻求某种召唤

诺拉·沃森（编辑）

工作对人来说，是不够大的。不仅仅是流水线上的工人，他的工作相较于他的精神来说太小了，你知道吗？像我这样的工作，如果你真的把精神投入进去的话，你就会马上崩溃的。你不敢。所以你的精神就不在工作里了。工作只是个收入来源，我的精神已经和我的工作脱离开来了，真的很荒唐。

我在商业界工作时，感觉越来越震惊。你投入到事情中去，是因为你觉得重要的问题——自律、目标、你生命的意义——都在你的工作中进行。你投入到一份工作中，投入了很多社会不允许你投入的价值。你发现自己就像一个起搏器，已经疯了或者怎么的。你想让你的工作成为除了它本身以外的任何东西，你想向工作中投入任何其他人都不想要的你的全部身心。所以你最终会打破常规，或者安顿下来，顺应潮流。我现在真的处在一个有趣的位置。我对自己正在做的事情和即将发生的事情都很平静……

**她二十八岁。她是一家出版保健读物的机构的工作人员。此前，她曾在一家出版全国性杂志的公司担任编辑。**

她来自宾夕法尼亚州西部的一座小山城。"我父亲是个牧师。我不喜欢他做的事，但这是他的天职。这是这份职业好的部分。这不仅仅是早上去上班，然后打卡。那是他自己的职业。我以为工作会是这样的。我这一生，都计划着做一名教师。直到大学后期，也就是最后一年的时候，我才意识到公立学校的体制是什么样的。山里的小城，这是原因之一……

"在我看来，我的父亲是个奇怪的人，但不管他是什么样的人，他就是他。做传教士对他来说非常重要，他愿意称之为'主的召唤'。他愿意让他的家人生活在很差的条件下。他愿意和我母亲关系紧张，更不用说他的孩子们了。他为了继续做传教士，让我们经历了很多事情，包括只是勉强生存。他的晚上，他的周末，还有他的白天，他都在外面拜访别人。带着油出去给病人抹油，倾听他们的烦恼。事实上，他有没有为自己的家人做同样的事情就是另外一码事了。他真的相信那是他应该做的事情。这是他的生命。

"大部分时间他都不会睡觉。他会拿出卫斯理、司布真或某个人的布道，他会坐下来一直到他睡着，也许在凌晨三点吧。读布道。他就从来没有停止过。（笑。）"


我在办公室的墙壁上贴上海报，带来鲜花，带来调频收音机，带来我最喜欢的陶瓷灯。我是整栋楼里唯一办公桌对着窗户而不是对着门的人。我把自己从所有能做的事情中抽离出来。我的时间分配是这样的，我会花两个小时为机构工作，其余时间我会翻阅杂志。（笑。）

如果他们多让我一个人待着，我就能更好地工作。我的老板会进来说："我知道你的工作量很大，但你能不能把这个做完，这很紧急。

我在三个星期后需要。"我可以在两个小时内完成。于是我就把这件事放到后面去做，然后按时完成。当我第一次去那里的时候，我早来晚走。我读了所有能读到的关于手头课题的资料。我会全力以赴完成一个项目，把它真正做好，然后再要求做更多的项目。我发现自己打破了常态，脱离队伍了。

和我一样有能力、一样可以有产出的人，已经意识到工作没有意义了，于是纷纷后撤。每个人都在自觉或不自觉地分配自己的时间。午饭时间打牌三小时，去晒太阳，或者其他不太明显的消极怠工方式。我意识到这一点。好吧，通往毁灭的道路建得很好啊。令人惊奇且荒唐的是，一旦我决定不再好好做事，人们就认可了我的一种权威。现在，我就这样风风火火、大步流星地往前走。

我有了自己的办公室。我有一个秘书。如果我想要一个书柜，我就有一个书柜。如果我想要一份文件，我就能拿到一份文件。如果我想待在家里，我就待在家里。如果我想去购物，我就去购物。这是我人生中第一份舒适的工作，而这份工作绝对是不道德的。

我当过服务员，做过秘书工作。我知道，在这些情况下，我在工作中是不会充分运用自己的能力的。竭尽全力做好服务员是一回事，因为你最终的结局是背的状态很不好；用达到自身极限的方式去从事写作和编辑工作则是另一回事，因为你最终会获得更敏锐的头脑。这是一种乐趣。在这里，在所有的地方，我曾期望把精力、热情以及自己可能拥有的天赋投入到工作当中去——然而，这种事情并没有发生。公司所期望的比你所能提供的东西要少。象征性的劳动。你所写的东西是订单。我去面试的时候——我必须离开这个地方！——我说："当然，我可以给您带来写作样本，但我引以为豪的作品是机构从未发表过的作品。"

在那里工作无法获得挑战，这是如此有辱人格。这是一种羞辱，因为我觉得我是被强迫去做一些我自己不会做的事情——这根本就是在浪费自己。这真的不是一个清教徒的苦恼。并不是说我想被迫害。只是我知道自己无所事事，而且拿着工资就是为了无所事事。我有可能坐在这里自顾自地读书。但你走出办公室的时候，却没有满足感，没有合法性的感觉！我被人利用了。有人买下了你一天八小时的权利。他们使用你的方式完全由他们决定。你明白我的意思吗？

我感觉自己被人坑了，这不是我的风格。这个部门的痛苦程度让人惊叹。他们请假的日子不少。他们不露面。他们甚至不打电话来。他们比我适应得好。他们认为，只要机构还在，就可以不劳而获。我不想成为其中的一员，所以我走自己的路。这就像是在领取福利金。并不是说这是一件可耻的事。而是这种强制的无所事事所带来的惊奇。这让你觉得不自在。我很气愤。我感觉我不会被羞辱。我不会遭人嫌弃。

虽然我父亲的职业有很多不好的地方，但他让我看到了把生活和工作融合在一起的可能性。他的家也是他的工作。一个教区和一个办公室没有什么不同，因为它是整个农村。没有什么比一份对我有意义的工作更让我喜欢，我把它带回家。

和我一起工作的人不是小丑。我认为他们是文化的一部分，就像我一样，他们被卖给了一个关于人性的愚蠢的想法。这是可怕的。我已经做了最好的妥协。如果我是自由的，经济上自由的，我会回到学校。在我们的文化中，我们必须为学习这个特权付出代价，这让我很不爽。

一个人在我隔壁的办公室。他六十二岁了，他已经完蛋了。他在 40 年代来到这里工作。他看到了这个场景，就说："好，我要在你们面前做个游手好闲的人。你们要的那些小事我都会做。我不会因为提出别的建议而破坏计划。"随着我们部门政权的更迭，有人遇见他，说："哎呀，他在这里没有任何贡献。他的心态已经定格在旧的态度上了。所以我们要把他赶走。"他们毫不客气地解雇了他，没有退休金，没有遣散费，什么都没有。只是让你收拾铺盖走人，六十二岁。他玩了这么多年的游戏，得到的回报是零。

打工的人专注于工作的内容，政客则是看重工作的风格。而政客正是我认为我们社会所重视的。政治家，当他明显是个赢家的时候，就会得到帮助。每个有利益关系的人都会站在赢家一边，给他助威。我终于意识到在机构内——以我在这里短暂的时间内所了解到的情况——生存的方式不是倾尽全力，而是利用工作来达到自己的目的，打那之后，我就成了赢家。

虽说这家伙最初可以做出选择。他也许会决定选择更独立的生活方式。但有各种力量阻止他做出这个决定。大萧条是其中之一。你接受了这份工作，无论条件是什么。这是一个直接的谈判。打工仔会拿到救济金。机构违反了合同，他因为无所事事被解雇了，然而他被雇来正是为了无所事事。

我强烈抵制那个关于年轻人的神秘传说，说这些孩子会找出答案的。但是，有一件好事，很多孩子都在做，就是没有让他们自己与人为的责任捆绑在一起。这包括婚姻，有些人可能会说婚姻是人为的责任，有些人可能说并不是。我选择了不结婚，不被丈夫和孩子所累。但有三个孩子和抵押贷款的人没有多少选择。他不能每周工作两天而不是五天。

我对工作的态度不那么道德说教了。我认识的人里面很少有人对自己所拥有的权利感到很有安全感，或者说感到很自在舒适。只要你做你自己，我做我自己，发挥我的小特长，也许就够了。也许只是把存在当作一种职业，并搞明白存在是什么，就足够了吧。在这一刻，除了做我自己，我不认为我有什么使命。但没有人因为你是你而付钱给你，所以目前我在机构里……

你问别人他们是谁的时候，大多数人会用工作来定义自己。"我是一个医生。""我是一个电台播音员。""我是一个木匠。"如果有人问我，我就会说："我是诺拉·沃森。"在特定的时间点，我为了谋生做些事情。现在我在为机构工作。但不会太久。如果我告诉你我不害怕，那就是骗你的。

我有几个选择。考虑到市场的情况，我打算找一份能找到的最好的工作。我真的试着按规则玩游戏，我认为这是百分之百不掺假的废话。所以我不可能回到市区说："我在这里。我很厉害，请你雇用我。"

你认识到自己是一个边缘人。作为一个对这个社会上正在发生的任何事情都只能给予最低限度同意的人："我很高兴电能用了。"仅此而已。你要找到的是自己的位置，让你能够在不进入市区的情况下，继续为自己提供衣食住行。（笑。）因为那就是死亡。那真的是死亡所在的地方。

## 沃尔特·伦德奎斯特（产品设计师）

**他五十岁了，是个商业艺术家、设计师。"我痛恨整个商业主义的概念。我觉得这个概念是有辱人格的。"**

1942 年，我从艺术学校出来的时候还是个孩子。我想赚很多钱，想成名。五年后，我就会拥有全世界。我会在纽约开着凯迪拉克，拥有自己的飞机。我想要金袖扣和美女，还有乡下的大房子。所有的一切。美国梦。（笑。）我们所有人在某种程度上都有的美丽的、丑陋的、邪恶的梦想。我想成为这个行业的关键人物。多年来，我意识到没有任何关键人物——每个人，人类都是被剥削的商品。然后被摧毁，被抛弃。三十年来，我一直是一个商业黑客。

问题不在于作品本身。它是否有真正的意义，或者它是不是一部商业作品？问题是谁来为它买单？好吧，你要谋生，你要吃饭。假设你是个记账员。你是在计算人类价值呢，还是在为辛迪加或五角大楼计算呢？你是在数死人还是在数学校里的孩子？你是怎样的一个人？你是否因为创作了一个可爱的广告片，销售了一个没有人类价值的产品，就觉得自己很了不起？难道这一切都是纯粹的风格？没有内容吗？

我有自己的组织，十五个人。"我们出去给客户办事吧。是的，先生。我们一起拍他的马屁吧。"那个拿着支票簿的人是谁？他想从你这里得到什么？现在你把好东西包上一些愚蠢的包装。一些不能生物降解的塑料制品，它们不会分解，充斥在你想大叫"我们被塑料淹没了！"的社会里。

你会想到广告商和他对我们的性环境的影响。阴道喷雾剂现在已经上市了。为什么一个女人要喷洒她的阴道？因为她更有味道？谁在下面闻？你在电视上看到两个年轻女孩在谈论约会。其中一个告诉另一个她在用阴道喷雾剂。为什么她的闺蜜不用呢？天啊！我们变成了一个多么令人讨厌的社会！

　　我想在绘图部工作，有创造性，做一些我相信的东西。但我成了一个皮条客。我直到三十岁才开始喝酒。我惊讶于自己。我发现自己可以比我的客户喝得要多。他们喝醉了，我却没有。多么荒唐的生活方式啊！赚钱是因为你可以喝得烂醉如泥，迎合别人的嗜好。他需要一个马屁精的友谊，在一些昂贵的酒吧听他的低级笑话。我顺利地签下了合约，但这让我感到恶心。我无法忍受这种事。

　　我们有一个客户，他为肉类和食品烹调提供添加剂。我的工作是将其制作成登在贸易刊物里的广告。我和公司总裁还有销售经理坐在一起开会。我们要为肉类包装商提供服务。这样他们就可以欺骗会对香肠进行检查的政府分析员。他们不认为这是作弊。我说："我们为什么要为芥末做这个广告？"他们说："芥末是一种黏合剂。"它把客户放进去的脂肪球状物粘在一起。所以我们靠卖芥末为生，因为这家伙想把脂肪而不是肉类蛋白质放进去。所以公众被骗了，这些狗娘养的在外面打高尔夫……

　　我们为一家大啤酒厂做了一件漂亮的工作。他们刚刚买了一个新的啤酒厂，然后发现啤酒太有营养了。啤酒有很多食品价值。他们做了市场再调查，发现心理不健全的年轻人把消费啤酒作为一种竞争的方式——大学里的孩子。"你能在我喝十四瓶啤酒的时候喝十四瓶啤酒吗？"你喝多少瓶才会吐？卖得最好的啤酒是最稀薄寡淡的，不会把你放倒。他们做的第一件事就是把啤酒的浓厚性去掉。他们把它搞成了酒精和水。

　　我的角色是创造一个充满乐趣的形象，在竞争激烈的淡啤酒市场中，创造一种令人兴奋的男女生的那种欢快。"淡啤酒"——这是广告词，指的是加水的稀释啤酒。所以，这个笨蛋小子认为自己是个种马，用喝掉所有的酒精这种方式来把妹。

你开始说："我他妈的在做什么？我坐在这里破坏我的国家。"这种感觉越来越强烈，然后突然间你的父亲过世了。

我生命中的转折点是我父亲的去世。这是一个滑稽的事情。你在这里看着一个白头发的英俊男人躺在床上，死于心脏病发作。你听他絮絮叨叨地说着他的生活："我从来就什么都不是。我连养育孩子的工作都没做好。我没有任何意义……"你面对着死亡。然后你说："等一下。发生在他身上的事情会落到我头上。从现在到死，我在做什么？如果你拿保险公司的精算表来说，我所剩的日子不多了。"你开始对自己进行评估，这可是个打击。我并不是事事顺利。"我是不是要永远做一个该死的皮条客？有什么办法呢？有没有其他的谋生方式？"

我有一个客户，他是我最好的朋友。我认识他二十年了。我们坐在一起随意地聊着。我告诉他我的感受。他大吃一惊。"看在上帝的分上，"他说，"你是我的敌人。从现在起，我再也不和你打交道了。"我已经四年没有见到这个可怜的家伙了。

目前，我在绘图部有一份还算不错的工作。这位客户有一定程度的意识。这是一张儿童生态海报，作为奖品赠送。挂在墙上很美，能让孩子认识生命的轮回。我正在制作两部教育用的电影带。一部关于卢瑟·伯班克 [1]，另一部关于弗朗茨·博厄斯 [2]。但是，钱不多。

现在我 50% 的时间都用在了反战工作上。当然，没有人为这种信息付费。我面临的最大问题是如何养活我的家庭。我横亘在两个世

---

[1]　卢瑟·伯班克（Luther Burbank，1849—1926），美国植物学家、园艺学家和农业科学的先驱。——译者注

[2]　弗朗茨·博厄斯（Franz Boas，1858—1942），德裔美国人类学家，现代人类学先驱之一，享有"美国人类学之父"之美誉。——译者注

界里，我正努力向正常的那个世界靠拢。但我不能以此为生。

我有一间很小的办公室。我一进来，电话就开始响了。都是没有报酬的工作。通常我那些有报酬的工作要晚点才能做完。（笑。）那些有报酬的工作通常我是带回家的。我的家人看电视，我就坐在他们身边，工作到晚上，把有报酬的工作做完，这样我就可以拿到我的工资，然后用剩下的时间做我认为重要的事情。我一天要投入十六个小时。这种连轴转是很疯狂的。这对我的妻子来说是一段难受的经历。她认为我有心理疾病。她走她的路，我行我素。我的孩子们为我付出了惨痛的代价……

我在挣扎着生存。我的钱快用完了。为了生存，我可能又要拉皮条了。但我不会放弃正常的工作。我正在四处奔波。如果不行的话，我可能会做年轻人做的事情，退出。我以后就不再存在于这个社会了。我会去公路队工作。我会去砍伐木材或者其他什么东西。但我再也不会扮演我大半辈子都在扮演的全职撒谎的不诚实的角色了。

一旦你唤醒了人类这个物种，你就不能再让它沉睡了。我认为，我是个有精神分裂症的人。很明显，不是所有的精神分裂症患者都被关在精神病院里的。（笑。）

## 丽贝卡·斯威尼（从修女到按摩治疗者）

"我从来没有觉得自己一直在寻找一种使命。环境让我四处寻找，并一直在寻找。在过去的几年里，我已经被解雇了十六次。（笑。）我得把我所有的记录挖出来，才能告诉你我被解雇过的所有工作。"她三十五岁了。

我在一个虔诚的爱尔兰天主教家庭长大。在我十八岁的时候，我决定做一个修女。我也想成为一名医生，所以我找到了一个宗教组织——医疗传教修女会。我从来没有被分配到医院过，我做过农活儿和办公室工作，还做过饭。我还负责打理财产。我很喜欢这样的工作。但六年后，我被要求离开。我不知道为什么，我想是我和院长之间的性格不合吧。我很伤心，因为我被拒绝了。我就哭啊。我走出去以后，心情就好了起来。我在寻找一些新的、有冒险精神的东西。

我当时二十四岁，年龄太大，不适合学医。所以我就去读了社会学的学位。我晚上上大学，找了份银行出纳的工作。我发现银行里没有雇用黑人。于是我就去找人事部的人和行长谈话。在我还没有意识到的时候，人们就不再跟我说话了。我过去总是满面笑容地进来，人们会说，"嗨"，现在我受到了冷落。

一个年轻的女人——我曾和她谈过宗教问题，她是路德宗信徒——说她同意我的观点，但不想失去工作。她警告我说要小心。我说不，总统有一个很好的爱尔兰天主教教徒的名字，诸如此类的事情。（笑。）我打电话给劳工局。他们说，他们只能在我组织一个工会的情况下保护我。所以我立刻开始谈论工会。行长叫我进去。"首先，你谈论取消隔离的事情，现在你谈论工会。如果你不小心的话，我们会让你走。"

有一天，一个黑人女孩去应聘。我一看到她离开银行，就跟着她。我跟同事说我要去办通行证。在街上追上了她。她以为我疯了。我告诉她，如果她没被录用的话，就去找公平就业实施委员会①，并

---

① 1941 年建立的防止战时工业部门及政府机关中种族歧视的机构。——译者注

跟我保持联系。几天后她给我打了电话。几天后，我就被解雇了。

我在女子拘留所找了份工作。女孩们来找我解决问题，而不是去找修女，因为我比较年轻，也没有身着修女服装，还跟她们开了点玩笑。我被要求离开。

后来我在一家医院找了一份工作，做助理和外科技术员，擦洗手术仪器。当时有一个团体在组织医院服务相关事项。我没能做多少事，因为我在上学，又积极参加和平运动，把自己搞垮了。但我直言不讳。我让洗衣店的人和工会联系。人事主任把我叫来了。我的工作报告很出色，但他把我干脆利落地解雇了。

我在标准加油站做加油工，因为我厌倦了在室内工作。我对汽车有些了解。我被解雇了，因为我不愿意和老板睡觉。那份工作只干了几个月。

当我完成学业后，我知道我想进入工会工作。于是，我开始在不同的工厂工作，建立联系——非工会车间。我在一家工厂做机器操作员，制造螺母、螺栓和钻床。我一直喜欢机械工作，用手工作。你可以把自己的精力投入到工作中去。

我只是到处在其他工厂找不同的工作，经常被解雇。同时，为了赚钱，我还开出租车。我一直都喜欢开车。我并不太喜欢开出租车。我的眼睛和脖子都很难受。我很开心。因为我是白人，他们会说："我猜测这个城市里有些地方，你不会喜欢在那里开车。"我说："是的，有一个地方。"他们会说："哪个地方？"他们会期待我说南区。我就会说："卢普区。我告诉你，在那里开车是很可怕的。"（笑。）他们会停止所有的谈话。那份工作我放弃了，信不信由你。

我在1970年参加了一些人口普查工作。真是官僚主义啊。他们一直在提不同的主管，炒人，调人，诸如此类的吧。压根不说这是一份临时工作——两三个月的那种——他们挑剔你，把你解雇。当你被解雇时，就会记在你的档案里。人们为此很生气。我被解雇了，因为使用粗俗的语言。我说一个主管是一个该死的混蛋。就是这样。

我当时在另一家工厂做自动车床。钢铁工人工会在那里。我马上去开会，提出我的意见。那家工厂有五千人，也许有三十个人会来开会。我一直在提出问题，主要是工厂的健康和安全问题。当地的总裁是个忠于公司的人，但有六七个人告诉他："我们希望你把贝姬派到健康和安全委员会去。她真的很厉害。"我去当地的消防部门了解相关规定。有些门被封住了，因为他们在那里堆放材料。我会提出这个问题。

我真的很喜欢做那个工作。我一边工作一边学习国际象棋。人们会嘲笑我。因为我会买一本平装的象棋书，撕下一页，然后把它贴在机器上。当我有三分钟的休息时间，零部件在移动的时候，我就会读一遍那页书。他们会说："你的书都是这样读的吗？一页一页地读？"他们从逗我当中获得了很多欢乐。

我和他们相处得很好。我们有很棒的友谊。其中一个女人，梅，是个车床操作员。只有男人才有更大的车床可操作，他们能赚到更多的钱。梅知道公司不会同意，所以没有申请。我对她很生气。我真的就把机会给她了。我自己去应聘了这个岗位。我也找了另一个年轻的女孩去申请。就是为了搞出点动静。然后梅就去应聘了。人事部的人把我们三个人叫来了，他开始告诉我们这有多难。于是我从背后的口袋里掏出一本平等就业机会委员会①的小册子，上面有 1964 年民权

---

① 1965 年 7 月 2 日成立的旨在结束就业中的种族歧视的联邦政府机构。——译者注

法案的第七章。我把它放在桌子上。他没有片刻喘息的时间。他说：
"当然，梅，如果你想要这份工作的话，欢迎你去做。你是最合格
的。"梅拿到了这份工作。

最后，他们确实解雇了我。因为我伪造了我的申请。我没写我在
银行工作的事。我知道他们不会给我很好的推荐信，我也不会得到这
份工作。我也没有写上我有大学学历。这很可疑——一个聪明人不可
能做这种愚蠢的工作。

我提出了申诉，工会不得不将其提交仲裁。哎呀，我跟你说吧。
他们还提到了另一件事——我参与了种族平等大会①，也参与了与银
行相关的民权的事情。他们真的挖到了。凡是写到我的，他们都挖出
来了。众议院非美活动委员会②对我进行了调查，因为我参与了学生
动员委员会的工作。

所以仲裁员判公司胜诉。工人们对此很不满。他们说他们想帮
我，但他们不敢代表我发表声明。他们真的很害怕。


"我的健康状况下降了不少。我有关节炎。我从马背上摔下来过。
我骨折过。我戴着一个颈托。我的脸上长满了痘痘。专家说：'不要太
劳累。'但我开始学习空手道。我被强奸过，我对自卫很感兴趣。我去
看一个按摩治疗师。他同意我练空手道。他改变了我的饮食习惯，我
的健康状况完全改善了。"

---

① 1942 年成立的主张通过非暴力直接行动来解决种族和工业冲突的民间组
织。——译者注
② 1938 年成立的负责调查法西斯主义、共产主义以及其他被认为是"从事非美活
动"的众议院委员会。——译者注

　　我和美国电力工人联合会的员工相处很愉快。我的工会工作把我调到了俄亥俄州。我加入了一个在山里的空手道俱乐部。我退出是因为我被打了几次，很疼。所以我决定做一些瑜伽。我发现瑜伽更符合我的喜好。在我做组织工作的时候，我每天都会做瑜伽，把它当成一种生活方式。我教瑜伽。

　　我在俄亥俄州的工会工作非常繁忙。我在对一个一千三百人的工厂进行组织，里面大部分是妇女。那是一家电器厂，他们的产品重量很轻。工作令我分身乏术、到处奔波，以至于我唯一能放松的方式就是瑜伽。

　　我被电力工人联合会解雇了。这不是政治原因。这更多的是由于我是一个直言不讳的女人，我参与了妇女解放组织，而且我还没有结婚。女同性恋在开放度方面也有了发展。有些男人把这些都混为一谈。所以……

　　我处理这个问题的方式和处理共产主义的方式是一样的。任何时候，有人提出质疑，说："你是共产主义者吗？"我会说："有什么问题吗？"处理妇女解放方面的事情也是用一样的方法。只不过他们不叫它共产主义，而是叫它女同性恋主义，我想这就是被解雇的原因。暗示。

　　很多人因此而受苦。不是因为失去了我。主知道，我很容易被取代。但俄亥俄州的这家工厂要让工会付出代价。这是一场非常困难的运动。人们已经尝试着组织了五次了。该公司将聘请高中女生，然后他们就可以不在乎工会了。他们总是投票否决。我每周都会和六十个绝望的人保持联系。他们都想成立工会。他们都支持我。但工厂里的一个工人却对我死活不同意。他不希望任何"阔佬"告诉他该怎么做。其他人并不关心他，但他却联系到了工会的高层。

我被解雇时，工厂里一些最优秀的人都很愤怒。"如果他们这样对贝姬，他们会对我们做什么？"甚至有一个比较好的工会官员也拒绝为我出头。他说："为工人阶级而战是一回事，但为女同性恋而进行一场战斗又是另一回事。"

我一边领着失业金，一边每周在天主教女子高中教一次瑜伽。所以现在我已经报考了一所大学，学习按摩治疗，这是一种无药物治疗的方式。我想告诉人们如何治疗自己，同时让自然治疗。我还在研究大肠疗法。我们的系统并不干净。

最初几次我被解雇时，我哭了，因为我的感情受到了伤害。我被电力工人联合会解雇以后，做的第一件事就是打电话给那位博士，问他我是否可以马上进入大学。他说可以。于是一切都好了。我上高中的时候，我以为天职是一种特别的召唤。这里有一个声音："来吧，跟着我。"我现在对召唤的想法不是"来吧"，而是我现在正在做的事，而不是我要做的事。生活就是一种召唤。

我顺其自然，感觉良好。你知道有一天我想做什么吗？我想成为一个重型设备操作员。那些大型的推土机……如果我这辈子没干成，也许下辈子也能干成。

# 第二次机会

## 弗雷德·林利（农民，前推销员）

我们在阿肯色州有一个小农场。离公路一英里半，在山顶的一条土路上。有 13.5 英亩。我们称它为"幸运十三"。我们正在扩大一个牛群的规模，因为你作为一个农民是不能生活下去的，除非你有数千英亩地。

我们有五个孩子，六到十一岁。三个女孩和两个男孩。十一岁的男孩照顾牛。十岁的女孩照顾鸡。九岁的男孩照顾两头猪。最小的两个女孩负责照顾狗。

我们买了一家乳品店——一家冰激凌店和汉堡包店的结合体。我和妻子从早上十点一直轮流到晚上十点。这是外卖店。这是一个小本经营的杂货店。一所本笃会修道院坐落在山顶上。那是一所男孩子的寄宿学校。他们不喜欢餐厅里的食物。他们为我们白天的生意提供来源。

他四十岁。直到一年前，他一直生活在芝加哥周边。他出生在其北岸的一个郊区；他作为一个"典型的郊区人"，在那里长大、成年，并成为一位父亲。他曾经住在一个郊区中产阶级居民区，"为世界上的商品而奋斗"。他曾在广告业当过文案撰稿人和推销员。

我们陷入了美国梦。你要拥有一所房子。你得有一个乡村俱乐部。你得有两辆车。你有一万美元，却漫无目的。所以我把自己的工资翻了一倍。我也把自己的悲伤翻了倍。我现在赚了两万美元，有一个开支账户，一辆福特乡绅——公司送的空调旅行车——一个好老板。我们开始积累。我们在郊区买了一栋房子，买了乡村俱乐部的会员资格，买了两辆汽车，我们交更高的税。我们变得紧张兮兮，开始喝更多的酒，抽更多的烟。终于有一天，我们坐下来。我们拥有了一切，但我们很贫穷。

横穿这里的超级公路修了起来。华美达酒店建了起来，假日酒店建了起来。我们曾经干坐到凌晨三点，我和我的妻子，我们说："一定有更好的方式。"我们有一个旅行拖车。我们说："假设我们把拖车挂到汽车上，然后就在美国各个州到处转转，试着找到一个宜居的地方——一个我们既可以谋生，还能拥有我们想要的自然环境的地方。我们怎么能做到呢？我们只是普通人。我们没有存什么钱。我们的净资产都在家里。"

我们卖掉了房子，还清了所有欠款，把家具放进仓库，开始驾车。我们在大城市里拥有一切，趁着我们还领先的时候退出。我们在东部已经看到了自己想看到的东西。是时候去西部了。

我们有两个标准：水和气候。我们排除了北方和南部腹地。这给我们留下了一条从印第安纳波利斯到新墨西哥的直线。我们认为阿肯色州中部的环境最好。他们倒灌河水，形成了这些神奇的湖泊。我们买下了这个农场。

　　我们的邻居过来了。他们六十八岁了，是肉鸡养殖户①。女主人在教堂里弹钢琴，弹的是用音符写的歌本上的歌。我带了一张过去六十年的名曲唱片。从卡鲁索②到马里奥·兰扎③什么的。除了埃迪·阿诺德④，她不知道那张唱片里的任何一首音乐。他们直到1950年才有了收音机，因为他们以前没有通电。⑤所以我们一只脚踏在30年代，一只脚踏在70年代。

　　我们有一头乳牛，是一头娟姗牛。我以前从来没有碰过牛。把房子卖给我们的人教我们如何给牛挤奶。我们发现奶牛会闹别扭，如果它想收紧某些肌肉，不喜欢你用冰冷的手挤奶，就会把奶停掉。人们会过来看着我们笑。

　　在这八千英里的旅程中，爸爸一直在想，也许我做得不对。无论

---

　　①　"阿肯色州是美国主要的家禽生产地。肉鸡养殖户在两栋鸡舍上的投资在两万到三万美元之间。两栋鸡舍最多可以容纳七千只小鸡。承包公司把小鸡放入鸡舍里，并且提供饲料和药物。在八周结束的时候，小鸡有4.5磅。公司来收走小鸡，然后付给你钱。拉尔夫·纳德一直在追踪这个行当。这几乎是白人奴隶制。农民投资，公司可以说：'这是块烂地皮，我们不会付给你全价的。'但你仍然每天投入十二个小时。"——原注

　　②　恩里科·卡鲁索（Enrico Caruso，1873—1921），意大利著名男高音歌唱家，世界上第一位录制唱片的男高音。——译者注

　　③　马里奥·兰扎（Mario Lanza，1921—1959），美国著名男高音歌唱家、演员。——译者注

　　④　即理查德·爱德华·阿诺德（Richard Edward Arnold，1918—2008），美国乡村音乐歌手，出生在田纳西的农家。——译者注

　　⑤　来自阿肯色州的前议员克莱德·埃利斯（Clyde Ellis）回忆："以前来电的时候，我想在我父母家。那是在1940年。我们都会到处去开开关，以确保还没有通电。我们不想错过通电。当终于亮起来时，灯光只是很微弱。我记得母亲笑了。当灯全部亮起来的时候，眼泪开始从她的脸颊上流下来。过了一会儿，她说：'哦，如果在你们这些孩子成长的时候我们也有电该多好啊。'我们经常生病。任何一个从来没有身处在没有电的家庭里的人，都无法想象其中的差别……他们有各种各样的晚会……山里人第一次有灯光。还有一些地区没有电……"（引自《艰难时代》，New York: Pantheon Books，1970）——原注

我走到哪里，他们都说："你永远赚不到钱。"朋友们说："哦，弗雷德把钱丢得一干二净喽。"我们掏出了压箱底儿的钱买吃的。时间在流逝。那是冬天。

我意识到做事只有两种方式：给别人打工或自己做老板。有两类人，所有者和非所有者。拥有的人是老板。我去当地银行，发现有个小店要出售。我说："我能做汉堡包。"但我从来没有在餐厅工作过，哪怕是当个侍者或冷饮柜台销售员也没有。我们从银行借了全部的用款，一万四千美元。我们对整个地方做了修整，因为它没有跟上时代的脚步。

我们的汽车餐馆没有服务员。你到窗口来。我们通过窗口给你一份带走的饭菜。在里面我们有五张桌子，在壁龛处的一个小游戏室里有三台弹球机。我们提供汉堡包、炸鸡、披萨汉堡——我们把这些吃的引进了这个区——辣狗、冰激凌、糖果。泡泡糖很畅销。我们以二十五美分的价钱向游客和渔民出售一塑料袋刨冰。可乐，胡椒博士①，雪碧。鱼肉三明治。

我们的酒吧才开了六个月。我们正在努力让它达到一个点，我们花在那里的时间越来越少。老板必须在那里，因为他们进来看你就跟吃饭一样重要。他们进来说："牛怎么样了？"他们永远不会忘记。他们说："农场怎么样了？蜱虫怎么样了？"诸如此类的。还有："这个地方看起来不错。"他们为此打扮得漂漂亮亮的。妻子穿上了她最漂亮的衣服，来到小店吃晚饭。这是件大事。

如果一切顺利，我们的生意增加一倍，学校放假的时候，我们就

---

① 胡椒博士（Dr Pepper），一种碳酸饮料。——译者注

会关门。也许我们会在复活节那周关门，等修道院的孩子们放假后再关门一周。这样我们就有一个月的假期了。我们离新奥尔良只有一天的车程。今年冬天我们会去那里。

我妻子十点开门。高中女生从十一点到下午一点都会过来帮忙。三点她回家来接我。我们用自己的乡绅车换了一辆二手皮卡。三点半左右，孩子们从修道院出来，玩弹球机，吃汉堡包。我一直待到晚上十点。

我是一个短期厨师和洗瓶工，也做些别的事情，直到十点钟。关上灯，清洗烤架。有时我会在街对面的酒馆停下来，吹吹风，直到酒馆十一点关门。我回到家，我妻子正在看新闻或约翰尼·卡森的节目。这时我们就会聊天。她告诉我农场怎么样了，孩子们怎么样了。我们大约在半夜睡觉，第二天又开始了。除了星期一。

周一我们关门了。现在我们开始尝到搬过来的甜头。星期一，我们把孩子们送上去学校的车。我们上了卡车，把船扔在后面。在离我们前门六分钟的地方，我们把船放在湖上——世界上最大的人工湖之一，然后去钓鱼、野餐、打闹，直到四点钟孩子们回家。我们坐在那里，我想一整天都不会有三艘船经过我们身边。坐着看岸边的铜头鱼和头顶上的鸟。谈论尼克松和戴利，钓鱼和小店，诸如此类的事。最令人惊讶的是我们可以爬山，就在我们家对面。山顶有一个瀑布。而且没有喷气式飞机飞过。没有人。只有一辆小卡车在路上时不时地驶过来。

有个人站在伊甸园高速公路①上，对开车上班的家伙进行检查。

---

① 一条进出芝加哥的高速公路。——原注

他们的下巴肌肉都在抖动。我也是其中之一。他双眼凸起，冲着我骂骂咧咧地说："你这个烂人，给我滚开。"为了什么？让我上班时被一个采购员粗暴地对待，就因为他上班迟到了五分钟？那四十五分钟的上班车程。我通常会抽五支雪茄。不断的险情、堵车、迟到，用脚拍击地面，砰砰砰地打着方向盘，做着所有大家都在做的事情。

我到了办公室。你可能会发现报纸还没送到，印刷机坏了，老板可能心情不好。或者有一个人在电话里大叫着要在半小时内见你，否则整个世界就会走到尽头。他们总是要先有一个评估。所以你会尽可能快地完成你的文件工作。然后你就开始了每天的电话。然后就是为停车位而烦恼。你是幸运地在街上找到一个按小时计费的车位，还是去停车场？如果去停车场，他们会对你的车做什么，然后再还给你？有多少凹痕？所以你要经历这些麻烦。

然后，到午餐时间了。你会跟一个人去吃午饭，喝两三杯。油腻的食物……你从阴暗的餐厅出来，回到夏日的午后。四点的时候，你会做任何自己积攒的活儿，或者需要检查的样品。也许工作到五点半或六点。然后，你就在回郊区的车里打拼。

我在六点四十五分到家。我们就坐下来吃饭。我们会在八点结束晚餐和谈话，看看孩子们的成绩单什么的。然后，如果有些有意思的节目，我们会看电视。如果是夏令时，我们会和孩子们打球，直到九十点钟。然后我们就会去睡觉。否则我们会为个人问题而动一下干戈。主要是为了解决账单问题。周末我们会去乡村俱乐部吃晚饭。我加入了三年，但从来没有打过球，没时间啊。

仅仅是生活在这里所造成的令人难以忍受的压力就很奇妙，尤其是当你已经离开一年以后①，我还没有像今天早上我父亲开着他的奥兹莫比尔车送我来这里的半个小时那样紧张，开在山路上，散热器都要炸掉了。

如果你决定逃离、出走的话，你就得一气呵成。如果你浪费时间或者等到六十岁，你永远都跑不掉。我认识的一个家伙，六十三岁了，在陶斯买了一块地，在山顶上，四十英亩。他和他的妻子打算三年后搬到那里去住。他是在星期二告诉我的。星期六，他的妻子死在花园里。埋葬她的那天，他对我说："孩子，你真聪明，趁着年轻就出来了。"我们决定踏上这段旅程的决定，是在几年的时间里发展而来的。一点儿也不让人感到惊讶的一点是，这些是随着我们实现所谓的美国梦而产生的。

人们说："你在浪费你所受的大学教育。"我的前雇主对我父亲说："你培养你儿子不是让他成为一个服务生的吧。"在大城市朋友的眼中，我已经失去了地位。不过在我现在生活的地方，我的地位比在城市里要高。我是一条小池塘里的大鱼。我是个小有名气的人，在那里可以当个服务员，过得跟大陆银行的副行长一样好。如果我在城市郊区当服务员的话，那儿的居民会让我搬出社区的。我小时候就对自己说，某某先生是做什么的？哎哟，他只是个清洁工。他根本就不是什么大人物。我在别人那里的个人地位可能下降了。我自己心里的个人地位已经上升了百分之百。

我觉得教育就是要让人全面发展。我们在这所房子里打造的第一个房间就是图书馆。但我相信我们已经离体力劳动太远了。我是

---

① 谈话是在他访问芝加哥期间进行的，其访问目的是运送一些牛。——原注

在郊区房子干活儿时发现了这一点。我可以度过糟糕的一天，回到家，贴一堵墙的壁纸，沉浸其中，把边缘修整好，确保壁纸下面没有气泡——我可以忘记所有的挫折。我觉得慢跑是不够的。我相信大多数在郊区有房子的人在外面割草时比在那辆凯迪拉克里更快乐，更舒服。我在修理阿肯色州的房子。只是个老橡木 A 型房。没有刷漆。我正在进行整体重新改造。重新装门，移动门。试验，出错。我从自己过去的生活里迈出来时，体重是一百八十五磅。你今天看到的我，只有一百六十磅。我觉得自己比以往任何时候都要健康。

我不觉得自己下半辈子都要做个服务员了。我可能会买更多的土地，更多地参与到养牛业务当中去。我想百分之百地从事农业，但这需要比我现在拥有的大十倍的土地。而且需要时间……在养牛业中，对肉的需求是足够的，所以你可以通过牛和肉鸡养殖过上舒适的生活。我可能会把小餐吧扩大成一个普通的餐厅，把它弄得时髦一点。我有很多花样的。

但有一样东西我们还留着——我妻子不让我扔掉的一样东西——就是我们还留着那辆拖车。如果有必要的话，我们可以再一次出走。如果我们找到更好的地方的话，也许是更高的山顶，我们会去那里生活。

### 菲利普·达·芬奇（律师）

**他是一名律师，二十九岁。直到三年前，他一直在一家大型保险公司的法律顾问处工作，虽然“做得很好”，但他和一个同事突然辞职——到西部去流浪。**

　　我当时是为公司辩护，对付那些被车撞的人。老实说，我接受了那份工作，因为那是阶梯上的第一级。接下来的事情就是在游戏中跳到另一边，成为一名原告的人身伤害律师。给警察发名片，然后开始得到推荐，赚很多钱，然后马不停蹄地继续，再继续。如果我留在公司二十五年的话，我会拿着三十五万美元的利润分红迈出大门。（笑。）

　　前三个月很新鲜。上法庭，完成律师的角色。但当我发现自己真正在做什么后，新奇感就消失了。每天花上八到十个小时为保险公司辩护简直是浪费时间。如果我接受了这种教育，我还不如做一些有用的事情。

　　我开了一辆出租车。有人告诉我关于法律援助的事。我去了那里，打算待上六个星期，挣点钱，然后去纽约。我开始在上城区①工作。要去纽约的时候，我说："算了，我要留下来。"我终于找到了一件做起来让我感觉自己真的有用的事情。现在已经两年了。我还是个律师，但已经不一样了。

　　我的客户是阿巴拉契亚人、黑人、老年人、深陷租房纠纷中的人。我们在少年法庭。我们代表被警察虐待的人。我们代表州立监狱的囚犯。我的客户是那些因为州立医院过度拥挤而被扔到上城区的人。②他们就像在集中营一样，有的六人一室。他们都快死了。在你向他们施压并威胁要曝光之后，建筑局会提起诉讼，他们会把这些人转移到更

---

　　① 芝加哥的一个贫民区，主要居住着来自南方腹地和阿巴拉契亚的贫穷白人移民。——原注

　　② 在该地区，有为从精神病院出来的人提供的中途宿舍。在早些年，这些宿舍是旅馆，当附近的流浪者较少的时候，都是中产阶级客人光顾的。有些经营得很负责，并有适度的温柔爱护。也有一些……。——原注

好的地方去。所有的日间劳工机构都在街上，如同奴隶市场。

在过去的九个月里，我一直在和伊利诺伊州金融机构部门斗争。他们有二十六家公司自称是做债务规划业务的。有一家公司在西班牙语电视节目上做广告。他们扑到人们身上进行掠夺。他们把人弄到那里，让他们签下这些他们看不懂的英语合同。制造不存在的债务，收取高额费用。最后，他们说自己会调查——轻微的处罚。于是我们自己提起诉讼，直接对这些公司进行抨击。官僚机构不执法，不对恶劣的房主、放高利贷者等的见利忘义加以打击，这是故意的渎职行为。我们一直在抨击官僚机构。

**他在一个临街的办公室里工作。"我们有一群来自我教书的学校的法律学生——每周两节课。再加上两个墨西哥妇女和一个黑人妇女，她们帮助我们管理办公室。"它是由经济机会局资助的。"如果我留在市区从事法律工作，我赚的钱会稍微多一些，不止是稍微多一些……"（笑。）**

每天都是不同的。没有无聊的时刻，因为事情那么多。典型的一天？我们走出办公室，突然有两个穿大衣的家伙走到我们身后，开始给我们拍照。我们走进餐厅的时候，他们在看我们。我们走出去的时候，我们的照片又被拍了下来。警厅情报处，芝加哥警察局下设的。[①] 因为我们代表了青年爱国者组织[②]。那是在组织成员建立免费医疗诊所的时候。市政府试图关闭诊所，并保存了一份关于城里的律师

---

① 官方称呼为"工业警察分队"。该机构于20世纪30年代为建立美国产业工会联合会而掀起的斗争中出现。——原注

② 南方青年白人组织，"黑豹党"和"青年领主"（Young Lords）的乡村版。——原注

社会活动家的档案。

我步行回办公室，对人们进行采访。打电话给财务公司，试图找到合同的辩护理由：人们在合同上签了字，不知道他们签了什么，因为他们不懂英语。他们的车被收回了，他们的工资被扣压了……你可以连续工作四天，每天十六个小时，永远不会觉得累。直到你的眼睛都要废掉了，然后你知道自己必须去睡觉。

有一个新兴事物——法律公社。四五个法学院毕业的人聚在一起。他们就在自己的公寓里工作。如果我们是私人执业，我们所收取的费用会很高。但我们收取的费用是律师通常收费的十分之一。你懂的，在我们的社会里，守规矩的律师会得到很高的报酬的。（笑。）

在保险公司，竞争无处不在。你得把另一个人推倒，然后爬到他身上去，这样才能往上爬。如果你不把他推倒，你知道他就会超过你，把你赶走。他会得到那份工作，而你不会赚那么多钱，也不会得到那个头衔。哦，日子拖得太长了！我总是偷偷溜出去，去市区看演出，打发几个小时。太无聊了。你的桌子上有一叠文件，有一百多份。你所做的就是打钩。进到法庭，提出同样的动议。同样的事情，一遍又一遍，日复一日。为什么要这样做？为了给公司省钱。

在这里，你知道你的客户的痛苦。你知道他的房东是什么类型的人。你知道他的公寓是什么样的。你知道他所承受的压力。这让你更有决心。我们不只是帮助他们解决法律问题。如果他们有心理问题，我们会尝试着帮助他们联系心理医生。或者帮他们进学校。他们被压得喘不过气来，非常沮丧。

你可以近距离地了解他们。我们关系很好。我去过他们家，他们来过我家。我知道他们所有人的名字。我们出去喝酒。他们是我的朋友。以前和我一起在公司工作的人，五点以后我就再也没见过他们了。我从来没有想过要和他们分享我的想法。和我一起在这里工作的人，就是我的生活。

我的工作和我的生活，已经融为一体了。我不再是精神分裂症患者了。在另一个地方，你必须穿着西装、打着领带去上班。到了五点，你就会跑出去，跳上公交车，然后回家。我会立刻脱掉西装，穿上紧身衣、凉鞋和 T 恤衫。当然，我在法庭上还是会穿西装、打领带。我不想伤害我的客户。但假象已经过去了。人们必须接受我的真实身份。

（他突然感到很疲劳。）我不认为自己是一个真正的律师。我做得越好，我从我的客户那里得到的钱越多，在这种意义上，我不是一个律师。我只是想试着帮忙……（疲惫地叹了口气。）你可以改变一些事情。但进展不大。从事同我一样的工作的人，我们国家大约有两千人。立法机构不受我们控制。我们每宣布一项法律违宪，他们就重写五项法律。我们每走一步，就会被推后四步。有些日子我很乐观。其他日子……（声音渐渐低了下来。）

由于这种类型工作所需要的全身心的投入，你每天、每周、每月所投入的时间，有一个不断燃烧直到熄灭的过程。一般人在这里待上两年就会退出了。干这行对身体的压力绝对是太大了，还有情感上的，天啊！这就是发生在巴德身上的事。（笑着指了指坐在旁边的同事。）

**巴德也是一样，之前在一家成建制的律师事务所工作。他成了一个"穷人的律师"。现在，在干了两年之后，他正在休假。他凄然一**

笑。"他们抱怨拉萨尔街①的一些小事。'我没有从这个家伙那里拿到五百美元。'没有任何意义。在这里，这是个磨炼的过程。我下楼到办公室，我有一百一十个案子，涉及某些人的生命。你会感到过度投入和过度紧张……"

在过去的十年里，我发现自己无法再坐上十个小时。你只是因为自己的无力而变得情绪病态。你想拿起枪去抓那个打了十三岁孩子的警察。你准备诉状，提交诉状，然后去陪审团面前，为一个被五个警察打得头破血流的孩子拿到二十五美元。你知道这是胡说八道。也许最好的办法是给这个孩子一把枪，然后说："好吧，去面对吧。"但这些都是令人沮丧的时刻。

这是一个问题，保持对希望的把握——更多的人会意识到。也许在我的有生之年，事情会变得更好。也许二十年、三十年、四十年后。你被太多的事情压垮了，你就得休整一下，说："伙计，我两天都回不去了。"这种情况经常发生。

你在贫民区住了两年，你就会沉浸其中，看不到外面发生了什么。比起以前的工作，我更需要逃离这份工作。在保险公司，你不会被四面八方的人殴打。你有一些麻烦，但它们毫无意义。在这里，事情是如此沉重……

我不后悔。在我不顺心的日子里，我觉得我已经浪费了三年在贫民区工作。但不是全面的。这段经历帮助我看清了很多事情，让我意识到我们的社会正在发生什么——这个系统对人的影响。我本来会死

①　芝加哥的一条重要的南北向街道，穿过芝加哥的金融区。——译者注

在另一份工作上。我可能会成为一个酒鬼或吸毒者或什么的。我肯定会被逼成那样。

## 萨拉·霍顿（图书管理员）

　　这是新泽西州的一栋农舍。她在与丈夫戴夫共进周日早午餐，戴夫在曼哈顿工作。他在这里度过长周末。她是一所私立学校的图书管理员。

　　1960 年到 1964 年，她在图书馆学校学习了四年。大多数去那里的人都有其他工作。她当时四十六岁。"我们被称作抓住第二次机会的人，因为我们都希望有更有价值的工作。所有的人都希望这是一种释放，就像'现在我要生活了'这种类型的事情。

　　"我已经离开大学二十五年了。我离开学校的时候，正值大萧条时期。如果你所受的是文科教育，你找不到什么像样的工作。每个人都去了梅西百货。"她做过秘书工作，在一所女子学院临时教书。"在我很小的时候，我脑海里就有一幅生活的图景。"她当过报社记者，编辑过工会期刊，1949 年"漂流"到电视这个新领域。

　　我是公司聘请的第一个电视制作人。他们做过一个野树根[①]的广告，客户不喜欢那个女孩穿的睡衣。有人说："把这条广告拍好的唯一方法就是雇用一位女性。"于是我被录用了。

　　我认为自己从来没有把工作耗费在我认为很糟糕的东西上，真

---

[①] 野树根（Wildroot）是一家总部位于水牛城的公司，以销售男士洗发、染发用品出名。——译者注

的。虽然我不认为野树根和别人的洗发水有什么区别。我知道科蒂 ①
有一种味道，而另一个牌子有另一种味道——一支新的口红，没有太
大的区别。

我为自己所做的事情感到骄傲。我让自己把事情做好。但花了那
么多时间和精力去确保一份印刷品在 22 号星期四的六点钟会送到电
视台，这就变得越来越荒诞了。我在回家的路上自己把胶片送了过
去，因为你不能确定信差是否能准时送达那里。胶片是周一还是周四
到有什么区别呢？我觉得，在这样的压力下痛苦地活着，把自己累
垮，应该是为了更重要的事情。人生苦短，不能这样。

男性得到的比我多得多，这一点也很明显。他们更有规律地获得
加薪。做同样的工作，他们的工资是我的两倍。这种事情——任何女
人都会习惯的，过一段时间就会习惯。

每次公司失去一个大客户时，就会发出解雇通知书。会是我吗？
还是别人？这真是让人紧张。有的时候你会非常忙，有的时候你会无
所事事地坐着。你会试着装作很忙的样子。你会坐在那里，编织、阅
读或玩填字游戏。你必须守在电话旁，以防有人打电话来。我从不把
工作带回家，我却把紧张带回了家。你没法不这样做。如果你要紧张
的话，应该是为了一些有意义的事情。

我也许本可以在广告公司待上好几年的。也许在一件事或另一件
事上卡壳了。到时候他们会说："你要把片子弄利索，不然就滚蛋。"
这在一些人身上发生过。他们当然不会留住一个六十五岁的电影制作
人。（笑。）所以我得想点别的办法。

---

① 科蒂（Coty）是一家美国跨国公司，以销售香水、化妆品、护肤品、头发护理
用品等为主。——译者注

　　我认识很多女人，她们离开工作岗位后唯一能做的事就是做接待员。我见过太多的女士，不得不靠做这些悲惨的事情来谋生——接待员、陪护。或者回去做秘书。我不想这样。突然间我有了灵感。我为什么不去图书馆学校呢？

　　1960 年冬天，我开始考虑图书馆工作。不知道是因为我在办公室所感受到的不安全感，还是我觉得自己必须要出去。我听说没有年龄限制，你可以成为一名图书管理员，直到你几乎站不住了。我接受了这样的观念，我可能会一直工作到我放弃为止。总之，我觉得人和书是一个很好的组合。只要你愿意，你大概想做这个工作多久就做多久，这让我感觉很舒服。所以我去了哥伦比亚图书馆，从晚上七点待到十一点。这一去就是四年。

　　在她和戴夫买下的农舍附近的小镇上，一所私立学校给她提供了一份工作。"我的工资至少会减半。我们谈了又谈，谈了又谈。他说：'四年里，我在咱们的公寓里每周四个晚上闲着没事干，不是白费劲的。接受这份工作吧。看在上帝的分上，这是你想做的。上帝啊，接受吧。'戴夫说服了我。

　　"当我很小的时候，我就在脑海里描绘了一幅生活的图景。你一直往前走，直到你稍微向右转弯，直到你大概二十一岁的时候。当然，大学毕业后你就结婚了，之后就什么都没有了。一切都很好。我认识的人都是这样的。也许他们中的几个人工作一点儿。你有了孩子，然后一切都很平顺。

　　"在史密斯有两千个女孩。那是在大萧条时期。没有工作机会。也没有职业培训。你可以接受教育，然后去教书，尽管那不是很时髦。

你知道你会做一些很棒的事情。我从小就知道没有什么是我不能做的。如果我想当总统，我就能当总统。没有人可以在任何事情上打败我，但我在任何事情上都不是特别好。我不是音乐家，也不是作家。不，我不记得我有什么天赋。我的生活没有固定的模式，我只是顺其自然地过日子。直到戴夫强迫我做了这个决定……"

我这辈子都没有在图书馆的书桌后面待过。在图书馆学校，没有实践教学。那是另一个世界。没有压力，什么都没有。有书。你能想到的最糟糕的事情是，孩子们是否会记得在周日打开图书馆的锁，这样图书馆就能开放。没有人表现得好像我从来没有进过图书馆一样。孩子们都很好。从此以后就再也没有紧张的生活了。迷人的生活。不想念城市，不想念那份工作，不想念开支账户（笑），不想念以前生活的任何一个部分。

还有一个原因，我不想被困住，当一个小小的女接待员，微笑着给别人指路。我会失去理智的。在这份工作上，你可以用你的头脑。有挑战性的事情。找出一些新的数学短语是什么意思。选书是一件很复杂的事情。如果你有成千上万预算的话，你犯一些错误也不会造成多大影响。但我们这里预算有限。我得很节俭才行。

图书馆是一个大房间。我们现在已经满满当当的了。上周我们这里有五十八个孩子，然而只有五十七个座位。他们喜欢来这里是一种赞美。不过这是一个痛苦的夜晚，你不得不走来走去，让孩子们安静一点儿。声音太大了。我是很老派的。我觉得那里应该是一个安静的地方。

我们家不锁门的。我从没想过锁门。在城市里，你会去坐地铁，在人海里跟在别人身后，尝试着拿到一个文件。在这里，我开车去学校，只是在拐角处转弯，就能看到整个阿巴拉契亚山脉绵延数英里。然后我就准备好去工作了。

我觉得自己像鸟一样自由。我所处的位置很独特，因为我是老板。我买自己喜欢的东西。我发起一些事情。我可以尝试各种我认为孩子们可能感兴趣的东西。没有人干涉。对我来说，上班不是什么苦差事。我很幸运。大多数人一辈子都做不到这一点。

我父亲是个机械工程师，没有一天不讨厌做这份工作。他迫不及待地等了四十六年，等着退休。当我们还小的时候，我们就知道他厌恶自己的工作。他最讨厌的一件事就是要带客人出去吃饭。他差点没挺过去，因为在退休年龄前几个月，他的心脏病发作得很厉害。幸运的是，他后来又活了近二十年。他六十五岁退休后，开始生活。他上过吉他课、钢琴课、美术课。他参加了小剧场的演出。工作对他来说是他讨厌的东西。他按部就班，做得很好。但他害怕工作的每一分钟。

我以为他成为工程师是因为他父亲是工程师。他在同一所大学上学。他哥哥也是工程师。这只是我以为的。但他不适合做工程师。我有个姐姐，她迫不及待地等着明年 12 月，因为她要在银行退休了。她还在坚持。多可怕啊。

我不认为自己可以真正退休。时间不够用。

## 马里奥·阿尼基尼（石匠）

**在店外的院子里有大理石雕像以及用石头雕塑的圣徒、天使和喷**

泉。《天使，望故乡》①和甘特的精神如同暴风骤雨般地盘旋着。然而，工匠马里奥·阿尼基尼却从未如此轻松。他的儿子和同事鲍勃，插了一句很现代的话："我们也用泡沫、玻璃纤维、聚氨酯……"

在意大利，我在大理石行业工作了一段时间，那时我还是个孩子。在卢卡，一个年轻的孩子做这个，做那个。渐渐地我学会了。二十岁的时候，我来到了这个国家。我不能做任何大理石行业的工作，因为这里有大萧条。从 1927 年到 1955 年，我是个屠夫。二十八年来……

我的胃开始有点溃疡，我有坐骨神经痛，所以我不得不离开。于是我休养了一年，什么都不做。但之后，我觉得自己可以做一些事情。石膏生意，墓穴生意。我一开始做的时候，就觉得好些了。

**鲍勃：他大概五十五岁的时候又开始干这行了。我母亲以为他疯了。但他坚持要做。托斯卡纳的那个他出生的地区，每个人都有个亲戚或者认识某人在做艺术生意。有佛罗伦萨……**

变化很大。我们现在用橡胶来做模具。我们以前用的是某种胶水。只能做十件左右。现在有了橡胶模具，我们可以做三四百件。在意大利，你要上一年学才能做一个模具。以前，我只做一件，石头或大理石。也许你是百万富翁，你想把它做成你的半身像。好吧，你出多少钱？现在没人愿意花这么多钱。在这里，我没有看到那么多好的石头可以用。

---

① 《天使，望故乡》，美国作家托马斯·沃尔夫的自传性小说，书中以南方小城石匠甘特家小儿子尤金的成长经历为主线，展现了这家人动荡不安且矛盾重重的生活。——译者注

鲍勃：我们以前卖的是雕像和喷泉：一个仙女拿着一个壶，在倒水。突然间，因为生态学那一套，人们想听到水流动的声音。在城市里，他们想靠近乡村。所以这就是艺术和自然的结合。我们开始干这行的时候，我是相当反对的。谁会买一个喷泉？我们现在把喷泉当作加湿器放进室内。人们把雕像放在院子里。对这些东西的需求量很大，我们就建了一个工厂。

记得当初离开屠夫这一行的时候，我身体不好。开始做这一行的时候，我的身体越来越好，我觉得自己很好，很享受。

鲍勃：对于墓地来说，以前的人都希望有一个雕像，圣安东尼或者圣安妮之类的。我们现在对圣徒的呼声不高，尤其是现在教会……

人们会笑。每次他们看到我，就会看到我状态越来越好。我以前在地下室工作。他们说："你在下面吃了太多的灰尘，你的状态越来越好。你以前在肉铺工作，很好，很通风，什么什么的，你以前病殃殃的。怎么会这样呢？"

鲍勃：我爸爸还认识一个人，他在做自己的工作的时候感觉不太好。他跟我爸爸一起在这行干——也是他小时候做过的事——后来他变得健康了，也胖了，类似的事情。（笑。）我爸爸十五、二十年前是个老头子。现在他是个年轻人。

# 父与子

格伦·斯特里布林（修理店店主）

在飞机上的一次邂逅；随口一提：他和妻子刚乘坐完夏季邮轮，现在正往回赶。这是他们二十五年来第一次度假。他四十八岁。

他和儿子是生意上的合伙人。格伦＆戴夫汽车修理店。他们在克利夫兰郊外约三十英里的一个相当富裕的社区里经营着一家德士古[①]加油站。"一共八个员工，算上我和我的儿子。当然，还有我妻子，她是记账员。"有三辆拖车。

"格伦＆戴夫所拥有的设备可以做所有性质的维修工作：从变速箱、空调、阀门，所有的……一切。我把它称为修车厂，因为我们做修车厂的所有工作。

"我们已经在这里干了四年了。"他自己也在这里"稳稳当当"地干了二十九年。"当我还是个高中生的时候，我在斯图贝克[②]修车厂兼职，每周七美元。而我每周支付七美元的食宿费用。（笑。）我们家多少都是干这行的。我的曾祖父在宾夕法尼亚州为汽车做辐条，当时他

---

① 德士古（Texaco），美国一家石油公司，于1901年成立于得克萨斯州。——译者注
② 斯图贝克（Studebaker），美国一家马车、汽车制造商，也为军队设计制造过装甲车辆。——译者注

们用的是木轮。我有个哥哥，他是个机械师。我还有一个哥哥在加州，他和我做的是一样的生意。我爸爸，他是个蒸汽机修理工。

**"我从事这一行的另一个原因是：这是抵御大萧条的。一个好的修理工总是会有一份工作。即使他们正在把汽车造得用不了太久，人们更经常地进行汽车交易，仍然会有一些人，必须知道他们在做什么。"**

我一周工作八天。（笑。）我平均每周工作八十到九十个小时。我和我儿子每隔一个周日休息，轮流值班，你知道的。哎呀，我喜欢这样。从来没有一天足够长。我们从来没有干完过活儿。这是个好事，因为人们依赖你，你也依赖他们，这是一个大生意。有时候，三辆卡车都要动起来才行。我们卖的都是服务，如果你不能提供服务的话，你还是放弃吧。

我们所有的生意都是口口相传的。我们从来没有在报纸上登过大型广告。这本身就是一个很好的迹象，说明人们是满意的。当然，也有一些人是没有人能够满足的。我已经学会了：为什么要让一个人毁了你的一天呢？

一个新顾客来到镇上，他会说："我在火车上遇到的某某极力推荐你们。"哦，我们收到过非常多的赞美，人们说他们的车子以前从来没有被处理得那么像样子。他们真的很高兴看到我们发现问题、解决问题。我称它为预防性维护。

一个人进店，我们会对他的轮胎进行检查，卖给他一套减震器，重新包装他的轮毂轴承，调整车的前部，对车进行维护——我所说的维护，指的是润滑，换油，过滤器……但他的车只有一个尾灯还能亮，他却不知道。所以我们把尾灯修好了，他一定会很感激的。如果是大事情，一套轮胎的问题，或者需要对阀门进行维修，我们会打电话给客户，和他商量。

有时，但不是很频繁，我学会了放松。当我离开这里的时候，我试着离开一切，因为我们家的铃声很响亮。如果我在院子里工作，人们就会打电话来。他们想知道一辆车的情况，也许是下周的预约，或者是我们这里有一辆车，有关于这辆车的问题要问。夜班的人会打电话到我家里来。我们也有二十四小时服务，拖车。我和我儿子，我们轮流值班。所以这个电话是挂在外面的，所以你可以听到。所有的邻居也都能听到。（笑。）

关掉电话？不会的，从来没有过。好吧，如果是一些卡车公司，而且在我们这里没有账户——他们是存在的最糟糕的风险。如果他们没有信用卡，或者如果他们的送货人不为他们担保，在我们出去之前，一定要有某种付款协议。当然，如果是外地人的车坏了，我们自然会把修车的活儿接下来。

有时候，如果我们很忙，天气不好，或者因为这样那样的原因，好家伙，我们一口午餐都吃不上，除非妻子带上个三明治跑到这里来。我通常在六点半到七八点之间的某个时间回到家里。不管公众的要求是什么。在冬天的时候，我的上帝，我们九点之前都不离开这里。我已经连续工作了三十七个小时了。

我不是为了钱才干这行的。人们遇到了麻烦，他们打电话给你。你觉得自己有义务出去，尽可能地帮他们解决问题。我的妻子告诉我，我对自己的工作比医生还认真。偶尔会有竞争对手来请我对某样东西做一下诊断。我就会去做。我会告诉任何人我知道的任何事情，如果这能帮助他的话。这是个不错的方式。也许某个时刻你会想让他们帮个忙的。自己生活，也让别人生活。

你经常会被激怒，但你要控制好自己的情绪。你不能太偏执。你必须保持一贯的作风。顾客喜欢的人总是一样的。我注意到的另一件事是：我有了白头发，这对生意有帮助。尽管我儿子和我一起工作，而且我们有能干的人为我们工作，顾客们总是想和格伦谈谈。他们尊重我，以及我告诉他们的事情。

如果我很紧张，而且有人把车停在车道上，按响所有的铃，把车停在门前，然后进去上厕所的话——这种人是最不体谅别人的那种人。如果你在后面，比方说你在重新包装轮轴轴承吧。你的手上满是油脂。为了出去开车，你必须把手洗干净。而顾客只想得到公平待遇。当我旅行时，如果我想要获取信息，我会把车停在马路牙子上。有时我们每天有多达五六十人在这里获取信息。他们把车熄了火，按响所有的铃……你可以想象，如果你出去五六十次，而你又不加油，那要花多少时间。我管这帮人叫作 IWW："信息、风和水。"过去的四年里情况更糟糕了。人们并不关心。他们不为我们着想。他们只想着自己。

嗯，我有时会发脾气。如果你不发脾气，你就不是一个有血有肉的美国人了，对吧？同时你要面对的是公众。你必须控制自己。就像我说的，人们喜欢一个脾气平和的人。我发脾气的时候，我的妻子，她无法接受。她说："格伦，我不知道你怎么能做到对一个人发脾气，五分钟后你又给他讲笑话呢。"我不记仇的。为什么要记仇？让人们知道你的想法，表达你的意见，然后忘记它。当然，你不会忘记，你只是不要一直纠缠它。

夏天的时候，我回到家后，甚至不进屋。我抓起一个园艺工具，到外头去工作，直到天黑。我有一个小花园，里面有生菜、洋葱、小蔬菜。当你站了一天的时候，你已经准备好放松了，看电视，有时在壁炉里生个火。在社交聚会上，如果有人是做同行业的，我们就会比较一下业绩。如果遇到一些节省时间的事情，我们通常会交流。但不会太多。因为谁会喜欢谈论店铺呢？

还有一些好的机械师留在这里。在这个时代，大多数人就是替换零件而已。这是一个新趋势。你需要一个空调，你不再进行修理了。你可以得到用来替换的零部件，有厂家质保的，而且便宜得多，拿到的速度也更快一些。人们不希望为了把车修复而将其存放很长时间。如果他们往外看的时候没看到他们的车停在车道上，他们会觉得他们已经失去了一些东西。他们就会紧张。很少有人会去大修一辆车。他们会把它换掉。

一个真正优秀的、认真的工人很难找到了。当哨子吹响的时候，他们都清理干净了，在打卡之前就准备走人了。你不会看到一个人多留两三个小时，只是为了完成一项工作。

就拿我儿子戴夫来说吧。比如说一个人的车坏了。在一个周日或周六晚上。也许要花一个小时才能修好。瞧，我要去修。戴夫这种类型的人会说："把它放到星期一再说吧。"我把自己放在别人的位置上，我就会给他修车，因为时间对我来说没有那么重要。因此，我们得到了很多优质客户。去年冬天，我们遇到了一场暴风雪。有人想要一些雪地轮胎。我就给他装上了。他现在是一个稳定的客户。他刚以二十六万五千美元卖掉了他的房子。

我们这次乘坐游轮时，我的客户告诉我，戴夫干了个特别漂亮的活儿。"以前，我们对他的评价不高，但他这一次做得非常好。"我想，和一般的年轻人相比，戴夫在认真方面是高于一般人的。虽然他早上确实会睡觉。今天星期三？今天早上是九点起的。昨天早上是十点起的。他应该七点就来这儿的。与其为此争论和吵架，我就把这事儿忘掉了。

另一件事是我自己训练出来的：我知道所有与我们有业务往来的地方的地址和电话，以及很多客户的地址和电话。我甚至从来不看电话簿。（戴夫在翻阅目录后刚打了一个电话。）如果他问我的话，我可以告诉他。

## 戴夫·斯特里布林（修理店店主）

他二十三岁，已婚，有两个小宝宝。他"基本上从我十二岁开始就和父亲一起工作了"。这是儿子继承家族传统的一个约定。

"其实我在初中的时候就开始全职工作了。学校很无聊的。但当你停下脚步回头看时，你会希望自己能做得更多。我想去挣些快钱。有些人很幸运，一夜之间就成功了。我爸爸和我吵了几句，我就离开了他。我高中的时候在克莱斯勒工作过。我每天至少工作八小时。那很棒。星期六和星期天都不工作。然后我就回来为我爸爸工作了。"

我会怎么形容自己？真的很复杂。（笑。）我喜欢我的工作。（叹息。）但我希望自己没有那么早开始。其实吧，我希望自己可以尝试其他行业。在我这个年纪，我可以不干这个了。我可以随时回来。但我现在已经陷得很深了。如果我不干了的话，那会很糟糕的。我想自己不会改变职业的，真的。

我想自己会尝试着当一个建筑师，或者，也许是一个真正的顶级优秀的推销员。或者甚至是一个农民。很难说。这山望着那山高。你一转身，就看到了律师这个职业。这让你感觉很不一样。你白天上班，这个那个把你弄得脏兮兮的。大多数人忽略了这个事实，只要你安顿下来了，只要你这样或那样。只要你是个不错的公民，他们并不在乎你的职业是什么。

真正让你失望的是，你在某个地方，你会遇到某个人，并与他进行交谈。很自然地，在谈话的某个时候，他会问起你的职业，你是干什么的。所以这个人，他管理这个，他管理那个，明白吗？当我告诉他的时候——我见过很多次了——他的脑子里就会有一种问号。这家伙是什么人？你工作。只是出力流汗的。不是脑力劳动。因为你所做的这些工作里面，有很多同样的事情，它就变成了自动的。你蒙着眼睛也知道自己在做什么。

到目前为止，我的生活还算不错。但我不像很多在我这个年龄段的、和我地位一样的人一样有时间。我每周至少要工作六十到六十五个小时。而且，晚上的时候，你永远不知道。如果有人的车抛锚了，你不能拒绝他们。你得去。我的朋友们每周工作四十个小时就结束了。一周工作五天。实际上，我工作七天。每隔一个星期天休息一次。我必须来看店。

我真的不喜欢和朋友们谈论我的工作。他们似乎也不太喜欢。很多时候有人会问我一些关于他们的车的事。这个要多少钱？那个要多少钱？我甚至都不想跟他们报价格。他们中的一些人在国家机关工作，在办公室里。有两个是老板助理。一个是木匠，一个是房地产销售员。有几个人，他们只是在工作而已。

我回家后要从后门进去。因为我穿的是油腻腻的靴子。(笑。)如果真的到了六点半左右,我就不会在吃饭前洗澡了。我会坐下来和老婆孩子一起吃。如果他们已经吃过了的话,我会洗个澡,洗干净了再下来吃饭。如果天气好的话,我可能会出去在院子里转转。如果外面天气不好的话,我就坐着看电视。我不怎么看书。我的阅读量可能和普通美国人一样多。但不会更多了。有时候你那天真的干了很多活儿——一般来说,我很累。我晚上十点钟就睡着了。我上班的时间,不一定,可能在八点到九点之间,甚至可能是早上十点来上班。我喜欢睡觉。(笑。)

他就是那个开门的人。他相信早起的鸟儿有虫吃。但这也不总是真的。我可能来得晚,但实际上我做的工作比他在这里一天做的还要多。大部分可能和他一样仔细。他做的很多东西我都看不懂。但他也不能理解我做的很多东西。(笑。)他越来越好了。他有点儿转过弯来了。但他的想法还是很老套。

比如说工具。你可以买设备,可能会花费更多的钱,但工作速度会更快,也更容易。他会去拿手工工具,你必须使用自己的肌肉。他不会去买电动工具。

喜欢评判别人。任何长头发的人在他看来都不怎么样,甚至是我。如果他发现我睡着了,他可能会给我剪一个尤尔·布林纳①似的发型。头发跟这个没有任何关系。我见过很多人的头发真的很长,就像一个女性。他们还是一样。他们仍然有自己的想法,他们不是嬉皮士之类的。他们每天都像其他人一样去工作。这让他很不爽。特别是

————————

① 尤尔·布林纳(Yul Brynner,1920—1985),俄裔美国喜剧与电影演员。他出演过的最著名的角色之一是电影《十诫》里的拉美西斯二世。——译者注

如果有人进来要求他做一些事情，他会让对方知道他不喜欢他们。我不给人们那么多的指责。

当有人进来时，他们在发火，而且都是针对你的，我要么就离开那里，要么就冲着他们表达我的愤怒。我肯定会为此而失去顾客。我不知道怎么才能勉强搪塞过去。在大多数情况下，你会为此感到抱歉。

我见过我父亲发火很多次。白天有人为难他，他就会把这个带回家。他不是当场告诉他们，只是藏在心里。半小时后，他可能会喃喃自语。我以前住在家里的时候，可以从他进门后的三十秒内看出，他要么是感觉不舒服，要么是有人让他不好过了。他的脑海里一直在想着这件事。他不会忘记的。而当我回到妻子和两个孩子身边时，我就想忘记这种事。我根本就不想谈。

我经常大喊大叫，经常骂人。我可能会扔东西，拿着锤子使劲敲打板凳。但是我感觉好些了，真的。我曾经扔过很多东西。我就会抓起一个扳手或别的什么，然后扔出去。但我现在已经很久没有这样做了。当你年纪大了，开始思考的时候，你真的在过去的几年里改变了很多。（笑。）烦心事会留在我心里。你学会更多地把这种事消化吸收掉。比你小时候更多。你意识到你没有做任何好事。很多时候你可能会损坏一些东西。这只是会让你的钱包更瘪而已。

我年轻的时候，如果有什么事情我不同意，我已经准备好了当场进行反对。但现在我不这么做了。我会退后半步，然后再考虑一下。我和我的死党吵得很厉害。但如果你和某人在一起足够长的时间，就一定会发生，你会打架。你有一天过得很艰辛，有人难为你，比如你出去吃饭，女服务员搞砸了什么事？是的，会突然发火。但没有以前那么厉害了。

至于顾客，没有几个我喜欢的。很多顾客，你可以跟他们开玩笑，你可以开他们的玩笑。他们中的很多人不希望听到任何这种玩笑。他们在这里的时候，除了生意之外，不想讨论其他任何事情。年纪大的人，是的，他们是相当苛刻的。因为他们已经经历了从 T 型车到现在有的车型的变化。现在很多人都会把引擎盖打开，然后摇摇头。他们真是搞不懂。

他们中的有些人老了的时候，会变得非常暴躁。你说的任何话，你只是个孩子，你不知道你在做什么。（笑。）他们不想听你说话，他们想和别人说话。他们中的很多人只想和他说话。但也有很多人想和我说话，不想和他说话。我这个年纪的人。这是混合的一代。（笑。）

我为自己的工作感到骄傲。这个时代，你不总是对东西进行修理。你更新换代。而在他的时代，你可以买一个工具箱来把几乎任何东西进行重装。就拿水泵来说，你可以买到。你可以装上一个新的。我甚至不会费劲去修理一个水泵。你可以买到重装的，由工厂来进行重装。在他的时代，由你自己来重装水泵。

他的想法很老套，真的。你得以某种方式做这个，以某种方式干那个。有已经发现的捷径，你可以把你所做的东西的一半剔除掉。但他不会这样做。很多新出来的东西，他不会相信任何人。他甚至不相信我。他可能会打电话给三四个人，才会相信。为什么他不相信我，我不知道。我猜他一定认为我经常欺负他。（笑。）

他以做机修工为生的那个时期，他的能力是相当不错的。其实，他并没有做那么多的工作。我的意思是，他差不多是个门面。（笑。）很多人来到店里，认为他确实对他们的车进行维修。但他没有。他主要是那个和顾客会面的人。他带来了生意。在他自己的心目中，他认为是他把活儿干出来的。但我们是那些把活儿干出来的人。

他是个很有趣的人，让人捉摸不透。他没有什么爱好，真的。他出去的时候，还是会谈论他的行业。他就是忘不了，放不下。

我想在这一行做得更大，但父亲说现在不行。他疑心太重了。我们这里条件有限。他不想负债。但你得花钱才能赚钱。他已经比我更努力地工作了。没有人真正给过他任何东西。他必须为他所拥有的一切而工作。他给了我很多。有时他给的东西太多了。他的孙子们，家里的衣服都还在盒子里。衣服还是崭新的，就像孩子们拿到它们的时候。他给得太多了。如果我需要钱，他会借给我。他借给我的钱我都没还，真的。（笑。）

（叹气。）我以前是玩音乐的。我曾经在一个摇滚乐队里玩过。电吉他。我不太懂电吉他。不是乐队里的每个人都知道得那么多。我们差不多是一起进步的。我们在一起玩了一年半，然后一切就烟消云散了。哦，是的，我们以前很喜欢乐队。那是完全不同的。我现在喜欢玩音乐，但没有时间……我喜欢玩，但你不能两者兼得。这是我的生计。你必须这样看待它。

## 史蒂夫·杜比（钢铁工人）

我们在普尔曼，芝加哥最南边的一个工业社区。这是一个单户住宅，很像这个街区的所有其他住宅。他一生都住在这个地区。"我是在钢铁厂附近出生的。"他在美国钢铁公司南厂当了四十年的检验员。

"我在 1929 年被聘为水工。我当时十六岁。我本该十七岁才行。但在那个年代，他们忽略了与此类似的一些小事。我工作了一年，然后就遇到了金融危机。我在 1933 年 6 月被重新雇用，从那时起我就一直在做检验员。我准备退休了。但我们住的房子还没付清钱。我开的车也还没付清。四十年的工作没有什么可炫耀的。"

他的妻子是一名有执照的护士，有实际经验，但还不是注册护士，"从事老年病人相关工作"。他们有两个儿子。罗伯特是越战老兵，已经结婚了。他在销售领域。他们的另一个儿子，莱纳德·杜比神父，是本市最著名的神父社会活动家之一。作为他的教区所在的蓝领社区的充满热情的代言人，他曾多次向本市一些最有权势的人和机构发起挑战。

在访谈过程中，由于他的倦意明显，他的妻子也加入了谈话。


我们还是孩子的时候，认为钢铁厂就是这样。我们会看到那些人出来，都是脏兮兮、黑乎乎的。唯一白色的东西是他们眼睛上的护目镜。我们认为他们就是这样，是强壮的人。我们迫不及待地想进厂。我们终于进去的时候，我们很后悔。（咯咯笑。）并不是我们所期望的那样。

你一整天都站着，站在水泥地上。他们把钢条在板车上排列好。板车就像一匹身形很长的马，他们把钢条横着放上去。你拿着手电筒在上方走来走去，用粉笔在上面把缺陷标记出来。你寻找钢条的缺陷。你留神观察长度和厚度的公差，等等。你用削片机或研磨机把它磨平。如果钢材在客户允许的公差范围内，就可以了。如果相差太多，你就把钢条作为废物丢弃掉或对它进行重新切割。我们刚进厂时，年长的人告诉我们有哪些缺陷要寻找。钢条上的裂缝叫作缝隙。有的缝隙很宽，你不会看不到的。有的缝隙很小，你必须靠近看。用眼睛去看是很困难的。哎呀，你的眼睛确实很累。我在眼睛里滴了些药水。

我现在已经到了不能再忍受的年纪了。我年轻的时候经常工作八小时，出去打两场球，出去喝杯酒，然后睡一觉就好了（笑），早上再去上班。而且不会觉得太疼。（叹气。）但现在我不能再忍受了。我想退休了。我想我已经努力工作了，而且工作了很久，但我还是看不到我的出路。我不知道自己是否能做到。我的腿和背都很酸痛，手臂酸痛，我有关节炎，滑囊炎，还有其他毛病跟在我的屁股后面。（笑。）

每个人都期待着退休，但有很多人没有退休。他们都在谈论退休。你要去哪里？你要做什么？可怜的人永远做不到。很多人都在数还有几个月退休而不是还有几年，然后就去世了。我的很多朋友都已经去世了。

我可以随时退休，但我要到12月才五十九岁。我要到六十二岁才能享受社会保险。唉，还有三年呢。我还不想走，但也许我再也受不了了。越来越难了。我不像一台机器。嗯，机器有时也会磨损的。

他们会给你更多的工作。为了省钱，他们要裁员，这里裁，那里裁。他们削减掉了很多工作。因为外国进口钢铁的缘故，他们在赔钱。他们是这么说的。我想，为了盈利，他们必须在某个地方削减开支。但我告诉他们："工作了四十年，为什么要把一个人从我身边带走？"你们会逼着我退休的。我们大家都很生气。但我们也无能为力。我能做什么呢？辞职吗？

我尽量不把这件事带回家。我不告诉她任何事情。这会让她担心的。我也无能为力。四点钟左右，我会坐在这里看电视。也许把晚餐放在电视桌上，看完球赛或看完一部好电影。我会坐回这里，做填字游戏，看体育新闻，然后睡着了。(笑。)

我不得不要求这个星期天休息，因为我要去参加一个高尔夫活动。否则我就得从三点工作到十一点。他们要我们连续工作十二天。我上白班的时候，我会从周一干到周六，每天从七点到三点工作。后面那个周，我会排在从三点到十一点的班上；每周四十小时，但总是连续十二天。

如果是在萧条期，就降到一班制。你不能做任何长远的计划。十四年前买这套房子的时候，地产商想卖给我一套更贵的房子。我说不行。以我现在的工作，我不知道三四个月后自己还能不能工作。我们可能会罢工。我们可能一周只上四天班。这些年一直都是这样。

我没有任何可以炫耀的。我住在有银行抵押贷款的房子里。(笑。)我拥有一辆财务人员享有所有权的车。(笑。)我不知道他们怎么会觉得我们赚钱有那么多的。干最低级工作的人每小时赚两美元。从一级的工作开始，然后上升到三十五级。但没有人知道那个人是谁。可能是主管吧。所以他们把所有这些等级的工作放在一起，除以工作人数，就得出了一个惊人的数字。但大老板们赚的都是大钱，而小伙计们赚的都是小钱。你听到这些政客给自己加了一千美元的薪水，然而当钢铁工人要求每小时加薪五十美分的时候，他们就会大叫。

你带午餐来，或者在自动售货机上买。我们有过一个食堂，但厂里把它停掉了。自动售货机太差劲了。一个人投进去二十五或三十五美分购买一罐蔬菜汤，而机器吞掉硬币却什么也没掉出来，这个时候是很伤人的。那里没有人打开机器，把他的二十五美分还给他，或给他一个食物罐头。（笑。）很多人都是这样。很多机器都是那样才遭到破坏的。每天都有这种情况发生。

你不被重视。你在那里只是一个数字。就像个囚犯一样。报到的时候，你告诉他们你的名牌号码。很多人不知道你的名字。他们只知道你的名牌号码。我的号码是 44-065。你的工作表送来时，不写你的名字，只写你的号码。在总办公室，他们不知道 44-065 是谁。他们不知道他是黑人、白人，还是印第安人。他们只知道他是 44-065。

当然，会有意外发生。他们在搬运大量的钢材——起重机、运输车和卡车在大规模运行、转动。还有一些机械在拉直钢条和转动车床。总是在动。你要吃一些灰尘和污垢，还有随之而来的不同的东西。你怎么做到在不产生灰尘的情况下把钢条的缺陷打磨掉？你怎么做到在不冒烟的情况下嵌接钢坯？一个人生病请假了，他得了支气管炎，你怎么知道他得的是什么病？很多人死了，只是心脏病发作。谁知道他们是怎么死的？

我们必须在泥土、烟雾、雨天和泥泞中艰难前行，才能到达我们的工作地点。从工厂大门到我工作的地方大约要走十五到二十分钟。在这中间，有水坑。我们没有一条带高空坡道的好的人行道。我们没有一辆穿梭公交车。如果下雨，你要在雨中走过。如果下雪或刮风，你就得顶着雪和风走。冬天的时候，风从湖面吹来，就会刮到你的脸上。

那地方不在建筑物里面。只是在一个棚顶下。没有任何防风措施。他们甚至不会堵住洞口来防止风把你吹走。甚至在你工作的时候，雪也会飘过来，落在你身上。屋顶漏得太厉害了，他们应该给你提供雨伞。

**他的妻子喃喃自语："他一直在生病。"**

工会在抱怨，但如果钢铁厂不修，你能怎么办？洗手间的状况很糟糕。但当他们要修的时候，有五百个人在共用一个便池。工会帮了很大的忙，但钢铁厂迟迟不给他们应该给的东西。

如果我现在退休，我每月能拿到三百五十美元。街对面有个女人，有六个孩子，没有丈夫。她可能每月拿未成年儿童援助，能有五百美元。她的钱比我工作了四十年的钱还多。如果我现在退休的话，我的保险就会被取消。我现在属于这个蓝十字蓝盾保险。如果我去领养老金的话，保险就会自动取消。你退休的那一天，就是保险取消的那一天。

我对我的儿子们说："如果你像我一样对在钢铁厂里工作有所幻想，我会在你的头上打上一拳。别傻了。去让自己接受教育。别去钢铁厂，否则你和我的下场一样。"四十年的辛勤工作，我有什么值得炫耀的？什么都没有。我连话都说不好。你是一个钢铁工人的话（笑），你的措辞就不能和在银行或商务办公室里会客时的措辞一样。

**"上学的时候，我非常喜欢机械制图。我在高中的时候真的很出色。我得到了很好的分数。但我爸爸死了。大多数孩子的爸爸都是酒馆老板和杂货店老板。他们的爸爸都在工作，他们可以买到东西。我觉得很尴尬，因为我买不到合适的纸。我会用别人废弃的画的另一面。我喜欢机械画，而且我很擅长。好吧，我必须找到一份工作……"**

我一直希望莱纳德能成为一名医生。他进入神学院时，我想，天啊，是什么原因让他去那里？他还是安迪·弗雷恩服务公司的引座员时，被分配到圣名会。他在那里认识了很多神父。很多引座员都是在神学院学习的。他们可能影响了他。他很高兴，所以我为他感到高兴。起初我不确定他是否会留下，因为他太热爱生活了。他爱一切，人和动物。也许这就是他成为神父的原因……

在过去，教区管理很严格。他们每年都会来一次，为家庭祝福，与教区居民握手。但现在，随着年轻一代的到来，事情发生了变化。不是所有的神父都戴罗马领。他们做了很多旧时代神父想都不敢想的事情。我想以前是不允许他们这样做的。

**亨莉埃塔·杜比沉思道："我永远不会忘记那些女人，我的邻居们。她们坐在门廊上，不明白为什么我为莱纳德进了神学院而悲伤。她们说：'哎呀，这是多么大的荣幸啊。'我说：'是的，但生活会很艰难的。'没有自由，没有特权。我们每个月只能见他一次。我想他是在监狱里。有一天，我问他：'莱纳德，你快乐吗？'他说：'我没办法告诉你我有多快乐，请不要再问了。我选择了这种生活，这就是我要过的生活。'他参加高中毕业舞会的时候，我就应该知道的。他买的东西都是黑色的。我从来没有意识到这一点。我这辈子第一次看到贫民窟是我儿子带我去的时候。他说：'我想拯救这样的人。'我开玩笑地说：'这些人是救不了的。'他说：'只要他们还有一口气，就可以救。'他刚进去的时候，我很伤心，很沮丧。我不明白为什么。现在我很为他骄傲。我希望有更多的人可以大声说出来，但有人害怕。我们一直在为他祈祷。"**

有时候我很担心他。他向真正的大人物宣战。他可能会选错了人。有人一直在射杀总统和参议员。要是莱纳德说了错话或惹了不该惹的人生气的话，他也可能被枪杀。当你和政客混在一起的时候，你就会有麻烦。但他是为人民服务的，他希望大家受到公平的待遇。我很高兴。如果人们不喜欢他说的话，那就太糟糕了。

你知道一个大笑话吧？当小莱还是安迪·弗雷恩的引座员时，他经常让戴利市长坐在科米斯基公园的包厢里。十年后他又在穿城高速路和县评估员办公室的事情上和他较劲了。（笑。）我们刚开始去神学院探望莱纳德的时候，甚至不被允许给他带一份报纸。也不允许他有收音机。那时候是那么严格。现在让我惊讶的是，我打开电视，看到他在与市长、县长和那些政客争论。这是那么不同，真是难以置信。

他开始反对钢铁厂的污染时，我告诉莱纳德，每个人都知道钢铁厂有污染。你怎么能在没有污染的情况下制造钢铁？我不会恩将仇报的。他们已经做了一百年了。我想，如果他们想的话，可以减少很多，而他们也在尝试这样做。他们正在建造很多新的建筑。我不知道这些建筑是什么，但他们声称这是为了生态。谁知道呢？

这个污染行业。他帮助跟他一样住在西区的人。我们以前去拜访他的时候，似乎像进入一个山谷一样。似乎像撞上了一团雾一样。后来我们才知道那是爱迪生工厂的烟雾。而他把雾团清除了。所以我们百分之百支持他。但是与市长和市议员的争斗，让我害怕。（笑。）

**杜比夫人插话："我在电视上看到他，就会跑开。观众席上可能有一个疯子会开枪。"**

她很害怕。我们真的为他感到骄傲。我所有的朋友都从报纸上剪下剪报带给我。他们会说："嘿，我在上班的路上听到了莱纳德的广播。"他们会告诉我，他们都支持他。前几天我姐姐告诉我们。她的医生说起一个为附近的人做了很多事情的年轻神父。她说："那是我侄子。"他说："天啊，他真了不起。"

你知道我告诉他接下来要做什么吗？他在为降低税收而奋斗，这很好。还有更好的生活条件，这也不错。而他反对的这条路，也没问题。就像他说的，他们要拆掉很多房子，很多人要被赶出去。所以我想让他做的下一件事就是把退休年龄降低到六十岁左右，这样我就可以早点离开工厂了。如果他们把年龄降低到六十岁左右，也许他们在死前就能从养老金中得到一两年的好处。

他们说，努力工作不会害死人。我说，在钢铁厂工作不像在有空调的办公室里工作那样。政治家和银行家在那里坐享其成。在那里，你必须吃所有的灰尘和烟雾，你不能努力工作和长寿。不应该让你工作到六十二岁或六十五岁才能得到任何好处。我们正在支付社会保险，我们中的大多数人将永远不会获得一毛钱的好处。这就是为什么应该在这些人更年轻的时候把钱给他们，让他们能享受几年因为在工厂工作而被毁掉的生活。我告诉他："莱纳德，接下来就交给你了。"（笑。）

是啊，我们为小莱感到骄傲。至少他还做了一些事情。我这四十年的工作都做了些什么啊？我过着一个子儿掰成两半花的日子。我都快六十岁了，却什么都没有。至少他为他的人民做了一些事情。我工作了一辈子，却没有帮到任何人。我高兴的是他们两个孩子听从了我的建议，远离了钢铁厂。（笑。）我们是一对傻子。我们工作了一辈子，却一无所有。


**杜比夫人：你知道我们有什么吗？我们有两个孩子就是有两百万美元。即使在这个愤怒的世界里，这两个孩子都很好，对吗？所以我**

们仍然是赢家。（对着他）即使我们没有钱，父啊，我们退休的时候手里并不是一无所有，我们仍然有两百万美元。

你得给我看看。

**杜比夫人："你在电视上看到他了吧？"**

不用谢我。我和他的成就没有任何关系。我告诉过你，我什么都不是。在钢铁厂工作了四十年，我只是一个数字。我想我已经是个不错的工人了。那份工作很适合我。我受过最基本的教育，用一把千分尺、一把钢卷尺和一双眼睛工作——那是为我量身定做的工作。但工厂上头并不领情。他们不关心。鲍勃在学校放假期间在工厂工作了几个月。他说："我不知道你这些年来是怎么一直干这个的。我永远做不到。"我说："我一直告诉你，你一辈子都不要进那个工厂。"（笑。）

## 莱纳德·杜比神父（神父）

他是圣但以理教堂的副主任司铎。他刚满三十岁。"今年是教区的重要年份。它已经二十五岁了。今晚我和图书广告委员会有个会议。有个人要过来，为了今晚做咨询。我一天的工作将在十点半左右结束。一天要工作十四个小时，有时会更长。我有两个身份：全职神父，社区组织 CAP① 的联合主席。

---

① 公民行动方案（Citizen's Action Program），原名为"反污染委员会"（Committee Against Pollution）。它是一个基层组织，始于杜比神父的社区，其成员和目标都有所扩大。它在一些特定的场合向该市的政治和工业权力经纪人提出了挑战。——原注

"我的一天大约从早上六点开始。我们有三场弥撒：六点四十五分，七点半和八点。我和我的老板（主任司铎）、布伦南神父和坦齐神父轮流做。我们回到教区。喝上一杯咖啡，我们坐在一起，看报纸，聊天。孩子们开始来上学了。在那之前，门铃会响好几次。一个小孩想问问题，或者找一个神父来祝福宗教物品。

"电话开始响，响一整天。简单的请求。有人在医院：'我们很感谢你能去看望他。'年轻人打电话来询问婚前安排。有关于葬礼安排的电话——弥撒、葬礼、守灵。上午用来回信和与CAP办公室进行协商。下午我试着读点书，跑到医院去探望，或者被叫去开会。放学后，我会和祭坛助手见面，为弥撒、为特殊礼仪、为年度野餐做计划。我不知道时间都去哪儿了。周末是神父最忙的时候——婚礼、告解、弥撒排得满满当当。星期天是和人们见面的好时机。"

我从来没有想过我会成为一个神父。我十七岁之前甚至不知道神学院是什么。我在进入高中三年级时开始为安迪·弗雷恩工作。弗雷恩雇用了很多神学院的学生。在认识这些伙伴的过程中，我开始返回教堂。我的一个朋友一直在我耳边唠叨："你为什么不考虑当个神父呢？"

我母亲在我四岁左右的时候就去工作了，只是为了能够支付每周和每月的账单。父亲完全不鼓励我当钢铁工人。别人会羡慕他们的父亲在钢铁厂工作，而我的父亲却对我提出了挑战，让我把视野提升到更高的层次。

我父亲在钢铁厂很辛苦。他的背部总是有问题。有的时候，光是走路和猫腰放下铁块所造成的负担，就搞得他背部疼痛，一连几天甚至几周都会疼痛难忍。他觉得生活就是这样，因为像他这样的人太早上班，没有受过教育。他们没有真正讨论过，他们不去阅读。他们下班的时候，去酒馆喝几杯酒是一种释放。他不希望他的孩子们也这样。他苦恼不已。他对自己很不满意。有时候，这在家里造成了严重的压力。我觉得他有很强的能力。但因为他这么年轻就被卷入了这个系统。这个系统让他受到了极大的羞辱，他对自己的生活感到很沮丧。他不希望这种事发生在他的儿子们身上。

我知道我父亲的潜力很大，但他日复一日地被锁在一个系统里，他不想让我被锁在里面。他鼓励我去上大学——"让自己有所成就"，这是他说的。我的母亲非常强烈地游说我去学医。

我进入神学院的时候，我还记得我母亲哭了，哭得很伤心。我父亲很沮丧，他认为我去当神父是为了拯救他的灵魂，我这样做是为了弥补他所有的罪过，我是在为他做忏悔。我说："天啊，不是的，爸爸，我去是因为我选择去，而不是因为你的生活。我想这样做。"即使是今天，如果我决定我不能快乐和实现个人的满足，我也会从神父的角色中走出来。神父的工作就是给人带来生命。如果我内心没有这种生命，我就不能把这种生命送出去。

我的父母是在天主教家庭长大的，但他们并没有那么深的信仰。他们是在法庭上结婚的，直到我进入神学院，才得到罗马教会的认可。我父亲对他认为的许多与他一起长大的天主教教徒的宗教虚伪感到厌恶。我母亲在波兰家庭长大，许多有种族背景的人把神职人员看成只对钱感兴趣的人。

神父会在复活节祝福篮子，然后拿起一张五美元的钞票。我的祖母——她没有多少钱——每次我以神父的身份过去，她都会让我难堪。她会给我带钱。这让我很受伤。我会说："我不想要。"她是一个可怜的老太太。这是她传统的一部分。神父来的时候，你要给他钱。我开始越来越少去那里……

我三年前来到圣但以理教堂时，我自己有一个计划。我是在一个非常开放的神学院受训的。我看到的是社会行为的问题——战争、和平和贫穷。在我被任命为圣职之前，我在天主教慈善机构担任执事多年。那是我一生中最沮丧的经历之一。我是渔夫，把人们从困境中拉出来。试图用人工呼吸和创可贴让他们重获新生。然后我又把他们送回河的另一边，送回那个把他们推入困境的社会中去。我知道自己必须做更多，而不仅仅是一个社会工作者，给人们包扎伤口。

当我意识到这点之后，我决定要倾听，而不只是行动。我不断听到人们谈论他们遇到的问题，这让我大吃一惊。我对美国白人中产阶级有了刻板印象。我来自一个钢铁工人的家庭。我们住在一间没有热水设备的公寓，一直到我十四岁。我们有很多问题。但我没有听这些人说话。我把他们都贴上同样的标签：他们都有偏见，他们都讨厌黑人，他们都支持在越南的战争，他们几乎不关心穷人。当我听的时候，我看到他们和其他人一样无能为力。

我们有一个会众，由约两千四百个家庭组成，其中有两千个家庭定期参加。圣但以理教堂每个周末都有四千人。这是一个工人阶级的、中产阶级下层的社区。大多数人都是工人。我们有很高比例的城市工人，他们已经因为不断变化的种族模式而移民到外围。我们在第二十三区。大约有两千四百名警察和他们的家人住在这里。我们很少有专业人员。

这里的一所高中，约翰·F.肯尼迪高中，是为一千四百人建造的。现在有三千六百个孩子在这所学校上学。因为附近有一个公共住房项目，所以它是一体化的。两个白人孩子或两个黑人孩子可以打打闹闹，如果他们打架，那只是打架。如果一个黑人孩子和一个白人孩子碰巧在大厅里打闹，然后打起来了，那就是种族事件了。

这只是一个城市社区规划不善的例子，在过去的十年里，税收翻了一番。原本付三百五十美元的人，现在要付七百美元。他们对这一点感到非常愤怒。他们觉得没有得到他们所购买的服务。他们被城市忽视了。

他们对孩子们糟糕的教育无能为力，对每天向他们倾倒九吨半油腻的气溶胶的联邦爱迪生公司和卫生处理厂造成的污染无能为力。在高层宣布有关穿城高速的相关事宜时，他们不能做任何事情。他们写信、打电话给市议员，但年复一年什么也没发生。我一直在听。

1970年1月，我接到一位年轻的耶稣会修士的电话。他正在为一个名为CAP的新组织工作。我和他共进午餐，第二天我就开始行动了。就像坐过山车一样，像野火一样。在圣但以理教堂，妇女们特别活跃。我是妇女解放运动的倡导者。我尽量让更多的女性参加教堂的礼拜。在圣但以理教堂，许多非凡的助理都是女性。这些妇女确切地了解对于权力的需要。她们成为CAP的坚定组织者。

教科书上的公民和街头实际的公民有很大的区别。五十个或者一百个人一起去见市议员或市长时，他们无法相信自己所听到的。他们推举上台的人怨恨他们。他们有生以来第一次了解到政治就是权力。拥有大笔资金的人——大机构、大公司——已经在密室里与政客达成了交易。除非遭到人民的逼迫，否则他们不会破坏这些交易。

在我们与联邦爱迪生公司的斗争中，我们有五百人在戴利市长的办公室。他们是和平的。他们中的一些人是第一次来到市政厅。他们只是在探索而已。他们环顾四周，并沉浸其中。两位议员——汤姆·基恩和保罗·威戈达①——走了出来，他们对着人们大喊："你们应该在家带孩子，为什么带着孩子来这里？"一位女士说："您是哪位，先生？"她不相信一个市议员会这样对她说话。接下来，她就被一个警察男子推了一把。一个热爱体制的中产阶级女性，她是警察的朋友，因为他们维护法律和秩序。突然间，她被推了一把。她流着泪走到我面前："我什么也没做。如果他让我离开，我就会走，但他所做的就是推了我一把。我能理解1968年那些孩子在林肯公园经历了什么。"她以前很讨厌这些孩子。

有意思的是，很多警察都是支持CAP的。有些是我们社区的人。他们的妻子其实也参加。令我高兴的是那些警察和他们的妻子。我们有很多人参与其中。他们虽然不能担当前线的角色，但却是默默的支持者。他们知道这个系统需要彻底的改革，改变必须到来。

我们的社区是一个白人社区，除了住房项目。项目附近的区域保持着严格的种族平衡，50%的白人，50%的黑人。民权十年期间，黑人组织施加压力，要求取消配额制。结果，白人搬走了，黑人进来了。这一带建起了房屋，交五百美元的首付，下半辈子都要还贷。那里的社区现在90%是黑人。青年帮派让这个地区的黑人一直处于恐惧之中。

这影响了我附近的教区。"我们要去哪里？我们不想住在一个黑人社区里。"黑人说："我们不想住在白人社区。"他们都想住在有好

____
① 戴利市长在市议会的两位最忠实的发言人。——原注

学校、有良好服务、交通便利、有安全感的地方。我责怪芝加哥房屋管理局，这个组织一点儿都不关心这些黑人和白人。

然而在组织的过程中，我们看到黑人和白人有着同样的问题。小业主们。社区是围绕着米德韦机场建立起来的。航空公司在过度调度的情况下，把奥黑尔机场堵得水泄不通。这个时候，戴利市长就希望把很多航线，连同飞这些航线的波音747飞机一起转移到米德韦。这就是为什么我们要反对穿城高速公路。这条公路将会毁掉这座城市，拆掉许多房屋。黑人和白人一起联合起来阻止了高速公路的建设。①

又是一场斗争。环卫区一直在把垃圾加工成污泥，把污泥脱水，排出的气体一直给社区造成污染。我们参加了一次又一次的环卫区会议，有一百、两百、三百人参加。一直在升级。最后除了两位理事外，所有的理事都来到了圣但以理教堂的学校地下室举行集会。这个房间能容纳八百人。超过一千五百人出席了。他们站在过道上，窗台上，门口，停车场里。我们有那些严重受到这种污染影响的百姓提供的证词。

我发表了讲话，要求理事们与百姓签订合同，在下次例会上确定一个终结这种污染的日期。在场的五位理事做了小演讲，并签上了自己的名字。人们简直是喜出望外。屋顶几乎被掀翻了。他们有生以来第一次看到了污染他们社区的烟雾的罪魁祸首。人们觉得他们赢了。理事们——我对他们予以赞扬——已经履行了协议。现在

---

① 这场战斗显然是胜利的。新当选的州长丹·沃克已经承诺反对建造该项目。戴利市长仍然坚持继续干……目前，战斗已经开始。

至于最新的进展。"戴利市长已经赢得了绕过沃克州长的权利，并根据众议院和参议院会议委员会批准的联邦公路法案的条款，使用城市资金来修建穿城高速公路。"（1973年7月22日，《芝加哥太阳时报》）寓意：拯救一个街区的斗争是无止境的。——原注

的社区干净多了。如果不是因为百姓施与的压力，这里的空气仍然会遭到污染。

1971 年，因为污染，我们开始与美国钢铁公司斗争。那是我爸爸工作的公司。这家公司违反了关于清理的协议。我们怎么能跟它对抗？我们没办法站在消费者的角度。普通人是不会买钢锭的。我们开始调查美国钢铁公司的纳税记录。我们发现 P. J. 库乐顿<sup>①</sup>在对这家公司进行税收评估时低估的数额达到一年一千六百万美元。这里的居民被一家他们事实上在补贴的公司所造成的污染害死，因为县里损失的钱必须由小老百姓来弥补。我们进一步调查时，发现其他公司和银行、赛马场也被低价收购了。我们集体到县政府大楼，要求赔偿。

现在老百姓已经知道了大量人出面的重要性。我们是和平的。我们相信自己不会有暴力倾向。我们最强大的武器就是我们的声音的音量。面对一个现在被视作不可接近的人，让他在我们面前露面并表明他的立场。人民在政治上已经变得独立了。他们最近赶走了一位市议员……

他们的生活发生了巨大的变化。他们能够理解，他们在社会上遇到的问题不仅仅是由他们过去认为愚蠢的小规模少数群体所造成的。他们正在变得极其政治化。他们能够把人——甚至是黑人——看成盟友，而不是如果他们搬到你隔壁你就必须逃离的敌人。这些人现在看到的是一个共同的敌人。这个敌人可以被称为市政厅，可以叫作私人公司。也可以叫大款。天啊，我看到了态度的改变！

我一生中最激动人心的时刻？想象一下。联邦爱迪生公司股东

---

① 县评估员。——原注

的年度会议，全国最大的公共事业公司之一。董事会主席和所有的董事都在台上。大厅里大约有两千人。①就像节日一样——人们在跳舞。我们大约有二十人进入大厅。主席走向主席台，正要敲响会议的法槌。我们走在过道上。这里是美国成立的象征——一个大公司的年会。我抬头看了看主席，我告诉他："我们来这里是为了了解你对污染的打算。你有半个小时的时间给我们答案。"人们都站了起来。这个神父在这里做什么，扰乱会议？我们做到了。

这对我来说是一次解放的经历。我从不相信自己能做这种事。我一直被教导要有礼貌。要说"是的，先生""不，先生"，要待在自己的位置上。我应该被看到而不是被听到。但我觉得，如果你不被听到，你永远不会被看到。

我们在外面举行了集会。半小时后，我们又来到大厅。他们让我们进去，一次一个。只有大约十个人得到允许进入。他们试图把我们安排在大厅的不同地方。我向这条过道闯了进去，其他人也跟着闯了进去。我再次面对主席，要求他回答。他没有回答。他威胁说要休会。我说："好吧，这就是我们的答案。你不会听从人民的意见，但我们不会接受。我们要去市政厅，通过法律强行解决这个问题。"这时候，我们这边的一位之前被保安用胳膊拦住的女性——她不知道是该当个淑女还是该踢他或咬他——挣脱了。她跟董事长说了一两句话。我们大家一起走了出去。

在市议会上，我们迫使他们通过了全国最严厉的空气污染条例之一。我们和强大的联邦爱迪生公司对抗了起来，迫使他们购买了

---

① 我出席了大厅集会。我受邀担任主持人。这也是我最激动人心的经历。——原注

六百万吨的低硫煤。他们已经停用了很多陈旧的设备。这还没有结束。前面还有很多斗争。但我们已经有了一丝胜利的感觉，这是甜蜜的。

自由就是对自己的生活有一定的发言权。我在联邦爱迪生公司的董事会上没有投票权。我绝对是一文不值。但这家公司正在污染我的环境，正在塑造我的生活，对我的生活造成限制，也对圣但以理教区的孩子们所拥有的机会造成了限制。这家公司正在对我这个人加以扼杀，就像钢铁厂的生活正在扼杀我的父亲一样。我必须反击。那个粗鲁的行为——那个无礼的行为——打断了董事会主席的发言的行为。我感到自由。我不用害怕他。他上厕所的方式和我一样。他凭什么比我好？他的十万年薪？才不是呢。好吧，这个行为让我自由了。如果你是个只说"好的"的人，你就不能成为一个人。不再说"好的，市长先生"。不再说"好的，州长先生"。不再说"好的，主席先生"。

## 杰克·库里耶（成人教育教师）

**这是一次偶然的会面，在伊利诺伊中央铁路。他是城市学院分院的一名英语教师。晚上，他在一所城市大学开设成人教育课；他的学生中有领取未成年儿童援助的母亲。他三十七岁。**

我的父亲是一家大公司的财务主管、董事会成员。他的头衔，薪水，他在郊区的房子，关于他生活的一切——成功的美国生活——就在画册里。但我不会用一百万美元和他交换位置。

我父亲的一生都在为别人计数。他的真实生活和工作之间似乎没有任何联系。我觉得，虽然我对自己所工作的机构充满了怀疑，虽然有虚伪的感觉，但我觉得我的生活和工作之间有一种联系。

为了更好地工作，我必须成为一个更好的人。在生意场上，为了更好地工作，你必须变得无情。为了赚更多的钱，你必须减少对别人的关心。为了成功，你必须愿意在竞争对手的背后捅一刀。

几年前，我在我父亲的办公室。我想我们正在准备要出去吃午饭。他接到一个电话。他的老板因为一些事情而责备他，语气和语言都很羞辱人。这是我父亲，他在这家公司工作了三十年。

我父亲是个有尊严的人，他工作很努力。天知道，他把一生的岁月都给了这家公司。他没有别的东西。也没有什么爱好。他和自己的孩子们都不亲近。没有工作以外的事情。仅此而已。他早上起来，离开家，十二到十四个小时后回家，一周六天。就是这样。然而，他已经六十岁了，来了个家伙冲他大吼大叫，就像他是一个小孩子一样。我觉得在那里很尴尬。他知道我在看这一切的发生，我对此觉得很抱歉。我看得出他很生气，很尴尬。我看得出他在掩饰自己的感情。在更高的权威面前，有点像在点头哈腰，唯唯诺诺。我们去吃了午饭，根本没有谈及此事。

我不愿意一辈子都做这样的工作。如果工作对你来说是有意义的，不管老板是谁……我可以想象被解雇的情景。我可以想象大学里的一个管理员不赞成我的教学方法。但他不可能剥夺我做好工作后的满足感。

如果我父亲被解雇了，我不知道他会怎么做。我想他可以找别人来帮他算账，虽然以他的年纪很难做到。人们所做的事的背后应该有一个理由。我们不只是机器，但我们中的一些人活得像机器。我们投入到工作中去。早上九点到达，有人让我们开工；五点钟有人把我们关掉，然后我们就回家了。那段时间发生的事情和我们的真实生活没有任何联系。

我很尊敬我的父亲。他努力工作。在大萧条时期，他在华盛顿特区上夜校，并获得了法律学位。他曾是五月花酒店下设杂货店里的一个冷饮柜台销售员，后来他一路升到了总会计师的位置。他把他的一生都奉献给了这个集团。我不知道有谁比我父亲更诚实，更有责任感。但这又有什么用呢？这给他带来了什么？

他的家庭和孩子都离他而去了。我到了上大学的年龄后，就离开了，对我而言就这样了。我的姐妹们高中毕业了，而且，很快就搬出去了。那是一个我们所有人睡觉的地方，但那不是家。

我觉得，只要我坚持谈论他的工作，我们可以有一个愉快而表面的谈话。我对音乐和政治产生兴趣时，我发现没有任何舒适的方式可以和他一起追求这些东西。他的工作是唯一的话题。他为共和党做出了一些贡献，他总是投票，他每天在火车上看报纸，但工作才是最重要的。这么多年了，这就是他的生活。要问他爱不爱公司——这无关紧要。

50 年代初，我大学毕业后，做过一系列工作。我在银行工作过，卖过保险……最后我在一家商业机器公司干巡回推销员。那时我二十三岁，年薪一万美元。第二年我可能就能赚到一万七千美元。我可以看到工资在直线上升。

我开始和自己的感情发生冲突。我无法接受老板的经营方式，也无法接受这个领域所有人的经营方式。如果我留下来，我就会坐拥一桩一百多万美元的生意。有一家对我老板不满意的公司提出要我担任他们的经理，并收购他们。这看起来是个美丽的提议。但我只是……这不是我的生活。我不知道自己想做什么，但我知道自己不会做这个工作。

我想起了50年代初和我一起上大学的那些人。他们卖房地产、保险，他们是工程师，他们是银行家，他们是做生意的。他们可能赚的钱比我赚的多得多。他们好像比我大二十岁。他们似乎比我更接近我父亲。他们是一个类型的，他们远离变化。他们陷入了一种超乎寻常的力量——就好像他们的生活已经结束了。这一切都固定下来了。我想我的工作就是让自己年轻，让自己充满活力。

**他回到了学校，马里兰的实验圣约翰学院。他在一个萧条的农村地区教了一年小学。"我只是觉得自己必须进入教学领域，真正尝试一下。"**

赖宁 ① 说，在一个病态的社会里，几乎所有的事情都是有害的。我对我的课堂的感觉就是如此。你走进教室，权力巨大。这里有四年级的学生，六七岁。你可以想象我在教室里有多大的权力。我说话的时候他们都在听。我是一个大父亲的形象。他们都爱我，我也照顾他们，这对我的自我来说是件好事。但我觉得自己跟四年级的学生打交道，真的不够。对我来说，缺少了一些东西。

最后我给成人上课了。同样，这对自我来说是非常满足的。你进入教室，有机构带来的所有权力。你告诉学生该做什么，他们就去

---

① R. D. Laining, *The Politics of Experience*, New York: Pantheon Books, 1967. ——原注

做；告诉他们该读什么，他们就去读。你告诉学生该怎么想，怎么解读事情……你可以让他们感到内疚，因为他们没有读过某些东西，因为他们不熟悉那些东西。教师一直在玩这种游戏。而我就在这个圈子里，完完全全地在那里。

刚开始的时候，我很怕我的学生。我做了一切可以做的事情，以防止因为失误或者知识上的漏洞被抓到。我动用了自己所有的权威跟他们保持距离，让他们不要靠近。如果有学生不恨我的话，那不是因为我没有给他们理由。在那间教室里根本就没有交流。

传统教育把学校看成一个把过去积累的知识灌输给学生的地方。在过去的七年里，我从极点的一端走到了另一端。我非常有兴趣倾听学生的意见。但我仍然感到自己的工作很伪善。我怀疑，商业界的人必须远离这样的想法。然而，有些我感觉挺好的事情。我知道自己帮助过学生。我不知道自己在卖商务机或保险的时候有没有帮过人。

我已经开始怀疑那些自动认为自己比外面做推销员的人高明的老师。我认为没有什么是自动的。我在一个机构工作，把学生培养成推销员。

我开始在大学教书后，假装成一个什么都懂的权威人物。渐渐地，这些年来，我已经可以走进课堂，承认自己的困惑。我把我真正的样子呈现给学生时，他们也把真实的自己呈现给我。

我还是一个推销员的时候，从来没有一天我觉得自己可以绝对诚实。必须要扮演好这个角色。我是在别人的旅行中。我会适应那个位置，并以某种方式做事。为了做到这一点，这意味着在工作中每分钟都要戴上面具。

有一年夏天，我在密苏里州找了份工作，卖保险。我学会了推销并进入了这个领域后，我意识到这是一个不正当的买卖，一个骗局。哎哟，天啊，那是家可怕的公司。（笑。）我需要钱，我是个推销员。我发现自己不能干这行。

我开着车在乡间公路上行驶，然后来到农场，在那里我应该做推销。要把车开进车道是很困难的。我开车绕着那个地方转了三四圈，然后才能给自己打气，让自己有足够的底气进去和那个人说话。我在七周内卖出了一张保单，然后辞职了。

我觉得，我对于安于某种模式的不情愿——我对于陷入僵局的恐惧——与我父亲、他的工作以及他的成功有关。我的同时代人在外面追求的正是我父亲所拥有的东西，我却很早就看清了它。于是我那时就知道这不是我要度过一生的方式。

公司真的想要一个人的一生。他们喜欢让一个人加入公司的乡村俱乐部，为公司娶一个合适的妻子，为公司做社区工作。这些才是真正的成功人士。这就是我父亲的生活。

很难想到我父亲有一个朋友。我一个也不认识。有一些人和他一起工作。这些都是家里的人。就是这样的。因为他的特殊工作，他比很多生意人更少与人接触。他是一个会计，一个记账员。

我不能和他谈论自己的社交生活。我相信他一定不会赞同我亲近的人和我做的事情。我真的觉得自己的生活很开阔。我有问题，也有让我沮丧的事情，但总的来说，我觉得自己比十年前更年轻了。我有很多朋友，学生，他们影响了我的生活。

当我想起我父亲的时候，最强烈的记忆是非常、非常早期的记忆。他还没有完全被吸进那个行业。他仍然有一个独立于工作的生活。我当时一定还不到四岁。街对面有一个停车场。我还记得我和父亲坐在窗前，他为我说出所有不同种类的车的名字。我记得他在周日早上带我去公园玩。我骑着三轮车，他走着，我不记得之后我们在一起的时间了。

在我十岁的时候，我意识到我们之间的距离。我知道他不理解我。我知道他不知道我在想什么，我在感受什么。这种差距还在继续……（停顿。）当我长大了，可以自己出去的时候，没有什么可以阻挡我。他的工作是他人生的关键，我想，也是我人生的关键。

## 哈罗德·帕特里克（货梯操作员）

**他个子不高，身形紧致；他那张饱经沧桑的脸已经见惯了各种风雨。他的肩膀佝偻着，看起来似乎很不情愿。他六十二岁。他有两个儿子是城市消防员，一个儿子是警察。**

我十一岁的时候就开始工作了。星期六和一个小贩一起干活儿，早上五点，一直到活儿干完。挣二十五美分。小贩会大声吆喝着卖东西。女人会从窗户里喊"把土豆拿上来"，我就会跑上楼去，把土豆给那个女人。五十年后，我现在操作货梯。在过去的十三年里，我一直在做电梯操作员。一个人干某个活儿，这活儿重复性太高了，都没有想象力了……

退休方面有各种各样的问题。通货膨胀让一个人很难退休，因为他所赚到的钱已经花光了；另外，他加入工会必须要达到一定年数才能领得到养老金，这个年数太高了，高到永远也达不到的程度。我的大多数朋友都死在了领到养老金的边缘。我有我做卡车司机时的照片。照片上有八个人。只剩下我和另外一个人，其余的人都死了。所以退休对于一般人来说是很艰难的。他觉得自己干到头了，即使如此，他也不能不干，因为他没有足够的生活保障，或者他必须依靠家人。然而他不希望这样。

他以莱波雷洛编目记载唐·乔瓦尼的情爱冒险[①]的方式详细叙述了过去的工作，超过半个世纪的时间里所创造的价值："我当过跑腿的，我驾驶过马车，我开过汽车、小汽车，我开过大概二十五年的拖车和卡车。我当过海员，在船上当过消防员。我当过码头工人，往船上装咖啡，为巴拿马太平洋和摩根航线以及各种丘纳德航线工作。我在船上开过绞盘。有一阵子我是甲板上的水手。我当过索道工，也当过砖匠的助手。我砍过树，为架设电线杆清理道路。我想我做过大部分的工作。"

今天的兄弟情已经不一样了。以前有一种自豪感。一个船上的消防员，他有一定的自豪感。然后，他成为卡车司机中的一员。[②]他作为一个卡车司机感到很自豪，他并不感到羞愧。今天，这是没有人情味的。

嗯，有一些冒险。1933年，我开着拖车从纽约到匹兹堡。没有现在的道路，也没有灯光。你要翻越阿勒格尼山脉，不能走捷径。你到达司机总是碰面的地方。这些公路旅馆做记录，司机会写下自己是

---

① 唐·乔瓦尼是莫扎特谱曲的意大利同名歌剧的主人公，莱波雷洛是他忠实的仆人。——译者注

② 他的儿子汤姆回忆他父亲的技术："在最小的空间里，他可以三把以内就把最大的卡车掉头，一，二，三，可能留有一英寸的余地吧。卡车上的那个小个子……"——原注

谁，从哪里来的。司机会凌晨四五点在匹兹堡的一家酒吧见面，然后开个派对。每个人都充了电，上床睡觉，然后又继续工作。大家似乎都认识对方。

　　他再现了全国海运联盟诞生前的海上状况：八个人在一个房间里，船上没有医生，紧张、争吵……至于码头工人的命运，则是岸上的炼狱：肩负着两百磅重的袋子，从码头的一端到另一端，一小时又一小时……"唯一的休息时间是你去拉屎或偷抽一根烟的五分钟。"每天六美元。"那是在大萧条时期，你很高兴能挣到这些。当船装满后，你就不用再工作了，直到赶上下一艘船。你开了一整天出租车，只带回家二十五美分。这不会对你毫无影响。那是一种身体上的磨炼。如果你觉得坐在椅子上、紧张得不得了是体力活儿的话……"（笑。）

　　操作一部货梯不需要太多想象力。你觉得也许我应该这样做，或者我应该那样做。但是啊，管他呢，你不要太担心。毕竟，我承认自己的局限性，如今90%的货梯都是自动的。那个季节性流动铁路工人就是这样做的。他也走了。

　　你遇到各种各样的麻烦，特别是不满的人找的麻烦。如果电梯不够快的话……什么事都在提速。一个卡车司机来了，装了一车货，他想摆脱掉这车货，对不对？他很着急，你要有一定的耐心才能理解他的问题。做电梯操作员不容易，因为你会受到各种谩骂。除非你明白对方为什么不高兴。他明白你知道他为什么不高兴，然后你们就会成为朋友。

　　老板跟某个家伙过不去。老板说："你到底跑哪儿去了？"天啊，这家伙坐在那里，冲着我吼："你为什么不快点？"然后他对老板说："我得等电梯。"这样，电梯操作员就成了你可以把所有问题都甩给他的人。事情就是这样。

每层楼的每个老板——比如我负责十二层楼——似乎都觉得自己是付电梯操作员工资的那个人。如果大楼里没有暖气，他就会去找电梯操作员说："暖气呢？"或者是没水了，灯坏了，走廊脏了，他说："电梯操作员到底跑哪里去了？走廊里没有灯，给我干活儿的人会摔倒的。"只有影响到他公司的产出、涉及他的利益时，他才会担心给自己打工的人。电梯操作员年轻的时候，可能这工作对他的要求高一点。但年龄大了后，就不那么容易了。一旦你白了头，四处说自己要找工作就没那么容易了。只要你头发白了，工作就不再需要你了。

电梯操作员一般都比较老，他的身体在走下坡路。但他能比卡车司机活得更久。因为卡车司机在四十岁时，他的肾脏开始难受，或者他的整个前列腺让他难受。四十岁，四十五岁，我认识的很多人，他们开始得溃疡，因为压力——交警、红绿灯、加速……

当然，电梯操作员也有遭到羞辱的时候。没有智力的衡量标准。这是一个简单的工作，你必须生存。现在是有限度的……不要以为电梯操作员只是在逆来顺受。他和下一个人一样粗暴。他也有筹码。他知道某个家伙要进电梯来，而且对他大喊大叫，他也会冲着那个家伙大喊大叫，对吗？管他呢，没人生气，真的。他们互相骂对方，但这没什么大不了的。如果你不去这样做，就真的会爆炸，你就完蛋了。

每个劳动者都会瞧不上其他劳动者。比方说，有个人在摩天大楼顶上干活儿，他走在房梁上：我是最了不起的。在这里，天啊。我正在建造最大的建筑。他很自豪，对吧？卡车司机开着大拖车进进出出，然后把车倒到……他获得了一定的自豪感。然后他小瞧别人。这不，在一家商店扫地的人，电梯操作员可以高高在上地瞧他，扫地的人地位要更低一些。（笑。）每个人都有自己瞧不起的人……但瞧不起别人有什么好骄傲的？

给人开门的人，他可以有自尊心吗？连电梯操作员都有自尊心。但是给有钱人开门，为他举着伞的人，他从工作中获得自豪感就比较难了。

你要理解这个社会的工人。这是个利益社会，对吧？但是在社会主义社会里，电梯操作员也可以是一个尊贵的人，就跟地位最高的人一样。因为除非电梯操作员让他们上去，否则他们是上不去的……

我相信社会主义将是未来的趋势。五十年前我就相信，今天我也相信。我从来没有失去过对人类发展方向的怀疑。资本家把汽车组装在一起，生产社会化了。但回报的方式并不是社会化的。它进入了少数人的手中，但它是由许多人生产的。你可以从你身边的劳动者身上看到结果。有些人三四十岁就破产了，有些人五十岁破产。

**如果你的人生可以重来……？**

一直以来，我都很忙，我从来没有想过，唉，我很想重来一遍。但我从来没有梦想过当老板。我曾经试图影响司机们为自己争取更好的条件。我作为领导人之一参与了纽约历史上两次最大的车队罢工——1938 年和 1947 年的罢工。在 1938 年，我们把整个纽约市都弄得停摆了。我们为司机们赢得了更好的条件，但我从来没有享受过这些条件。紧接着我就再也找不到工作了。[①] 事情就是这样发生的，但我不为此感到后悔。我为司机们能得到那些东西而感到骄傲。我不嫉妒他们。我希望他们能早点得到这些东西，仅此而已。

只有少数人喜欢这份工作。这是可悲之处。医学领域也是如此，在所有领域里都一样。有钱人，统治群体，他们享受劳动者生产的所有东西。他们是贪婪的，他们就像动物一样。我见过一些狗，它们刚吃饱，一口都吃不下了，但它们不会容忍其他动物靠近食物。人类这种动物也一样，有些人类也是这个样子。不管他们有多少东西，都不会出让任何一点儿，而且如果可以的话，他们不会让别人得到这些东西。

我为我的儿子们感到骄傲。他们有原则，有勇气。我们不能在制服上留下污点。一位邮递员投递信件，他可以是一个非常善良的人，你对他很尊重。那为什么我们不应该尊重一位警察或消防员呢？但他必须是那种值得人们尊重的人，仅此而已。


后记："我在新泽西州有一块土地，现在我的孩子们正在上面为自己的孩子建造一个家。我周五去那里收拾收拾。我喜欢农耕。我喜欢种东西，喜欢吃得更好。（笑。）你收获自己种的玉米时，你从来没有在商店卖的玉米里尝到过这样的味道。大红色的西红柿熟了，还有卷

---

① 他的儿子汤姆回忆："我父亲在 1949 年被列入黑名单，他有过一个保镖，还有类似的东西……"他的另一个儿子鲍勃回忆："在罢工的时候，我父亲和拉瓜迪亚市长一起上过电台。"——原注

拉瓜迪亚市长指纽约市长菲奥雷洛·亨利·拉瓜迪亚（Fiorello Henry La Guardia，1882—1947），他是美国总统富兰克林·罗斯福推行的"新政"的强力支持者，因为领导纽约市从大萧条中复苏而闻名。——译者注

心菜，可以做泡菜。到了秋天，你可以做西红柿罐头，可以做四季豆罐头，还可以做葡萄果冻和黑莓果冻。现在我造了一个池塘，还放了一些鱼，现在野鸟来了，鸭子、鹅、天鹅、野鸡什么的。鹿也来了，它们从池塘里喝水……

"嗯，是的，我疯了一样干这个活儿。干得比我在电梯上的工作还要卖力。当然，你要引以为豪。我到各地的集市去，把我的蔬菜和别人的做比较。我觉得我的蔬菜也一样好。嗯，我喜欢种东西。要是我小时候有这个环境，我会喜欢种些什么的。但我是城市里长大的。孩子们和孙子们都要去那里，我们玩得很开心。"（笑。）

## 鲍勃·帕特里克（警察）

哈罗德的儿子。他三十三岁，已婚，有一个孩子。他在本市警察部队工作了六年。在过去的三年里，他一直是一名紧急服务巡逻员。

"紧急服务就像救援队一样。你应对任何电话，任何事件：被压在火车下的人，被困在汽车里的人，跳桥的人，精神病患者，那些谋杀别人并把自己关在里面的家伙。我们进去把这些人救出来。有时太刺激了。有这么两次事件，我当时觉得自己回不了家了。"

他在警校结业的时候是班上成绩最高的人之一，虽然他"高中毕业十一年了"。他的大多数同事都二十一二岁。"我一直想在这个城市工作。我觉得那是世界上最好的工作。如果我不做警察的话，你看，我觉得自己别的什么都干不了。哦，也许当卡车司机。"

我被分配到贝德福德-斯泰弗森特做徒步巡逻员。我从来不知道贝德福德-斯泰弗森特在哪里。我听说这是一个底层贫困地区，而且这是一个令人们感到害怕的名字。这是个黑人区。像哈勒姆区，甚至更糟。哈勒姆区是有色人种真正长大的地区。但贝德福德-斯泰弗森特是从哈勒姆区或从北卡罗来纳州移民过来的有色人种所在的地区。他们是更难应对的一类人。

我自己和附近的两个朋友去了那里。我们带了午餐，因为我们从来没有真的在那片区域外头冒险过。我们那天早上六点左右见了面。我们想在八点前签到。我们六点过一刻到了那里。我们简直不敢相信这么近。我们笑得很开心，因为这片区域在我们所住的地方的附近，差不多吧。我们就像在我们辖区的郊区。离我家只有十分钟的路程。

我们接到命令时，每个人都说："哦天啊，还是算了吧。"有一个人以为自己要去那个区，我们不得不追了他三层楼，告诉他我们只是在开玩笑。他准备上交自己的徽章。那是一个危险的区域，令人害怕。

我当时很害怕。贝德福德-斯泰弗森特的大多数人都是失业者，大部分是领取福利的，他们或多或少都不太在乎警察。我最害怕的行程是周五或周六晚上的四点到十二点。我不是个酒鬼，我从不喝酒，但我会在这里的酒吧停下来，喝几杯啤酒，只是为了让自己有足够的精力去面对我们知道会遇到的问题。

我知道一些人有自己的问题，我会和他们面对面地争论。但很难对他们进行选择性执法。然后在午夜下班，仍然感到紧张。再去喝几杯酒，然后回家，我就会马上入睡。两三瓶啤酒，我就会冷静下来，又感觉自己是个跟家人在一起的丈夫了。

我和一个有色人种一起巡逻过几次。警局的人会安排你待在一辆无线电车里，你会和一个老前辈一起工作。我们接到的一个出警电话，是一个婴儿在抽搐，他停止了呼吸。电梯出了故障，我们跑上八层楼。这是一个非白人婴儿。他脸色发青。我从阿姨手中接过婴儿，然后我和我的搭档带着婴儿，和婴儿的母亲一起冲下了楼梯。在广播车上，我给婴儿进行了人工呼吸抢救。宝宝已经反流了，又开始呼吸了。医院的医生说不管是什么病，我们都已经弄好了。

因为我们在这个片区存在的那些问题，警长想把这件事进行报道。因为一个白人警察做了我所做的事。但我不想这样。我说自己愿意为任何人做这件事，不管是黑人还是白人。他们把事情进行了报道，对我进行了表扬。辖区的同事们跟我开玩笑，说我现在已经融入这个片区了。那位母亲说，在我做了那样的事情之后，她甚至愿意把孩子的名字改成罗伯特。

和我一起工作的那个家伙比我工作的时间要长。我们去处理家庭纠纷的时候，由他来张嘴说所有的话。我的印象是，我们试图为其解决争端的那些人，比我们更有进攻性。丈夫和妻子吵架，或者男朋友和丈夫吵架。大多数时候，你必须把他们分开。"你把妻子带进房间，我把丈夫带进另一个房间。"我敬佩我的搭档解决纠纷的方式。动作非常快，而且他知道自己在做什么。

我中过枪。我在贝德福德-斯泰弗森特唯一没有经历的事情是被刺伤。我被人吐过口水。被人用瓶子、石头、砖头、燃烧弹、樱桃爆竹砸到过眼睛……我卷入到一些需要打10-13求助的纷争里。这个号码的意思是协助街角的巡警。我曾经打电话给黑人，让他们帮我对付其他黑人。

**在贝德福德-斯泰弗森特工作三年后，他被分配到紧急服务巡逻**

队。"我们的卡车是一辆价值 5.5 万美元的卡车，装备大概有十五万美元。我们有猎枪，有狙击步枪，有催泪弹，有防弹衣，有为跳楼者准备的网，有供巡逻员上桥时固定自己的莫里西腰带，有凯利工具①用于撬出被困者，我们提供氧气……"

我们 50% 到 75% 的任务都是要氧气的。我遇到过被医生宣布为"到院前死亡"②的人，一到就死了。我们把他们抢救过来了。我把他带回来。在我把他带回来后，这个人已经活了八个小时。医生大吃一惊。他在上面写了信，认为我们是纽约市最伟大的抢救小组。我们给他输氧，直到救护车到来。大多数时候我们都能赶在救护车到来之前。

我们为跳楼者设置了一个网。我们在曼哈顿网住了一个从二十三层楼跳下来的人。他看起来一定像一张邮票。我们从四层楼高的高中网住了一个女孩。如果能救一个人的命，这网就值了。

一个年轻人在一栋六层楼的窗台上。他是一个精神病患者。我们试着找一个亲密的朋友和他谈谈。女朋友、牧师、老棒球队的人。然后你就开始和他说话，尽可能地和他说话。很多时候，他们会跟你开玩笑、大笑，直到你离得太近为止。然后他们会告诉你："站在原地别动，否则我就跳下去。"你要试着做他的朋友。有时你会脱掉警察的衣服，让他相信你只是一个公民。很多人不喜欢这身制服。

---

① 凯利工具（Kelly tools）是消防和救援服务中用于强行进入和执行其他撬动和打击任务的工具。——译者注

② "到院前死亡"（Dead on arrival）是一个医学术语，泛指病患在送达医院的急诊室前已经出现死亡症状，例如心肺功能停止。现在，这个术语已被"到院前心肺功能停止"（Out-of-hospital cardiac arrest）所取代。——译者注

你跨在墙上。你使用莫里西腰带，把它系上，用你的搭档拿着的绳子把腰带绑住。有时你从壁架上跳下来，然后直接跳到跳楼者面前，把他困住。但很多时候，如果他们发现你，他们会跳。你要尽可能地小心谨慎。这是一个生命……

有时你一晚上要做十一件事。我不得不在街上射杀一条恶狗。孩子们因为我这样做而诅咒我。那条狗口吐白沫，冲着大家乱咬。我们走到它身后，朝它头上开了三枪。你想让孩子们离开那里。他看到警察射杀狗，他不会喜欢警察的。

我们碰到过一些可怕车祸现场。车子就跟手风琴似的。第一周，我们碰到了一场在路边绿化带迎面相撞的车祸。车祸发生的时候，我只是路过，我们跳了出来。车里有父母，还有一个女孩和一个六岁左右的男孩。我把女孩抱了出来。她的脸都模糊了。然后我们把父母抬了出来。父亲一直活着，直到我们把他抬出来，他才倒下。全家都是到院前死亡。一天二十四小时都在发生。如果紧急情况是这样的话，我宁愿回到贝德福德-斯泰弗桑特。

第二天，我在报纸上看到，他们都是男孩，但剪了个摩登的发型。你顺着早餐桌望去，看到了你的儿子。我的妻子多次问我："你怎么能做到这样的？你怎么能带着一个失去双腿的人从火车底下钻出来，回家吃早餐，还觉得……？"这就是我在等待的：我可以回家的时候，对我的家人没有任何感觉。你看，我必须要有感觉。

一个巡警会打电话给你，让你去找一个死了一个月的家伙。他上吊自杀了。我要把他弄下来。你左右扭动是为了避开那些蛆虫的攻击。我发现自己在客厅中间跳舞，想把一个死了一个月的家伙弄下来，而蛆却在我的裤子上跳来跳去。我只是把这该死的裤子穿上，全新的，干洗的。我回到分局，还是会痒，洗澡的时候也会跳。

然后去火车下面，那个人把身体封在了车轮上，因为第三轨的热量。你知道你会把他扔进袋子里。一个十六岁的孩子的手被绞肉机夹住了。他的手从前面伸了出来。他要求我们不要告诉他妈妈。一个外科医生在工作中呕吐，并告诉你这样做。

有一次，有一个人被困在月台和火车之间。他的身体在下面，他的头在上面。他在和医生说话。他有几个孩子在家。为了把他救出来，我们不得不用 Z 型钢筋把火车从站台上抬起来。医生说："你把火车从站台上抬起来的那一刻，他就会死了。"他边说边抽烟，跟我们聊了十五分钟。我们一抬手，他就死了。我不敢相信我竟然能把生命扼杀了，就这样。我们就这样把这东西和他的生命都抬起来了。而在事情发生之前给他一支烟就更糟糕了。

当你在去工作的路上，为了给自己打气，你说，这是工作的一部分，必须要做。总得有人要做。在这之后，就没有比这更糟糕的事了。没有其他的案件会像这个一样糟糕。而另一个案件会比这更糟糕。最终你会习惯你正在做的事情。

凶杀案很糟糕。我看到法医把手指伸到十七道刀伤里。我拿着门灯，让他看清手指的走向。把指关节伸进去，然后告诉我："打到骨头了，子弹在这里，刀伤在脖子上。"我意识到我看到的太多了。天啊，这不适合我。你不会相信的。也许是我不相信。也许是我还没有想到。

我怕看了这么多后，我回到家听到孩子的痛苦，却不为他感到难过。到目前为止，还没有发生。我希望上帝永远不让它发生。我希望上帝让我一直有感觉。几个月前我奶奶去世的时候，我一点感觉都没有。我想，天啊，是不是我没有这种感觉了？

有一次，一个人在医院里开枪击中了一个警察，然后他把警察从楼梯上扔了下去，并把他的轮椅也扔在警察身上。他中了一枪，却逃之夭夭。他控制了布朗斯维尔的一个公寓。他们在凌晨三点叫我们去现场，穿着防弹背心，带上猎枪。我对自己说，这是电影里的事情。队长有一块黑板。我们有八个人，他给我们每个人派了一个活儿。"两个人负责后院，你们三个负责前院，你们三个负责屋顶。"

这家伙是不会被活捉的。弗兰克和我是防卫屋顶的突击队。我们带着霰弹枪，要偷偷溜进去。我们早上四点碰头。我们从后面的楼梯上去。在第一个楼梯上，有一只德国牧羊犬在门外。那条狗蜷缩在角落里，感谢上帝。我们又上了三层楼。我们守住了屋顶。

我们能听到他们在每间公寓里的攻击声，试图把这家伙赶出去。他逃到了消防通道。在他上楼的时候，我们告诉他别动，托尼，一切都结束了。他开始回身往下走。我们用对讲机通知了后院的第一小队。我们听到枪声。屋顶实际上已经亮了起来。突击队队员向这个人开了二十七枪，后来他康复了。我听说他还在受审呢。这是我出过的让我有过这种感受的任务之一：当我上楼的时候，我应该给我妻子打个电话吗？我当时觉得我必须给她打电话。

如果犯罪者在大楼里，你要么和他说话，要么控制他，要么用催泪瓦斯把他赶出去，而不是跑进去开枪。他们觉得生命比什么都重要。大多数警察都有这种感觉，是的。

我去了在"坟墓"监狱发生的暴动现场。我是第一个到现场的人。我们必须烧掉监狱的大门。因犯们用木板把大门和椅子、家具都封起来了。我们不得不使用乙炔火炬。我的妻子知道我也在其中。我上了头版。报纸拍到了我带着猎枪、穿着防弹衣、背着所有的弹药，等着进入监狱的画面。

我在想，死亡是一种挑战吗？是我想追求或逃避的东西吗？我在那里，我不一定要在那里。我想在那里。你自己也有被杀的机会。我已经那么接近了……

两周前我去一个现场。一个十九岁的少年，他刚从越南病退回来。他把他父母的房子洗劫一空。他打碎了所有的窗户，踢坏了彩色电视机，并躲在楼梯上，一手拿着自制的长矛和两把屠刀。他把他父亲的脸割破了。

我们被叫下去，要进去抓这个孩子。他破坏了栏杆，用每根杆子做武器。我们戴上了防毒面具。所有的警察都在那里，拿着棍子和其他东西。他们无法靠近他。他不停地扔下这些铁灰盘。我上了两级台阶，他正拿着这根长矛。我们把所有的警察都赶走了。他们只想找我们这些紧急服务巡逻员。

如果你等得够久，他就会出来。我们让每个人都跟他说话，他的母亲……他没有出来。中士下令发射催泪瓦斯。我听到窗户里传来催泪瓦斯的声音。我再往上走了一点，我看到这个喷嘴从他的脸上喷出来。我说："中士，他戴着防毒面具。"我们向公寓里发射了大约十六颗滤毒罐。他回去关上一扇门时，我冲上楼去。我的动作很敏捷，我击中了他的脸，他的面具飞了起来。我抓住他的长矛，给了他一个熊抱。他就是没有任何反抗。一切都结束了。

巡逻部队冲了进来。他们急着要抓住这个家伙，他们对我又撕又咬。我告诉他："嘿，伙计，你抓住了我的腿。我们抓住他了，一切都结束了。"他们把我的防毒面具摘了下来，现在大派对开始了。就是这个家伙让他们激动了几个小时。"你这个混蛋,我们抓到你了。"他们把他从楼梯上拖下来,放进抓捕袋里。这就像一个紧身衣。

我们让他脸朝下后,一个巡警抓住他的头发,把他的脸摔在地上。我抓住他的手腕:"嘿,没必要这样。这家伙戴着手铐,他很安全。"我把那小子的头发从眼睛前面拨了开来。他的头发中长。我的孩子也有一头中长的头发。那人说:"你怎么了?"我说:"别闹了,你不能打孩子。"

邻居们都祝贺我,因为那孩子身上一点伤都没有。我在报纸上看到,巡警某某在紧急服务巡逻员初步赶到后,动身进行抓捕。巡警某某就是那个把孩子的脸摔在地上的人。

我今晚就去找他。我会问他是否要申请嘉奖。我会让他收回去。因为我会成为对他不利的证人。中尉建议给我一天假。我前天晚上告诉我的中士,中尉可以放一天假,自己玩儿去吧。

很多街垒狙击手都是越战老兵。哦,战争起了一定的作用。他们很多人去军队是因为这是个更好的条件。他们可以吃,他们可以有收入,食宿都有着落。他们从上层阶级那里得到了很多好处,而他们在服役时却不必接受这些好处。

这在酒吧里的人听来,就像童话故事一样,一只耳朵进,另一只耳朵出。在一次粗暴的出警之后,一个人死了,被枪杀了,许多人被刺伤了,你走进一家酒吧,那里的人在华尔街工作,保证金职员。"你好吗?有什么新鲜事?"你说:"你不会明白的。"他们无法理解我昨晚所做的事。有时候我十二点多回家,我老婆就知道有事发生了。她会等着我:"发生了什么事?"有时我在发抖,颤抖。我告诉她:"我们有一个人……"我感觉好多了,就去睡觉了。我可以睡觉了。

让我睡不着的是三年前。那个被封锁住的孩子。第一天晚上我马上就睡着了。第二天晚上你开始思考，你开始想象那个孩子，把他拿下。面对孩子和催泪瓦斯，中士说："好吧，开火。"你听到催泪瓦斯……就像你在玩耍，玩弄死亡。你不想死，但你接近它，真正击败它。这是一个笑话，它不会发生。

我注意到自从我进了紧急服务部门，她就说"小心点"。我讨厌这句话，因为我觉得被诅咒了。每次她说要小心，就会有大任务出现。我觉得，妈的，她为什么要这么说？我希望她不要说。她会说："明天早上见。小心点。"哎呀，天啊！

在糟糕的事故中，我拿过人的头骨……我已经习惯了，因为有年轻的家伙来到紧急服务部门，我觉得自己必须是那个负起责任的人。因为我见过一个退休的人回来后，出了一个很糟糕的任务，就像那个溺水的孩子，我们用钩子把他拉了出来。我向他寻求帮助，却看到他正在崩溃中。我不希望这种事发生在我身上。当你和一个有十八年经验的人一起工作时，他却崩溃了，你还能指望谁呢？

漂浮者，一个淹死、最终又浮上来的人。两周前，我们把这孩子拉出来了。你看着他的眼睛里有钩子……你在坚持，因为你的伙伴在坚持。我把一个孩子从池塘里拉出来，他淹死了。一个女人问我："他是什么颜色的？"我说："小姐，他已经十岁了。他是什么颜色有什么区别？""嗯，你把他拉出来，你应该知道。"我就从她身边走开了。

紧急服务有一个很长的等候名单。我获得的评价是最高的。我确实有地位，特别是对年轻人来说。当有人说："鲍勃，如果他们改变时间表，我可以和你一起出警吗？"这让我感觉很好。

我觉得我是在帮助别人。当你走到人群中，一个人被车撞了，人们会叫你。救护车傻傻地待在那里，人们也是。你下达命令，让这个人去拿一条毯子，这个人去拿一本电话簿，这样我就可以用木板支撑一条腿，用我从自己的枪上扯下来的手枪背带绑好，这在公众面前看起来很好。他们说："哎呀，这些人是谁？"

上周，我们出警去救一个抽搐的婴儿。我们两分钟就赶到了。那人几乎没挂电话。我把手指伸进婴儿的喉咙，把舌头拉回来。把婴儿倒过来，抱到警务车里。我的指节上能感觉到婴儿嘴里的热度。在医院，那个父亲想知道车里的人是谁。我把婴儿交给了护士。她说："他没事了。"我说："很好。"那个父亲泪流满面，我真是想从那里跑出来啊。

今天早上我看了报纸，关于那个中枪的警察。他六岁的儿子写了一封信："希望你能好起来，爸爸。"我妻子在做早餐。我说："你看报纸了吗，亲爱的？"她说："还没。""你看了这个警察的儿子在他住院期间寄给他父亲的信了吗？"她说："还没有呢。""嗯，他现在已经死了。"于是我读了其中的一部分，我开始哽咽。我说："搞什么啊……"我把报纸扔了，只为把我的注意力转移开。我把注意力分给了正在荡秋千的儿子。搞什么啊……我看到的和做过的所有事情，我却要读一封信……但它让我觉得我离感觉自己已经不剩下什么感情了这个状态还是有一段路程的。我知道了自己还是有感情的。我还有不少工作要做呢……

## 汤姆·帕特里克（消防员）

**鲍勃的弟弟。**

**他已经当了两年的城市消防员。在之前的四年里，他一直是城市**

警察队伍中的一员。他三十二岁，已婚。"对于一个刚从高中毕业、只有综合文凭的人来说，是很可怕的。我甚至不懂英语。我妻子是西班牙裔，她知道音节，动词，句号在哪里……我希望我是一个律师。妈的，我希望我是一个医生。但我就是没有这个能力。你得有那个脑子才行。

"我们家有七口人。三个哥哥，我和我妹妹，母亲和父亲。我们住的是铁路局的公寓。我和我的哥哥以前一直睡在双层床，直到我们二十七岁。这种床应该是给孩子们睡的，对吗？"

他拥有自己的房子，并且无法忘怀它的神奇，无论是否有抵押贷款。"一个后院，就像后面的一片乡村。闻起来像泽西。我们有烧烤，喝啤酒，邻居们都很好。

"二十年前，这里都是爱尔兰人、意大利人、波兰人。我在 1962 年参军，大家都搬到长岛去了。现在有很多波多黎各人；他们说，间谍都搬来了，黑人也搬来了。他们都是好人。他们不打扰我，我也不打扰他们。我想我比他们更糟糕。有时我凌晨四点回家，在街上撒尿。我想他们可能会签署一份请愿书，把我赶出去。

"干我们这行的人都遭受偏见。我可能也是这样。我住在一个非常保守的社区。这里有很多警察。直到 50 年代，这些人都是我的英雄，酒吧里的这些人。你听说这家伙参加过第二次世界大战……我当时还是个孩子，这些家伙中很多现在都去世了。四十八岁，五十岁，他们很年轻就死了，因为喝酒，还有狗屎玩意儿。你就是在这种偏见中长大的——他是个西班牙裔，是个黑鬼。在军队里的时候，我觉得自己没有遭受偏见，直到那个有色人种让我打扫了五六次地板，我叫他黑鬼。你要表达自己，把挫败感发泄出来。

"8 月的一天，凌晨一点，我们举行了一个街区派对。他们在消防通道上跳舞。人们在喝酒。有三四百人在那里。街角处有一个路障，警察从来没有过来过。该死的警察从来没有来过。我们不需要他们。我想，当看到警察时，每个人都会感到紧张，而不是专注于音乐和喝啤酒，你一直往后看。警察在哪里？你懂的。"

　　我是 1964 年退伍的。我考了交警、房警，还有城市警察。都是一样的考试。我是在 1966 年 3 月被征召去的。我被征召去当房警。头六个月，你只是在不同的住房项目中转来转去。

　　我和另一个女孩订婚了，她父亲很生气，因为我没有去当城市警察，因为我可以赚更多的钱。他说我是个笨蛋。他说："你在住宅项目里能得到什么？那里的人不给你钱。"因为他们是穷人。我说："他们给我当警察的钱就够了。"这里的大多数人都不会去当医生或律师。要得到的东西是一个城市的工作，因为这就是安全感。

　　我在哈勒姆区和东哈勒姆区工作了三年。有十个、十一个警察，他们都是黑人。我是唯一的白人警察。当他们看到我走进办公室时，他们就开始发火了。"他们派你来这里干什么？你他妈的死定了。"他们让我戴上头盔，躲在屋顶上。

　　这一个项目，有"百分之五民族"组织①的成员。那是一个仇恨团伙。他们认为 70% 的黑人是汤姆叔叔，25% 是酒鬼，5% 是精英阶层。这些该死的家伙会在一分钟内杀死你。

　　这个项目是二十五栋楼，每栋十三层。占地大概二十英亩。它

————————————————

①　百分之五民族（The Five-Percent Nation），有时也被称为百分之五人（Five Percenters），1964 年由克莱伦斯·史密斯（Clarence Smith）创立于纽约曼哈顿哈勒姆区的一个组织。——译者注

就像一个城市。我记得我到那里的第一个晚上，7月4日。温度超过一百零五华氏度。我负责午夜到八点那场巡逻。我有一个叔叔，是一个普通的城市警察。前一天晚上他打电话给我，他说，他们预计这个项目会有暴动。他说，警察派出直升机在人们头上飞来飞去，还有很多穿着便衣的警察和汽车。他很担心我："小心点。"

有个黑人说："你和我待在一起。"那天晚上，我们去了屋顶，我们往下看，人们走来走去，在长椅上喝酒。有个有色人种在喝酒，我早上七点去了那里。我叫他走开。"有人要抢劫你。"他说："伙计，我身上一分钱都没有。他们能做的最多只是给我点东西。"然后他就回去睡觉了。

问题是你得喜欢上别人。如果你喜欢别人，你就能和他们一起玩得很开心。但如果你认为人们是这个国家问题的根源，他们会让你心烦意乱，你就会开始恨他们。当你恨的时候，你的胃里会有一种很糟糕的可以摧毁你的感觉，不是吗？

我去住房建造项目时，我说，有很多人在这里，你遇到他们，老人希望你进来跟他们喝杯酒。我去过一些超赞的派对。我晚上九点去那里，我穿着制服，带着枪，你会在厨房里，喝着苏格兰威士忌、黑麦酒、啤酒，和这些漂亮的西班牙裔女孩聊天。这些都是人，不是吗？穷人。我家也很穷。他们谈论同样的事情，孩子们来找我，他们会抚摸你，或者碰一下枪。

我曾经逮捕了一个人。有个孩子过来告诉我，街对面的一个人抢了他的相机。所以我跑过去抓住了那个家伙。轻盗窃罪。那个黑人警察说，我第一次干了个漂亮活儿。于是那天晚上他把我带到地下室，他们开了个派对。一个移动吧台，唱片机，女孩们下来，他们在跳舞。

　　我迫不及待地想去上班，因为我觉得和这些人在一起很轻松。有时我照镜子时看到这顶帽子，我不敢相信这是我穿的制服。有人会说："警官，警官。"我不得不想，哦，是的，那是我。我根本不知道自己是警察。对我来说，这相当于是站在我自己社区的角落里。可怜的人啊。我会看到像我爸爸一样的醉汉。一个留着长胡子的黑人酒鬼，他的眼睛……他会让我重新回忆起与我爸爸相关的黑色记忆。我可以和孩子们说话。他们在屋顶上做爱，我说："我给你们十分钟时间。"我花了两分钟过来。"十分钟对你们来说够了吧？"

　　我工作的一个项目里，我在一年内逮捕了十九个人，这是最多的。我不是故意的，我遇到了狗屎。如果你遇到一个人抢劫另一个人，伙计，那就错了！我的想法很简单。我只是想，如果一个人喝醉了，或者一个人和一个女孩亲热，这不应该是犯罪。我和一个警察在一起，他经常偷偷摸摸地在车上看，看到人们在做爱或口交。我曾经很尴尬。我不喜欢这种事。

　　我抓了很多人，他们把我调走了。我不想离开，因为我认识这些人，我想我可以成为一个有用的人。他们是墨西哥人，黑人，我和他们关系很好。上帝啊，我喜欢这份工作。他们送我去哈勒姆区，因为我那么优秀。胡说八道！这让我很不爽。我想去东哈勒姆区，因为那里什么都有。仍然有意大利人。我以前经常去街区喝啤酒。我经常听西班牙音乐，女孩们都很美。天啊！难以置信！西班牙女孩。我老婆是哥伦比亚人，她很漂亮。我喜欢她的头发垂下来的时候。我觉得我就是因为这样才想到要娶一个西班牙裔姑娘的。在东哈勒姆区。

　　我不反对去哈勒姆区，但那里没有人。那是个新项目。我只是在那里看守电冰箱。我是个看门人。下水道敞开着，地面没修好，没有草，有洞。我们曾经站在一栋空楼的大厅里。我想去人多的地方。所以我就生气了，申请调回来了。六个月后，人们开始搬进来，我很喜欢。但他们把我调到了卡纳西，中等收入的白人。还有所有这些废话投诉。"有人在我的草坪上。""我听见电梯里有声音。"在哈勒姆区，他们会抱怨说，也许他们在电梯里看到了一个死人。

我从来没有感觉到我的生命受到威胁。我从来没有感觉到我必须朝后看。我是那个项目中唯一的白人警察。孩子们在玩耍的时候，会过来和我说话。很好。但有时他们只是恨你。我穿着制服，他们就到处说"你这个混蛋"之类的话。我不能说："别急着骂人，先了解一下我这个人吧，我没那么糟糕。"你没有时间。如果你开始解释，这是一个弱点的标志。大多数人，如果你试着对他们好，他们就会对你好。但你遇到了这些受到了伤害的家伙，他们真的受到了侵害，无缘无故被逮捕。

我和某个警察在一起，他逮捕了一个人，因为那人盯着他看！盯着他看！和我在一起的那个警察，文斯，他长着一张娃娃脸。公交车站的那个家伙一直看着他，因为这个警察从来不刮胡子。他说："混蛋，你在看什么？"那个家伙说："我只是看看而已。"我说："这家伙可能认为你不是警察，因为你有一张漂亮的脸。"文斯把巡逻棍顶在那个家伙的下巴下面。很自然地，某个人要是把棍子放在你的下巴下面，你会把它推开。一旦你这样做，你就会遭到攻击。他逮捕了那个家伙。那家伙在等公交车哎！

还是跟这个文斯在一块儿的时候，又过来了一个孩子，一个十七岁的波多黎各人。他们都认识我。他说，"嗨，宝贝"，然后他就这样拍打着我的手。"你好吗，伙计？"文斯说："你让这孩子这么跟你说话为的是什么？"我说："他们就是这样说话的，这就是他们的语言。他们不是故意要冒犯你的。"他说："嘿，混蛋，过来。"他抓住了那孩子的衬衫。他说："你这混蛋，跟这位警察说，先生，阁下。"他把那孩子推下了斜坡。我们有一个小警务室。他的女朋友开始哭了。我去追文斯，我说："你在干什么？你把那孩子关起来，我反对你这么干。那孩子是我的好朋友，你他妈的搞错了。"他说："我不会把他关起来，我只是要吓唬他。你得给这些人上上课。你得让他们失望。"

就在这个时候，二十个孩子开始敲门。那孩子的哥哥和他的朋友也在那里。我们要面对一场暴动了。而那孩子什么也没做。他只是和他的女朋友一起走路。

我在 1967 年哈勒姆区的暴动现场。我看到一帮孩子扔石头，他们打了一个警察。车里的警察看不到石头是从哪里来的。当他们全部下车时，孩子们都不见了。他们以为石块是从屋顶上掉下来的。所以这些人就出来开枪。一个大个子白人出来说："出来，你这个该死的黑鬼。"我和五个黑人警察在一起，其中一个对我说："让那个混蛋离我远点，否则我就杀了他。"

城市警察，他们有俱乐部，他们认为他们是精英。住房是公共住房——他们管我们叫哈哈警察。交通警察被称为洞穴警察，因为他们在地铁里。这些是他们跟我们开的玩笑。谁更好，谁是纽约警察系统的老大？……三年前我和一个交通警察在一起。我们和这两个漂亮的女孩在一起。我当时还是单身的。那是凌晨一点左右。我们有一打啤酒和一个比萨饼。我们想亲热一下，对吧？警察来了，城市警察，他们把光照在我们身上。我朋友给警察看了他的警徽。警察说："这就是你不应该再待在这里的原因。你他妈在执行任务，快滚出公园。"

因为他是个交通警察，所以他们对他很严厉。我的朋友在追这个警察，这个警察也在追他。我抓着他，警车里的司机抓着他的朋友，他们大喊"别在公园里乱跑"，而另一个人则大喊"别在地铁里下来"。我本可以转过身去，说："千万别去住宅区。"这是愚蠢透顶的蠢话，对不对？一个人会掏出枪，然后被杀。

你不能嘲笑一把枪。在普韦布洛事件中，我在酒吧里被人用枪指着头。一个警察。我拿着枪和这些人争论越南的事情。我说："西贡有一个百万美元的警察局，而我兄弟的警察局已经有一百年历史了。钱从哪里来的？警察和消防员都在交税，但他们却没有修缮他们的警察局。"这个家伙，吉姆，当了二十四年的城市警察，就是你想要的警察的一切。当我十八岁的时候，他已经三十八岁了，他是个超级警察。但是，仇恨毁了他，战争也一样。

我当时在酒吧里，吉姆也在瞎扯。他有个人问题，他结过两次婚，离过一次婚。他说："我们应该入侵朝鲜，轰炸它。"我说："你已经准备好向一个有平民的国家投掷炸弹了。"他说："啊，你他妈的共产主义者。"所以，我转过了身。我感觉到我的太阳穴上有个东西，他用枪指着我的头。我旁边有两个人跳到地上。我的左手向他的左手手腕伸去。枪掉在地上，我用腋下紧紧锁住他的头。另外三个穿便服的警察把他打倒了。你得小心那把枪。

我本可以像吉姆或文斯一样。我开始看到人们的问题。十个人在一间公寓里，除了坐在街上喝啤酒，没有其他地方可去。我想我是从我爸爸那里继承来的这种感觉。

我爸爸是个伟大的人。我知道他经历了什么，那些糟糕的事情和困难时期，我不知道他是怎么熬过来的。我以前喝酒的时候经常躺在床上听他讲话。我哭过。他说到了该死的战争，所有的钱都用于战争。而劳动者的儿子就是打这些战争的人，对吗？还有那些没饭吃的人……我告诉你，如果我没有收入的话……这些孩子在这里闲逛，爱尔兰孩子，意大利孩子，二十五岁，酗酒的，酒鬼。有一个人死于挨冻。他和我妹妹约会过，现在已经死了。

我在哈勒姆区的四人小组待了六个月，就在我调到卡纳西之前。那是四栋三十层的楼房，人们会搬到那里去。每天我都有一份名单，上面列着搬进来的人的名字。一个黑人家庭带着八个孩子来了。他们在二十楼有七个房间。母亲是个大胖子，她问我能不能带她去看看公寓。孩子们只想看看。粉刷得很好，真的很干净。孩子们开始哭，小孩子。我一想到这里就会哭。他们跑进卧室，躺在地板上。他们说："这是我的！这是我的！"孩子们说："看看卧室，很干净。"这些黑人小孩哭着说，他们穿着运动鞋，裤子上有洞。房间是空的，但他们不愿意离开。那个女人问我，他们能不能在这里过夜？他们的家具第二天就会送来。你给人们找一份工作或一间体面的住房，你就不会有任何麻烦。

"我为什么要当警察？我没那么聪明，不适合做律师。我的西班牙语没学好。我很幸运，我会说英语。对我来说，在学校的好日子就是老师不叫我，我经常坐在教室后面，然后瘫在座位上，这样她就不会叫我了。

"我脸上长痘痘的时候，那就更糟糕了。我在姑娘面前很害羞。有一次我跟我爸说：'我要自杀，我长痘痘了。'他说——我永远都不会忘记——'世界比你脸上的痘痘更重要啊。'那时候我不认为是这样的。我经常把诺克司马涂在脸上。我和一个姑娘在一起，她说：'我闻到了诺克司马的味道。'这东西曾经在我的头发里，在我的鼻子上⋯⋯

"我喜欢数学。我做加法可以做得很棒。我开始学代数，但后来我就听不懂了。我不想举手，因为我有皮肤问题。很疯狂，对吧？我不作声了，老师两年来从没叫过我。"

你抓的人越多，他们就越会认为你是个好警察，这是不对的。他们给我压力让我去抓人。你得出去，你得去抓人，因为你有警长在背后支持你。不是你死就是下一个人死。你有一个家庭，然后看到每个人都使劲儿给别人找麻烦⋯⋯这很疯狂，知道我的意思吗？

我在东哈勒姆区工作的那个项目，你抓住一个做错事的孩子，说："过来，你这个混蛋。"就这样。他不争辩。但中产阶级的孩子会对你撒谎。他不会告诉你他的真名。他的父亲是消防员或警察。他告诉他儿子："不要透露任何信息。"他们更懂法律一些。

就像我管的最后一个项目，中等收入的白人。他们都是长头发的孩子，对吧？有个警察，他看到我和孩子们聊天，弹吉他。我在谈论着唱片。他打电话给我，说："嘿，你跟那些同性恋说什么呢？"我说："他们很好。"其中一个长头发的孩子，他父亲是个警察。他说："去他妈的，他们都是共产主义者。"

有几次，孩子们把我惹毛了。我看到五个孩子在抽大麻。他们把烟斗传来传去。我抓住他们，把烟斗扔在地上。我不想逮捕他们。我让他们都走了。第二天，其中一个孩子告诉某个警察："汤米是个好警察，他放了我们。"事情传到警长那里，他说："你们会被吊死的。"所以有几次我都被起诉了。

我不想当警察。我那时二十六岁，在邮局工作，但我赚不到钱，每小时 2.18 美元。我还年轻，我想和姑娘们一起出去，我想去新泽西海岸，我想买一辆车，我刚从军队出来。这就是为什么我接受了这份工作。

我成为警察时，我认为自己是在和我父亲作对。警察是洛克菲勒的工具。警察不明白，他们在哈勒姆区建了一栋新办公楼时，社区居民想要的是一所医院或一所学校。洛克菲勒建了那栋办公大楼，对吧？由白人建筑工人建造的。而这些人都是恶魔。假设他们在这一带建了一栋州政府办公楼，黑人建造了它，黑人在里面工作。警察去那里阻止示威，谁会得逞？警察。洛克菲勒在一百万英里之外。警察都是干活儿的人，他们不懂。

有些警察是他妈的好警察，他们是伟大的人。人们的超级警察。在前线的人，巡警，他们做所有的工作。警长们没有和人民在一起。他们只是动动笔。这就是让我生气的原因。

我认识很多警察，他们甚至比我更喜欢别人。有些人是混蛋。在项目里有黑人警察，他们对付自己人下手比白人还狠。他们认为是穷人拖了他们的后腿。但他们中的很多人都是超级警察。也许如果反过来，如果白人处于下层，而黑人是顶级走狗，会有更好的白人警察。

知道我为什么转行做消防员吗？我喜欢人，但有时我会感觉到仇恨进入我的身体。我讨厌它，让我这样。我发现三个人在喝酒，三个年轻的西班牙裔。我说："伙计们，如果你们要喝酒，就去公寓里喝吧。"因为他们把酒洒了出来，然后就在房子前面的大厅里撒尿。我半小时后回来，他们又拿了一瓶出来。他们到处撒尿。我对自己说，我想对他们好一点。我走过去。有两个人对着我，一个人背对着我。他说："这家伙为什么要管我们的闲事啊？"他叫我"爱尔兰佬"。他在改变角色，你知道吗？他的行为就像他们说的警察一样。所以我说："你他妈的西班牙佬。"于是我拿起警棍，用力挥舞，想打他的头。他躲开了，棍子打到了柱子上。他脸色发白，他们都跑了。我吓坏了，我竟然这么快就有了仇恨。我他妈的在发抖。

　　有几次我拿枪指着人。有一次我到住宅的楼顶，有一个大个子黑人，大约六英尺七英寸那么高，在楼梯顶上。他背对着我，我说："嘿，伙计，转过身来。"他说："好的，等一下，伙计。"他的手肘在腰带周围处动来动去。我半蹲着。我说："转过身去，把你的手放在墙上。"他说："好的，好的，等一下。"我恍然大悟，他的腰带里夹着一把枪，他想把它拿出来。我说："我的天啊。"于是我把枪拿出来，说："你这混蛋，我要开枪了。"他把手快速放在了墙上。他的生殖器露在外面，他想拉上拉链，有个女孩站在拐角处，我刚才看不到。所以，这里有一个家伙刚撸了一把，也许很多警察已经杀了他。我说："我靠，我本来可能已经杀了你。"他开始颤抖，我手中的枪抖得一塌糊涂。我说——我一定是哭了——我说："快滚吧，不要……"

　　我在 1968 年参加了消防部门的考试，1970 年受到征召。我一直想当一名消防员。我另一个哥哥当了十一年的消防员。他出了一趟火警，地板塌了，他告诉我这个故事。他以为只是一层楼的高度。但那些人抓住了他的胳膊。他们说："如果你去，我们就都去。"他无法相信这种同志情谊。他们把他拉了出来。他下楼去拿头盔，然后发现有两层楼那么高。他真的本来可能会受伤的。

　　我喜欢大家一起工作。你们一起吃饭。一个人去商店，一个人做饭，一个人洗碗。一个共同的目标。我们有一个中尉，他说消防队是最接近社会主义的地方。

　　长官是第一个进入火场的人。当你升到了上尉或中尉，你的工作会更多而不是更少。所以我很敬佩这些人。我们去救火，中尉是第一个进去的。如果他离开，他就会带你离开。我认识的一个中尉有心脏病。当他在火场上受伤时，他应该去医院吸氧或请病假。他不想请病假。以前我去火场，天很黑，我摸到一条腿，抬头就看到中尉们站在火场和烟雾中，受了伤。

　　当我在军队里的时候，我不尊重军官，因为所有的工作都是下面的人做的。警察部门也是如此。警察会被杀。你从来没有看到过一个中尉被枪杀。过去十年里，本市有十个消防大队长在火灾中丧生。消防局最近三个因公殉职的人是中尉。因为他们是最先在那里的。我尊重这一点。我想尊重一个官员。我想看到更高的人，我可以向他们致敬。

　　你去消防队看看，这些家伙都是超人。我不是超人，我想生活。这些家伙是不会去生活的。每天都有命令下达，伙计们都快死了，退休。我不认为这些人拿退休金的时间会太长。我从没听过有消防员活到六十五岁的。

　　当你的肺里有烟的时候，这些人要吐出两天的烟。消防员的寿命比普通工人短九年。因为他们的肺部和心脏都要受到伤害。比煤矿工人还危险。这家伙不认为自己有什么问题。除非你拍了 X 光片，上面有你的名字，否则你不会想到。我们有一个中尉，当他受伤的时候，他不能去医院，因为他们会发现他有问题。他被困在一个房间里，从二楼的窗户跳了出去。他的两只脚踝都断了，跑回楼里，然后他就倒下了。

　　消防员丧生的人数比警察多，五比一。而消防员的人数只有警察的三分之一。我们的工资和警察是一样的。这些政客开始在部门之间进行分工。我真想把这些政客扔到火里。把他们的头埋在烟里，让它在那里待着。他们不会相信的。他们根本不关心人民的利益。就因为他们挥舞着国旗，他们就认为自己是最伟大的。

我参加的第一场救火是一场船火。我从引擎上跳下来，我的腿就软了。我差点摔倒在地，是吧？那是我第一次也是唯一一次感到紧张。但我们必须进去。这很惊心动魄，也很可怕。就像凌晨三点钟一样。我在云梯消防队，那里是全市最忙的地方之一，一年要出警六千趟。[①] 天空中亮起了一片橙色。你回到消防队，你在那里谈论着这场火灾，一直谈论着。

有一天晚上，我在火场，我们有全员参与。全员参与是指在火灾中，你是第一个冲进去的人，第一个进去的人受到的伤害最大。你有喷头、水管，你强忍着浓烟巨热。如果有其他消防队在你身后，你也不能丢下喷头。这是自尊心。为了救火，我们带着氧气过去，告诉伙计们："出去吧，吸点氧气。"他们不会离开的。我觉得伙计们都想当英雄呢。在华尔街，你不可能成为英雄的。

有的人耳朵里冒着黑色的玩意儿。你的头发上有烟尘。你洗个澡，往头发上弄点儿水，可仍然可以闻到烟雾的味道。这种味道永远不会离开你。你咳出的是黑色的玩意儿。但你回去后，喝杯咖啡，也许来上一打啤酒，你感到精神亢奋。

---

① "你会出假警，特别是下午两三点，孩子们放学回家。还有凌晨四点，酒吧都关门了。醉鬼。有时我很生气。晚上十点到十一点，你看到路上有十到二十个青少年，而那条路上有一个假警报，你知道是他们中的一个人拉的。孩子们说：'怎么了，伙计？你在这里做什么？'他们笑着说。你想说：'你这个蠢货，你的房子可能会起火，而且可能是你妈妈。'"——原注

你在凌晨两三点的时候出警。灯光亮起，你起床。我大喊："天哪，怎么了？"我恍然大悟：我们还能去哪里？所有的灯都亮了，天都黑了。真他妈的刺激。大家都说："来吧，我们走吧。先到先得。"这意味着你要成为第一支到场的消防队。你真的要行动了。这是一种骄傲。你要证明你是最好的。但消防员们所争夺的是好东西。他们争夺的是救人的命。

你进去的时候，天已经黑了。突然间，烟就从这该死的大楼里冒出来了。这真的很快。每个人都有自己的任务。一个人去接消防栓，一个人拿着喷头，我就拿着喷头。有个人在上面支援我。有个人在装斯科特气囊。这是一个呼吸设备。它可以持续二十分钟。

两周前，我们把车停在这个住宅区。在八楼，火苗从窗户里跳出来。我们从车里跳了出来，你他妈的心都要跳出来了。我们跑进电梯。我们中的四个人卷起水管，每个人都有五十英尺那么长。我们在七楼下来，在火场下面的那一层。我们上了楼梯，挂上水管。大家都在叫着要水，烟也在往上冒。你应该有一个转盘来把水打开，但转盘不见了。住宅区有人偷了转盘。这些瘾君子，他们偷铜器，任何东西。他们把别人的命都偷走了。一个登高车中队的人带着钩爪铁链来了，水就射了出来。

他们开始大叫着要一个斯科特气囊。它大概有三十磅那么沉，有面罩和气缸。我无法快速地拿到这该死的东西。有三条带子，我绑了一条。他们要我上楼。他们会把你推到房间里去。（笑。）就是这个了。一个人躺在地板上，我边摸索着边沿着水管爬。第二队的人戴着斯科特气囊进来了。有一个人的脸被撞到了一边，所以他得出来，因为烟让他很难受。另一个人喊道："把喷头给我。"水管开始挥舞着，五六十磅的压力。把我的头盔打掉了。我抓住了喷头。我抬起头，看到了橙色的光芒。我开始朝着它喷水。这该死的东西就是不肯熄灭。那是个该死的灯泡。（笑。）浴室里的一个灯泡。

我感觉到左手边有一股巨大的热量。我转过身来，整个房间都是橙色的，黄色的。你无法通过塑料面罩看清楚。你只能看到橙色，感觉到热量。所以我用这个该死的喷头把烟压住了。那些人进来通风，把窗户都打掉了。一个七间房的公寓，有六张床和一张婴儿床。那是多少个孩子住在那里。没有人受伤，他们都出来了。

有很多烟雾。当你在斯科特气囊里还剩两分钟的时候，一个铃开始响起。意思是，出去，你没有氧气了。这个气囊有我不喜欢的一点，就是脸上挂着个这玩意儿，你会觉得被困住了。但当我去救了更多的火灾之后，我就喜欢这东西了，因为我知道那就是生命。90%的人都是吸入烟雾而死，不是烧伤。

你有氧气，这是很美妙的事情，但是你什么也看不见。当你看不见的时候，这种感觉很糟糕。有时，斯科特气囊很糟糕，因为它给你提供了一种虚假的安全感。你进入了一个你不应该进去的房间。你会走进一个比萨饼店的烤炉里，然后自己并不知道。你看不见，你用水管摸索着走。当你出来的时候，你要跨过水管。你得自言自语。你的思想实际上是在说话。我说的是：太好了，我可以呼吸了，火灭了。

1958 年，街对面发生了一场火灾。当时大约是凌晨一点钟。二楼有火光。我跑上楼梯，抓住了个小女孩。她的手臂被烧伤了。我跑到街上，对消防员大喊："我这里有个女孩被烧伤了。"那些消防员径直从我身边走过去了。我恨那些混蛋。现在我明白了。你得把火扑灭。楼上还有更多的生命需要你去救。这个女孩在外面了……

这是真实的……

当你和警察在一起时，就很不真实。我听到有警察在进行逮捕，他们在公寓里发现了一把枪。在报纸上，警察说，有个家伙为了枪跟人打了架。当你知道真相的时候，这个故事就是胡说八道。但在消防队里，没有废话。你必须进入火场，才能救人一命。

大约两年前，一个年轻的女孩跑到消防队。她大叫着说，她的父亲心脏病发作。那人当时躺在厨房里，对吗？他尿在裤子里了。那是死亡的标志。那人当时睁着眼睛躺在那里。安吉在他胸口按了三下，因为你得振动他的心脏。他的儿子站在房间里，盯着我看。我趴在那人的嘴上。你不停地往里吹气，然后他就吐出来了。你把他的嘴清理干净。我站了几分钟，然后埃德·科里根对上他的嘴继续吹。队长弯下腰，说：“这家伙死了。为了家人，继续吹吧！”我们替换着努力了十分钟，但这人已经没有了生命迹象。那个儿子低头看着我，我抬头看着他。他说：“伙计，你已经尽力了。你试过了。”你知道我的意思吗？我为自己感到骄傲。我会对着一个陌生人的嘴吹气。那是一种很棒的感觉。

我们把这个街区的火扑灭了。这是一个波多黎各人的社交俱乐部。队长、中尉和其他消防员拿着梯子上去救了两个人。但是楼下有一个人想从门出去。门被闩上了。他被烧死了。你知道那个中尉说了什么吗？“我们失去了一个人，我们失去了一个人。”我说：“你救了两个人啊。你怎么会知道早上六点有个人睡在社交俱乐部的台球桌上呢？”他说：“是的，但我们失去了一个人。”然而中尉是个保守的家伙。

有的家伙说话的时候都是什么黑鬼啊、间谍啊，但是他们是第一个进入火中救这些人的家伙。当然，我们有长头发和留着胡子的消防员。有一个家伙是个艺术家。他的哥哥在越南被杀，所以他反对战争。这些人都是超级消防员。是你在遭受浓烟巨热的侵袭，而你并不会放弃的。每个人都会死……

我的妻子看到电视，有消防员失去生命。她告诉我："要小心啊。"有时她会打电话给消防队。我告诉她，我们的工作很糟糕，有时我……消防队里有句话，就是"可能就在今晚"。但没人想过会死。你不能把它当回事，因为你会生病。我们参与救援过一些火灾，那时我说："我们是出不去了。"就像我说的，每个人都会死的。

很多人都想当消防员。这就像孩子。四十岁的人都是孩子。他们想成为硬汉。离开童真，成为男子汉，这件事没有什么大不了的。好像我十五岁时说话的方式和现在是一样的。每个人都还是个孩子。他们只是掉了头发，或者不怎么做爱了。

在我还是个孩子的时候，我有恐高症。在消防队里，你得爬上一栋五层高的楼房，附近还有一条绳子。你得从楼上跳下来。你知道绳子可以承受一千六百磅的重量。只要你对自己的身体有信心，而且你知道有个人在拽着你，就没什么好怕的。我想你在表演时，人们都在看着你。你是在聚光灯下。你在火场，跟老人和孩子在一起。孩子们向你招手。在我还是个孩子的时候，我们朝消防员挥手。这就像阳光下的某个地方。

上个月有过一回二次警报。我当时已经下班了。我就跑到火场去了。我是一个旁观者。我看到这些消防员在屋顶上，他们周围浓烟四起，火光冲天，然后他们冲进去了。这让我很着迷。天啊，我就是干这个的！我被人们的表情所吸引。你可以看到他们的骄傲。这个该死的世界是如此混乱，这个国家是如此混乱。但消防员，你真的看到他们在实打实地干活儿。你看到他们救火。你看他们出来的时候手里还抱着孩子。你看到他们在一个人快死的时候，嘴对嘴地给他施救。你无法绕过这种倒霉事儿的。这是真实的。对我来说，这就是我想成为的人。

我以前在银行工作过。你知道的，这只是些文字工作。这不是真实的。从九点到五点，做的都是些狗屁事情。你在看数字。但我可以回过头来说："我帮着扑灭了一场火。我帮着救了某个人。"这显示了我在这个世界上所做的一些事情。

# 译名对照表

阿尔弗雷德·鲍米尔 Alfred Pommier

阿尼·弗里曼 Arny Freeman

阿奇·邦克 Archie Bunker

埃迪·阿若优 Eddie Arroyo

埃迪·贾菲 Eddie Jaffe

埃尔默·鲁伊斯 Elmer Ruiz

埃里克·赫伦 Eric Hoellen

埃里克·涅斯捷连科 Eric Nesterenko

艾达·特克尔 Ida Terkel

艾尔·拉比 Al Raby

艾琳·布鲁尔 Irene Brewer

爱德华·齐默 Edward Zimmer

爱丽丝·华盛顿 Alice Washington

安德烈·希夫林 André Schiffrin

安东尼·鲁杰罗 Anthony Ruggiero

安妮·博根 Anne Bogan

安妮·瑟森 Anne Thurson

安妮 Annie

巴德·弗里曼 Bud Freeman

巴里·伯恩 Barry Byrne

芭芭拉·赫里克 Barbara Herrick

芭芭拉·特威利格 Barbara Terwilliger

芭贝特·巴多 Babette Bardot

芭布丝·佩利 Babs Paley

保利娜·克尔 Pauline Kael

鲍勃·帕特里克 Bob Patrick

鲍勃·桑德斯 Bob Sanders

贝波·塞科利 Babe Secoli

贝弗利·扬格 Beverly Younger

贝丽尔·辛普森 Beryl Simpson

贝齐·德莱西 Betsy De Lacy

本·韦伯斯特 Ben Webster

比尔·格利森 Bill Gleason

比尔·莫耶斯 Bill Moyers

比尔·诺沃思 Bill Norworth

比尔·塔尔克特 Bill Talcott

比利·卡彭特 Billy Carpenter

比利·罗斯 Billy Rose

彼得·基利 Peter Keeley

布克·佩奇 Booker Page

布莱基·梅森 Blackie Mason

布莱斯·尼尔森 Bryce Nelson

布莱特·豪瑟　Brett Hauser

布鲁斯·弗莱彻　Bruce Fletcher

查利·布洛瑟姆　Charlie Blossom

戴夫·本德　Dave Bender

戴夫·斯特里布林　Dave Stribling

戴维·里德·格洛弗　David Reed Glover

黛安娜·威尔逊　Diane Wilson

德·维特·吉尔宾　De Witt Gilpin

德尼斯·哈米尔　Denis Hamill

迪安·史密斯　Dian Smith

蒂姆·德夫林　Tim Devlin

多克·普里查德　Doc Pritchard

多洛雷丝·丹蒂　Dolores Dante

菲尔·斯托林斯　Phil Stallings

菲利普·达·芬奇　Philip da Vinci

弗兰克·德克尔　Frank Decker

弗朗西丝·斯温森　Frances Swenson

弗雷德·林利　Fred Ringley

弗雷德·罗曼　Fred Roman

弗里茨·里特　Fritz Ritter

弗洛拉·刘易斯　Flora Lewis

弗洛伦斯·斯卡拉　Florence Scala

格雷丝·克莱门茨　Grace Clements

格伦·斯特里布林　Glenn Stribling

哈布·迪拉德　Hub Dillard

哈罗德·帕特里克　Harold Patrick

赫伯特·巴赫　Herbert Bach

黑泽尔·齐默　Hazel Zimmer

亨利·德·扎特　Henry de Zutter

亨廷顿·哈特夫　Huntington Hartford

惠勒·斯坦利　Wheeler Stanley

霍巴特·富特　Hobart Foote

霍茨·迈克尔斯　Hots Michaels

姬蒂·斯坎伦　Kitty Scanlan

吉尔·弗里德曼　Jill Freedman

吉尔·托伦斯　Jill Torrance

吉姆·格雷森　Jim Grayson

加里·布莱纳　Gary Bryner

杰克·格林　Jake Green

杰克·亨特　Jack Hunter

杰克·库里耶　Jack Currier

杰克·施皮格尔　Jack Spiegel

杰拉尔丁·佩奇　Geraldine Page

杰曼·格里尔　Germaine Greer

杰苏西塔·诺瓦罗　Jesusita Novarro

杰西·普罗斯滕　Jessie Prosten

金杰·罗杰斯　Ginger Rogers

卡尔·默里·贝茨　Carl Murray Bates

卡梅莉塔·莱斯特　Carmelita Lester

凯·斯捷普金　Kay Stepkin

凯利·桑德斯　Kelly Sanders

凯瑟琳·海恩斯　Katherine Haynes

凯瑟琳·莫兰　Cathleen Moran

凯特·米利特　Kate Millett

凯西·兹穆达　Cathy Zmuda

康拉德·斯威贝　Conrad Swibel

康妮·宗卡　Connie Zonka

克利夫·皮肯斯　Cliff Pickens

肯·布朗　Ken Brown

拉尔夫·赫尔斯坦　Ralph Helstein

拉尔夫·纳德　Ralph Nader

拉尔夫·沃纳　Ralph Werner

拉里·罗斯　Larry Ross

莱纳德·杜比神父　Father Leonard Dubi

赖特·莫里斯　Wright Morris

劳伦斯·韦尔克　Lawrence Welk

乐基·米勒　Lucky Miller

雷·诺德斯特兰　Ray Nordstrand

雷诺·罗宾逊　Renault Robinson

里普·托恩　Rip Torn

理查德·M. 尼克松　Richard M. Nixon

理查德·曼　Richard Mann

理查德·维德马克　Richard Widmark

丽贝卡·斯威尼　Rebecca Sweeney

莉莉丝·瑞诺兹　Lilith Reynolds

林肯·詹姆斯　Lincoln James

路易斯·海沃德　Louis Hayward

露·吉尔伯特　Lou Gilbert

露丝·林德斯特伦　Ruth Lindstrom

露西·费尔班克　Lucy Fairbank

罗贝卡·斯维妮　Rebecca Sweeney

罗伯塔·维克托　Roberta Victor

罗伯托·阿库纳　Roberto Acuna

罗丝·霍夫曼　Rose Hoffman

罗伊·施密特　Roy Schmidt

洛伊丝·鲍姆　Lois Baum

洛伊丝·格林伯格　Lois Greenberg

洛伊斯·基利·诺瓦科　Lois Keeley Novak

马里奥·阿尼基尼　Mario Anichini

马文·戴维　Marvin David

玛·帕金斯　Ma Perkins

玛格丽特·理查兹　Margaret Richards

玛吉·哈特　Margie Hart

玛吉·霍姆斯　Maggie Holmes

玛吉·凯利　Margie Kelly

玛吉·亚伯拉罕　Marge Abraham

玛丽·马林　Mary Marlin

迈克·勒菲弗　Mike LeFevre

米丽娅姆·波特诺伊　Myriam Portnoy

南·哈丁　Nan Hardin

南希·罗杰斯　Nancy Rogers

奈德·威廉姆斯　Ned Williams

内莉·吉福德　Nellie Gifford

尼克·林赛　Nick Lindsay

尼克·萨莱诺　Nick Salerno

尼诺·奎迪奇　Ninoo Guidici

诺埃尔·梅里亚姆　Noel Meriam

诺拉·沃森　Nora Watson

诺曼·佩莱格里尼　Norman Pellegrini

欧内斯特·布拉德肖　Ernest Bradshaw

帕特·齐默尔曼　Pat Zimmerman

帕特里夏·奥布莱恩　Patricia O'Brien

佩姬·特里　Peggy Terry

皮尔斯·沃克　Pierce Walker

皮特·哈米尔　Pete Hamill

普雷斯顿·斯特奇斯　Preston Sturges

乔·阿格瑞拉　Joe Agrella

乔·贝格利　Joe Begley

乔·海恩斯　Joe Haynes

乔·兹穆达　Joe Zmuda

乔治·艾伦　George Allen

乔治·布鲁尔　George Brewer

乔治·许斯勒　George Schüssler

琼·斯坦利　Jean Stanley

裘德·范立　Jude Fawley

瑞·瓦克斯　Ray Wax

萨拉·霍顿　Sarah Houghton

萨姆·玛图雷　Sam Mature

萨姆·摩尔　Sam Moore

莎伦·阿特金斯　Sharon Atkins

史蒂夫·杜比　Steve Dubi

史蒂夫·汉密尔顿　Steve Hamilton

史蒂夫·卡迈克尔　Steve Carmichael

史蒂文·希莫尼-金代莱

　　Steven Simonyi-Gindele

史蒂文·亚恩　Steven Yahn

斯蒂芬·巴特利特　Stephen Bartlett

斯塔兹·特克尔　Studs Terkel

苏西·海恩斯　Susie Haynes

泰迪·格罗多夫斯基

　　Teddy Grodowski

汤姆·布兰德　Tom Brand

汤姆·麦科伊　Tom McCoy

汤姆·帕特里克　Tom Patrick

唐娜·穆里　Donna Murray

特蕾莎·卡特　Therese Carter

特里·梅森　Terry Mason

特里·皮肯斯　Terry Pickens

托马斯·拉什　Tom Rush

瓦尔德·科瓦尔　Ward Quaal

威尔·罗宾逊　Will Robinson

威廉·福克纳　William Faulkner

文森特·马厄　Vincent Maher

沃尔特·伦德奎斯特

　　Walter Lundquist

沃伦·韦弗　Warren Weaver

西蒙·黑德　Simon Head

希瑟·兰姆　Heather Lamb

亚当·科恩　Adam Cohen

扬·萨维特　Jan Savitt

伊妮德·杜波依斯　Enid du Bois

尤金·罗素　Eugene Russell

约翰·R.科尔曼　John R. Coleman

约翰·福琼　John Fortune

约翰·富勒　John Fuller

约翰·穆豪　John Mulhall

约翰·雅各布·阿斯特

　　John Jacob Astor

约翰尼·博斯沃思　Johnny Bosworth

詹姆斯·卡森　James Carson

珍妮·道格拉斯　Jeanne Douglas

**图书在版编目(CIP)数据**

美国人谈工作:他们整天做什么以及他们的感受/
(美)斯塔兹·特克尔著;刘禹汐译.—北京:商务印书
馆,2025
(公众史学译丛)
ISBN 978-7-100-23602-7

Ⅰ.①美… Ⅱ.①斯… ②刘… Ⅲ.①工作—研究—
美国 Ⅳ.①C913.2

中国国家版本馆 CIP 数据核字(2024)第 092334 号

公众史学译丛
**美国人谈工作:他们整天做什么以及他们的感受**
〔美〕斯塔兹·特克尔 著
刘禹汐 译

商 务 印 书 馆 出 版
(北京王府井大街36号 邮政编码100710)
商 务 印 书 馆 发 行
北京市十月印刷有限公司印刷
ISBN 978-7-100-23602-7

2025 年 1 月第 1 版 开本 880×1240 1/32
2025 年 1 月北京第 1 次印刷 印张 30¼
定价:168.00 元